ŒUVRES

DE

JULIEN HAVET

QUESTIONS MÉROVINGIENNES

LE PUY-EN-VELAY. — IMPRIMERIE RÉGIS MARCHESSOU.

ŒUVRES

DE

JULIEN HAVET

(1853-1893)

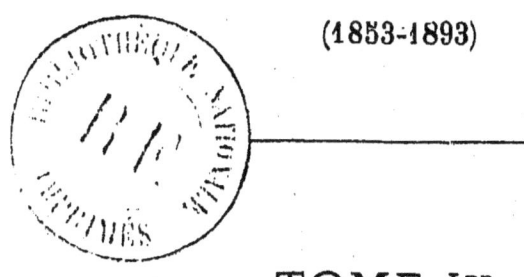

TOME IER

QUESTIONS MÉROVINGIENNES

PARIS
ERNEST LEROUX, ÉDITEUR
28, RUE BONAPARTE, 28

1896

AVERTISSEMENT

La présente réimpression comprend tous les travaux d'érudition laissés par M. Julien Havet, excepté deux ouvrages qu'il est aisé de se procurer en librairie : *Les cours royales des îles normandes,* 1878, Champion, et *Lettres de Gerbert (983-997) publiées avec une introduction et des notes,* 1889, Picard.

Les *Comptes rendus* de livres, en général, ne sont représentés dans la réimpression que par leur titre.

Des crochets [ ] indiquent les additions ou modifications au texte primitif. Ces additions et modifications proviennent souvent de l'auteur lui-même, qui avait annoté au crayon ou à l'encre ses exemplaires de main. Celles qui ont une autre origine sont aisées à reconnaître par leur rédaction même. M. E.-G. Ledos, qui surveillait l'impression, a bien voulu se charger de mettre au courant les renvois bibliographiques.

Julien-Pierre-Eugène Havet, second fils de feu Ernest Havet (1813-1889), est né à Vitry-sur-Seine (Seine) le 4 avril 1853, et mort à Saint-Cloud le 19 août 1893. En tête des *Mélanges Julien Havet,* recueil de travaux d'érudition dédiés à sa mémoire (Paris, Leroux, 1895), on trouvera son *portrait* en héliogravure, le *discours* prononcé sur sa tombe par M. Léopold Delisle, et une *bibliographie* de ses travaux due à M. Henri Omont.

JULIEN HAVET

Si j'ai entrepris de raconter quelques détails sur mon frère Julien, c'est que, seul des personnes qui vivent aujourd'hui, je l'ai vu de près pendant toute la série de ses jeunes années. Je me rappelle comment il a épelé, comment il a appris tout seul la chimie, comment plus tard il est devenu un chronologiste, un géographe et un déchiffreur d'écritures secrètes.

Ce n'est pas, d'ailleurs, sa biographie que j'ai tenté d'écrire ; sa vie n'a pas eu d'événements. Je voudrais seulement indiquer aux lecteurs de ses *Œuvres*, autant qu'il est en moi, de quelle manière son originalité de savant s'est formée.

Mon frère était né à la campagne, à Vitry-sur-Seine, près de Paris, localité encore assez rustique maintenant, mais qui l'était bien plus alors. Il avait atteint l'âge de dix ans et demi quand mon entrée au lycée fit émigrer toute la famille à la ville.

Pendant ces premières années, et jusqu'au moment où Julien entra au lycée à son tour, je ne suppose pas que personne en dehors de la maison ait pu exercer sur lui une influence intellectuelle. Les intimes qu'on voyait à Vitry, amis ou parents, étaient accueillis tous avec tant de cordialité que nous ne savions pas, nous autres enfants, si quelques-uns étaient particulièrement dignes qu'on écoutât leur parole. D'anciens élèves de mon père venaient parfois le voir : M. Hippolyte Rigault, M. Taine, M. Prevost-Paradol... ; pour nous, l'intérêt de ces visites d'ailleurs rares n'était pas encore saisissable. Étant l'aîné de quatre ans, il y a chance que j'aie contribué à transmettre à Julien la pensée des grandes personnes, c'est-à-dire celle de nos parents ; mais nous n'avions pas de camarades plus âgés pour nous transmettre de même des idées puisées à une autre source. En somme, pendant bien longtemps, rien n'a pu lui venir du dehors, sauf ce qui venait des livres.

C'est mon père qui, bien des années durant, nous donna des leçons d'histoire, de latin, de grec... Il ne négligeait d'ailleurs aucune occasion de nous procurer des connaissances nouvelles ; ainsi, quand j'étais tout enfant, il profita de la présence des fumistes pour me faire mesurer le rapport de la circonférence au diamètre, sur un tuyau de poêle. Ma mère, qui n'était pas seulement une très tendre mère, mais aussi un des esprits les plus ouverts et une des raisons les plus fermes que j'aie connues, nous promenait au jardin et nous apprenait à connaître les papillons et les plantes. Elle était notre professeur de piano. Des histoires de revenants l'avaient rendue malheureuse dans son enfance ; aussi une des plus anciennes notions que nous ayons reçues d'elle est qu'il n'y a point de fantômes. Elle considérait la fierté comme une vertu, et jamais elle ne nous a fait demander pardon.

Quelque chose d'extrêmement instructif pour nous, c'étaient les conversations à table, entre nos parents. Mon père lisait beaucoup et aimait à parler de ses lectures. Les journaux, à cette date, étaient plus riches qu'aujourd'hui en articles étudiés ; mon père les suivait avec soin, et nous étions sûrs d'entendre parler du dernier *lundi* de Sainte-Beuve, de la récente expérience de Pasteur, de la polémique sur la génération spontanée. Or les enfants retiennent beaucoup de ce qu'on ne dit pas pour eux.

Mon père, d'ailleurs, était toujours prêt à se tourner vers nous et à nous faire notre part. Il s'interrompit un jour de sa conversation pour m'expliquer que Le Verrier avait deviné une planète par le calcul, et que d'autres l'avaient aperçue ensuite. C'est en déjeunant, si ma mémoire est exacte, qu'il me fit voir clairement, au moyen d'une figure très simple, comment deux lignes peuvent s'approcher toujours sans s'atteindre jamais. Ce que je me rappelle est naturellement ce qui s'adressait à moi; mais ces exemples me font juger des enseignements analogues que Julien a pu recevoir. Et je sais que mon frère, tout enfant, a assisté à d'innombrables conversations sur le darwinisme et sur la *Vie de Jésus*.

La partie littéraire des conversations nous échappait sans doute souvent, faute d'avoir la connaissance des textes et celle des temps, faute aussi du sentiment des nuances. Nous profitions mieux de ce qui avait trait à quelque objet visible. Mon père, par curiosité et philosophie, s'intéressait d'une façon générale aux sciences de la nature ; dans les ouvrages littéraires, il aimait à contrôler les passages qui touchent au système des astres ou à la structure des corps. Par exemple, vers l'âge de la rhétorique, il essaya de me faire comprendre que les doctrines du *plein* et du *vide* portent sur des mots dénués de sens; c'était à l'occasion des vers de Boileau sur Rohault. Il était intarissable sur les découvertes physiques qui ont détruit une superstition. Il mettait une sorte de joie à constater qu'il existe effectivement un métal plus lourd que l'or, comme Pascal avait osé le déclarer possible ; à plus forte raison, à raconter l'expérience du Puy-de-Dôme et la ruine de l'*horreur du vide*. Quand Léon Foucault rendit visible aux yeux la rotation de la Terre, ce fut pour lui un triomphe de Galilée sur l'Église.

Pour nous, l'intérêt historique ou polémique était parfois secondaire; mais les faits restaient, et, avec les faits, le sentiment déjà défini des méthodes. C'est ainsi que de très bonne heure (on en verra tout à l'heure la preuve), Julien a été familiarisé, mieux que beaucoup d'enfants du même âge, avec l'esprit des sciences qui cultivent le plus systématiquement l'art de démontrer et l'art d'éprouver.

Inappréciable avantage pour un futur érudit. L'érudition, en effet, n'est nullement ce que le vulgaire se figure. La mémoire et la patience peuvent être ses servantes, mais rien de plus. Elle ne consiste pas dans le *savoir*; l'homme qui sait des faits n'est pas pour cela un érudit, de même que l'homme qui sait des chiffres peut n'être pas un mathématicien. L'érudition, telle qu'elle doit être pratiquée et que Julien la pratiquait, est une *science* au sens le plus rigoureux du mot, aussi *science* que la physique ou l'algèbre. Elle diffère des autres, — celles qu'on appelle improprement *les* sciences, avec l'article défini, — par l'objet, par l'application, mais non pas par la méthode.

Aussi bien qu'un physicien, par exemple, un érudit a deux procédés essentiels : raisonner, vérifier. Sa pénétration, comme celle du physicien, consiste à découvrir des points de départ pour le raisonnement, des points de prise pour la vérification. Son intuition est de même nature : le physicien, avant que personne ait jamais tenté l'expérience, devine qu'il va voir le courant dévier la boussole ; ainsi l'érudit pressent que son œil va déchiffrer *viris inlustribus* au lieu du fabuleux *vir inluster*. Les deux sciences ont les mêmes hardiesses, qui déconcertent les profanes. L'une dit, d'après les formules de politesse, ou bien d'après l'agencement des longues et des brèves, si une charte a été rédigée sous Chilpéric ou sous Louis le Pieux ; l'autre dit si une étoile vient vers nous ou s'éloigne, d'après l'analyse de sa lumière ; c'est au fond le même tour de force apparent.

L'érudit, à la vérité, a un petit désavantage : il travaille sur le passé, et il ne dépend pas de lui de recourir à l'expérimentation du présent. Il ne lui est pas loisible de se faire délivrer par la chancellerie mérovingienne un diplôme tout neuf. Mais sa science n'est pas pour cela une science à part. Un astronome ne remet pas une comète en place pour lui faire recommencer une course ; un naturaliste ne ressuscite pas les fossiles. Le physicien lui-même est entravé à chaque instant dans ses velléités d'expérience ; il ne peut opérer ni au sommet de l'Himalaya ni au fond de l'Océan ; ses fourneaux fondent ou ses thermomètres gèlent ; ses récipients sont dévorés par leur contenu. Il n'est donc aucune science qui vérifie tout ; chacune vérifie *tout ce qu'elle peut* et *de toutes les façons qu'elle peut*, et par conséquent leur marche est une.

Les sciences diverses ont la même âme. Toutes, en vue de grossir la richesse de l'esprit humain, dégagent et recueillent avec désintéressement des parcelles de vérité. La timidité intellectuelle est leur commun ennemi, et, quand elles la chassent, le profit de la victoire leur est commun. Si différentes qu'elles puissent être, elles supposent un même état d'esprit, l'état d'esprit *scientifique*, comme l'escrime et l'équitation supposent également un corps souple et dispos.

Les sciences les plus divergentes ont des contacts directs. Je ne saurais, il est vrai, déterminer en quoi l'étude des diplômes a été facilitée à Julien par ce que mon père lui avait enseigné de cosmographie, — ou bien par ce qu'il apprit par lui-même sur l'électricité; — mais, pour mon compte, je me rappelle avec une précision parfaite comment la *Chimie* de M. Naquet, lue à vingt ans, m'a fait plus tard voir sous un jour nouveau la métrique latine. Je considère donc comme évident qu'il a été précieux pour mon frère, alors qu'il écoutait les causeries paternelles, d'en retenir précisément ce qui n'avait pas trait à sa carrière à venir. Grâce à des bribes d'instruction heureusement saisies et reliées, grâce aussi à un don tout personnel de coordination et de construction, il arriva dès l'enfance (c'est là l'essentiel) à se pénétrer de l'idée maîtresse de toute science, que ce qui est vrai comporte preuve et que ce qui est douteux comporte épreuve. Désormais, *contrôler* fut pour lui synonyme d'*apprendre*. Son état d'esprit fut l'état d'esprit scientifique, longtemps avant qu'il pût concevoir la notion spéciale de l'érudition.

Autant les sciences tenaient de place dans la conversation de mon père, autant il avait soin d'en exclure les sujets religieux. Sans doute, comme il était naturel à un commentateur de Pascal, il parlait souvent devant nous des jansénistes, parfois des disputes sur la Grâce; mais cela ne pouvait laisser dans notre mémoire que le souvenir de quelques noms propres. Quant à ce qui touche le principe même des croyances, il n'en était absolument pas question, ni dans notre éducation, ni dans les causeries de famille. Nos parents, pénétrés d'un même respect de notre liberté intellectuelle, évitaient tout ce qui eût pu être une invitation soit à la foi, soit au doute. Un jour, je demandai à mon père son opinion. « Plus tard, me répondit-il, tu verras toi-même ce que tu penseras là-dessus. » Étant donné cette extrême réserve, Julien, pendant la majeure partie de son enfance, n'a pu être initié que par le hasard de ses lectures à la conception d'une croyance s'imposant d'en haut, et récusant le contrôle du raisonnement ou de l'expérience. Et ainsi l'esprit d'examen, c'est-à-dire l'esprit scientifique lui-même, n'eut à subir dans sa jeune tête ni partage ni conflit, et donna seul le branle à toutes ses pensées.

Soudain (il était enfant encore) l'aptitude scientifique se manifesta en lui de la façon la plus formelle ; une vocation spéciale parut s'annoncer. Il avait découvert un livre de physique, et il se l'était assimilé avec une promptitude surprenante. Il se passionna surtout pour les phénomènes électriques, et bientôt abondèrent dans la maison les bouteilles de Leyde, les piles et les bobines d'induction, qui, si jeune qu'il fût, n'étaient pas pour lui des jouets. C'est lui qui m'a donné mes premières leçons de chimie ; il avait quatorze ans et moi dix-huit. Il fut mon répétiteur ès sciences physiques pendant deux années où j'étudiai ces sciences au lycée. Il m'orientait dans les figures compliquées de l'optique ; il me signalait des cas difficiles sur lesquels je consultais mon professeur. Au retour d'un voyage en Allemagne, je cherchais quel cadeau lui rapporter ; ce que je trouvai de mieux fut un recueil d'observations spectroscopiques. Julien allait droit aux questions qui intéressent la philosophie naturelle ; en chimie, par exemple, il compulsait les équivalents des corps simples pour y découvrir des lois numériques.

La curiosité de la nature n'a jamais faibli en lui ; aussi je l'ai vu encore, vingt ans plus tard, s'amuser en vacances à de petites expériences élémentaires. Mais il tenait de mon père un goût médiocre pour les opérations manuelles aussi bien que pour les exercices du corps. C'est là peut-être un des motifs qui, peu à peu, le détournèrent de se donner aux études de laboratoire.

Il était, d'ailleurs, entré au lycée ; pendant que de l'enfance il passait à l'adolescence, des tâches quotidiennes fort diverses occupaient son esprit, et opéraient en lui sourdement une transformation dont le progrès m'est resté obscur. Les piles disparurent, et peu à peu les livres devinrent son seul outillage intellectuel. Sa crise physico-chimique, sous sa forme aiguë, avait duré deux ans à peu près.

Elle peut paraître un écart à ceux qui prétendent voir une barrière entre « la carrière des sciences » et « la carrière des lettres ». Mais cette délimitation est pitoyable, comme toutes celles qu'on essaie de faire entre les emplois de l'esprit. Même pour les gens de lettres proprement dits, il peut être bon d'avoir été un moment des hommes de science, puisque le créateur de notre langue littéraire est un géomètre de génie, et que tous nos prosateurs de premier ordre, Renan aussi bien que Voltaire, ont été nourris de mathématiques. A plus forte raison un futur érudit, qui avait le goût des sujets difficiles, qui ne devait jamais s'adresser à la foule, qu'on allait voir limer pendant des semaines un petit chef-d'œuvre de vingt pages pour convaincre tel savant en France et tel autre en Autriche, ne put que profiter avec usure de tous les amusements sérieux de son enfance. Julien leur dut d'être étranger, de prime abord, à l'instinct de dilettantisme et de virtuosité, que l'enseignement français cultive imprudemment jusque chez des jeunes gens majeurs. J'ajoute que l'esprit scientifique a inspiré dans ses travaux non seulement le fond, mais la forme même ; telle de ses dissertations pourrait être citée comme un parfait modèle d'élégance, au sens des géomètres.

Les sciences les plus dissemblables ont une étrange similitude, quand l'intelligence qui s'y attache est la même. Julien, dans ses dernières années, où il ne s'occupait guère que des diplômes mérovingiens, était arrivé à l'idée qu'il y a une corrélation entre la nature des actes et les jours de la semaine. C'est là une pensée profonde, qu'il ne lui a pas été donné de développer, que d'autres, plus heureux, reprendront peut-être. Or, l'homme mûr, devenu un connaisseur consommé, qui pressentait une périodicité des diplômes, ressemblait fort au gamin d'autrefois, cherchant tant bien que mal une loi arithmétique des corps simples. L'instinct scientifique restait le même, quoiqu'il s'attaquât à des objets si différents. Ce n'est donc pas une fausse vocation qui s'est accusée chez Julien enfant ; c'est, au contraire, la vraie vocation qui, faute de mieux, essayait de se faire jour par voie indirecte. On aurait certes eu tort de prophétiser : Ce sera un physicien. Mais une personne clairvoyante eût pu dire à coup sûr : Ce sera un savant.

Julien fit ses classes comme externe au lycée Saint-Louis ; il y fut toujours parmi les premiers et eut quelques succès au concours général. Il va sans dire qu'il profita, de la façon la plus sérieuse, de toutes les parties de l'enseignement. Ce n'est pas son exemple qui appuiera la légende de l' « excellent élève » qui devient mauvais élève tous les mardis soir.

Il est pourtant une étude à laquelle il trouvait peu d'attrait, et qu'il cultivait par discipline, mais non par goût. Les lecteurs des *Questions mérovingiennes* et de l'*Introduction à Gerbert* s'en étonneront peut-être, cette étude était l'histoire. Elle lui semblait fastidieuse, dénuée de logique et d'unité, embroussaillée de noms, de dates et de faits insignifiants. Les plaintes de Julien se sont d'autant mieux gravées dans ma mémoire qu'elles concordaient avec mon impression personnelle.

J'ai cherché plus tard d'où pouvait venir cette répugnance, plus prononcée chez mon frère que chez moi, et, ce semble, plus surprenante chez un futur historien. C'est, je crois, que l'enseignement de l'histoire n'est pas organisé pour donner pâture suffisante à l'esprit scientifique, à l'instinct de démonstration et de vérification perpétuelle. Un lycéen, entre quinze et dix-sept ans, apprend que Clovis est mort en telle année et Louis XIV en telle autre ; or il ne possède ordinairement aucun moyen de savoir si les deux dates ont la même certitude, si on les connaît par des documents de même nature, si le chiffre énoncé par son professeur repose sur l'assertion expresse d'un contemporain ou sur les combinaisons d'un moderne, si le témoignage principal est contredit par d'autres indices. Il n'a même aucune notion des méthodes de la chronologie, et ne soupçonne pas quelles ressources générales fournissent la diplomatique, l'épigraphie, la numismatique, et à côté d'elles l'astronomie. Ainsi les dates sont, pour lui, inaccessibles au contrôle.

Il en est ainsi, à plus forte raison, des faits eux-mêmes,

du jugement qu'il en entend porter, des hypothèses par lesquelles on les relie. Le pauvre élève risquera donc d'être ou crédule ou soupçonneux. Le jour où il lui viendra des doutes sur le *vase de Soissons,* il sera capable de douter même de l'interrogatoire de Jeanne d'Arc. Bourré d'histoire, il lui manquera de l'histoire ce qu'elle a de plus utile, c'est-à-dire ce qui donne à la raison des instruments nouveaux. Voilà, sans aucun doute, ce dont Julien a souffert pendant ses années de classe.

De toutes les études comprises dans les programmes des lycées, l'histoire est la seule qui n'appelle pas le contrôle permanent de l'élève. Quand il apprend le latin ou l'allemand, chaque phrase d'une version est l'occasion de vérifier une douzaine de règles. Dans les diverses branches des mathématiques, les résultats ne sont jamais séparés de leurs démonstrations; les *problèmes,* d'ailleurs, obligent l'élève à tout repenser par lui-même. Où sont les *problèmes* en histoire, et quel lycéen est jamais exercé à voir clair par son propre effort dans l'enchaînement des faits? Mais les sciences physiques (justement celles que Julien avait étudiées avant l'âge, et qui sans doute lui apparaissaient comme le type parfait de toute science) sont celles qui pourraient le mieux donner à l'enseignement historique des modèles de perfectionnement. Là l'élève est tenu de connaître non seulement les résultats acquis, mais les instruments, qui servent à les chercher, et on ne lui fait grâce ni d'un robinet ni d'une vis. Il apprend comment on arrive à écarter une complication; dans quel cas une « correction » du résultat est indispensable; avec quelle ingéniosité, toute sa vie, un savant méticuleux a rectifié les décimales des autres. Cela est précieux; peut-être même les plus merveilleux aperçus de la physique et de la chimie, si importants qu'ils soient pour la culture de l'esprit, le sont-ils moins que cette imperturbable leçon de méthode. Si l'enseignement historique avait présenté quelque chose d'analogue, Julien (j'ose dire que j'en suis sûr) y aurait pris le goût le plus vif, et, comme la passion momentanée des courants électriques, la passion des documents se fût saisie de lui avant qu'il eût quinze ans.

Les années de classe se passèrent ; Julien quitta le lycée après sa rhétorique (car mon père l'avait dispensé de faire sa philosophie) et fut reçu bachelier ès lettres. Je me rappelle que l'examinateur de sciences l'interrogea sur le cône, et fut charmé d'entendre une définition plus large que celle des livres élémentaires. Mais, s'il n'avait rien perdu de ses aptitudes mathématiques et physiques, le travail intérieur dont j'ai parlé s'était pourtant accompli en lui ; je ne saurais dire si le spectacle de l'invasion et de la guerre civile y avait été pour quelque chose. Bientôt Julien entrait comme élève à l'École des chartes.

Des motifs autres que ceux de la science eurent probablement quelque influence sur son choix. L'École pratique des hautes études, où il a d'ailleurs passé, ne pouvait lui promettre de le mener à une carrière définie. L'École normale, liée par les institutions du passé, avait contre elle l'incommodité de l'internat, et Julien devait être peu attiré par cette préparation à des baccalauréats supérieurs, qui est censée y être le but de l'enseignement. Mais ces sortes de considérations sont plus propres à expliquer après coup une détermination qu'à la faire prendre.

Je pense, pour ma part, que Julien avait démêlé sa vraie voie ; qu'il s'était fait une image fidèle de ce qu'il allait étudier ; qu'il avait soif de savoir le comput, parce qu'il avait été excédé d'apprendre d'autorité les dates ; qu'il voulait lire de ses yeux des documents originaux, par lassitude des dictées et des manuels. Loin de le décourager, le souvenir de ses anciennes répugnances dut être pour lui un stimulant. Il goûta donc de nouveau ce qui avait toujours été son grand bonheur, s'initier à ce qu'il ignorait. Et je suis persuadé que ce ne fut pas là une heureuse surprise : il savait d'avance ce qu'il cherchait et ce qu'il devait trouver.

Un incident singulier l'avait préparé à songer aux problèmes d'érudition, et par conséquent à s'enquérir des écoles où cette science est enseignée. Je veux parler de l'affaire des papiers vendus par Vrain-Lucas à un savant célèbre.

Dès le premier moment, mon père avait vu, et il déclarait à qui voulait l'entendre, que les textes les plus spécieux étaient apocryphes; bientôt nous n'eûmes plus besoin de son autorité pour en être sûrs. La mystification, se prolongeant, devint un sujet permanent des conversations de famille; on lisait le journal tout haut à table, entre les plats, et le *crescendo* des naïvetés qui s'étalaient provoquait des rires. La victime, commençant enfin à se défier, en vint à classer les documents en faux et vrais, tous payés de sa bourse au même vendeur. Julien, au moment même ou peut-être un peu plus tard, dit le mot juste; il demanda si la proportion avait été fixée par le calcul des probabilités. L'épigramme portait sur plus d'une personne. Des incompétents, en effet, avaient eu l'imprudence de se mêler au débat; ils y avaient apporté l'esprit de toutes les spécialités scientifiques, excepté la seule qui eût dû être consultée.

Il semblait qu'on se fût concerté pour exhiber à la galerie, en bons et gros échantillons, tous les genres de fautes de méthode. Aussi tout se trouva réuni pour faire de l'aventure une leçon-type de critique, à l'usage des très jeunes esprits; série variée de faux en matière historique; intérêt nullement obscur du faussaire; fraude devinée dès la première minute par les connaisseurs, et à la fin judiciairement démontrée; aplomb croissant avec la crédulité, et crédulité croissant avec l'aplomb; contagion des illusions lourdes; adhésion d'hommes graves qui avaient le droit de se taire; enfin, comme le voulait la moralité de la comédie, déconvenue des sciences qui s'étaient crues les seules, et triomphe de la science par elles méconnue, celle qui nous oriente dans le passé humain, celle précisément qu'enseigne l'École des chartes.

Julien, au moment où l'affaire se dénoua devant le tribunal correctionnel, touchait à dix-sept ans. On devine quelles réflexions purent l'acheminer à la curiosité de l'érudition, et, peut-être, achever de refroidir sa passion pour les sciences qu'il avait d'abord aimées. Il y a grand'chance que Vrain-Lucas, bien à son insu, ait contribué à procurer à l'École des chartes un brillant élève. C'est ce Jérôme Vignier de bas étage qui, pour la première fois, a amené mon frère à se demander comment devrait être fait un autographe de Charles-Martel.

L'École des chartes fut pour Julien l'école idéale, et elle est restée telle à ses yeux jusqu'au bout de sa vie. Il avait trouvé là à la fois tout ce qui pouvait lui plaire : les objets de recherche variés, attrayants, souvent neufs et difficiles ; l'esprit scientifique installé en maître ; le corps des études très vaste, mais nettement circonscrit; le plus large développement permis et facilité aux meilleurs élèves, le dressage complet assuré aux médiocres. Nulle part ailleurs, suivant lui, la préparation d'ensemble n'était si excellente; de fait, il croyait souvent reconnaître comme un défaut originel dans les travaux qui ne procédaient pas de sa chère école. Jamais je ne l'ai vu manquer une occasion de la louer; il la citait comme modèle, pour défendre le système français des écoles spéciales contre le système des vastes universités ; il disait volontiers qu'en se donnant une École des chartes, l'Autriche s'était assuré une supériorité sur l'Allemagne.

Entre l'élève et l'école il y avait eu en quelque sorte harmonie préétablie ; aussi le ravissement fut complet pour lui dès la première heure. Il me résumait avec bonheur ce qu'il venait d'apprendre, quand nous nous promenions le soir dans les champs, autour de Vitry.

Un jour, il rentra enthousiasmé d'une leçon où Jules Quicherat lui avait révélé le secret de l'architecture gothique, commandée, à sa naissance et pendant tout son développement, par un effort progressif dans le sens de la hauteur. Il y a là quelque chose à noter. Ce qui avait si vivement transporté Julien était l'archéologie, science pour laquelle il n'a jamais eu de goût caractérisé ; seulement elle avait eu ce jour-là l'allure des mathématiques, puisqu'elle faisait d'un type d'art tout entier, dans ses grandes lignes, dans ses traits secondaires, dans ses expédients et jusque dans son ornementation, une fonction d'une grandeur variable. Rien de plus naturel en soi, car toute science, à quelque objet qu'elle s'applique, se condense en formules à mesure qu'elle mûrit ; mais il aurait été possible qu'un très jeune homme, un novice, ne fût pas encore juge et amateur de l'aspect de maturité. J'imagine que l'École des chartes, aussi bien que d'autres, a deux catégories d'élèves : ceux à qui elle suggère l'esprit scientifique et ceux chez qui il préexiste.

Non seulement l'esprit scientifique préexistait en lui (c'est ce que j'appelais tout à l'heure son *harmonie préétablie* avec l'École), mais son ardeur pour toute gymnastique de la pensée a toujours été extrême, soit que, dans le temps où je l'appelais *mon petit frère*, il dévorât un traité de physique; soit qu'en s'initiant à la paléographie il apprît par surcroît le droit romain; soit enfin que, déjà connu des savants de l'Europe, on le vît se distraire à des amusettes en apparence frivoles, comme de deviner un *mot carré* ou de déchiffrer un cryptogramme. Ce jeu lui servit à lire avec aisance les notes tironiennes et à percer le secret du pape Silvestre II. A la Bibliothèque nationale, où il a été longtemps préposé au service des acquisitions, il parcourait avec avidité les publications les plus diverses; il suivait l'histoire du territoire indivis prusso-belge, ou comptait combien il paraît en Europe de journaux d'astrologie. Les incidents de la vie courante, publique ou privée, étaient pour lui des occasions d'examiner des questions délicates de droit; cette étude, qu'il avait poussée loin dans sa jeunesse, a toujours gardé à ses yeux un vif intérêt.

L'étude des langues a été à tout âge une de ses passions, parce que là aussi l'esprit observe, combine, compare, contrôle, devine. Il apprit le bas-breton dans un voyage de vacances, et je l'ai vu s'exercer à écrire des lettres en espagnol et en flamand. Ayant acquis par curiosité quelques notions de russe, il trouva tout naturel de les compléter en déchiffrant le livre de M. Boubnov sur les manuscrits de Gerbert. Un beau jour, sous la direction de M. Hartwig Derenbourg, à l'École des hautes études, il se mit bravement à l'arabe.

A ce moment, il y a longtemps qu'il comptait dans le monde érudit pour une autorité, et nul n'eût songé à lui conseiller un nouvel apprentissage; mais, me disait-il, il est gênant pour un historien du moyen âge de ne pouvoir contrôler les assertions des orientalistes. Il était entré à l'École des chartes, à dix-neuf ans, la pensée déjà formée comme celle d'un maître, et c'est la mort qui l'a fait cesser d'être un étudiant.

Il me disait, au printemps de 1893 : On fait des comptes rendus, des articles, des introductions, *pour être en état d'écrire un bon livre à quarante ans.* A ce moment, il était engagé dans son grand travail sur les Actes des évêques du Mans. Après de longues perplexités sur des difficultés en apparence inextricables, il en était venu à la vision claire du vrai, et chaque jour lui apportait le plaisir de résoudre quelque problème de détail, qui parfois, grâce à la fécondité de l'idée maîtresse, semblait s'éclaircir de lui-même. Les circonstances nous avaient amenés à passer les soirées tout près l'un de l'autre, dans son cabinet, tantôt travaillant, tantôt causant devant nos livres. Un soir que j'étais ainsi à côté de lui, une solution vainement cherchée pendant des semaines entières se manifesta soudain à son esprit, et provoqua une effusion du calme enthousiasme qui faisait en lui la saveur et la grâce de l'esprit de rigueur. Sur le champ, il me fit part de sa trouvaille. Il s'agissait d'un point de critique diplomatique. Une charte du roi Théodebert, Julien venait d'en avoir comme la révélation, était authentique en dépit des soupçons, sauf toutefois en un passage ; trois grosses difficultés, qui lui avaient coûté bien des efforts, avaient toutes à la fois leur siège dans une courte phrase intercalée par un faussaire, et toutes trois disparaissaient ensemble avec la phrase frauduleuse. De la sorte, un document longtemps contesté était soustrait à jamais aux brutalités des esprits expéditifs et aux faux-fuyants des indécis ; ce document, c'était la plus ancienne de nos chartes royales, et d'ailleurs, en l'atteignant pour la première fois, la lumière éclairait d'un coup tout le bloc suspect et précieux des chartes mancelles. Ce que Julien me communiquait ce soir-là s'est trouvé être son testament d'érudit ; le hasard avait permis que je fusse associé à sa dernière joie scientifique. Peu de temps après, une insidieuse maladie s'emparait de lui, interrompait subitement la rédaction de son ouvrage, et l'emportait dans la pleine maturité de toutes ses qualités de savant. Il avait quarante ans, et, suivant sa propre parole, il avait la conscience d'avoir commencé *un bon livre.*

Existait-il déjà réellement, ce livre, ou n'était-ce encore qu'une ébauche? Toute sa pensée pouvait avoir péri avec lui; et ce qui seul est capable de durée se trouvait peut-être anéanti, avant même d'être venu au jour.

Cette dernière angoisse fut dissipée; les chapitres essentiels étaient tout prêts, tracés de cette belle écriture qui annonçait la lucidité et la force, chargés de retouches dont chacune était une leçon de conscience et de justesse. Je n'ai pas peur que ces fragments soient sans avenir. Les vérités en sortiront chacune à son jour, par leur vertu propre, et celles même qui y sont restées latentes se révéleront.

Mais je n'ai pas qualité pour apprécier le livre interrompu, non plus que tout ce que mon cher Julien a écrit. Je n'ai pas davantage à parler de sa personne même; ajouterais-je quelque chose à ce qui a été dit sur sa tombe? l'hommage d'un frère, qui a perdu en lui à la fois le meilleur de ses amis et le dernier témoin de sa jeunesse, vaudrait-il celui des collègues, maîtres, camarades et disciples qui se sont associés pour honorer publiquement sa mémoire?

Julien a été gouverné toute sa vie par l'avidité du vrai. Cette avidité existe chez beaucoup d'hommes, mais étroite chez les uns, dispersée chez d'autres; chez lui, elle était vaste et concentrée. Sur personne je n'ai pu observer si nettement l'unité de l'esprit scientifique. C'est là ce que je tenais à dire; le reste appartient au souvenir silencieux.

Louis HAVET.

QUESTIONS MÉROVINGIENNES

I

LA FORMULE : *N. REX FRANCORUM V. INL.*[1]

Bibliothèque de l'École des chartes, XLVI (1885), p. 138-149.

On lit dans tous les traités de diplomatique que les souverains mérovingiens joignaient à leur titre de roi des Francs, *rex Francorum*, celui d'homme illustre, *vir inluster*, selon l'orthographe de cette époque; que la formule de suscription, régulièrement inscrite en tête de leurs diplômes, était : *N. rex Francorum vir inluster;* et l'on ajoute habituellement que les rois avaient pris ce titre, emprunté à la hiérarchie officielle de l'empire romain, depuis que l'empereur Anastase avait conféré au roi Clovis Ier la dignité, purement honorifique, de consul.

Si l'on ouvre une édition quelconque du recueil des diplômes mérovingiens, celle de Bréquigny [2], celle de Pardessus [3], celle de Teulet [4], celle de Tardif [5] ou celle de Karl Pertz [6], on rencontre,

---

[1]. Ce mémoire a été lu devant l'Académie des inscriptions et belles-lettres, le 20 mars 1885. Les considérations qui y sont exposées avaient fait précédemment l'objet d'une communication verbale à la Société de l'École des chartes (séance du 26 février 1885).

[2]. *Diplomata, chartæ, epistolæ, et alia documenta, ad res Francicas spectantia*, etc. Ediderunt L. G. O. Feudrix de Bréquigny, F. J. G. La Porte du Theil, Pars I, tomus I. Parisiis, J. L. Nyon, 1791, in-fol.

[3]. *Diplomata, chartæ, epistolæ, leges aliaque instrumenta ad res Gallo-Francicas spectantia*, prius collecta a VV. CC. de Bréquigny et La Porte du Theil, etc. Edidit J. M. Pardessus. Lutetiæ Parisiorum, 1843-1849, 2 vol. in-fol.

[4]. *Diplomata et chartæ Merovingicæ ætatis*, etc. (anonyme). Paris, 1851, in-8°. C'est la transcription des pièces reproduites dans les fac-similés de Letronne : voy. la note 2 de la page suivante.

[5]. *Ministère de la maison de l'empereur*, etc. *Archives de l'Empire. Inventaires et documents*, etc. *Monuments historiques*, par M. Jules Tardif. Paris, J. Claye, 1866, in-4°.

[6]. *Monumenta Germaniae historica*, etc. Edidit Georgius Heinricus Pertz. Diplomatum imperii t. I. (Publié par K. Pertz.) Hannoverae, 1872, in-fol.

presque à chaque page, la formule en question : *Chlodovius*, ou *Chlothacharius*, ou *Childerichus*, etc., *rex Francorum vir inluster*. Il semble donc impossible de douter que les rois de la première race aient véritablement pris et porté ce double titre.

C'est pourtant ce que je prétends contester. Je crois qu'aucun roi mérovingien n'a porté le titre de *vir inluster*; qu'aucun diplôme authentique d'un roi de la première race ne contient les mots : *rex Francorum vir inluster*; et que, si tous les éditeurs ont lu et imprimé ces mots, tous les éditeurs se sont trompés et ont mal lu.

Ma conviction est fondée sur l'examen des diplômes originaux.

Le nombre des actes authentiques des rois mérovingiens, dont le texte nous est parvenu, est d'environ quatre-vingt-dix [1]. Sur ce nombre, plus de cinquante ne nous sont connus que par des copies, postérieures de plusieurs siècles aux originaux perdus : nous ne savons jusqu'à quel point ces copies sont exactes. Trente-sept nous sont parvenus en original : ceux-là seuls fournissent des renseignements parfaitement sûrs. Il est d'ailleurs facile de les étudier. Tous sont conservés à Paris, trente-six aux Archives nationales, un à la Bibliothèque nationale. Tous ont été reproduits en fac-similé, dans la publication de Letronne [2], dans celle de Tardif [3] ou dans la collection de l'École des chartes [4].

Or, dans aucun de ces trente-sept originaux, on ne trouve une seule fois en toutes lettres les mots : *rex Francorum vir inluster* [5].

---

[1]. K. Pertz en compte quatre-vingt-dix-sept; mais les sept ou huit premiers de son édition et quelques-uns des suivants sont faux ; d'autre part, deux ou trois de ceux qu'il a relégués au rang des faux sont probablement authentiques.

[2]. *Diplomata et chartæ Merovingicæ ætatis in archivo Franciæ asservata*, ou *Diplômes et chartes de l'époque mérovingienne sur papyrus et sur vélin*, etc., publiés par M. Letronne. Paris, sans date, gr. in-fol. C'est la collection connue sous le nom de *première série* des fac-similés des Archives nationales.

[3]. *Inventaires et documents*, etc. *Fac-simile de chartes et diplômes mérovingiens et carlovingiens*, etc. Paris, J. Claye, 1866, gr. in-fol. C'est l'atlas de l'inventaire des *Monuments historiques* publiés par J. Tardif ; cet atlas est connu aussi sous le nom de *seconde série* des fac-similés des Archives nationales.

[4]. Fac-similés à l'usage de l'École des chartes, n° 106, planche XXIV.

[5]. Je cite ci-après les diplômes originaux des Archives nationales d'après les numéros d'ordre de l'édition de J. Tardif (T.) ; j'ajoute, quand il y a lieu, entre parenthèses, l'indication des fac-similés publiés par Mabillon, *De re diplomatica* (Mab.), Letronne (L.), ou Tardif (T.) ; les numéros des fac-similés sont les mêmes que ceux des pièces dans son édition) et le numéro de classement des pièces dans le musée des Archives nationales (Mus.) ; cette dernière

Cinq diplômes sont mutilés au commencement et ont perdu la formule initiale [1]. Vingt-deux portent, après les mots *rex Francorum*, une abréviation composée des lettres *v. inl.* ou *v. inlt.* [2]. Dix enfin donnent, à la place de cette abréviation, deux mots commençant par les mêmes lettres : mais ce ne sont pas les mots *vir inluster*, ce sont les mots *viris inlustribus* [3].

Dans les actes où on lit distinctement *viris inlustribus*, les éditeurs ont imprimé ces mots; dans ceux où on lit seulement *v. inl.* ou *inlt.*, ils ont imprimé *vir inluster*. Je crois qu'ils auraient dû imprimer partout *viris inlustribus*.

En effet, la règle la plus élémentaire et la plus évidente de la critique paléographique est que, pour lire une abréviation dont le sens est douteux, il faut se guider sur les exemples analogues où l'abréviation est remplacée par un mot en toutes lettres. Dans nos trente-deux diplômes non mutilés, nous avons dix exemples certains de *rex Francorum viris inlustribus* et pas un exemple de *rex Francorum vir inluster*; donc, jusqu'à preuve du contraire, *rex Francorum v. inl.* doit se lire *rex Francorum viris inlustribus*. Cette raison est si simple et si péremptoire, qu'elle pourrait presque dispenser d'en donner d'autres.

Mais il y en a d'autres à donner. La formule *viris inlustribus* est bien connue. En dehors des dix exemples fournis par les originaux, on la trouve fréquemment dans les actes qui ne nous

---

indication sert en même temps de renvoi à l'ouvrage intitulé : *Musée des Archives nationales*, etc., publié par la direction générale des Archives nationales. Paris, Henri Plon, 1872, in-4°.

1. T. 4 (T., Mus. 1); T. 14 (L. 11); T. 16 (T., Mus. 10); T. 17 (Mab. p. 377, L. 13); T. 27 (L. 20 *bis*). — T. 41 (T.) est, dit-on, une copie et non un original: Sickel, *Monumenta Germaniæ*, etc., *besprochen* (Berlin, 1873, in-8°), p. 13, note **.

2. V. INLT. : T. 44 (L. 37, Mus. 26); T. 45 (L. 38); T. 48 (L. 41). — V. INL. : T. 11 (Mab. 376, pl. XVII, L. 8, Mus. 6); T. 15 (L. 12, Mus. 9); T. 20 (L. 16, Mus. 12); T. 22 (L. 18, Mus. 14); T. 25 (Mab. 379, L. 20); T. 28 (L. 24, Mus. 16); T. 30 (L. 25, Mus. 17); T. 31 (L. 26); T. 32 (L. 27); T. 33 (Mab. 381, L. 28); T. 34 (Mab. 383, L. 29, Mus. 19); T. 35 (L. 30, Mus. 20); T. 37 (L. 32); T. 38 (L. 33, Mus. 22); T. 42 (Mab. suppl. 69, L. 35); T. 43 (Mab. 385, L. 36, Mus. 25); T. 49 (L. 42); T. 50 (Mab. 385, L. 43, Mus. 29); Bibl. nat., ms. lat. 9007 (exposé dans la galerie des chartes, reproduit en fac-similé dans la collection de l'École des chartes : K. Pertz, n° 71, p. 63).

3. VIRIS INLUSTREBUS : T. 47 (L. 40, Mus. 28). — VIRIS INLBUS : T. 7 (Mab. 375, L. 5); T. 21 (L. 17, Mus. 13). — V. INLUSTRIBUS : T. 46 (L. 39, Mus. 27). — V. INLBUS. : T. 23 (L. 19). — ....LBUS : T. 5 (Mab. suppl. 69, L. 3, Mus. 2). — ....IBUS : T. 9 (Mab. 377 [reproduction inexacte], L. 7). — VIR. INL., avec des signes d'abréviation après les deux mots : T. 6 (Mab. suppl. 70, L. 4, Mus. 3); T. 12 (L. 9, Mus. 7); T. 13 (L. 10, Mus. 8).

sont parvenus qu'en copie. Le sens n'en est pas douteux : elle désigne les fonctionnaires royaux à qui le diplôme est adressé et qui sont chargés d'en assurer l'exécution. Tantôt ces fonctionnaires sont nommés, par exemple : *Theudericus rex Francorum viris inlustribus Audoberctho et Rocconi patriciis,* etc. [1]; tantôt l'adresse est plus générale : *Theudericus rex Francorum viris inlustribus omnebus agentebus tam presentebus quam et futuris* [2]. Ailleurs, l'adresse est contenue tout entière dans ces deux mots : *Chilperichus rex Francorum viris inlustribus. Oportit climenciae principale,* etc. [3]; alors le diplôme s'adresse à tous les fonctionnaires à qui leur charge assure le rang d'illustre, et ceci nous apprend que ce rang avait une valeur précise et n'appartenait qu'à un petit nombre [4]. Dans tous les cas, la forme du diplôme est clairement imitée de celle des constitutions impériales, que nous ont conservées les codes : *Imperator Justinianus,* etc., *Menae viro illustri praefecto praetorio,* etc. [5], ou *Imperatores Honorius et Theodosius Augusti consulibus, praetoribus, tribunis plebis, senatui,* etc. [6]. L'acte étant toujours adressé à des fonctionnaires élevés en dignité, il est naturel de voir dans le texte les destinataires désignés encore par des expressions honorifiques, conformes à leur rang : *Idio cognuscat magnetudo seu utilitas vestra, Vestra cognuscat solercia,* etc. [7]. Tout ici se tient, tout est logique et rationnel.

Il en est de même dans les diplômes qui portent *v. inl.*, en abrégé, si on lit cette abréviation, *viris inlustribus;* ils sont alors pareils aux autres. Ce sont encore des lettres du roi, adressées à l'ensemble des hommes illustres, c'est-à-dire des fonctionnaires royaux. Si on veut lire *rex Francorum vir inluster,* plusieurs difficultés se présentent.

---

1. T. 21 (L. 17, Mus. 13).
2. T. 23 (L. 19).
3. T. 46 (L. 39, Mus. 27).
4. L'emploi du mot *illustres* pour désigner avec précision une catégorie de fonctionnaires déterminés se trouve déjà dans le code Théodosien : VI, xv. *De comitibus qui illustribus agentibus assiderunt,* et plus loin : *Assessores, qui, cum primi ordinis comitiva, virorum illustrium in actu positorum... juverunt consilia vel juvabunt...* Comparez Marculfe, II, 50 : *Indecolum conmendatium ad viros inlustris laicos* (Zeumer, *Formulae,* dans les *Monumenta Germaniae,* in-4°, I, p. 105 ; E. de Rozière, *Recueil général des formules,* n° 666).
5. Code Justinien, *De Justiniano codice confirmando.*
6. Code Théodosien, IX, 1, 19. — Comparez encore les formules initiales des lettres de Théodoric, dans Cassiodore : *Boetio viro illustri patritio Theodoricus rex* (Cassiodore, *Variae,* I, 45), etc.
7. T. 46 (L. 39, Mus. 27).

Le diplôme devient une lettre sans adresse.[1]. Il faut que les mots *N. rex Francorum vir inluster* forment une phrase à eux seuls. Les destinataires n'étant plus nommés, doit-on croire que l'acte s'adresse à tout le monde? Non, car, dès les premières lignes, le roi donne à ceux à qui il parle des titres honorifiques, et ce sont les mêmes dont il se sert ailleurs pour les *viri inlustres* : *Cognuscat magnetudo seu utilitas vestra* [2], *Vestra cognuscat industria* [3]. Il leur ordonne de ne pas mettre obstacle à ses volontés et de ne pas permettre que d'autres y mettent obstacle : *absque vestra aut cujuslibet contrariaetate* [4]; il s'adresse donc à un nombre limité de personnes et à des personnes qui ont en main l'exercice de l'autorité. Ailleurs, le roi charge ceux à qui il parle de payer des sommes d'argent de sa part : *vobis omnino jobemmus adque super omnia demandamus ut, quomodo missi ipsius basileci domni Dionisii vel memorato Chaenone abbati ad vos vinerint, ipsus soledus cento... eis omnemodis dare et adinplire faciatis* [5]. Ceci ne peut s'adresser qu'à des agents royaux, et s'adresse, en effet, à eux, si on lit au commencement *viris inlustribus*, qui est le titre de ces agents. Si on lit *vir inluster*, sans adresse, ces clauses n'ont pas de sens.

Vir inluster était-il, sous la première race, un titre digne d'un roi? C'est fort douteux. Dans l'empire romain, ce titre appartenait à des fonctionnaires de haut rang, sans doute, mais qui n'en étaient pas moins les officiers et les agents du prince [6] : telle n'était pas la condition d'un souverain franc. On lit que Clovis avait reçu de l'empereur Anastase la dignité consulaire, et que dès lors il avait porté les titres de consul et d'auguste : *Chlodovechus*, dit Grégoire de Tours, *ab Anastasio imperatore codicillos de consulatu accepit... et ab ea die tamquam consul aut augustus est vocitatus* [7]. Ceci n'explique pas pourquoi il aurait pris le titre de *vir inluster*. Les consuls étaient *clarissimi* et non *illustres*, comme le prouvent les formules de dates consulaires que nous ont

---

1. Le diplôme mérovingien est une lettre; il en a toutes les formes, jusqu'à la salutation finale, *Bene valete* : d'Arbois de Jubainville, dans la *Bibliothèque de l'École des chartes*, t. XLI, 1880, p. 86 (note de la p. 85).
2. T. 20 (L. 16, Mus. 12).
3. T. 25 (Mab. 379, L. 20).
4. T. 20 (L. 16, Mus. 12).
5. T. 31 (L. 26).
6. Voy. la *Notitia dignitatum*, le code Théodosien, etc.
7. *Historia Francorum*, livre II, chap. 38.

conservées un grand nombre de monuments divers [1]; et le nom d'*augustus* était celui que prenaient les empereurs ; par conséquent, il représentait un rang beaucoup plus haut que celui d'homme illustre. Quant aux princes dont nous avons des diplômes, ils ont régné longtemps après Clovis, puisque Clovis est mort en 511 et que le plus ancien diplôme original connu est de l'an 625. A cette époque, les rois francs, loin de briguer les titres conférés par les empereurs romains, se considéraient eux-mêmes comme des souverains, émules et successeurs des empereurs. Ils disaient notre fisc, *fiscus noster* [2], la clémence de notre règne, *clemencia rigni nostri* [3]; ils parlaient de leur sérénité princière, *principalis serenitas* [4]. Ils frappaient des pièces d'or au type impérial, et à côté de leur effigie, couronnée du diadème, ils mettaient leur nom, précédé, comme à Rome, des mots *dominus noster* : D. N. THEODEBERTVS VICTOR [5]; ou bien, à la place du nom de la Victoire impériale, *Victoria Augusti*, ils mettaient celui de la Victoire du roi : VICTVRIA CHLOTARI [6]. Pense-t-on que les princes qui parlaient ce langage fussent hommes à se parer du titre qui revenait, dans la hiérarchie impériale, à un *magister peditum* ou à un *quaestor* ?

La preuve que ce titre était inférieur au rang d'un roi, c'est que les rois le donnaient à leurs sujets. Les ducs, les comtes, les fonctionnaires royaux en général étaient *viri inlustres*. On a imaginé une distinction entre eux et les rois ; on a prétendu que le prince était *vir inluster* et les ducs et les comtes *inlustres viri* [7] : les faits contredisent cette hypothèse. *Inluster vir* et *vir inluster* sont termes parfaitement synonymes. J'ai cité dix actes originaux qui donnent l'adresse aux fonctionnaires royaux sous la forme *viris inlustribus*. Ailleurs, le même titre est employé dans le texte des actes : *Vir inl. et fedelis Deo propicio noster Ursinus*, dit Dagobert Ier, vers 628 [8]. Dans le grand privilège de Clovis II pour

---

1. Voy. Le Blant, *Inscriptions chrétiennes de la Gaule*, etc.
2. T. 46 (L. 39, Mus. 27), ligne 13, etc.
3. T. 12 (L. 9, Mus. 7), ligne 2, etc.
4. Thierry III, 23 mai 683 ; K. Pertz, p. 49, ligne 34.
5. Du Cange, *Glossarium mediæ et infimæ latinitatis*, édition Henschel, IV, pl. I, fig. 9.
6. *Ibid.*, fig. 16.
7. Bréquigny, prolégomènes, 3º partie, section I, chap. I, art. II (édition Pardessus, I, p. 191); Sickel, *Acta regum et imperatorum Karolinorum*, I, *Lehre von den Urkunden der ersten Karolinger* (Wien, 1867, in-8º), p. 175, 176.
8. T. 6 (Mab. suppl. 70, L. 4, Mus. 3).

Saint-Denis, du 22 juin 653, plusieurs dignitaires font précéder leur souscription des lettres *v. inl.* [1]. Dans une formule de Marculfe, un roi écrivant à un autre roi désigne par le même titre les ambassadeurs qu'il lui envoie : *viros inlustris illos et illos ad presenciam fraternitatis vestre direximus* [2]. Une autre formule porte pour titre : *Indecolum conmendatium ad viros inlustris laicos* [3]. Or, si ce titre appartenait aux fonctionnaires sujets du roi, est-il croyable qu'il appartînt en même temps au roi?

D'ailleurs, quelle incohérence, quelle irrégularité dans la diplomatique mérovingienne, si l'on adopte la leçon admise jusqu'ici par les éditeurs! Les rois mettent en tête de leurs diplômes une adresse, mais ils la mettent d'une façon intermittente ; ils prennent le titre de *vir inluster*, mais ils le portent d'une façon intermittente. Après le titre du roi des Francs, la règle est qu'on doit rencontrer la qualification d'homme illustre, et sur ce point l'usage est invariable : mais cette qualification peut être mise, soit au nominatif singulier et s'appliquer au roi, soit au datif pluriel et s'appliquer aux fonctionnaires royaux, et sur ce point l'usage est incertain et changeant. C'est prêter à la chancellerie mérovingienne beaucoup de laisser-aller et de négligence.

Pour supprimer d'un seul coup toutes ces invraisemblances, il suffit de lire *viris inlustribus* l'abréviation qu'on a lue *vir inluster*, et qui se prête également à l'une ou l'autre lecture. La correction que je crois devoir proposer me semble indispensable, et, si je ne me trompe, elle satisfait à tout.

Elle s'accorde, non seulement avec les diplômes, mais aussi avec les formules de la même époque. Parmi les recueils de formules franques, il en est un qui donne des modèles d'actes royaux et qui remonte à la période mérovingienne, c'est celui de Marculfe : on n'y lit jamais : *ille rex Francorum vir inluster*, mais bien : *ille rex vero inlustris illo comite; ille rex vero inlustre illo; ille rex Francorum viro inlustre ille comitae* [4] ; et, dans les suppléments du même recueil : *ille rex Francorum viris inlustribus patriciis, comitibus, tollonariis vel omnibus curam publicam agentibus* [5].

---

1. T. 11 (Mab. 376, pl. xvii, L. 8, Mus. 6).
2. Marculfe, I, 9 : Zeumer, p. 48 ; E. de Rozière, n° 696.
3. Marculfe, II, 50 : Zeumer, p. 105 ; Rozière, n° 666.
4. Marculfe, I, 28, 29, 39 : Zeumer, p. 60 (lignes 8, 18 et 40), 68 ; Rozière, n°s 435, 433 (note 3), 79.
5. Zeumer, p. 107, 111 ; Rozière, n°s 32 *bis*, 32.

Le titre de *rex Francorum vir inluster* n'appartient donc pas à la période mérovingienne.

Mais, dira-t-on, quelle est l'origine de cette formule? Les diplomatistes modernes ne l'ont pas inventée. Bien avant eux, on la rencontre dans les cartulaires, dans les copies du moyen âge. Elle n'est donc pas nouvelle.

Elle est fort ancienne, en effet, aussi ancienne qu'elle peut l'être sans être mérovingienne. Elle remonte au règne de Pépin le Bref.

Dans les diplômes de Pépin, dans ceux de Carloman et dans ceux des premières années du règne de Charlemagne, on trouve ordinairement, après les mots *rex Francorum*, eeux-ci : *vir inluster*, écrits soit en toutes lettres, soit au moins assez au long pour ne laisser aucun doute sur la nécessité de lire ces deux mots au nominatif singulier [1].

C'est une nouveauté. Elle s'explique par la transformation que subit la chancellerie royale à cette époque.

La forme des diplômes carolingiens diffère sensiblement de celle des actes des rois de la première race. Ceux-ci annoncent à la fin de leurs diplômes leur signature autographe et ne font pas mention de leur sceau : *manus nostrae subscriptionibus subter decrevimus roborari*; Pépin et ses successeurs annoncent à la fois leur seing et leur sceau : *subter eam firmavimus vel de anulo nostro sigillavimus*. Les Mérovingiens signent en style direct : *Theudericus rex subscripsi*; la suscription des Carolingiens, que rien ne

---

1. Je cite les actes carolingiens d'après les numéros qu'ils portent dans le catalogue de M. Mühlbacher (J. F. Bœhmer, *Regesta imperii*, I, *neu bearbeitet*, Innsbruck, en cours de publication). Je dois à l'obligeance de MM. Bianchi, surintendant des archives royales de Turin, Idtenson et Scherrer, à Saint-Gall, Rœnnecke, à Marbourg (Prusse), des renseignements sur les diplômes conservés dans ces différentes villes. — VIR INLUSTER : Mühlb. 100 (Marbourg, Staats-archiv); 113 (T. 64, Mus. 35); 116 (T. 66, Mab. 386); 120 (*Mémoires de la Société des sciences morales de Seine-et-Oise*, XII, 1880); 128 (T. 63, Mus. 34; copie selon Sickel); 146 (Saint-Gall, Stiftsarchiv). — VIR INLTER. : Mühlb. 87 (T. 57 *bis*, Arch. nat. K. 5. 4^3). — VIR INLUST. : Mühlb. 105 (T. 61, K. 5. 10, facsim. de l'Éc. des ch. 86 A, pl. I; copie selon Sickel); 106 (T. 60, fac-sim. de l'Éc. des ch. 272); 107 (T. 62, Mus. 33; copie selon Sickel); 114 (T. 65, K. 5. 41^2); 115 (Schœpflin, *Alsatia diplomatica*, I, 42); 117 (archives royales de Turin); 137 (T. 69, K. 5. 12^3; copie selon Sickel); 140 (Schœpflin, I, 44); 147 (T. 70, Mab. 387; copie selon Sickel); 167 (T. 71, en double original : Mus. 38 et K. 6. 3^2); 172 (Sybel et Sickel, *Kaiserurkunden in Abbildungen*, Berlin, en cours de publication, I, 2); 173 (Marbourg, Staatsarchiv). — VIR INLT. : Mühlb. 187 (T. 75, Mus. 39). — VIR. INL. : Mühlb. 76 (T. 56, K. 5. 4); 88 (*Kaiserurkunden in Abbildungen*, I, 1). — VIRLT. : Mühlb. 166 (T. 82, K. 7. 4). — V. INLT. : Mühlb. 71 (T. 55, Mus. 31).

dit être autographe, prend cette forme : *Signum Pippino gloriosissimo rege*. Le référendaire qui contresigne un diplôme signé par le prince joint à son nom, sous les Mérovingiens, le mot *optolit (obtulit);* sous les Carolingiens, le mot *recognovit*. Les actes des maires du palais, pendant les dernières années de la première race, s'accordent sur ces divers points avec ceux des rois carolingiens et diffèrent de ceux des rois mérovingiens. Il est permis d'en conclure que Pépin, quand il est devenu roi, ne s'est point approprié la chancellerie mérovingienne pour la faire passer à son service, mais qu'il l'a supprimée et a élevé la sienne propre au rang de chancellerie royale. La chancellerie du maire du palais, en devenant la chancellerie du roi, a transporté dans les diplômes royaux les formules et le style des diplômes des maires du palais.

Or, la chancellerie du maire du palais, avant l'avènement de Pépin, avait l'habitude de donner à son maître le titre d'homme illustre, qui lui revenait en qualité de fonctionnaire royal. Elle l'appelait au commencement des actes : *inlust. vir Pippinus major. domus*, et à la fin elle écrivait sa suscription ainsi : *Signum inlustri viro Pippino major. domus*[1]. N'est-ce pas par une suite de cette habitude qu'elle lui a conservé ce titre après qu'il a été roi, et qu'elle a ajouté la qualification de *vir inluster* (synonyme d'*inluster vir*) à celle de *rex Francorum*[2] ?

Il n'y avait pas à cela les mêmes difficultés que sous les Mérovingiens. D'abord, sous Pépin et ses successeurs, on ne trouve plus de diplômes qui portent *viris inlustribus* au lieu de *vir inluster* : les actes de ces princes ne présentent donc pas l'incohérence qui se trouverait dans ceux des rois de la première race, si l'on acceptait la leçon des éditions. De plus, le titre d'*inluster*, certainement inférieur au rang d'un roi sous les Mérovingiens, était devenu compatible avec ce rang au temps de Pépin. En effet, quand s'est formé le style de la chancellerie mérovingienne, le souvenir de la domination romaine n'était pas encore effacé en Gaule, et l'on savait la valeur des appellations honorifiques ;

---

1. T. 54 (L. 46).
2. Un diplôme de Pépin pour Saint-Calais, du 25 avril 752, reproduit entièrement le formulaire des actes des maires du palais. Le roi y est appelé *inluster vir Pippinus rex Francorum* (Mühlb. 64 ; *Rec. des hist. de Fr.*, V, 698). — Il faut laisser dans le doute la question de savoir si, en se qualifiant *vir inluster*, Pépin a songé dans quelque mesure que ce soit à imiter les rois lombards, qui prenaient le titre de *vir excellentissimus* (*Historiae patriae Monumenta, Chartae*, I, col. 13 ; etc. ; *Monumenta Germaniae, Leges*, IV, p. 1, etc.).

d'ailleurs, comment le roi des Francs aurait-il jugé digne de lui un titre qu'il accordait alors, non seulement à ses ducs et à ses comtes, mais parfois même à des percepteurs des douanes, *viris inlustrebus omnis tilenariis Masiliensis*, comme nous lisons dans un diplôme de Chilpéric II [1]? Au contraire, à la fin du viii° siècle, les souvenirs de l'époque romaine étaient loin ; la barbarie était allée croissant, et l'ignorance était extrême. Comme le titre d'homme illustre appartenait au maire du palais, et que l'importance du maire du palais dans l'État était devenue très grande, ce titre avait grandi en proportion ; les hommes du viii° siècle avaient dû apprendre à le respecter beaucoup plus que ne pouvaient le faire les sujets d'un Dagobert ou d'un Clotaire. Aussi voyons-nous que la chancellerie du maire du palais le réservait à peu près exclusivement à son maître. Parmi les vingt-quatre diplômes des maires du palais qui nous sont parvenus, en original ou en copie, il n'en est presque pas un où ce haut dignitaire ne soit qualifié d'illustre : il n'en est presque pas un où d'autres que lui reçoivent la même qualification [2]. Les comtes et autres grands personnages, qui ont signé quelques-uns de ces actes, n'ont mis que leur nom [3]. L'un des derniers diplômes de Pépin avant son avènement est adressé, sans qualification, *omnibus episcopis, abbatibus, ducibus, comitibus, domesticis*, etc. [4]. En un mot, le nom d'homme illustre était devenu en quelque sorte le privilège du véritable maître de l'État, du roi de fait ; il n'est pas étonnant que ce personnage, devenu tout à fait roi, ait cru pouvoir garder ce nom, en l'accolant à son titre royal, et que ses successeurs, Carloman et Charlemagne, aient imité son exemple.

Charlemagne fut le dernier roi qui porta le titre de *vir inluster*; il s'en servit jusqu'en 775, puis il l'abandonna pour le remplacer par celui de *patricius Romanorum* [5]. Ce titre ne fut donc en usage que pendant un peu plus d'une vingtaine d'années; mais durant ce temps on l'écrivit, dans presque tous les actes, à peu près en toutes lettres et fort lisiblement. Les copistes, qu'embarrassa sans doute bientôt l'abréviation *v. inl.* des actes mérovingiens, crurent en trouver la solution dans ces textes des premiers Carolingiens. De là les nombreuses copies de chartes mérovingiennes et les for-

1. T. 47 (L. 40, Mus. 28).
2. Voy. la collection de ces diplômes dans le vol. de K. Pertz, 91-110.
3. K. Pertz, n°s 11, 12, p. 98-100.
4. T. 54 (L. 46).
5. Sickel, *Acta regum et imperatorum Karolinorum*, I, p. 258, 259.

mules postérieures (sans parler des actes faux [1]) qui nous sont parvenues avec la leçon *rex Francorum vir inluster*, au lieu de *viris inlustribus*, et qui ont accrédité cette leçon jusqu'aujourd'hui parmi les diplomatistes. Je crois qu'il faut considérer ces mots, quand on les trouve dans un texte mérovingien, comme introduits par une faute de copie, et qu'on ne doit pas hésiter à les corriger [2].

En résumé, l'abréviation *v. inl.*, placée après le titre royal, dans les diplômes mérovingiens, doit se lire *viris inlustribus*. Le titre de *vir inluster*, appliqué au roi, est carolingien et non mérovingien. C'est un souvenir de la mairie du palais exercée par Pépin, et non du consulat conféré à Clovis.

---

1. On lit *vir inluster* en toutes lettres à la première ligne du prétendu diplôme de Childebert Ier pour la fondation de Saint-Germain-des-Prés (T. 2, L. 4). Si l'on songe que la fausseté de cet acte n'a été démontrée qu'en 1865, par Jules Quicherat (*Bibliothèque de l'École des chartes*, 6e série, I, p. 513), et que jadis on le tenait, non seulement pour authentique, mais encore pour original, on ne pourra s'étonner que la lecture *rex Francorum vir inluster*, dans les diplômes mérovingiens, ait si longtemps passé pour indubitable.

2. Parmi les actes législatifs des rois mérovingiens, que nous ont conservés divers manuscrits, un seul, le décret attribué à Childebert II, 29 février 596, porte : *rex Francorum vir inluster* (Boretius, *Capitularia*, dans les *Monumenta Germaniae*, in-4°, I, p. 15). Mais les manuscrits qui donnent ce texte sont du IXe et du Xe siècles; et tous n'offrent pas la même leçon : le ms. lat. 4404 de la Bibl. nat., du IXe siècle, porte nettement : *viris inlustribus* (fol. 231).

QUESTIONS MÉROVINGIENNES

Supplément au N° 1

VIR INLUSTER OU VIRIS INLUSTRIBUS?
Bibliothèque de l'École des chartes, XLVIII (1887), p. 127-131.

La Formule N. rex Francorum v. inl., par M. PIRENNE. In-8, 13 p. (Extrait du *Compte rendu de la commission royale d'histoire* de Belgique, 4ᵉ série, t. XIII.)

Der Titel der Merovingerkönige. Von H. BRESSLAU. In-8°, p. 353-360. (Extrait du *Neues Archiv der Gesellschaft für ältere deutsche Geschichtskunde*, t. XII.)

C'est pour moi un devoir, envers les lecteurs de la *Bibliothèque de l'École des chartes*, de rendre compte de ces deux articles. Ils ont l'un et l'autre pour objet de combattre la thèse que j'ai soutenue ici en 1885 sur le titre des rois de la première race [1]. Je me suis efforcé alors de prouver qu'il faut lire, au début des diplômes mérovingiens, après le nom du roi, non pas : *rex Francorum vir inluster*, mais : *rex Francorum viris inlustribus*; que chaque diplôme est une lettre du roi à ses agents, les fonctionnaires pourvus du titre d' « hommes illustres », et que les mots *viris inlustribus* sont l'adresse de cette lettre. MM. Pirenne et Bresslau, sans attaquer dans le principe les arguments sur lesquels s'appuie cette théorie, soulèvent contre les conclusions une série d'objections de détail. Quel que soit l'art avec lequel ils les présentent, ils ne m'ont pas convaincu. Il est inutile de revenir sur les raisons que j'ai exposées il y a deux ans; je n'ai rien à y changer. Je me bornerai à indiquer les difficultés proposées par les deux critiques et à formuler chaque fois ma réponse en peu de mots.

---

[1] *Questions mérovingiennes*, I (*Bibl. de l'École des chartes*, XLVI, p. 138).

J'avais cité, comme contenant expressément l'adresse dans la forme *viris inlustribus*, trois diplômes (Letronne, n°° 4, 9 et 10) où on lit *vir, inl.*, avec un signe d'abréviation au premier mot aussi bien qu'au second ; ce signe d'abréviation indique que le premier mot n'est pas terminé, il faut donc lire *viris* et non *vir*. M. Pirenne conteste le fait : « J'ai cherché vainement dans Letronne, je l'avoue, dit-il, ces signes « abréviatifs. Bien plus, aux signatures du n° 14, je rencontre *vir inlu-* « *ster* abrégé de la même manière que dans le protocole des trois « diplômes en question et dans un cas où certainement il faut lire le « singulier : *Signum + vir inluster Ermenrigo.* » — Alarmé d'une dénégation aussi formelle, j'ai recouru de nouveau au recueil de Letronne. Tout ce que je puis accorder au savant belge, après ce nouvel examen, c'est qu'au n° 10 l'existence du signe abréviatif est discutable. Mais, au n° 4 et au n° 9, les lettres *vir* sont suivies d'une boucle nettement formée, dans laquelle on ne peut pas voir autre chose qu'un signe d'abréviation. Au contraire, dans les signatures du n° 14, l'*r* de *vir* est liée directement à l'*i* du mot suivant. On observera la même différence en comparant dans la pièce n° 4 les mots *vir. inl.* (lisez : *viris inlustribus*), à la première ligne, et *vir inl.* (lisez : *vir inluster*), à la seconde. Ces deux lignes sont d'une même main : si celui qui les a écrites avait voulu, comme M. Pirenne, qu'on lût deux fois les mêmes mots *vir, inluster*, il aurait apparemment pris soin de les tracer de la même façon.

Les deux auteurs insistent sur cette remarque, que, dans la plupart des diplômes qui contiennent explicitement *viris inlustribus*, ces mots sont suivis de noms propres ou d'autres substantifs au datif pluriel. Ils constatent pourtant qu'il n'en est pas ainsi dans le n° 39 de Letronne, où on lit clairement : *Chilperichus rex Francorum v. inlustribus*, et rien de plus. Mais, disent-ils, c'est un cas isolé : « il fait exception à une « règle constante et par là même me paraît perdre beaucoup de sa « force probante » (Pirenne) ; « *inlustribus* ne peut s'expliquer ici que « par une erreur du scribe, qui aura mal interprété une abréviation de « son modèle » (Bresslau). — Ceci est une hypothèse et non un fait. On doit chercher à accommoder les systèmes aux textes, plutôt que les textes aux systèmes. Quand même le n° 39 serait en effet seul, il ne serait pas sans autorité. Sur trente-deux protocoles originaux en tout, on ne peut prétendre trouver un grand nombre d'exemples de chaque variété. Mais le nombre des exemples qu'on peut citer ici est au moins de trois, car au n° 39 on peut ajouter sans crainte le n° 4 et le n° 9, où il faut lire, quoi qu'en dise M. Pirenne, *viris inlustribus*, et où ces mots ne paraissent suivis d'aucun autre datif pluriel.

« L'abréviation de *viris inlustribus*, dit M. Pirenne, n'est pas *v. inl.*, « mais *v. inlbus.* » M. Bresslau allègue, de son côté, trois passages où, dans le texte des actes, le datif pluriel d'*inluster* est écrit en abrégé *inlbus* ou *inlis* et accompagné du mot *viris* en toutes lettres. — Cela prouve en effet l'emploi de l'abréviation *inlbus*, mais il n'en résulte pas nécessairement qu'une autre abréviation n'ait pas pu être employée pour le même mot. Les scribes de la période mérovingienne ne paraissent pas avoir eu des principes aussi absolus. On voit, par le *v. inlustribus* du n° 39 de Letronne, qu'un simple *v.* pouvait représenter aussi bien, dans leur pensée, le datif pluriel *viris* que le nominatif singulier *vir*. De même, il résulte du *vir.* (avec une boucle, donc : *viris*) *inl.* des n°[s] 4 et 9 que les lettres *inl.* pouvaient représenter aussi bien le datif pluriel *inlustribus* que le nominatif singulier *inluster*.

« *Vir inluster* ou *inluster vir*, dit M. Bresslau, n'est pas un titre de « fonction, mais seulement une qualification honorifique, qui peut « accompagner le titre ou le nom, mais qui ne peut être employée « seule. » — Est-ce bien certain? Dans un titre du code théodosien, les mots *illustres agentes*, sans autre désignation, servent à indiquer certaines catégories de fonctionnaires : « De comitibus qui illustribus « agentibus assiderunt[1]. » Le code théodosien n'est pas loin des temps mérovingiens. Pour ces temps même, on trouve un emploi analogue des mots *viri inlustres* dans la rubrique d'une formule de Marculfe : « Indecolum commendatium ad viros industris laicos[2]. »

Le diplôme n° 40 de Letronne, de Chilpéric II, est adressé « aux « hommes illustres, préposés aux douanes de Marseille » *viris inlustrebus omnis tilenariis Masiliensis*. MM. Pirenne et Bresslau s'empressent de prononcer que ce texte est fautif; le copiste chargé d'expédier l'acte a sûrement mal copié la minute ; en effet, « les *telonearii*, auxquels « s'adresse ce diplôme, ont toujours appartenu aux plus infimes des « fonctionnaires » (Pirenne); « on ne peut pas supposer que des fonc- « tionnaires d'un rang aussi bas que les douaniers de Marseille aient « eu droit à la qualification d'*inlustres* » (Bresslau). — Il serait bon d'expliquer pourquoi on ne peut pas supposer cela. Sommes-nous donc si bien instruits de l'organisation des douanes au temps des Mérovingiens? Il suffit aujourd'hui d'ouvrir l'*Annuaire des douanes* pour savoir qu'il y a à Marseille un directeur des douanes (aux appointements de 12,000 fr.), ainsi que plusieurs inspecteurs et sous-inspecteurs, dont le rang dans la hiérarchie administrative n'est peut-être pas très inférieur à celui d'un *vir inluster* mérovingien. Mais, pour connaître le rang des prédécesseurs de ces fonctionnaires, au temps des rois de la première race, nous n'avons pas de documents ; ou plutôt nous n'avons qu'un document, c'est l'acte auquel on veut, par une correction arbitraire, ôter toute sa valeur. Il vaudrait mieux n'y rien changer et en tirer simplement ce qui s'y trouve. Ne disons pas : *A priori*, les *telonearii*

---

1. Code théodosien, XVI, xv. Un peu plus loin, dans la loi unique de ce titre, Haenel n'a pas hésité à rétablir, pour suppléer à une lacune du manuscrit, les mots *viri illustres*, dans le même sens: « [As]sessores qui cum primi « ordinis comitiva virorum [illustri]um in actu positorum... juverunt con- « silia... »

2. Marculfe, II, 50 (Zeumer, p. 105 ; de Rozière, n° 666).

devaient être des gens de peu, donc le texte qui les appelle *inlustres* est fautif; disons plutôt : Un texte officiel et original donne aux *telonearii* le titre de *viri inlustres*, donc ces fonctionnaires occupaient un rang élevé.

Selon M. Pirenne, « la moitié des actes originaux mérovingiens venus « jusqu'à nous, je veux dire les *placita*, ne sont pas rédigés en forme de « lettres, ne s'adressent pas aux *viri inlustres* et débutent pourtant par « *N. rex Francorum v. inl.* » M. Bresslau pense aussi que les *placita* ne sont pas des lettres, car « jamais, dit-il, dans le contexte de ces actes, « on ne rencontre une apostrophe à la seconde personne, dans le genre « des formules bien connues : *cognuscat magnetudo seu utiletas vestra,* « *cognoscite,* etc. » — C'est une erreur. Sur les quatorze *placita* qui figurent dans le recueil de Letronne, treize (nᵒˢ 13, 18, 24, 25, 27, 28, 30, 33, 35-38, 41) portent, plus ou moins visible, au-dessous ou à la place du sceau, la formule de salutation usitée à la fin des lettres : *bene valete*. De plus, l'un de ces actes (nᵒ 25) se termine par une phrase qui contient le pronom personnel de la seconde personne et qui ne peut s'adresser qu'à des fonctionnaires royaux : « Jobemmus ut quicquid « lex loci vestri de tale causa edocit, memoratus Ermenoaldus... omne- « modis *vobis distringentebus* conponire et satisfacire non recusit. » Ainsi tous les actes des rois mérovingiens, les *placita* comme les autres, étaient des lettres, et ces lettres étaient toujours adressées à des fonctionnaires.

Les deux critiques citent quelques diplômes mérovingiens où l'on trouve à la fois *vir inluster* après le titre du roi et plus loin *inlustribus viris* dans l'adresse. — Il suffit de faire remarquer que ces textes ne nous ont été conservés que par des copies, faites dans un temps où l'on croyait que tous les rois de la première race avaient pris le titre de *vir inluster*. Rien ne garantit donc qu'ils ne soient pas interpolés. Ils ne sauraient prévaloir contre une démonstration fondée tout entière sur l'examen des diplômes originaux.

Le dernier argument de M. Pirenne, repris et développé par M. Bresslau, est le plus spécieux. Pépin le Bref, disent-ils, a cherché à imiter dans ses actes la forme des diplômes mérovingiens; or il y a pris le titre de *inluster*. Quand il n'était que maire du palais, il plaçait les mêmes mots dans un autre ordre : *inluster vir*. Pourquoi ce changement, sinon pour se rapprocher des formes de la diplomatique de ses prédécesseurs? — Cela est vrai. Il est probable que quand Pépin ou plutôt les notaires de sa chancellerie ont adopté cette formule, ils ont cru imiter les Mérovingiens. Mais il n'est pas prouvé qu'ils aient eu raison de le croire. On peut penser, au contraire, que ces notaires, lorsqu'ils ont examiné, afin de les prendre pour modèles, les actes des rois mérovingiens, ont commis pour la première fois la faute de lecture qui fait l'objet du présent débat. Ils avaient l'habitude de donner à leur maître, et à leur maître seul, le titre d'*inluster vir*, rencontrant dans le formulaire qu'ils copiaient, après le titre royal (qui devenait celui de ce maître), les mots abrégés *v. inl.*, ils n'en ont pas compris le sens et ils les ont lus tout naturellement *vir inluster*. Leur erreur s'est perpétuée jusqu'à nous et trouve encore aujourd'hui des défenseurs. Qu'on ne se récrie pas sur l'invraisemblance de cette hypothèse ; qu'on ne dise pas que la chancellerie d'un roi n'a pas pu ignorer le style de celle de ses prédécesseurs. Au xviiie siècle, quand les moyens d'information existaient en abondance, on a vu les auteurs de l'*Art de vérifier les dates*, qui étaient pourtant des diplomatistes de profession, se tromper sur une formule courante des actes royaux de leur temps même et affirmer que ces actes portaient : *Car tel est notre bon plaisir*, alors que la formule réellement employée était : *Car tel est notre plaisir*. Cette erreur a passé, au siècle suivant, non seulement dans le formulaire des actes impériaux de Napoléon Ier, mais encore dans celui des actes royaux de Louis XVIII [1]. Est-il téméraire de supposer qu'au viiie siècle, pendant la période la plus barbare de tout le moyen âge, la chancellerie des maires du palais a pu être aussi mal informée sur les usages de la chancellerie des rois mérovingiens, qu'au xixe siècle celle de nos souverains sur les formes employées par les rois qui avaient régné vingt ou trente ans plus tôt [2] ?

M. Bresslau ajoute une dernière remarque : les rois des Lombards, dit-il, se sont qualifiés *vir excellentissimus rex*, ceux des Visigoths *gloriosus rex*, ceux des Bourguignons *gloriosissimus rex* ; il demande s'il n'est pas vraisemblable que les rois francs aient pris des titres analogues. — Ils en ont pris quelquefois, en effet, mais ce n'est pas celui d'*inluster* ; ce sont ceux de *praecellentissimus* et de *gloriosissimus*, comme on peut le voir, par exemple, dans le traité d'Andelot [3]. — Quant au décret de Childebert II [4], qu'allègue le même auteur, il est vrai qu'il

---

1. Voir les curieuses révélations faites ici en 1881 par notre confrère M. de Mas Latrie (*Bibliothèque de l'École des chartes*, XLII, 560).
2. Ce n'est pas d'ailleurs la seule preuve de maladresse et d'ignorance qu'on puisse relever à la charge des notaires de la chancellerie carolingienne au viiie siècle. Tantôt ces notaires ont conservé la formule *Cognoscat magnitudo seu utilitas* ou *industria vestra* dans des diplômes dépourvus de toute adresse (Tardif, *Monuments historiques*, n° 61), tantôt ils l'ont mise dans des actes adressés, non plus aux fonctionnaires royaux, mais à tous les sujets sans distinction, *omnibus fidelibus nostris tam presentibus quam et futuris*, comme si tous les sujets avaient eu droit à ces titres d'honneur (*Ibid.*, n° 66). Cette incohérence barbare est bien éloignée de la régularité du style de la chancellerie mérovingienne, formée à l'école des traditions impériales. Avec l'avènement de la seconde race, on a vu pour la première fois au service du prince des notaires mal instruits, comme on a vu pour la première fois alors sur le trône un roi illettré. Tous les Mérovingiens adultes avaient signé leurs actes de leur main ; Pépin ne sut jamais signer les siens (Sickel, *Acta Karolinorum*, I, p. 214, 215).
3. Grégoire de Tours, *Historia Francorum*, IX, 20.
4. Boretius, *Capitularia*, I, p. 15, n° 7.

porte dans la plupart des manuscrits les mots *vir inluster*, mais non dans tous; j'ai déjà cité un manuscrit du ix° siècle où on lit *viris inlustribus* [1]. Cette leçon serait inexplicable, si elle était fautive : comment un copiste du ix° siècle aurait-il eu l'idée d'introduire dans le texte une formule inusitée de son temps? La faute inverse s'explique au contraire naturellement, dans des manuscrits tous postérieurs au règne de Pépin le Bref.

Je crois donc pouvoir maintenir mes conclusions premières. Le public savant s'est déjà prononcé, en majorité, pour l'opinion qui a été développée ici en 1885. J'ose espérer qu'il persistera dans ce jugement.

[1] Bibl. nat., lat. 4404, fol. 231.

QUESTIONS MÉROVINGIENNES

II

LES DÉCOUVERTES DE JÉROME VIGNIER.

TESTAMENT ET ÉPITAPHE DE PERPÉTUE, ÉVÊQUE DE TOURS ;
DIPLÔME DE CLOVIS POUR MICY (SAINT-MESMIN) ;
COLLOQUE DE LYON, 499 ;
CINQ LETTRES D'ÉVÊQUES ET DE PAPES, 462-501 ;
FRAGMENT D'UNE VIE DE SAINTE ODILE.

Bibliothèque de l'École des chartes, XLVI (1885), p. 205-271.

§ 1.

Le plus ancien acte connu de l'époque mérovingienne est le testament attribué à saint Perpétue, évêque de Tours, qui porte la date du 1ᵉʳ mai 475.

Ce testament a été publié pour la première fois par d'Achery, au tome V du *Spicilegium* (édition in-4°, 1661). Il a été souvent réimprimé d'après cette première édition. Tous les auteurs qui l'ont cité en ont admis l'authenticité sans discussion.

Cependant l'origine n'en est pas claire. D'Achery en avait trouvé la copie dans les papiers du P. Jérôme Vignier, prêtre de l'Oratoire, mort le 14 novembre 1661. Cette copie ne portait pas d'indication de provenance, et l'on ne sait d'où Vignier l'avait tirée : « e latebris bibliothecarum eruerat Hieronymus Vignerius », disent Brequigny et La Porte du Theil, ne pouvant préciser davantage. Avant lui, personne n'avait connu ce texte. Après lui, personne ne l'a retrouvé dans aucun manuscrit. Les éditeurs qui l'ont réimprimé depuis 1661 ont reproduit l'édition de d'Achery.

Le plus ancien acte royal connu de la même période est un diplôme, sans date, par lequel Clovis Ier donne à deux saints personnages, le prêtre Euspice et son neveu Maximin ou Mesmin, la terre de Micy ou Saint-Mesmin, au diocèse d'Orléans. C'est le seul diplôme de Clovis Ier dont l'authenticité soit aujourd'hui admise.

Cet acte est exactement dans les mêmes conditions que le testament de Perpétue : il a été publié pour la première fois dans le tome V du *Spicilegium*; la copie en avait été trouvée par d'Achery dans les papiers de Jérôme Vignier; on ignore d'où Vignier l'avait tirée; on ne l'a pas cité avant Vignier et on ne l'a retrouvé après lui dans aucun manuscrit; on n'en a d'autre texte que celui qui a été donné par d'Achery et qu'ont reproduit tous les éditeurs.

Ce n'est pas tout. Le même tome V du *Spicilegium* contient encore sept pièces qui ont la même origine et qui se trouvent dans le même cas, savoir :

Une épitaphe de saint Perpétue, en vers latins ;

Les actes d'un colloque tenu en présence du roi Gondebaud, à Lyon, en septembre 499, entre les évêques catholiques et les évêques ariens du royaume de Bourgogne ;

Une lettre de saint Léonce, évêque d'Arles, à saint Hilaire, pape (462) ;

Une lettre de saint Loup, évêque de Troyes, à saint Sidoine Apollinaire, évêque de Clermont (472) ;

Une lettre de saint Gélase, pape, à saint Rustique, évêque de Lyon (25 janvier 494) ;

Une lettre de saint Anastase II, pape, à Clovis Ier, roi des Francs, pour le féliciter de sa conversion au christianisme (497) ;

Une lettre de saint Symmaque, pape, à saint Avit, évêque de Vienne (13 octobre 501).

Toutes ces pièces ne sont parvenues à notre connaissance que par les copies de Jérôme Vignier. Elles étaient restées ignorées avant lui; elles n'ont pas été retrouvées après lui. Si c'est dans des manuscrits qu'il les a découvertes, ces manuscrits ont disparu; il est à la fois le premier et le dernier qui les ait vus.

Cette circonstance rend ces textes suspects. Il est arrivé parfois que tel manuscrit, consulté par un savant du xviie siècle, a péri depuis lors et ne nous est connu aujourd'hui que par les travaux de ce savant : mais il est surprenant qu'un même homme ait eu la bonne fortune de découvrir tant de pièces curieuses de nature diverse, et qu'aussitôt après sa mort une même fatalité ait fait disparaître toutes ses découvertes. On doit se demander si ces prétendus documents du v° et du vi° siècles, dont l'origine est si mal établie, ne seraient pas simplement des fabrications modernes.

Il faut chercher la réponse à cette question dans les documents eux-mêmes. S'ils sont authentiques, ils doivent porter en eux un caractère d'ancienneté qui s'impose au lecteur et force la conviction. S'ils sont apocryphes, il sera probablement aisé d'y relever des indices de fausseté plus ou moins marqués, des difficultés, des contradictions, des anachronismes.

Quelques-uns, il est vrai, sont trop courts et trop peu remplis pour fournir par eux-mêmes les éléments d'une appréciation critique. Mais il sera permis de conclure des uns aux autres. Si l'authenticité des principales pièces de la série était démontrée, il n'y aurait pas de motif de suspecter le reste. Si, au contraire, nous sommes en présence de l'œuvre d'un faussaire, il n'est pas à présumer que ce faussaire ait mêlé à ses fabrications de vrais textes inédits.

Examinons donc ces textes les uns après les autres.

§ 2. — TESTAMENT DE PERPÉTUE.

Je commence par reproduire le texte du testament attribué à saint Perpétue [1] (d'Achery, *Spicilegium*, in-4°, t. V, p. 105) :

TESTAMENTVM PERPETVI Turonensis Episcopi.

In nomine Iesv-Christi, Amen. Ego Perpetvvs peccator Turonicæ Ecclesiæ Sacerdos abire nolui sine testamento, ne fraudentur pauperes iis quæ superna gratia mihi non merito liberaliter et amanter contulit; et ne, quod absit, transeant ad alios quàm ad Ecclesiam Sacerdotis bona.

Presbyteris, Diaconibus et Clericis Ecclesiæ meæ pacem Domini Iesv-Christi do, lego, Amen. Confirma hoc Domine quod operatus es in

---

1. Le testament attribué à Perpétue et les autres pièces qui font l'objet de ce mémoire n'étant connus que par l'édition de d'Achery, cette édition a pour ces textes la valeur d'un manuscrit unique. C'est pourquoi j'ai cru devoir en reproduire exactement l'orthographe et jusqu'à la ponctuation, autant que le permettent les ressources ordinaires de la typographie moderne.

nobis, nesciant schismata, stabiles in fide permaneant; quicunque regulam Euangelij fuerit secutus, sit benedictus omni benedictione spirituali in supernis per Christvm Iesvm, Amen. Et Dominus Iesvs occidat impium vento oris sui, Amen, Amen. Pax Ecclesiæ, pax populo, in vrbe, in agro à Deo et Patre Domini Iesv-Christi, Amen. Veni, Domine, et noli sustinere, Amen. Vobis itaque Presbyteris, Diaconibus et Clericis Ecclesiæ meæ cum consilio Agilonis Comitis sepeliendum cadauer mortis hujus vbicumque elegeritis, permitto; scio quòd Redemptor meus non moritur, et in carne videbo liberatorem meum, Amen. Tamen si indigno mihi feceritis misericordiam, quam supplex postulo, optarem ad Domni Martini pedes in diem quiescere judicij, videritis, judicabitis, eligetis; volo, statuo. Ratum jubeo quod vobis dominis et fratribus meis placuerit.

In primis itaque ego Perpetvvs, volo liberos esse liberasque homines et fœminas quotquot habeo in villa Saponaria, quos emi de mea pecunia, vt et pueros, quos in die [p. 106:] discessus mei non manumisero in Ecclesia: ita tamen vt liberè seruiant, quandiu vixerint, Ecclesiæ meæ, sed absque seruitute ad heredes transmissibili et glebatica.

Do etiam Ecclesiæ meæ agrum, quem Aligarius mihi vendidit in dicta villa Saponaria, cum stagno. Item molendina supra Carum prope dictam villam; necnon pecuaria et prata ipsi Ecclesiæ meæ do, lego.

Villam de Bertiniaco cum sylva et omni reditu, ea conditione, quà mihi à Daniele Diacono vendita est, Ecclesiæ meæ pariter do, lego. Ita tamen vt de eorum prouentibus oleum paretur pro Domni Martini sepulcro indeficienter illustrando : quòd si fuerit neglectum, et voluntas mea, quod non spero, cassa, dicta villa de Bertiniaco cum adjunctis, heredibus meis mox nominandis cedat, volo, statuo, jubeo.

Quidquid et quoquo in loco, et à quacunque persona fuerit mihi debitum, quo die abscessero, debitoribus ipsis do, lego. Exigere quod dimitto nullus præsumat, volo, statuo.

Tibi Fratri et Consacerdoti dilectissimo Evfronio [1] thecam ex argento de Reliquiis Sanctorum do, lego. Illam intelligo quam deferre solebam; nam deauratam aliam quæ est in capsario meo, cum duobus calicibus aureis, et cruce similiter aurea, quam Mabuinus fecit, Ecclesiæ meæ do, lego. Simul et omnes libros meos, præter Euangeliorum librum, quem scripsit Hilarivs quondam Pictauiensis Sacerdos, quem tibi Evfronio Fratri et Consacerdoti dilectissimo cum præfata theca do, lego, volo, statuo : Memor esto mei, Amen.

Ecclesiæ S. Dionysij de Rambasciaco, calicem argenteum, et crucem similiter argenteam in cujus manubrio est Reliquia de eodem S. Dionysio do, lego.

Ecclesiæ de Proillio similiter calicem argenteum et urgeos* [2] argen-

---

1. Saint Euphrone, évêque d'Autun.
2. En marge : *siue* * vrceos.

teos do lego. Similiter et Amalario ibidem Presbytero capsulam vnam communem de serico, item peristerium, et columbam argenteam ad repositorium, nisi maluerit Ecclesia mea illam quâ vtitur eidem Amalario [*p.* 107;] transmittere, meam retinere ; tibi Ecclesiæ meæ eligendum permitto, volo, statuo.

Sorori meæ Fidiæ Ivliæ Perpetvæ crucem paruam auream ex emblasmate, in qua sunt de Reliquiis Domini, do, lego. Quam tamen obnixè rogatam velim, vt si forté, jubente Domino, eam contingat migrare ante Dadolenam [*sic*] Virginem, Ecclesiæ meæ ei possidendam relinquat[1]. Te etiam rogo soror Dadolena, vt moriens eam Ecclesiæ quæ libuerit addicas, ne veniat ad indignos. Quod si transeat Dadolena ante te, sit tibi liberum, carissima soror Fidia Ivlia Perpetva, prædictam crucem cui volueris Ecclesiæ relinquere, volo, statuo. Memor esto mei dilectissima, Amen.

Tibi Agiloni Comiti ob egregia tua in Ecclesiam meam, et pauperes filios meos merita, et vt pergas eorum defensionem robustè suscipere sicut cœpisti, equum meum parabilem, et mulum quem elegeris do, lego. Memor esto mei fili dilectissime, Amen.

Ecclesiæ S. Petri peristromata, quæ ei ad vtendum in Natali ejusdem sæpè concessi, omninò et absolutè do, lego.

Tibi Fratri et Consacerdoti carissimo, de quo Dominus prouidebit regendæ post discessum meum Ecclesiæ nunc meæ, tunc tuæ, aut potiùs nec meæ nec tuæ, sed Christi, do quicquid ad vsum Episcopalem de rebus meis volueris eligere in camera et sacrario vicino. Quod nolueris, heredum meorum nominandorum esto. Presbyterum de Malleio, eumque de Orbona ad gradus vnde meritò dejecti sunt, nunquam restitue. Sportulam tamen habeant quandiu vixerint super parte redituum meorum de Preslaio; quod supererit, cum parte illa quam vtendam fruendam illis concessi, postquam obierint, et tibi vtendum fruendum relinquo ; post discessum tuum Ecclesiæ meæ do, lego. At tu, Frater et Consacerdos carissime, Presbyteros, Diaconos, Clericos, Virgines, meos, tuos, ama, exemplo juua, beneuolentia præueni ; fac vt sciant se tibi filios non seruos, te illis Patrem non dominatorem, rogo, volo, statuo.

[P. 108 :] At vos viscera mea, fratres dilectissimi, corona mea, gaudium meum, domini mei, filij mei, pauperes Christi, egeni, mendici, ægri, viduæ, orphani. Vos, inquam, heredes meos, scribo, dico, statuo. His quæ suprà detractis, quicquid in bonis habeo, siue in agris, pascuis, pratis, nemoribus, vineis, mansis, hortis, aquis, molendinis, siue in auro, argento, et vestibus, cæterisque rebus, de quibus me disposuisse non constabit, heredes esse vos jubeo. Et vt omnia per discretionem administrentur, volo vt distrahantur quamprimùm obiero, et fieri poterit, et in pecuniam redigantur, cujus tres partes fiant. Hominibus

---

1. Il faut lire : Ante Dadolenam Virginem Ecclesiæ meæ, ei possidendam relinquat.

egenis duæ distribuantur, vt placuerit Agrario Presbytero, et Comiti Agiloni. Tertia viduis et pauperibus fœminis, vti placuerit Virgini Dadolenæ, distribuatur, volo, rogo, statuo.

Testamentum hoc manu propria scriptum relegi et subscripsi ego Perpetvvs, Calend. Maias [1] post Consulatum Leonis Minoris A. Illud tu Delmati fili apud te depositum serua; et cum alio simili mea pariter manu scriptum et subscriptum, quod apud Dedolenam [sic] deposui, Agiloni Comiti coram Fratribus meis Presbyteris, Diaconibus et Clericis aperiendum et legendum trades, in nomine Domini volo, rogo, statuo, fixum ratumque sit. Benedic Domine : veni Christe Iesv.

Ego Perpetvvs in nomine tuo, Amen [2].

Saint Perpétue fut évêque de Tours pendant trente ans, de 460 à 490, selon les uns, de 464 à 494, selon les autres. Il nous est connu par plusieurs passages de Grégoire de Tours et de Sidoine Apollinaire [3], ainsi que par les actes de deux conciles qu'il a présidés [4]. Il était de famille sénatoriale et fort riche; ses biens étaient situés dans plusieurs cités, c'est-à-dire dans les territoires de plusieurs diocèses différents [5]. Il reconstruisit la basilique de Saint-Martin et y fut enterré [6].

Grégoire de Tours mentionne un testament de saint Perpétue :

« Il fit, dit-il, son testament : il distribua les biens qu'il possédait, en différentes cités, aux églises mêmes de ces cités et en assigna une part notable à celle de Tours [7]. » On admet ordinairement que ce testament est celui qui a été imprimé dans le *Spicilegium* et qui vient d'être reproduit. D'Achery, en le publiant le

---

1. 1er mai 475.
2. Le testament attribué à saint Perpétue a été réimprimé dans la nouvelle édition du *Spicilegium*, in-folio, 1723, t. III, p. 303 ; dans les *Acta sanctorum Aprilis*, t. I, p. 750 ; Ruinart, *S. Georgii Florentii Gregorii episcopi Turonensis Opera*, col. 1317 ; Bréquigny et La Porte du Theil, *Diplomata*, p. 1 ; Pardessus, *Diplomata*, t. I, p. 23 ; *Gallia christiana*, XIV, instr., col. 1 ; Migne, *Patrologiæ Cursus*, series Latina, t. LVIII, col. 753, et t. LXXI, col. 1149, etc.
3. Grégoire de Tours, *Historia Francorum*, II, 14, 26 ; X, 31 ; *Miracula S. Martini*, I, 6. — Sidoine, livre IV, lettre 18, et livre VII, lettre 9.
4. Collections des conciles, 18 nov. 461, par exemple Mansi, t. VII, col. 947 : « Perpetuus Turonicæ civitatis episcopus interfui et subscripsi. » — Concile de Vannes, vers 465, Mansi, VII, 955 : « Perpetuus episcopus hanc definitionem nostram relegi. »
5. Grégoire de Tours, *Hist. Franc.*, X, 31 : « De genere et ipse, ut aiunt, senatorio... Dives valde et per multas civitates habens possessiones. »
6. Grégoire de Tours, *ibid.*
7. *Ibid.* : « Condiditque testamentum, et deputavit per singulas civitates quod possidebat in eis, ipsis scilicet ecclesiis, non modicam et Turonicæ tribuens facultatem. »

premier, a signalé l'accord qui lui semblait exister entre les dispositions contenues dans ce texte et les paroles de Grégoire [1].

Cet accord n'est pourtant pas parfait. Grégoire dit que les domaines de Perpétue étaient nombreux et situés en diverses cités, c'est-à-dire en divers diocèses ; le testament n'en mentionne que trois, un dont la position n'est pas connue, *Preslaium*, les deux autres situés dans le diocèse de Tours et non loin de cette ville, Savonnières et Berthenay. Selon Grégoire, Perpétue distribua ses biens entre les églises des cités où ils étaient situés, c'est-à-dire entre les cathédrales des diocèses auxquels ils appartenaient ; dans le testament, les seules églises qui reçoivent des legs sont la cathédrale de Tours et trois paroisses du diocèse : Saint-Pierre de Tours, Saint-Denis d'Amboise et Preuilly.

Il est vrai qu'on ferait disparaître ces contradictions en changeant la traduction d'un seul mot : il suffirait d'admettre que *civitas*, dans Grégoire, peut désigner un bourg ou un village aussi bien qu'une cité. Alors ce mot s'appliquerait sans difficulté à Savonnières, à Berthenay, à Amboise, à Preuilly, et le texte du testament et celui de Grégoire ne seraient plus en désaccord. Nous devons rejeter cette hypothèse ; nous savons positivement que *civitas*, au vi° siècle, ne pouvait désigner qu'un chef-lieu de diocèse ou son territoire [2]. Mais autrefois, au xvii° siècle, par exemple, on n'était pas aussi bien instruit de ce détail. Un traducteur dont le livre parut en 1668, l'abbé de Marolles, a cru que, dans le passage qui nous occupe, Grégoire entendait par *civitates* divers bourgs voisins de Tours, mentionnés par lui un peu plus haut [3] ; et d'autres ont pu alors l'interpréter comme M. de Marolles. Ainsi, le testament publié au xvii° siècle, sous le nom de Perpétue, est en désaccord avec le texte de Grégoire de Tours, comme Grégoire l'entendait certainement lui-même, et il est d'accord avec ce texte, comme on l'entendait au xvii° siècle. Cela ne donne pas

---

1. *Spicilegium*, in-4°, t. V, préface, p. 10 : « Nobile antiquitatis monumentum huc usque ineditum, S. Perpetui Turonensis episcopi testamentum, nulla eget observatione ; concordant universa in eo contenta... cum iis quæ narrat de eo Perpetuo Gregorius Florentius... »

2. Aug. Longnon, *Géographie de la Gaule au vi° siècle* (Paris, 1878, gr. in-8°), p. 7.

3. L'*Histoire des François, de S. Grégoire, evesque de Tours*, de la traduction de M. de Marolles, abbé de Villeloin (Paris, 1668, 2 vol. in-8°), t. I, p. 731 : « De son temps furent aussi baties des églises aux bourgs de Evè, de Metré, de Berray... Il fit aussi un testament par lequel il donna à chacune de ces églises ce qu'il y possedoit, qui n'estoit pas peu de chose... »

lieu de croire que Grégoire eût lu ce testament. N'est-ce pas plutôt l'auteur de ce testament qui avait lu Grégoire?

On a loué, dans le testament de saint Perpétue, la parfaite conformité des dispositions prises par le testateur avec le droit romain en vigueur en Gaule à la fin du v° siècle [1]. Ceci demande à être vérifié.

Tours, en 475, faisait partie du royaume des Visigoths [2]. Ces barbares n'avaient pas enlevé à leurs sujets romains l'usage du droit romain. Un roi visigoth, Alaric II, fit rédiger à l'usage de la population indigène de ses États le corps de droit romain connu sous les noms de *Breviarium Alarici, Liber Aniani* ou *Lex Romana Visigothorum*. Ce *Breviarium*, promulgué en 506, trente et un ans après la date du testament attribué à Perpétue, est presque entièrement composé de textes de lois et d'extraits des ouvrages des jurisconsultes antérieurs à la seconde moitié du v° siècle. Le droit qu'il contient était donc en vigueur dès avant 475 et n'avait pas cessé d'être observé trente ans plus tard : c'est bien le droit qui régnait en Gaule à l'époque du prétendu testament et d'après lequel il faut en juger les dispositions.

Or, selon le droit romain en général et le *Breviarium* en particulier, un testament est essentiellement l'acte par lequel on institue un ou plusieurs héritiers, successeurs à titre universel. Sans institution, il n'y a pas de testament. L'acte peut contenir d'autres dispositions, des legs particuliers, des affranchissements d'esclaves : mais ces clauses secondaires sont subordonnées à l'institution, en dépendent et en tirent leur force. Par suite, l'institution doit être écrite la première, les legs et les affranchissements ensuite : sinon, les legs et les affranchissements inscrits avant l'institution sont nuls. Cette règle est énoncée formellement au II° siècle par le jurisconsulte Gaius [3], au III° par

---

[1]. D'Achery, *Spicilegium*, ibid. : « Concordant universa in eo contenta cum jure Cæsareo. » — Hauréau, *Gallia Christiana*, XIV, col. 14 : « Annotare non supervacuum ex Acherio, t. V, præf., p. 10, subscribente de Brequigny, in Prolegom. Diplomatum, part. III, sect. 2, cap. 2, art. 3, testamentum hoc Perpetui ad normam juris Cæsarei eximie digestum. Omnis unde removetur falsitatis suspicio. »

[2]. Longnon, *Géographie de la Gaule au* VI° *siècle*, p. 41.

[3]. Gaius, II, 229, 230 : « *De inutiliter relictis legatis*. Ante heredis institutionem [in]utiliter legatur, scilicet quia testamenta vim ex institutione heredis accipiunt et ob id velut caput et fundamentum intelligitur totius testamenti heredis institutio. Pari ratione nec libertas ante heredis institutionem dari potest. » *Gaii Institutiones*, éd. P. Krueger et G. Studemund (Berolini, 1877, in-8°), p. 83. C'est évidemment par erreur que le manuscrit porte *utiliter*

Paul [1] et Ulpien [2], et elle est répétée au commencement du vi[e] dans la *Lex Romana Visigothorum* [3]. Elle n'avait donc pas cessé d'être en vigueur durant tout le ve siècle. Et non seulement elle était restée inscrite dans les lois, mais encore elle était connue et observée dans la pratique. Nous avons le texte de plusieurs testaments authentiques du vi[e] et du viie siècles : ceux de saint Remi de Reims [4], mort en 533 ; de saint Césaire d'Arles [5], mort en 542 ; de saint Yrieix [6], mort en 591 ; de saint Bertrand du Mans [7], mort vers 623 ; de saint Hadoind du Mans [8], mort en 652, etc. Tous ces actes débutent par l'institution d'héritier : les legs et les affranchissements viennent ensuite. Il en est de même dans une formule de testament que nous a conservée le recueil de Marculfe [9]. On savait donc que la loi le voulait ainsi et qu'un ordre contraire entraînerait la nullité des clauses écrites avant l'institution. Eh bien, dans le testament de saint Perpétue, cette règle n'est pas observée. L'institution des héritiers est placée à la fin ; c'est la dernière clause de l'acte. Les legs particuliers et les affranchissements d'esclaves viennent devant. Ces legs et ces affranchissements sont donc nuls de plein droit.

Une autre règle, constamment observée chez les Romains, veut

pour *inutiliter*; comparez le passage correspondant des Institutes de Justinien, II, xx, 34, qui abroge cette règle : « Ante heredis institutionem inutiliter antea legabatur, scilicet quia testamento. », etc.

1. Paul, *Sent.*, III, 6, reproduit dans la *Lex Romana Visigothorum* (ci-dessous, note 3).
2. Ulpien, *Fragm.*, I, 20 : « Post mortem heredis aut ante institutionem heredis testamento libertas dari non potest, excepto testamento militis. »
3. *Lex Romana Visigothorum*, instr. G. Haenel (Lipsiae, 1858, gr. in-4°), p. 386 (Paul, *Sent.*) : « Ante heredis institutionem legari non potest. »
4. Pardessus, *Diplomata*, t. I, p. 81.
5. *Ibid.*, I, 104.
6. *Ibid.*, I, 137.
7. *Ibid.*, I, 198.
8. *Ibid.*, II, 69.
9. Marculfe, II, 17 ; Zeumer, *Formulae*, p. 86 ; E. de Rozière, *Recueil général*, n° 129. — Pour trouver un ou deux exemples contraires, il faut descendre au viie et au viiie siècles et aller les chercher dans les contrées de la Gaule où l'invasion franque avait le plus complètement effacé l'influence romaine : on trouve l'institution après les legs, dans le testament d'*Adalgyselus qui et Grymo*, diacre de Verdun-sur-Meuse, en 634 (*Mémoires de la Société philomatique de Verdun*, t. III, 1846, in-8°, p. 329), dans celui de Widerad, abbé de Flavigny, mort en 747 (Pardessus, II, 623 ; acte imité, avec une transposition maladroite, de la formule de Marculfe, II, 17), et dans une formule copiée sur ce dernier (Rozière, n° 128) ; on rencontre aussi alors, et dans les mêmes régions quelques actes sans aucune institution d'héritier, que les rédacteurs appellent des testaments, mais qui ne sont que des donations (Pardessus, II, 15, 251, etc.).

que l'héritier institué soit une personne certaine, c'est-à-dire connue avec précision du testateur au moment où il fait son testament. L'institution est nulle, si elle est formulée en faveur d'une personne incertaine, par exemple si l'on écrit : *Le premier qui viendra à mon enterrement sera mon héritier*, ou : *Tous ceux qui viendront à mon enterrement seront mes héritiers*, ou même si l'on institue une personne morale, une corporation, une municipalité, ou un enfant qui n'est pas encore né. Ce principe, exprimé par Gaius au II° siècle et par Ulpien au III°[1], se trouve encore dans une constitution de Justinien, promulgée en 528 ou 529, qui en restreint les effets sans l'abolir[2]. Au V° siècle, il n'avait subi aucune atteinte. Or, au mépris de ce principe, le testament attribué à saint Perpétue nomme pour héritiers une catégorie de personnes désignées de la façon la plus générale et la moins certaine, les pauvres : « At vos, dit l'évêque, viscera mea, fratres dilectissimi, corona mea, gaudium meum, domini mei, filii mei, pauperes Christi, egeni, mendici, ægri, viduæ, orphani, vos, inquam, heredes meos scribo, dico, statuo. » Il est impossible de voir dans cette phrase éloquente la désignation d'une *certa persona*. Pour donner une apparence de précision à la disposition, une des phrases suivantes nomme trois exécuteurs testamentaires chargés de recueillir les biens du testateur et d'en faire des aumônes : « Et ut omnia per discretionem administrentur, volo ut distrahantur... et in pecuniam redigantur, cujus tres partes fiant : hominibus egenis duæ distribuantur, ut placuerit Agrario presbytero et comiti Agiloni; tertia viduis et pauperibus fœminis, uti placuerit virgini Dadolenæ, distribuatur. » C'est donc à l'arbitraire de ces trois mandataires qu'est laissé le choix des personnes appelées à bénéficier du testament : ces personnes elles-mêmes sont absolument inconnues du testateur. Les trois exécuteurs testamentaires sont les véritables maîtres de la succession, et pourtant ils ne

---

[1]. Ulpien, XXII, 4, 5, 6 : Incerta persona heres institui non potest, velut hoc modo, *Quisquis primus ad funus meum venerit, heres esto;* quoniam certum consilium debet esse testantis. Nec municipia nec municipes heredes institui possunt, quoniam incertum corpus est... Deos heredes instituere non possumus, præter eos, quos senatus consulto constitutionibusve principum instituere concessum est... » Cf. Gaius, II, 238 : « Incerta autem videtur persona quam per incertam opinionem animo suo testator subicit, velut... *Qui primus ad funus meum ven[er]it... Quicumque ad funus meum venerit...* »; 243 : « Ac ne heres quidem potest institui postumus alienus, est enim incerta persona. »

[2]. Code de Justinien, VI, xlviii, 1 (constitution restituée d'après les Basiliques), § 2 : Καὶ ὅτι οὐ συγχωρεῖ κληρονόμους γράφεσθαι ἀφανεῖς... Cf. ibid., § 27.

sont pas institués héritiers. En somme, il n'y a pas d'institution, partant pas de testament.

S'il s'agissait d'attaquer en justice la validité de l'acte, ce qui vient d'être dit suffirait : dans un acte essentiellement inexistant, peu importe une clause nulle de plus ou de moins ; mais, pour la question de critique dont il s'agit ici, il n'est pas indifférent de multiplier les preuves. Perpétue, selon le testament qu'on nous donne sous son nom, lègue à tous ceux qui seront ses débiteurs, au jour de sa mort, la remise de leurs dettes : « Quidquid et quoquo in loco et a quacunque persona fuerit mihi debitum, quo die abscessero, debitoribus ipsis do, lego. Exigere quod dimitto nullus præsumat : volo, statuo. » Or, un legs, tout comme une institution d'héritier, doit s'adresser à une personne certaine, connue avec précision du testateur ; il doit aussi porter sur une chose certaine. Il faut que l'auteur du testament sache ce qu'il lègue et à qui il le lègue. Ainsi l'exigent les jurisconsultes de l'époque classique, et, à leur suite, la loi romaine des Visigoths [1]. La clause qu'on vient de lire ne satisfait pas à cette double condition. L'évêque de Tours ne peut savoir, au moment où il teste, quels seront ses débiteurs au moment de sa mort et quelles sommes ils lui devront. Le legs est incertain, il est donc illégal et nul. Il faut en dire autant de la clause par laquelle Perpétue, un peu plus loin, dispose de divers objets en faveur de son successeur futur sur le siège épiscopal de Tours : « Tibi fratri et consacerdoti carissimo, de quo Dominus providebit regendæ post discessum meum Ecclesiæ nunc meæ, tunc tuæ... do quicquid ad usum episcopalem de rebus meis volueris eligere in camera et sacrario vicino. » Ici, la chose léguée est laissée au choix du légataire, et ce légataire lui-même ne sera déterminé que par une élection qui aura lieu après la mort du testateur. *Celui qui sera élu évêque de Tours*, ce n'est pas une formule plus précise que : *les premiers qui seront désignés consuls*; or, cette dernière formule est expressément prévue et déclarée non valable, dans deux textes formels, l'un du IIe siècle, l'autre du VIe [2].

---

1. Gaius, II, 238 : « Incertæ personæ legatum inutiliter relinquitur... » — Ulpien, XXIV, 18 : « Incertæ personæ legari non potest... » — Paul, *Sent.*, III, VI, 13 : « Legatum nisi certæ rei sit et ad certam personam deferatur, nullius est momenti. » Ce dernier passage se trouve dans la *Lex Romana Visigothorum* (édition Haenel, p. 388), avec cette note : « Interpretatione non eget. »

2. Gaius, II, 238 (cf. Institutes de Justinien, II, xx, 25) : « Quod ita relinquitur, *Qui post testamentum* [*scriptum primi*] *consules designati erunt*, æque

Le prétendu testament de Perpétue est donc loin d'être aussi correct en droit qu'on l'avait dit. Mais, chose curieuse, s'il contredit le droit romain du temps et du pays où il est censé avoir été écrit, le droit en vigueur en Gaule au v⁰ siècle, il s'accorde au contraire assez bien avec le droit qui fut promulgué à Constantinople, au siècle suivant, par l'empereur Justinien. La plupart des règles auxquelles il contrevient ne se retrouvent pas dans la législation de ce prince. Celle qui ordonnait de placer l'institution avant les legs et les affranchissements fut abrogée par Justinien en 528 [1]. La même année ou en 529, le même empereur ordonna que les dispositions en faveur des pauvres ne seraient pas annulées comme adressées à des personnes incertaines [2]. Enfin, il y a dans les Institutes un passage qui semble abroger la défense de faire un legs en faveur d'un légataire incertain [3]. Ainsi disparaissent les diverses irrégularités signalées dans le testament de Perpétue, et un jurisconsulte nourri du droit de Justinien pourrait déclarer ce testament valable. Qu'en conclure, sinon que celui qui l'a écrit avait, en effet, appris le

---

incertis personis legari videtur. » — Code de Justinien, VI, xlviii, 1, § 27 : Καὶ περὶ τοῦ, ἐάν τις εἴπῃ κληρονόμον αὐτοῦ γενέσθαι τὸν πρῶτον γενόμενον ὕπατον μετὰ τελευτὴν αὐτοῦ... οὐδὲ ληγάτον τοιούτοις προσώποις καταλιμπανόμενον ἰσχύει.

1. Code de Justinien, VI, xxiii, 24 : « Ambiguitates, quæ vel imperitia vel desidia testamenta conscribentium oriuntur, resecandas esse censemus, et, sive institutio heredum post legatorum dationes scripta sit vel alia prætermissa sit observatio... nulli licentiam concedimus per eam occasionem testatoris voluntatem subvertere vel minuere. » — Inst., II, xx, 34 : « Ante heredis institutionem inutiliter antea legabatur... nec libertas ante heredis institutionem dari poterat. Sed, quia incivile esse putavimus ordinem quidem scripturæ sequi... sperni autem testatoris voluntatem, per nostram constitutionem et hoc vitium emendavimus, ut liceat et ante heredis institutionem et inter medias heredum institutiones legatum relinquere et multo magis libertatem.... »

2. Code, VI, xlviii, 1, § 29 : Καὶ ὅτι τὸ τοῖς πτωχοῖς καταλιμπανόμενον μὴ νομιζέσθω ἄδηλον. Nous n'avons pas le texte exact de cette constitution; il faut supposer qu'elle réglait l'emploi et la gestion des biens laissés aux pauvres.

3. Inst., II, xx, 25-27 : « Incertis vero personis neque legata neque fideicommissa olim relinqui concessum erat... Sed nec hujusmodi species penitus est sine justa emendatione derelicta, cum in nostro codice constitutio posita est, per quam et huic parti medevimus non solum in hereditatibus, sed etiam in legatis et fideicommissis : quod evidenter ex ipsius constitutionis lectione clarescit. » La constitution ici visée est la loi unique, au Code, VI, xlviii, dont nous n'avons pas le texte; l'analyse grecque qui nous en a été conservée par les Basiliques ne paraît pas indiquer l'abrogation complète de l'ancienne règle (voy. surtout le § 27). Le passage des Institutes n'en a pas moins été compris et expliqué, à tort ou à raison, en ce sens que Justinien permet de faire des legs à toute personne incertaine : voy. par exemple Accarias, *Précis de droit romain*, t. I (Paris, 1872, in-8°), p. 746 et 886.

droit romain dans les livres de Justinien? Or, on sait que ces livres ne pénétrèrent pas en Gaule au moment où ils furent promulgués, et qu'ils ne forment la base de l'étude du droit chez nous que depuis le xiie siècle. Il y a donc lieu de croire que le prétendu testament de Perpétue a été rédigé à une date relativement récente.

La langue du document ne prête qu'à un petit nombre de remarques. Les mots et les tournures qu'on y rencontre paraissent, pour la plupart, à leur place dans un texte du ve siècle. Pourtant deux ou trois termes font exception.

Perpétue, voulant marquer qu'il laisse aux pauvres ses biens fonciers de toute nature, déclare leur transmettre tout ce qu'il possède « in agris, pascuis, pratis, nemoribus, vineis, mansis, hortis, aquis, molendinis ». Je ne m'arrêterai pas sur ce dernier mot : si l'on a remarqué avec raison que l'emploi en est rare dans les textes anciens [1], il n'est pourtant pas sans exemple [2]. Mais *mansus* ou *mansum* est un mot de l'époque carolingienne, dont on ne s'explique pas la présence au ve siècle. Le dictionnaire de Forcellini ne l'a admis que sur la foi de ce passage et n'en cite pas d'autre exemple ; ceux qu'indique Du Cange ne remontent pas au-delà du temps de la seconde race.

Plus haut, le testateur lègue la liberté à certains esclaves, à condition qu'ils resteront durant leur vie au service de l'église de Tours, mais sans que leurs enfants héritent de leur condition servile : « ita tamen ut libere serviant, quandiu vixerint, Ecclesiæ meæ, sed absque servitute ad heredes transmissibilis et glebatica. » Qu'est-ce qu'une *servitus ad heredes transmissibili et glebatica*? Il est étrange d'entendre parler des héritiers d'un esclave : l'homme libre seul, chez les Romains, peut avoir des héritiers, puisque seul il a des biens et des droits ; réunir dans une même phrase les mots *servitus* et *heredes*, c'est associer des idées contradictoires. Les adjectifs *transmissibilis* et *glebaticus* sont tous deux inconnus à la langue latine, même à celle de l'époque la plus basse. Le second seul se trouve dans le glossaire de Du

---

1. J. Quicherat, *Critique des deux plus anciennes chartes de l'abbaye de Saint-Germain des Prés*, dans la *Bibliothèque de l'École des chartes*, 26e année, t. I de la 6e série, 1865, p. 525 ; K. F. Stumpf, *Ueber die Merovinger-Diplome*, dans la *Historische Zeitschrift*, XXIX, p. 390.
2. Saint-Augustin, *In Psalm.* XXXVI, 2, et *In Psalm.* CXXXII, 4 ; Ammien Marcellin, XVII, 4 (13) ; *Monumenta Germaniae*, in-fol., *Dipl.*, p. 27, l. 1, et p. 42, l. 21.

Cange, qui n'en cite d'autre exemple que celui du testament attribué à Perpétue. Il semble que *servitus glebatica* traduit l'expression française « esclavage de la glèbe », familière aux légistes des temps modernes ; et *transmissibilis*, inusité en latin, paraît calqué sur « transmissible », qui existe dans notre langue, d'après le dictionnaire de Littré, depuis le xvi° siècle.

Ce sont encore là quelques indices de la date moderne du texte. Il est remarquable qu'il n'y en ait pas davantage de ce genre. Si l'on doit admettre, et pour moi je n'en doute pas, que le testament dit de Perpétue est une œuvre moderne, il faut du moins reconnaître le talent avec lequel l'auteur a su s'approprier la langue et la phraséologie du temps où il voulait paraître avoir écrit.

Il a été moins heureux en ce qui concerne la topographie.

Sept noms de lieu en tout (outre celui de la cité même de Tours) figurent dans le testament. C'est bien peu, si l'on songe que le testateur était un riche propriétaire, possédant des domaines en diverses provinces, *dives valde et per multas civitates habens possessiones*, et surtout si l'on met en comparaison l'abondance des indications topographiques contenues dans certains testaments authentiques, comme celui de saint Remi de Reims et celui de saint Bertrand du Mans [1]. Quoi qu'il en soit, de ces sept noms, deux seulement n'offrent aucune difficulté : ce sont ceux de la *villa Saponaria, supra Carum*, et de la *villa de Bertiniaco*, où l'on reconnaît à première vue deux localités voisines de Tours, Savonnières, sur le Cher, et Berthenay (Indre-et-Loire).

Deux autres noms, aussi faciles à traduire que ceux-ci, sont moins faciles à expliquer : ce sont *Proillium* (« ecclesia de Proillio ») et *Malleium* (« presbyterum de Malleio »), qu'on traduit, l'un par Preuilly, l'autre par Maillé, aujourd'hui Luynes (Indre-et-Loire). Au v° siècle, ces noms devaient être encore *Prulliacus* (ou une forme encore plus ancienne) et *Malliacus*; *Proillium* et *Malleium* sont de ces formes comme on en a fabriqué en France depuis le xi° siècle, une fois le latin devenu entièrement une langue morte. Il est vrai que le testament de Perpétue, en le supposant authentique, ne nous serait parvenu que par des copies relativement récentes. Mais on sait que les copistes du moyen âge

---

[1] Jules Quicherat a déjà signalé, dans un document attribué à l'époque mérovingienne, la rareté des indications topographiques, comme un indice de fabrication postérieure : *Bibliothèque de l'École des chartes*, 6° série, t. I, p. 539.

n'étaient pas capables de changer les noms, dans les textes qu'ils copiaient, pour les accommoder à la mode de leur temps ; les manuscrits de Grégoire de Tours nous ont fidèlement transmis les noms de lieu sous la forme qu'ils avaient au VIe siècle, et qui est souvent bien différente de celle qu'on employait au temps où ces manuscrits ont été copiés. Il n'est pas possible de croire qu'un texte où se rencontrent les formes *Proillium* et *Malleium* soit un texte authentique du Ve siècle.

La même observation s'applique à *Preslaium* (« super parte redituum meorum de Preslaio »), qui n'a pas été identifié, mais où l'on reconnaît aisément un de ces noms terminés en français moderne par les lettres *ay*. La terminaison ordinaire de ces noms en latin antique est *acus*. Un nom comme « Preslay », auquel fait penser naturellement *Preslaium*, aurait été au Ve siècle quelque chose comme *Pratellacus*.

Enfin, il est tout à fait impossible de rendre compte du nom de l'*ecclesia sancti Dionysii de Rambasciaco*, à laquelle Perpétue lègue un calice et une croix avec des reliques, et de celui d'*Orbona*, lieu qui avait, selon le testament, un prêtre et par conséquent sans doute une église. On a traduit *Rambasciacus* par Amboise, et il est difficile de ne pas accepter cette traduction, Amboise étant, à ce qu'il paraît, le seul lieu du diocèse de Tours, en dehors de la cité même, qui eût une église dédiée à saint Denis [1]. Mais Amboise est en latin *Ambasia*, et dans *Rambasciacus* la présence de l'*R* initiale et celle du suffixe *iacus* sont également inexplicables [2]. Dans *Orbona*, qui est, dit-on, Orbigny (Indre-et-Loire), c'est au contraire l'absence du suffixe *iacus* qui doit étonner ; sans compter qu'au Ve siècle Orbigny n'avait encore, nous le savons, pas d'église et par conséquent pas de prêtre [3]. Ces formes

---

1. Ém. Mabille, *Notice sur les anciennes divisions territoriales et la topographie de l'ancienne province de Touraine* (Paris, 1866, in-8°; extrait de la *Bibliothèque de l'École des chartes*, 1862-1866), p. 182, 188.

2. Ruinart, reproduisant le testament à la suite des œuvres de Grégoire de Tours, a été si frappé de l'impossibilité de la forme *Rambasciaco* qu'il l'a corrigée de son autorité privée et a imprimé *de Ambasciaco*, sans avertir qu'il modifiait arbitrairement le texte : *Sancti Georgii Florentii Gregorii episcopi Turonensis Opera omnia*, opera et studio D. Th. Ruinart (Paris, 1699, in-fol.), col. 1318 c.

3. Grégoire de Tours, *Historia Francorum*, X, 31 : « Octavus decimus Eufronius presbiter ordinatur episcopus... Taurisiaco, Cerate et Orbaniaco vicis ecclesiæ ædificatæ sunt. » Mabille (*Notice*, p. 43, 44) accuse ici Grégoire d'erreur, sur la seule foi du testament. Grégoire de Tours se montre en général bien informé de ces détails de l'histoire de son diocèse, et son autorité doit être préférée à celle d'un texte déjà suspect à tant d'égards.

sont de celles qu'on pouvait forger, il y a un siècle ou deux, quand on ignorait encore les lois fixes de la transformation des noms latins en français; ce ne sont pas des formes qui aient pu réellement exister à une époque ancienne.

Nous arrivons donc toujours à une même conclusion. Soit qu'on rapproche le testament attribué à Perpétue du texte de Grégoire de Tours sur cet évêque, soit qu'on en compare les dispositions avec les règles du droit romain observé en Gaule au ve siècle, soit qu'on l'examine au point de vue de la langue ou au point de vue de la topographie, on trouve des raisons de douter qu'il ait été réellement écrit à la date qu'il porte, et on est conduit à y voir une production moderne.

Ce résultat pourra étonner. On a signalé avec raison dans le testament de Perpétue des pensées édifiantes, exprimées en assez bon style [1], et l'on aura peine à admettre qu'un morceau dont la lecture a touché beaucoup de personnes de mérite soit l'œuvre d'un imposteur [2]. Mais il serait dangereux, dans une question de

1. Le Nain de Tillemont, *Mémoires pour servir à l'histoire ecclésiastique*, t. XVI, p. 397, 398 : « Ce furent les pauvres, comme nous verrons, qu'il institua ses heritiers, par un testament que Dieu a fait decouvrir il n'y a que peu d'années... Son testament, qu'il fit 15 ou 16 ans avant sa mort, nous apprend encore combien il desiroit de quitter la terre, pour aller jouir de Dieu. Il le finit par ces mots du disciple bien aimé : *Venez Jesus Christ mon Sauveur*. En un mot il avoit la dignité des Apostres, la vie des Anges. » — E. Le Blant, *Inscriptions chrétiennes de la Gaule*, t. I, p. 247 : « Il légua aux églises des vases sacrés et laissa son bien aux pauvres, comme nous l'apprend son admirable testament. » — Hauréau, *Gallia christiana*, t. XIV, col. 13 : « Testamentum illius infra, reperies, pietatis erga Deum et pauperes perquam laudabile pignus et monumentum. »

2. Le testament attribué à Perpétue semble n'avoir pas été sans influence sur le testament écrit le 8 mars 1697 par le janséniste Pierre Thomas, sieur du Fossé, qui avait été l'ami et le collaborateur de Le Nain de Tillemont, et qui mourut en 1698. Comparez les passages suivants des deux textes, Perpétue : « Tibi fratri et consacerdoti dilectissimo Eufronio thecam ex argento de reliquiis sanctorum do, lego; illam intelligo quam deferre solebam... Sorori meæ Fidiæ Juliæ Perpetuæ crucem parvam auream ex emblasmate, in qua sunt de reliquiis Domini, do, lego; quam tamen obnixe rogatam velim, ut, si forte jubente Domino eam contingat migrare ante Dadolenam virginem Ecclesiæ meæ, ei possidendam relinquat. Te etiam rogo, soror Dadolena, ut moriens eam ecclesiæ quæ libuerit addicas, ne veniat ad indignos... » Du Fossé : « Je donne à ma sœur du Bosroger les deux croix d'or, dans l'une desquelles est une portion tres aurée du bois de la vraye croix de Nostre Seigneur, que j'avois accoutumé de porter toujours sur moy... Je donne à Madame de Montgobert le reliquaire que ma sœur Melthide m'avoit donné... la suppliant neantmoins de vouloir bien le laisser après sa mort à mon frere, à cause de la vraye croix de Nostre Seigneur qui est dedans, et que je souhaiterois qu'elle ne tombast point en d'autres mains que celle de nôtre famille... » *Mémoires de Pierre Thomas, sieur du Fossé*, publiés par F. Bouquet, t. IV (Rouen, Société de l'histoire de Normandie, 1879, in-8°), p. 398, 399.

critique, de trop s'abandonner à des raisons de sentiment. Le faussaire qui, ayant vu dans Grégoire de Tours la mention d'un testament de saint Perpétue, entreprenait de refaire ce testament, jugeait aisément qu'il était à propos d'y exprimer des sentiments de piété. Si ce faussaire savait bien le latin, ce qui n'était pas rare dans les derniers siècles, et s'il avait quelque talent pour écrire en cette langue, les bons termes ne devaient pas lui manquer, et il pouvait, sans trop de difficulté, produire le morceau que nous lisons aujourd'hui.

A le bien prendre, l'étalage même de piété qui se montre dans ce morceau est peut-être un motif de plus pour le rejeter. Saint Remi de Reims n'était pas un prélat moins pieux que saint Perpétue; pourtant son testament ne contient pas de ces suites de phrases édifiantes qui remplissent celui de l'évêque de Tours. Saint Remi savait mettre chaque chose à sa place; dans un testament, qui est un acte civil, il parlait la langue des affaires civiles. En lisant ce qu'on nous donne pour le testament de Perpétue, on croirait parfois écouter une homélie. La faute n'en est pas au saint évêque de Tours : elle est au faussaire des temps modernes qui a osé s'emparer de son nom.

§ 3. — ÉPITAPHE DE PERPÉTUE.

L'épitaphe de Perpétue, qui suit le testament dans la première édition, se compose de huit distiques (*Spicilegium*, in-4°, t. V, p. 109) :

EPITAPHIVM EIVSDEM PERPETVI EPISCOPI.

CVLMINA sublimi tollunt quæ vertice cristas
   Eximius meritis PERPETVVS dederat
Domno MARTINO, cujus sub marmore pausant
   Ossa, veneratur quæ pia plebs precibus.
Heredem scripsit Christum, atque aurea multa
   Sacrando Domini vasa cruore dedit.
Transmisit cælo, quæ plurima cessit egenis,
   Fecit et ante suas scandere diuitias.
Clarus auis, atauisque potens, fuit atque Senator :
   Clarior at sua dum pauperibus tribuit.

Sed neque MARTINO soli tam grande sepulcrum
Construxit, tumulum fecit et esse suum.
Et licet ante pedes MARTINI contumuletur,
In cælo simili gaudet vterque loco :
Respice de superis super hoc, bone Pastor, ouili,
PERPETVVSque tuam perpetua patriam [1].

Le style et la facture de ces vers rappellent assez bien les poésies du v⁰ siècle et notamment une pièce de Sidoine Apollinaire, qu'on trouve à la fois dans les œuvres de cet auteur et dans le recueil des inscriptions de la basilique de Saint-Martin de Tours, réédifiée par Perpétue [2]. Cette pièce se termine par un jeu de mots sur le nom de *Perpetuus* [3] : le même jeu de mots se retrouve au dernier vers de l'épitaphe. L'auteur de l'épitaphe a certainement imité la pièce de Sidoine. Il était naturel de prendre ce modèle en cette circonstance, et cela ne nous apprend rien sur l'époque à laquelle cette épitaphe a été composée.

La seule chose à remarquer, c'est l'accord de ces vers avec le prétendu testament. Le testament contient une disposition universelle en faveur des pauvres; l'épitaphe loue l'évêque d'avoir laissé aux pauvres ses richesses. Le testament renferme divers legs de vases et d'objets d'orfèvrerie en faveur des églises; l'épitaphe parle de vases d'or légués aux sanctuaires. Or, on vient de voir que le testament est faux et que la disposition en faveur des pauvres est l'un des indices qui donnent le droit d'en nier l'authenticité. Les legs d'objets précieux aux églises sont également suspects [4].

---

1. Réimprimé : *Spicilegium*, in-fol., 1723, III, 304; J. Quicherat, *Restitution de la basilique de Saint-Martin de Tours*, dans la *Revue archéologique*, nouvelle série, XX, 2⁰ sem. 1869, p. 10; *Gallia christiana*, XIV, 14; Le Blant, *Inscriptions chrétiennes de la Gaule*, I, p. 247; Migne, LVIII, 755, etc.
2. Sidoine Apollinaire, livre IV, lettre 18; E. Le Blant, *Inscriptions chrétiennes de la Gaule*, I, p. 241; cf. J. Quicherat, *Revue archéologique*, nouvelle série, XIX, 1ᵉʳ sem. 1869, p. 315 et suivantes, etc.
3.   Perpetuo durent culmina Perpetui.
4. Grégoire dit de Perpétue : « Deputavit per singulas civitates quod possidebat in eis, ipsis scilicet ecclesiis. » Par les mots *quod possidebat in eis*, il entend apparemment les biens-fonds que l'évêque de Tours possédait dans le territoire de chaque cité. Si l'on ignorait, ainsi qu'on l'a vu plus haut, que *civitas* désignât un territoire, cette phrase pouvait avoir quelque obscurité; on devait alors être tenté de ne pas mettre de virgule après *eis* et d'entendre : les objets que Perpétue possédait dans chaque église, c'est-à-dire les pièces de mobilier ecclésiastique qu'il y avait mises en dépôt ou prêtées, sans en abandonner la propriété. On peut conjecturer que celui qui a fabriqué le testament

Si le testament et l'épitaphe nous étaient parvenus par des voies différentes, on pourrait admettre l'authenticité de l'épitaphe et supposer qu'elle a été connue du faussaire qui a fabriqué le testament; c'est là qu'il aurait pris l'idée des dispositions qu'il y a inscrites. Comme les deux textes, au contraire, ont une même origine, et une origine suspecte, il est plutôt à croire qu'ils ont été fabriqués par une même personne. Il est tout simple alors que le faussaire ait répété dans la pièce de vers les détails qu'il avait mis dans l'acte en prose, afin d'accréditer ses deux productions l'une par l'autre.

§ 4. — DONATION DE MICY.

On a cru jusqu'en notre siècle posséder le texte de plusieurs diplômes de Clovis Ier. La critique de notre temps a fait justice de ces fabrications du moyen âge. Tous les diplômes autrefois attribués à Clovis Ier sont aujourd'hui relégués au rang des pièces apocryphes, à l'exception d'un seul : ce survivant unique est le diplôme de donation de la terre de Micy à saint Euspice et à son neveu Mesmin, publié par d'Achery d'après une copie trouvée dans les papiers de Jérôme Vignier, et ainsi conçu (*Spicilegium*, in-4°, t. V, p. 303) :

FVNDATIO ABBATIÆ MICIACENSIS,

Nunc S. Maximini, vulgo S. Mesmin, à Clodoueo I. Francorum Rege Christiano.

Clodovevs Francorum Rex vir inluster, Tibi venerabilis senex Euspici, tuóque Maximino, vt possitis, et hi qui vobis in sancto proposito succedent, pro nostra, dilectæque conjugis et filiorum sospitate diuinam misericordiam precibus vestris impetrare[1]; Miciacum concedimus, et quidquid est fisci nostri intra fluminum alueos, per sanctam confarrea-

---

a commis ce contre-sens, et qu'il a tiré de là l'idée des clauses suivantes : « Ecclesiæ de Proillio similiter calicem argenteum... do, lego; similiter et Amalario ibidem presbytero... columbam argenteam ad repositorium, nisi maluerit Ecclesia mea illam qua nunc utitur eidem Amalario transmittere, meam retinere. » — « Ecclesiæ S. Petri peristromata quæ ei ad utendum in natali ejusdem sæpe concessi, omnino et absolute do, lego. » — « Tibi fratri et consacerdoti... do quidquid ad usum episcopalem volueris eligere in camera et sacrario vicino. » Etc.

1. En marge : /* implorare.

tionem et annulum inexceptionaliter tradimus, et corporaliter possidendum præbemus absque tributis, naulo et exactione, siue infra siue extra Ligerim et Ligerinum, cum querceto et salicto, et vtroque molendino. Tu verò Evsebi sancte, religionis Catholicæ Episcope, Evspicii senectam foue, Maximino faue, et tam eos quàm possessiones eorum in tua Parochia, ab omni calumnia et injuria præsta liberos ; neque enim nocendi sunt quos Regalis affectus prosequitur. Idem agite, ô vos omnes sancti Catholicæ Religionis Episcopi.

[*P.* 304 :] Vos ergo Evspici et Maximine desinite inter Francos esse peregrini, et sint vobis loco patriæ in perpetuum possessiones quas donamus in nomine Sanctæ, Indiuiduæ, æqualis, et consubstantialis Trinitatis.

Ita fiat vt ego Clodoveus volui.

Evsebivs Episcopus confirmaui [1].

Si cette donation était en effet authentique, elle occuperait une place prééminente parmi les actes royaux de la dynastie mérovingienne. Ce serait non seulement le seul diplôme connu de Clovis Ier, mais même le seul diplôme antérieur à l'an 562 et plus probablement le seul du vi^e siècle [2]. L'intérêt en serait donc très grand. Mais, plus une pièce est importante, plus on doit se garder de l'accepter sans bonne garantie. L'authenticité de celle-ci, admise sans examen jusqu'à ce jour, n'est pas démontrée.

L'abbaye de Micy ou de Saint-Mesmin, située dans le diocèse d'Orléans, au confluent de la Loire et du Loiret, honorait comme son fondateur et son premier abbé un saint personnage appelé en

---

1. Réimprimé : *Spicilegium*, in-fol., 1723, III, 307; Mabillon, *De re diplomatica*, p. 463; *Annales ordinis S. Benedicti*, t. I, p. 34; *Histoire des contestations sur la Diplomatique*, p. 46; Bouquet, *Recueil des historiens des Gaules et de la France*, t. IV, p. 616 ; Bréquigny, p. 14; Pardessus, I, p. 57; K. Pertz, *Monumenta Germaniae*, in-fol., *Dipl.*, I, p. 1, etc.

2. Le plus ancien diplôme qui existe en original est de l'an 625 (Tardif, *Monuments historiques*, n° 4; *Monumenta Germaniae*, in-fol., *Diplomatum imperii*, t. I, n° 10, p. 13). Neuf prétendues pièces authentiques antérieures à cette date, connues par des copies, figurent dans la dernière édition des actes des rois mérovingiens (*Monumenta Germaniae*, ibid.). De ces neuf pièces, le n° 1 est la donation de Micy; le n° 7 n'est pas un diplôme royal, c'est une lettre de sainte Radegonde, rapportée par Grégoire de Tours; les n°^{s} 2, 4, 5, 6 et 8 ont été reconnus apocryphes (Th. Sickel, *Monumenta Germaniae, etc., Diplomatum imperii tomus I, etc., besprochen*, Berlin, 1873, in-8°, p. 63 et 64; Stumpf, dans la *Historische Zeitschrift*, XXIX, p. 386, 401, etc.), la fausseté du n° 3 a été reconnue et sera, je pense, prochainement démontrée par M. Robert de Lasteyrie [*Histoire générale de Paris. Cartulaire général de Paris*, Paris, Imp. nationale, 1887, in-fol., t. I, p. 2, n. 4]. Reste le n° 9, qu'on peut à la rigueur croire authentique et qu'il faudrait dans cette supposition rapporter à l'année 562, si encore il était bien établi que le *Chilpericus* dont il porte le nom fût, comme on le prétend, Chilpéric Ier.

latin *Maximinus*, en français saint Mesmin. C'est de ce saint qu'elle a pris le nom sous lequel elle a été généralement connue aux temps modernes. Nous avons plusieurs biographies de saint Mesmin, écrites pendant le moyen âge [1]. Ces divers récits ne diffèrent que par la forme ; ce sont évidemment plusieurs rédactions d'une même matière. On y lit que Mesmin était le neveu d'un prêtre de Verdun-sur-Meuse, nommé Euspice, qui vivait au temps de Clovis. Les habitants de Verdun s'étant révoltés contre le roi, celui-ci vint assiéger la ville ; Euspice alla le trouver et obtint de lui la grâce de ses concitoyens. Clovis voulut alors le faire évêque de Verdun, en remplacement de saint Firmin, qui était mort pendant le siège : Euspice refusa cet honneur, mais il consentit, ainsi que son neveu Mesmin, à suivre le roi quand celui-ci quitta Verdun, et tous deux l'accompagnèrent jusqu'à Orléans. Là, Clovis invita Euspice à choisir parmi les biens du fisc un domaine pour s'y établir et y finir ses jours. Le prêtre fixa son choix sur la terre de Micy, mais, se sentant près de sa fin, il pria le roi de faire la donation au nom de Mesmin plutôt qu'au sien. Le diplôme fut expédié comme le vieillard l'avait demandé. Euspice et Mesmin, installés à Micy, y réunirent autour d'eux un certain nombre de religieux ; après la mort d'Euspice, Micy devint un monastère régulièrement constitué et Mesmin en fut le premier abbé.

On ne sait ce qu'il faut croire de ces affirmations. Les diverses rédactions de la Vie de saint Mesmin ne paraissent pas avoir été écrites avant le IXe siècle [2] ; elles sont donc postérieures de trois

---

1. Du Chesne, *Historiæ Francorum Scriptores*, t. I, p. p. 531, et Mabillon, *Acta sanctorum ordinis S. Benedicti*, saec. I, p. 581 ; *Acta sanctorum O. S. B.*, I, p. 591 ; Bibl. nat., ms. lat. 12612, fos 85-88.

2. Selon Mabillon, la Vie publiée partiellement dans Du Chesne, t. I, p. 531, et en entier dans les *Acta sanctorum ordinis S. Benedicti*, saec. I, p. 581, serait du VIIe siècle ; le dernier chapitre, qui mentionne un évêque d'Orléans du IXe siècle, Jonas, et qui manque dans quelques manuscrits, serait une interpolation. Cette fin manque en effet dans le ms. lat. 5340, de la Bibliothèque nationale (fos 147-158), qui est du XIe siècle ; mais elle se trouve dans les mss. lat. 3851 A (fos 110-121), du Xe siècle, et 15436 (fos 181-186), du XIe. Comme ce dernier chapitre traite, non de la vie de saint Mesmin, mais de ses miracles après sa mort, et que ces miracles ont été racontés dans un ouvrage distinct (*AA. SS. O. S. B.*, I, 598), on comprend que quelques copistes aient cru devoir retrancher ce chapitre de la Vie, où il semblait mal placé. Le style de cette Vie ne permet pas d'y voir une œuvre du VIIe siècle ; on y sent l'influence de la renaissance carolingienne. L'autre Vie (*AA. SS. O. S. B.*, I, 591) est certainement du IXe siècle, comme le prouve la dédicace à Jonas. La Vie inédite contenue dans un manuscrit du XIIIe siècle, lat. 12612 (fos 85-88), renferme des anachronismes qui trahissent une rédaction bien postérieure aux deux précédentes.

siècles aux faits qu'elles rapportent. La rébellion des Verdunois et le siège de Verdun ne sont mentionnés dans aucune chronique de l'époque mérovingienne. On ignore donc si ce sont des événements réels ou s'il ne faut y voir qu'une légende. En les supposant réels, on ne sait à quelle époque les placer dans le règne de Clovis [1].

L'existence bien constatée du texte de la donation de Clovis à saint Mesmin apporterait à ces récits plus ou moins dignes de foi une confirmation aussi précise que rare. Or, nous avons, non pas un, mais trois textes de cette donation. On les trouve tous trois à la suite les uns des autres dans le recueil de Bréquigny. L'un est celui que d'Achery a trouvé dans les papiers de Vignier; les deux autres [2], entre lesquels on remarque peu de différence, sont tirés d'un cartulaire de Saint-Mesmin, écrit au xiii° siècle et aujourd'hui perdu.

Ces deux derniers sont d'une fausseté évidente, comme l'ont reconnu et démontré Bréquigny et La Porte du Theil, auxquels il suffit de renvoyer [3]. Il est clair qu'ils ont été fabriqués au moyen âge (au xiii° siècle au plus tard) et que le faussaire en a pris l'idée et les dispositions dans le récit de la vie de saint Mesmin. Il n'y a pas de raison sérieuse d'accorder plus de créance au texte de Vignier, publié par d'Achery [4].

Si les bénédictins de Micy, au xiii° siècle ou à une époque plus ancienne, ont éprouvé le besoin de fabriquer un faux diplôme de donation du roi Clovis pour saint Mesmin, c'est apparemment que l'acte véritable de cette donation n'était pas entre leurs mains. Donc, ou cet acte n'avait jamais existé, ou il était perdu. Dans l'un et l'autre cas, où et comment Jérôme Vignier a-t-il pu le retrouver au xvii° siècle? C'est ce qu'il est impossible

---

1. W. Junghans, *Histoire critique des règnes de Childerich et Clodovech*, traduite par M. Gabriel Monod (37° fascicule de la *Bibliothèque de l'École des hautes études*, 1879, in-8°), p. 32.

2. Bréquigny et La Porte du Theil, *Diplomata*, n°s 7 et 8, p. 15, 17; Pardessus, t. I, p. 58, 59. M. Jules Doinel, archiviste du Loiret, a bien voulu me signaler l'existence d'une copie de l'une ou l'autre de ces chartes, dans un dossier donné aux archives du Loiret par l'abbé Desnoyers. C'est la copie notariée d'un vidimus de 1348, reproduisant un vidimus de 1318, celui-ci fait d'après un prétendu original.

3. Bréquigny, p. 16, note 2, et p. 17, note 1; Pardessus, p. 58, note 4, et p. 59, note 1.

4. D'après une note de Bréquigny, l'authenticité de ce diplôme a été contestée dès 1662, par Toynart, dans un mémoire publié à propos d'un procès soutenu par l'abbaye de Saint-Mesmin. Je n'ai pu voir ce mémoire.

de comprendre, et il y a là une première difficulté sérieuse.

Pour rejeter les deux diplômes tirés du cartulaire de Saint-Mesmin, on a fait remarquer avec raison que les formules qui s'y trouvent n'étaient pas en usage à l'époque mérovingienne. Cette objection s'applique également au diplôme de Vignier.

Les diplômes mérovingiens sont toujours rédigés sous la forme d'une lettre adressée aux fonctionnaires royaux [1]. Dans la donation de Micy, le roi s'adresse, non à ses agents, mais au vieillard Euspice; il le tutoie, ce qui n'est pas ordinaire dans les actes du temps de la première race [2]: « Tibi, venerabilis senex Euspici, tuoque Maximino... Miciacum concedimus, etc. » Puis, contrairement aux usages, non seulement de la diplomatique mérovingienne, mais pour ainsi dire de la diplomatique de tous les temps et de tous les pays, le destinataire auquel est adressée la lettre change plusieurs fois dans le corps du même document. La première phrase était adressée à Euspice; la seconde s'adresse à l'évêque d'Orléans, Eusèbe : « Tu vero, Eusebi, sancte religionis catholicæ episcope, Euspicii senectam fove, Maximino fave », etc.; la troisième, à tous les évêques : « Idem agite (sic), o vos omnes sancti catholicæ religionis episcopi »; la quatrième, de nouveau, aux donataires, mais à tous deux ensemble et non plus à Euspice seul: « Vos ergo, Euspici et Maximine, desinite inter Francos esse peregrini », etc.; la dernière enfin prend une forme impersonnelle : « Ita fiat ut ego Clodoveus volui. »

On a fait remarquer plus haut que le prétendu testament de Perpétue contient trop de phrases éloquentes ou de pensées pieuses, peu à leur place dans un acte de droit civil. Il en est de même du diplôme de la donation de Micy. Au lieu des formules juridiques en usage dans les actes des rois mérovingiens, on rencontre dans celui-ci des phrases et des expressions qui sentent plus l'éloquence sacrée que le style de chancellerie : « Tibi, venerabilis senex Euspici, tuoque Maximino... » — « Tu vero Eusebi... Euspicii senectam fove, Maximino fave... » — « Vos ergo, Euspici et Maximine, desinite inter Francos esse peregrini... Sint vobis loco patriæ in perpetuum possessiones quas donamus... »

---

1. Julien Havet, *Questions mérovingiennes*, I, p. 8, 9 (*Bibliothèque de l'École des chartes*, t. XLVI, 1885, p. 141, 142). Cf. ci-dessus, p. 4, 5.
2. Le roi Gondebaud, écrivant, dans les premières années du vi[e] siècle, à saint Avit, évêque de Vienne, ne le tutoie pas; il l'appelle : « sanctitatem vestram. » (*Aviti Epistolæ*, 19 : éd. Sirmond, p. 62; éd. Peiper, dans les *Monumenta Germaniae*, n° XXI, p. 54.)

On cherche en vain à la fin de l'acte l'annonce de la souscription royale, qui termine ordinairement les diplômes des Mérovingiens : « Manus nostræ subscriptionibus infra roborare decrevimus [1]. » Le roi est qualifié *Francorum rex*, au lieu de *rex Francorum*, qui est le seul titre usité sous la première race. Après avoir employé en parlant de lui-même la première personne du pluriel dans le texte, il emploie la première personne du singulier, dans la souscription, avec le pronom *ego*, ce qui est encore contraire à l'usage du temps. L'évêque Eusèbe, souscrivant l'acte après le roi, se sert du mot *confirmavi*, au lieu de *subscripsi* ou de *consensi et subscripsi* [2].

Dès les premières années du xviiie siècle, la rédaction insolite de cet acte avait vivement frappé l'auteur de l'*Histoire des contestations sur la Diplomatique*. Dans ce livre, qui contient sous forme dialoguée l'examen et la réfutation des objections faites à cette époque aux doctrines de dom Mabillon, l'un des interlocuteurs, celui qui rapporte l'entretien cite la pièce qui nous occupe :

> Elle est très courte et d'un stile assez particulier...
> Quand j'eus achevé de lire, Quelle différence, s'écria le Conseiller, pour le stile, entre cette chartre de Clovis qu'un Historien nous rapporte [3], et les prétendus originaux du P. Mabillon !
> — C'est, repartit l'Abbé, que la chartre de Clovis est antérieure au moins de six vingt ans à la chartre faite sous Clotaire II, la plus ancienne de celles que le P. Mabillon a trouvées en original.
> — Je doute, répliqua le Conseiller, qu'en six vingt ans le stile des chartres ait pû se défigurer d'une si étrange maniere.
> — Il faut vous en laisser douter, répondit l'Abbé en riant, pourvû que vous le laissiez croire [4].

Personne aujourd'hui ne songe à contester les « prétendus originaux du P. Mabillon ». Ce n'est donc plus contre eux qu'on pourrait tourner l'argument du Conseiller ; ce serait contre la charte de Micy, qui n'est pas rapportée par un historien, n'en

---

1. Mabillon, *De re diplomatica*, p. 107.
2. Voy. les souscriptions des évêques dans Tardif, *Monuments historiques*, n° 11, p. 10 et 11.
3. Ceci est une erreur.
4. *Histoire des contestations sur la Diplomatique, avec l'analyse de cet ouvrage composé par le P. Mabillon* (Paris, 1708, in-12), p. 46-48. Cet ouvrage est, dit-on, de Jacques-Philippe Lallemant.

déplaise à ce Conseiller, qui n'est dans aucun manuscrit, dont rien n'atteste la provenance et que rien ne garantit. Non, les « six vingt ans » qui séparent les dernières années de Clovis Iᵉʳ de celles de Clotaire II ne suffisent pas à expliquer une différence aussi marquée entre le diplôme incriminé et les originaux authentiques. On connaît la persistance ordinaire des formules de chancellerie, qu'on voit souvent se maintenir sans changement pendant plusieurs siècles ; et l'on admettra difficilement, avec l'auteur qui vient d'être cité, « qu'en six vingt ans le stile des chartres ait pû se défigurer d'une si étrange maniere ».

Supposons même qu'en un siècle le style et les habitudes de la chancellerie royale se soient aussi profondément modifiés : cela expliquera bien que les formules ordinaires des actes mérovingiens soient absentes de celui de Clovis, mais non que celui de Clovis contienne déjà des formules qui ne se sont introduites que plusieurs siècles plus tard. Or, c'est ce qu'on remarque pour une ou deux des irrégularités signalées plus haut. Au commencement, Clovis se qualifie *Francorum rex* : le titre constant des Mérovingiens comme des Carolingiens est *rex Francorum*, et l'on n'a commencé à intervertir l'ordre de ces deux mots qu'à la fin du xᵉ siècle [1]. A la fin, le roi, qui a toujours parlé au pluriel, *tradimus, concedimus, donamus*, emploie tout à coup le singulier et le pronom *ego* : « Ita fiat ut ego Clodoveus volui. » C'est un fait qui n'est pas sans exemple dans la diplomatique royale : mais, comme l'a remarqué Mabillon, les premiers exemples que l'on en connaisse en dehors de ce diplôme sont du xᵉ et du xiᵉ siècle, et non du vᵉ ou du viᵉ siècle [2].

Deux passages présentent des difficultés particulières.

L'un est celui où le roi déclare qu'en donnant à Euspice et à Mesmin la terre de Micy, il leur en fait tradition « par la sainte confarréation et l'anneau », *per sanctam confarreationem et annulum*. On n'a pas expliqué ce que signifie ici ce mot de confarréation, nom d'une cérémonie païenne qui accompagnait parfois le mariage chez les anciens Romains. La mention de l'anneau fait penser, elle aussi, aux cérémonies nuptiales ; mais on ne voit pas ce qu'une allusion à ces cérémonies viendrait faire dans la donation

---

1. Mabillon ne mentionne l'emploi de la formule *Francorum rex* qu'à partir de Louis d'Outre-Mer (*De re diplomatica*, p. 77). Dans les *Monuments historiques* de J. Tardif, les premiers exemples de cette tournure sont d'environ 982 et de 997 (n° 236, p. 148, et n° 240, p. 150).
2. *De re diplomatica*, p. 88 D.

d'un roi à un prêtre, pour la fondation d'un monastère [1]. Six ou sept siècles plus tard, on trouve des exemples fréquents de la formalité de l'investiture par l'anneau [2] : mais cette formalité féodale serait un choquant anachronisme dans une charte de Clovis. Il faudrait en dire autant, si le mot *annulus* devait s'entendre ici du sceau royal attaché au diplôme ; on n'a mentionné le sceau dans les actes des rois qu'à partir de la seconde race [3].

L'autre passage suspect est celui-ci : « Tibi, venerabilis senex Euspici, tuoque Maximino, ut possitis, *et hi qui vobis in sancto proposito succedent*, pro nostra dilectæque conjugis et filiorum sospitate divinam misericordiam precibus vestris impetrare... » D'Achery ayant qualifié notre diplôme de « fondation de l'abbaye de Micy », et l'auteur de l'*Histoire des contestations* ayant dit que ce diplôme était donné pour « l'Abbaye de Micy à S. Mesmin près d'Orléans », Bréquigny et La Porte du Theil leur ont reproché d'avoir mal lu l'acte, de n'avoir pas vu qu'il n'y est pas question d'abbaye et que la donation est faite à Euspice et Mesmin personnellement [4]. La critique n'est pas bien fondée ; elle ne tient pas compte de ces mots : « et hi qui vobis in sancto proposito succedent. » La création du couvent est contenue là en germe, et d'Achery a eu raison de l'y voir. Mais, si cette phrase justifie l'auteur du *Spicilegium*, elle n'est pas propre à accréditer le document où on la lit. Pourquoi, en effet, le roi Clovis aurait-il eu recours à cette manière obscure et détournée de s'exprimer? S'il a voulu donner Micy à Euspice et à Mesmin en propriété privée, ces mots ne signifient rien ; s'il a voulu fonder un couvent, pourquoi ne pas le dire nettement et expressément? De la part de Clovis, ces mots sont donc inexplicables ; de la part d'un faussaire, au contraire, ils se comprennent aisément. Ce faussaire avait sous les yeux la Vie de saint Mesmin, qu'il devait suivre, et qui ne parlait que d'une donation du roi à Euspice et à son neveu; mais il avait aussi devant les yeux l'abbaye même de Micy, qui était sortie, disait-on, de cette donation, et il devait être tenté d'indiquer dans l'acte qu'il fabriquait le lien qui rattachait les

---

1. Du Cange cite, sous le mot CONFARREATIO, la donation de Micy ; il n'indique aucun exemple analogue.
2. Du Cange, *Glossarium*, s. v. INVESTITURA (édition Henschell, t. III, p. 886, col. 3).
3. Mabillon, *De re diplomatica*, p. 107 c; Th. Sickel, *Monumenta*, etc., *besprochen*, p. 64, note *.
4. Bréquigny, p. 14, note 2 ; Pardessus, p. 57, note 4.

origines du monastère à la libéralité royale. Quoi de plus ingénieux pour résoudre ce problème, sans contredire les données des textes, que la tournure qu'il a imaginée : « A toi Euspice, à ton neveu Mesmin, et à ceux qui vous suivront dans votre pieux dessein »?

Aucune preuve extérieure ne garantit donc l'authenticité de ce diplôme, et nombre d'indices conduisent à y reconnaître une fabrication.

Le faussaire avait lu certainement l'une des rédactions de la Vie de saint Mesmin. C'est de là qu'il a tiré tout ce qu'il a mis dans le diplôme : la donation aux deux saints[1]; l'âge avancé d'Euspice[2]; la dépendance affectueuse où est Mesmin à l'égard de son oncle[3]; l'heureuse situation de Micy, entre la Loire et le Loiret[4]; l'acte expédié au nom du roi[5]; la recommandation que fait le roi des deux donataires à l'évêque Eusèbe[6]; l'annonce indirecte de la transformation future de Micy en un couvent[7]. Or, en 1661, quand Vignier mourut et quand d'Achery trouva cette pièce dans ses papiers, une seule Vie de saint Mesmin avait été

---

1. Vie de saint Mesmin, Du Chesne, I, p. 532 B : « Sanctus Euspicius... non suo nomini tantum munus adscribi, sed sub titulo nepotis sui beati Maximini voluit confirmari. » — Diplôme de donation : « Tibi, venerabilis senex Euspici, tuoque Maximino... Miciacum concedimus. »

2. Du Chesne, ibid. : « Sanctus Euspicius, qui sciret imminere sibi diem vocationis extremæ. » — Diplôme : « Tu vero Eusebi... Euspicii senectam fove. »

3. Du Chesne, p. 532 A : « Id ab eo (Euspicio) muneris reciproci exactum est, quatenus regis præcepto Maximinus nepos ejus consors illius fieret itineris. » — Diplôme : « Tibi... tuoque Maximino. »

4. Du Chesne, p. 532 c : « Isdem namque fundus, qui eis adtributus est, Miciacensis scilicet, adeo est sancto ordini monachico congruus... Nam hinc inde dum fluviis alluitur... Est enim ferax tritici... Nemora tam agrestia quam insitiva multam eidem loco augmentant pulchritudinem. » — Diplôme : « Miciacum concedimus, et quidquid est fisci nostri intra fluminum alveos, sive infra sive extra Ligerim et Ligerinum, cum querceto et salicto et utroque molendino. »

5. Du Chesne, p. 532 B : « Ideoque accitis commentariensibus et notariis publicis, solemnes ordinatæ atque conscriptæ vel confirmatæ sunt conscriptiones, adhibitis signis atque sigillis. »

6. Du Chesne, p. 532 c : « Rex Chlodoveus eosdem venerabiles viros supradictos præsuli Eusebio cum prædiis supra memoratis commendavit, ut ejus juvamine tuerentur. » — Diplôme : « Tu vero Eusebi... Euspicii senectam fove, Maximino fave, et tam eos quam possessiones eorum in tua parochia ab omni calumnia et injuria præsta liberos. »

7. Du Chesne, p. 532 B : « Quatenus dum supersumus (c'est Euspice qui parle), Deo nobis vacare ibi liceat, cum his qui nostræ jungi voluerint societati. » — Diplôme : « Ut possitis, et hi qui vobis in sancto proposito succedent... divinam misericordiam precibus vestris impetrare. »

imprimée : elle avait paru dans le tome Ier des *Historiæ Francorum Scriptores* de Du Chesne, publié en 1636. Sans doute, le faussaire aurait pu aussi avoir connaissance d'une des Vies manuscrites ; mais, du moment qu'il y en avait une imprimée, il est plus naturel de supposer, jusqu'à preuve du contraire, que c'est de celle-là qu'il s'est servi. On doit donc présumer que la fausse charte de Clovis Ier pour les fondateurs de l'abbaye de Micy a été fabriquée entre les années 1636 et 1661.

§ 5. — COLLOQUE DE LYON

Le diplôme de donation de Micy fait peu d'honneur au talent du faussaire qui l'a fabriqué. Plus versé probablement dans l'histoire de l'Église et dans la littérature sacrée que dans la diplomatique, science à peine naissante de son temps, il n'a pas su imiter le style et les formules d'une charte royale. Au contraire, le document purement ecclésiastique auquel nous arrivons maintenant est un chef-d'œuvre de falsification. On ne doit pas s'étonner beaucoup qu'il ait fait illusion à tous les savants qui l'ont étudié. C'est la relation d'un colloque ou d'une discussion solennelle sur les dogmes chrétiens, qui aurait eu lieu à Lyon, en 499, en présence du roi bourguignon et arien Gondebaud, entre les prélats catholiques et ariens du royaume de Bourgogne. Donnons-en d'abord le texte, d'après le *Spicilegium* (in-4°, t. V, p. 110) :

COLLATIO EPISCOPORVM, PRÆSERTIM AVITI VIENNENSIS
EPISCOPI, CORAM REGE GVNDEBALDO
Aduersus Arianos.

Providente Dom. Ecclesiæ suæ, et inspirante pro salute totius gentis cor Domni Remigij, qui vbique altaria destruebat Idolorum, et veram fidem potenter cum multitudine signorum amplificabat, factum est vt Episcopi plures non contradicente Rege [1] congregarentur, si fieri posset, vt Ariani, qui religionem Christianam scindebant, ad vnitatem possent reuerti. Quod vt melius fieret, videreturque id non consilio accidisse sed occasione, Domnus Stephanvs scripsit ad Episcopos multos, et inuitauit illos ad festiuitatem S. Ivsti quæ instabat, in qua ob frequentiam miraculorum fiebat concursus plurimus populorum. Vene-

---

1. En marge : * Gundebaldo.

runt itaque de Vienna Auitus, de Arelate Æonius, de Valentia......, de Massilia........ius, et plures alij omnes Catholicæ professionis et laudabilis vitæ in Domino. Qui omnes ad salutationem Regis cum Domno Stephano ad Sarbiniacum, vbi tunc erat, profecti sunt. Erant quidam inibi de potentioribus Arianis cum eo, qui si potuissent, prohibuissent nostrorum accessum ad Regem, sed, Domino cooperante, nihil profecerunt.

Post salutationem factam, Domnus Aᴠɪᴛᴠs, cui, licet non esset senior nec dignitate, nec ætate, tamen plurimum deferebatur, dixit ad Regem : Si excellentia vestra [*p.* 111 :] vellet procurare pacem Ecclesiæ parati sumus fidem nostram tam claré demonstrare esse secundùm Euangelium et Apostolos, quòd nulli dubium erit, illam quam retinetis non esse secundùm Deum et Ecclesiam. Habetis hic de vestris qui sunt instructi in omnibus scientiis, jubeatis vt nobiscum colloquantur, et videant si possint respondere rationibus nostris, vt parati sumus respondere rationibus eorum.

Ad quæ Rex respondit : Si vestra fides est vera, quare Episcopi vestri non impediunt Regem Francorum, qui mihi bellum indixit, et se cum inimicis meis sociauit vt me destruerent : nam non est fides vbi est appetentia alieni, et sitis sanguinis populorum ; ostendat fidem per opera sua.

Tunc humiliter respondit Domnus Auitus faciem habens Angelicam vt et sermonem : Ignoramus, ô Rex, quo consilio et qua de causa Rex Francorum facit quod dicitis ; sed Scriptura nos docet, quòd propter derelictionem legis Dei sæpe subuertuntur regna, et suscitantur inimici omni ex parte, illis qui se inimicos aduersus Deum constituunt. Sed redite cum populo vestro ad legem Dei, et ipse dabit pacem in finibus vestris ; nam si habetis pacem cum illo, habebitis et cum cæteris, et non præualebunt inimici vestri.

Cui Rex : Nonne legem Dei profiteor ? sed quia nolo tres Deos, dicitis quia non profiteor legem Dei. In Scriptura sancta non legi plures esse Deos, sed vnum.

Ad quæ Domnus Auitus : Absit, ô Rex, vt plures Deos colamus, *Vnus est Deus tuus ô Israël*[1] ; sed ille vnus Deus in essentia, est trinus in personis ; et Filius, et Spiritus sanctus non sunt alij Dei, sed vnus Deus, cujus prima persona est Pater, secunda Filius, tertia Spiritus sanctus ; sed Patri non est alia substantia quàm Filio, et Spiritui sancto non est alia quàm Patri et Filio ; et ille Deus qui olim locutus est per Prophetas, nouissimè locutus est in Filio, et adhuc loquitur quotidie in Spiritu sancto. Et quamuis olim per Prophetas, mox per Filium, nunc per Spiritum, vnus idémq; Deus loquitur ; sed sic dicitur ad distinctionem personarum, cùm reuera sint coæternæ et consubstantia-[*p.* 112 :]les. Hoc profitemur et parati sumus ostendere.

---

1. Deut., ᴠɪ, 4 ; Marc., xɪɪ, 29.

Et cùm videret Regem pacificè audientem, protelauit sermonem et dixit : O si vellet sagacitas vestra cognoscere quàm benè fundata sit nostra fides, quantum boni vobis et populo vestro inde proueniret; nam et cœlestis gloria vobis non deesset et pax et abundantia in turribus vestris. Sed vestri cùm sint inimici Christi super regnum vestrum, et super populum, iram desuper accendunt, quod, vt speramus, non esset si velletis audire monita nostra, et jubere vt vestri Sacerdotes de his nobiscum colloquantur coram sublimitate vestra, et populo vestro, vt sciatis quia Dominus Iesvs est æterni Patris æternus Filius, et ytrique coæternus Spiritus sanctus, vnus Deus benedictus in sæcula; simulque ante omnia tempora et absque vllo initio.

Cùm hæc dixisset procidit ad pedes Regis, et amplectens eos flebat amarè, procubuerunt et omnes Episcopi cum eo; vnde Rex valdè commotus est, et inclinans se vsque ad eos, erexit Domnum Auitum cum cæteris, quibus amicabiliter dixit se responsum daturum illis super petitionibus illorum.

Quod et crastina die factum est : nam Rex per Sagonam rediens ad vrbem misit ad Domnos Stephanum et Auitum, vt venirent apud illum : qui cùm venissent, Rex dixit ad illos : Habetis quod postulatis, nam Sacerdotes mei parati sunt vobis ostendere quòd nullus potest esse coæternus et consubstantialis Deo. Sed nolo vt id fiat coram omni populo, ne turbæ excitentur; sed tantùm coram Senatoribus meis, et aliis quos eligam, sicut vos eligetis ex vestris quos volueritis; sed non in magno numero, et id fiet die crastina in hoc loco. Quo dicto Episcopi salutato Rege discesserunt et reuersi sunt, vt omnia intimarent aliis Episcopis. Erat autem vigilia solemnitatis S. Iusti. Et licet optauissent quòd hoc fieret die solemnitatem sequenti, noluerunt tamen propter tantum bonum ampliùs procrastinare. Sed vnanimiter decreuerunt apud S. Iusti sepulcrum pernoctare, vt illo intercedente obtinerent à Domino petitiones cordis sui.

[P. 113 :] Euenit autem vt ea nocte cùm Lector secundùm morem inciperet lectionem à Moyse, incidit in illa verba Domini : *Sed ego iudurabo* [sic] *cor ejus, et multiplicabo signa et ostenta mea in terra Ægypti, et non audiet vos* [1]. Deinde cùm post Psalmos decantatos recitaret ex Prophetis, occurrerunt verba Domini ad Esaiam dicentis; *Vade et dices populo huic, audite audientes et nolite intelligere; et videte visionem et nolite cognoscere. Excæca cor populi ejus, et aures ejus aggraua, et oculos ejus claude ne forte videat oculis suis, et auribus audiat, et intelligat suo corde, et conuertatur, et sanem eum* [2]. Cùmque adhuc psalmi fuissent decantati, et legeret ex Euangelio incidit in verba quibus Saluator exprobrat Iudæis incredulitatem : *Væ tibi Corrazaïm, væ tibi Betzaïda; quia si in Tyro et in Sidone virtutes factæ essent, quæ sunt factæ in vobis,*

---

1. Exod., vii, 3, 4.
2. Isai., vi, 9, 10.

jamdudum in cilicio et cinere pœnitentiam egissent [1]. Denique cùm lectio fieret ex Apostolo, pronunciata sunt verba illa : *An diuitias bonitatis ejus et patientiæ et longanimitatis contemnis? ignoras quoniam sustinentia Dei ad pœnitentiam te adducit? secundùm autem duritiam tuam et impœnitens cor thesaurizas tibi iram in tempore iræ* [2]. Quod cùm ab omnibus Episcopis obseruatum fuisset, cognouerunt lectiones illas sic occurrisse volente Domino, vt scirent induratum esse cor Regis, Deumque illum in sua impœnitentia relinquere, ad ostendendum diuitias justitiæ suæ, vnde valdè tristes effecti, noctem in lacrymis transegerunt. Non destiterunt tamen veritatem nostræ religionis contra Arianos asserere.

Igitur tempore quo Rex jusserat, conueniunt omnes Episcopi et simul ad Regiam vadunt cum multis Sacerdotibus et Diaconibus, et quibusdam de Catholicis, inter quos erant PLACIDVS et LVCANVS qui erant de præcipuis militiæ Regis. Venerunt etiam Ariani cum suis. Cùm ergo sedissent coram Rege Domnus AVITVS pro Catholicis, BONIFACIVS pro Arianis, sermonem habuerunt. Sed postquam Domnus AVITVS proposuit fidem nostram cum testimonijs sacræ Scripturæ, vt erat alter Tullius, et Dominus inspirabat gratiam omnibus quæ dicebat, tanta consternatio cecidit super Arianos, vt qui satis amicabiliter audientiam præbuerat BONIFACIVS nihil omnino respon-[p. 114 :]dere posset ad rationes Domni AVITI, sed tantùm quæstiones difficiles proponeret, quibus videbatur velle Regem fatigare ; sed cùm ab AVITO vrgeretur, vt responderet ad antedicta, promittens se etiam responsurum ad ea quæ proposuerat, non potuit respondere ad vnam de rationibus quæ fuerant à Domno AVITO propositæ, neque vllam pro defensione suæ partis allegare ; sed tantùm os suum in conuitiis aperiebat, et dicebat Catholicos esse præstigiatores, et colere multitudinem Deorum. Quod solùm cùm diceret, viderétque Rex confusionem suæ sectæ, surrexit de sua sede, dicens quod in crastinum responderet BONIFACIVS. Discesserunt ergo omnes Episcopi : et quia adhuc dies non erat inclinata, iuerunt simul cum cœteris Catholicis ad Basilicam Domni Iusti confitentes Dominum quoniam bonus, et laudantes eum qui dederat illis talem victoriam de inimicis suis.

Sequenti vero die iterum ad Regiam profecti cum his qui in præcedenti aderant : cumque ingrederentur, inuenerunt AREDIVM, qui eis persuadere volebat vt regrederentur ; dicebat enim quod tales rixæ exasperabant animos multitudinis, et quòd non poterat aliquid boni ex eis prouenire. Sed Domnus STEPHANVS, qui sciebat illum fauere Arianis vt gratiam Regis consequeretur, licet fidem nostram profiteretur, respondit ei quòd non timendum erat ne rixæ procederent ex inquisitione veritatis, et amore salutis fratrum suorum, imo nihil esse vtilius ad jungendos animos in sancta amicitia, quàm cognoscere apud quos esset

---

1. Matth., XI, 21.
2. Ad Rom., II, 4, 5.

veritas, quia vbicunque est, amabilis est, et professores ejus reddit amabiles.

Addidit insuper omnes hùc venisse secundùm jussionem Regis, contra quod responsum non est ausus Aredius ampliùs resilire. Ingressi sunt ergo, et cùm Rex eos vidisset, surrexit in occursum eorum, mediúsque inter Domnum Stephanvm et Domnum Avitvm adhuc multa locutus est contra Francorum Regem, quem dicebat solicitare fratrem suum contra se. Sed cùm responderent præfati Episcopi, quòd non esset melior via ineundi pacem, quàm concordare in fide, et operam suam, si gratam haberet, polli-[p. 115 :]cerentur pro tam sancto fœdere conciliando, nihil ampliùs locutus est, sed vnusquisque locum quem præcedenti die tenuerat, occupauit.

Cùm itaque sedissent, Domnus Avitvs tam lucidè probauit quòd Catholici non plures Deos adorabant, vt sapientiam ejus tam Catholici quàm aduersarij cum stupore mirarentur. Id autem fecit vt responderet conuitiis quæ Bonifacivs in nostram fidem jecerat. Postquàm ergo conticuit, vt locum daret responsionibus Bonifacij, nihil aliud potuit ille dicere, quàm quod præcedenti die fecerat, et conuitiis addens conuitia, tanto impetu clamabat, vt præ raucitate non posset ampliùs loqui, et quasi suffocaretur.

Quod cùm Rex vidisset et satis diu expectasset, tandem surrexit vultu indignationem prætendens contra Bonifacivm. Tunc Domnus Avitvs dixit ad Regem : Si sublimitas vestra vellet jubere vt hi responderent propositionibus nostris, vt posset judicare quænam fides esset retinenda. Sed nihil Rex respondit, neque cæteri Ariani qui erant cum illo, adeò stupefacti erant de doctrina et sapientia Domni Aviti. Qui cùm videret eorum silentium subjunxit : si vestri non possunt respondere rationibus nostris, quid obstat, cur non omnes simul conueniamus in eadem fide. Tunc murmurantibus illis, de sua fide securus in Domino addidit : Si rationes nostræ non possunt illos conuincere, non dubito quin Deus fidem nostram miraculo confirmet; jubeat sublimitas vestra vt tam illi quàm nos eamus ad sepulcrum hominis Dei Iusti, et interrogemus illum de nostra fide, similiter et Bonifacius de sua, et Dominus pronunciabit per os serui sui in quibus complaceat. Rex attonitus annuere videbatur : sed inclamare cœperunt Ariani, et dicere se pro fide sua manifestanda facere nolle vt fecerat Saül, et ideo maledictus fuerat [1]; aut recurrere ad incantationes et illicita, sufficere sibi se habere Scripturam, quæ sit fortior omnibus præstigiis, et hæc semper repetentes, et boantes potiùs quàm vociferantes; Rex qui jam surrexerat accipiens per manus Domnum Stephanvm et Domnum Avitvm duxit eos vsque ad cu-[p. 116 :]biculum suum, et cùm intraret amplexus est eos, dicens vt orarent pro eo. Cognouerunt quidem illi perplexitatem et angustias cordis ejus, sed quia Pater eum non traxerat, non potuit

---

1. I Reg., xxviii, 7-19.

venire ad Filium, vt veritas impleretur : *Non est volentis, neque festinantis, sed miserentis Dei* [1]. Et ex ea die plurimi Ariani ad pœnitentiam venerunt, et post aliquot dies baptisati fuerunt : et magnificauit Dominus fidem nostram per intercessionem Domni Ivsti in conspectu omnium [2].

Ce long morceau peut se résumer ainsi. Au temps où saint Remi travaillait avec succès à détruire partout le culte des idoles et à propager le christianisme, le clergé bourguignon songeait de son côté aux moyens de combattre l'hérésie arienne et de rétablir l'unité de foi parmi les chrétiens. Dans cette pensée, Étienne, évêque de Lyon, invite un jour les autres évêques du royaume à se réunir en cette ville, à l'occasion de la fête de saint Juste (2 septembre), qui y attirait chaque année un grand nombre de fidèles. Plusieurs prélats se rendent à cette invitation, et parmi eux le célèbre saint Avit, évêque de Vienne. Ils arrivent à Lyon l'avant-veille de la fête, le 31 août par conséquent, et vont aussitôt saluer le roi dans un domaine des environs de Lyon, où il résidait alors. Dès les premiers mots, Avit, au nom de tous, demande au roi une discussion publique avec les principaux prélats ariens et promet de démontrer contre eux la vérité du dogme catholique : le roi diffère d'abord sa réponse, mais, dès le lendemain, de retour à Lyon, il accorde aux évêques leur demande et fixe au jour suivant, c'est-à-dire à la fête même de saint Juste, le débat entre les prélats des deux Églises. Les évêques catholiques passent la nuit en prières auprès du tombeau du saint ; ils écoutent la lecture de quelques paragraphes de l'Écriture sainte, pris successivement dans divers livres de l'Ancien et du Nouveau Testament, et chaque fois le lecteur tombe sur des passages où paraît prédit l'insuccès des tentatives qui vont être faites pour convertir le roi. Attristés, mais non abattus par ce présage, les évêques catholiques se rendent à la conférence, et Avit porte la parole en leur nom, en présence du roi, des prélats ariens et de plusieurs grands de la cour. Il parle avec éloquence pour le dogme catholique : le chef du parti arien, Boniface, ne trouve rien de probant à lui répliquer, et le roi remet la suite de la discussion au lendemain. Le 3 septembre, Avit parle de nouveau, et Boniface lui

---

1. Ad Rom., ix, 16.
2. Réimprimé : *Spicilegium*, in-fol., 1723, III, 304 ; collection des conciles ; Bouquet, *Recueil des historiens*, IV, 99 ; *Alcimi Ecdicii Aviti Viennensis episcopi Opera*, rec. Rud. Peiper (dans les *Monumenta Germaniae historica*, in-4°, *Auctorum antiquissimorum tomi VI pars II*), p. 161, etc.

répond, non par des arguments, mais par des injures, qui excitent la colère du roi. Avit se croit alors sûr du succès ; il presse Gondebaud de se déclarer catholique ; il propose aux ariens de se rendre avec lui au tombeau de saint Juste et assure que là le Seigneur ne manquera pas de se prononcer, par quelque miracle évident, pour sa foi contre la leur. Mais le roi, fatigué ou indécis, prend le parti de renvoyer l'assemblée sans rien conclure. L'entreprise avorte ainsi, comme l'avait fait prévoir le présage de la nuit d'avant la fête. Toutefois, plusieurs particuliers ariens se convertissent et, au bout de quelques jours, reçoivent le baptême catholique.

Il est facile de déterminer l'année où ces faits sont supposés se passer. A deux reprises, Gondebaud, dans ses conversations avec saint Avit, parle du roi des Francs, qui, dit-il, le menace d'une guerre et cherche à soulever contre lui son propre frère. Or, c'est en 500 que Clovis, roi des Francs, et Godégisèle, frère de Gondebaud, s'unirent pour attaquer celui-ci ; la même année, Gondebaud réussit à vaincre son frère, et le fit périr [1]. Le colloque, qui eut lieu, dit-on, le jour et le lendemain de la Saint-Juste, 2 et 3 septembre, ne peut guère être rapporté qu'à l'année qui précéda cette guerre, c'est-à-dire à l'an 499 de notre ère. C'est, en effet, la date à laquelle l'ont fixé tous les historiens.

La relation du colloque est écrite en un style simple et clair, qui attache le lecteur et surprend agréablement l'érudit, peu habitué à rencontrer ce mérite littéraire dans les documents du ve et du vi[e] siècles. De plus, on y remarque des traits de caractère qui donnent au récit une assez grande apparence de vérité. Saint Avit, théologien convaincu et controversiste passionné, croit ses arguments irrésistibles et ne cherche que l'occasion de les produire. A peine a-t-il salué le roi dans sa maison de campagne, qu'il l'interpelle et le somme en quelque sorte d'ordonner une discussion entre les représentants des deux sectes chrétiennes ; et il n'attend pas l'ordre royal pour entamer cette discussion contre Gondebaud lui-même. Plus tard, quand il voit les docteurs ariens embarrassés de répondre à ses raisonnements, il s'écrie avec une confiance naïve : Si vous n'avez rien à répondre, pourquoi ne vous convertissez-vous pas à mon opinion ? Gondebaud, au con-

---

[1]. Chronique de Marius d'Avenches, an 500, *Patricio et Yppacio* [consulibus] : *Marii episcopi Aventicensis Chronicon*, edidit Wilhelmus Arndt (Lipsiæ, 1878, in-8°), p. 10.

traire, se montre uniquement occupé des soucis de son gouvernement. Aux prélats qui lui parlent théologie, il parle politique : Si votre religion est vraie, dit-il, pourquoi le roi des Francs, qui la professe, m'attaque-t-il injustement? Il consent à la discussion demandée, mais il ne veut pas qu'elle soit publique, de peur d'agiter le peuple. En séparant l'assemblée, il renvoie les évêques avec de belles paroles, leur dit de prier pour lui et se montre touché de leurs arguments, mais il n'a garde de choquer son peuple en embrassant leur foi. Un autre type de politique est le courtisan Arédius, qui professe le catholicisme, mais favorise l'arianisme pour plaire au roi, et qui essaie d'arrêter la conférence en représentant aux évêques que ces disputes aigrissent les esprits sans utilité. Rien n'est plus ordinaire et plus vraisemblable aussi que le procédé de discussion imputé au docteur arien Boniface, qui, au lieu de répondre aux raisons de son adversaire, se borne à lui proposer des questions subtiles et difficiles, dont il semblait, dit le narrateur, qu'il voulait fatiguer l'esprit du roi. Tous ces traits sont d'un naturel parfait et composent un tableau plein d'agrément et de vie.

Mais ces qualités n'empêchent pas que cette relation, si on la soumet à un examen critique, n'offre des difficultés sérieuses.

La première difficulté, c'est son mérite même. La simplicité et la clarté ne sont pas les qualités les plus ordinaires chez les écrivains du siècle de Sidoine Apollinaire et de saint Avit. Il est rare aussi que les auteurs de l'époque mérovingienne nous renseignent aussi nettement, nous donnent une lumière aussi pleine sur les faits dont ils nous parlent. C'est ce qu'a déjà remarqué un historien du royaume des Bourguignons, M. C. Binding : Rarement, dit-il, un document original expose à nos yeux d'une façon aussi pittoresque l'ensemble de la situation à un moment donné[1]. En écrivant ces paroles, il a voulu faire l'éloge du document dont il parlait ; mais cet éloge peut se retourner et devenir une arme contre le texte auquel il s'adresse.

Un récit aussi minutieusement détaillé semble n'avoir pu être écrit que par un contemporain. Mais à quel propos un contemporain de Gondebaud aura-t-il eu l'idée de raconter une conférence qui n'a pas abouti, qui n'a rien décidé ni rien fait, qui n'avait

---

1. C. Binding, *Das burgundisch-romanische Kœnigreich*, I (1868, in-8°), p. 147, note 507 : « Selten schildert eine Quelle die gesammte Lage in einem bestimmten Moment in so drastischer Weise. »

qu'un intérêt historique, il vaudrait même mieux dire un intérêt anecdotique? Jérome Vignier nous a laissé la réponse à cette question. Des neuf pièces trouvées après sa mort, celle-ci paraît être la seule sur laquelle il ait donné quelques explications, et ces explications ont été reproduites par d'Achery. Vignier n'y dit pas dans quel manuscrit il a trouvé ce texte : mais il se vante de l'avoir découvert, en relève l'intérêt et assure qu'il l'a extrait d'un ouvrage inédit sur les miracles de saint Juste [1]. Ce livre de miracles, à en juger par ce spécimen, devait être fort intéressant. Il est singulier qu'il ait péri sans laisser d'autre trace ; on peut s'étonner qu'il n'ait pas été connu des Bollandistes, qui, depuis deux siècles et demi, travaillent avec zèle à recueillir les documents relatifs à la vie et aux miracles des saints. Le tome I des Actes des saints de septembre, publié en 1746, ne le mentionne pas, et le colloque de 499 y est cité d'après les éditions, sans qu'il soit dit un mot du livre de miracles d'où il aurait été tiré [2]. En 1884, en réponse à une demande de renseignement que j'avais adressée aux PP. Bollandistes de Bruxelles, le R. P. de Smedt a bien voulu m'informer qu'on n'a découvert jusqu'ici cet ouvrage nulle part ; il lui était, me disait-il, « impossible de fournir la moindre indication sur le livre des miracles de saint Juste ». En outre, pourquoi un auteur qui voulait raconter les miracles d'un saint aurait-il rapporté des faits étrangers à son sujet? Si l'intervention de saint Juste avait déterminé la conversion du roi Gondebaud au catholicisme, c'eût été un miracle dont le souvenir méritait d'être conservé : mais cette intervention n'a pas été demandée et ne s'est pas produite. Un seul fait merveilleux est relaté, la coïncidence qui aurait ramené plusieurs fois de suite sous les yeux du lecteur, la veille de la fête, des passages des livres saints où semblait prédit l'insuccès de la conférence : c'en est déjà plus que nous ne pouvons croire, mais ce n'est pas de quoi justifier l'insertion du récit dans un livre de miracles. A quoi bon, par exemple, dans un ouvrage de ce genre, le détail des conversations entre Gondebaud et les évêques, ou entre saint Avit et

---

1. *Spicilegium*, in-4°, t. V, préface, p. 11 : « Lugdunensis Ecclesiæ episcopi fere omnes hoc anno adversus Arianos Lugduni convenere. Mirum est rei tantæ monimenta apud scriptores omnes antiquos nulla extare, et pauca quæ habemus apud unum de miraculis S. Justi scriptorem ineditum conservari. Dolemus sane hujus celeberrimi conventus acta intercidisse, sed gaudemus satis adhuc in eo auctore superare, quo pio lectori ὄρεξις moveatur nobisque gratuletur, qui thesaurum istum illi minime invidemus. »
2. *Acta sanctorum Septembris*, t. I, p. 365 c, e, f.

Arédius ? Il est donc bien difficile de croire à ce prétendu *scriptor de miraculis sancti Justi*, qui aurait parlé de tout, excepté des miracles de son saint, et dont le livre, sorti de terre à point pour fournir à Jérôme Vignier l'occasion d'une découverte dont il s'est montré fier, y serait tout aussitôt rentré pour toujours.

L'évêque de Lyon, qui avait, dit-on, convoqué les autres prélats à la conférence, est appelé Étienne, *Stephanus*. Il est vrai qu'il y eut à Lyon un évêque de ce nom; mais il succéda, sur le siège de cette métropole, à un prélat nommé *Rusticus* ou *Rusticius*, et l'épitaphe de ce dernier, qui nous a été conservée en grande partie, nous apprend qu'il mourut en 501 ou en 502, le 25 avril : « Obiit VII kal. Maias Abieno consule [1]. » C'est donc Rustique et non Étienne qui devait être évêque en 499. Aussi a-t-on été obligé de supposer que Rustique avait résigné ses fonctions plusieurs années avant sa mort [2], ce qui est une hypothèse purement gratuite; dans ce qui nous est parvenu de son épitaphe, il est appelé simplement évêque, *sacerdus* (sic), et on ne trouve aucune allusion à sa prétendue retraite. Il est à remarquer qu'au xviie siècle cette épitaphe et par suite la date de la mort de Rustique n'étaient pas connues, ainsi qu'on peut le voir par la *Gallia christiana* de 1656 [3]. Quand donc Jérôme Vignier recueillait cette pièce et se flattait de la donner le premier au public, il devait la croire irréprochable au point de vue chronologique. Rien ne lui permettait de prévoir qu'on y découvrirait un jour une difficulté de chronologie assez grave pour en faire suspecter l'authenticité.

Avec Étienne et Avit, la relation du colloque désigne encore spécialement trois évêques présents : celui d'Arles, Éone, et ceux de Valence et de Marseille, dont le nom est laissé en blanc dans le texte : *De Arelate Æonius, de Valentia..... de Massilia..... ius.* Cette double lacune n'est pas expliquée ; par une coïncidence, assez singulière si le document est authentique, naturelle, au contraire, si c'est une fabrication moderne, les deux noms qui manquent sont précisément de ceux que nous ne pouvons restituer d'ailleurs, car la succession des évêques ne nous est pas connue, à

---

1. Alph. de Boissieu, *Inscriptions antiques de Lyon* (1846-1854, gr. in-4º), p. 569; E. Le Blant, *Inscriptions chrétiennes de la Gaule*, I, p. 50.
2. C. Binding, *Das burgundisch-romanische Kœnigreich*, I, p. 147, note 507; A. Jahn, *Die Geschichte der Burgundionen und Burgundiens* (1874, in-8º), II, p. 18, note 2.
3. Sammarthani, *Gallia christiana*, I (1656), p. 295.

cette date, pour ces deux sièges [1]. Quant à saint Éone, évêque d'Arles, il est difficile de croire qu'il ait assisté à une assemblée ecclésiastique où se trouvait l'évêque de Vienne. Les deux églises de Vienne et d'Arles étaient depuis longtemps en démêlé sur une question de prééminence ; la décision de saint Léon le Grand, du 5 mai 450, qui avait divisé la province romaine de Viennoise, pour en former les deux provinces ecclésiastiques d'Arles et de Vienne, n'avait apaisé le différend que pour un temps [2]. Le pape Anastase II (496-498) avait cassé cette décision et attribué au seul évêque de Vienne les droits de métropolitain sur toute la Viennoise, réduisant ainsi celui d'Arles au rang de suffragant [3]. C'était saint Avit qui avait obtenu cette nouvelle décision, et c'était au détriment de saint Éone qu'elle était rendue ; aussi, à peine Anastase mort, en 499, voyons-nous Éone poursuivre auprès du nouveau pape, saint Symmaque, la restitution de ses droits de métropolitain, qu'il obtint, en effet, en 500 [4]. Une lettre de Symmaque à Éone, relative à cette affaire, est datée du 21 octobre 499, un mois et demi après le prétendu colloque [5]. Ainsi, au moment où l'on place cette assemblée, la lutte était plus aiguë que jamais entre les titulaires des deux métropoles, et ils devaient peu rechercher les occasions de se rencontrer. Si cela est vrai d'une réunion quelconque, à combien plus forte raison d'une assemblée où l'on montre tous les prélats prodiguant à saint Avit les marques d'une déférence exceptionnelle, peu faite apparemment pour plaire à son rival : « Avitus, cui, licet non esset senior nec dignitate nec ætate, tamen plurimum deferebatur... » ! Éone, d'ailleurs, était d'autant moins obligé de se rendre à la convocation de l'évêque de Lyon que cette ville était située, ainsi que Vienne, dans les États du roi des Bourguignons, tandis qu'Arles appartenait probablement aux Visigoths [6]. C'est pour les mêmes raisons, sans doute, que son successeur Césaire ne parut

---

[1]. La *Gallia christiana* de 1656 (III, 644, 1109) ne fournit aucune indication précise sur les évêques qui siégeaient à Marseille et à Valence en 499. On n'est guère plus avancé aujourd'hui.

[2]. Edgar Loening, *Geschichte des deutschen Kirchenrechts*, I (Strassburg, 1878, in-8°), p. 490 ; Jaffé, *Regesta pontificum Romanorum* (1851), n° 228 ; id., 2ᵉ éd. (1881), n° 450, etc.

[3]. Loening, p. 530 ; lettres de Symmaque, de 499 et de 500 ; voy. les deux notes suivantes.

[4]. Jaffé, 1ʳᵉ éd., 470 ; 2ᵉ éd., 754 ; A. Thiel, *Epistolae Romanorum pontificum genuinae* (Brunsbergae, 1868, in-8°), p. 655.

[5]. Jaffé, 1ʳᵉ éd., 469 ; 2ᵉ éd., 753 ; Thiel, p. 654.

[6]. Loening, p. 528 ; Longnon, *Géographie de la Gaule au VIᵉ siècle*, p. 48-51.

pas au concile bourguignon d'*Epao*, présidé par les métropolitains de Vienne et de Lyon, en 517. En un mot, la présence de saint Éone d'Arles, sujet des Visigoths et rival de saint Avit de Vienne, dans une réunion d'évêques bourguignons où le rôle principal appartint, du consentement de tous, à ce même saint Avit, est un fait contraire à toutes les vraisemblances.

La maison de campagne où les évêques vont saluer Gondebaud, le 31 août, et d'où le roi revient à Lyon, par la Saône (*rex per Sagonam rediens ad urbem*), le 1ᵉʳ septembre, est appelée *Sarbiniacus*. On a cru d'abord que ce nom désignait Savigny, près de l'Arbresle, mais cela est impossible, car la Saône ne coule pas à Savigny, et « le point de la rivière le plus près de Savigny est Lyon même ; il aurait donc été inutile de gagner la Saône pour venir ensuite à la ville [1] ». Le seul endroit des bords de la Saône, à peu de distance de Lyon, dont le nom rappelle *Sarbiniacus*, est Albigny (Rhône, canton de Neuville-sur-Saône, à environ 15 kil. de Lyon), autrefois Arbigny [2], et c'est sans doute celui qu'a voulu désigner l'auteur de notre relation. Il est clair cependant qu'Albigny ne s'est pas appelé dans l'antiquité *Sarbiniacus*, car les mots latins qui commencent par une *S* suivie d'une voyelle ne perdent jamais cette consonne en passant en français. Mais, si l'on n'a pas oublié les observations auxquelles a donné lieu ci-dessus le faux testament de saint Perpétue, on se rappelle que le fabricateur de ce testament a désigné Amboise par le nom de *Rambasciacus*, montrant ainsi qu'il croyait que la consonne initiale d'un nom ancien pouvait disparaître en passant en notre langue. *Sarbiniacus* semble être une forme fabriquée sous l'influence de la même erreur. La présence de cette forme donne donc lieu de présumer, non seulement que la relation du colloque de 499 est apocryphe, mais encore qu'elle est l'œuvre du même faussaire qui a supposé le testament de Perpétue.

Enfin, s'il est vrai que beaucoup de détails du récit se distinguent par un air de vérité assez séduisant, la règle n'est pas sans

---

1. Aug. Bernard, *Cartulaire de l'abbaye de Savigny* (dans la *Collection de documents inédits sur l'histoire de France*, Paris, 1853, in-4°), p. LXXVI. — On a voulu aussi identifier *Sarbiniacus* avec l'*oppidum civitatis Lugdunensium quod nuncupatur Sardinia*, mentionné dans la vie de saint Apollinaire et dans celle de saint Avit (*Acta sanctorum Octobris*, t. III, p. 59 c, D ; *Febr.*, t. I, p. 668 B, c ; Peiper, *Aviti Opera*, dans les *Monumenta Germaniae*, p. 178-179) ; mais ce rapprochement est inadmissible, car les textes placent expressément *Sarbiniacus* sur la Saône et *Sardinia* sur le Rhône.

2. *Cartulaire de Savigny*, p. 935, 981.

exception, et il faut signaler vers la fin un trait d'une invraisemblance choquante. Saint Avit, pour avoir raison de la résistance des ariens, s'engage publiquement à obtenir du ciel un miracle qui les confonde : Si nos raisons, dit-il à Gondebaud, ne peuvent convaincre ces gens-là, je ne doute pas que Dieu ne fasse un miracle pour confirmer notre foi : ordonnez-leur d'aller avec nous au tombeau de saint Juste; nous interrogerons le saint sur notre foi, Boniface l'interrogera sur la sienne, et le Seigneur prononcera par la bouche de son serviteur. Un procédé aussi simple, pour trancher les difficultés théologiques, aurait sans doute été souvent mis en usage, s'il était admis par l'Église : mais l'Église ne peut admettre qu'un homme, fût-ce un évêque, promette de son chef une intervention miraculeuse du ciel, et semble ainsi vouloir contraindre en quelque sorte la Divinité d'obéir à ses commandements. Les ariens sont à leur aise pour répondre comme ils le font dans le récit qui nous occupe : Nous ne voulons pas recourir aux incantations et aux maléfices, comme Saül, qui a été maudit; nous nous en tenons au témoignage de l'Écriture, qui est plus forte que tous les prodiges! Les paroles prêtées à saint Avit sont, de plus, imprudentes : si, après une pareille promesse, le miracle annoncé venait à manquer, quel effet désastreux sur ceux que l'on prétendait convertir! Il n'est pas possible de croire qu'un prélat éminent et éclairé, comme l'était saint Avit, se soit laissé entraîner à parler aussi légèrement; et il suffirait de ce trait pour faire suspecter la pièce entière.

Voilà les raisons de douter de l'authenticité du récit en question. Mais dira-t-on, si c'est une fabrication, où le faussaire en a-t-il trouvé les éléments? A-t-il eu assez d'imagination pour inventer les faits qu'il rapporte? Non; il a pris l'idée de ces faits dans divers passages des œuvres de saint Avit et de quelques autres textes anciens. Il n'a eu qu'à recueillir ces traits épars et à les coordonner.

L'idée d'une conférence théologique entre l'évêque de Vienne et le roi Gondebaud était fournie par une lettre qui fait partie des œuvres de saint Avit. L'évêque, écrivant au prince catholique Sigismond, fils de Gondebaud, lui rend compte des efforts qu'il a faits, dans une discussion suivie, pour détacher le roi de l'hérésie arienne. Il résulte des premières lignes de la même lettre que cette conférence avait eu lieu au moment d'une fête [1]. L'idée que

---

1. *Aviti archiepiscopi Viennensis Opera*, studio J. Sirmondi (Paris, 1643,

des prêtres ariens avaient pris part au débat pouvait encore être tirée du même texte [1]. Celle de placer la conférence dans la ville de Lyon et d'y faire figurer plusieurs évêques catholiques, assemblés en une sorte de concile, a dû être suggérée par une autre lettre du même recueil [2]. Une fois le lieu de l'assemblée fixé, il était assez naturel de choisir, pour l'occasion de cette réunion, la fête de saint Juste : plusieurs passages, tant dans la correspondance de saint Avit que dans celle de Sidoine Apollinaire, font allusion au concours de fidèles que cette fête amenait chaque année à Lyon [3]. Quant au choix de la date, il convenait qu'elle fût rapprochée de l'époque de la guerre entre Gondebaud et Clovis, pour permettre des allusions historiques qui donneraient plus d'intérêt au récit ; mais il fallait aussi que le royaume bourguignon ne fût pas envahi, pour que le roi eût encore le loisir de s'occuper de discussions théologiques ; on satisfait à ces deux conditions en admettant que la conférence avait eu lieu à la veille des hostilités, au moment où Clovis menaçait la Bourgogne, mais ne l'attaquait pas encore.

Dans le détail même, on retrouve aisément les passages qui ont inspiré telle ou telle phrase du récit apocryphe. Quand Gondebaud dit aux évêques : Mes prêtres, *sacerdotes mei*, sont prêts à

---

in-8°), epist. XXI, p. 64 : « Quod me de collocutione regali ad notitiam vestram non detulisse culpatis, occursui meo exacta festivitate servaveram ; quia revera indicari vobis litterario famulatu cuncta per ordinem disceptationis prolixitas perplexitasque non patitur, etc. » — Je cite saint Avit d'après l'édition de Sirmond, parce que c'est la seule que le faussaire ait pu connaître ; en toute autre circonstance, il faudrait citer de préférence la belle édition donnée par M. R. Peiper dans la collection des *Monumenta Germaniae*. — Il semble que la discussion dont il est parlé dans cette lettre ait eu lieu entre Avit et Gondebaud seuls ; pourtant on l'a compris autrement et on a admis qu'il s'agissait d'une conférence entre plusieurs personnes : M. Peiper paraît l'entendre ainsi.

1. Ibid., p. 66 : « Adjecit... sic scriptum misissem sacerdotibus... suis. »
2. Ibid., epist. XXVIII, p. 73 : « Avitus Viennensis episcopus domno Gundobado regi. Rediens ab urbe Lugdunensi sanctus Chartenius episcopus, in qua, nobis de concilio discedentibus, ad privata quædam negotia expedienda resederat, quæstionem sibi, immo magis omnibus nobis proposuisse vos retulit. Quæ si fuisset coram positis indicata, subministrante sancto Spiritu facile suscitationi vestræ quæ ad causam pertinebant suggeri potuerant. »
3. Ibid., epist. LIX, p. 117. Viventiolus, évêque de Lyon, à Avit : « Ad similitudinem divinæ benignitatis deliberatio vestra cultorum suorum petitionibus temperetur, ut in sollemnitate sancti Justi plebeculam suam apostolatus vestri visitatio benedicat. » Cf. epist. LVII, p. 116, LII, p. 114, et l'épitaphe de saint Juste, dans l'édition Peiper, p. 183. — Sidoine Apollinaire, livre V, lettre 17 : « Conveneramus ad sancti Justi sepulcrum, sed tibi infirmitas impedimento, ne tunc adesses. Processio fuerat antelucana, solemnitas anniversaria... »

vous prouver que, etc., cette expression rappelle celle de saint Avit, écrivant à Sigismond que le roi lui a demandé par écrit plusieurs passages de l'Écriture pour les soumettre à ses prêtres, *sacerdotibus suis*[1]. L'ordre que Gondebaud donne ensuite de ne pas tenir la conférence en public, mais seulement devant un petit nombre de personnes, fait penser à un autre passage de cette lettre, où saint Avit semble louer le roi d'avoir ordonné que la discussion qui a eu lieu entre eux restât secrète[2]. Toujours dans la même lettre, Avit se plaint des questions embrouillées que les docteurs ariens ont imaginées pour l'embarrasser : dans le colloque, on représente l'arien Boniface appliqué à entraver la discussion, en proposant des questions difficiles, dont il semble vouloir fatiguer le roi[3]. Grégoire de Tours aussi a été mis à profit. Il a fourni l'histoire de l'union de Godégisèle avec Clovis contre Gondebaud, qui motive les plaintes de celui-ci[4]; l'épisode des présages tirés de la lecture des livres saints[5]; l'éloge de l'éloquence de saint Avit, reproduit en termes plus vifs dans le récit du colloque[6]; le personnage épisodique du courtisan Arédius, qui, dans ce récit, comme dans une occasion racontée par Grégoire, met au service des intérêts de son roi les ressources de son esprit délié et de son caractère peu loyal[7]. Enfin, un passage d'Ennodius, dans la Vie de saint Épiphane de Pavie, aura suggéré

---

1. *Aviti Opera*, epist. XXI, p. 66 : « Quod cum sibi ex maxima parte pronuntiaret incognitum, adjecit simpliciter sic scriptum misissem sacerdotibus, immo magis seductoribus et ut adhuc verius dicamus sectatoribus suis. » — *Collatio episcoporum* : « Rex dixit ad illos : Habetis quod postulatis, nam sacerdotes mei parati sunt vobis ostendere quod nullus potest esse coæternus et consubstantialis Deo. »

2. *Aviti Opera*, ibid., p. 65 : « Sed curavit consulte necessitatis opportunitate provisa et rei, ut, quicumque contentionis fuisset eventus, nec superiorem tumere nec superatum pateretur erubescere. » — *Collatio* : « Sed nolo ut id fiat coram omni populo, etc. »

3. *Aviti Opera*, ibid., p. 65 : « Quicquid per implicatissimos quæstionum mordacium nodos longo spatio sagax industria potuit arare, commotum est. » — *Collatio* : « Sed tantum quæstiones difficiles proponeret, quibus videbatur velle regem fatigare. »

4. Grégoire de Tours, *Historia Francorum*, II, 32, etc.

5. *Historia Francorum*, IV, 31, depuis les mots *Positis clerici tribus libris* jusqu'à *ruina ejus magna*.

6. *Historia Francorum*, II, 34 : « Magnæ enim facundiæ erat tunc temporis beatus Avitus. » — *Collatio* : « Sed postquam domnus Avitus proposuit fidem nostram cum testimoniis sacræ Scripturæ, ut erat alter Tullius et Dominus inspirabat gratiam omnibus quæ dicebat, tanta consternatio cecidit super Arianos, etc. »

7. *Historia Francorum*, II, 32. — Cf. *Historia epitomata*, 18, 19 (Du Chesne, *Historiæ Francorum Scriptores*, I, p. 728, 729).

l'idée de la visite que les évêques catholiques font au roi Gondebaud dès leur arrivée à Lyon[1].

La relation du colloque de Lyon était suspecte de fausseté par sa seule présence dans les papiers de Jérôme Vignier, à côté du faux testament de Perpétue et de la fausse donation de Micy. L'examen de la pièce elle-même n'a pas dissipé les soupçons ; il les a confirmés. Nous pouvons mettre sans crainte cette pièce, avec les précédentes, au nombre des documents apocryphes. L'époque de la fabrication peut être déterminée à quelques années près. Les lettres de saint Avit, auxquelles le faussaire a fait des emprunts, ont été publiées pour la première fois en 1643 ; la fausse relation elle-même a été imprimée en 1661 : le faussaire l'a donc composée après 1643 et avant 1661.

§ 6. — LETTRES D'ÉVÊQUES ET DE PAPES.

J'ai cru pouvoir affirmer la fausseté de quatre des pièces recueillies dans les papiers de Jérôme Vignier, et notamment des trois plus importantes : le testament de Perpétue, la donation de Micy, le colloque de Lyon. Les cinq lettres qui restent à examiner offrent moins de prise à la critique, car elles sont courtes et renferment peu de faits. Mais la démonstration, si on la considère comme faite pour les pièces précédentes, constitue une grave présomption contre celles-ci. Si les unes sont fausses, il est peu probable que les autres soient authentiques.

A défaut de preuves, divers indices rendent vraisemblable, pour ces lettres aussi, l'hypothèse d'une fabrication moderne.

La première de ces lettres est attribuée à saint Léonce, évêque d'Arles, et est adressée au pape saint Hilaire, en 462 (*Spicilegium*, in-4°, t. V, p. 578) :

---

1. *Magni Felicis Ennodii episcopi Ticinensis Opera*, ed. J. Sirmondus (Paris, 1611, in-8°), p. 402 : « Quem (il s'agit d'Épiphane, évêque de Pavie) postquam Gundobadus terræ illius dominus venisse cognovit : Ite, inquit ad suos, et videte hominem... Qui quando nos velit videre inquirite. Constitutus ergo videndi regem dies, ad quem cum ingressus est, salutavit... » — *Collatio* « Venerunt itaque de Vienna Avitus, de Arelate Æonius... et plures alii omnes catholicæ professionis et laudabilis vitæ in Domino. Qui omnes ad salutationem regis cum domno Stephano... profecti sunt. »

DOMINO Meritorum fastigio laudatissimo et Apostolicæ Sedis dignissimo Papæ Domno HILARO LEONTIVS *Episcopus.*

QVOD LEONEM sanctissimum Prædecessorem tuum mors abstulerit contra hæreses inuigilantem, et lolium in agro Domini, heu ! nimis fruticans eradicantem, dolemus. Quòd de tua sanctitate reparauerit, gratulamur. Nam gaudet filius de honore matris, et cùm Ecclesia Romana sit omnium mater, fuit vobis ¹ gaudendum, quòd in tanta consternatione rerum, et infirmitate sæculorum, super eam te erexerit, vt iudices populos in æquitate et gentes in terra dirigas. Vnde cùm nobis nuntius ille per CONCORDIVM Ecclesiæ nostræ Diaconum, qui tunc præsens erat cùm sanctitas tua ad id honoris fastigatum culmen euecta est, relatus est; gratias Deo nostro reddidimus, et te decreuimus quam primùm hac humilitatis nostræ epistola salutare; vt et sic affectus qui inter tuam sanctitatem et nos iam diu coaluit, in Domino corroboretur, et de cetero augeatur, cum debita reuerentia quâ decet filios patrem prosequi. Benedictus itaque qui venit in nomine Domini. Iam fortiter sanctitati tuæ insudandum et anhelandum est, vt quod sanctissimus LEO Papa incepit, ad terminabilem perducas limitem, et cum exercitu Gedeonis per tubas in ore fortium concrepantes, et per lampadas in robusta manu agitatas et ventilatas, maledictos muros Ierico iam toties anathematizatos et quassatos sanctitas tua faciat prosternere. Ceterùm cùm Ecclesia no-
[p. 579 :]stra Arelatensis semper ab Apostolica sede amplis fauoribus et priuilegiis fuerit decorata, rogamus sanctitatem tuam, vt per eam nihil nobis decedat, sed potiùs augeatur, vt et collaborare tecum in vinea Domini Dei Sabaoth valeamus, et inuidorum conatus infringere, quos si non esset auctoritas reprimens, certum est de die in diem grassaturos in peius, quia malitia ² qui nos oderunt, ascendit semper. Dat. K......, SEVERO, AVG. COS. ³.

Cette lettre comble une lacune dans la correspondance des papes : car on a la réponse de saint Hilaire à une lettre que lui avait écrite Léonce ⁴, et ce qui est dit de cette lettre dans la réponse s'accorde bien avec le texte trouvé chez Jérôme Vignier ⁵.

1. Sic dans le *Spicilegium*, mais il faut lire *nobis*.
2. Suppléer *eorum*?
3. Réimprimé : *Spicilegium*, in-fol., 1723, III, 302; collections des conciles; Thiel, p. 138.
4. Baronius, *Annales ecclesiastici*, ann. 462, n° IV; Sirmond, *Concilia antiqua Galliæ*, t. I (1629, in-fol.), p. 127; Thiel, *Epistolae Romanorum pontificum*, p. 139. — Jaffé, *Regesta*, 1re éd., 328 ; 2e éd., 553.
5. Hilaire dit que, des termes de la lettre de Léonce, il résulte que celui-ci n'a pas reçu une première lettre par laquelle le pape lui annonçait son avènement ; dans la lettre trouvée chez Vignier, Léonce dit n'avoir appris l'élection du pape que par un diacre qui y avait assisté.

Or, si, au temps de Vignier, la lettre d'Hilaire n'avait pas encore été publiée, l'accord entre les deux pièces serait un fait notable et prouverait à la fois l'authenticité de l'une et de l'autre ; mais, comme elle était au contraire imprimée depuis longtemps dans des ouvrages fort répandus, on peut penser qu'il y a tout simplement imitation, et que la lettre attribuée à l'évêque d'Arles a été composée à l'aide de celle du pape. La mention d'une lettre perdue a suggéré l'idée de refaire cette lettre, comme un passage de Grégoire de Tours avait suggéré l'idée de refaire le testament de Perpétue, et la Vie de saint Mesmin le diplôme de Clovis pour l'abbaye de Micy.

L'évêque d'Arles, dans cette lettre, tutoie le pape. Cela est conforme aux règles de la langue latine à l'époque classique, mais cela est contraire aux usages de la seconde moitié du ve siècle. L'étiquette d'alors voulait qu'en écrivant au pape, on lui dît *vos* et non *tu*[1]; les exceptions à cette règle ne se rencontrent que dans quelques lettres écrites par les princes ou les évêques de l'Orient[2]. Dans le recueil formé par A. Thiel, qui comprend toutes les lettres écrites ou reçues par les papes de 461 à 523, la prétendue lettre de Léonce à Hilaire est la seule où un évêque d'Occident tutoie le pontife romain[3].

La lettre suivante porte le nom de saint Loup, évêque de Troyes, et contient des félicitations à Sidoine Apollinaire sur son élection à l'évêché de Clermont, en 472 (*Spicilegium*, in-4°, t. V, p. 579) :

LVPVS *Domno Papæ* SIDONIO.

GRATIAS ago Domino Deo nostro IESV CHRISTO per Spiritum sanctum, qui te, Carissime Frater, in hac generali titubatione et pressura dilectissimæ sponsæ Ecclesiæ suæ, ad eius sustentationem et consolationem in Sacerdotem vocauit, vt sis lucerna in Israël, et sicut ambitiosos honores mundanæ militiæ cum summa laude exequutus es, ita militiæ cælestis operosa munia, et humilia ministeria ipso adjuuante Christo alacriter percurras, nec retro ad aratrum applicata manu, pigritantium agricolarum more oculos conuertas. Tu Imperatorios apices per gloriosissimas affinitates proxime consecutus es : tu trabeales ornatus splen-

---

1. Thiel, p. 155, 157, 348, 696, 698, 730, 731-734, 742, 761, 764, 781, 814, etc.
2. Thiel, p. 192, 709, 741, 742, 831, etc.
3. La lettre d'Ennodius à Hormisdas (Thiel, p. 910), où le tutoiement paraît dans la dernière phrase, a été écrite avant qu'Hormisdas ne fût pape.

didicisque præfecturas, et quicquid irrequieta desideriorum series sibi beatius in sæculo potest fingere, honorificus et inter streperos plausus exercuisti. Mutatus est ordo, et in domo Domini apicem attigisti, qui non in exuberanti mundani fastus fulgore, sed in maximè infima mentis depressione, et humili resupinati cordis abjectione pertractandus est. Qui olim conabaris natalium decora additis honoribus superare, nec credebas homini sufficere, si ceteris par esset, et pares non transgrederetur, in eum statum deuenisti, in quo licet superior nulli te debes superiorem reputare; minimo subditorum tuorum suppositus, eò plus eris honoratior, quò te humilitas Christi accinget, et eorum plantas osculaberis, supra quorum capita pedes tuos olim collocare dedignabaris. Iste profectò iam tibi labor incumbit, vt sis omnium seruus qui videbaris omnium dominus, et aliis [*p.* 580 :] incurueris, qui ceteros conculcabas, non quia eras superbus, sed quia dignitatum præteritarum majestate ne dicam vanitate, tantùm tibi ceteros antecedendum erat, quantùm tibi modò præ ceteris est recedendum. Fac ergo vt nunc ingenium transferas ad diuina, qui tantùm valuisti ad humana. Colligant plebes tuæ ex ore tuo spinas de capite Crucifixi, qui ex verbis tuis colligebant rosas de pompa mundiali ; et capiant de eloquio Sacerdotis verba disciplinæ cælestis, qui capiebant de eloquio dominantis normam disciplinæ ciuilis. Ego quidem, qui te tantùm amaui cùm sequebaris ariditatem sæculi, quali mensura putas iam amare sequentem vberbatem cæli ? Iam delibor, et instans est resolutio mea, sed non putauero resolui, qui licèt solutus, in te viuam, et te in Ecclesia relinquam. Gaudeo exul, postquàm Ecclesiam induisti, et te induit Ecclesia. Macte amicitia vetusta, sed fraternitate recens. Supprimit postremus titulus antiquos, nihil est quòd hodie velim de præterita meminisse dilectione, quando moderna dignitas et firmiorem facit esse caritatem et tenaciorem. O si Deus vellet vt te amplecterer! sed in spiritu perficio quod non possum in corpore, et præsente Christo non ampliùs Reipublicæ Præfectum veneror et osculor, sed Ecclesiæ, qui mihi filius ætate, dignitate frater, et meritis pater est. Ora pro me, vt in Domino consummatus, opus quod injunxit consummem, et in eo tandem impleam tempora quæ restant, qui tot et tanta (væ mihi !) his quæ non debui, impleui " [1], sed apud Dominum misericordia. Memor esto mei [2].

Il y a dans les œuvres de Sidoine quatre lettres adressées à saint Loup [3] ; de celui-ci nous n'avons pas d'autre ouvrage qu'une lettre écrite en commun par lui et Euphrone d'Autun à l'évêque

---

1. En marge : *siue* " impendi.
2. Réimprimé : *Spicilegium*, in-fol., 1723, III, 302, etc.
3. Livre VI, lettres 1, 4 et 9, et livre IX, lettre 11. Cf. les passages relatifs à saint Loup, livre IV, lettre 17, et livre VII, lettre 13.

Talase d'Angers[1]. Celle-ci est d'un style assez simple ; la lettre qu'on vient de lire, au contraire, est pleine de prétention et de recherche. On y remarque des élégances alambiquées et des antithèses savantes, qui rappellent la manière de Sidoine ; on ne peut s'empêcher de penser que, si l'on demandait à un bon écolier de rhétorique de composer pour devoir une lettre d'un évêque à Sidoine, après avoir lu un ou deux livres de cet auteur, il reproduirait probablement un morceau assez semblable à celui-ci. L'imitation n'est pas seulement dans le style, elle est aussi dans les formules et dans certaines expressions. Les lettres de Sidoine à saint Loup portent en tête : *Sidonius domino papæ Lupo salutem*, et à la fin : *Memor nostri esse dignare, domine papa*; la prétendue lettre de Loup commence par : *Lupus domno papæ Sidonio*, et finit par : *Memor esto mei*. Cet emploi du mot *papa* au sens d'évêque, habituel chez Sidoine, n'était pas d'un usage universel parmi ses contemporains. Loup et Euphrone, écrivant à Talase, évêque d'Angers, l'appellent *episcopus* et non *papa*, et se qualifient eux-mêmes *episcopi*.

En troisième lieu vient, dans l'édition de d'Achery, une lettre du pape Gélase Ier à Rustique, évêque de Lyon, en date du 25 janvier 494 (*Spicilegium*, in-4°, t. V, p. 581) :

DILECTISSIMO FRATRI Rvstico Gelasivs.

Inter ingruentium malorum turbines, et variarum tentationum quibus penè mergimur afflictationes, tua nobis caritas, amantissime Frater, grande solatium propinauit. Quid enim consolatius posset accidere quàm videre fratres carissimos inuicem compatientes, et partem oneris ferentes, quibus non minima benedictionis portio collata est. Benedictus Deus, qui tua erga nos taliter affecit præcordia, vt non tantùm quæ patimur animo sentias, sed et monstres in sanctæ tribulionis exhibēdo misericordiam, qualem habeas in compassiuo corde caritatem ; et adjungas ad dulcissimæ consolationis sermones, quæ sunt præcipuæ inter amicos opitulationes. Verùm dilectionem tuam non fatigabimus, scribentes quàm in arto fuerimus. Scit Frater noster et Coëpiscopus Æonivs quàm vtile fuerit et quod misit, et quod ad nos misisti subsidium. Ceterùm frater noster Epiphanivs, qui ad gentis suæ miserias releuandas, et redimendos captiuos ad partes vestras destinatur, Fraternitatem tuam certiorem faciet, quantam ob impiissimi Acacij

---

1. Migne, LVIII, 66.

causam persecutionem sustinemus. Sed non deficimus, et inter tot pressuras nec cedit animus, nec relaxatur zelus, nec subuertit metus. Sed licet aporiantes et angustiati, confidimus in eum qui dabit cum tentatione prouentum : et si ad tempus sinit deprimi, non patietur opprimi. Fac, carissime Frater, vt tuus tuorúmque in nos, vel potius in sedem Apostolicam, non cesset affectus. Qui enim in petra solidabuntur, cum petra exaltabuntur. Adjuua Fratrem nostrum EPIPHANIVM, et sentiat quia me amas, et cùm redierit ad propria, scribat dilectio tua tam quæ sibi, quàm quæ Fratribus nostris et Coëpiscopis per Gallias constitutis circa impiissimi Acacii causam videbuntur. [*P.* 582 :] Deus te præstet incolumem, Frater carissime. Datum VIII. Kalend. Febr. ASTERIO et PRÆSIDIO W. CLARISS [1].

Il est étonnant de trouver une lettre de Gélase à un évêque de Gaule, à la date du 25 janvier 494. En effet, nous avons une autre lettre, écrite par le même pape à Éone, évêque d'Arles, le 23 août de la même année; dans celle-ci, il s'excuse de n'avoir pas encore trouvé le temps de faire part aux évêques de Gaule de son avènement au pontificat (qui remontait au 1er mars 492), et il charge Éone de le leur annoncer : « Per diuinam gratiam sedis apostolicæ regimen nos adiisse pandentes... Dilectionem tuam duximus admonendam quatenus et vigere apud nos alternæ viscera gratiæ fratres et coepiscopi nostri per Gallias constituti caritate tua vulgante cognoscerent [2]... » S'exprimerait-il ainsi, s'il avait été en correspondance, sept mois auparavant, avec l'évêque de Lyon?

La lettre à Rustique se termine par cette formule : « Deus te præstet incolumem, frater carissime. » Dans une autre lettre, publiée aussi par d'Achery d'après les papiers de Vignier et qu'on verra tout à l'heure, celle qui porte le nom du pape Symmaque et qui est adressée à saint Avit, on lit : « Deus te incolumem seruet, frater dilectissime. » Ce sont les seuls exemples que l'on connaisse de ces deux formules : dans les lettres écrites par les papes aux évêques, à cette époque, la salutation est ordinairement conçue en ces termes : « Deus te incolumem custodiat, frater carissime. » La différence semble peu importante : mais, si l'on examine les longues séries de lettres des papes, du Ve siècle et des siècles suivants, qui offrent toujours les mêmes formules

---

1. Réimprimé : *Spicilegium*, in-fol., 1723, III, 304; collections des conciles; Thiel, p. 358. — Jaffé, *Regesta*, 1re éd., 370; 2e éd., 634.
2. Thiel, p. 386; cf. p. 34.

de courtoisie répétées dans les mêmes termes, on se convaincra que dès cette époque ces questions d'étiquette n'étaient pas abandonnées au hasard, que le style de la chancellerie pontificale était formé et les règles du protocole nettement définies. Le plus ancien exemple de la formule en question est du 27 janvier 417 : une lettre d'Innocent Ier, adressée à cinq évêques, porte :

« Deus vos incolumes custodiat, fratres carissimi [1]. »

En 430, on rencontre la même salutation en grec :

Ὁ Θεὸς ὑγιαίνοντά σε διαφυλάττοι, ἀδελφὲ τιμιώτατε [2] ;

Et en latin : « Deus te custodiat incolumem, frater carissime [3] » ;

En 431 : « Deus vos incolumes custodiat, fratres carissimi [4]. »

Dans le recueil déjà cité des lettres pontificales de 461 à 523, publiées par A. Thiel, on trouve :

« Deus autem incolumem te custodiat, frater carissime », une fois [5] ;

« Deus te incolumem custodiat », une fois [6] ;

« Deus te incolumem custodiat, fili dilectissime », une fois [7] ;

« Deus te incolumem custodiat, frater carissime », onze fois [8] ;

« Dominus te incolumem custodiat, frater carissime », trois fois [9] ;

Et dans les lettres adressées à plusieurs destinataires à la fois :

« Deus autem vos incolumes custodiat, fratres carissimi », une fois [10] ;

« Deus custodiat vos, dilectissimi fratres », une fois [11] ;

« Deus vos custodiat, fratres carissimi, aevo longiore », une fois [12] ;

« Deus vos incolumes custodiat, filii dilectissimi », une fois [13] ;

« Deus vos incolumes custodiat, fratres carissimi », neuf fois [14].

---

1. P. Coustant, *Epistolae Romanorum pontificum*, I (Paris, 1721, in-fol.), col. 904.
2. Ibid., col. 1112.
3. Ibid., col. 1130.
4. Ibid., col. 1188.
5. En 465, Thiel, p. 170.
6. En 492, p. 321.
7. En 493, p. 339. Le destinataire n'est pas évêque.
8. De 462 à 524, p. 138, 140, 141, 147, 242, 627, 727, 729, 885, 981, 990.
9. En 494, 499 et 500, p. 386, 655, 656.
10. En 521, p. 982.
11. En 488, p. 266.
12. En 464, p. 151.
13. En 485, p. 257. Les destinataires sont de simples clercs et non des évêques.
14. De 462 à 515, p. 146, 152, 155, 169, 337, 637, 722, 723, 761.

Dans le *Liber diurnus*, formulaire de la chancellerie romaine, que le dernier éditeur croit avoir été composé entre les années 685 et 751, la salutation finale des lettres adressées aux évêques et aux clercs est toujours conçue en ces termes :

« Deus te incolumem custodiat [1]... »

De tous ces exemples, il résulte que certains détails de la formule ont pu être parfois changés, l'ordre des mots modifié, *Dominus* substitué à *Deus*, etc., mais le verbe est toujours le même : *custodiat*. Les prétendues lettres de Gélase à Rustique et de Symmaque à Avit, trouvées dans les papiers de Jérôme Vignier, sont les seules où ce mot soit remplacé par un terme différent, *præstet* dans l'une, *servet* dans l'autre. Toutes deux pèchent donc contre une règle bien constatée de la diplomatique pontificale du vᵉ et du vɪᵉ siècle.

Trois points sont touchés dans la lettre de Gélase : le pape recommande à Rustique l'évêque de Pavie Épiphane, qui se rend dans le royaume de Bourgogne pour le soulagement de ses compatriotes ; il entretient Rustique de son dissentiment avec le patriarche de Constantinople, Acace, et demande l'opinion des évêques de Gaule sur ce prélat suspect d'hérésie ; il remercie des subsides que lui ont envoyés Rustique et l'évêque d'Arles Éone. Il n'y a rien dans tout cela qu'un faussaire du xvɪɪᵉ siècle ne pût aisément imaginer. Le voyage d'Épiphane de Pavie, envoyé à Lyon pour racheter des prisonniers italiens, et le bon accueil que lui fit l'évêque Rustique, vers 494, sont racontés dans la biographie d'Épiphane, qui fait partie des œuvres d'Ennodius : ces œuvres ont été publiées en 1611 par Sirmond [2]. Le détail des démêlés des papes avec le patriarche Acace remplit leur correspondance, et notamment celle de Gélase. Enfin, l'idée d'un subside envoyé au pape par les églises de Gaule a pu être tiré d'une phrase écrite par Gélase à Éone d'Arles [3].

1. *Liber diurnus*, éd. Eug. de Rozière, p. 11-15.
2. *Magni Felicis Ennodii episcopi Ticinensis Opera*, ed. J. Sirmondus (Paris, 1611, in-8º), p. 402. L'évêque de Lyon est appelé là Rusticius et non Rusticus ; mais cette dernière forme était donnée par la *Gallia christiana* de 1656 (I, 295).
3. Lettre du 23 août 494, Sirmond, *Concilia antiqua Galliæ*, I, 153 ; Thiel, p. 385 ; Jaffé, 1ʳᵉ éd., 394 ; 2ᵉ éd., 640. Le pape profite, pour écrire à Éone, de l'occasion qui s'est offerte, « religiosis viris filiis nostris Euphronio presbytero et Restituto viro religioso, qui ad Italiæ partes ad providendam congregationi sanctæ substantiam commearant, remeantibus ad propria ». — Ici se rencontre une difficulté : si le faussaire a connu la lettre de Gélase à Éone, comment n'a-t-il pas vu le désaccord signalé plus haut entre cette lettre et

Sur la lettre de félicitation adressée, dit-on, par le pape Anastase II au roi Clovis Ier, à propos de sa conversion au christianisme (voy. ci-dessous), je me bornerai à dire : 1º que, ne contenant qu'un développement oratoire, sans aucun fait, elle offre peu de prise à la critique ; 2º que, pour un faussaire qui fabriquait des documents sur l'histoire ecclésiastique de la France au ve siècle, il n'y avait guère de sujet plus tentant que celui-là ; 3º que c'est une faute et une invraisemblance d'avoir employé dans toute la lettre la tournure par *tu*, l'usage le plus ordinaire étant alors de dire *vous* aux rois [1].

Voici cette prétendue lettre d'un pape au premier roi très chrétien (*Spicilegium*, in-4º, t. V, p. 582) :

GLORIOSO ET ILLVSTRI FILIO

Clvdoecho [2] *Anastasius Episcopus.*

Tvvm, gloriose fili, in Christiana fide cum exordio nostro in Pontificatu contigisse gratulamur. Quippe sedes Petri in tanta occasione non potest non lætari, cùm plenitudinem gentium intueatur ad eam veloci gradu concurrere, et per temporum spatia repleri sagenam, quam in altum iussus est mittere idem piscator hominum, et cœlestis Ierusalem beatus Clauiger. Quod serenitati tuæ insinuare voluimus per Evmerivm Presbyterum, vt cùm audieris lætitiam patris, crescas in bonis operibus, impleas gaudium nostrum, et sis corona nostra, gaudeatque mater Ecclesia de tanti Regis, quem nuper Deo peperit, profectu. Lætifica ergo, gloriose et illustris Fili, matrem tuam, et esto illi in columnam ferream. Nam refrigescit caritas multorum, et malorum hominum versutiâ nauicula nostra feris fluctibus agitatur, et despumantibus vndis

---

celle qu'il a fabriquée ? Comment, d'ailleurs, a-t-il pu faire adresser dès janvier par le pape des remerciements pour un secours reçu en août ? Peut-être, dans sa pensée, la lettre fabriquée par lui devait-elle, quoique portant les noms des consuls de 494, être rapportée au 25 janvier 495 ; voyant dans quelques textes (par exemple dans le concile d'*Epao*) qu'on commençait parfois alors l'année au 1er mars, il a pu s'imaginer qu'on ne changeait aussi la date consulaire qu'au 1er mars et non au 1er janvier. Il n'est pas certain d'ailleurs que le voyage d'Épiphane ne doive pas être rapporté à l'année 495, plutôt qu'à 494 comme l'a affirmé Sirmond (dans les notes de son édition, p. 66).

1. Saint Avit, lettre 41 (édition de Sirmond, p. 94) ; Bouquet, *Recueil des historiens*, IV, 103 ; Cassiodore, *Var*, III, 1-4 ; Thiel, p. 489 ; *Liber diurnus*, éd. de Rozière, p. 10, 379. Dans les deux lettres de saint Remi à Clovis (Du Chesne, *Historiæ Francorum Scriptores*, I, 849, etc.), le tutoiement se rencontre, mais mêlé avec la tournure par *vos*, et celle-ci prédomine.

2. En marge : *Clodoueo*.

pertunditur. Sed speramus in spem contra spem, et Dominum collaudamus, qui eruit te de potestate tenebrarum, et in tanto Principe prouidit Ecclesiæ, qui possit eam tueri, et contra occurentes pestiferorum conatus galeam salutis induere. Perge igitur, dilecte et gloriose Fili, vt Deus omnipotens serenitatem tuam, et Regnum protectione cœlesti prosequatur, et Angelis suis mandet vt custodiant te in omnibus viis tuis, et det tibi in circuitu de inimicis suis victoriam [1].

La dernière lettre est attribuée encore à un pape, Symmaque, et adressée à l'évêque de Vienne, Avit, sous la date du 13 octobre 501 (*Spicilegium*, in-4°, t. V, p. 583) :

DILECTISSIMO FRATRI Avito Symmachvs.

Non debuit caritatem tuam offendere, quòd ad Fratrem et Coëpiscopum nostrum Æonivm nuper rescripsimus. Non enim juri tuo, dilectissime Frater, præjudicatum fuit, cùm nos, inaudita parte, et absque competenti iustructione [*sic*], non posse judicare respondimus. Vnde Fraternitati tuæ saluum est, allegare quod putauerit allegandum, et proponere quod viderit proponendum. Nam licet confusionem prouinciæ à prædecessore nostro sanctæ memoriæ Anastasio Episcopo præter Ecclesiæ consuetudinem, et antiqua Prædecessorum nostrorum statuta factam esse dixerimus, et non esse tolerandam; attamen si ea quæ fecit, rationabiliter fecisse Fraternitas tua docuerit, gaudebimus nihil esse ab eo contra canones attentatum, quia quod fit praeter regulam, modò sit ex justa causa, non infringit regulam, quam sola peruicacia, et antiquitatis contemptus lædit. Nam quamuis à Patribus statuta, diligenti obseruatione, et obseruanti diligentia sint custodienda; nihilominus propter aliquod bonum de rigore legis aliquid relaxatur, quod et ipsa lex cauisset, si præuidisset. Et sæpè crudele esset insistere legi, cùm obseruantia ejus esse præjudicabilis Ecclesiæ videtur; quoniam leges ea intentione latæ sunt, vt proficiant, non vt noceant. Quamobrem pergat dilectio tua, rationes quæ prædecessorem nostrum ad tractandam prædictam confusionem impulerunt ad nos dirigere, vt et sciamus quid fuerit statuendum, et in Domino lætemur beatæ memoriæ Anastasium nihil fecisse retractandum. Deus te incolumem seruet, Frater dilectissime. Data iii. Id. Octobr. Avieno et Pompeio Coss. [2].

---

1. Réimprimé : *Spicilegium*, in-fol., 1723, III, 304; collections des conciles; Thiel, p. 623. — Jaffé, 1ʳᵉ éd., 465; 2ᵉ éd., 745.
2. Réimprimé : *Spicilegium*, in-fol., 1723, III, 307; collections des conciles ; Thiel, p. 656; Peiper, *Alcimi Ecdicii Aviti Viennensis episcopi Opera*, dans les *Monumenta Germaniae*, p. 63. — Jaffé, 1ʳᵉ éd., 472; 2ᵉ éd., 756.

Il y a dans cette pièce deux marques de fausseté. L'une est la formule de salutation, *Deus te incolumem servet*, au lieu de *custodiat*, dont il a été question tout à l'heure. L'autre est la date, *Avieno et Pompeio consulibus*. Ces noms sont bien ceux des deux consuls de l'année 501; mais, comme l'a montré M. de Rossi, l'un de ces magistrats, Aviénus, était consul en Occident, l'autre, Pompéius, en Orient; et, à la date du 13 octobre, le nom du consul d'Orient n'était pas connu à Rome, en sorte qu'on datait habituellement du nom d'Aviénus seul. Il y a là une invraisemblance telle, qu'elle a conduit M. de Rossi à déclarer que la date de cette lettre devait être interpolée ou falsifiée. Son argumentation, que je reproduis en note, est convaincante [1]; mais, au lieu d'admettre une interpolation dans la date seulement, il est plus naturel de croire que c'est la lettre entière qui est fausse, comme toutes les autres pièces de la même série. Le contenu de cette lettre a trait au différend entre les églises d'Arles et de Vienne, au sujet du rang de métropole prétendu concurremment par l'une et l'autre; le fabricateur s'est évidemment inspiré de deux autres lettres du pape Symmaque, adressées à Éone d'Arles et relatives au même sujet [2].

Arrivé au terme de cet examen, j'espère que le lecteur tirera de ce qui précède la même conclusion que moi. Ces cinq dernières lettres sont fausses, aussi bien que les quatre documents étudiés précédemment. En somme, d'Achery n'a tiré des papiers de Jérôme Vignier que des pièces apocryphes.

---

1. I. B. de Rossi, *Inscriptiones christianae urbis Romae*, p. 413; « Nunc de Orientalibus duorum Avienorum collegis, quae opus sunt, dicam. Priori Avieno [501] Pompejum, alteri [502] Probum collegas Constantinopoli datos Orientales fasti et Anastasii leges testantur, in quibus uterque quoque Avienus cietur... Orientales contra consules his annis in Occidente aut ignoti, aut pro ignotis habiti; eorumque nomina monumentis inscribi in Italia et Galliis desuetudine plane abrogatum... Et re sane vera neque Pompejum, neque Probum duorum Avienorum collegas veteres inscriptiones et publica Romanarum synodorum acta atque ipsa (quae res observationem magis provocat) Theodorici regis edicta nominant; quo fit, ut valde mirum mihi videatur Symmachi pontificis epistolam datam III idus Octobres, ante Romanam nempe synodum, quae Novembri habita mense est, hac consignatam formula esse : *Avieno et Pompejo conss.*, et de Pompeii nomine ab aliquo canonum collectore adjecto atque interpolato valde suspicer. »

2. Jaffé, *Regesta*, 1re éd., 469, 470; 2e éd., 753, 754; Sirmond, *Concilia antiqua Galliæ*, I, 156, 157; Thiel, p. 654, 655.

§ 7. — JÉROME VIGNIER; VIE DE SAINTE ODILE.

Les neuf pièces sont probablement l'œuvre d'un même faussaire. Elles ont été trouvées ensemble et nous sont parvenues par une même voie. On reconnaît d'ailleurs dans toutes à peu près la même langue, le même style, les mêmes procédés [1].

La date de la fabrication peut être déduite de celle des ouvrages consultés par le fabricateur. Ces ouvrages se réduisent à un très petit nombre : le tome I des *Historiæ Francorum Scriptores* de Du Chesne, publié en 1636, la *Gallia christiana* de 1656 et diverses publications du P. Jacques Sirmond, qui ont paru de 1611 à 1643. C'est dans Du Chesne seulement que l'auteur de nos pièces a pu lire la Vie de saint Mesmin, d'où il a tiré l'idée du

---

[1]. Voy. ci-dessus, p. 57, la remarque relative aux formes fautives *Rambasciacus*, pour Amboise, dans le testament, et *Sarbiniacus*, pour Albigny, dans le colloque, qui ne peuvent avoir été fabriquées que sous l'influence d'une même erreur, touchant le mode de formation des noms de lieu en français. Voici quelques passages des diverses pièces, dans lesquels on peut remarquer la répétition de certaines expressions ou de certaines tournures : — Testament attribué à Perpétue, 4° alinéa : « Item molendina supra Carum prope dictam villam. » Donation de Micy : « Cum querceto et salicto et utroque molendino. » On sait que l'emploi du mot *molendinum* est rare dans les textes anciens : voy. ci-dessus, p. 31, note 1. — Testament, 7°, 10° et 11° alinéas : « Memor esto mei. » Lettre attribuée à saint Loup : « Memor esto mei. » — Testament, 7° alinéa : « Tibi fratri et consacerdoti dilectissimo Eufronio. » Lettre attribuée à Gélase : « Frater noster et coepiscopus Æonius. » Lettre attribuée à Symmaque : « Quod ad fratrem et coepiscopum nostrum Æonium nuper rescripsimus. » — Testament, 11° alinéa : « Tibi Agiloni comiti... ut pergas eorum defensionem robusto suscipere... » Lettre attribuée à Anastase : « Perge igitur, dilecte et gloriose fili, ut Deus omnipotens serenitatem tuam et regnum protectione cælesti prosequatur. » Lettre attribuée à Symmaque : « Quamobrem pergat dilectio tua rationes... ad nos dirigere. » Comparez encore dans la donation de Micy : « Vos ergo, Euspici et Maximine, desinite inter Francos esse peregrini », et dans la prétendue lettre d'Anastase à Clovis : « Lætifica ergo, gloriose et illustris fili, matrem tuam. » Ces exhortations banales, introduites toujours de la même façon, trahissent, si je ne me trompe, l'embarras du faussaire, qui ne sait que dire. Il a pourtant fait preuve en plusieurs endroits d'une faculté d'invention assez remarquable. Il l'a particulièrement exercée dans la création des noms qu'il a donnés à divers personnages introduits incidemment : dans le testament, le comte Agilon, Aligarius et le diacre Daniel, vendeurs de terres acquises par Perpétue, l'orfèvre Mabuinus, les prêtres Amalarius et Agrarius, la sœur du testateur, Fidia Julia Perpetua, la vierge Dadoléna et le dépositaire du testament, Delmatius; dans le colloque, l'arien Boniface, les courtisans Placidus et Lucanus; dans les lettres, le diacre Concordius (Léonce, 462) et le prêtre Eumérius (Anastase, 497).

faux diplôme de donation de Micy; le même volume contient Grégoire de Tours, d'où il a tiré l'idée du testament attribué à Perpétue et certains traits du récit du colloque de Lyon. La *Gallia christiana* lui a fourni, pour le colloque, le nom d'Étienne, évêque de Lyon, et, pour la lettre attribuée à Gélase, celui de son prédécesseur, Rustique (*Rusticus*, au lieu de *Rusticius*, que donne Ennodius). Tout le reste a été inspiré par les ouvrages de Sirmond ; la prétendue épitaphe de Perpétue et la prétendue lettre de saint Loup, par son édition de Sidoine Apollinaire, 1614; le colloque de 499, par celle des œuvres de saint Avit, 1643; la lettre attribuée à Gélase, par celle d'Ennodius, 1611; la lettre attribuée à Léonce, par les *Concilia antiqua Galliæ*, du même auteur, 1629; celle qui porte le nom de Symmaque, à la fois par le saint Avit et les *Concilia*[1]. Toutes ces pièces ont été trouvées à la mort de Jérôme Vignier, en 1661. Elles avaient donc été composées peu avant cette date, de 1656 à 1661 probablement.

Sont-elles l'œuvre de Jérôme Vignier? Il n'est guère possible d'en douter.

Il s'en attribuait la découverte : d'Achery, qui avait été son ami[2] et avait eu, après sa mort, ses papiers entre les mains[3], écrit sans hésitation : « Testamentum... Epitaphium... et Collationem episcoporum... eruerat jam pridem V. C. Hieronymus Vignerius[4]... » Dans le préambule que Vignier avait préparé pour le récit du colloque de Lyon, il réclame à l'avance la reconnaissance du lecteur pour la publication de ce texte, dans des termes qui n'indiquent nullement qu'il l'eût reçu lui-même d'un autre : « Mirum est rei tantæ monimenta apud scriptores... nulla extare, et pauca quæ habemus apud unum de miraculis S. Justi scriptorem ineditum conservari. Dolemus sane hujus celeberrimi conventus acta intercidisse, sed gaudemus satis adhuc in eo auctore superare, quo pio lectori ὄρεξις moveatur, nobisque gratuletur, qui thesaurum istum illi minime invidemus[5]. »

---

1. Il serait oiseux de chercher la source de la prétendue lettre du pape Anastase à Clovis. Cette lettre ne fait allusion qu'à la conversion du roi et à l'avènement du pape, faits bien connus et qu'on pouvait trouver partout.
2. *Spicil.*, in-4°, V, préface, p. 11 : « Et quia tanti viri, dum in vivis ageret mihi amicitia ac familiaritate conjunctissimi, mentionem feci... »
3. *Ibid.*, p. 12 : « Cæterum quæ narro didici e clariss. Hieronymi schedis, quas plena manu frater ipsius vir nobilis Benjaminus Vignerius ultro attulit obtulitque. »
4. *Ibid.*, p. 11.
5. *Ibid.*, p. 11.

D'ailleurs, il n'en était pas à son coup d'essai. En 1649, il avait fait imprimer un volume intitulé : *la Veritable Origine des tres-illustres maisons d'Alsace, de Lorraine, d'Austriche*, etc. (Paris, Gaspar Meturas, in-fol.). Ce livre ne porte pas de nom d'auteur, mais il est certain qu'il est de Jérôme Vignier : la Bibliothèque nationale en possède un exemplaire avec un envoi signé de son nom [1], et dès 1650 Chiflet, dans un livre imprimé à Anvers, le citait en le lui attribuant [2]. L'objet de l'ouvrage est de soutenir un nouveau système sur les origines de la maison d'Autriche, que l'auteur prétend faire descendre, comme celle d'Alsace, d'Ethicon ou Adalric, père de sainte Odile. Ce système eut un grand succès : Chiflet, qui avait publié quelques années auparavant un tableau généalogique de la maison d'Autriche et d'Espagne [3], s'empressa d'imprimer un nouveau volume pour rétracter ce qu'il avait dit de la première origine de cette maison et adopter l'opinion de Vignier [4]. Or, celui-ci appuyait ses assertions principalement sur deux textes : l'un est la Vie du pape Léon IX, écrite au XIe siècle par l'archidiacre Wibert et publiée par Jacques Sirmond en 1615 [5]; l'autre est un fragment d'une Vie inédite de sainte Odile, qu'il déclarait avoir découverte. Voici en quels termes, dans la préface de son livre, il parle de cette trouvaille :

Estant donc, il y a quelques années, en Lorraine dans vne petite ville du Comté de Vaudemont, nommée Vezelise, ie m'enquis, selon mon ordinaire, s'il n'y auoit point de personnes doctes et curieuses de qui ie puisse apprendre quelque chose. Et ayant sçeu que le malheur de la guerre auoit chassé tous ceux qui pouuoient estre vtiles à ma curiosité, à la réserue d'vn vieillard de plus de quatre vingts ans, que la pesanteur de son âge et ses incommoditez auoient attaché à la misere, dont il ne se pouuoit tirer pour se sauuer ailleurs. Ie le fus visiter; mais ie ne trouuay plus en ce bon vieillard, qui s'appelloit Pistor le Begue, qui auoit esté Secretaire d'Estat des Ducs de Lorraine, et employé par eux en quantité de negociations importantes, que de belles masures d'vn beau bastiment que le temps auoit ruiné, ie veux dire, que ie ne rencontray dans son entretien, que les restes de beaucoup de science que

---

1. Département des imprimés, in-fol., Lm³ 10.
2. *Stemma Austriacum annis abhinc millenis.* Hieronymus Vignerius priores nouem gradus elucubrauit : Ioann. Iac. Chifletius... asseruit atque illustrauit. (Antuerpiæ, ex officina Plantiniana Balthasaris Moreti, 1650, in-fol.)
3. Chiflet, *Vindiciæ Hispanicæ*, ed. altera (1647, in-fol.), p. 314.
4. *Stemma Austriacum*, p. 53, dernier alinéa.
5. *Vita S. Leonis IX. papæ, Leucorum antea episcopi.* Wiberto archidiacono coætaneo auctore. (Lutetiæ Parisiorum, Seb. Cramoisy, 1615, in-8°.)

la memoire affoiblie estouffoit et ne laissoit paroistre qu'à grand peine. Ie l'enquis des anciens Comtes de Vaudemont, où estoient leurs tombeaux, et de quelle Famille ils estoient ; il ne m'en pust apprendre autre chose, sinon qu'il me dit, qu'il auoit sauué du naufrage quelques cayers de parchemin qui m'en pouuoient enseigner quelque chose. Ces cayers qui ne faisoient en tout que dix ou douze pages estoient les restes d'vn volume mediocre que la pourriture et les vers auoient tres-mal traitté, car il n'y auoit ny fin ny commencement, pas vn fueillet entier, toutes les lettres ternies et effacées par l'humidité ; et aucun tiltre pour descouurir les matieres dont il traittoit ; il auoit esté pretieux autresfois, car il y auoit eu de grãdes lettres escrites en or, et des bordures de mesme, mais les petits enfans les auoient couppées pour se iouër. Neantmoins en remuant ce fumier ie trouuay vne perle. Ce volume n'estoit qu'vn recueil de quelques vies de Saints, il restoit quelque morceau de celle de sainte Odile, que i'ay produit dans mes preuues, et quelque chose de celle de saint Leon IX. Voicy donc le gain que ie fis, c'est que dans vn fueillet qui pouuoit estre le penultiesme, quand le liure estoit entier, et que son malheur auoit fait le dernier, il y auoit comme vne fin d'Epistre, ou de quelque Apostrophe à vn Gerard, qui sans doute estoit Gerard de Vavdemont, lors Euesque de Toul, par laquelle celuy qui auoit compilé cét amas, luy disoit : *Hæc sunt Domine Gerarde quæ de sanctis qui de tua prosapia esse dignoscuntur, et quorum es successor habui dicere.* De tous les Saints dont les vies auoient autrefois fait ce Liure, ie ne pus descouurir qu'Odilie et Leon, auparauant Brvno Euesque de Toul. Pour ce qui estoit de la vie de saint Leon ie reconnus que c'estoit celle que l'Archidiacre Wibert auoit escrite, et que le Pere Sirmond auoit publiée. Pour les fragmens de celle de sainte Odilie, ie les descriuis, et ie resolus en mesme temps d'apprendre de quelles Maisons tous les deux descendoient, puis qu'ils estoient, selon cét Autheur, de la mesme race que les Comtes de Vaudemont.

Voilà un beau récit et une découverte surprenante. Mais l'auteur a oublié de signaler encore une circonstance remarquable. De ce manuscrit mutilé et délabré, il n'a pu tirer que des fragments très courts, deux pages environ : mais ces deux pages sont pleines de détails généalogiques, c'est-à-dire précisément de ce qui pouvait être le plus utile au P. Vignier pour sa thèse. Plusieurs fois, les relations de parenté des divers membres de la famille de sainte Odile sont exprimées dans les termes les plus précis et les plus conformes au système soutenu dans la *Veritable Origine des maisons d'Alsace*, etc. Voici le morceau entier ; en dehors des renseignements généalogiques, il ne contient, on peut le dire, aucun fait intéressant (*la Veritable Origine*, p. 63) :

Ex Veteri Codice MS. omni fere ex parte mutilo, et quàm pessimè habito, in quo inter plura alia, pauca quædam sed perantiqua, vitæ B. Odiliæ fragmenta se obtulerunt, quæ ipse exscripsi. Codicem exhibuit Clariss. D. Pistorius le Begue olim à secretis Caroli Lotharingiæ Ducis, Veziliaci in Comitatu Vadani montis.

Dvm igitur dux Ethico et Brvsvvinda vxor eius, post piam conuersationem ad longos annos peruenissent, tandem volente domino, vterque magno pietatis instinctu, cum Beatissima Odilia eorum filia vitam finire, summo ardore flagitauerunt quod diligenter exoptantes, tandem in montem qui Altitona dicitur peruenerunt. Sed vix elapsi sunt aliquot menses, quod venerabilis Princeps Ethico dulciter animam efflauit, consolante eum et roborante B. Odilia. Domina autem Brvsvvinda nono post maritum die similiter expirauit, et sine vllo morbo cum esset in sacello B. Iohannis.

Interim venerunt ad exequias parentum, Ethico dux et Adalbertvs dux pariter, Ethiconis et Brvsvvindæ gloriosissima progenies, qui magno eiulatu super cadauera parentum prostrati, non poterant præ nimio dolore à lachrymis temperare. Dum hæc agerent B. Odilia, se se incluserat taliter, vt neque manducaret, neque biberet, sed et continua mastigatione corpus suum dilaniaret. Cum enim in oratione esset vidit præfatum parentem suum Ethiconem, nimio ardore miserabiliter consumptū propter quædam peccata quæ ei exciderant, et maximè quia eam abiecerat propter cœcitatem, nec inter alios suos liberos volebat eam reputare, quia cœca nata erat. Cogitans ergo B. Odilia quod ipsa præcipuè in causa esset, cur venerabilis parens in hac flamma cruciaretur, sciens quia Dominus misericors exaudiebat eam, et non despiciebat preces eius, interclusit se et iure iurando erga Dominum se obstrinxit, quod non manducaret, neque biberet, quoad vsque tormentis, quibus torquebatur pater eius, liberaretur.

Iamque in tantâ inediâ et corporis maceratione, quinque dies absumpserat, cum ecce repente lux magna, locum in quo se abdiderat circumfulsit, viditque animam venerabilis Ethiconis, quam Angeli et vir quidam habitu religioso in cœlum deducebant cum ingenti gloria. Gratias ergo agens Deo misericordi qui preces sues [sic] non contempserat, aperto hostio egressa est cum sororibus suis, et cœteris Virginibus quæ cum illa erant, et post multa verba consolationis fratres suos Ethiconem et Adalbertvm ad propria dimisit, qui lætantes repatriauerunt, propter misericordiam quam Deus fecerat Domino Ethiconi.

Cum sic autem Deo deseruiret B. Odilia, accidit vt Leprosus quidam Eleemosynæ petendæ gratia ad fores Monasterij procumberet; tanto vero fœtore omnia replebat, vt nullus in ambitu loci in quo iacebat posset permanere. Nuntiatum est hoc B. Odiliæ, quæ ei parauit cibos, ipsaque amplectens eum et amicabiliter fouens, propria manu cibos in os ingerebat, orans Deum cum perenni fletu, vt aut ei sanitatem aut patientiam largiretur. Et sane comprobatum est quantum petitio iusti sit acceptabilis apud Deum, nam mendicus ille et alter Lazarus, factus est in momento sanus, nec prioris leprositatis aut fœtoris nota, in illo apparuit.

Plurima hic in codice desunt, et tandem post multa folia, partim erosa et putrida, partim mutila, author vitæ sic concludit, — ;...circiter annorum centum. Hanc multi nostrorum viderunt, et ego infœlix præ nimia incuria, cum nec Deo attenderem nec sanctis, tanto me bono priuaui; quod vtique conabor resarcire, si ad memoriam eorum qui post nos venturi sunt, gloriosa merita et actiones mirabiles Beatissimæ Odiliæ, per hæc chartarum monumenta consignauero, et in imitationem eius, quantum imbecillitas mea patitur excitauero. Vt eius precibus ad regna polorum peruenire mereamur vbi cum Christo regnat in sæcula sæculorum.

[*Ibid.*, p. 68, 71, 76:] Frequenter veniebant, vt à B. sorore verba vitæ acciperent, nec frustra post aliquot enim annos, præfatos Duces ita Domino subiugauit, vt non tantum illi bona sua fundandis Monasteriis impenderent, sed et illius nepotes, tam Ethiconis cuius filij fuerunt Episcopus Argentinensis æquiuocus, et Albericvs Comes, quam Adalberti liberi, Eberardvs scilicet et Lvitfridvs, sed etiam Hvgonis qui ante parentes suos defunctus erat, largiter Monasteria dotauerint et construxerint, et omnes fere se Dei seruitio, tam masculi quam fœminæ abiecto sæculi fastu, mancipauerint. Inter quos Eberardvs Alberici Comitis filius, qui licet Leone et Vrso ferocior, aliquando in seruos Dei sæuierit, et bona nostra vsurpauerit, tamen fauente Deo et per merita beatæ Odiliæ, non tantum arrepta restituit, sed et de suo largiter constituit habenda.

Ce texte n'a pas été suspecté jusqu'à présent. Eccard l'a réimprimé dans ses *Origines familiæ Habsburgo-Austriacæ*[1] et Grandidier parmi les preuves de son *Histoire de l'église de Strasbourg*[2]; Potthast l'a inscrit sans observation dans son utile répertoire bibliographique[3]. C'est qu'on n'était pas averti de se défier d'un document présenté par Jérôme Vignier. Il ne faut plus songer maintenant à prendre au sérieux, ni ce prétendu monument historique, ni les circonstances presque merveilleuses qui nous l'avaient, disait-on, conservé. Il est clair que nous avons là simplement un faux de plus à enregistrer, et que celui qui l'a commis est le même auquel on doit imputer le faux testament de

---

1. Lipsiæ, 1721, in-fol., col. 87.
2. 1776-1778, in-4°, t. I, p. xlvii.
3. Aug. Potthast, *Bibliotheca historica medii aevi* (Berlin, 1862, in-8°), p. 835, et supplément (1868) p. 171.

Perpétue, la fausse donation de Micy et les autres falsifications dont il a été question dans les paragraphes précédents [1].

On peut regretter que la mort ait empêché l'auteur de publier ces dernières pièces lui-même. Nous y avons sans doute perdu, sur la découverte de ces textes, une série de récits probablement aussi intéressants que l'histoire du manuscrit pourri et mutilé, trouvé à Vézelise chez le vénérable Pistor Le Bègue.

Nous y avons fait une autre perte, mais celle-ci n'est pas regrettable : c'est celle de quelques autres pièces fausses. D'Achery mentionne, en effet, outre les morceaux qu'il imprime, quelques autres textes que Vignier avait recueillis et qu'il se proposait de publier, mais qui ont disparu après sa mort : les actes d'un concile de Bordeaux, présidé par l'évêque Delphin (fin du IV⁰ siècle) et auquel assistait saint Martin, ceux d'un autre concile réuni pour juger Robert d'Arbrissel, etc. Tout cela n'était sans doute pas plus authentique que le reste.

Il n'est pas probable que Vignier ait été poussé à ces fabrications par un motif d'intérêt; on ne voit pas ce qu'il aurait pu y gagner. Il a révélé probablement toute sa pensée dans le passage où il exprime l'espoir que les lecteurs le remercieront de leur avoir donné le récit du colloque de 499 : « Quo pio lectori ὄρεξις moveatur nobisque gratuletur, qui thesaurum istum illi minime invidemus. » Il a poursuivi simplement la renommée littéraire que devait lui donner la découverte de tant de textes précieux. On ne peut dire qu'il ait manqué son but, puisque pendant plus de deux siècles le public savant a été victime de ses supercheries et lui a fait honneur de ses prétendues trouvailles [2].

---

1. Pistor Le Bègue est un personnage réel : voy. Ambr. Pelletier, *Nobiliaire ou Armorial général de la Lorraine* (Nancy, 1858, in-fol.), p. 454; mais, en disant qu'il avait trouvé son texte chez un octogénaire affaibli par l'âge, dans un manuscrit déjà presque détruit, Vignier mettait prudemment sa découverte à l'abri de tout contrôle. — Notons en terminant deux détails. Jérôme Vignier, dans le passage de sa préface cité plus haut, cite un ouvrage de Jacques Sirmond; on se rappelle que l'auteur des fausses pièces publiées par d'Achery s'est surtout servi, pour composer ces pièces, des publications diverses de Sirmond, les *Concilia*, le Sidoine Appollinaire, l'Ennodius, etc. Vignier appelle la ville de Vézelise, en latin, *Veziliacus*; il montre ainsi son ignorance de la valeur du suffixe *iacus*, et cette ignorance rappelle celle dont a fait preuve l'auteur du faux testament de Perpétue, en écrivant *de Rambasciaco* pour Amboise et *de Proillio* pour Preuilly.

2. Sur la vie et les ouvrages de Jérôme Vignier, voy. d'Achery, préface du t. V du *Spicilegium* (ci-après, Appendice); Perrault, *les Hommes illustres*

§ 8. — CONCLUSIONS.

Le testament en date du 1ᵉʳ mai 475, attribué à Perpétue, évêque de Tours, l'épitaphe de cet évêque, le diplôme de donation de Micy, attribué à Clovis, le récit du prétendu colloque de Lyon de 499, les lettres attribuées à Léonce d'Arles (462), à Loup de Troyes (472), aux papes Gélase Iᵉʳ (25 janvier 494), Anastase II (497) et Symmaque (13 octobre 501), sont apocryphes.

Le fragment d'une prétendue Vie ancienne de sainte Odile, imprimé dans la *Véritable Origine des très-illustres maisons d'Alsace, de Lorraine*, etc. (p. 63-76), est également apocryphe.

L'auteur de ces textes est Jérôme Vignier, prêtre de l'Oratoire, né à Blois en 1606, mort à Paris le 14 novembre 1661.

APPENDICE.

EXTRAITS DE LA PRÉFACE DU TOME V DU SPICILEGIUM DE D'ACHERY.

[*P.* 10 :] Nobile antiquitatis monumentum huc vsque ineditum S. Perpetui Turonensis Episcopi Testamentum, nulla eget obseruatione, concordant vniuersa in eo contenta cum jure Cæsareo, Pontificioque, concordat cum fastis Consularibus, concordat cum iis que narrat de eo Perpetuo Gregorius Florentius cap. 6. *Perpetuus de genere et ipse (ut aiunt) senatorio, et propinquus decessoris sui : diues valde, et per multas ciuitates habens possessiones. Et aliis interjectis : Condiditque Testamentum, et deputauit per singulas ciuitates quod possidebat, in eis ipsis scilicet Ecclesiis non modicam, et Turonicæ tribuens facultatem. Sedit autem annos triginta, et sepultus est in Basilica S. Martini.*

[*P.* 11 :] Testamentum vero et Epitaphium S. Perpetui, et Collationem Episcoporum, Auiti Viennensis potissimum, coram Gondebaldo Rege Burgundionum aduersus Pseudo-Episcopos Arianos, quæ damus in lucem, eruerat jam pridem V. C. Hieronymus Vignerius, ac Historiæ Ecclesiasticæ, siue Episcoporum orbis Gallici intexuerat, vnà cùm optimæ notæ veteris æui scriptis, præsertim Concilio Burdigalensi, cui

(Paris, 1697-1700, in-fol.), II, p. 17; Calmet, *Bibliothèque lorraine* (Nancy, 1651, in-fol.) col. 1014; Michaud, *Biographie universelle*, art. Vignier (Jérôme), etc.

Delphinus præsedit, interfuitque S. Martinus; alio item Concilio ad ventilandam Roberti de Abricellis causam celebrato; Epistolis Petri Salmuriensis; cæterisque id genus, quorum pleraque apud se seruabat autographa, vel apographa antiqua manu exarata.

De Auiti Collatione sic habet doctissimus ille Vignerius in præfata à se scripta historia ad an. ccccxcix. *Lugdunensis Ecclesiæ Episcopi ferè omnes hoc anno aduersus Arianos Lugduni conuenêre. Mirum est rei tantæ monimenta apud Scriptores omnes antiquos nulla extare; et pauca quæ habemus apud vnum de miraculis S. Iusti Scriptorem ineditum conseruari. Dolemus sanè hujus celeberrimi conuentûs acta intercidisse, sed gaudemus satis adhuc in eo Auctore superare, quo pio Lectori* ὄρεξις *moueatur, nobísque gratuletur, qui thesaurum istum illi minimè inuidemus.*

Et quia tanti viri, dum in viuis ageret mihi amicitiâ ac familiaritate conjunctissimi, mentionem feci, non pigebit pauca percurrere quæ gessit. Is è nobili et antiqua Vigneriorum fami-[p. 12:]lia oriundus in Burgundia, filius extitit Nicolai Mottæ domini, et Olympiæ de Blon; nepos illustris illius Nicolai, Regum Francorum Henrici III. et IV. in arcano concilio Senatoris, et Historiographi percelebris. Multiplex erat in Hieronymo lectio, acre ingenium ac felix memoria. Triginta plus minus annis inter eruditissimos Congregationis Oratorij D. I. religione, doctrinâ, scriptis enituit. Semel domui Rupellensi præfuit, bis San-Maglorianæ Parisiensi. Varia summo labore elucubrauit Opera; videlicet Genealogiam Alsatientium dominorum; perutile ad S. Augustini Opera Supplementum; et Gallicam Euangeliorum Concordantiam, Opus posthumum nuperrimè Parisiis editum. At insignem Tractatum S. Fulgentij hactenus tenebris obsitum prelo parauerat; sicut et Originem Burgundionum Regum; Genealogiam Comitum Campaniæ; Historiam Ecclesiæ Gallicanæ, vti superiùs indicaui; in quibus texendis multum studij, vigiliarúmque pluribus annis insumpserat; idcircò Galliam propè vniuersam, Lotharingiam, Alsatiam peragrârat : Sed proh dolor! postquam morte abreptus est, nescio quis illius gloriæ, immo literariæ vtilitati inuidens, clam inscio herede surripuit omnia. Cęterùm que narro didici è Clariss. Hieronymi schedis, quas plena manu frater ipsius vir nobilis Benjaminus Vignerius vltrò attulit, obtulítque; ea profectò humanitate ac beneuolentiâ, vt quoniam vehementi admiratione obstupefactus eram, in gra-[p. 13:]tiis agendis mihi penè verba deessent. Schedas istas ordine Chronologico digestas Galliæ Episcoporum seriem et historiam complectentes in musæo nostro nunc asseruamus [1]. Obiit Hieronymus omni virtutum genere cumulatus Parisiis, sepultúsque est in Æde San-Magloriana die XIV. Nouemb. Ætatis suæ currente anno LVI. Reparatæ verò salutis, MDCLXI.

---

1. J'ai cherché inutilement ces notes à la Bibliothèque nationale, où est aujourd'hui la plus grande partie des papiers des bénédictins.

[*P.* 17 :] Breuissima, sed antiquissima fundatio Miciacensis Monasterij prope ciuitatem Aurelianorum, secura è tenebris emergit, criticorum etiam seueriorum non metuens linguam, calamumque. Inter prima Christianæ Religionis monumenta quæ Clodoueus I. feliciter erexit, postquàm falsos Deos detestatus Christum Deum adorauit, sacra ipsius mysteria, ritùsque didicit, merito est annumeranda.

[*P.* 30 :] Quinque posteriores Epistolas non suo loco eam ob rem emittimus, quòd eas ab Illustri Benjamino Vignerio, quem suprà laudauimus, cùm ad exitum perduceremus hunc Spicilegij Tomum V. acceperimus; vnde Miscellaneis Appendicem supponere coacti sumus. Erunt, spero, Lectori non [*p.* 31 :] ingratæ prisci æui Epistolæ illæ, vt pote à viris tum dignitate, tum sanctitate, tum deniq; eruditione insignibus conscriptæ ; quas hic veluti pretiosissimas margaritas intexuimus : piaculum enim foret illas diutiùs in musæo squallentes contegere.

QUESTIONS MÉROVINGIENNES

Appendices au n° II

A PROPOS DES DÉCOUVERTES DE JÉROME VIGNIER

Bibliothèque de l'École des chartes, XLVII (1886), p. 335-341.

Dans un mémoire inséré au dernier volume de ce recueil, je me suis efforcé d'établir qu'un certain nombre de documents relatifs à l'histoire ecclésiastique du ve et du vi^e siècle, publiés pour la première fois dans le *Spicilegium* de L. d'Achery et souvent réimprimés, sont apocryphes et ont été fabriqués par Jérôme Vignier, prêtre de l'Oratoire, mort en 1661 [1].

De deux côtés, cette thèse vient d'être confirmée et complétée d'une façon aussi heureuse qu'inattendue. M. l'abbé Pierre Batiffol, à Paris, et M. W. Wattenbach, à Berlin, ont signalé deux autres documents apocryphes, dont la composition peut être attribuée avec vraisemblance à Jérôme Vignier. Les deux auteurs ont bien voulu autoriser la reproduction de leurs articles dans la *Bibliothèque de l'École des chartes*. Voici le texte de l'un et la traduction de l'autre.

Julien HAVET.

« L'ÉPITRE DE THÉONAS A LUCIEN. — NOTE SUR UN DOCUMENT CHRÉTIEN ATTRIBUÉ AU IIIe SIÈCLE [2].

« On a dénoncé ces derniers temps certaines pièces toutes modernes

---

[1]. *Questions mérovingiennes*, II, *les Découvertes de Jérôme Vignier*, dans la *Bibliothèque de l'École des chartes*, t. XLVI, 1885, p. 205-271, et à part, in-8°. Ci-dessus, p. 19-81.

[2]. *Bulletin critique*, VII, 15 avril 1886, p. 155-160, et à part en une brochure in-8°.

que Luc d'Achery, avec une parfaite bonne foi d'ailleurs, avait admises dans son spicilège. Tel était le cas d'un testament de Perpétue, évêque de Tours, d'un diplôme de Clovis, de lettres d'évêques et de papes du v⁰ siècle, etc., tous documents fabriqués, assure-t-on, par le P. Jérôme Vignier, de l'Oratoire [1]. J'ai été amené à mon tour à concevoir des doutes sur un autre document du même spicilège, venu, lui aussi, de l'Oratoire, l'*Epître de Théonas à Lucien* [2] : ce document est donné comme de la fin du iii⁰ siècle, et il est rédigé en latin.

« L'évêque Théonas écrit à Lucien, préfet des « chambellans », une lettre de direction sur les devoirs d'état des « chambellans » et sur la manière dont s'en doit acquitter un chrétien. Qu'en toutes choses ils soient désintéressés et craignant Dieu ; que le trésorier du prince tienne ses comptes avec une irréprochable et éclatante probité ; que le conservateur du vestiaire et du garde-meuble fasse de fréquentes inspections ; que le bibliothécaire ait un soin éclairé de ses livres ; que les officiers de la chambre impériale soient réguliers et empressés. Lucien enfin devra faire de pieuses recollections, de pieuses lectures, car cet exercice sert beaucoup et on doit le pratiquer souvent, etc.

« L'importance d'un pareil document est évidente. On admet, en effet, qu'il est de Théonas, évêque d'Alexandrie, de 288 à 300. Lucien devient ainsi un officier de Dioclétien. Quel jour ouvert sur la vie de la cour à Nicomédie ! Quelle bonne fortune pour les historiens de cette époque mal connue !

« Jusqu'à ce jour, personne, à ma connaissance, n'a soupçonné l'authenticité de cette épître. D'Achery, qui avait quelques scrupules sur l'identité de Théonas, n'a aucun doute sur l'antiquité de sa lettre. Les Bénédictins qui ont donné la seconde édition du spicilège n'en n'ont pas davantage. Le sévère Tillemont ne croit même pas avoir à la discuter. Les Bollandistes la réimpriment sous le nom de l'évêque d'Alexandrie et réfutent les hésitations de d'Achery sur la personne de son auteur. Routh l'introduit dans ses *Reliquiæ sacræ antenicænæ* avec autant de confiance que Galland dans sa *Bibliotheca Patrum*, ou Migne dans sa patrologie grecque. A la voir citée par les historiens du haut empire comme par les archéologues, on peut dire qu'elle a acquis un droit de cité indiscuté dans la littérature du iii⁰ siècle [3].

---

1. Julien Havet, *les Découvertes de Jérôme Vignier* (Bibliothèque de l'École des chartes, t. XLVI). Nous citerons ce travail d'après le tirage à part. Cf. *Bulletin critique*, t. VI, p. 408.
2. *Spicilegium* (éd. de 1675), t. XII, p. 545 et suiv.
3. D'Achery, *Spicilegium* (1675), t. XII, p. xx et suiv. — Id. (édit. de 1723), t. III, p. 297. Cf. la note des nouveaux éditeurs (Baluze, Martène et de la Barre). — Tillemont, *Mémoires pour servir à l'histoire ecclésiastique* (1698), t. V, p. 7. — *Acta Sanctorum*, au 23 août. — Routh, t. III, p. 439-445. — Galland, *Veterum Patrum Bibliotheca*, t. IV. — Migne, *Patrolog. Græc.*, t. X, p. 1567 et suiv. — Duruy, *Histoire des Romains* (in-4°), t. VI, p. 592. — Kraus,

« Contrairement à cette longue et grave unanimité, je crois pouvoir tenir la lettre de Théonas à Lucien pour apocryphe et moderne.

« En premier lieu, l'origine en est suspecte. D'Achery l'a-t-il empruntée à un manuscrit? Point, c'est le P. Quesnel qui la lui a communiquée : *Communicavit R. P. Paschasius Quesnel, oratorii D. I. Presbyter,* et d'Achery n'en sait pas davantage[1]. En possède-t-on actuellement quelque manuscrit où Quesnel ait pu la copier? Non. Avant Quesnel connaissait-on cette épître de Théonas? Non encore. Eusèbe, si bien renseigné sur Alexandrie, sur l'histoire littéraire d'Alexandrie, Eusèbe cite Théonas, mais il ne dit point qu'il ait écrit quoi que ce soit. Saint Jérôme, qui, dans son *De viris,* a écrit l'histoire littéraire de l'antiquité ecclésiastique, d'après Eusèbe, il est vrai, mais aussi d'après des informations personnelles, saint Jérôme, qui a séjourné à Alexandrie et qui a lui-même écrit tant d'épîtres dans le goût de l'épître à Lucien, saint Jérôme ne la connaît pas. Personne ne l'a signalée avant d'Achery, et, si elle a jamais existé en manuscrit, d'Achery, ou plutôt Quesnel, est, par une rencontre inouïe, le premier et le dernier à l'avoir vue.

« Les personnages qui figurent dans l'épître ne sont pas historiques. Théonas, en effet, n'est identifié avec l'évêque d'Alexandrie que par conjecture, et Lucien, à qui la lettre est adressée, est entièrement inconnu. Certainement il y a eu à la cour des empereurs, bien longtemps avant Constantin, des officiers, des eunuques qui ont été chrétiens; on en connaît plusieurs et par leurs noms qui furent martyrisés à Nicomédie en 303; c'étaient bien des βασιλικοὶ παῖδες, comme dit Eusèbe, des *cubicularii,* comme disent leurs actes, et leurs noms ont été des plus célèbres dans l'antiquité chrétienne[3]. Mais Lucien, qui aurait dû être, comme l'a fort bien conjecturé Tillemont, le supérieur et le maître des martyrs de 303, Lucien, ce *præfectus cubiculariorum,* en situation de recevoir d'Alexandrie l'épître que l'on sait, Lucien n'a été connu de personne.

« En ce qui regarde le détail, je n'insisterai pas sur le caractère qui est prêté à Dioclétien, ni sur la politesse que l'on attribue à sa cour, mais sur un petit nombre d'erreurs ou d'impropriétés plus significatives.

« Le prince n'est nulle part appelé Auguste, toujours *princeps,* et, ce

---

Real-Encyclopädie der christlichen Alterthümer, t. I, p. 397. — Smith and Wace, *Dictionary of christian biography,* t. III, p. 749, et t. Ier, p. 834.

1. *Spicilegium* (1675), t. XII, p. xxix.
2. Eusèbe, *Hist. eccl.,* vii, 32 (n° 30), (édit. Heinichen, p. 371). Cf. Baronius, *Ann. eccl.,* ad ann. 285, vii, et 300, ii.
3. De Rossi, *Bull. archéol.,* 1867, p. 14 (édit. fr.). Kraus, *loc. cit.,* article *Cubicularius Aug.* Cf. Eusèbe, H. E. viii, 7. Lactance, *De morte Persecut.,* xv. Rufin, H. E. viii, 6. Nicéphore, H. E. vii, 5. Ruinart, *Acta Sincera,* p. 317. Tillemont, *op. cit.,* t. V, p. 180 et 655, not. 4. *Acta Sanctorum,* au 12 mars et au 9 septembre. — Les noms des martyrs de Nicomédie, Dorothée, Gorgonios, etc., figurent dans le martyrologe hiéronymien, dans le martyrologe syriaque, dans celui d'Adon et dans celui d'Usuard.

qui est une grave inexactitude, il est une fois appelé César. — Ce César Dioclétien nous est donné pour « un prince qui n'est pas encore chré- « tien ». A-t-on jamais pensé qu'il dût le devenir? — L'impératrice a une suite composée de *comites* et de *pedisequæ* : le terme de *comites* est inacceptable, étant donné le sens officiel et exact de ce mot à l'époque où l'on veut placer la rédaction de notre texte. — Lucien est *præpositus cubiculariorum*, titre dont on ne trouve aucune trace ni dans les auteurs ni dans les inscriptions. — Les fonctions sont confusément indiquées : Lucien a pour toute mission de diriger et de former les autres *cubicularii* (*Potens es omnes regulare et instruere*), et c'est tout [1]. A ce titre, Lucien, semble-t-il, eût dû avoir quelque autorité sur le *pædagogium* où s'élevaient tous les βασιλικοὶ παῖδες. Mais il n'y est fait aucune allusion [2]. — Pour les autres *cubicularii* (1° *qui privatas pecunias principis detinet* ; 2° *qui vestes et imperialia ornamenta detinet* ; 3° *cui credita sunt vasa argentea, aurea, chrystallina vel murrhina, escaria vel potoria* ; 4° *qui corpus principis curare habet*), rien, ni dans les inscriptions du haut empire, ni dans la *Notitia dignitatum*, ne correspond exactement aux charges mal définies qu'on leur attribue ici. Leur hiérarchie, en outre, et leur nombre n'impliquent rien que de très simple et de très restreint [3], conception factice et contraire à ce que nous savons de la pompe et de la complication des services palatins, surtout à dater de Dioclétien. — On nous parle enfin d'une bibliothèque et d'un bibliothécaire du prince : or, il n'a jamais dû exister au palais autre chose que des archives sous la direction d'un *magister scriniorum* ; si des empereurs, en effet, comme Tibère, Trajan ou Vespasien ont fondé des bibliothèques, ç'a été pour le public [4].

« J'ose dire que les observations qui précèdent n'ont été faites ni par d'Achery ni par Tillemont, car, pour déclarer authentique l'épître de Théonas, on s'est fié à la seule couleur de son style. On y a vu la traduction latine d'un original grec : ce qui est gratuit, car on n'y relèverait pas un hellénisme. — On y a vu une version latine « très ancienne », alors que la facilité élégante et redondante du style est le contraire du style gêné que l'on trouve dans toute version, et de la latinité qui est celle des traducteurs anciens du grec en latin, de Rufin à Denys le Petit. — Par contre, on n'a pas remarqué que dans cette « version très

---

1. Comparez dans Willmanns, *Exempla inscript. latin.*, n° 2098, ce qui est dit de Narsès, et, n° 1285, l'épitaphe de Prosénès, l'un *præpositus sacri palatii*, l'autre *a cubiculo Aug.*, etc.
2. M. de Rossi, *Bull. arch.*, 1867, p. 75 (édit. fr.), a consacré une note importante à l'école des pages, au *pædagogium*, d'après des graffiti récemment découverts au Palatin.
3. Comparez le train de maison d'un simple agent du fisc, Willmanns, n° 386.
4. Wattenbach, *Das Schriftwesen in Mittelalter* (1875), p. 507. — Grafenham, *Geschichte der klassischen Philologie im Altertum* (1850), t. IV, p. 40 et suiv. — Cf. Willmanns, n°s 389, 407, 555, 457, 2646.

« ancienne » les citations scripturaires procèdent directement de la Vulgate hiéronymienne, — et enfin qu'un passage de Théonas pourrait bien dépendre d'un passage célèbre de saint Jérôme. Tout le monde connaît, en effet, cette courte phrase de la préface du *Commentaire sur Job*, où saint Jérôme s'élève contre les éditions de luxe : sur ce point, il est le premier des Pères à avoir parlé de manuscrits pourprés : *Habeant qui volunt veteres libros vel in membranis purpureis auro argentoque descriptos vel uncialibus ut vulgo aiunt litteris, onera magis exarata quam codices.* Théonas, dans un passage de son épître, qui est un hors-d'œuvre, Théonas, lui aussi, s'élève contre les éditions de luxe, contre les manuscrits pourprés, contre les lettres d'or, et cela dans les mêmes termes que saint Jérôme : *Veteres codices ressarciri procuret ornetque non tantum ad superstitiosos sumptus quantum ad utile ornamentum ; itaque scribi in purpureis membranis et litteris aureis totos codices... non affectet*[1].

« Comme dernière considération, je signalerai la parenté qu'il me semble reconnaître entre le latin de Théonas et celui du faussaire dénoncé par M. Havet, Jérôme Vignier. Voici le début de la lettre prétendue de saint Loup à Sidoine Apollinaire, et le début de la lettre de Théonas :

THÉONAS.	VIGNIER.[2]
GRATIAS AGO OMNIPOTENTI DEO ET DOMINO JESU CHRISTO QUI *fidem suam per universum orbem... manifestare ac etiam in tyrannorum persecutionibus ampliare non destitit, immo... ejus veritas magis ac magis splenduit,* UT *jam pace per bonum principem ecclesiis concessa, Christianorum opera etiam coram infidelibus luceant,* ET *glorificetur... etc.*	GRATIAS AGO DOMINO DEO NOSTRO JESU CHRISTO PER SPIRITUM SANCTUM QUI *te in hac generali titubatione et pressura dilectissimæ sponsæ ecclesiæ suæ ad ejus sustentationem et consolationem in sacerdotem vocavit,* UT *sis lucerna in Israël, et sicut ambitiosos honores mundanæ militiæ cum summa laude exequutus es, ita militiæ cælestis operosa munia et humilia ministeria alacriter percurras,* NEC *retro... etc.*

« Dans les deux pièces, nous retrouvons avec le même début la même contexture de période. — Ce style nombreux et cicéronien, « qui « attache le lecteur et surprend agréablement l'érudit, peu habitué « à rencontrer ce mérite littéraire dans les documents d'une pareille « date, » comme aussi « ces exhortations banales, introduites toujours « de la même façon [3] », en un mot ces tours, cette manière que l'on a

---

1. *Hieron. Praef. in Job* (Migne, P. L., t. XXVIII, p. 1083). Cf. Wattenbach, *op. cit.*, p. 108 et suiv., où l'on verra rapprochés les différents textes anciens sur le sujet.
2. Voy. Havet, p. 52.
3. Expressions de M. Julien Havet.

signalés dans la rhétorique du P. Vignier, tout cela se retrouve dans Théonas. Vignier fait l'éloge de saint Avit en le comparant à Cicéron : *Avitus ut erat alter Tullius...* [1]; et Théonas écrit : *Laudandi sunt poetæ in magnitudine ingenii, in inventorum acumine, in expressionis (!) proprietate, et eloquentia summa (?); laudandi oratores, laudandi philosophi in genere suo; laudandi historici qui gestarum rerum seriem, majorum mores et instituta nobis explicant, qui vivendi normam ex antiquorum gestis ostendunt.* Ailleurs c'est le retour d'expressions identiques :

VIGNIER [2].	THÉONAS.
Absit, o rex, ut plures deos colamus !	*Absit a vobis ut aditum ad principem pretio vendatis !*
« Et encore :	
...*Ut sic affectus qui inter tuam sanctitatem et nos jamdiu coaluit, in Domino corroboretur et de cetero augeatur.*	...*Ut per id plurimum Christi nomen glorificetur et illius fides quotidie augeatur.*

« Il n'y a pas jusqu'à certaines gaucheries de Vignier qui ne se retrouvent dans Théonas : Vignier s'est trahi dans la formule de salutation de la lettre du pape Gélase [3], et Théonas en fait autant par la façon dont il salue Lucien : *Vale feliciter in Christo, mi domine Luciane.* Ces sortes d'*explicit*, en effet, sont très rares chez les Pères grecs ; l'expression que lui donne Théonas est inusitée aussi bien chez les Grecs que chez les Latins ; plus encore, l'expression *mi domine Luciane*, absolument singulière dans la littérature, inadmissible dans la bouche d'un évêque s'adressant à un fidèle, a toutes les apparences d'un pur gallicisme.

« En résumé, l'épître de Théonas à Lucien ne se rattache à rien dans l'antiquité chrétienne ; elle présente des confusions et des emprunts qui compromettent son autorité intrinsèque ; on n'a donc aucune raison de la tenir pour authentique, tout au contraire. Faut-il lui assigner la même origine qu'aux pièces fabriquées par Vignier? Peut-être. Elle ne saurait être, en toute hypothèse, qu'un exercice élégant d'un humaniste moderne.

« Pierre BATIFFOL. »

---

1. J. Havet, p. 37.
2. *Id.*, p. 35, 51.
3. *Id.*, p. 56.

« LA GENEALOGIA KAROLORUM [1]. »

« M. G. Waitz a publié dans les *Monumenta Germaniae* (Scriptores, t. XIII, p. 245) une généalogie dont la dernière phrase indique qu'elle a été écrite sous le règne de Pépin. Toutefois, dans sa préface (p. 240), il fait valoir quelques motifs de douter de ce point : le texte mentionne les ancêtres de saint Arnoul, qui sont inconnus à Paul, et présente d'autres traits où l'on reconnaît généralement des interpolations provenant de Saint-Wandrille, qui ne peuvent remonter plus haut que la fin du ixe siècle. M. Waitz admet, en conséquence, que ce document est plus récent que la date qu'il porte. Pourtant il le croit du moyen âge, car, dit-il, le premier éditeur, Dominicy, ne saurait être soupçonné de faux ; plusieurs autres pièces publiées par lui ont été retrouvées dans les manuscrits, ce qui en prouve l'authenticité. Mais celle-ci, précisément, ne se trouve dans aucun manuscrit ; elle avait été communiquée à Dominicy par le P. Vignier [2]. Après la découverte de M. Julien Havet, que nous avons fait connaître, en son temps, à nos lecteurs, il faut sans aucun doute ajouter la pièce en question à la liste des productions de ce faussaire.

« W. WATTENBACH. »

ENCORE LES DÉCOUVERTES DE JÉRÔME VIGNIER.

Bibliothèque de l'École des chartes, XLVII (1886), p. 471-472.

Le R. P. Ingold, de l'Oratoire, a fait paraître dans le *Bulletin critique* du 15 septembre 1886, p. 358, l'entrefilet suivant que nous nous empressons de reproduire :

« M. Julien Havet, s'il a le premier prouvé sans réplique que les *découvertes* du P. Vignier sont apocryphes (cf. *Bulletin*, VI, p. 408), n'a pas été le premier à les tenir suspectes, comme il le croit, au moins pour la *Vie de sainte Odile*. Me trouvant récemment en Alsace et occupant mes loisirs de vacances à faire quelques recherches sur les sources de l'histoire de sainte Odile, j'ai parcouru un travail fort curieux du professeur Roth, de l'Université de Bâle, publié dans l'*Alsatia* de 1856,

---

1. *Neues Archiv der Gesellschaft für ältere deutsche Geschichtskunde*, XI, p. 631.
2. M.-A. Dominicy, *Ansberti Familia rediviva* (Paris, 1648, in-4°), appendice, p. 5.

p. 65 et seq. M. Roth soutient nettement que la biographie de sainte Odile, extraite du prétendu manuscrit du XIIIe siècle communiqué à Vignier par Pistor le Bègue, lui paraît devoir être renvoyée *mit Haut und Haaren* au XVIIe siècle. La thèse du professeur Roth, qui cherche à établir que toute la légende de la patronne de l'Alsace repose sur des documents de la valeur de celui du P. Vignier, a été plusieurs fois solidement réfutée, notamment par M. Levrault (*Bulletin de la Société des monuments historiques de l'Alsace*, 1858, p. 147). N'empêche que l'on ne devra plus s'appuyer désormais sur le fragment de Vignier, et qu'au moins sur ce point, le critique moderne a raison contre Schœpflin, Grandidier et tous nos anciens historiens d'Alsace.

« A. I. »

Le travail du professeur K.-L. Roth se trouve dans l'*Alsatia* d'Aug. Stœber, année 1856-1857, p. 65-118; il avait, paraît-il, été communiqué à la Société archéologique de Bâle dès 1850.

On y lit, à propos de Jérôme Vignier, ces mots (p. 95) : « L'éditeur du fragment (de la Vie de sainte Odile), Vignier, déjà mal famé pour ses découvertes, telles que celle du mariage de la Pucelle d'Orléans sept ans après son procès » (*ohnehin anrüchig durch seine Funde, z. B. betreffend die Verheirathung der Jungfrau von Orleans sieben Jahre nach ihrem Inquisitionsprocess*).

Ces mots contiennent contre Vignier une accusation injuste. Sa mémoire est déjà assez chargée; prenons garde de lui imputer plus de méfaits qu'il n'en a commis. Il est vrai qu'il a recueilli et contribué à répandre un récit fabuleux sur Jeanne d'Arc. Mais il n'a pas inventé ce récit; il l'a trouvé dans une ancienne chronique de Metz. Il s'agit, en réalité, d'une fausse Jeanne d'Arc, qui se montra à Metz en 1436 et y fit des dupes. Voyez le *Mercure de France*, février-mars 1725, p. 241 et 492, et J. Quicherat, *Procès de Jeanne d'Arc*, t. V, p. 321 [1].

Julien HAVET.

[1. Voir, ci-dessous, p. 104, note 1, le témoignage sur le caractère de Jérôme Vignier, recueilli par le R. P. Ingold.]

QUESTIONS MÉROVINGIENNES

III

LA DATE D'UN MANUSCRIT DE LUXEUIL.

Bibliothèque de l'École des chartes, XLVI (1885), p. 430-439.

Mabillon a publié en fac-similé, dans le *De re diplomatica*, deux spécimens d'écriture onciale du VIIe siècle, tirés d'un manuscrit des homélies de saint Augustin, alors conservé dans la bibliothèque de la cathédrale de Beauvais [1]. On a ignoré pendant longtemps ce que ce manuscrit était devenu. M. Léopold Delisle l'a retrouvé récemment dans la bibliothèque de M. Le Caron de Troussures, au château de Troussures (Oise), et en a donné, dans une notice spéciale, une description détaillée, accompagnée de trois fac-similé [2].

A la dernière page de ce manuscrit, on lit qu'il a été terminé au monastère de Luxeuil, dans la 12e année d'un roi nommé Clotaire et dans la 13e indiction :

EXPLECITUOPUSFAUENTEDNO
APUDCOENUBIULUSSOUIUANNO
DUODECIMOREGISCHLOTHACHA
RII INDICTIONETERCIADECIMA
AN XLSIMO PIS NI FEL P ACTO

« Explecitum opus favente Domino apud coenubium Lussovium anno duodecimo regis Chlothacharii, indictione tercia decima, anno quadragesimo patris nostri feliciter peracto. »

---

1. *De re diplomatica*, p. 359, n° 2.
2. *Notice sur un manuscrit de l'abbaye de Luxeuil* (Paris, in-4°; extrait des *Notices et Extraits des manuscrits de la Bibliothèque nationale*, etc., t. XXXI, 2e partie).

Selon Mabillon, dont l'opinion a été généralement acceptée, le roi en question est Clotaire II, qui commença de régner en Neustrie en 584, en Austrasie et en Bourgogne en 613 ; Luxeuil étant en Bourgogne, les années du roi sont comptées à partir de cette seconde date : la 12e est l'an 625 de notre ère, qui répond à la 13e indiction [1].

Cette explication est difficile à admettre. Elle suppose que les rois de la première race, dont la domination s'est étendue successivement sur diverses parties de la Gaule, ont compté les années de leur règne d'une façon différente dans chacune de ces parties. Il est probable au contraire que, pendant la période mérovingienne, on a compté invariablement les années des rois à partir de leur premier avènement, même dans les territoires qui ne sont tombés en leur puissance que plus tard. Telle était l'opinion de feu Jules Tardif [2], qui s'est réglé sur ce principe pour dater les diplômes publiés dans son inventaire des *Monuments historiques* [3]. En 1872, K. Stumpf s'est prononcé dans le même sens et a présenté diverses raisons à l'appui de cette opinion [4]. La monarchie des Mérovingiens est, dit-il, théoriquement une et indivise ; tous les rois, quelle que soit leur part du royaume, prennent le même titre, *rex Francorum;* tous datent par une même formule, *annum tanto regni nostri*, sans ajouter *in Burgundia, in Neustria*, etc. Grégoire de Tours date les événements de son temps alternativement par les années de Childebert II et par celles de Gontran, selon que la cité de Tours passe ou repasse sous la domination de l'un ou de l'autre de ces princes, mais il compte ces années à partir du premier avènement de chacun, non à partir de leurs conquêtes successives. Enfin, tous les diplômes originaux (c'est-à-dire les seuls dont le texte ne puisse faire de doute) se prêtent sans difficulté à cette manière de compter. Ajoutons qu'un seul historien de la période mérovingienne, l'auteur anonyme de la chronique dite de Frédégaire, s'est écarté de ce système, et une fois seulement : il compte les années de Childebert II à partir de

---

1. *De re diplomatica*, p. 358 B.
2. *Revue critique d'histoire et de littérature*, 7e année, 1873, 2e semestre, p. 76, note 1.
3. Par exemple le diplôme n° 7, daté de *Clipiacus*, près de Paris, la 10e année de Dagobert Ier, est, selon lui, de 631 ou 632, parce qu'il compte depuis l'avènement de Dagobert en Austrasie, qu'il place en 622, et non depuis la mort de Clotaire II, qu'on place ordinairement en 628.
4. *Historische Zeitschrift*, XXXIX, p. 385 et 386.

la mort de Gontran, qui rendit ce roi maître de la Bourgogne ; mais il laisse voir que cette manière de compter est insolite, selon lui, car il prend soin de la marquer à trois reprises en termes exprès ; il ne dit pas : « Anno secundo, etc., Childeberti regis », mais : « Anno secundo cum Childebertus regnum accepisset Burgundiae » (chap. 15) ; « Anno III. Childeberto in Burgundia regnante » (ibid.) ; « Anno IV. postquam Childebertus regnum Gunthramni acceperat » (chap. 16). Pour les autres rois, il s'en tient à la supputation normale, et notamment il compte les années de Clotaire II à partir de 584, quoiqu'il écrive dans la Bourgogne, dont Clotaire II n'était devenu maître qu'en 613 ; aussi les années de ce roi commencent-elles, dans son livre, à la 30e (chap. 43). On possède aussi une inscription de la Bourgogne, qui est datée de la 46e année de Clotaire II, alors que sa domination sur ce pays n'a pas duré plus de seize ans [1].

Ainsi, même dans un manuscrit bourguignon, on n'a dû compter les années de Clotaire II qu'à partir de 584, non à partir de 613 : la 12e année de ce règne ne pourrait être que 595 ou 596, non 625. Or, en 595 et 596, Clotaire II ne régnait pas sur le pays où est situé Luxeuil. Ce n'est donc pas de lui qu'il est question dans la note du manuscrit de Troussures.

Ce n'est pas non plus de Clotaire Ier, qui était mort quand le monastère de Luxeuil fut fondé. Reste Clotaire III.

« Sous le règne de Clotaire III, dit M. Delisle, l'indiction XIII tomba en 655 et 670. Or, Clotaire III monta sur le trône en 655 ou 656 et mourut en 670 ou 671. Dans aucun système, ni l'année 655 ni l'année 670 ne peuvent correspondre à la douzième année de son règne. » Et plus loin : « Mabillon ajoutait que l'indiction XIII s'était aussi rencontrée en 670 sous Clotaire III ; mais il n'a pas essayé de montrer comment l'année douzième de Clotaire III pourrait concorder avec l'année 670 de l'incarnation. » Mabillon a sans doute prévu l'objection, et c'est pourquoi il n'a fait qu'indiquer cette hypothèse, sans s'y arrêter. Mais un travail récent fournit le moyen d'écarter cette difficulté.

En 1882, M. Bruno Krusch a fait paraître une étude sur la chronologie des rois mérovingiens et particulièrement sur les dates

---

[1]. Le Blant, *Inscriptions chrétiennes de la Gaule*, II, p. 40, n° 375. D'après le meilleur manuscrit de la chronique dite de Frédégaire, Clotaire II est mort, en effet, dans la 46e année de son règne et non dans la 45e. Krusch, dans les *Forschungen zur deutschen Geschichte*, XXII, 1882, p. 459.

des rois du VII° siècle [1]. Il a montré que les dates généralement fixées pour l'avènement et la mort de la plupart de ces princes ne reposent que sur les indications toujours vagues et parfois contradictoires de la chronique dite de Frédégaire, et il s'est attaché à les rectifier d'après des données plus certaines. Les résultats auxquels il est arrivé diffèrent sensiblement de ceux auxquels on s'était arrêté avant lui ; on en jugera par le tableau suivant, que je lui emprunte :

	Selon l'opinion commune :	Selon M. Krusch :
Gontran	de 561 au 28 mars 593	de 561 au 28 mars 592
Childebert II, en Bourgogne	du 28 mars 593 à 596	du 28 mars 592 à 595
Thierry II	de 596 à 613	de 595 à 613
Clotaire II	de 584 à 628	de 584 à la fin de 629
Dagobert Ier	de 622 à janvier 638	de mars 623 à janvier 639
Sigebert III	de 632 à 656	du commencement de 634 à février 656
Clovis II	de janvier 638 à 656	de janvier 639 à la fin de 657
Childebert, fils de Grimoald	656	de 656 à 657
Clotaire III	de 656 à 670	de la fin de 657 au commencement de 673
Grimoald	»	de 657 à 663
Childéric II	de 660 à 673	de 663 à la fin de 675
— en Neustrie	de 670 à 673	du commencement de 673 à la fin de 675
Thierry III	de 673 à 691	de la fin de 675 à 691

Il n'est pas nécessaire de rapporter ici les arguments par lesquels M. Krusch a soutenu son opinion au sujet de chacun de ces rois ; il suffit de faire connaître, en leur donnant une forme un peu plus précise, ceux par lesquels il a établi les dates de l'avènement et de la mort de Clotaire III.

1° Dans un manuscrit de Milan, qui contient un fragment de la table de Pâques de Victorius, on trouve divers calculs chronologiques tirés des données de cet auteur ; celui qui a écrit ces supputations termine en affirmant que la 16° année de Clotaire III, dans laquelle il écrit, répond à l'an du monde 5874 : « In summa enim ab initio mundi usque in presente anno, id est sexto decimo anno regnante Clothario filio Chlodoveo, sunt anni 5874 [2]. » Or, selon les calculs de Victorius, [l'an du monde 5658 fut du 25 mars

---

[1]. *Zur Chronologie der merowingischen Könige*, dans les *Forschungen zur deutschen Geschichte*, XXII, 1882, p. 449-490.

[2]. Bibliothèque Ambrosienne, H. 150. Inf., fol. 129 v° (*Forschungen zur deutschen Geschichte*, XXII, p. 462).

457 au 24 mars 458 de notre ère [1]); l'an du monde 5874 est donc l'an 673[-674] de notre ère. Ainsi, tout ou partie de la 16ᵉ année de Clotaire III a coïncidé avec tout ou partie de l'année 673[-674] ; pour cela, il faut que Clotaire III ait commencé de régner au plus tôt le [25 mars] 657, au plus tard le [24 mars 659].

2° Mabillon a relevé, dans un manuscrit de la Vie de saint Jean de Réomé, par l'abbé Jonas de Moutier-Saint-Jean, une note qui commence ainsi : « Anno centesimo post explicionem numeri sancti Victori episcopi ciclum recapitulantem, anno tertio domni Clotharii regis... noni mensis secunda ebdomada », etc. [2]; c'est-à-dire que dans la 100ᵉ année de la seconde révolution du cycle de Victorius, dans la seconde semaine de novembre, on se trouvait dans la 3ᵉ année du règne de Clotaire. Le cycle de Victorius est de 532 ans [3] ; la première révolution de ce cycle a commencé en l'an 28[-29] (l'année de la Passion, selon Victorius) pour finir en 559[-560] ; la seconde, *cyclus recapitulans*, a donc commencé en 560[-561], et la 100ᵉ année de cette seconde révolution est 659[-660]. En 659, le mois de novembre commença un vendredi ; par la seconde semaine de ce mois, il faut entendre, soit celle qui commença le dimanche 3 et finit le samedi 9, soit celle qui commença le dimanche 10 et finit le samedi 16. Ainsi, dans l'un au moins des jours compris depuis le 3 jusqu'au 16 novembre 659, Clotaire III était dans la 3ᵉ année de son règne : il faut donc que ce règne ait commencé au plus tôt le 4 novembre 656, au plus tard le 16 novembre 657.

En combinant ces deux données ensemble, on trouve que Clotaire III ne peut avoir commencé de régner plus tôt que le [25 mars] 657, ni plus tard que le 16 novembre 657.

3° Un manuscrit des chroniques d'Isidore de Séville, du xᵉ ou xiᵉ siècle, conservé à Oxford, contient une note, évidemment copiée sur un manuscrit plus ancien, où se trouvent des calculs analogues. D'après cette note, Clotaire III régna 15 ans et 5 mois, son frère Childéric II gouverna ensuite la Neustrie pendant 2 ans et 6 mois (ce qui fait ensemble 17 ans et 11 mois), et Thierry III

---

1. Thiel, *Epistolae Romanorum pontificum*, p. 134 : « Et simul omnes a mundi origine usque ad Constantinum et Rufum praesentes consules quinque millia DCLVIIII anni referuntur. »
2. *Vetera Analecta*, in-8°, III, p. 514 ; in-fol., p. 517.
3. Voy. *Ægidii Bucherii, Atrebatis, e Societate Jesu, In Victorii Aquitani canonem paschalem... Commentarius* (Antverpiæ, 1633, in-fol. ; réimprimé l'année suivante sous le titre de *De doctrina temporum*).

succéda à Childéric II en l'an du monde 5876 : « Abinde (primo anno regni Clotharii filii Chlodovei) usque transitum illius, quando Heldericus germanus suus tria hec regna, Neustria, Austria et Bungundia, subjugavit, sunt anni quindecim et menses V. Hildericus regnavit in Neustria annos II et menses VI. Cui germanus suus Teodericus successit in regno... Fiunt insimul ab inicio mundi usque in predicto primo anni regni Teoderici incliti regis anni VDCCCLXX et VI [1]. » Ceci confirme la fixation de l'avènement de Clotaire III à l'année 657 : en effet, en comptant, à partir de 657, 17 ans et 11 mois, ou, en chiffres ronds, 18 ans, on trouve pour l'avènement de Thierry III l'an 675, et c'est précisément la date qui répond à l'an du monde 5876, selon le calcul victorien.

---

[1]. Bibliothèque Bodléienne, e *Mus*. 113 (*olim* 94), fol. 114 v° et 115. Cette note a été publiée par M. Waitz dans le *Neues Archiv der Gesellschaft für ältere deutsche Geschichtskunde*, IV, 1879, p. 383. J'en dois une autre copie à l'obligeance de MM. Neubauer et Madan, de la Bodléienne. En voici le texte complet ; j'y insère à leur place deux corrections proposées par M. Krusch, qui paraissent certaines : « A passione Domini nostri Jhesu Christi usque ad transitum Childeberti regis, in quo anno cyclus Victurii rurso ex passione dominica circulum annorum ad inicium rediit, sunt anni DXXXII. In summa ab inicio mundi usque in predicto anno sunt anni VDCCLX. Ab eo anno usque primo anno Clotharii filii Chlodovei sunt anni LXXXVIIII [*lisez* LXXXXVIIII]. Abinde usque transitum illius, quando Heldericus germanus suus tria hec regna, Neustria, Austria et Bungundia, subjugavit, sunt anni quindecim et menses /////// V. Hildericus regnavit in Neustria annos II et menses VI. Cui germanus suus Teodericus successit in regno. Ab eo anno quando passus est Dominus noster Jhesus Christus usque primo anno Teoderici regis anni sunt DCLXVIII [*lisez* DCXLVIII]. Fiunt insimul ab inicio mundi usque in predicto primo anni [sic] regni Teoderici incliti regis anni VDCCCLXX et VI, et restat de sexto miliario anni CXXIIII. Explicit. » [*Note marginale* : le 24 mars 676 est dans la 1re année de Th. III.] Selon M. Krusch, le grattage entre les mots *menses* et *V*, dans la quatrième phrase, représenterait une lacune ; il faudrait suppléer un nombre quelconque, qui se rapporterait à *menses*, et le mot *dies*, auquel se rapporterait *V* : « anni quindecim et menses *x*, dies V. » Mais, si l'auteur de la note avait voulu indiquer la durée du règne de Clotaire III à la fois en années, en mois et en jours, il aurait mis le mot *et* devant *dies* et non devant *menses* ; d'ailleurs, puisque pour Childéric II il n'a indiqué que des ans et des mois, il n'est pas probable qu'il ait précisé plus pour son prédécesseur. Je pense donc qu'il ne faut pas tenir compte du grattage et qu'on doit lire sans lacune : « anni quindecim et menses V. » Tel est aussi, après examen du manuscrit, l'avis de M. Neubauer. On remarquera que l'auteur de cette note fixe la mort de Childebert Ier à la dernière année du cycle de Victorius et à l'an du monde 5760, c'est-à-dire à 559. On la place ordinairement en 558, sur la foi de Marius d'Avenches. Or, Marius est sujet à se tromper sur les événements étrangers à la Bourgogne ; il place en 576 l'avènement de Childebert II, qui, d'après Grégoire de Tours, eut lieu certainement en 575. On peut donc douter si la mort de Childebert Ier doit être rapportée en réalité à 558 ou à 559.

4° Un diplôme dont l'original est conservé à Paris, aux Archives nationales, est daté du 10 mars de la 16ᵉ année de Clotaire III¹. Or, on vient de voir que Clotaire III n'a régné que 15 ans et 5 mois, c'est-à-dire qu'il n'a pas [commencé] le 6ᵉ mois de sa 16ᵉ année. Donc, au 10 mars, cette 16ᵉ année était commencée depuis [cinq mois au plus], et par conséquent le jour de son avènement et du commencement de chacune de ses années de règne était compris entre le [10 octobre] et le 10 mars. Mais il a été aussi démontré plus haut que son avènement ne pouvait être antérieur au [25 mars] ni postérieur au 16 novembre 657. En combinant ces résultats, on se trouve réduit à deux hypothèses : Clotaire III est devenu roi en 657, soit du 2 janvier au 10 mars ², soit du [10 octobre] au 16 novembre.

Revenons maintenant au manuscrit de Troussures et appliquons successivement ces deux hypothèses à l'interprétation de la note finale de ce manuscrit, qui mentionne à la fois la 12ᵉ année du roi Clotaire et la 13ᵉ indiction.

Si Clotaire III a commencé de régner entre le 2 janvier et le 10 mars 657, sa 12ᵉ année a commencé entre le 2 janvier et le 10 mars 668 et s'est terminée entre le 1ᵉʳ janvier et le 9 mars 669. Aucune partie de ce temps n'appartient à la 13ᵉ indiction : en effet, la 11ᵉ indiction a commencé le 1ᵉʳ septembre 667 et a fini le 31 août 668, la 12ᵉ a commencé le 1ᵉʳ septembre 668 et a fini le 31 août 669. Dans cette hypothèse, la note qui termine le manuscrit reste donc inexpliquée ³.

Si, au contraire, Clotaire III a commencé de régner entre le [10 octobre] et le 16 novembre 657, sa 12ᵉ année a commencé entre le [10 octobre] et le 16 novembre 668 et s'est terminée entre le [9 octobre] et le 15 novembre 669. Or, la 13ᵉ indiction a commencé le 1ᵉʳ septembre 669 et s'est terminée le 31 août 670.

---

1. K. 2, n° 10 ; Musée, n° 11 ; Letronne et Teulet, *Diplomata et Chartæ*, n° XIV ; Tardif, *Monuments historiques*, n° 19.

[2. La première hypothèse, qui va être combattue, se trouve exclue à l'avance par la dernière retouche de l'auteur (deux lignes plus haut) : «... ne pouvait être antérieur au 25 mars. » Il n'a pas paru à propos de modifier les alinéas qui suivent, comme comptait certainement le faire M. Julien Havet, mais le lecteur devait être averti.]

3. En outre, si l'avènement de Clotaire III avait eu lieu du 2 janvier au 10 mars 657, le diplôme du 10 mars de sa 16ᵉ année serait du 10 mars 672, et le roi, n'ayant pas accompli le 6ᵉ mois de cette 16ᵉ année, n'aurait pu atteindre, ainsi qu'on l'a vu, l'année 673. De toutes manières, cette première hypothèse doit donc être écartée.

Il y a donc eu un laps de temps, de [39] jours au moins (du [1ᵉʳ septembre au 9 octobre] 669), de soixante-seize jours au plus (du 1ᵉʳ septembre au 15 novembre 669), pendant lequel on a compté à la fois la 12ᵉ année de Clotaire et la 13ᵉ indiction. Il y a tout lieu de croire que la note qui nous occupe a été écrite pendant ce laps de temps. Des deux hypothèses indiquées plus haut, la seconde seule peut donc être admise : Clotaire III a commencé de régner entre le [10 octobre] et le 16 novembre 657, et le manuscrit du château de Troussures a été achevé, à Luxeuil, entre le 1ᵉʳ septembre et le 15 novembre 669. Le problème ne paraît pas avoir d'autre solution.

Il y a plusieurs conséquences à tirer de ce résultat.

Clotaire III ayant commencé de régner entre le [10 octobre] et le 16 novembre 657, le diplôme déjà cité, qui est daté du 10 mars de la 16ᵉ année de son règne, est du 10 mars 673. Clotaire III était donc encore vivant à cette date. D'autre part, puisqu'il n'a pas [commencé] le 6ᵉ mois de sa 16ᵉ année de règne, et que cette 16ᵉ année a commencé au plus tard le 16 novembre 672, il ne peut avoir atteint le [17 avril] 673. Il est donc mort dans l'intervalle compris du 11 mars au [16 avril] 673 inclusivement.

Childéric II a régné après lui en Neustrie pendant 2 ans et 6 mois, c'est-à-dire au moins 2 ans [5 mois et 1 jour], au plus 2 ans et [6 mois]; sa mort et l'avènement de Thierry III ont donc eu lieu au plus tôt le [12 août] et au plus tard le [16 octobre] 675. Il faudra rectifier en conséquence les dates des diplômes de Thierry III, qu'on a calculées jusqu'ici en supposant son avènement en 673 [1].

La note finale du manuscrit de Troussures, après la mention de l'an du règne et de l'indiction, ajoute cette indication : « la 40ᵉ année de notre père heureusement accomplie », *anno quadragesimo patris nostri feliciter peracto*. Dans l'hypothèse qui plaçait la rédaction du manuscrit en 625, Mabillon avait pensé que ces mots renfermaient une allusion à saint Colomban, fondateur de Luxeuil, et que les quarante ans étaient comptés à partir de l'arrivée du saint en Bourgogne. Si le manuscrit est de 669, il faut renoncer à cette hypothèse et revenir à une autre explication, qu'on doit aussi à Mabillon [2]. Il s'agit, non de Colomban, mais de

---

1. Tardif, nᵒˢ 20, 21, 22, 24, 25 ; K. Pertz, *Dipl.*, nᵒˢ 46 et suivants.
2. *De re diplomatica*, p. 358 BC.

Waldebert, troisième abbé de Luxeuil, qui, au rapport de son biographe Adson, mourut après avoir gouverné le monastère pendant quarante ans : « Nam cum per quadraginta annorum spatium gloriosus confessor Domini Waldebertus locum sibi delegatum omni virtutis genere optime dispositum augeret rebus et numero Deo servientium, multis miraculorum virtutibus adornatus migravit ad Dominum VI nonas Maias [1]. » La longue durée de ce gouvernement fit sans doute une forte impression sur l'esprit des moines de Luxeuil; c'est cette impression que nous trouvons à la fois dans la Vie de Waldebert et dans la note du manuscrit des homélies de saint Augustin. On admet ordinairement que Waldebert est mort en 665 et qu'il était devenu abbé en 625, mais ces dates ne reposent que sur des conjectures sans fondement [2]. Il est aisé maintenant de les rectifier. D'après Adson, Waldebert mourut le 2 mai, après avoir été abbé quarante ans, c'est-à-dire dans la 41ᵉ année de son gouvernement; d'après le manuscrit de Troussures, à une date comprise entre le 1ᵉʳ septembre et le 15 novembre 669, la 40ᵉ année était accomplie et Waldebert vivait encore : donc il est mort l'année suivante, le 2 mai 670, et il était devenu abbé en 629, après le 2 mai et au plus tard le 15 novembre.

En résumé, les points suivants peuvent être considérés comme acquis :

Le manuscrit des homélies de saint Augustin, conservé autrefois à Beauvais et aujourd'hui au château de Troussures, a été terminé à Luxeuil, non en 625, mais en 669, au plus tôt le 1ᵉʳ septembre, au plus tard le 15 novembre.

Clotaire III a commencé de régner, non en 655 ou 656, mais en 657, au plus tôt le [10 octobre], au plus tard le 16 novembre.

Clotaire III est mort et Childéric II lui a succédé dans la Neustrie, non en 670, mais en 673, au plus tôt le 11 mars, au plus tard le [16 avril].

Childéric II est mort et Thierry III lui a succédé, non en 673, mais en 675, au plus tôt le [12 août], au plus tard le [16 octobre].

Waldebert est devenu abbé de Luxeuil, non en 625, mais en 629, au plus tôt le 3 mai, au plus tard le 15 novembre; il est mort, non le 2 mai 665, mais le 2 mai 670.

---

1. *Acta sanctorum ordinis S. Benedicti*, sæc. III, pars II, p. 455.
2. Hauréau, *Gallia christiana*, XV, col. 149 : « Ea quidem temporis nota nonnihil dubitationis habet. »

Ces conclusions n'ont pas été toutes vues ni formulées en ces termes par M. Krusch [1], mais elles reposent presque entièrement sur les considérations qu'il a présentées et développées le premier. Cet exemple permet de juger de l'importance et de la valeur de son travail, auquel on n'a pas accordé chez nous toute l'attention qu'il méritait.

1. Dans son article des *Forschungen zur deutschen Geschichte*, XXII, p. 458, M. Krusch cite, d'après Mabillon, la souscription du manuscrit des homélies de saint Augustin, et il adopte l'explication qui rapporte ce manuscrit à l'an 625. Il ne s'est donc pas aperçu qu'il fournissait lui-même le moyen de le dater autrement.

QUESTIONS MÉROVINGIENNES

Appendice au n° III

L'AVÈNEMENT DE CLOTAIRE III

Bibliothèque de l'École des chartes, LIII (1892), p. 323-324.

Dans un précédent volume de ce recueil [1], j'ai exposé, à la suite de M. Bruno Krusch, diverses raisons de croire que la date de l'avènement de Clotaire III avait été fixée à tort à l'an 655 ou 656, et qu'elle doit être placée vers l'automne de l'an 657.

Le *Nouveau Recueil des inscriptions chrétiennes de la Gaule antérieures au VIII° siècle*, que M. E. Le Blant vient de faire paraître dans la *Collection de documents inédits sur l'histoire de France*, apporte à cette conclusion une affirmation nouvelle. Elle est donnée par une inscription de Vienne (n° 107, p. 126), qui a été publiée pour la première fois dans la *Revue épigraphique* de M. Allmer (n° 728) et qui se lit ainsi : † Hic requiescit in pace bonememorius Maurolenus, quim rapuit mors inveda, cujus infancia bona fuit, qui vixit annus plus menus XXIII. Obiit Ka. madias indic. III an. III rig. dom. nost. Clottari regis.

Ce texte ne peut être rapporté ni à Clotaire Iᵉʳ ni à Clotaire II, qui ni l'un ni l'autre ne possédaient la Bourgogne en l'an 3 de leur règne. Il est donc du temps de Clotaire III. Mais, en faisant commencer le règne de ce prince en 655 ou 656, il est impossible de comprendre comment le 1ᵉʳ mai de la 3ᵉ année tomberait dans la 3ᵉ indiction. Si, au contraire, il a commencé dans l'automne de 657, le 1ᵉʳ mai de la 3ᵉ année du règne est le 1ᵉʳ mai 660, qui appartient bien à l'indiction 3 (du 1ᵉʳ septembre 659 au 31 août 660).

---

1. *Bibliothèque de l'École des chartes*, XLVI (1885), p. 430-439 : *Questions mérovingiennes*, III. Ci-dessus, p. 91-100.

QUESTIONS MÉROVINGIENNES

IV

LES CHARTES DE SAINT-CALAIS [1].

Bibliothèque de l'École des chartes, XLVIII (1887), p. 5-58 et 209-247.

§ 1.

Le principal objet que doit se proposer la critique diplomatique, c'est de séparer les actes faux des actes vrais. En ce qui concerne les documents mérovingiens, ce travail est encore à faire. Le dernier ouvrage où il ait été tenté est l'édition des diplômes royaux publiée en 1872 par M. K. Pertz [2]. Les solutions adoptées dans ce livre n'ont pas satisfait le public savant; les critiques, en Allemagne et en France, se sont accordés à proclamer la nécessité de soumettre la question à un nouvel examen [3].

Pour entreprendre cette tâche avec quelques chances de succès, il ne faut pas considérer les documents un à un et isolément; il faut les grouper selon les provenances diverses et réunir dans un même examen toutes les pièces qui nous ont été conservées par un même cartulaire, un même fonds d'archives ou un même

---

1. [Sur le même sujet, voir le compte rendu de Julien Havet sur L. Froger, *Cartulaire de l'abbaye de Saint-Calais*, dans la *Bibliothèque de l'École des chartes*, XLIX (1888), p. 121-124.]
2. *Monumenta Germaniae historica* : *Diplomatum imperii tomus I* (in-fol.).
3. Th. Sickel, *Monumenta Germaniae... besprochen* (Berlin, 1873, in-8°), 64; Stumpf, dans la *Historische Zeitschrift*, XXIX, 401; A. Longnon, dans la *Revue critique d'histoire et de littérature*, 7° année, 2° semestre (2 août 1873), 75, 82.

recueil historique. Dans l'une des *Questions* précédentes, j'ai entrepris de soumettre à une critique d'ensemble une série de textes fort différents les uns des autres, mais qui tous avaient été trouvés dans le cabinet d'un même savant, et qui sortaient, j'espère l'avoir démontré, de la plume d'un même faussaire, l'oratorien Jérôme Vignier [1]. J'ai été conduit ainsi à proposer de rejeter comme fausse une charte qui passait pour le plus ancien acte royal de la première race et à laquelle M. K. Pertz avait donné, dans son recueil, le n° 1 [2]. Or, le n° 2 du même éditeur est une charte de donation attribuée à Childebert Ier, qui a été publiée par les bénédictins d'après une copie conservée dans les archives de l'abbaye de Saint-Calais, au diocèse du Mans. Les mêmes archives ont fourni les copies de cinq autres pièces, reproduites dans les diverses éditions des diplômes mérovingiens, et en dernier lieu dans celle de M. K. Pertz (n°[s] 4, 9, 50, 63 et 80). Il convient donc d'examiner ensemble ces six chartes.

En me livrant aux recherches nécessaires pour ce travail, j'ai eu l'agréable surprise de rencontrer un document nouveau, qui m'a donné beaucoup plus que je ne pouvais espérer. Guidé par une obligeante indication de M. Duchemin, archiviste de la Sarthe, je me suis adressé à M. l'abbé Louis Froger, curé de Rouillon, près du Mans, qui porte à l'histoire de Saint-Calais, sa ville natale, un intérêt particulier. M. Froger m'a révélé l'existence d'un manuscrit qui renferme une copie du principal cartulaire de Saint-Calais, perdu depuis le XVIIIe siècle. Il a mis le plus aimable empressement à me communiquer ce manuscrit, déposé entre ses mains par les héritiers du dernier possesseur, M. Mégret-Ducoudray, de Saint-Calais; et il m'a gracieusement autorisé à

---

[1]. *Questions mérovingiennes*, II, *les Découvertes de Jérôme Vignier* (*Bibliothèque de l'École des chartes*, XLVI, 205. Ci-dessus, p. 19-81). Cf. *Bibliothèque de l'École des chartes*, XLVII, 335 et 471; ci-dessus, p. 83-90. Tout dernièrement, la thèse soutenue dans ce mémoire a reçu une nouvelle et piquante confirmation. Le R. P. Ingold a publié, dans le *Bulletin critique* du 15 décembre 1886, p. 477, la note suivante : « Voici ce qu'on lit dans les *Borboniana* qui se trouvent à la fin du 2e volume des *Mémoires historiques et littéraires* de Bruys (Paris, 1702, in-12) : « Il y a céans (à l'Oratoire « Saint-Honoré où le P. Vignier résidait en même temps que le P. Nicolas « de Bourbon) un certain Père qui autrefois a été Huguenot, nommé le Père « Vignier, qui est un grand, excellent et hardi menteur. D'où on dit par « ironie : *Les Vérités du Père Vignier, les Promenades de M. de Bourbon, « la Science du Père Gomer, la Conscience du Père Bonnet.* » Voilà ce que pensaient du P. Vignier, de son vivant, ses propres confrères. — A. I. »

[2]. Prétendue fondation de Saint-Mesmin, au diocèse d'Orléans : Bouquet, *Recueil des historiens*, IV, 616 ; Pardessus, I, 57 ; K. Pertz, 1, etc.

en publier la partie la plus ancienne, quoiqu'il prépare lui-même une édition du recueil entier. L'examen de ce cartulaire m'a permis de mieux comprendre l'origine et la nature de la première collection des titres du monastère. De plus, j'y ai rencontré quelques textes que les bénédictins avaient négligé de publier, par exemple une charte de Childebert III et deux de Charlemagne, qu'on trouvera ci-après (appendice, n°* 6, 11 et 12). Les diplômes inédits des rois de la première race et de Charlemagne ne sont pas chose commune. Je dois à l'obligeance de M. l'abbé Froger de pouvoir être probablement le premier à publier ceux-ci ; je tiens à lui en adresser ici tous mes remerciements.

Ce cartulaire n'intéresse pas seulement, on le voit, la diplomatique mérovingienne ; il contient aussi des textes précieux des premiers souverains de la seconde race. Je n'ai pas cru que le titre placé en tête de ces *Questions* dût m'obliger à les passer sous silence et à tronquer l'analyse et la critique du recueil. On trouvera donc, après les pages consacrées à l'étude des chartes mérovingiennes, d'autres observations relatives aux pièces carolingiennes du cartulaire, et les unes et les autres seront publiées *in extenso* dans l'appendice.

§ 2. — LE MONASTÈRE DE SAINT-CALAIS.

La ville de Saint-Calais (Sarthe, chef-lieu d'arrondissement) est située sur l'Anille, affluent de la Braye. Dans les plus anciens textes, la localité et la rivière sont désignées sous un même nom, *Aninsula* ou *Anisola*. Le monastère bénédictin de ce lieu fut fondé, selon la tradition, au temps de Childebert Ier, par un religieux originaire d'Auvergne, *Carilefus*, en français saint Calais.

La plus ancienne mention de ce monastère, qui mérite pleine confiance, se trouve dans Grégoire de Tours. En 576, Chilpéric Ier, irrité contre son fils Mérovée, le fit ordonner prêtre et l'envoya « au monastère du Maine qu'on appelle *Anninsola* », pour y vivre selon la règle monastique [1] ; le prince s'échappa au

---

[1]. Grégoire de Tours, *Historia Francorum*, V, 14 : « Post haec Merovechus cum in custodia a patre reteneretur, tunsoratus est, mutataque veste qua clericis uti mos est, presbiter ordenatur et monasterium Cenomannicum qui vocatur Anninsola dirigitur, ubi sacerdotali erudiretur regula. » (Arndt et Krusch, *Scriptores rerum Merovingicarum*, dans les *Monumenta Germaniae*, in-4°, I, 201.)

bout de peu de temps et chercha un refuge auprès de l'évêque de Tours. Les termes de Grégoire prouvent qu'à cette époque l'abbaye existait et avait probablement une certaine importance, mais qu'on ne la désignait pas encore habituellement par le nom de son fondateur. Ce nom n'est même pas mentionné.

On trouve dans les recueils de Vies de saints les biographies de deux des premiers abbés d'*Anisola*, celle de saint Calais et celle de l'un de ses successeurs, saint Siviard.

La Vie de saint Siviard paraît être la plus ancienne des deux [1]. Le style en est simple et la rédaction concise. L'auteur était un religieux du monastère, comme le témoigne un passage où il appelle le saint abbé son père [2]; et il laisse voir qu'il vivait à peu près dans le même temps que lui [3]. Il donne en termes qui veulent être précis la date de la mort de Siviard : le 1er mars, la 8e année du roi Thierry [4]. Ce roi peut être Thierry II, Thierry III ou Thierry IV, et par conséquent l'année en question peut être 604, 683 ou [729] [5]. L'écrivain loue la piété de son héros, mais il ne lui attribue pas de miracles. En tout, ce court récit semble digne de toute confiance ; malheureusement il apprend fort peu de chose. Il y est dit que Siviard était né au pays de Jublains, que son

---

1. Mabillon, *Acta sanctorum ordinis S. Benedicti*, I, 486 ; Bollandistes, *Acta sanctorum martii*, I, 66.
2. « De quodam Dei famulo patre nostro Siviardo. »
3. « Nostro etenim tempore extitit haec sancta propago. »
4. « Et quidem octavo anno regni domini Theodorici regis, kalendis martii, sarcinam suae deposuit carnis. »
5. On ne peut guère songer à Thierry Ier, roi d'Austrasie et contemporain de Childebert Ier, sous qui la tradition place la fondation de Saint-Calais. — Selon M. Krusch, la mort de Childebert II et l'avènement de son fils Thierry II auraient eu lieu en 595 (*Forschungen zur deutschen Geschichte*, XXII, 490). Mais on a un décret de Childebert II, daté du [1er mars], la vingt-deuxième année de son règne, c'est-à-dire 597 (Boretius, *Capitularia*, dans les *Monumenta Germaniae*, in-4o, I, 17). D'autre part, une note d'un ms. de Wurtzbourg, publiée par M. Krusch, semble bien (quoique le texte en soit très corrompu) prouver qu'en la 8e année de Thierry, Pâques tomba le 22 mars, ce qui arriva en 604 (*Neues Archiv der Gesellschaft für ältere deutsche Geschichtskunde*, X, 89). Enfin, une lettre du pape Grégoire Ier témoigne que Thierry II était déjà roi en juillet 596 (Jaffé, *Regesta pontificum*, no 1072 ; nouvelle édition, Ewald, no 1432). Pour concilier ces trois données, il faut admettre que Thierry fut proclamé roi du vivant de son père, entre mars et juillet 596, comme son frère Théodebert l'avait été en août 589 (Grégoire de Tours, *Hist. Franc.*, IX, 36) [*note marginale* : Thierry et Théodebert appelés tous deux rois dans le traité d'Andelot, en 587], et que Childebert II mourut en 597, après le [1er mars]. — Sur Thierry III, voy. *Questions mérovingiennes*, III, 10 (*Bibliothèque de l'École des chartes*, XLVI, 437. — Ci-dessus, p. 98). — Enfin l'avènement de Thierry IV paraît devoir être placé [entre mars et mai 721] (Krusch, dans *Neues Archiv*, X, 94).

père s'appelait *Sigiramnus*, sa mère *Adda*, et que son père fut abbé du monastère avant lui [1]. Mabillon avait vu un manuscrit de la Vie de saint Calais, où il était dit que Siviard était le cinquième abbé du lieu, et par conséquent Sigiramn le quatrième; mais il exprimait lui-même des doutes sur la valeur de ce renseignement [2]. La Vie de saint Siviard garde sur le fondateur et le premier abbé du monastère, saint Calais, le même silence que Grégoire de Tours. Elle désigne l'abbaye simplement par ces mots : *Anisolense monasterium*.

La Vie de saint Calais, s'il fallait en croire le titre placé en tête du texte dans l'édition de Mabillon, aurait été écrite par ce même saint Siviard [3]. Mais, comme les Bollandistes l'ont fait remarquer, cette attribution ne repose sur aucun fondement sérieux [4]. Il n'y a pas non plus à tenir compte d'une phrase où l'auteur semble se donner pour contemporain du saint dont il raconte la vie [5]; ailleurs, il avoue implicitement, au contraire, qu'il écrit assez longtemps après lui [6]. L'ouvrage est long et diffus, le langage prétentieux, les faits en grande partie merveilleux. C'est visiblement, d'après le style et la composition, une œuvre de l'époque carolingienne [7]. Ce récit, postérieur de trois

---

1. « Natus est enim in pago Cenomannico et in parochia Deablentica... a genitore scilicet Dei famulo Sigiramno necnon venerabili... femina genitrice ipsius quae vocabatur Adda... Post genitoris sui S. Sigiramni decessum, fratres ex Anisolensi monasterio elegerunt sibi praeesse optimum pastorem. »
2. Mabillon, *Acta*, I, 487 : « Et quidem si constaret, Siviardum a Carilefo quintum Anisolensis monasterii fuisse abbatem (quod in fronte Vitae S. Carilefi ab ipso Siviardo scriptae legisse me memini)... »
3. Voyez cette Vie dans Mabillon, *Acta sanctorum O. S. B.*, I, 642, ou dans les Bollandistes, *Acta sanctorum julii*, I, 90. Elle a été traduite en français par M. l'abbé E.-L. Couanier de Launay, dans son livre intitulé : *Vie de saint Siviard, abbé d'Anille* (Laval, 1884, in-8°).
4. *Acta sanctorum julii*, I, 87.
5. *Vita S. Carilefi*, 1 : « Unum enim a pluribus Christi fortissimis praeliatoribus Dominus nostro attribuit aevo, Carilefum nomine. »
6. *Ibid.*, 26 : « Interea, circa illius eremi quae sanctus vir tenuerat loca, quidam hominum rusticali opere tenuem sustentantes vitam habitabant, numero septem... Sed a viro Dei thesauri ex terrae visceribus sibi traditi aliqua portione fuerant donati, quo scilicet et propriam indigentiam ejus juti solatio temperarent et aedificandi monasterii adjutores forent. Qui et promissionis suae memores, et ipsi, quamdiu mortalibus interfuere rebus, ea quae professi sunt, opere impleverunt : sed et nepotes eorum hactenus devotissime praedecessorum suorum exempla sectati, itidem actitare noscuntur. »
7. Les manuscrits les plus anciens sont du x° siècle : Rome, Vatican, ms. de Christine 318, fol. 160 (*Archiv der Gesellschaft für ältere deutsche Geschichtskunde*, XII, 274). Paris, Bibliothèque nationale, mss. lat. 3851 A, fol. 99 v°, et lat. 13763, fol. 8 v°. — Une partie des faits rapportés par la Vie de saint

siècles aux faits qui y sont rapportés, ne peut donc être considéré, à proprement parler, comme un document historique ; ce n'est qu'un témoignage de la tradition qui avait cours dans le pays, probablement vers le milieu du ix° siècle.

D'après cette tradition, dont nous ne pouvons aucunement contrôler la valeur, *Carilefus* vivait sous le règne de Childebert I°ʳ (511-558). Le lieu auquel il donna plus tard son nom s'appelait alors *Casa Gaiani* et dépendait d'un domaine royal nommé *Madualis*. Ce nom de Madual se rencontre dans plusieurs textes, tous du ix° siècle ; on est assez embarrassé de savoir comment le traduire [1]. Le saint, étant arrivé en ce lieu après avoir erré de province en province, s'y fit d'abord une sorte d'ermitage, caché dans une épaisse forêt, où il vécut longtemps retiré, avec deux compagnons, *Daumerus* et *Gallus*. Le roi, l'ayant rencontré par hasard pendant une chasse et ayant été instruit de sa piété par un miracle, lui fit don du terrain où il s'était établi. Ce fut là que saint Calais créa le monastère dont il fut le premier abbé. Il est inutile d'analyser les autres détails de la légende. On verra plus loin que cette Vie a probablement été connue et mise à profit par l'auteur d'une charte fausse, conservée jadis dans l'un au moins des anciens cartulaires de l'abbaye.

Il est beaucoup question d'*Anisola* dans deux écrits bien

Calais se retrouve dans celle de saint Avit de Micy (*Acta sanctorum junii*, III, 351). Les deux ouvrages présentent entre eux la plus grande ressemblance et paraissent avoir été rédigés ou remaniés à la même époque, peut-être par le même auteur. Dom Rivet prétend que la Vie de saint Avit est du vi° siècle, mais il n'appuie cette opinion sur aucune preuve péremptoire (*Histoire littéraire*, III, 266). Peut-être, d'ailleurs, les passages où il est question de saint Calais n'ont-ils été introduits qu'après coup dans la Vie de saint Avit ; voyez la note des Bollandistes, *Acta sanctorum junii*, III, 356, o.

1. Outre la Vie de saint Calais, la fausse donation de Childebert I°ʳ, dont il sera question au § 4, et la fabuleuse Vie de l'évêque Turibe dans les *Actus pontif. Cenom.* (Mabillon, *Vetera Analecta*, in-8°, III, 64. « De Maduallo cera lib. III »), on peut citer la Vie de Louis le Pieux, écrite par l'auteur anonyme connu sous le surnom de l'Astronome, ch. 53 (Bouquet, VI, 116) : « Lotharius... in pagum Cenomannicum in villam cujus vocabulum est Matualis devenit » ; et une vie de saint Médard (Bouquet, III, 454) : « Erat denique in pago Cinomannico rus nobile... quod Sigibertus... monasterio ipsius contulerat, cui ex duabus linguis, Latina videlicet atque Britannica, quoniam eidem genti finitimum erat, nomen ex antiquo Mat-Vallis inditum fuit : Mat-Vallis ergo, id est Bona Vallis, fundus ipse vocatus est. » En effet, *mad*, en breton, veut dire « bon » ; mais on ne peut prendre une pareille étymologie au sérieux. Les auteurs de ces textes ont-ils voulu parler de Bonneveau (Loir-et-Cher), au sud de Saint-Calais ? — On trouve encore le nom de MATOVALL sur une monnaie mérovingienne : A. de Barthélemy, dans la *Bibl. de l'Éc. des ch.*, 6° série, I (1865), 458, n° 419.

connus, consacrés l'un et l'autre à l'histoire ecclésiastique du diocèse du Mans : les *Actus pontificum Cenomannis in urbe degentium* [1] et les *Gesta domni Aldrici Cenomanicae urbis episcopi* [2]. Mais ce n'est pas dans ces écrits que les historiens doivent chercher des renseignements dignes de foi. On a remarqué depuis longtemps que le premier est rempli de documents apocryphes; et, si le second a joui autrefois d'une réputation meilleure, les travaux de la critique de notre siècle la lui ont enlevée [3]. Enfin, dans un ouvrage récent, plein de découvertes et de remarques curieuses, M. Bernhard Simson, professeur à l'université de Fribourg-en-Brisgau, paraît avoir fait définitivement la lumière sur ces impostures [4]. Par des raisons multiples et convaincantes, tirées d'une série de rapprochements de fait, de droit, de style, de noms, il soutient de la façon la plus plausible une thèse qui peut se résumer dans les propositions suivantes :

1° Les *Actus pontificum* et les *Gesta Aldrici* sont l'œuvre d'un même auteur et ont été écrits pour former ensemble un seul ouvrage;

2° L'auteur de cet ouvrage a composé lui-même les documents apocryphes qui en remplissent toutes les parties;

3° Le même faussaire est aussi l'auteur de trois fameuses falsifications de droit canon et de droit civil : les *Fausses Décrétales* dites d'Isidore Mercator, le *Capitularium* dit de Benoît Lévite et les *Capitula* dits d'Angilramn;

4° Ces diverses falsifications ont été forgées, dans les années qui ont suivi la mort de Louis le Pieux (840), par un auteur qui

---

1. Mabillon, *Vetera Analecta*, in-8°, III, 46-286ᵛ; in-fol., 239-300.
2. Baluze, *Miscellanea*, in-8°, III, 1-178; in-fol., I, 79-120. [*Gesta domni Aldrici... Texte publié et annoté par l'abbé R. Charles et l'abbé L. Froger*. Mamers, G. Fleury et A. Dangin, 1889, in-4°. — Sur tout ce qui touche les *Actus* et les *Gesta*, voir ci-dessous le numéro VII des *Questions mérovingiennes*. Sur divers points, plus ou moins importants, M. Julien Havet avait modifié les opinions qu'il énonce dans le numéro IV; on laisse au lecteur le soin de contrôler l'étude la plus ancienne par la plus récente].
3. *Histoire litéraire de la France*, V, 146 : « S'il (l'auteur des *Act. pontif. Cenom.*) s'est proposé pour modèle les actes de S. Aldric, comme il y a beaucoup d'apparence, par le soin qu'il prend d'insérer dans sa narration les monuments publics qui ont trait à son entreprise; on peut dire qu'il n'a pas été fidèle à imiter la candeur et la bonne foi de cet autre Écrivain, qui ne rapporte que des pièces sincères et authentiques. » Sur les documents faux, relevés en notre siècle dans les *Gesta Aldrici*, par Sickel, Mühlbacher, Simson, etc., voyez l'ouvrage de ce dernier (cité dans la note suivante), p. 130 et *passim*.
4. *Die Entstehung der pseudo-isidorischen Fælschungen in Le Mans. Ein Beitrag zur Lœsung der pseudo-isidorischen Frage*, von Dr Bernhard Simson (Leipzig, 1886, in-8°).

travaillait au service d'Aldric, évêque du Mans; elles n'ont d'autre but que d'assurer à ce prélat la jouissance de divers droits de propriété, prérogatives, etc., auxquels il prétendait à tort et qu'il était hors d'état de justifier par des titres légitimes;

5° Par conséquent, tous ces textes, et notamment les *Actus pontificum* et les *Gesta Aldrici*, ne doivent inspirer aucune confiance : tout fait qui y est avancé doit être présumé faux, toute pièce qui y est alléguée doit être présumée apocryphe.

Or, parmi les chartes apocryphes qui remplissent l'un et l'autre de ces derniers ouvrages, on remarque avant tout celles qui ont pour but d'établir que le monastère de Saint-Calais appartenait au domaine des évêques du Mans. Il n'y en a pas moins d'une vingtaine, depuis un soi-disant acte de donation de saint Calais à l'évêque Innocent, du 6 janvier 525, jusqu'à deux soi-disant sentences de la cour de l'empereur Louis le Pieux, en faveur d'Aldric, du 30 avril et du 6 septembre 838. Les premières de ces pièces et le récit qui les accompagne prouvent que l'auteur des *Actus* connaissait la tradition relative à la fondation du monastère, à peu près dans les termes où elle est rapportée par la Vie de saint Calais. On y retrouve le voyage du saint à la recherche d'une retraite solitaire, son arrivée aux bords de l'Anille, dans le lieu appelé *Casa Gaiani*, la rencontre que fait de lui le roi Childebert pendant la chasse, etc. Cette tradition appartient donc bien au IX° siècle.

Aldric paraît être le premier évêque du Mans qui ait prétendu ranger Saint-Calais au nombre des possessions de l'évêché[1]; le débat qu'il engagea à ce sujet contre les religieux, et qui se continua sous son successeur Robert, est l'épisode le plus saillant de toute l'histoire de l'abbaye[2]. On n'en est heureusement pas réduit, pour le connaître, aux impostures des

---

[1]. Selon le récit des *Actus pontificum* et des *Gesta Aldrici*, cette prétention serait plus ancienne; elle remonterait à l'évêque Francon-Ier, contemporain de Charlemagne. Mais il n'y a aucune raison de croire ce récit.

[2]. Tout le débat entre les évêques du Mans et les moines de Saint-Calais a été raconté par M. Hauréau, dans une série d'articles publiés par la *Revue de l'instruction publique* (21 novembre 1862, p. 556 et nos suivants), sous ce titre : *Épisode judiciaire des temps carlovingiens*. Il faut renvoyer à ce récit attachant et animé les lecteurs curieux de connaître les détails de l'affaire, tels surtout qu'ils sont présentés par l'historiographe épiscopal. M. Hauréau avait déjà soin de faire remarquer que les faits rapportés par cet auteur ne doivent être acceptés qu'avec beaucoup de réserve (*ibid.*, p. 585). Après la lecture du livre de M. Simson, j'ai cru devoir m'écarter beaucoup plus encore de ce guide si peu sûr.

Actus et des *Gesta*. On trouve des renseignements sur ce différend dans les Annales d'Hincmar [1], dans les lettres du pape Nicolas Ier [2], et surtout dans plusieurs pièces des cartulaires de Saint-Calais, dont il sera question au paragraphe suivant. Nous trouvons là, par exemple, le procès-verbal d'un concile des évêques de France, assemblé à Bonneuil en août 855 [3], et celui d'un jugement solennel de la cour du roi, présidée par Charles le Chauve, à Verberie, en 863 [4], qui proclamèrent après examen le bon droit de l'abbaye et donnèrent tort de tout point à l'évêque. On pourrait dire, il est vrai, que ces textes ne sont connus que par le témoignage d'une partie intéressée, puisqu'ils ont été conservés par un manuscrit de Saint-Calais. Mais ils ne rapportent rien que de vraisemblable en soi, et ils sont confirmés, sur les points essentiels, par le témoignage d'Hincmar et par celui du pape Nicolas Ier [5]. D'ailleurs, ces procès-verbaux ont été adressés en 863 au saint-siège à l'appui d'une demande de privilège (ci-après, § 9) ; et, en même temps qu'ils étaient envoyés à Rome, un membre de la cour qui avait prononcé le jugement définitif, Eudes, évêque de Beauvais, s'y rendait aussi, de la part du roi, pour instruire le pape du détail de l'affaire [6]. On ne pouvait, en présence de ce témoin oculaire, tenter d'articuler des allégations mensongères, qui auraient risqué d'être démenties aussitôt. On n'est donc guère exposé à se tromper en prenant pour guides ces relations précises et détaillées.

D'après le procès-verbal de l'assemblée de 863, l'abbaye de Saint-Calais avait toujours été libre et indépendante de l'évêché du Mans. Deux évêques seulement, Francon et Aldric, l'avaient possédée, non comme une dépendance du temporel de leur siège, mais par une concession personnelle et gratuite du prince. Les *Actus pontificum* et les *Gesta Aldrici* ont transformé ces concessions

---

1. *Hincmari Annales*, 863 : « Carolus VIII. kalend. novembris synodum in Vermeria palatio habuit, ibique abbatiam sancti Carilephi super Rotbertum episcopum Cinomannicae urbis, qui eam per apostolicam commendationem juri sui episcopatus mancipatam tenere volebat, legaliter evindicavit. » (*Monumenta Germaniae*, Scr., I, 462 ; Bouquet, VII, 83.)
2. Jaffé, n°[s] 2069-2073, 2064 (Ewald, n°[s] 2742-2746, 2735).
3. Mabillon, *Annales ordinis S. Benedicti*, III, 668 ; ci-après, appendice, n° 17.
4. Mabillon, *Annales*, III, 105 ; Martène, *Amplissima Collectio*, I, 169 ; Bouquet, VII, 297 ; ci-après, appendice, n° 21.
5. Jaffé, n° 2064 (Ewald, n° 2735).
6. Appendice, n° 21 : « In horum praesentia actum est... Odonis episcopi... » — Jaffé-Ewald, n° 2735 : « Unde dignatus est ad nos praedictus princeps missum dirigere suum, id est venerabilem Odonem Bellovacensem episcopum. »

volontaires en restitutions juridiques, faites après procès, enquête et jugement en cour royale. Selon ces deux écrits, la première aurait été obtenue par l'évêque Francon Ier, sous Charlemagne, le 17 mars 802 [1], la seconde par Aldric, sous Louis le Pieux, le 30 avril 838 [2]. Ces dates peuvent être exactes. Le jugement de Verberie ajoute que ces deux évêques furent, l'un et l'autre, dépouillés du monastère, le premier après l'avoir possédé neuf ans, le second deux ans et demi ; Aldric l'aurait donc perdu dans les derniers mois de l'année 840, à la suite de la mort de Louis le Pieux, et c'est précisément ce que disent aussi les *Gesta Aldrici* [3]. Ce fut alors sans doute que, ne pouvant se résigner à cette perte, l'évêque ou quelqu'un de sa maison forgea les fausses chartes destinées à lui assurer la possession de Saint-Calais.

Aldric n'obtint rien pour lui-même. Le 24 mars 850, Charles le Chauve renouvela les privilèges de l'abbaye et rétablit le droit d'élection des religieux [4]. En 855, l'abbé Rainaud se plaignait au concile national de Bonneuil d'être troublé dans sa possession. On essayait, disait-il, de dépouiller le couvent de sa liberté pour le soumettre à l'évêché du Mans. Le concile lui accorda un acte de confirmation de ses droits, et le roi sanctionna l'acte du concile [5].

Après la mort d'Aldric [6], Rainaud ayant résigné les fonctions d'abbé, le nouvel évêque, Robert, se fit subrepticement donner sa place par le roi, qui oublia alors les privilèges antérieurement confirmés par lui-même [7]. Mais les religieux résistèrent, paraît-il, avec énergie ; le concile de Pitres, en 862, renouvela la décision

---

1. Mabillon, *Analecta*, in-8°, III, 267 ; Mühlbacher, *Regesten des Kaiserreichs unter den Karolingern* (Boehmer, *Regesta imperii*, I), n° 376.
2. Baluze, *Miscellanea*, in-8°, III, 126 ; Mühlbacher, n° 945, ligne 12.
3. *Miscellanea*, in-8°, III, 140. — Les *Gesta* prétendent ensuite qu'après la bataille de Fontenoy (25 juin 841), Aldric aurait obtenu une nouvelle restitution du monastère. Cela est difficile à croire, puisqu'en 850 nous trouvons l'abbaye en possession de son indépendance. D'ailleurs, si Aldric, au temps où ont été écrits les *Actus* et les *Gesta*, avait été en possession de Saint-Calais, il n'aurait pas eu besoin de faire forger tant d'actes faux pour tenter de s'en emparer.
4. Bouquet, VIII, 509, 510 ; appendice, n°s 15, 16.
5. Mabillon, *Annales*, III, 668, 669 ; appendice, n°s 17, 20.
6. Aldric, devenu évêque en 832, occupa son siège pendant vingt-quatre ans (Mabillon, *Analecta*, in-8°, III, 276, 286*) ; il mourut donc probablement en 856.
7. Appendice, n° 21 : « Tunc surgens gloriosus rex... Addiditque quod, excusante se Rainaldo ex eadem abbatia, ipse Rotbertus... ipsum monasterium petierit, ac illud ei, non restituendo, sed beneficii nomine largiendo, commiserit, non recolens eisdem monachis regali auctoritate et pontificali privilegio concessum ex sese abbates sibi eligendo praeficere. »

de celui de Bonneuil [1]; et Robert, ne pouvant entrer en possession de son bénéfice, se plaignit au pape Nicolas Ier. Celui-ci fit tous ses efforts pour amener le roi et les prélats français à prendre parti pour l'évêque du Mans contre les moines [2]. Il réussit seulement à obtenir que la cause fût déférée à une assemblée spéciale, qui siégea, sous la présidence du roi, à Verberie, du 25 au 29 octobre 863.

Là, Charles le Chauve prit enfin une attitude décidée. Probablement à l'instigation de l'archevêque Hincmar de Reims (car c'est surtout à celui-ci que Nicolas Ier reprochait en cette affaire son hostilité contre l'évêque du Mans), il se déclara ouvertement pour les religieux, et, sous prétexte que l'abbaye était placée sous sa protection, il fit de leur cause la sienne. Tout en se constituant partie, il continua de présider la cour; deux procureurs furent désignés pour débattre la cause, l'un au nom du roi, l'autre au nom de l'évêque absent. Dans ces conditions, l'issue du procès ne pouvait être douteuse. Des témoins affirmèrent que l'abbaye de Saint-Calais n'avait jamais relevé que du roi; si des évêques l'avaient possédée, ils l'avaient obtenue à titre de bénéfice gratuit et de concession spéciale. L'avocat d'office chargé de représenter l'évêque essaya de produire des pièces, sans doute les chartes forgées sous l'épiscopat d'Aldric. On en reconnut facilement la fausseté et il renonça lui-même à les défendre; le roi ordonna de les détruire. On expédia un acte solennel, relatant les débats et la sentence, on y mit la souscription des évêques, des abbés et des comtes présents, et on le fit sceller du sceau du roi. Cet acte assurait enfin, de la part de l'autorité royale, l'indépendance du monastère [3].

Il ne restait plus qu'un point à obtenir pour que la défaite de l'évêque du Mans fût complète, c'était que le pape, à son tour, abandonnât son parti et se prononçât contre lui. Le roi chargea de cette négociation l'évêque Eudes de Beauvais. On ignore quels moyens cet ambassadeur mit en œuvre pour faire revenir Nicolas Ier de ses préventions, mais il est certain qu'il y réussit pleinement. Une longue bulle, en forme de privilège solennel, sans exempter les religieux de la juridiction de l'ordinaire au spirituel, reconnut leur indépendance complète au temporel et sanctionna

---

1. Mabillon, *Annales*, III, 93; appendice, n{os} 18, 19.
2. Jaffé-Ewald, n{os} 2742-2746.
3. Hincmar, *Annales*, citées plus haut; appendice, n° 21.

pour l'avenir leur droit de libre élection. Des prescriptions compliquées et savantes furent édictées pour mettre définitivement le monastère à l'abri des entreprises épiscopales [1].

Depuis ce moment, les religieux vécurent en paix. Le nom de Saint-Calais ne se rencontre plus que rarement dans les textes, et seulement à propos de quelques affaires d'ordre local. Au sortir de la crise qu'elle venait de traverser, l'abbaye fut pendant longtemps comme les peuples heureux, qui, dit-on, n'ont pas d'histoire.

Tous ces faits sont connus, mais il était indispensable de les rappeler, car la lutte des religieux de Saint-Calais contre leur évêque a été, comme on va le voir, l'occasion de la rédaction des cartulaires qui nous ont conservé leurs plus anciennes chartes.

§ 3. — LES CARTULAIRES.

Les archives de l'abbaye de Saint-Calais ont disparu depuis la Révolution, et personne ne sait ce qu'elles sont devenues. Elles étaient précieuses, pour la partie la plus ancienne, à en juger par les textes que les bénédictins du XVIIe et du XVIIIe siècles en ont tirés ; elles contenaient, en copies, un certain nombre de chartes de la première et de la seconde race. Presque toutes ces pièces ont été mentionnées d'abord par Mabillon, dans ses *Annales* [2] ; il en a publié, dans le même ouvrage, trois ou quatre du règne de Charles le Chauve [3]. La plupart des autres ont été imprimées un peu plus tard, par Martène et Durand, dans le *Thesaurus novus anecdotorum* et dans la *Veterum scriptorum... amplissima Collectio* [4]. Enfin, deux, qui avaient échappé à ces premiers éditeurs, ont été données pour la première fois par dom Bouquet, dans le *Recueil des historiens des Gaules et de la France* [5].

Ces chartes paraissent avoir été tirées de deux manuscrits distincts. Martène et Durand, qui en ont imprimé le plus grand nombre, ne les ont pas données toutes à la fois. Dans le

---

1. Jaffé, n° 2064 (Ewald, n° 2735).
2. I, 78, 599 ; II, 160, 226, 409, 494 ; III, 2, etc.
3. III, 93, 105, 668, 669.
4. *Thesaurus*, I, 6, 23, 35 ; IV, 59, 63 ; *Collectio*, I, 1, 5, 6, 7, 8, 26, 27, 35, 169.
5. VI, 460 ; VIII, 509.

tome Ier du *Thesaurus* (1747), ils ont publié, avec la mention : « Ex Ms. codice Anisolensi », trois diplômes royaux, un de Dagobert III, un de Louis le Pieux et un de Charles le Chauve; plus tard, dans le tome IV du *Thesaurus* (encore en 1717) et dans le tome Ier de l'*Amplissima Collectio* (1724), ils ont donné sept autres diplômes royaux, dont quatre mérovingiens, et trois décrets de conciles du ixe siècle, avec cette indication de provenance : « Ex cartario Anisolensi. » Or, les pièces publiées dans ces deux derniers volumes, surtout celles de la *Collectio*, n'offrent pas moins d'intérêt que celles du tome Ier du *Thesaurus*, tout au contraire. On ne peut donc pas supposer que les éditeurs les avaient omises à dessein dans leur première publication. Il faut qu'ils ne les aient pas eues sous les yeux en même temps, et par conséquent que leur *manuscriptus codex* et leur *cartarium* soient deux manuscrits différents. Avant eux, Mabillon, en 1703, mentionnant dans ses *Annales* l'acte de Dagobert III, prenait soin d'ajouter qu'il avait lu cet acte « dans le petit cartulaire » (*in parvo chartario* [1]). Ce petit cartulaire devait être le même que le *codex* de Martène : il ne contenait que quelques-unes des pièces anciennes, celles qui ont paru dans le tome Ier du *Thesaurus*; l'autre manuscrit, le *cartarium* de Martène, que nous pourrons appeler le grand cartulaire, contenait seul les autres.

D'après Mabillon, qui a dû les avoir tous deux entre les mains, le grand cartulaire était une copie relativement récente : « In recentiori apographo legitur, » dit-il en parlant d'une pièce (la donation attribuée à Childebert Ier) qui n'a été imprimée qu'en 1724 dans la *Collectio* et qui par conséquent devait venir de ce volume [2]. Au contraire, à propos d'un autre acte (la sentence de Verberie de 863), qu'il a publié le premier, il parle de la « vieille copie du manuscrit de Saint-Calais » (*in veteri exemplo codicis Aninsulensis* [3]); et, d'après cette copie, il n'a pu donner qu'un texte mutilé, tandis que le texte complet a été imprimé par Martène dans la *Collectio* [4], évidemment d'après le grand cartulaire : c'est donc le petit cartulaire que Mabillon avait mis à profit ici et qu'il appelle une vieille copie. Ainsi ce manuscrit, moins complet que l'autre, était, en revanche, plus ancien.

1. I, 599 : « Dagobertus Childeberti filius in litteris eidem Ibboleno abbati concessis, ut in parvo chartario legimus. »
2. *Annales O. S. B.*, I, 78.
3. *Ibid.*, III, 106.
4. *Amplissima Collectio*, I, 169.

Le petit cartulaire n'a laissé d'autres traces que les quelques textes publiés par les bénédictins. Pour le grand cartulaire, au contraire, il en existe, en dehors des fragments imprimés, une copie complète : elle se trouve dans le manuscrit de feu M. Mégret-Ducoudray, qu'a bien voulu me communiquer M. l'abbé Louis Froger.

Ce manuscrit a été écrit en 1709. Il est donc antérieur aux publications de Martène et Durand, mais postérieur aux *Annales* de Mabillon. C'est un cahier de quarante-deux feuillets de papier, in-folio, écrit de la même main d'un bout à l'autre; les pages sont numérotées, à partir du recto du troisième feuillet, de 1 à 80. Le premier feuillet porte pour titre : « Cartularium regalis abbatiae sancti Carilefi, ordinis sancti Benedicti, congregationis sancti Mauri, in pago Cenomannensi, 1709. »

Il ne renferme pas la copie d'un manuscrit unique, mais bien la réunion artificielle de trois séries de textes de provenance diverse : 1° une collection d'actes mérovingiens et carolingiens (p. 1-33); 2° quatre lettres du pape Nicolas Ier, de 863 (p. 33-41); 3° une collection de documents plus récents, l'un du XIe siècle, les autres du XIVe, du XVe et du XVIe siècles (p. 41-80). Le copiste a indiqué lui-même l'origine de la deuxième et de la troisième partie. En tête de celle-ci, on lit dans la marge (p. 41) : « Extrait du livre doré, étant l'ancienne caterne de l'abbaye de Saint-Kales[1]. » Au commencement des lettres de Nicolas Ier (p. 33), la même main a écrit : « Extat cum sequentibus in Annal. Ecles. tomo 10 ad annum Xti. 863. » On lit en effet trois de ces lettres dans Baronius, qui les a publiées le premier, d'après le seul manuscrit où elles se trouvent[2]. En transcrivant ce manuscrit,

---

1. Il serait, à la rigueur, possible que cette « ancienne caterne » fût le petit cartulaire (le *vetus exemplum* de Mabillon), dont la composition ne nous est pas connue. Sinon, c'était un troisième registre, qui, à la différence des deux premiers, ne contenait pas d'actes des deux premières races.
2. Baronius, *Annales*, X (Rome, 1602, in-fol.), 270, d'après un manuscrit de Nicolas Lefebvre. Ce manuscrit, comme presque tous ceux du même possesseur, a dû passer dans la bibliothèque de J.-A. de Thou, puis dans celle de Colbert (Delisle, *le Cabinet des mss.*, I, 470). Dom Coustant (dans les *Analecta juris pontificii*, X, 94) affirme qu'il se retrouve dans le n° 2576 de Colbert, aujourd'hui Bibl. nat., lat. 1458. En effet, dans ce manuscrit, qui est un recueil factice composé de fragments de diverses époques, celui de ces fragments où se trouvent les lettres de Nicolas Ier (fol. 158 et suivants) contient aussi, immédiatement avant ces lettres, la *Notitia provinciarum* et les actes du concile de Soissons : or, les mêmes morceaux figuraient, dans le même ordre, dans un volume de la collection de J.-A. de Thou, n° 775 (*Catalogus bibliothecae Thuanae*, 1679, in-8°, II, 463). Il est probable que le manuscrit de

Baronius a fait en quelques endroits de légères fautes de lecture; ailleurs, il a proposé une conjecture pour corriger une phrase corrompue : les fautes et la conjecture ont passé dans le texte du manuscrit de M. l'abbé Froger [1]. Cela permet d'affirmer que le copiste de 1709 a pris ces trois lettres dans les *Annales Ecclesiae*. Il est également certain qu'il a emprunté la quatrième à l'édition des décrétales des papes, publiée à Rome en 1591 [2].

La copie du cartulaire n'occupe donc que les trente-trois premières pages du manuscrit. On y trouve toutes les pièces publiées par Martène et Durand. Pour celles qui ont été publiées dans le tome IV du *Thesaurus* ou dans l'*Amplissima Collectio*, le manuscrit de 1709 offre une conformité presque absolue avec le texte imprimé, tandis que celles qui ont paru dans le tome I*er* du *Thesaurus*, comme le diplôme de Dagobert III, présentent des variantes assez nombreuses et assez notables. Il faut en conclure que les premières ont été empruntées par Martène et par le copiste de 1709 à une même source, et cette source commune ne peut être que le grand cartulaire. Les secondes, au contraire, auront été transcrites dans le tome I*er* du *Thesaurus* d'après le petit cartulaire et dans le manuscrit de M. Mégret-Ducoudray d'après le grand. Celles-ci se trouvaient donc dans les deux registres.

Outre les textes déjà imprimés, la copie du grand cartulaire, dans le manuscrit dont je dois la connaissance à M. l'abbé Froger, contient :

Nicolas Lefebvre, une fois arrivé chez Colbert, avait été démembré et que les fragments en avaient été distribués entre divers recueils. Les trois lettres en question se lisent aujourd'hui aux folios 180 et 195 du ms. latin 1458.

1. Jaffé, n°s 2071-2073 (Ewald, n°s 2744-2746). La plus remarquable des fautes communes aux deux textes se trouve dans le n° 2072 de Jaffé, dans la phrase qui commence par les mots « Quapropter apostolicae »; au lieu de « Sed usquequaque causam considerantes, quid rectius quidve utilius inveneritis, hoc conservantes », Baronius et le manuscrit de 1709 donnent simplement « Hoc considerantes ». Dans le n° 2071, après les mots « Quod si ista vestrarum arcana », Baronius met en marge « *f.* mentium »; le ms. de 1709 écrit « Vestrarum arcana mentium. »

2. *Epistolarum decretalium summorum pontificum tomus III* (Rome, 1591, in-fol.), 224, n° 62 (Jaffé-Ewald, n° 2735). Le copiste de 1709 n'a pu emprunter qu'à cette édition : 1° les termes inexacts dans lesquels il indique l'objet de la bulle, « Decernit monasterium S. Carilefi esse immune et apostolicae sedi immediate subjectum »; 2° la leçon « Praedictus princeps missum », au lieu de « Plus princeps praefatus et missum » (dans la phrase qui commence par « Unde dignatus est »); 3° les leçons « Anisola, ut rerum » et « Nullam in eo monasterio obtineant », au lieu de « Nullam obtineant in eo m. » (dans la phrase « Considerantes itaque... »), etc.; 4° la division de la pièce entière en deux alinéas, dont le second commence avec les mots « Ordinationes vero quas ».

1° Trois diplômes inédits, dont un de Childebert III (ci-après, appendice, n° 6) et deux de Charlemagne (n°⁵ 11 et 12) ;

2° Les analyses de plusieurs actes mérovingiens dont le texte n'a pas été conservé (ci-après, § 5) ;

3° Des titres placés en tête des pièces, notamment un qui fournit une lumière nouvelle sur la composition du recueil.

On pouvait déjà remarquer que les publications des bénédictins ne contenaient, pour Saint-Calais, aucune pièce postérieure à 863. On devait en conclure que le cartulaire avait été formé et terminé vers cette date. De plus, par le titre placé au commencement du procès-verbal de l'assemblée de Verberie, on pouvait voir que la copie de ce procès-verbal avait été envoyée au pape, sans doute lorsqu'on sollicitait de Nicolas I⁵ʳ la grande bulle de privilège qu'il accorda en cette même année 863 aux religieux : « Exemplar notitiae, qualiter dominus noster Karolus *filius vester carissimus* querelae Rotberti episcopi finem dedit. » Dans le manuscrit que m'a montré M. Froger, on trouve de plus, au commencement de la série des actes carolingiens (p. 10), une rubrique ainsi conçue : « Exemplaria regum modernorum, Pipini scilicet et Karoli imperatoris excellentissimi, nec non et filii ejus Hludovici imperatorum piissimi, et *domini nostri* Karilefi (faute de copie évidente pour *Karoli*) *filii vestri carissimi*. » Cet intitulé implique que le grand cartulaire a été dressé sous Charles le Chauve, puisque ce roi y est appelé *domini nostri*; qu'il était adressé au pape, puisqu'on dit, en parlant du roi, *filii vestri*; enfin qu'il comprenait à la fois les actes des princes carolingiens qui y sont énumérés et ceux des princes mérovingiens, puisqu'on distingue les premiers de ceux-ci par les mots *Exemplaria regum modernorum*. Et, en effet, Nicolas I⁵ʳ, dans son grand privilège de 863, témoigne qu'on lui a soumis les titres de l'abbaye et fait allusion aux plus anciens de ces titres [1]. Le grand cartulaire tout entier n'est donc autre chose qu'une copie de cette série de pièces justificatives, envoyée à Rome en 863 [2]. Il y a peu

---

1. Jaffé-Ewald, n° 2735 : « Quandoquidem privilegia regum, quae ex antiquorum regum Francorum temporibus olim monasterio illi concessa sunt, hoc destruant, sicut et ipsa testantur quae in archivis monasterii... hodieque servantur... Et ecce hoc monasterium a primo rege Francorum christiano, id est Clodoveo, filioque ejus Childeberto cum habuerit libertatem... »

2. C'est dans le petit cartulaire, comme on l'a vu plus haut, que Mabillon a trouvé la sentence de Verberie. Là aussi elle était précédée de la rubrique : « Exemplar notitiae qualiter... *filius vester*... » (*Annales O. S. B.*, III, 105). Le petit cartulaire n'est donc, au moins pour les pièces des deux premières races,

de recueils de ce genre dont la rédaction remonte à une date aussi ancienne.

Il n'y avait pas longtemps, à ce moment, que les religieux de Saint-Calais s'étaient occupés de rechercher et de recueillir leurs anciens titres. Dans les *Gesta Aldrici*, écrits, comme on sait, peu après 840, sous l'influence directe de l'évêque Aldric, qui avait possédé pendant deux ans et demi l'abbaye et qui aurait pu en visiter les archives, l'auteur ne mentionne qu'une charte ancienne, celle de Pépin le Bref pour l'abbé Sigebaud (appendice, n° 8). Cette charte est contraire aux prétentions d'Aldric; aussi le rédacteur de ses actes n'en parle-t-il que pour la récuser, en alléguant qu'elle a été donnée injustement [1]. Il craignait de se la voir opposer, et pour parer ce coup il cherche d'avance à en détruire l'autorité. Le même calcul l'aurait conduit à parler de même des autres diplômes, s'il les avait connus; son silence donne lieu de croire qu'on ne les avait pas encore cherchés et trouvés. De même, en 850, dans la charte d'immunité donnée par Charles le Chauve, on voit que l'abbé Rainaud, en sollicitant cette charte, n'avait produit à l'appui de sa demande qu'un diplôme de Louis le Pieux, père du roi régnant [2]. Au contraire, cinq ans seulement plus tard, au concile de Bonneuil, en 855, le même abbé invoque toute une série de privilèges concédés à son monastère par les rois des siècles passés [3]. Il est donc probable que la collection de pièces qui fut envoyée en 863 à Nicolas Ier et qui est représentée par le grand cartulaire est l'œuvre de l'abbé

qu'un exemplaire incomplet du même recueil dont le grand cartulaire contenait la copie complète.

1. Baluze, *Miscellanea*, in-8°, III, 114-115 : « Sigismundus (l'abbé de Saint-Calais) dicebat quod proprium domni imperatoris esse debebat, et non de praedicta ecclesia; sed nullam veram auctoritatem exinde ostendebat, nisi tantum unam epistolam quam Pipinus propter odium Gauzioleni episcopi cuidam suo monacho fecerat, ut illi subjectum esset et non Gauzioleno; et hoc propter odium Gauzioleni factum esse perscrutatum est... Et tunc eis ac Sigebaldo (*lisez* Sicbaldo) eorum abbati talem epistolam dedit : quod propter odium Gauzioleni et non propter ullam aliam rem aut injustitiam factum esse liquet. »
2. Appendice, n° 15 : « Venerabilis vir Reinaldus... veniens ad nos detulit serenitati nostrae praeceptum domini ac genitoris nostri Hludovici serenissimi imperatoris, in quo continebatur qualiter ipse et avus noster imperator augustus seu antecessores eorum, priores scilicet reges... ipsum monasterium sub... tuitione habuissent. »
3. Appendice, n° 17 : « Interque suae sermocinationis alloquia protulit praeceptiones regum catholicorum ortodoxorum supra fato monasterio conlatas... qualiter identidem monasterium per successiones temporum illustrium regum immunitatum titulos et securitates perceperit... »

Rainaud. Cet abbé la forma ou la fit former entre 850 et 855. Il voulait avoir de quoi répondre aux falsifications de l'évêque Aldric, qui devaient commencer à se répandre [1].

§ 4. — LES CHARTES MÉROVINGIENNES.

Ces cartulaires nous ont transmis le texte de sept actes attribués à des rois de la première race :
1° Childebert Ier, pour saint Calais, 20 janvier 515 ;
2° Childebert Ier, pour l'abbé Daumer, 28 avril 523 ;
3° Chilpéric Ier, pour l'abbé Gall, 561-562 ;
4° Thierry (III?), pour l'abbé Siviard, 11 juin (676-682?) ;
5° Clovis III, pour l'abbé Ibbolen, 1er septembre 693 ;
6° Childebert III, pour le même, 695-711 ;
7° Dagobert III, pour le même, 18 janvier 712-715.

Toutes ces chartes, à l'exception de celle de Childebert III (appendice, n° 6), ont été publiées par Martène et Durand et reproduites dans toutes les éditions collectives des diplômes mérovingiens. Tous les éditeurs, même le dernier, M. K. Pertz, en 1872, les ont données pour authentiques. Depuis assez longtemps, cependant, des doutes ont été émis sur quelques-unes d'entre elles. Dès 1864, M. Th. Sickel signalait la première charte de Childebert Ier comme certainement apocryphe et la seconde comme très fortement altérée [2]. En 1873, quand eut

---

1. Pendant l'impression de ce mémoire, M. l'abbé Froger a bien voulu me communiquer de précieux renseignements, qui confirment et complètent les observations précédentes. Dans un ouvrage inédit, intitulé *Cenomania*, le bénédictin dom Briant, mort en 1716, a mentionné, paraît-il, un manuscrit du xie s. où se trouvaient des fragments de deux chartes anciennes (les n{os} 2 et 12 de mon appendice). Ce manuscrit est probablement le petit cartulaire ; les lacunes de ce registre provenaient donc, non de ce qu'il était incomplet à l'origine, mais de ce qu'il était mutilé. Quant à la donation attribuée à Childebert Ier, il en existait une copie certifiée en justice, faite en l'an 1600. Cette copie comprenait-elle cette pièce seulement, ou toute la série des titres anciens de l'abbaye, et est-elle ou non identique au grand cartulaire ? C'est ce que je ne puis décider. M. l'abbé Froger se propose de donner plus de détails à ce sujet dans la publication qu'il compte faire paraître prochainement sous les auspices de la Société historique et archéologique du Maine [*Société historique et archéologique du Maine, Cartulaire de l'abbaye de Saint-Calais*. Le Mans, Pellechat, 1888, in-8° de xxv-97 p.]. Il faut donc y renvoyer le lecteur.

2. *Beiträge zur Diplomatik*, III, dans les *Sitzungsberichte der kaiserl. Akademie* (Vienne), *philos.-hist. Classe*, XLVII (1864), 188 : « Pard. Nr. 111 (la première charte de Childebert)... die nur von des Urkundenwesens ganz Unkundigen noch angeführt werden kann. » Quant à la seconde, « sie ist

paru le volume de M. K. Pertz, il exprima de nouveau la même opinion [1]. En même temps, un autre savant, feu K. Stumpf, rejetait également les deux pièces et ajoutait : « Il aurait valu la peine de rechercher si le monastère de Saint-Calais, pour se défendre contre les prétentions de l'évêché du Mans, qui ne reposaient, comme on le sait, que sur des pièces fausses, n'a pas eu recours de son côté à des moyens non moins illicites [2]. »

Ces jugements ne sont pas assez sévères. Il nous est venu de Saint-Calais, non pas deux, mais quatre diplômes apocryphes, ceux qui sont donnés pour les plus anciens et qui portent les noms de Childebert Ier, de Chilpéric et de Thierry.

Celui qui supporte le moins la discussion est le n° 1, la prétendue donation de Childebert à saint Calais [3]. Selon l'expression de M. Sickel, une pareille pièce « ne peut être alléguée que par ceux qui ne savent pas un mot de diplomatique ». Les indices de toute sorte, qui trahissent une rédaction postérieure à l'époque mérovingienne, y abondent. Il suffit d'en indiquer quelques-uns.

Tout diplôme mérovingien est expédié dans la forme d'une lettre aux fonctionnaires royaux, *viris inlustribus*. Le roi s'adresse à ces fonctionnaires et leur parle à la seconde personne. Il leur notifie sa volonté par des formules telles que celles-ci : « Cognuscat magnetudo seu utilitas vestra », « Vestra cognuscat industria », etc. [4]. En tête de la donation de Childebert Ier, on lit bien la suscription : « Childebertus rex Francorum, vir inluster »; ce qui, dans un diplôme mérovingien, peut être accepté, à la condition d'y voir une faute de copie pour : « Childebertus rex Francorum, viris inlustribus », et par conséquent une adresse aux fonctionnaires royaux. Néanmoins, quelques lignes plus loin, la notification de la pensée royale est tournée à la troisième personne, et elle n'est pas adressée aux fonctionnaires seuls;

entschieden stark überarbeitet und zwar... erst gegen Ausgang des IX. Jahrhunderts. »

1. Sickel, *Monumenta Germaniae... besprochen*, 63.
2. Dans la *Historische Zeitschrift*, XXIX, 401 : « Ebenso würde es sich gewiss gelohnt haben eingehender zu erörtern, ob den bekannten auf Grund von gefälschten Dokumenten erhobenen Ansprüchen des Bisthums Le-Mans gegenüber das Kloster Anille zur Vertheidigung dieses Angriffes sich nicht auch unerlaubter Mittel bedient habe? Cf. ibid., 368, 386.
3. *Amplissima Collectio*, I, 1; Bouquet, IV, 617; Pardessus, I, 75; K. Pertz, I, n° 2, etc.
4. *Questions mérovingiennes*, I (Bibliothèque de l'École des chartes, XLVI, 138; ci-dessus, p. 1 et suiv.)

mais à tous les sujets du roi : « Noverint igitur omnes fideles nostri praesentes atque futuri », etc. C'est là un usage propre à la diplomatique de Charlemagne et de ses successeurs [1]. La faute se renouvelle vers la fin de la pièce : « Omnium fidelium nostrorum comperiat magnitudo »; au temps de la première race, on ne prodigue pas ce titre de *magnitudo* à la foule des sujets, on le réserve pour les personnages du rang des *viri inlustres*. Enfin, par une nouvelle incohérence, le discours reprend ensuite à la seconde personne et s'adresse de nouveau aux fonctionnaires seuls : « Jubemus ut neque vos neque successores vestri nec aliquis de fidelibus nostris in causas aut in rebus ipsius sancti viri ingredere non praesumatis. »

Childebert exprime sa donation par le mot *dedimus* : « Dedimus ergo ei de fisco nostro », etc. Sous les Mérovingiens, le terme consacré pour les donations royales n'est pas *dare*, mais *concedere*; et un usage constant veut qu'on enveloppe ce terme dans une circonlocution particulièrement à la mode à cette époque : « Visi fuimus concessisse [2]. »

Les diplômes mérovingiens se terminent régulièrement par l'annonce de la souscription royale, pour laquelle il y a une formule à peu près invariable : « Manus nostrae subscriptionibus subter eam decrevimus roborare » ou « adfirmare ». Les Carolingiens, les premiers, ont ajouté à cette mention celle du sceau du roi. Ici, contrairement à l'usage de la première race et conformément à l'usage de la seconde, on lit : « Manu propria confirmavimus et de anulo nostro subter sigillare jussimus. » On pourrait à la rigueur supposer que le membre de phrase relatif au sceau du prince a été ajouté par le copiste; mais ceci n'expliquerait pas, dans la première partie de la même phrase, l'emploi insolite des mots *manu propria* au lieu de *manus nostrae subscriptionibus* et de *confirmavimus* au lieu de *decrevimus roborare*.

Dans les actes mérovingiens, la date de temps et la date de lieu sont exprimées au moyen d'une seule et même phrase, qui commence par le mot *datum* : « Datum sub die segundo kalendas julias annum VII rigni nostri Lusareca in Dei nomen feliciter [3]. » Sous la seconde race, ces deux dates sont séparées : celle du temps est annoncée, dans un premier membre de phrase, par le

---

1. Sickel, *Acta regum et imperatorum Karolinorum*, I, 172, 173.
2. Krusch, dans les *Forschungen zur deutschen Geschichte*, XXVI, 173.
3. Tardif, 18, n° 22; K. Pertz, 45, n° 49; *the Palaeographical Society*, planche 119.

mot *data*; celle du lieu est exprimée ensuite, dans une phrase qui commence par le mot *actum*[1] : « Data nono kal. octobris anno XVII regni nostri. Actum in ipso monasterio sancti Dionisii[2]. » Dans la prétendue donation à saint Calais, les deux dates sont séparées, comme dans les diplômes carolingiens, et annoncées par les mêmes mots que dans ces diplômes; seulement elles sont interverties : « Actum Madoallo fisco dominico. Data XIII calendas februarii anno IIII regni nostri[3]. » On lit ensuite : « In Domino feliciter. Amen. » Cet *amen* est encore un trait qui n'appartient qu'à la diplomatique de la seconde race[4].

La forme de l'acte est carolingienne. Le fond l'est également; c'est la légende de saint Calais, telle qu'elle est racontée dans la Vie publiée par Mabillon et par les Bollandistes. On y retrouve la mention des pérégrinations de Calais, errant depuis l'Auvergne jusque dans le Maine à la recherche d'un lieu de retraite : « Monachus quidam peregrinus Carilephus nomine, de Aquitaniae partibus, de pago scilicet Alvernio, veniens, nobis postulavit ut ei locum, ubi habitare... potuisset, donaremus. » On y retrouve le domaine royal énigmatique de *Modualis*, ici *Maddodllum*, et le lieu plus ou moins fabuleux de *Casa Gaiani*, ici *Casa Caiani*. On y retrouve jusqu'aux miracles qui ont convaincu Childebert de la sainteté du héros, et dont le roi lui rend, dans l'acte même, un témoignage officiel : « Cujus petitionem, quia bonam esse cognovimus, et ipsum Domini servum miraculis declarantibus veraciter perspeximus, libenti animo adimplere studuimus. » Pareil trait ne se rencontre jamais, cela va sans dire, dans un diplôme authentique.

Il est question d'un lieu des environs de Saint-Calais, où réside

---

1. Sickel, *Acta*, I, 249.
2. Bouquet, V, 709; Tardif, 50, n° 60; Mühlbacher, n° 106.
3. On a soulevé, à propos de cette date, une autre difficulté. On a dit qu'en l'an 4 de son règne (515), Childebert Ier ne régnait pas encore sur le Maine; que cette province appartenait à son frère Clodomir et n'avait pu revenir à Childebert qu'après la mort de ce frère (524). Selon Mabillon, il faut lire, au lieu de *anno IIII*, *anno XIIII*, soit 525 (*Annales O. S. B.*, I, 78.) Selon Martène, il faut compter les quatre ans à partir de l'avènement de Childebert dans les États de Clodomir, ce qui donne 528 (*Amplissima Collectio*, I, 4, note); on sait aujourd'hui que ce système n'est pas admissible pour l'époque mérovingienne (*Questions mérovingiennes*, III, 4; *Bibliothèque de l'École des chartes*, XLVI, 433; ci-dessus, p. 92). M. Longnon a montré que la difficulté est chimérique, car rien ne prouve que le Maine fût compris dans la part de Clodomir (*Géogr. de la Gaule au VIe s.*, 96). — Le diplôme étant reconnu faux, la question devient sans objet.
4. Sickel, *Acta*, I, 238, § 78.

le juge, *judex,* du domaine royal de Maddoal : « Ad eum locum ubi Maurus ipsius Maddoallo judex manere videtur. » Le mot *judex,* sous les Mérovingiens, est synonyme de comte [1], et il ne pouvait y avoir en ce temps-là dans le pays d'autre juge que le comte du Maine, qui résidait au Mans.

Enfin, dans la dernière clause de la pièce, le monastère reçoit du roi Childebert Ier, dès 545, le privilège d'immunité : « Sed liceat eis per hanc auctoritatem a nobis firmatam sub immunitatis nostrae tuitione vel mundeburde quietos residere. » On verra, par plusieurs des pièces suivantes (n°s 5, 6, 7), que ce privilège lui fut concédé pour la première fois par Gontran, entre les années 585 et 593.

Ce diplôme est faux de tout point ; il n'est pas pour cela sans valeur. S'il doit être rayé de la liste des sources de l'histoire mérovingienne, il reste utile à consulter pour la connaissance de l'époque à laquelle il a été réellement composé, et cette époque est facile à déterminer. Il est antérieur à 863, puisqu'il se trouve dans le cartulaire envoyé au pape Nicolas Ier. D'autre part, celui qui l'a fait avait lu la Vie de saint Calais, et cette Vie ne paraît pas avoir été écrite avant le IXe siècle. On peut encore, sinon avec certitude, du moins avec beaucoup de vraisemblance, préciser davantage : le diplôme a dû être fabriqué, selon la conjecture de Stumpf, pour fournir au monastère une arme contre les prétentions de l'évêque du Mans ; or, ces prétentions ne se sont manifestées qu'après la mort de Louis le Pieux. Le plus probable est que les religieux l'ont composé à l'époque où ils se sont occupés d'explorer leurs archives et de recueillir leurs titres, c'est-à-dire vers les années 850 à 855. Dans tous les cas, c'est une œuvre du milieu du IXe siècle.

Ce qui en fait l'intérêt, ce sont les indications très détaillées qu'il contient sur les limites des terrains compris dans la prétendue donation de Childebert : il est clair que ces limites sont celles du territoire que possédait ou prétendait posséder l'abbaye, au temps de Charles le Chauve. Malheureusement, le texte se réfère souvent à des bornes de pierre ou à des arbres, qui ont disparu et dont il est impossible de retrouver l'emplacement ; il y a aussi un assez grand nombre de noms de lieu qu'on ne réussit pas à

---

[1]. J. Tardif, *Études sur les institutions politiques et administratives de la France* (1881, in-8°), 112.

identifier sûrement [1]. Autant qu'on peut en juger, le domaine de l'abbaye englobait au moins les territoires de cinq communes actuelles : Saint-Calais, Conflans, Marolles, Montaillé, Rahay. Au nord, à l'est et au sud-est, les limites du domaine sont à peu près les mêmes que celles du canton de Saint-Calais, et, en partie, celles du département de la Sarthe.

Les trois diplômes suivants (appendice, n°s 2, 3, 4), qui portent les noms de Childebert I[er][2], de Chilpéric I[er][3] et de Thierry (III?)[4], sont rédigés sur un même modèle et ont un même objet, celui de placer le monastère de Saint-Calais sous la protection du roi.

On a déjà signalé dans le premier (n° 2) une double irrégularité de forme, qui ne permet pas de le croire rédigé avant l'époque carolingienne. Le roi, comme dans la fausse donation précédemment étudiée, annonce son sceau en même temps que sa signature, et la date est divisée en deux parties, *actum* et *data* : « Manu propria confirmavimus et de sigillo nostro subter sigillare decrevimus. Actum Compendio palatio, anno XII regni nostri. Data quarto calendas maii. » Mais on peut s'étonner que les savants qui ont relevé cette erreur de rédaction[5] aient laissé passer inaperçus, dans les trois actes également, d'autres indices évidents d'une rédaction postérieure aux siècles mérovingiens.

Nous ne possédons pas, il est vrai, d'autre spécimen des diplômes par lesquels les rois de la première race accordaient leur protection à des monastères; mais le livre de Marculfe nous en a conservé la formule. On y voit que la faveur accordée en pareil cas à l'établissement religieux impliquait, en même temps qu'une promesse vague et générale de protection, certains soins positifs, dont le prince n'aurait pu se charger lui-même; il fallait, par exemple, prendre en main les procès du monastère et les suivre devant les divers tribunaux, soit dans les comtés, soit à la cour du roi, « tam in pago quam in palatio ». Ce rôle actif était le partage du maire du palais, et la formule le distingue nettement

---

[1]. Une plaquette spéciale a été consacrée à l'étude de ces questions : *Mémoire sur les recherches des limites indiquées dans la charte de Childebert Ier, etc.*, par MM. Diard et Heurtebise (Saint-Calais, 1843, in-8°).
[2]. *Ampl. Coll.*, I, 5; Bouquet, IV, 621; Pardessus, I, 109; K. Pertz, 6, n° 4.
[3]. *Ampl. Coll.*, I, 6; Bouquet, IV, 628; Pardessus, I, 124; K. Pertz, 12, n° 9.
[4]. *Ampl. Coll.*, I, 7; Bouquet, IV, 654; Pardessus, II, 161; K. Pertz, 45, n° 50.
[5]. Sickel, dans les *Sitzungsberichte*, XLVII, 188; Stumpf, dans la *Historische Zeitschrift*, XXIX, 368.

de celui du souverain; on dit que le monastère est placé sous le *sermo* ou la *tuitio* du roi, sous le *mundeburdis* ou la *defensio* du maire du palais : « Sub sermonem tuicionis nostre visi fuimus recipisse, ut sub mundeburde vel defensione inlustris vero illius majores domi nostri... dibeat resedere... Sub nostro sermonem et mundeburde antedicti viri quietus resedeat [1]. » Sous les Carolingiens, au contraire, cette distinction s'efface. Le maire du palais, pour avoir changé ce nom contre celui de roi, n'en reste pas moins de fait à peu près ce qu'il était avant son avènement : le double titre qu'il se donne, *rex Francorum, vir inluster,* accuse ce cumul de deux qualités inégales et disparates. On retranche alors du recueil l'ancienne formule et on en substitue une nouvelle, dans laquelle le roi carolingien, sans craindre de déroger, déclare prendre lui-même ses protégés sous son *mundeburdis* et sa *defensio* : « Sub nostro recepimus mundeburde vel defensione [2]. » Or, de ces deux modèles, c'est le second que nos trois diplômes reproduisent. Childebert, Chilpéric et Thierry ne se bornent pas, comme les Mérovingiens, à prendre l'abbaye sous leur *sermo* et à en confier la défense au maire du palais; ils lui accordent, comme les Carolingiens, leur *mundeburdis* : « Sermone tuitionis nostrae vel mundeburde nostro recipere deberemus. » Le rédacteur de ces textes a trahi son ignorance de l'ancienne étiquette et de l'ancienne hiérarchie; il a fait parler aux princes formalistes et cérémonieux de la dynastie mérovingienne le langage des parvenus de la seconde race.

Un anachronisme plus sensible encore, et qui aurait dû depuis longtemps frapper les yeux des historiens, se rencontre à la fois dans les trois pièces, quelques lignes après ce malencontreux *mundeburde nostro*. Le roi veut que l'abbé et les moines n'aient à craindre aucune vexation, soit de la part de ses fonctionnaires, de leurs successeurs et de leurs subalternes, soit de la part de ses *missi* : « Jubemus ut neque vos neque juniores vestri neque successores vel missi de palatio nostro discurrentes... ipso domno... condemnare... non praesumant. » Or, sous la première race, il n'a pas existé de *missi* royaux; aucun texte n'en fait mention. Cette institution, dont les Carolingiens ont tiré un si

---

[1]. Marculfe, I, 24 : Zeumer, *Formulae* (dans les *Monumenta Germaniae*, in-4°), 58; E. de Rozière, *Recueil général des formules*, n° 9.

[2]. *Additamenta e codicibus Marculfi*, 2 ; Zeumer, 111; Rozière, n° 10. Sur l'âge de cette formule et de la précédente, voy. Sickel, dans les *Sitzungsberichte*, XLVII, 182.

grand parti, leur appartient en propre. Le maire du palais a eu ses *missi*, au temps où le roi n'avait pas encore les siens; et c'est seulement à l'avènement de Pépin le Bref, quand le maire du palais est devenu le roi, que les *missi* du maire sont devenus les *missi* du roi. C'est ce qui résulte de la comparaison des formules employées dans les diplômes, avant et après 751 :

Diplômes des rois mérovingiens :

706, Childebert III : Ut neque vos neque juniores seu successores vestri nec quislibet de judiciaria potestate [1].
716, Chilpéric II : Ut neque vos neque junioris seu successores vestri nec quislibet de judiciaria potestate accintus [2].
722, Thierry IV : Theudericus rex Francorum, viris inlustribus gravionibus seu et omnibus agentibus vel junioribus eorum, tam praesentibus quam futuris, in cujuscumquelibet actionibus monasterium Sithiu tenere vel habere videtur [3].
728, Thierry IV : Theudericus rex Francorum, viris apostolicis patribus episcopis, necnon inlustribus viris ducibus, patriciis, comitibus vel omnibus agentibus, tam praesentibus quam futuris [4].
743, Childéric III : Childericus rex Francorum, viris inlustribus gravionibus atque omnibus agentibus vel junioribus eorum, tam praesentibus quam futuris, in quibuscumque actionibus monasterium Sithiu habere videtur [5].
743-747, Childéric III : Childericus rex Francorum viro inclito Karolomanno majori domus, rectori palatio nostro, qui nobis in solium regni instituit, viris apostolicis patribus nostris, necnon et imperatoribus (*lire* inlustribus?) viris omnibus comitibus vel omnibus agentibus, tam praesentibus quam futuris [6].

Diplômes de Pépin le Bref, maire du palais :

Dominis sanctis et apostolicis ac venerabilibus in Christo patribus omnibus episcopis, abbatibus, ducibus, comitibus, vicariis, centenariis,

1. K. Pertz, p. 67, ligne 9.
2. Ibid., 72, l. 33.
3. Ibid., 80, l. 32.
4. Ibid., 85, l. 8.
5. Ibid., 86, l. 27.
6. Ibid., 87, l. 27.

vel omnibus missis meis discurrentibus, inluster vir Pippinus major domus, bene cupiens vester [1].

Dominis sanctis et apostolicis ac venerabilibus in Christo patribus omnibus episcopis vel omnibus abbatibus, seu inlustribus viris ducibus, comitibus, domesticis, vicariis, centenariis vel omnibus agentibus, seu junioribus, seu successoribus vestris, seu amicis meis, seu omnibus missis meis discurrentibus, inluster vir Pippinus major domus, bene cupiens vester [2].

Igitur inlust. vir Pippinus major. domus omnibus episcopis, abbatibus, ducibus, comitibus, domesticis, graffionibus, vegariis, centenariis, vel omnes missos nostros discurrentes, seu quacumque judiciaria potestate preditis [3].

Diplômes des rois carolingiens :

753, Pépin le Bref : Pippinus rex Francorum, vir inluster, omnibus comitibus, graffionibus, domesticis, vecariis, centenariis, vel omnes agentes tam presentibus quam et futuris, seu et omnes missus nostros de palacio ubique discurrentes [4].

757, Pépin le Bref : Pippinus rex Francorum, omnibus episcopis, comitibus, ducibus, abbatibus, domesticis, centenariis, vicariis atque judicibus nostris, vel omnibus missis nostris discurrentibus [5].

768, Pépin le Bref : Pippinus rex Francorum, vir inluster, omnibus episcopis, abbatibus seu comitibus vel proceribus nostris, atque missis a palatio nostro ubique discurrentibus [6].

769, Carloman : Carolomannus rex Francorum, vir inluster, omnibus episcopis, abbatibus, ducibus, comitibus, domesticis, vecariis, centenariis vel omnes agentes, tam presentibus quam et futuris, seu et omnes missus nostros ubique discurrentes [7].

Il est inutile d'insister. On voit que les mots *missi de palatio nostro discurrentes* n'ont pu figurer dans un diplôme royal avant l'avènement de Pépin. Par conséquent, nos prétendus diplômes mérovingiens, nos 2, 3 et 4, où se trouvent ces mots, sont des actes faux, fabriqués à l'époque carolingienne.

---

1. K. Pertz, 105, l. 21. Ce diplôme nous est parvenu sans date, ainsi que les deux suivants.
2. Ibid., 105, l. 37.
3. Ibid., 108, l. 27.
4. Tardif, *Monuments historiques*, 46, n° 55 ; Mühlbacher, *Regesten*, n° 71.
5. Bouquet, V, 702, n° VIII ; Mühlbacher, n° 84.
6. Tardif, 49, n° 60 ; Mühlbacher, n° 106.
7. Tardif, 53, n° 64 ; Mühlbacher, n° 113.

IV. — LES CHARTES DE SAINT-CALAIS.

Un trait auquel on peut reconnaître presque toujours les documents faux, c'est qu'ils n'apprennent rien qu'on ne puisse aussi bien trouver ailleurs. Les faussaires, le plus souvent, n'ont pas assez d'imagination ou de hardiesse pour inventer; ils se bornent à compiler [1], et il suffit de soumettre leurs productions à une analyse rigoureuse pour en retrouver tous les éléments dans des textes connus d'ailleurs. C'est ainsi qu'il est aisé, sans chercher bien loin, de reconnaître les matériaux avec lesquels on a composé les faux diplômes de Childebert Iᵉʳ pour l'abbé Daumer, de Chilpéric Iᵉʳ pour l'abbé Gall et de Thierry (II, III ou IV?) pour l'abbé Siviard.

Pour le protocole et les formules, on a copié deux diplômes de Pépin le Bref, deux actes authentiques, qui ont été conservés par le grand cartulaire de Saint-Calais, qui ont été publiés en 1724 dans l'*Amplissima Collectio* et qu'on retrouvera ci-après à l'appendice (nᵒˢ 8 et 9) : l'un a été donné le 25 avril 752, pour l'abbé Sigebaud [2], l'autre le 10 juin 760, pour l'abbé Nectaire [3]. Si l'on veut prendre la peine de lire le second de ces actes et de le comparer avec l'un quelconque des trois diplômes faux, on reconnaîtra qu'il en a fourni la matière d'un bout à l'autre. Celui de 752 a servi seulement à faire un raccord, dans un passage où l'autre ne pouvait être reproduit textuellement, à cause d'une allusion à des documents antérieurs, qui n'aurait eu aucun sens sous les premiers Mérovingiens. Les trois faux présentent d'ailleurs à différents endroits de légères variantes, au moyen desquelles le faussaire peut avoir voulu essayer de déguiser l'emprunt qu'il faisait.

C'est dans le diplôme attribué au roi Thierry qu'il a copié le plus servilement le texte de 760. Il a reproduit les formules finales : « Manu nostra subter signaculis decrevimus roborare. Signum Teoderici [4]. » Il a reproduit la date, à un chiffre près : « Datum quod fecit mens. jun. dies x », dans Pépin; « Datum [quod] fecit mens. jun. dies xi », dans le faux Thierry. Enfin, il

---

[1]. Excepté peut-être les faussaires tout à fait impudents, comme l'auteur des *Actus pontificum Cenomannensium* et des *Gesta Aldrici*; mais ceux-là, heureusement, sont rares.
[2]. Bouquet, V, 698; Mühlbacher, nᵒ 64.
[3]. Bouquet, V, 704; Mühlbacher, nᵒ 89.
[4]. Les éditeurs qui ont publié ce diplôme comme authentique et sous le nom de Thierry III auraient dû s'étonner de ces formules : un acte authentique de Thierry III aurait porté « subscriptionibus » au lieu de « signaculis » et « In Christi nomine Theudericus rex subscripsi » au lieu de « Signum Teoderici ».

s'est maladroitement trahi en laissant échapper un membre de phrase incompréhensible : « Siviardus... expetiit ut eum... mundeburdo nostro recipere deberemus, et sub ipso inlustri viro causas ipsius monasterii vel abbatis debeat habere receptas. » Il n'a été question dans ce qui précède d'aucun *inluster vir*; mais, dans l'acte de 760, on lit : « Sub sermone tuitionis nostrae vel emunitatibus ipsius monasterii vel mundeburdo illustris viri Karoli filii nostri, qui causas ipsius abbatis vel monasterii habet receptas. » L'inhabile copiste, en supprimant le nom de Charles, a oublié de faire disparaître toutes les traces des mots qui accompagnaient ce nom.

Dans l'acte attribué à Childebert Ier, le faussaire a omis, après le nom d'*Anisola*, les mots : « Ubi sanctus Carilefus in corpore requiescit. » Ayant donné à cette pièce une date postérieure de huit ans seulement à celle de la fausse donation à saint Calais, il a judicieusement pensé qu'en si peu d'années le fondateur du monastère n'avait pas eu le temps d'être officiellement reconnu pour un saint. Peut-être aurait-il été mieux avisé d'omettre aussi ces mots dans le diplôme qu'il mettait sous le nom de Chilpéric Ier : les termes de Grégoire de Tours et de la Vie de saint Siviard, qui mentionnent *Anisola* sans prononcer le nom de *Carilefus*, donnent lieu de croire qu'au VIe siècle le saint ne jouissait pas encore d'une réputation bien étendue ou bien solidement établie.

Les noms propres qui figurent dans les trois diplômes ont été tirés des ouvrages littéraires où se trouvent les renseignements les plus anciens sur l'histoire de Saint-Calais. La Vie de saint Calais donnait les noms des premiers compagnons du saint, Daumer et Gall; on a cru pouvoir faire de ces deux compagnons ses deux premiers successeurs. La Vie de saint Siviard a suggéré le nom d'un troisième abbé. Cette même Vie ne laissait aucune hésitation sur le roi auquel on pouvait attribuer une charte en faveur de cet abbé : Siviard était mort la huitième année du règne d'un roi Thierry, il n'y avait donc qu'à dresser l'acte au nom de Thierry, sans qu'il fût nécessaire de décider auquel des princes de ce nom on devrait l'attribuer. Pour l'un des deux autres actes, le récit de Grégoire de Tours sur le fils de Chilpéric Ier, enfermé par son ordre à *Anisola*[1], devait faire naître

---

[1]. L'auteur des fausses chartes a pu lire ce récit, soit dans l'ouvrage même de Grégoire de Tours, soit plutôt dans l'abrégé connu jadis sous le titre de

l'idée de mettre en tête du document le nom de ce roi; seulement, pour ne pas prêter à l'abbé Gall une longévité invraisemblable, il fallait que la charte fût du début du règne : on eut soin de la dater de la première année [1]. Pour le privilège accordé au successeur immédiat de saint Calais, il ne restait aucun autre roi connu comme s'étant certainement occupé du monastère; on dut se résigner à employer une seconde fois le nom de Childebert Iᵉʳ, qui avait déjà servi pour l'acte de fondation. Rien ne défendait, en effet, d'admettre que le bienfaiteur avait pu survivre à son protégé; il fallait seulement, pour ne pas trop écourter le gouvernement de Calais, mettre un intervalle de plusieurs années entre les deux actes du même roi. On satisfit à cette condition en datant l'acte de fondation de la quatrième année du règne et le privilège de l'abbé Daumer de la douzième.

Voilà, dira-t-on, bien des précautions et des scrupules : peut-on supposer tant de conscience à un faussaire? — Pourquoi non? Ce ne serait pas la première fois que l'on constaterait pareille chose. Voici ce qu'écrivait, il y a plus de vingt ans, à propos de certaines falsifications du moyen âge, un maître en critique, Jules Quicherat : « Les actes dont il s'agit... ne furent pas de ceux qu'avaient prévus les lois en matière de faux. Les établissements religieux qui les mirent dans leurs archives n'eurent pas la coupable intention de revendiquer par là ce qui ne leur appartenait point. Ils voulurent seulement constater par des écrits ce que, de notoriété publique, ils devaient à la munificence des rois et princes, leurs fondateurs ou bienfaiteurs... Les moines... paraissent avoir fait comme ces gentilshommes des temps postérieurs, qui, plutôt que de manquer de titres, aimèrent mieux en montrer de faux, au risque de compromettre une noblesse incontestée. C'est la même cause qui... donna naissance à tant de fausses légendes de saints, les églises ne pouvant pas souffrir que des patrons, dont la mémoire était cependant très vénérée, ne fussent connus que par un nom inscrit dans les martyrologes. Les fausses chartes sont, parmi ces diverses contrefaçons, celles qui ont été faites avec le plus de scrupule. On s'aperçoit facilement

---

Gesta regum Francorum et, depuis peu, sous celui de *Liber historiae Francorum* (Krusch, dans Wattenbach, *Deutschlands Geschichtsquellen*, 5ᵉ édition, 1885, I, 404), qui l'a reproduit au chapitre 33 (Bouquet, II, 562 D et 363 A).

1. Le faussaire ignorait sans doute que, pendant la première année du règne de Chilpéric Iᵉʳ, le Maine ne lui appartenait pas. Cette cité faisait partie des États de Caribert. (Longnon, *Géographie de la Gaule au VIᵉ siècle*, 122, 295.)

que leurs auteurs, hommes plus ou moins instruits, plus ou moins intelligents, se sont efforcés de les rendre conformes autant que possible à la vérité. Elles représentent toutes un certain travail de recherche, une certaine dépense d'érudition [1]. »

Ce qui a été dit de la date à laquelle a dû être composée la fausse donation de Childebert doit également s'appliquer aux trois actes n°s 2, 3 et 4. Ils ont été fabriqués probablement vers 850-855; en tous cas, ils sont du IX° siècle et antérieurs à l'année 863.

Il n'a encore été question que de documents apocryphes. En voici enfin de meilleur aloi. Les trois diplômes de Clovis III [2], de Childebert III [3] et de Dagobert III [4], qu'on trouvera à l'appendice sous les n°s 5, 6 et 7, ne contiennent (sauf une exception de très peu d'importance, qu'on verra tout à l'heure) aucune clause, aucune expression qui ne soient à leur place dans des textes mérovingiens. Ils sont certainement authentiques.

Ces trois actes sont conçus à peu près dans les mêmes termes. Le roi, sur la demande de l'abbé Ibbolen, confirme l'immunité accordée à l'abbaye de Saint-Calais par ses prédécesseurs Gontran, Clotaire II, Dagobert I°r, Clovis II, Clotaire III et Thierry III. Le diplôme de Childebert III ajoute naturellement à cette énumération le nom de Clovis III; le diplôme de Dagobert III ajoute ceux de Clovis III et de Childebert III. Chacun de ces princes, est-il dit, avait donné au monastère un diplôme d'immunité, et l'abbé déclare avoir tous ces diplômes entre les mains; le roi les confirme sur sa parole, sans se les faire représenter et sans en garantir l'existence. Ce trait, notons-le en passant, indique déjà qu'on n'a pas affaire ici à des falsifications. Les faussaires cherchent toujours à produire des titres aussi anciens que possible; celui qui aurait eu l'idée de supposer des faveurs accordées au monastère par le bon Gontran et par le grand Dagobert ne se serait pas borné à les faire connaître par des mentions placées dans la bouche d'un roi fainéant; il aurait fabriqué les actes mêmes de Gontran et de Dagobert. A plus forte raison se serait-il

---

1. *Bibliothèque de l'École des chartes*, 6° série, I (1865), 538. Quicherat a eu spécialement en vue, dans cette page, les falsifications faites au XI° siècle; mais ses observations sont applicables à beaucoup de pièces fabriquées à d'autres époques.
2. *Ampl. Coll.*, I, 8; Bouquet, IV, 670; Pardessus, II, 226; K. Pertz, 56, n° 63.
3. Inédit.
4. *Thesaurus novus anecdotorum*, I, 6; Bouquet, IV, 686; Pardessus, II, 290; K. Pertz, 71, n° 80.

gardé d'employer cette formule sceptique, où l'on reconnaît la circonspection ordinaire du style de chancellerie : « Unde et ipsas praeceptiones se ex hoc prae manibus habere affirmant. »

Dans les termes, les diplômes d'immunité de Saint-Calais ne ressemblent exactement à aucun des actes mérovingiens de même nature qui nous sont parvenus ; il ne faut pas s'en étonner : il existait pour cet objet une telle variété de formules qu'il n'y a pas deux monastères dont les confirmations d'immunité soient rédigées dans la même forme [1]. Quant au dispositif, il est essentiellement le même dans nos actes et dans les autres [2].

La rédaction des formules finales n'est pas tout à fait la même dans les trois documents. Dans le diplôme de Clovis III, on lit :

Et ut haec praeceptio nostra firmiorem obtineat vigorem, manus nostrae *signaculis* subter decrevimus adfirmare.
Chlodoveus rex †.

Dans celui de Childebert III :

Et ut haec praeceptio firmiorem obtineat vigorem, manus nostrae *subscriptionibus* subter eam decrevimus adfirmare.
Childebertus rex.

Et dans celui de Dagobert III :

Et ut haec praeceptio nostra firmam obtineat vigorem, manus nostrae *subscriptionis* roborare sigilloque nostro hoc decrevimus adfirmare.
† In Christi nomine Dagobertus rex.

Ce dernier texte est évidemment interpolé. Le sceau n'est jamais annoncé dans les actes des rois mérovingiens ; c'est le copiste de l'époque carolingienne qui en a ajouté ici la mention. La correction est aisée : il suffit de rayer les mots *roborare sigilloque nostro hoc* et de les remplacer par *subter eam* pour retrouver la formule régulière [3].

---

1. Sickel, dans les *Sitzungsberichte*, XLVII, 217.
2. Sickel, *ibid.* Cf. Bouquet, IV, 662 (n° LVII), 667, 675, 681, 690, 696 (n° CXII), 697 ; K. Pertz, p. 49, 52, 64, 65, 72, 79, 80.
3. C'est le propre des documents altérés seulement par les copistes, mais authentiques au fond, de se laisser corriger aussi aisément ; c'est ce qui les distingue des actes faux. Dans les prétendus diplômes de Childebert Ier (n°s 1 et 2), on aurait beau rayer de la dernière phrase les mots *de anulo* ou *de sigillo nostro*, il resterait encore une formule qui ne rappellerait en rien la clause finale des vrais diplômes mérovingiens.

Ce qu'il faut remarquer, c'est l'emploi des mots *signaculis* et *subscriptionibus*. Ces deux termes sont d'un usage ordinaire dans la diplomatique mérovingienne; on les trouve dans la dernière phrase de tous les actes qui ont reçu la signature royale. Ils ne sont pas employés indifféremment. On met *subscriptionibus* si le roi a écrit son nom de sa main [1], *signaculis* s'il n'a pu le faire [2], ce qui arrive, par exemple, lorsque le trône est occupé par un enfant en bas âge : alors la signature royale est remplacée par un monogramme tracé de la main d'un scribe de la chancellerie. Clovis III était un enfant, il gouverna sous la tutelle de sa mère Clotilde et ne signa aucun de ses actes [3] : aussi son diplôme pour Saint-Calais ne porte que *signaculis*. Childebert III, au contraire, a laissé plusieurs exemplaires de sa signature autographe [4], et on

1. Originaux : Tardif, n° 4; Letronne, n°˚ 4, 5, 8, 16, 17, 20, 29, 32, 39, 42, 43; Bibl. nat., ms. lat. 9007. Pour les diplômes conservés en copie seulement, on reconnaît ceux qui avaient la signature autographe à l'emploi de la formule : *N. rex subscripsi* ou *N. rex* au nominatif; cette formule se rencontre encore, unie à l'emploi du mot *subscriptionibus* à la dernière phrase de l'acte, dans K. Pertz, p. 15, ligne 45; 18, 4; 30, 5; 64, 32; 66, 24; 67, 21. Diverses preuves établissent que la signature donnée en cette forme était autographe : 1° les mots *N. rex subscripsi* expriment formellement que le roi a souscrit lui-même; 2° plusieurs textes mentionnent, dans des cas exceptionnels, les causes qui ont empêché le roi de signer (K. Pertz, p. 19, lignes 26-28; 26, 3; 31, 20), donc ordinairement il signait lui-même; 3° dans les originaux (voy. ci-dessus et Letronne, n° 3), les signatures royales, quand elles sont formulées au nominatif, sont toujours écrites d'une autre main que le corps des actes, mais elles sont d'une même écriture dans les divers diplômes d'un même roi. Cf. Sickel, *Acta*, I, 214.

2. Lorsque la signature autographe du roi manque, on écrit à côté du monogramme le mot *signum* et le nom du roi au génitif; voyez un original de Clovis II enfant, Letronne, n° 7, où les mots *Signum dom. Chlodovio regi* sont de la même main que le corps de l'acte. L'emploi du mot *signaculis*, avec la signature remplacée par la formule *signum* et le nom au génitif, se rencontre dans deux actes de Clotaire III, rendus avec le concours et par conséquent sous la régence de sa mère (K. Pertz, p. 32, ligne 20; 35, 30), et dans deux actes de Clovis III, l'un contresigné par sa mère (K. Pertz, 53, 8), l'autre postérieur d'un an seulement au précédent (ibid., 56, 2). Le *signaculis* sans le *signum* (cette seconde formule ayant été omise par le copiste) se trouve encore dans trois actes qui n'avaient pas dû être signés par les rois, deux de Clotaire III (K. Pertz, 36, 44; 38, 2) et un de Childéric II (ibid., 28, 6), qui régna sous le gouvernement de sa mère (ibid., 25, 26; 26, 5; 28, 22; 29, 19). — Les leçons primitives paraissent avoir été altérées dans K. Pertz, 40, 33; 41, 46; 43, 28; dans quatre textes tirés d'un cartulaire de Saint-Bertin, 49, 23 (cf. Bouquet, IV, 661, note c); 81, 26; 82, 20; 87, 15; dans deux textes du cartulaire de Stavelot, 27, 21; 88, 34. — Sur l'opposition entre les mots *subscriptiones* et *signacula*, cf. Zeumer, *Formulae*, p. 21, ligne 9; 22, 7; 28, 17; 28, 24; 47, 3; 64, 17. — Sur l'emploi habituel de la formule *signum* avec le génitif, à partir de l'avènement de Pépin (qui ne savait pas écrire), cf. Sickel, *Acta*, I, 215.

3. Voyez la note précédente.

4. Letronne, n°˚ 29, 32; Bibl. nat., ms. lat. 9007.

a lieu de croire que Dagobert III signait aussi lui-même[1] : les actes de ces deux princes pour l'abbé Ibbolen portent régulièrement *subscriptionibus*. C'est là une distinction qu'un faussaire, de l'époque carolingienne ou d'une époque quelconque, n'aurait pas su faire ; elle fournit une confirmation de l'authenticité de nos trois diplômes.

Une autre confirmation peut être tirée de la forme des signatures. Childebert III, en signant ses diplômes, n'écrivait rien avant son nom ; Dagobert III faisait précéder le sien des mots : *In Christi nomine*. Cette distinction est exactement observée dans les actes de Saint-Calais[2]. Quant à Clovis III, on pourrait à première vue relever une erreur dans sa signature, *Chlodoveus rex*; le roi n'ayant pas signé lui-même, on s'attendrait à lire, comme dans d'autres diplômes rendus dans les mêmes conditions, *Signum gloriosi Chlodovei* ou *Chlodovei gloriosi regis*.[3] Mais on sait que cette formule, *Signum*, etc., accompagnait un monogramme composé des lettres du nom du prince, et un heureux hasard nous a conservé la copie du monogramme de Clovis II[4] :

```
    C D V
    L H E  rex Francorum
    V O S
```

Si le rédacteur du cartulaire a eu sous les yeux un assemblage de caractères aussi aisé à lire, on comprend facilement qu'il n'ait pas hésité à transcrire en toutes lettres le nom de *Chlodoveus* et qu'il ait jugé inutile de reproduire, à côté de cette souscription explicite, l'annotation *Signum Chlodovei*, qui pouvait paraître faire double emploi.

Le diplôme de Clovis III, rendu le 1er septembre de la deuxième année du règne (probablement 693[5]), est daté de Compiègne. En effet, le jeune roi habitait la Neustrie ; le 5 juin précédent il était

---

1. K. Pertz, 41, n° 44, attribué par erreur à Dagobert II : cf. Zeuss, *Traditiones possessionesque Wizemburgenses*, 266, 341.
2. Comparez les actes de Childebert III et de Dagobert III, cités dans les deux notes précédentes. — Dans la signature de Childebert III, telle qu'on la voit sur les originaux, le mot *subscripsi*, abrégé et enveloppé de parafes, disparaît presque entièrement ; c'est ce qui explique que le copiste du cartulaire de Saint-Calais l'ait omis dans sa transcription. Il en était probablement de même dans la signature de Dagobert III.
3. K. Pertz, p. 53, ligne 9 ; 65, 3. Cf. ci-dessus, p. 134, note 2.
4. *Amplissima Collectio*, II, 14 ; Bouquet, IV, 670.
5. Krusch, dans *Forschungen*, XXII, 489.

à Nogent-sur-Marne, le 1ᵉʳ novembre suivant à Luzarches [1]. Le diplôme de Childebert III est sans date [2]. Celui de Dagobert III, du 18 janvier, sans date d'année [3], porte dans le manuscrit de 1709 une date de lieu, que n'avait pas donnée Martène : *Mamacas*. Ce nom (*Mamacae* ou *Mamaccae*) est celui d'un palais où résidèrent fréquemment les princes de la première race, notamment Childebert III, père de Dagobert III [4]. Dom Germain a prouvé que ce lieu n'est autre que le village de Montmacq [5], sur la rive gauche de l'Oise, à peu près à mi-chemin entre Compiègne et Noyon [6].

§ 5. — LES CHARTES MÉROVINGIENNES PERDUES.

La diplomatique ne se borne pas aujourd'hui à l'étude des chartes dont le texte est conservé. Il est reconnu que celles dont une mention seulement nous est parvenue doivent aussi attirer l'attention. Ainsi M. Sickel, dans son ouvrage fondamental sur les actes de Pépin le Bref, de Carloman, de Charlemagne et de Louis le Pieux, a publié à la suite du catalogue des actes existants un catalogue séparé des *Acta deperdita* [7]. En 1873, dans sa critique du recueil de M. K. Pertz, Stumpf a proclamé la nécessité de dresser de même un catalogue des *Acta deperdita Merovingorum*, et, pour préparer ce travail, il a donné une liste provisoire de tous ceux dont il a pu avoir connaissance [8].

Pour l'abbaye de Saint-Calais, ce qui subsiste des anciens cartulaires fournit, sous deux formes différentes, des mentions d'actes mérovingiens perdus. D'une part, les trois diplômes de Clovis III, de Childebert III et de Dagobert III portent confirmation de concessions antérieures, accordées par divers rois, depuis Gontran jusqu'à Thierry III. D'autre part, le rédacteur du grand cartulaire a placé, à la suite du texte de certains actes, des ana-

---

1. K. Pertz, p. 55, ligne 5 ; 57, 37.
2. Il peut être d'une date quelconque depuis l'avènement de Childebert III, 695 (Krusch, dans *Forschungen*, XXII, 489), jusqu'à sa mort, 14 avril 711 (Mühlbacher, *Regesten*, nᵒ 19 c).
3. Il peut être de 712, 713, 714 ou 715 (Mühlbacher, *Regesten*, nᵒˢ 19 c et 30 o).
4. K. Pertz, p. 67, ligne 23 ; 69, 28 ; 70, 20 ; 71, 8.
5. Oise, arrondissement de Compiègne, canton de Ribecourt.
6. Mabillon, *De re diplomatica*, 296.
7. *Acta Karolinorum*, II, 357 (cf. I, 428).
8. *Historische Zeitschrift*, XXIX, 391, 393.

IV. — LES CHARTES DE SAINT-CALAIS.

lyses très brèves, relatives à des diplômes qu'il n'a pas jugé utile de transcrire. Ces dernières mentions n'avaient pas été relevées par les bénédictins. Elles n'ont été conservées que par le manuscrit qu'a bien voulu me communiquer M. l'abbé Froger.

En réunissant ces éléments, on peut dresser ainsi le catalogue des actes perdus de Saint-Calais, pour la période mérovingienne :

N° 1. — 585-593. — Gontran accorde au monastère de Saint-Calais le privilège d'immunité. — Appendice, n°⁸ 5, 6, 7.

Le Maine, après avoir appartenu à Caribert, puis à Chilpéric I⁸ʳ, fut réuni aux États de Gontran quelque temps après la mort de Chilpéric[1], qui survint en 584, après le 1⁸ʳ septembre[2]. Gontran mourut le 28 mars 593[3]. La première charte d'immunité accordée à Saint-Calais peut donc être des années 585 à 592 ou des premiers mois de 593.

N° 2. — 597-601 ou 613-630. — Clotaire II confirme l'acte précédent. — Appendice, n°⁸ 5, 6, 7.

Clotaire devint maître des États de Gontran, et par conséquent du Maine, à la mort de Sigebert, fils de Thierry II[4]; c'est-à-dire

---

1. Longnon, *Géographie de la Gaule au VI° siècle*, 133-136, 295.
2. Grégoire de Tours, *Historia Francorum*, VI, 46 (cf. VI, 45 ; VII, 14).
3. Selon M. Krusch, Gontran serait mort le 28 mars 592 (*Forschungen*, XXII, 457). Ses raisons ne paraissent pas décisives. Il allègue, par exemple, qu'il parut une comète, selon la chronique dite de Frédégaire (ch. 15) pendant la 3ᵉ année du règne de Childebert II dans les États de Gontran, et que, selon un auteur chinois cité dans la *Cométographie* de Pingré (I, 325), il en parut une en janvier 595 ; mais est-il certain qu'on ait bien fait la conversion de la date chinoise en date chrétienne, ou qu'on n'ait pas vu deux comètes différentes en Chine et en Gaule, à un an d'intervalle ? La chronologie des comètes n'est pas faite. Celle des éclipses, au contraire, fournit des données aussi précises que certaines. On lit dans la chronique dite de Frédégaire (ch. 13) que, l'année qui précéda la mort de Gontran, « ita a mane usque ad medium diem sol minoratus est, ut tertia pars ex eo vix appareret. » M. Krusch rapporte ces mots à l'éclipse du 23 septembre 591 ; mais cette éclipse, selon l'*Art de vérifier les dates*, ne fut visible que sous des latitudes très méridionales et seulement à la fin de la matinée (conjonction vraie à 11 heures 1/2). Il s'agit certainement de l'éclipse du 19 mars 592, qui fut visible sous nos latitudes et dont la conjonction vraie est marquée à 9 heures du matin, ce qui implique qu'elle dut être aperçue avant cette heure. La mort de Gontran, marquée le 5 des calendes d'avril de l'année suivante (ch. 14), eut donc lieu le 28 mars 593. D'ailleurs, Childebert II mourut dans la 4ᵉ année qui suivit la mort de Gontran (Frédégaire, ch. 16) ; or il vivait encore en février 597 (ci-dessus, p. 106, note 5).
4. Longnon, *Géographie de la Gaule*, 146.

à la fin de 613 ou au commencement de 614 [1] ; il les conserva jusqu'à sa mort, qui survint entre octobre 629 et avril 630 [2]. Mais on peut présumer que le Maine était, en outre, du nombre des cités dont il s'était emparé après la mort de Childebert II (597) et qu'il n'avait rendues qu'à la suite de la bataille de Dormelles (600-601) ; en effet, après cette bataille, il renonça expressément en faveur de Thierry II au territoire compris entre la Seine, la Loire, la mer et la Bretagne [3].

Le Maine ayant appartenu au moins pendant douze ans (601-613) à Thierry II, on peut s'étonner que le nom de ce prince ne soit pas prononcé dans la liste des rois qui confirmèrent le diplôme de Gontran. C'est peut-être un motif pour supposer que la confirmation de Clotaire II est plutôt de 597-601 que de 613-630 : quand le pays revint en 613 ou 614 sous la domination de Clotaire, la politique dut conseiller aux religieux de ne laisser voir que le privilège antérieur du roi régnant et de supprimer toute trace des faveurs qu'ils avaient pu recevoir de son rival.

1. Thierry II mourut dans la 18ᵉ année de son règne (Frédégaire, 38, 39), laquelle avait dû commencer entre mars et juillet 613 (ci-dessus, p. 106, note 5). Son fils Sigebert lui succéda et régna peu de temps ; pendant la première (et unique) année de ce règne, on comptait 156 ans écoulés depuis le consulat de Constantin et de Rufus, an 457 (*Forschungen*, XXII, 453) ; on était donc encore en 613. Sigebert mourut dans la 30ᵉ année de Clotaire II (Frédégaire, 43), c'est-à-dire après le 1ᵉʳ septembre 613 et avant la fin de 614 (p. 137, note 4). Après sa mort, Clotaire II régna encore 16 ans (Frédégaire, 42) ; il mourut, en effet, comme on va le voir, à la fin de 629 ou dans les premiers mois de 630.

2. Le renseignement donné par Pagi dans sa critique de Baronius (année 628, § 8) et recueilli par M. Krusch (*Forschungen*, XXII, 459), d'après lequel un obituaire indiquerait la mort de Clotaire II au 28 septembre (IIII kl. oct.), repose évidemment sur une confusion avec la mention relative à l'empereur Lothaire (mort le 29 septembre 855), inscrite dans le plus ancien obituaire de Saint-Germain-des-Prés (Bouillart, *Histoire de Saint-Germain-des-Prés*, CXVIII ; Longnon, dans les *Notices et Documents publiés par la Société de l'histoire de France en* 1884, 23, 50 ; Mühlbacher, nº 1143 b). Cette erreur écartée, il reste, pour fixer la date de cet événement, trois données : 1º Clotaire II mourut dans la 46ᵉ année de son règne (Frédégaire, 56, texte rectifié : *Forschungen*, XXII, 459), par conséquent après le 1ᵉʳ septembre 629 et avant la fin de 630 ; 2º il était vivant ou on le croyait vivant à Briord (Ain) le 18 octobre de cette même 46ᵉ année (Le Blant, *Inscriptions chrétiennes de la Gaule*, II, 10, nº 375) ; il vécut donc au moins jusque vers le milieu d'octobre 629 ; 3º il mourut dans la 7ᵉ année du règne de son fils Dagobert (Frédégaire, 58) ; or, celui-ci était déjà dans sa 8ᵉ année de règne le 8 avril 630 (*Forschungen*, XXII, 466-468). — Donc, Clotaire II mourut après les premiers jours d'octobre 629 et avant le 8 avril 630.

3. Chronique dite de Frédégaire, 20. La bataille et le traité eurent lieu, selon le chroniqueur, dans la 5ᵉ année du règne de Thierry II, c'est-à-dire après mars 600 et avant juillet 601.

IV. — LES CHARTES DE SAINT-CALAIS.

N° 3. — 629-639. — Dagobert Ier confirme les actes précédents. — Appendice, n°s 5, 6, 7.

Dagobert Ier, roi d'Austrasie depuis le commencement de 623, devint seul maître de la monarchie franque à la mort de son père Clotaire II ; il mourut le 19 janvier 639 [1].

N° 4. — 639-657. — Clovis II confirme les actes précédents [2]. — Appendice, n°s 5, 6, 7.

N° 5. — 657-673. — Clotaire III confirme les actes précédents. — Appendice, n°s 5, 6, 7.

Clotaire III commença de régner en 657, au plus tôt le [10 octobre], au plus tard le 16 novembre ; il mourut en 673, au plus tôt le 11 mars, au plus tard le [16 avril] [3].

N° 6. — 675-691. — Thierry III confirme les actes précédents. — Appendice, n°s 5, 6, 7.

Thierry III devint roi en 675, au plus tôt le [12 août], au plus tard le [16 octobre] [4] ; on pense qu'il mourut vers la fin de l'année 691 [5].

Ces six actes avaient déjà disparu des archives de Saint-Calais au milieu du IXe siècle, quand les religieux s'occupèrent de

---

1. Dagobert Ier devint roi d'Austrasie après le 1er septembre 622, car ce fut dans la 39e année du règne de Clotaire II (Frédégaire, 47) et avant le 8 avril 623, car le 8 avril 630 appartenait déjà à la 8e année de son règne (*Forschungen*, XXII, 466-468). Il mourut le 19 janvier (*Gesta Dagoberti*, 42 ; Bouquet, II, 593), dans la 16e année de son règne (Frédégaire, 79). On pourrait hésiter entre le 19 janvier 638 et le 19 janvier 639 ; mais, si Dagobert était mort en janvier 638, son fils Clovis II, dont le successeur Clotaire III commença de régner au plus tôt le [10 octobre] 657 (*Questions mérovingiennes*, III, 14 ; *Bibliothèque de l'École des chartes*, XLVI, 438 ; ci-dessus, p. 99), aurait eu plus de 19 ans de règne, et le continuateur de Frédégaire ne lui en donne que 18 (ch. 91 ; Bouquet, II, 449). Il paraît donc préférable d'admettre, comme M. Krusch (*Forschungen*, II, 468), que Dagobert mourut le 19 janvier 639. Par conséquent, son avènement avait eu lieu entre le 20 janvier et le 7 avril 623.
2. Les dates extrêmes du règne de Clovis II sont déterminées par celles de la mort de son père Dagobert Ier et de l'avènement de son fils Clotaire III : voyez ci-dessus et ci-après.
3. *Questions mérovingiennes*, III, 11 (*Bibliothèque de l'École des chartes*, XLVI, 438). [Ci-dessus, à la page 99, dont les corrections sont reportées ici.]
4. *Questions mérovingiennes*, ibid.
5. Krusch, dans *Forschungen*, XXII, 489.

rechercher leurs titres et d'en former la collection. Autrement, on n'aurait pas manqué de les recueillir avec soin et de leur donner la première place. Les archives de l'abbaye avaient donc subi, dès cette époque, des pertes considérables.

Les actes suivants, au contraire, existaient encore au moment où fut rédigé le cartulaire. Si le rédacteur de ce cartulaire n'en a pas reproduit le texte, c'est qu'il ne les a pas jugés assez importants.

N° 7. — 675-691. — Thierry III accorde au monastère de Saint-Calais l'exemption de tonlieu pour cinq barques et cinq voitures. — Appendice, n° 4.

Dans le manuscrit confié par les héritiers de M. Mégret-Ducoudray à M. l'abbé Froger, manuscrit qui reproduit sans doute, ici comme ailleurs, le texte du grand cartulaire, la fausse charte de Thierry III pour saint Siviard est immédiatement suivie d'une mention ainsi conçue : « Is etiam Teodericus..... tum fecit de v navibus et de totidem carris, ut nullus..... aliquid inde capiat. » Il faut certainement lire, au quatrième mot [praecep]tum, et, dans le dernier membre de phrase, nullus [judicum] aliquid. A la suite du diplôme de Childebert III (n° 6), on lit de même : « Is Childebertus rex fecit praeceptum v navium totidemque carrorum, ut nullus judicum telonei aut alicujus debiti exigat censum. »

Les exemptions de tonlieu, c'est-à-dire de péages divers, constituent un genre de privilège que les rois de la première race accordaient fréquemment aux églises et aux monastères. Tantôt on spécifiait, comme ici, le nombre des véhicules chargés de marchandises que l'établissement ecclésiastique pouvait faire circuler francs de droits [1], tantôt la franchise était illimitée [2]. Il ne faut pas confondre l'exemption de tonlieu avec la donation totale ou partielle des produits du tonlieu d'un endroit, autre concession dont on trouve quelques exemples sous la première race [3]. D'après plusieurs des actes qui contiennent des libéralités de l'une et l'autre espèce, il paraît qu'une des routes commerciales où se percevaient les droits de tonlieu les plus importants

---

1. Formule de Rozière 32 bis (Zeumer, 107, n° 1); Gesta Dagoberti, 18 ; K. Pertz, 54, n° 61 (lire carra deci en deux mots).
2. Formule de Rozière 32 (Zeumer, 111, n° 3); K. Pertz, 35, n° 38 ; 73, n° 82 ; 46, n° 51 (ce diplôme doit être de Thierry IV et non de Thierry III, sans quoi il serait en contradiction avec le n° 61, p. 54); 105, n° 19.
3. Gesta Dagoberti, 18 ; K. Pertz, 23, n° 23 ; 76, n° 86.

était la voie fluviale qui conduisait de la Méditerranée dans le nord de la Gaule, par le canal des *fossae Marianae*, le Rhône et la Saône[1].

N° 8. — 695-711. — Childebert III renouvelle la concession précédente. — Appendice, n° 6.

N°s 9 et 10. — 711-715. — Dagobert III donne deux chartes pour le monastère de Saint-Calais. — Appendice, n° 7.

Le grand cartulaire, reproduit dans le manuscrit de 1709, indique ces deux chartes dans les termes les plus vagues : « Fecit etiam duo praecepta alia de utilitate monasterii nostri. » Il est à présumer que l'un des deux actes avait le même objet que les deux précédents. On ne peut rien dire de l'autre.

§ 6. — LES CHARTES CAROLINGIENNES.

Deux seulement des textes carolingiens contenus dans le grand cartulaire de Saint-Calais sont entièrement nouveaux. Les autres sont connus depuis longtemps, grâce aux publications des bénédictins. La plupart ont été étudiés par les savants qui, depuis une vingtaine d'années principalement, ont fait paraître des travaux d'une importance capitale sur la diplomatique des souverains de la seconde race[2]. Quelques-uns seulement appellent une ou deux observations nouvelles.

Le diplôme accordé à l'abbé Sigebaud, par lequel Pépin le Bref prend les religieux sous sa protection et leur reconnaît le droit d'élire librement leur abbé (appendice, n° 8), offre une forme sans exemple dans la diplomatique royale[3]. L'adresse aux dignitaires ecclésiastiques et aux fonctionnaires est placée avant le nom du roi et non après. Ce nom est précédé des mots *inluster*

---

1. Formule de Rozière 32 *bis*, K. Pertz, p. 35, ligne 16 (lire *Provintiae*, nom propre) ; p. 76, ligne 32 (lire *Fossas*, Fos, Bouches-du-Rhône, arrondissement d'Aix-en-Provence, canton d'Istres).
2. Th. Sickel, *Acta regum et imperatorum Karolinorum digesta et enarrata* (Wien, 1867-1868, 2 vol. in-8°). — E. Mühlbacher, *die Regesten des Kaiserreichs unter den Karolingern* (= J. F. Böhmer, *Regesta imperii*, I ; en cours de publication depuis 1880 ; Innsbruck, in-4°).
3. Bouquet, V, 698 ; Mühlbacher, n° 64.

vir, au lieu d'être suivi des mots *vir inluster*. Ces anomalies pourraient suggérer à première vue des doutes sur l'authenticité de la pièce. Mais il faut remarquer que ce formulaire insolite dans les actes royaux est exactement celui qui était en usage, avant l'avènement de Pépin, dans la chancellerie du maire du palais. On possède une charte du même Pépin, encore maire, rédigée en termes presque identiques [1]. Or, le diplôme de Saint-Calais est des premiers mois du règne du premier Carolingien ; il est daté du 25 avril 752, et l'on croit que Pépin est devenu roi en novembre 751 [2]. Voici ce qu'on peut présumer. L'acte aura été préparé et dressé sous le dernier roi mérovingien, dans la chancellerie du maire du palais, pour être expédié au nom de celui-ci. Une circonstance quelconque en aura retardé l'achèvement jusqu'après le changement de dynastie. On l'aura néanmoins expédié tel qu'il était, en mettant seulement le titre du prince en rapport avec sa nouvelle dignité, mais sans rien changer au reste du protocole [3]. En tout cas, l'authenticité en est confirmée par l'allusion qui y est faite dans les *Gesta Aldrici* [4]. S'il avait été attaquable, l'auteur de cet ouvrage n'aurait pas manqué de l'attaquer.

Le diplôme suivant (n° 9), en date du 10 juin 760, fut rendu à la requête de l'abbé Nectaire [5]. Pépin le Bref place Saint-Calais sous sa protection royale et sous la défense de son fils Charles : « Sub sermone tuitionis nostrae... vel mundeburdo illustris viri Karoli filii nostri, qui causas ipsius abbatis vel monasterii habet receptas. » Cet acte a été copié, comme on l'a vu, par l'auteur des faux diplômes mérovingiens du grand cartulaire [6].

Il a servi aussi de modèle pour deux des actes suivants, qui

---

1. K. Pertz, 105, n° 20.
2. Sickel, dans les *Forschungen zur deutschen Geschichte*, IV, 441 ; *Acta Karolinorum*, I, 243 ; Mühlbacher, n° 62 a.
3. Le titre royal figure au commencement et à la fin de la pièce, mais dans le texte on cherche en vain certaines tournures d'un usage ordinaire dans les actes royaux : on lit *ad nos venit* au lieu de *clementiam regni nostri adiit*, *pro nobis (deprecare)* au lieu de *pro nobis et stabilitate regni nostri*. — Un essai analogue d'adaptation du style de la mairie du palais aux besoins de la chancellerie royale se voit dans la formule de Rozière n° 10 (Zeumer, 111, n° 2).
4. Ci-dessus, p. 119.
5. Bouquet, V, 704 ; Mühl... n° 89.
6. Ci-dessus, p. 129 et 130. Il n'y a rien de particulier à remarquer sur le n° 10, de Charlemagne (Bouquet, V, 723 ; Mühlbacher, n° 156).

portent le nom de Charlemagne. L'un est daté du mois de juillet de sa troisième année de règne (774), l'autre du 17 novembre de sa douzième année de règne en France et de sa sixième année en Italie (779). En marge du premier, dans le manuscrit actuellement déposé entre les mains de M. Froger, le dernier possesseur, feu M. Mégret-Ducoudray, a écrit : « Cette charte est apocryphe, elle est la reproduction maladroite de la charte de Pépin le Bref accordée à l'abbé Nectaire. » Martène et Durand ont apparemment porté un jugement semblable sur ce diplôme et sur le suivant, car ils n'ont imprimé ni l'un ni l'autre [1]. Les deux actes sont restés inédits et n'ont été conservés jusqu'à nous que par le manuscrit de 1709. On les trouvera à l'appendice (nos 11 et 12).

La lecture de la pièce n° 11 paraît à première vue justifier la condamnation portée contre elle. Les termes du diplôme de Pépin le Bref y sont reproduits textuellement, y compris les mots : « Vel mundeburdo filii nostri Karoli. » Charlemagne eut, il est vrai, lui aussi, un fils du nom de Charles, mais ce fils ne semble pas pouvoir être né avant 772, si l'on admet, comme on le fait généralement, que le mariage de sa mère, la reine Hildegarde, eut lieu au plus tôt dans la seconde moitié de l'année 771 [2]. Comment donc son nom se trouverait-il prononcé dans un acte de juillet 774? On a jugé que le meilleur moyen d'expliquer l'anachronisme était de le mettre sur le compte d'un faussaire inintelligent.

C'est un procédé commode pour supprimer une difficulté; seulement, pour en supprimer une, on en crée une autre. Si le texte, dans la pièce n° 11, semble absurde, le protocole est excellent. Comparée à celle de Pépin (n° 9), cette charte présente toutes les particularités de forme par lesquelles les actes authentiques de Charlemagne se distinguent de ceux de son père. L'incise *Gratia dei*, inusitée au temps de Pépin, a été régulièrement ajoutée avant les mots *rex Francorum* [3]. Les mots *domni nostri* ont

---

1. Martène et Durand ont dû voir ces pièces, comme les autres, dans le grand cartulaire. La première au moins était connue de Mabillon, qui l'a mentionnée, sans exprimer aucun soupçon, en ces termes (*Annales*, II, 226) : « Idem Rabigaudus [abbas Anisolensis] jam a Carolo praeceptum immunitatis obtinuerat apud Valentianas anno regni ejus tertio. » Cette mention a été recueillie par MM. Sickel (*Acta*, II, 364) et Mühlbacher (n° 138).
2. Mühlbacher, n° 139 b; Abel et Simson, *Jahrbücher des fränkischen Reichs unter Karl dem Grossen*, dans les *Jahrbücher der deutschen Geschichte*, II, 474, note 3.
3. Sickel, *Acta*, I, 241, 257.

régulièrement disparu de la signature royale, le mot *ego* et le mot *jussus* de celle du chancelier, et le nom du roi, dans sa signature, est régulièrement suivi des mots *gloriosissimi regis* [1]. Enfin, la date, qui n'est pas imitée de celle du n° 9 (elle est, à la différence de celle-ci, divisée en deux parties, *data* et *actum*), s'accorde bien avec l'itinéraire connu de Charlemagne. Un faussaire du IX° siècle, et un faussaire maladroit, comme on est obligé de le supposer, aurait-il su, à la façon d'un érudit moderne, chercher et trouver dans les chroniques la mention d'un séjour de Charlemagne à Valenciennes, vers le milieu de l'année 771, et calculer que, pour le mois de juillet, cette année répondait à la troisième du règne [2]?

L'embarras augmente si l'on passe à la pièce n° 12. C'est une nouvelle répétition du même texte, littéralement pareille au n° 11. Il n'y a de changé que la date et le nom de l'abbé, Ebroïn au lieu de Rabigaud. Ici, les mots « vel mundeburdo filii nostri Karoli » n'ont soulevé, de la part de l'annotateur moderne, aucune objection : en 779, Charles, fils aîné de Charlemagne, existait et pouvait être nommé dans un acte de son père. Cette charte peut donc, plus facilement que l'autre, passer pour authentique. Mais, si on l'accepte, quel intérêt pensera-t-on qu'ait eu le faussaire à fabriquer la précédente, qui ne dit absolument pas autre chose, qui ne contient rien de plus, si ce n'est un anachronisme inutile? — Proposera-t-on de les rejeter toutes deux, comme a fait Martène, et de dire qu'elles ont été fabriquées d'un même coup? Cela n'est pas plus satisfaisant, car la date du n° 12 n'est pas moins correcte que celle du n° 11 et offre une complication qui dépasse davantage encore la capacité probable d'un faussaire [3]. Il faudrait que celui-ci eût pris pour modèles deux diplômes authentiques de Charlemagne, aujourd'hui perdus, et qu'il en eût détaché les dates et le protocole,

---

1. Appendice, n° 9 : « Signum domni nostri Pippini regis Francorum. Ego Widmarus jussus recognovi. » — N° 11 : « Signum Karoli gloriosissimi regis. Idherus recognovi. » — Cf. Sickel, *Acta*, I, 242, 255.

2. Appendice, n° 11 : « Data mens. jul. anno III. Actum Valentianas feliciter. » — Charlemagne séjourna à Valenciennes en 771, après Pâques et avant décembre : Bouquet, V, 18, 37, 338, 340 ; Mühlbacher, n° 137 *a*.

3. Appendice, n° 12 : « Data sub die xv kl. decemb. anno XII et VI regni nostri. Actum Vurmatia civitate in Dei nomine. » C'est-à-dire Worms, 17 novembre 779. — Selon les chroniques, Charlemagne séjourna à Worms à la fin de l'année 779 et y célébra les fêtes de Noël : Bouquet, V, 41, 343, etc. ; Mühlbacher, n° 219 *a*.

pour les adapter au texte copié sur l'acte de Pépin. Mais celui qui aurait été capable d'un artifice aussi savant aurait-il commis la faute grossière qu'on reproche à notre diplôme n° 11?

Ajoutons une considération plus générale. Les faussaires prennent ordinairement pour modèles des pièces de date relativement récente et s'en servent pour fabriquer de prétendus documents plus anciens; il est très rare qu'on les voie procéder inversement. Celui qui, au IX° siècle, aurait voulu faire de faux actes de Charlemagne, aurait imité un diplôme de Louis le Pieux ou de Charles le Chauve, plutôt qu'un diplôme de Pépin le Bref.

Ainsi, quoi qu'on fasse, si l'on veut voir dans nos deux diplômes ou dans l'un d'entre eux l'œuvre d'un faussaire, on se heurte à des invraisemblances. Il n'y a plus qu'une hypothèse, c'est qu'ils sont tous deux authentiques. La seule raison qui s'y oppose est l'opinion reçue, qui veut que le mariage de Charlemagne avec Hildegarde ait eu lieu au plus tôt à la fin de l'année 771. Il reste à voir si cette opinion est bien fondée.

Elle repose sur les vers suivants, qui se lisent dans l'épitaphe de la reine Hildegarde, composée par Paul Diacre, et qui sont imités d'un passage bien connu des *Bucoliques* de Virgile [1] :

> Alter ab undecimo jam te susceperat annus,
>   Cum vos mellifluus consotiavit amor;
> Alter ab undecimo rursum te sustulit annus,
>   Heu genitrix regum, heu decus atque dolor [2] !

Hildegarde mourut le 30 avril 783 [3]. On traduit *alter ab undecimo* par « douzième » et l'on conclut de ces vers que la reine était dans la douzième année de son âge quand elle se maria, dans la douzième année de son mariage quand elle mourut, ce qui oblige à placer le mariage entre le 1er mai 771 et le 30 avril 772. Ce serait probablement la seule explication acceptable en bonne latinité. Dans le vers de Virgile, il est reconnu aujourd'hui que les mots *alter ab undecimo* ne peuvent signifier autre chose que *duodecimus*. Mais, au temps de la décadence, une autre explication a eu cours. Servius veut qu'on entende la seconde année,

---

1. VIII, 39 : « Alter ab undecimo tum me jam acceperat annus. »
2. Duemmler, *Poetae Latini aevi Carolini* (dans les *Monumenta Germaniae*, in-4°), I, 58, 59.
3. Mühlbacher, n° 252 b.

en recommençant à compter après onze, c'est-à-dire la treizième[1], et l'on peut croire que Paul Diacre a pris les mots en question dans le même sens que Servius. Il aura donc voulu dire que la reine s'était mariée dans sa treizième année et qu'elle était morte dans la treizième année de son mariage.

Cette seconde interprétation, indiquée en 1744 par dom Bouquet[2], a été adoptée récemment par un savant des plus versés dans la littérature du siècle de Charlemagne, M. E. Dümmler[3]. Elle offre plus de vraisemblance. Charlemagne, selon les apparences, épousa plutôt une femme de douze ans que de onze, surtout l'ayant choisie dans une famille de race germanique[4]. Elle est en outre confirmée par une charte du roi, datée du lendemain même de la mort de la reine. Il est vrai que le texte de cette charte n'a pas toujours été bien publié et qu'il a pu égarer les historiens au lieu de les guider, mais il est maintenant exactement connu. Charlemagne fait une donation à Saint-Arnoul de Metz, à la charge de célébrer des offices pour le repos de l'âme de sa femme, et, à la date (1er mai 783), il ajoute : « In die Ascensionis dominicae, in cujus vigiliis ipsa dulcissima conjux nostra obiit, in anno tertio decimo conjunctionis nostrae[5]. » Le mariage de Charlemagne avec Hildegarde avait donc eu lieu entre le 1er mai 770 et le 30 avril 771. Il suffit de le placer dans la pre-

---

1. Servius, édition de H.-A. Lion (Gottingae, 1826, in-8°), p. 151 [voir maintenant celle de Thilo et Hagen, t. III, fasc. i, 1887, p. 99] : « *Alter ab undecimo*... id est tertius decimus. Alter enim de duobus dici[mus]. » Cf. Donat, *ad Terent., Andr.*, I, i, 50 : « *Unus et item alter* : post unum duo, ex quibus alter, ut sint tres... ut : *Alter ab undecimo*. Ergo alter non est secundus, sed tertius. »

2. Bouquet, V, 192, note *b* : « Multi interpretantur annum decimum tertium, adeo ut Hildegardis tredecim annos nata Carolo nupserit, et cum eo totidem annos vixerit. »

3. *Poetae Latini aevi Carolini*, I, 58, note 7.

4. Einhard, *Vita Caroli*, 18 : « De gente Suavorum praecipuae nobilitatis feminam. » — Hildegarde, en douze ans de mariage, donna à son mari trois fils et trois filles. — Cf. Tacite, *Germ.*, 20.

5. Mühlbacher, n° 253. Copie à peu près contemporaine, qu'on a prise longtemps pour un original, à Metz (archives départementales, H. 42, 1). Mabillon (*De re diplomatica*, 190) et M. Sickel (*Acta*, II, 45, K. 99) ont lu *in anno XII conjunctionis nostrae*, ce qui favorisait l'interprétation généralement donnée aux vers de Paul Diacre. M. Mühlbacher, dans ses *Regesten*, a rétabli la leçon *anno XIII*. M. Édouard Sauer, directeur des archives départementales, à Metz, a bien voulu m'envoyer une transcription exacte de la formule de date : les mots *anno tertio decimo* sont écrits en toutes lettres. Il n'est pas certain que cette formule figurât dans les mêmes termes sur l'original perdu, mais, quand même ils auraient été ajoutés sur la copie, ils n'auraient guère moins d'autorité ; cette copie est presque contemporaine et elle a été faite à Saint-Arnoul, où Hildegarde était enterrée et où l'on devait savoir à quoi s'en tenir sur sa vie.

mière moitié de cette période pour que leur fils Charles ait pu naître avant la fin de juillet 771.

En 770, il est vrai, Charlemagne fit un autre mariage. Il épousa, sur le conseil de sa mère, la fille de Didier, roi des Lombards, puis il la répudia [1]. Einhard, ou Éginhard, comme on l'appelle plus souvent en France, prétend qu'il garda cette première femme un an [2]; mais un autre témoignage porte au contraire que la répudiation suivit immédiatement le mariage [3]. On est autorisé à préférer cette seconde version : il n'est pas étonnant qu'Einhard, né vers 770 [4], se soit légèrement trompé sur des faits qu'il ne connaissait que par ouï-dire. Les deux mariages peuvent donc avoir eu lieu, sans difficulté, la même année, à quelques mois d'intervalle. La fille de Didier fut probablement épousée au printemps et Hildegarde à l'automne.

En 784, avant l'hiver, Charlemagne, en guerre contre les Saxons, confia le commandement d'un détachement de sa cavalerie à son fils Charles. Le jeune prince livra bataille, défit les Saxons et ramena à son père ses troupes victorieuses [5]. Dans l'hypothèse qui plaçait le mariage de sa mère à la fin de 771 ou en 772, il n'aurait eu, au moment de cet exploit, que douze ou même onze ans. Si l'on suppose au contraire le mariage en 770, quelques mois avant la fin de l'année, et la naissance du prince l'été suivant, on arrive à lui donner, lors de la campagne de 784, treize ans accomplis. C'est un peu moins invraisemblable.

Rien ne prouve donc que la mention du jeune Charles, dans notre diplôme n° 11, soit un anachronisme; rien n'autorise à rejeter ce diplôme. Il faut l'accepter comme authentique et il faut admettre qu'il fournit enfin le renseignement précis qui manquait jusqu'à présent aux historiens, sur la date de la naissance du fils aîné de Charlemagne. Ce prince est né avant la fin du mois de juillet de l'année 771.

---

1. Mühlbacher, n°s 136 a et 139 b.
2. *Vita Caroli*, 18.
3. *Herimanni Augiensis (Hermanni Contracti) chronicon* : « Karolus filiam Desiderii regis Langobardorum ducente Bertha matre sua uxorem duxit, sed statim eam repudiavit. » (*Monumenta Germaniae, Scriptores*, V, 100). — *Chronicon Suevicum universale* : « Karolus filiam Desiderii regis Longobardorum uxorem duxit et statim repudiavit. » (*Ibid.*, XIII, 63.) — On ne connaît pas la source commune à laquelle ces deux ouvrages ont puisé ce renseignement; l'édition des *Mon. Germ.*, V, 100, cite par erreur les *Annales Fuldenses*; ce ne peut être que quelque chronique carolingienne aujourd'hui perdue.
4. Wattenbach, *Deutschlands Geschichtsquellen*, 5° édition (1885), I, 170.
5. Bouquet, V, 43, 206; Abel, *Jahrbücher*, I, 384, 386.

On peut ajouter, très probablement : peu de temps avant la fin de ce mois. La nécessité de placer dans l'année 770 les deux mariages du roi, avec la fille de Didier et avec Hildegarde, ne permet guère de remonter plus haut. Il est donc permis de supposer, sans trop de témérité, que la naissance du prince Charles eut lieu dans le courant du mois de juillet 774, pendant le séjour de la cour à Valenciennes, et que l'abbé de Saint-Calais profita aussitôt de cette occasion pour rappeler au roi la concession antérieure de son père et pour en solliciter et en obtenir le renouvellement. La nouvelle charte fut libellée sur le modèle de la précédente. Seulement, on ne répéta pas, à côté du nom de Charles, la qualification *illustris viri*, car on ne pouvait donner le nom de *vir* à un enfant nouveau-né ; on écrivit simplement : « Filii nostri Karoli. »

Quant à la charte n° 12, de 779, elle fut sans doute donnée à l'occasion de l'entrée en charge de celui qui y est nommé, l'abbé Ébroïn. Chacun de ces actes, en effet, désigne nominativement l'abbé à qui il est accordé et que le roi déclare prendre sous sa protection avec tous ses religieux. L'abbé Ébroïn voulut avoir un diplôme à son nom, pareil à celui qui avait été donné à son prédécesseur, et il l'obtint.

Les pièces n°⁸ 9, 11 et 12 présentent en commun une même faute, l'omission du verbe principal, *susciperemus* ou un mot analogue, à la fin de la phrase où le roi relate la requête qui lui a été adressée par l'abbé de Saint-Calais. Cette omission n'est donc pas du fait du copiste du cartulaire ; elle devait se trouver dans le diplôme original de Pépin et elle a passé de là dans les deux autres.

Le diplôme n° 12, du 17 novembre 779, offre probablement l'exemple le plus récent de la formule : *rex Francorum, vir inluster*, qui n'a plus été habituellement employée par Charlemagne après 776 [1]. On sait que les diplômes de confirmation, dans lesquels on copie un acte antérieur, offrent souvent des formules ou des tournures plus anciennes que celles qui se rencontrent dans les actes nouveaux rédigés à la même époque.

Le n° 13 est un acte de Louis le Pieux, du 25 août 814, qui a été publié par dom Bouquet [2]. Celui-ci en a supprimé l'exorde,

---

[1]. Sickel, *Acta*; I, 259.
[2]. VI, 460, *ex archivis hujus monasterii*, c'est-à-dire d'après le grand cartulaire ; Mühlbacher, n° 512.

ou, si l'on aime mieux parler le langage technique adopté par les diplomatistes allemands, l'*arenga*. Il a jugé, avec raison d'ailleurs, que ce développement de rhétorique banale n'intéressait pas l'histoire. Mais, pour la diplomatique, il n'y a pas de détails inutiles, et il faut se féliciter de pouvoir combler, au moyen du manuscrit de M. l'abbé Froger, cette lacune de la première édition.

La même observation s'applique au n° 15, de Charles le Chauve, 24 mai 850, encore plus écourté par dom Bouquet [1].

Le n° 17 est l'acte des évêques de France, assemblés en concile national, à Bonneuil, qui proclame l'indépendance du monastère de Saint-Calais et rejette les prétentions de l'évêque Aldric [2]. Le n° 20 est le diplôme par lequel Charles le Chauve sanctionne la décision du concile [3]. Il y a une difficulté de date. On lit au commencement du décret du concile : « Cum societas venerabilium praesulum Bonoilum unanimem sui exhiberet praesentiam, vocatione... regis serenissimi Karoli, anno incarnationis dominicae DCCCLV, indictione prima, regni etiam memorati augusti XVI... » et, à la fin des deux pièces, la date est ainsi exprimée : « Data VIII[I] kl. septemb. anno XVI regnante Karolo glorioso rege, indictione I. Actum Bonoilo villa. » Les auteurs de l'*Art de vérifier les dates* remarquent à ce propos [4] : « Ces dates ne s'accordent pas. Le P. Mabillon prétend qu'il faut lire *indict. III*. Le P. Mansi soutient, au contraire, que l'erreur est dans l'année de l'incarnation, qui doit être, selon lui, DCCCLIII, et cela sur le fondement que Charles ayant commencé à régner en 837, la seizième année de son règne tombe en 853. Mais nous ferons voir, à l'article de ce prince, qu'il faut distinguer quatre différentes époques de son règne, dont la principale et la plus commune est celle de 840, après la mort de son père. » En effet, dans la plupart des diplômes royaux originaux, le point de départ du compte des années de Charles le Chauve est le 20 juin 840 [5], et par conséquent le 24 août de la seizième année du règne doit être le 24 août 855. D'ailleurs, M. Hauréau a montré que, si l'on voulait placer ce

---

1. VIII, 509. — Il n'y a rien de particulier à remarquer sur les n°s 14, de Louis le Pieux, 31 mai 825 (Bouquet, VI, 545 ; Mühlbacher, n° 774), et 16, de Charles le Chauve, 24 mai 850 (Bouquet, VIII, 510).
2. Mabillon, *Annales*, III, 668.
3. Ibid., 669 ; Bouquet, VIII, 527.
4. Dans le chapitre de la *Chronologie historique des conciles*, à l'année 855.
5. Renseignement communiqué par M. A. Giry, qui a fait une étude spéciale des chartes de ce règne.

concile en 853, on rencontrerait des difficultés à peu près insurmontables [1]. Il faut donc s'en tenir à l'année 855, qui satisfait à deux données sur trois, et admettre qu'on a écrit *indictione prima* par erreur [2]. Quant au lieu du concile, on ne paraît pas encore avoir trouvé de raison qui permette de faire un choix entre Bonneuil, au nord de Paris (Seine-et-Oise, arrondissement de Pontoise, canton de Gonesse) et Bonneuil-sur-Marne, au sud-est [3] (Seine, arrondissement de Sceaux, canton de Charenton-le-Pont).

Sept ans après le concile de Bonneuil, celui de Pitres [4], en 862, s'occupa de nouveau de la même affaire. On décida que les évêques qui ne s'étaient pas trouvés à Bonneuil, ainsi que les successeurs de ceux qui étaient morts depuis cette assemblée, ajouteraient leurs signatures au bas du privilège de 855. Cette série supplémentaire de signatures épiscopales, déjà publiée par Martène [5], forme le n° 18 de l'appendice. Le n° 19 est une lettre du même concile de Pitres à l'évêque du Mans : Mabillon, qui l'a publiée le premier, a cru y reconnaître le style de l'abbé Loup de Ferrières [6]. La dernière pièce, n° 21, est le jugement de Verberie, de 863 (ci-dessus, § 2).

§ 7. — CONCLUSIONS.

Il est maintenant possible de résumer et de coordonner, en quelques mots, les résultats des recherches qui précèdent.

On n'a pas de données historiques certaines sur les origines du monastère de Saint-Calais. La tradition en place la fondation sous le règne de Childebert Ier; rien n'empêche de la croire. L'abbaye avait déjà une certaine importance en 576, sous Chilpéric Ier (§ 2). Le roi Gontran, le premier, lui accorda une charte

---

1. *Gallia christiana*, XIV, 39, note 1. — En outre, un diplôme mentionne la présence de Charles le Chauve à Bonneuil, au mois d'août, dans la troisième indiction, par conséquent probablement en 855 (Bouquet, VIII, 542); un autre acte montre les évêques et les grands du royaume assemblés à Bonneuil en août 856 (Bouquet, VII, 620), et, si cette date est probablement altérée (ibid., 512, note c), l'acte ne peut, en tout cas, être antérieur à 855, car il mentionne divers capitulaires des années précédentes, jusques et y compris ceux de 854.
2. Sur les difficultés inextricables de la chronologie des actes de Charles le Chauve, voyez les judicieuses observations de M. d'Arbois de Jubainville, dans la *Bibliothèque de l'École des chartes*, XLI (1880), 87.
3. Dom Germain, dans Mabillon, *De re diplomatica*, 253.
4. Eure, arrondissement de Louviers, canton de Pont-de-l'Arche.
5. *Thesaurus*, IV, 68.
6. *Annales*, III, 94.

d'immunité, entre 585 et 593 (§ 5). Cette charte fut renouvelée par la plupart de ses successeurs, jusqu'à Dagobert III, 711-715 (§§ 3 et 4). Thierry III, Childebert III et Dagobert III lui accordèrent, en outre, quelques autres privilèges, tels que des exemptions de tonlieu (§ 5).

Pépin le Bref prit le monastère de Saint-Calais sous sa protection. La charte par laquelle il lui conférait cette faveur, préparée quand Pépin était encore maire du palais, ne fut expédiée qu'un peu après son avènement, le 25 avril 752 (§ 6). Il prit soin de marquer que les religieux, quoique placés sous la protection royale, conserveraient le droit d'élire librement leur abbé (appendice, n° 8). Un peu plus tard, le 11 juin 760, il confirma la protection et l'immunité accordées à l'abbaye et la mit sous la garde spéciale de son fils Charles, le futur empereur Charlemagne (n° 9). Quand Charlemagne, devenu roi, eut un fils qui reçut aussi le nom de Charles, l'abbé de Saint-Calais s'empressa de solliciter pour son monastère, à l'exemple de ce qui avait été fait sous le règne précédent, la protection particulière du nouvel héritier du trône (§ 6). Le roi lui accorda sa requête, et la charte fut expédiée très peu de temps après la naissance du prince, en juillet 774 (n° 11). Elle fut renouvelée, en termes identiques, à la suite d'un changement d'abbé, le 17 novembre 779 (n° 12).

Malgré la garantie formulée dans la première charte de Pépin, la protection royale faillit être fatale à la liberté des élections dans le monastère. Charlemagne, qui renouvela deux fois le privilège de protection et d'immunité, ne promit rien pour le droit d'élection, et sa conduite montre qu'il se croyait en droit de disposer de l'abbaye à son gré. En 802, il la donna, à titre de bienfait gratuit, à l'évêque du Mans, Francon, et neuf ans après il la lui retira (§ 2 et n° 21). Louis le Pieux, en 825, accorda le droit d'élection, mais pour une fois seulement (n° 14). En 838, il donna encore l'abbaye à un évêque du Mans, le fameux Aldric, qui la posséda deux ans et demi et la perdit en même temps que la faveur royale, après la mort de Louis le Pieux (§ 2).

En deux ans et demi, ce prélat et les hommes de son entourage avaient eu le temps de connaître et d'apprécier les richesses du monastère. Ils avaient pu aussi constater le désordre des archives ; de toutes les anciennes chartes des rois, la seule qu'ils y eussent vue et connue était la première concession de Pépin le Bref (§ 3). Il paraissait facile d'usurper un bien si mal défendu. On fabriqua toute une série de pièces fausses de dates diverses, depuis Childebert I⁰ʳ jusqu'à Louis le Pieux, par lesquelles on espérait prouver que Saint-Calais appartenait à l'évêché du Mans (§ 2). Ce travail fait, on attendit le moment favorable pour le produire.

Cependant, Charles le Chauve, continuant les errements de ses prédécesseurs, avait encore disposé de l'abbaye. Mais l'abbé à qui il l'avait donnée, Rainaud, se montra soucieux de rétablir l'ancienne discipline monastique. Il obtint du roi, en 850, une charte qui lui assurait l'inamovibilité pour le reste de sa vie et qui garantissait aux religieux la libre élection de ses successeurs (n° 16). Tout d'un coup, Aldric exhiba ses faux titres et prétendit se mettre en possession de l'abbaye. Rainaud comprit à quels dangers son monastère était exposé par l'état d'abandon où étaient laissées les archives, et il s'occupa d'y mettre ordre. Il fit rechercher les chartes que ses prédécesseurs avaient obtenues de la faveur des rois (§ 3).

Les plus anciennes qu'on put retrouver furent les confirmations d'immunité de Clovis III (n° 5), de Childebert III (n° 6) et de Dagobert III (n° 7), deux exemptions de tonlieu de Thierry III et de Childebert III et deux autres chartes de Dagobert III (§ 5). Les titres antérieurs étaient perdus ; avec une liberté qu'autorisait une façon de penser assez répandue au moyen âge, on n'hésita pas à les refaire. On s'aida pour ce travail des renseignements contenus dans la Vie du fondateur du monastère, saint Calais, et dans celle d'un des premiers abbés, saint Siviard ; on y mit un soin et une conscience qui prouvent qu'on n'avait, en fabriquant ces pièces fausses, aucune intention frauduleuse (§ 4). Quant aux actes des rois de la seconde race, ils purent être tous retrouvés. L'abbé Rainaud apporta les uns et les autres au concile national de Bonneuil, en 855, et fit entendre contre les prétentions d'Aldric une protestation qui fut accueillie par le concile (n° 17) et par le roi (n° 20).

Aldric mourut l'année suivante (856) et eut pour successeur Robert ; quelque temps après, Rainaud résigna les fonctions d'abbé. Robert n'osa d'abord s'opposer à l'élection d'un nouvel abbé, mais, quand elle fut faite, il la laissa ignorer à la cour, et, saisissant une occasion favorable, il obtint que le roi Charles le Chauve oubliât encore les promesses qu'il avait faites aux religieux et lui fît cadeau de l'abbaye (n° 21). Il la disputa aussitôt à l'abbé élu, Ingilgaire. Repoussé par le concile de Pitres, en 862 (n⁰ˢ 18, 19), il mit de son côté le pape Nicolas I⁰ʳ, qui intervint en sa faveur d'une façon active (§ 2). Mais il perdit définitivement sa cause devant la cour du roi, présidée par Charles en personne, à Verberie, le 29 octobre 863; et les pièces forgées sous son prédécesseur furent condamnées à la destruction, tandis que les titres de Saint-Calais étaient unanimement reçus (n° 21).

L'abbé Ingilgaire fit faire un recueil de ces titres. On copia d'abord les prétendus actes des premiers Mérovingiens, fabriqués de bonne foi sous le gouvernement de Rainaud, son prédécesseur, puis les trois chartes authentiques de confirmation d'immunité de Clovis III, de Childebert III et de Dagobert III, et on y ajouta une brève mention des quatre exemptions de tonlieu ou pièces analogues; on transcrivit ensuite la série des diplômes carolingiens, de Pépin le Bref à Charles le Chauve, et on termina par le texte des actes des conciles de Bonneuil et de Pitres et par celui de la sentence judiciaire prononcée à Verberie. Un exemplaire du recueil ainsi formé fut envoyé à Nicolas Ier, qui, après l'avoir vu, confirma solennellement, la même année, l'indépendance du monastère; un autre exemplaire fut sans doute conservé à Saint-Calais, dans les archives de l'abbaye (§§ 2 et 3).

Dans le cours des siècles suivants, les religieux laissèrent encore perdre et l'exemplaire primitif du recueil et les originaux d'après lesquels il avait été transcrit. Deux copies, de dates diverses, mais notablement postérieures, furent seules conservées. L'une du XIe siècle, formait un volume de petit format, le « petit cartulaire » de Saint-Calais. Au XVIIIe siècle, ce volume était très mutilé et ne contenait plus guère qu'un diplôme de Dagobert III et deux ou trois pièces du temps de Charles le Chauve. L'autre copie, mieux conservée, était d'une époque plus récente et formait un volume de dimensions plus considérables, le « grand cartulaire ». Mabillon, à la fin du XVIIe siècle, eut ces deux cartulaires à sa disposition et en tira parti pour la rédaction de ses *Annales ordinis S. Benedicti*. Martène et Durand, au siècle suivant, virent d'abord seulement le petit cartulaire, que son ancienneté avait sans doute signalé tout de suite à leur attention. Ils en tirèrent trois chartes royales, qu'ils imprimèrent dans le tome Ier de leur *Thesaurus* (1717). Presque aussitôt, ils reconnurent l'intérêt du grand cartulaire, et, avant que la publication du *Thesaurus* fût terminée, ils y insérèrent, au tome IV, les actes des conciles de Bonneuil et de Pitres, déjà publiés en grande partie par Mabillon. Les diplômes des rois mérovingiens et carolingiens parurent pour la plupart quelques années plus tard, dans le tome I⁰ʳ de l'*Amplissima Collectio* (1724). Deux autres furent imprimés par dom Bouquet, aux tomes VI et VII du *Recueil des historiens* (1749-1752). Un diplôme de Childebert III, qu'on jugea peu important (n° 6, § 4), et deux diplômes de Charlemagne, dont l'authenticité fut suspectée mal à propos (nᵒˢ 11 et 12, § 6), restèrent inédits.

D'autre part, en 1709, un curieux, dont le nom est resté inconnu, avait entrepris de réunir le texte de tous les anciens documents relatifs à Saint-Calais. Il avait copié d'abord le grand cartulaire, puis plusieurs lettres du pape Nicolas Iᵉʳ, qu'il avait remarquées dans divers ouvrages imprimés, puis enfin des titres des derniers siècles du moyen âge, recueillis dans les archives de l'abbaye (§ 3). Le tout formait un manuscrit de quatre-vingts pages in-folio ; ce manuscrit a seul survécu à la perte des archives du monastère. Depuis la fin du siècle dernier, toute trace des deux cartulaires a disparu, et on ne les connaissait jusqu'à ce jour que par les publications des bénédictins. Le manuscrit de 1709, conservé chez un particulier, était peu accessible aux érudits, qui, hors de Saint-Calais, n'en soupçonnaient même pas l'existence. Tout récemment seulement, après la mort du propriétaire, M. Mégret-Ducoudray, ses héritiers l'ont mis à la disposition de M. l'abbé Froger ; celui-ci a bien voulu me permettre de l'examiner, d'en comparer le texte avec celui des bénédictins et d'en tirer ce qu'il contenait encore d'inédit. C'est grâce à lui que je puis terminer ce travail par la publication intégrale du texte du cartulaire de Saint-Calais, tel à peu près qu'il a été formé à partir de 850 et achevé en 863 [1].

---

[1]. Sur plusieurs points de la chronologie royale, j'ai été amené incidemment à discuter les opinions reçues et à adopter des solutions nouvelles. Voici les dates que je crois pouvoir préciser :

Clotaire II, devient roi en 584, après le 1ᵉʳ septembre et avant le 18 octobre : p. 137, note 2, et p. 138, note 2, 2°.

Gontran meurt le 28 mars 593 (et non 592, comme le veut M. Krusch) : p. 137, note 3.

Thierry II devient roi du vivant de son père, entre mars et juillet 596, et Childebert II meurt en 597, après le 28 février : p. 106, note 5.

Thierry II meurt en 613, après mars, et Sigebert, son fils, en 613, après le 1ᵉʳ septembre, ou au commencement de 614 : p. 138, note 1.

Dagobert Iᵉʳ devient roi entre le 20 janvier et le 7 avril 623 : p. 139, note 1.

Clotaire II meurt entre octobre 629 et avril 630 : p. 138, note 2.

Dagobert Iᵉʳ meurt le 19 janvier 639 (Krusch) : p. 139, note 1.

Thierry IV devient roi dans les derniers mois de 721 ou en janvier 722 (Krusch) : p. 106, note 5.

Charlemagne épouse Hildegarde vers l'automne de 770 et leur fils Charles naît avant la fin de juillet 771 : p. 145 et suivantes.

APPENDICE

CARTULAIRE DE SAINT-CALAIS,

ENVOYÉ AU PAPE NICOLAS 1er EN 863.

Le texte suivant a été établi principalement d'après le manuscrit de feu M. Mégret-Ducoudray, copié en 1709, qui m'a été communiqué par M. l'abbé Froger. Ce manuscrit a servi de guide pour l'ordre des pièces, qui s'écarte deux fois seulement de l'ordre chronologique. Il a seul fourni les trois pièces inédites (nos 6, 11, 12), quelques passages des autres, les mentions des diplômes mérovingiens perdus (nos 4, 6, 7) et la plupart des titres latins placés en tête des actes.

Dans les pièces déjà imprimées, j'ai tenu compte à la fois des leçons du manuscrit de 1709 et de celles des bénédictins, qui ont eu sous les yeux les deux exemplaires perdus du cartulaire. Entre deux leçons, j'ai pris pour règle de choisir chaque fois celle qui, selon les vraisemblances, devait figurer dans la charte originale. Dans les rubriques ou analyses ajoutées par le rédacteur du cartulaire, j'ai choisi les leçons que je supposais avoir été adoptées par ce rédacteur, au IXe siècle. Entre une leçon correcte et un barbarisme, j'ai souvent préféré le barbarisme, présumant que l'autre leçon était due à une correction des éditeurs ou du copiste de 1709. Au reste, il y a fort peu de variantes qui aient quelque importance.

La lettre *M* désigne le manuscrit de M. Mégret-Ducoudray; *A*, les *Annales* de Mabillon, t. III; *T*, le *Thesaurus* de Martène et Durand, t. I et IV; *C*, leur *Amplissima Collectio*, t. I; et *B*, le *Recueil des historiens* de dom Bouquet, t. VI et VIII.

Toutes les fois qu'une leçon, différente à la fois de celle du manuscrit et de celle des premiers éditeurs, a été admise dans le texte, les lettres ajoutées ou modifiées ont été placées entre crochets.

[*M, frontispice :*] Cartularium regalis abbatiae sancti Carilefi, ordinis sancti Benedicti, congregationis sancti Mauri, in pago Cenomannensi. 1709.

1.

Acte forgé au IXe siècle. — *Prétendue donation de Childebert Ier à saint Calais, du 20 janvier 515* [1].

[*M, 1 :*] Fundatio monasterii Anisolae (*a*) et donatio Childeberti regis Chlodovei primi Francorum christiani principis filii.

[*M, 1-4; C, 1-4 :*] Childebertus rex Francorum vir inluster (*b*). Si petitionibus servorum Dei, pro quod eorum quietem vel juvamen pertinet, libenter obaudimus, regiam consuetudinem exercemus. Noverint igitur omnes fideles nostri praesentes atque futuri quia monachus quidam peregrinus, Charilephus (*c*) nomine, de Aquitaniae partibus, de pago videlicet Alvernio veniens, nobis postulavit ut ei locum, ubi habitare et pro nos Domini misericordiam implorare potuisset, donaremus, ut eum cum monachis suis in nostra deffensione (*d*) et tuitione susciperemus. Cujus petitionem, quia bonam esse cognovimus, et ipsum Domini servum miraculis declarantibus veraciter perspeximus, libenti animo adimplere (*e*) studuimus. Dedimus ergo ei de fisco nostro Maddoallo super fluvium Anisola, in loco qui vocatur Casa Caiani, per locis descriptis et designatis, ubi oratorium et cellam, sibi et ab suis monachis et qui post eum venturi fuerint, construeret, et receptaculum pauperum in elemosyna (*f*) domni et genitoris nostri Chlodovei aedificare potuisset. Terminus ergo de nostra donatione, qui est inter dominationem fisci Maddoallensis et nostra traditione, incipit a villa quae appellatur Rocciacus [2], super fluvium Bria [3], in quo cadit quidam rivulus qui ipsas determinat terras, et pergit ipsus finis vel ipsus rivulus usque subtus curtem Baudaviam (*g*), quae in Madduallense (*h*)

---

1. — (*a*) *M emploie indifféremment* œ *et* e; *il écrit* eclesia *et les dérivés par un seul* c, authoritas *par* th, *etc.; ces variantes ne seront pas notées.* — (*b*) illuster *M.* — (*c*) Carilephus *C.* — (*d*) defensione *C.* — (*e*) implere *C.* — (*f*) eleemosyna *C.* — (*g*) Baudeviam *M.* — (*h*) Maddualense *M.*

1. Martène, *Amplissima Collectio,* I, 1; Bouquet, IV, 617, n° 4; Bréquigny, 26, n° 13; Diard et Heurtebise, *Mémoire sur les recherches des limites indiquées dans la charte de Childebert Ier... précédé du texte du diplôme royal avec une traduction de M. l'abbé A. Voisin* (Saint-Calais, 1843, in-8°); Cauvin, *Géographie ancienne du diocèse de Mans* (*Institut des provinces de France, Mémoires,* 2° série, I, 1845, gr. in-4°), VIII; Pardessus, I, 75, n° 111; K. Pertz, 1, n° 2.

2. Le Bas-Rossay (Sarthe, arrondissement et canton de Saint-Calais, commune de Marolles).

3. La Braye, affluent du Loir.

esse videtur, et inde pergit in dextram usque ad summum montem, et iterum (i) descendit usque in vallem ubi cruces in arbore et lapides subtus infigere jussimus, et sic per ipsum terminum venitur ad villam Lescito nomine [1], quae est de nostra donatione, deinde descendit per terminos et lapidis fixis ad colonicam quae appellatur Curtleutachario [2], et ipsa colonica determinat per lapidis fixis contra montem et solis occasum, et inde descendit ad eum locum ubi Maurus ipsius Maddoallo judex manere videtur. Inde extenditur terminus ad locum qui appellatur Villa Baltrude [3], et, illa in sinistra parte relicta, peragitur per terminos et lapides fixas propter stratam veterem, per summum Frafagetum (j), ubi cruces in arbores quasdam, sed et clavos et lapides subterfigere jussimus. Inde extenditur ipse terminus per loca designata usque ad stratam Variciasensem. Inde iterum, propter ipsam stratam, usque ad arborem quae vocatur Robur Fasiani, quae arbor est juxta stratam, et viae quae distenditur foris ad Malam Patriam et locum qui appellatur Coldriciolus [4], et prope ipsum Robur Fasiani, qui est juxta ipsam viam, habet lapides fixas, sed et clavis in arboribus figere jussimus. Inde per ipsa via pergit terminus ipsus usque ad Axoniam, sicut fixae lapides docent. Inde per summum Cananiolam usque ad fontem Caballorum. Inde deducitur de fonte Caballorum per loca designata leucam in longum de latere pocessionis quae appellatur Mala Patria, et de alio latere est locus qui vocatur Saucitus, qui et ipse Saucitus in ipsa leuca condonatus est (k) usque ad Anisolam, sicut cruces in arbores factas (l) et loca designata declarant, usque in Branne Valle. Inde modicum per ipsam vallem et rivolum vadit usque fines Sinemurenses [5], et inde versus solis orientem pergit per alium rivolum usque ibi ipsus rivolus consurgit per ipsa (m) loca designata, et a jam dicto fine Sinemurense extenditur usque in Anisolam [6], et est ibi in ipsis finibus arbor sita valde grandis, et sub ipsa arbore lapides grandes figere jussimus. Inde per ipsam Anisolam distenditur confinium donationis nostrae et Sinemurense contra solis orientem, et, est, sicut volumus intimare, de latere uno pars Sinemurensis et de alio latere pars Mattoialensis (n),

(i) interum C. — (j) frafugetum C. — (k) condonatur C. — (l) sic MC. — (m) ipsa manque C. — — (n) Mattojacensis C.

1. Peut-être le moulin de Lisay, sur l'Anille (commune de Saint-Calais).
2. On pourrait penser à Vauleger (carte de l'état-major) ou Vauliger (carte du ministère de l'intérieur), près de la route de Saint-Calais à Savigny-sur-Braye (commune de Saint-Calais). Mais cette hypothèse ne pourrait pas se concilier avec la précédente.
3. Vaulbautru (état-major) ou Vilbautru (ministère de l'intérieur), à l'extrémité nord-est du territoire de la commune de Sainte-Cérotte (canton de Saint-Calais).
4. Coudrecieux (arrondissement de Saint-Calais, canton de Bouloire).
5. Semur (arrondissement de Saint-Calais, canton de Vibraye).
6. L'Anille, affluent de la Braye.

silva quae vocatur Burcitus, et pervenit ad locum ubi junguntur fines Sinemurenses et Baliavenses [1] et Maroialenses [2], ibique in arboribus cruces facere et sub ipsas lapides subter figere jussimus. Inde distenditur terminus ipsus per ipsam Anisolam : de uno latere est pars Baloacensis et de alio latere pars Maroi[a]lensis (o), per loca designata et per ipsam Anisolam (p), usque prope locum qui dicitur Tilius, ubi Anisola consurgit, et subjungit ad vetus viam quae venit de Sinemuro, et per ipsam viam et loca designata vadit usque ad locum qui dicitur Fossa Colonorum. Inde pergit per ipsam viam et loca designata usque ad fossam antiquam habentem aquam. Inde descendit ipse confinius Baliavensis et Maroialensis in Axona quae vocatur Petrosa, et sic per Axonam et arbores vel lapides fixas vadit usque foras ad summos campos, ubi lapides fixas, et sub ipsos lapides sunt signa posita, et est ibi lapis magnus qui est fixus inter terminum Baliavensem et Maroialensem et Maddoalensem, qui venit de Verto Fonte juxta culturam illam habentem ex omni parte dexteros [CC]LX (q), et de ipso lapide fixo in Axona pergit terminus Baliavensis et Maroialensis per vallem Axonae usque prope Berofacium [3], et inde vadit per ipsam vallem et rivolum qui ibidem per aliquot tempus currit usque in marcinariam antiquam. Inde consurgit ad montem per terminum veterem usque ad locum qui appellatur Casa Wadardo, et est ipse terminus inter Riwalcham et Casam jamdicto Wadardo, et inde descendit per ipsam vallicellam et rivolum qui ibi per aliquot tempus currit usque ad terminum Raalensem [4] et Baliavensem et Maroialensem, ubi ipsae tres partes junguntur, suntque ibidem sisternae veteres duae. Omnia igitur quae infra istis terminis continentur ad excolendum, plantandum, aedificandum et secundum monachorum regulam quidquid (r) voluerit construendum, eidem sancto viro speciali patroni nostro Charilepho et monachis suis concessisse et per hujus (s) donationis titulum tradidisse omnium fidelium nostrorum comperiat magnitudo; ipsum etiam domnum et venerabilem virum cum omnibus monachis suis et res ad se pertinentes in nostro mundeburde vel tuitione recepisse et tenere cognoscat. Quapropter per praesentem praeceptum jubemus ut neque vos neque successores vestri nec aliquis de fidelibus nostris in causas aut in rebus ipsius sancti viri ingredere non praesumatis, aut aliquid de rebus aut de terminis minuare cogitetis, aut in aliquo molesti esse velitis, sed liceat eis per hanc auctoritatem a nobis firmatam sub

(o) Marojoclensis *MC*. — (p) Anisolam *manque C*. — (q) dexteros 2LX *M*, dextero... LX *C*. — (r) quicquid *C*. — (s) ipsius *C*.

1. Baillou (Loir-et-Cher, arrondissement de Vendôme, canton de Mondoubleau).
2. Marolles (canton de Saint-Calais).
3. Berfay (arrondissement de Saint-Calais, canton de Vibraye).
4. Rahay (canton de Saint-Calais).

immunitatis nostrae tuitione vel mundeburde quietos residere, et tam ipsi quam successores illorum pro stabilitate regni nostri Domini misericordiam delectet implorare. Et ut haec auctoritas firmiorem obtineat vigorem, manu propria confirmavimus et de anulo (t) nostro subter sigillare jussimus.

Actum Madoallo fisco dominico. Data XIII calendae (u) februarii anno IIII (v) regni nostri in Domino feliciter. Amen.

2.

Acte forgé au IXe siècle. — Prétendu diplôme de Childebert Ier, du 28 avril 523, pour l'abbé Daumer [1].

[M, 4 :] Praeceptum Ch[ildeberti] (a) regis.

[M, 4; C, 5 :] Ch[ildebertus] (b) rex Francorum vir inluster (c). Si petitionibus servorum Dei, pro quod eorum quietem vel juvamen pertinet, libenter obaudimus, regiam consuetudinem exercemus et nobis ad laudem vel stabilitatem regni nostri in Domini (d) nomen pertinere confidimus. Ideo venerabilis vir Daumerus abba de monasterio Anisola, quod est in pago Cenomannico et ubi ipse abba una cum turba monachorum sub sancto ordine conversare videtur, missa petitione clementiae regni nostri expetiit ut eum et ipsum monasterium una cum omnibus rebus vel hominibus suis, gasindis, amicis, susceptis, vel qui per ipsum monasterium sperare videntur, vel unde legitimo redebet mitio, vel sermone tuitionis nostrae vel mundeburde recipere deberemus; quod et nos gratanti animo illi praestitisse cognoscite. Quapropter per praesentem jubemus praeceptum ut neque vos neque juniores vestri aut successores [nec (e)] missi de palatio nostro discurrentes ipsi Daumero abbate vel monachis ipsius vel qui per ipsum monasterium sperare videntur nec condemnare nec inquietare nec inferendas sumere nec de res eorum aliquid minuere penitus non praesumatis, sed liceat ipso abbate Daumero et successores ejus atque congregatione eorum, quod ad praesens rationabiliter videntur habere aut adhuc a Deo timentibus hominibus ibi fuerit additum vel augmentatum, sub omni emunitate, vel tuitionis nostrae sermone valeant tenere atque possidere, quatenus melius eis delectet pro stabilitate regni nostri misericordiam [Dei (f)] potius deprecare. Et ut haec

---

(t) annulo M. — (u) calendas M. — (v) IV C.

2. — (a) Ch.... M. — (b) Ch.... MC. — (c) illuster M. — (d) Dei C. — (e) Ce mot manque dans M et C, mais M. l'abbé Froger m'apprend que dom Briant l'avait vu dans un ms. du XIe s. (le petit cartulaire?) qui contenait encore, de son temps, un lambeau de cette charte. — (f) manque MC.

[1]. *Amplissima Collectio*, I, 5; Bouquet, IV, 624; Bréquigny, 51, n° 26; Pardessus, I, 109, n° 144; K. Pertz, 6, n° 4.

auctoritas firmiorem in Dei nomine vigorem obtineat, manu propria confirmavimus et de sigillo nostro subter sigillare decrevimus.

Actum Compendio palatio, anno XII regni nostri. Data quarto calendas maii.

3.

Acte forgé au ixe *siècle. — Prétendu diplôme de Chilpéric I*[er], *de 561-562, pour l'abbé Gall* [1].

[*M*, 4 :] Praeceptum Chilperici Chlotharii regis filii.

[*M*, 4-5; *C*, 6 :] Chilpericus rex Francorum vir inluster. Si petitionibus servorum vel ancillarum Dei, pro quod eorum quietem vel juvamen pertinet, libenter obaudimus vel effectui in Dei nomen mancipamus, regiam consuetudinem exercemus et nobis ad laudem vel stabilitatem regni nostri in Dei nomen pertinere confidimus. Ideo venerabilis vir Gallus abbas de monasterio Anisola, quod est in pago Cenomannico, ubi sanctus Charilephus (*a*) in corpore requiescit vel ubi ipse abba una cum turba monachorum sub sancto ordine conversare videtur, missa petitione clementiae regni nostri expetiit ut eum et ipsum monasterium, una cum omnibus rebus vel (*b*) hominibus suis, gasindis, amicis, susceptis, vel qui per ipsum monasterium sperare videntur, vel unde [legitimo redebet mitio, vel sermone] tuitionis (*c*) nostrae vel mundeburdo nostro recipere deberemus. Quapropter per has [praesentes decernimus ac] jubemus praecep[tiones ut neque vos neque juniores vestri aut] successores (*d*) vel missi de palatio nostro discurrentes [vel quislibet ipsum] Gallum abbatem [vel homines ipsius] monasterii (*e*) sui, amicis, susceptis, vel qui per eumdem sperare videntur, vel unde legitimo, [re]debet (*f*) mitio, inquietare nec inferendas sumere nec de res eorum in lege minuere aliquid (*g*) audeat, sed liceat eis sub sermone nostrae tuitionis vel sub emunitate nostra quietos vivere ac residere. Et si aliquas causas adversum ipsum monasterium ortas fuerint aut surrexerint, [quas] a (*h*) vobis aut junioribus vestris absque eorum iniquo dispendio terminatas non fuerint, usque in praesentia nostra omnimodis servetur et ibidem finitivam sententiam per legem et justitiam debeant accipere,

3. — (*a*) Carilephus *C*. — (*b*) et *C*. — (*c*) unde... tuitionis *MC*. — (*d*) per has... jubemus praecep... successores *MC*. — (*e*) discurrentes... Gallum abbatem... monasterii *MC*. — (*f*) debet *MC*. — (*g*) aliquid *manque C*. — (*h*) surrexerint... a *MC*.

1. *Amplissima Collectio*, I, 6; Bouquet, IV, 623; Bréquigny, 59, n° 32; Pardessus, I, 124, n° 168; K. Pertz, 12, n° 9.

vel (i) unicuique de reputatis conditionibus justitiam reddant, et ab alio simili modo veritatem percipiant. Et ut [haec (j)] auctoritas nostra firmior habeatur per tempora, manus [nostrae signaculis] subter (k) eam roborare decrevimus.

[Signum] Chilperio[i].

[Datum] quod (l) fecit mens. [...] anno (m) I regni nostri.

4.

Acte forgé au IXe siècle. — Prétendu diplôme de Thierry (III?), du 11 juin (676-682?) pour l'abbé Siviard.

[M, 5 :] Praeceptum Teoderici regis.

[M, 5-6; C, 7-8 :] Teodericus (a) rex Francorum. Si petitionibus servorum vel ancillarum Domini, pro (b) quod eorum quietem ac juvamen pertinet, libenter obaudimus [a]ut (c) effectui in Domini (d) nomine mancipamus, regiam consuetudinem exercemus et nobis ad mercedem pertinere confidimus. Ideoque venerabilis vir Siviardus abba de monasterio Anisola, quod est in pago Cenomannico, ubi sanctus Charilefus in corpore (e) requiescit vel ubi ipse abba una cum sancta congregatione degit, supplex clementiae regni nostri expetiit ut eum [et (f)] ipsum monasterium una cum fratribus vel hominibus suis, gasindis, amicis, susceptis, vel qui per ipsum monasterium sperare videntur, vel unde legitima (g) redebet mitio, vel sermone tuitionis nostrae vel mundeburdo nostro recipere deberemus, et sub ipso industri viro causas ipsius monasterii vel abbatis debeat habere receptas; cui nos gratanti animo praestitisse cognoscite. Quapropter per praeceptum praesens decrevimus ac jubemus ut neque vos neque juniores vestri neque successores vel missi de palatio nostro discurrentes vel quislibet ipso domno Siviardo (h) abbate vel homines ipsius monasterii, amicis, gasindis, susceptis, vel qui per ipsum monasterium sperare videntur, condemnare vel inquietare nec (i) inferendas sumere nec de res eorum in lege [aliquid (j)] minuere non praesumant [sed (k)] ut liceat eis sub sermone tuitionis nostrae vel sub emunitatis nostrae quietos vivere ac residere. Et si aliquas causas adversum ipsum monasterium

(i) et M. — (j) manque MC. — (k) manus... subter MC. — (l) decrevimus... Chilperic..., quod MC. — (m) mens. anno M, mensi anno C.

4. — (a) Theodericus C. — (b) Dei, per C. — (c) ut MC. — (d) Dei C. — (e) Carilephus corpore C. — (f) ad MC. — (g) legitimo C. — (h) Syviardo M. — (i) vel C. — (j) eorum MC. — (k) .. M, manque C.

1. *Amplissima Collectio*, I, 7; Bouquet, IV, 654; Bréquigny, 268, n° 176; Pardessus, II, 161, n° 372; K. Pertz, 45, n° 50.

aut mitio ipsius abbatis ortas fuerint aut surrexerint, quas a vobis aut a junioribus vestris absque eorum iniquo dispendio terminatas non fuerint, manu eorum... (*l*) vestra quousque in praesentiam nostram omnimodis servetur, et ibidem finitivam sententiam per legem et justitiam debeant accipere, et unicuique de reputatis conditionibus justitiam reddant, et ab alio simili modo veritatem percipiant. Et ut haec auctoritas nostra firmior habeatur, per tempora etiam melius conservetur, manu nostra subter signaculis decrevimus roborare.

Signum Teoderici (*m*).

Datum [quod (*n*)] fecit mens. jun. dies XI anno regni nostri... (*o*).

[*M*, 6 :] Is etiam Teodericus [praecep]tum (*p*) fecit de V navibus et de totidem carris, ut nullus [judicum (*q*)] aliquid inde capiat.

5.

Compiègne, [dimanche] 1ᵉʳ septembre [692]. — Clovis III, sur la demande de l'abbé Ibbolen, confirme l'immunité accordée par ses prédécesseurs (ci-dessus, § 5, nᵒˢ 1-6) au monastère de Saint-Calais [1].

[*M*, 6 :] Praeceptum Chlodovei regis junioris.

[*M*, 6-7; *C*, 8-9 :] Chlodoveus rex Francorum, vir[is] inlust[ribus] (*a*) omnibus agentibus praesentibus et futuris. Si petitionibus sacerdotum, in quo pro opportunitatibus ecclesiarum vel monasteriis nostris patefecerint auribus, libenter audimus (*b*), regiam consuetudinem exercemus et nobis ad mercedem vel stabilitatem regni nostri pertinere confidimus. Ideoque venerabilis [vir (*c*)] Ibbolenus abba de monasterio Anisola, quae est in pago Cenomannico, in honore peculiaris nostri patronisque pii Carileff (*d*) confessoris constructus, per missos suos (*e*) clementiae regni nostri detulit in notitiam eo quod consobrinus noster Guntramnus quondam rex ad ipsum monasterium sub omni immunitate per suam auctoritatem concessisset, et hoc postea avi nostri Chlotharius (*f*) et Dagobertus seu et Chlodoveus (*g*) necnon item Chlotharius (*f*) quondam reges, vel domnus et genitor noster Teodericus (*h*)

(*l*) sic *MC*. — (*m*) Theoderici *C*. — (*n*)... *MC*. — (*o*) nostri *M*, nostri... *C*. — (*p*) ...tum. *M*. — (*q*) ...*M*.

5. — (*a*) vir inluster *MC*. — (*b*) audivimus *M*. — (*c*) manque *MC*. — (*d*) Carilephi *C*. — (*e*) suos *manque C*. — (*f*) Chlotarius *C*. — (*g*) Chlodovaeus *M*. — (*h*) Theodericus *C*.

---

1. *Amplissima Collectio*, I, 8.; Bouquet, IV, 670 ; Bréquigny, 332, n° 226 ; Pardessus, II, 226, n° 428 ; K. Pertz, 56, n° 63.

quondam rex, per eorum auctoritates ipsorum manus roboratas ipsi monasterio hoc confirmassent, unde et ipsas praeceptiones se ex hoc prae manibus habere affirmant, et hoc circa ipsum monasterium nullo inquietante adserunt conservari ; sed pro totius rei munimine postulat ut hoc nostra auctoritas in ipso monasterio plenius debeat observari; quod nos praestitisse et generaliter confirmasse vestra non dubitet magnitudo. Quapropter per praesentem praeceptum jubemus ut, sicut per auctoritates supra scriptorum principum leguntur et usque nunc fuit observatum, neque vos neque juniores vestri neque successores vestri in curtis ipsius monasterii (*i*), neque ad causas audiendum neque ad freda exigenda nec mansiones requirendo, penitus ingredere non praesumatis, nisi per hanc auctoritatem firmatam ipse abba successoresque ejus in causis ipsius monasterii ibi Deo famulantes, quod ad praesens rationabiliter habere videntur aut a Deo timentibus hominibus ibi fuerit additum vel augmentatum, sub omni immunitate, inspectas ipsas praeceptiones supra memoratorum principum, quas se prae manibus habere affirmant, valeant habere, tenere, possidere, et ibidem ad ipsum locum sanctum per hanc auctoritatem nostram hoc quod est firmatum perenniter proficiat (*j*) ad augmentum, ut potius delectet eis melius pro stabilitate regni nostri Domini misericordiam exorare. Et ut haec [praecep]tio (*k*) nostra firmiorem obtineat vigorem, manus nostrae signaculis subter [eam (*l*)] decrevimus adfirmare.

Chlodoveus (*g*) rex †.

Dat[um] (*m*) kl. (*n*) septemb. anno II regni nostri Conpendio (*o*).

6.

695-711. — *Childebert III, sur la demande de l'abbé Ibbolen, confirme l'immunité accordée par ses prédécesseurs (§ 5, n°s 1-6, et appendice, n° 5) au monastère de Saint-Calais* [1].

[M, 7 :] Praeceptum Childeberti filii Teoderici regis impetratum ab Ibboleno abbate.

(*i*) *ces quatre mots manquent M.* — (*j*) proficias *M.* — (*k*) petitio *MC.* — (*l*) *manque MC.* — (*m*) Data *MC.* — (*n*) kal. *C.* — (*o*) Compendio *C.*

1. *Amplissima Collectio*, I, note *a*, sur l'acte précédent (n° 5) : « Extat in eodem Anisolensi cartario aliud Childeberti II. (*sic*) praeceptum iisdem verbis expressum, in quo confirmat privilegia, quae Guntramnus rex consobrinus, avique ipsius Chlotarius, Dagobertus, Chlodoveus, item Chlotarius et germanus, inquit, *noster item Chlodoveus quondam reges, vel domnus et genitor noster Theodericus rex concesserant.*

[*M*, 8-9 :] Childebertus rex Francorum vir[is] inlust[ribus] (*a*) omnibus agentibus praesentibus et futuris. Si petitionibus sacerdotum, in quo pro opportunitatibus ecclesiarum vel monasteriorum nostris patefecerint auribus, libenter audimus, regiam consuetudinem exercemus et nobis ad mercedem vel stabilitatem regni nostri pertinere confidimus. Ideoque venerabilis vir Ibbolenus abba de monasterio Anisola, qui est in pago Cenomannico, in honore peculiaris patronis nostri pii Charilefi confessoris constructus, per missos suos clementiae regni nostri detulit in notitiam eo quod consobrinus noster Guntramnus quondam rex ab ipso monasterio sub omni immunitate per suam auctoritatem concessisset, et hoc postea avi nostri Chlotharius et Dagobertus seu et Chlodoveus necnon item Chlotharius etiam et germanus noster item Chlodoveus quondam reges, vel domnus et genitor noster Teodericus quondam rex, per eorum auctoritates ipsorum manus roboratas ipsi monasterio hoc confirmassent, unde et ipsas praeceptiones se ex hoc prae manibus se habere confirmant, ut hoc circa ipso monasterio nullo inquietante asserunt conservatum; sed pro totius rei munimine postulat ut hoc nostra auctoritas in ipso monasterio plenius debeat observare atque confirmare; quod nos praestitisse et generaliter confirmasse vestra non dubitet magnitudo. Quapropter per praesentem praeceptum jubemus ut, sicut per auctoritates supra scriptorum principum leguntur et usque nunc fuit conservatum, neque vos neque juniores vestri neque successores vestri in curtis ipsius monasterii, neque ad causas audiendum neque ad freda exigenda et mansiones requirendo, penitus ingredere non praesumatis, nisi per hanc auctoritatem firmatam ipse (*b*) abba suique successores aut congregatio eorum in ipso monasterio Domino auxiliante consistentes, quod ad praesens rationabiliter videtur habere aut adhuc a Domino timentibus recte ibidem fuerit additum vel augmentatum, sub omni immunitate, inspectas ipsas praeceptiones supra scriptorum principum, quem se prae manibus ex hoc habere affirmant, valeant habere, tenere, possidere, et ibidem ad ipsum sanctum locum per hanc auctoritatem nostram ut hoc quod est firmatum perenniter proficiat ad augmentum, quo potius eis melius delectet pro stabilitate regni nostri Domini misericordiam exorare. Et ut haec praeceptio firmiorem obtineat vigorem, manus nostrae subscriptionibus subter eam decrevimus adfirmare.

Childebertus rex [subscripsi (*c*)].

[*M*, 9 :] Is Childebertus rex fecit praeceptum V navium totidemque carrorum, ut nullus judicum telonei aut alicujus debiti exigat censum.

6. — (*a*) vir inluster *M*. — (*b*) per hanc auctoritatem supra scriptorum principum leguntur et usque nunc fuit conservatum nisi per hanc auctoritatem firmatam tam ipse *M*. — (*c*) *manque M*.

7.

Montmacq [1], *18 janvier 712-715. — Dagobert III, sur la demande de l'abbé Ibbolen, confirme l'immunité accordée par ses prédécesseurs (§ 5, n°s 1-6, et appendice, n°s 5 et 6) au monastère de Saint-Calais* [2].

[M, 9 :] Praeceptum Dagoberti regis impetratum ab Ibboleno abbate Anisolensis coenobii.

[M, 9-10; T, I, 6-7 :] Dagobertus rex Francorum, vir[is] inlust[ribus] (a) omnibus agentibus praesentibus atque futuris. Si petitionibus servorum Dei, in quo pro opportunitatibus ecclesiarum vel monasteriis nostris patefecerint auribus, libenter audimus, regiam consuetudinem exercemus et nobis ad mercedem vel stabilitatem regni nostri pertinere (b) confidimus. Ideoque venerabilis vir (c) Ibbolenus abba de monasterio Anisola, qui est in pago Cynomanico (d), in honore peculiaris nostri patronisque (e) pii beati videlicet Charilefi (f) confessoris constructus, per missos suos clementiae regni nostri detulit in notitiam eo quod consobrinus noster Guntramnus rex ad ipsum monasterium sub omni immunitate per suam auctoritatem concessisset, et hoc postea avi nostri Chlotharius et item Dagobertus seu etiam Chlodoveus (g) necnon et Chlotharius (h), etiam domnus et avus noster Teodericus (i) necnon et (j) avunculus noster item Chlodoveus et praecelsus domnus et genitor noster Childebertus quondam reges, qui per eorum auctoritates ipsorum manus (k) roboratas ipsi monasterio hoc confirmassent, unde et ipsas praeceptiones se ex hoc prae manibus habere affirmant (l), et hoc circa ipsius (m) monasterium nullo inquietante asserunt conservatum; sed pro totius rei munimine postulat in (n) hoc nostra auctoritas ut (o) in ipso monasterio plenius debeat confirmare; quod nos praestitisse vel generaliter confirmasse (p) vestra non dubitet magnitudo. Quapropter praesenti praecepto jubemus ut, sicut per auctoritates sup[ra] script[or]um (q) principum leguntur

---

7. — (a) vir inluster *MT*. — (b) stabilire *T*. — (c) vir manque *T*. — (d) Cenomannico *M*. — (e) patroni *T*. — (f) Carilefi *T*. — (g) seu et Chlodovaeus *M*. — (h) Chlotarius *T*. — (i) Theodericus *T*. — (j) et manque *M*. — (k) manu *T*. — (l) adfirmant *T*. — (m) ipsum *T*. — (n) ut *M*. — (o) manque *M*. — (p) ces trois mots manquent *T*. — (q) seu per scripturarum *T*, super scripturarium *M*.

1. Oise, arrondissement de Compiègne, canton de Ribecourt.
2. Martène, *Thesaurus*, I, 6; Bouquet, IV, 686; Bréquigny, 393, n° 276; Pardessus, II, 290, n° 482; K. Pertz, 74, n° 80. Le manuscrit de M. l'abbé Froger donne sans doute cette pièce d'après le grand cartulaire, tandis que Martène l'avait prise dans le petit : de là le nombre relativement considérable des variantes.

et usque nunc fuit observatum (r), neque vos neque [jun]iores (s) neque successores vestri in c[urt]is (t) ipsius monasterii, neque ad causas audiendas neque ad freda exigenda nec mansiones requirendo, penitus ingredere non praesumatis, nisi per [hanc (u)] auctoritatem firmatam ipse abba suique successores atque congregatio eorum in ipso monasterio Domino (v) auxiliante consistentes, quod ad praesens rationabiliter habere videntur aut adhuc a Domino (v) timentibus hominibus (w) ibi fuerit additum vel augmentatum, sub omni immunitate, inspectas ipsas praeceptiones supra memoratorum principum, quem se prae manibus ex hoc habere affirmant, valeant tenere, possidere et ibidem ad ipsum locum sanctum per hanc auctoritatem nostram, ut hoc quod est firmatum perenniter proficiat ad augmentum, quod potius eis melius delectet pro stabilitate regni nostri Domini misericordiam exorare et (x) deprecare. Et ut haec (y) praeceptio nostra firmam (z) obtineat vigorem, manus nostrae subscriptionis [subter eam (aa)] decrevimus affirmare (bb).

† (cc) In Christi nomine Dagobertus rex [subscripsi (dd)].

Dat[um] (ee) sub die XV kl. febr. Mamacas (ff).

[M, 10 :] Fecit etiam duo praecepta alia de utilitate monasterii nostri.

[M, 10 :] Exemplaria regum modernorum, Pipini scilicet et Karoli imperatoris excellentissimi nec non et filii ejus Hludovici imperatorum piissimi et domini nostri Kar[ol]i (a) filii vestri carissimi.

8.

Herstal [1], *25 avril 752. — Pépin le Bref, sur la demande de l'abbé Sigebaud, prend le monastère de Saint-Calais sous sa protection et accorde aux religieux le droit d'élire librement l'abbé* [2].

[M, 10 :] Praeceptum Pipini regis impetratum a Sigobaldo abbate Anisolensis coenobii.

(r) conservatum T. — (s) priores MT. — (t) causis MT. — (u) manque MT. — (v) Deo T. — (w) hominibus manque M. — (x) exorare et manque T. — (y) haec manque M. — (z) firmum T. — (aa) roborare sigilloque nostro hoc MT. — (bb) adfirmare M. — (cc) la croix manque T. — (dd) manque MT. — (ee) Data MT. — (ff) xv. cal. februar. sans date de lieu T.

Exemplaria, etc. — (a) Karilefi M.

1. Belgique, province, arrondissement et canton de Liège.
2. *Amplissima Collectio*, I, 26 ; Bouquet, V, 698 ; Migne, *Patrologia, series latina*, XCVI, 1521. — Mühlbacher, *Regesten*, n° 64.

[*M*, 11-10; *C*, 26-27 :] Domnis sanctis et apostolicis ac venerabilibus in Christo patribus omnibus episcopis et abbatibus, comitibus, domesticis, vicariis, cintenariis, vel omnibus agentis nostris tam praesentis quam futuris, inluster vir Pippinus (*a*) rex Francorum bene cupiens vester. Comperiat caritas seu industria vestra quia (*b*) Sigobaldus abbas de monasterio Anisola, qui est in honore sancti Karilefi (*c*) confessoris constructus, in pago Cinomannico, in condita Labrocinse [1], ad nos venit et de sua propria potestate semetipsum et illam congregationem sanctam quam in regimen habet et omnes res eorum in manu nostra plenius commendavit; et nos gratanti animo ipsum et congregationem ejus in nostro mundeburdo suscepimus vel (*d*) retinemus. Et hoc petiit, quod humanum est, ut, quando ipse abbas de hac luce (*e*) discesserit, vel successores ejus qui post eum honus abbatiae recipiunt, ut alius abba in ipsa casa sancti Karilefi (*c*) non ingrediatur, nisi quod ipsa sancta congregatio de semetipsis eligunt, ipsum habeant abbatem. Propterea litteras nostras manu nostra firmatas eidem dedimus, per quem omnino vobis rogamus atque praecipimus (*f*) ut neque vos neque juniores aut successores vestri abbatibus ipsius loci nec mitio potestatis illorum nec hominibus qui per ipsos legibus sperare videntur inquietare vel condemnare nec de rebus suis abstrahere nec minuere praesumatis, nisi, ut diximus, liceat eis sub nostro mundeburde vel deffensione (*g*) plenius quieto ordine vivere vel residere et pro nobis Domini misericordiam attentius jugiter deprecare. Et si tales causae adversus abbates ipsius monasterii aut ho[r]t[a]e (*h*) fuerint aut de homines suos surrexerint, quas in pago absque suo dispendio recte et rationabiliter definitas non fuerint, eas usque ante nos omnimodis sint suspensas vel reseratas, et postea ante nos per legem et justitiam accipiant sententiam. Et ut certius credatis, manu propria subter firmavimus et de anulo nostro sigillavimus.

Signum Pippini (*i*) regis Francorum.

Chrodingus jussus recognovit.

Data mens. april. d. (*j*) XXV in anno primo regnante Pippino (*k*) rege. Actum ad Arestalio palatio publico.

8. — (*a*) Pipinus *M*. — (*b*) qui *M*. — (*c*) Carilefi *C*. — (*d*) et *C*. — (*e*) leuce *M*. — (*f*) precepimus *M*. — (*g*) defensione *C*. — (*h*) hoste *MC*. — (*i*) Pipini *M*. — (*j*) die *C*. — (*k*) Pipino *M*.

1. Peut-être Lavardin (Loir-et-Cher, arrondissement de Vendôme, canton de Montoire-sur-le-Loir).

9.

Verberie[1], *10 juin 760. — Pépin le Bref, sur la demande de l'abbé Nectaire, prend le monastère de Saint-Calais sous sa protection et celle de son fils Charles (Charlemagne) et confirme l'immunité accordée par ses prédécesseurs*[2].

[*M*, 11 :] Praeceptum Pipini regis a Nectario abbate impetratum.
[*M*, 11-12; *C*, 27-28 :] Pippinus (*a*) rex Francorum vir inluster omnibus [agentibus (*b*)] nostris tam praesentibus quam futuris, juvante Domino, qui nos in solio regni instituit. Si petitionibus servorum vel monachorum Domini, illud quod ad eorum quietem vel juvamen pertinet, libenter obaudimus vel effectum in Domini nomen mancipamus, regiam consuetudinem exercemus et nobis ad laudem vel stabilitatem regni nostri in Domini nomen pertinere confidimus. Ideoque venerabilis vir Nectarius abba de monasterio Anisola, qui est in pago Cenomannico, ubi sanctus Charilefus (*c*) in corpore requiescit vel ipse abba cum (*d*) congregatione monachorum sub sancto ordine conversare videtur, missa petitione clementiae regni nostri expetiit ut eum vel ipsum monasterium una cum omnibus [rebus (*e*)] vel homines suos, quod praesenti tempore habere videtur aut antea (*f*) a Deo timentibus hominibus fuerint donati, amicis, gasindis, susceptis, vel quidquid (*g*) ad ipsum monasterium sperare videntur, unde legitimo redebet mitio, sub sermone tuitionis nostrae vel emunitatibus ipsius monasterii vel mundeburdo illustris viri Karoli (*h*) filii nostri, qui causas ipsius abbatis vel monasterii habet receptas [3]; qui (*i*) nos hoc gratanti animo praestitisse vel in omnibus recepisse cognoscite sub tuitione nostra. Quapropter per praesentem decrevimus praeceptum ut neque vos neque juniores successoresque vestri nec missi de palatio nostro discurrentes, sicut in anteriore praecepto nostro in omnibus continet, ut inspectas ipsas (*j*) priorum principum auctoritates nullus infringat, atque sit hoc a nobis suggestum, ut nullus quislibet de judiciaria potestate per vicos aut in villas ipsius monasterii ad causas audiendum

---

9. — (*a*) Pipinus *M*. — (*b*) manque *MC*, cf. nᵒˢ 11 et 12. — (*c*) Charilephus *C*. — (*d*) una cum *M*. — (*e*) manque *MC*, cf. nᵒˢ 11 et 12. — (*f*) antea manque *C*. — (*g*) quicquid *C*. — (*h*) Caroli *C*. — (*i*) sic *MC*. — (*j*) ipsas manque *C*.

1. Oise, arrondissement de Senlis, canton de Pont-Sainte-Maxence.
2. *Amplissima Collectio*, I, 27; Bouquet, V, 704. — Mühlbacher, nᵒ 89.
3. Il manque un verbe. On remarque la même lacune, au même endroit, dans les pièces nᵒˢ 11 et 12.

vel [in]ferenda e[xa]ctanda si[ve] (k) freda exigenda nec fidejussores tollendum nec mansiones aut paratas faciendum, nullus episcopus nec ullus comis (l) nec juniores eorum nullas redibitiones ad requirendum ibidem ingredere non praesumant, sed sicut ipsum beneficium antecessorum regum ad jam dictum monasterium usque nunc fuit conservatum, ita deinceps per nostram auctoritatem generaliter (m) maneat inconvulsum, nisi ut liceat eis sub sermone tuitionis nostrae vel [immu]nitatis [nostrae] (n) et mundeburde praedicti Karoli (h) quietos vivere ac residere et die noctuque pro nob[is vel stab]ilitate (o) regni nostri et ipsius Karoli (h), qui eorum causas habet receptas, jugiter Dei misericordiam et omnium sanctorum deprecare. Et si tales causas adversus ipsum monasterium aut contra abbates ipsius loci ortas fuerint aut surrexerint, quae (p) a vobis aut a junioribus vestris absque eorum iniquo dispendio terminatas non fuerint, usque in nostram praesentiam vel ante ipsum illustro (q) viro Karolo (r) omnimodis reserventur, et ibidem finitivam sententiam per legem et justitiam accipiant, et unicuique de reputatis condition[i]bus justitiam reddant, et ab alii (s) simili modo veritatem percipiant. Et ut haec auctoritas firmior sit vel per tempora melius conservetur, manus nostrae subter signaculis decrevi[mus] (t) roborare.

Signum domni nostri Pippini (u) regis Francorum.

Ego Widmarus jussus recognovi.

Datam (s) quod fecit mens. jun. (v) dies X anno nono regni nostri Vermerias (w).

10.

Pavie, 19 février 774. — Charlemagne confirme un échange entre l'évêque du Mans et l'abbé de Saint-Calais [1].

[M, 12 :] Praeceptum Karoli magni super commutationem quae facta est inter Merolum Cenomanensium episcopum et Rabigaudum abbatem Anisolensem.

[M, 13-14; C, 35-37 :] Karolus gratia Dei rex Francorum vir inluster, omnibus fidelibus nostris tam praesentibus quam et futuris. Si hoc

---

(k) ferenda et sectanda simul M, ferenda et sectanda simulque C. — (l) comus M. — (m) generaliter *manque* C. — (n) humanitatis MC. — (o) nobilitate MC. — (p) qua M. — (q) illustri C. — (r) Carolo C. — (s) sic MC. — (t) decrevit MC. — (u) Pipini M. — (v) mensis junius C. — (w) Vermeria M.

1. *Amplissima Collectio*, I, 35 ; Bouquet, V, 723 ; Migne, XCVII, 930 ; Cauvin, *Géographie ancienne du diocèse du Mans*, XLVII. — Mühlbacher, n° 156.

quod rectores ecclesiae pro opportunitate venerabilium locorum inter se commutantur, nostris oraculis confirmamus, regiam consuetudinem exercemus et id in postmodum jure firmissimo mansurum esse credimus. Igitur notum sit omnium vestrorum magnitudini qualiter viri venerabiles Merollus (*a*) Cenomannis urbis episcopus atque Rabigaudus (*b*) ex Anisola monasterio abbas ad nostram accesserunt praesentiam, asserentes se pro opportunitate ambarum partium res ecclesiae inter se concamiare, unde et ipsas commutationes bonorum hominum manibus roboratas in praesenti ostenderunt legendas : ubi et cognovimus qualiter dedit et memoratus episcopus de ratione sancti Gervasii [1] Rabigaudo abbati ad opus sancti Karilefi (*c*) villa illa quae vocatur Sabonarias [2], in pago Cenomannico, in condita Labrosinensae (*d*), quem domnus Senardus suo opere a novo construxit et ibidem requiescit, cum omnibus rebus ad se pertinentibus vel aspicientibus, id est, omnibus terris, domibus, aedificiis, accolabus, mancipiis, litis, libertis et beneficia ingenuorum, vineis, silvis (*e*), campis, pratis, pascuis, aquis aquarumve decursibus, mobilibus et immobilibus, farinariis (*f*), gregis cum pastoribus, omnia et ex omnibus, cum omni supellectile quidquid (*g*) dici aut nominari potest. Similiter haec contra in compenso dedit jam fatus Rabigaudus de ratione sancti Karilefi (*c*) Merolo (*h*) episcopo ad opus sancti Gervasii villa quae vocatur Curte Bosane [3] et Monte Ebretramno [4], in pago Cenomannico, in condita Siliacinse [5], cum omnibus appenditiis suis, cum terris, domibus, aedificiis, mancipiis, litis, libertis et beneficia ingenuorum, vineis, silvis (*i*), campis, pratis, pascuis, aquis aquarumque decursibus, mobilibus et immobilibus, petulium (*j*) utriusque sexus, tam majora quam minora, omnia et ex omnibus quidquid (*g*) dici et nominari potest ad integrum. Sed pro integra firmitate petierunt jam dicti viri celsitudinis nostrae ut hoc per nostram auctoritatem confirmare deberemus; quorum petitionibus (*k*)

10. — (*a*) Meroldus *C*. — (*b*) Rabegaudus *M*. — (*c*) Carilefi *C*. — (*d*) Labrocinse *C*. — (*e*) vineis, sylvis *M*, vineis et silvis *C*. — (*f*) faninariis *M*. — (*g*) quicquid *C*. — (*h*) Meroldo *C*. — (*i*) sylvis *M*. — (*j*) sic *MC*. — (*k*) petitioni *C*.

1. Saint-Gervais, plus tard Saint-Julien, cathédrale du Mans.
2. [D'après M. l'abbé Froger (Julien Havet, *Bibliothèque de l'École des Chartes*, 1888, p. 123), c'est « une villa sise à Saint-Georges-de-Lacoué, canton de Lucé (Sarthe), et sur les bords d'un ruisseau qui porte encore le nom de Savonnières. L'abbaye de Saint-Calais a possédé, jusqu'en 1789, deux fermes sur la même paroisse ». (*Cartulaire de l'abbaye de Saint-Calais*, p. 16, n. 5)].
3. Sans doute Courbesin (Mayenne, arrondissement de Mayenne, canton de Couptrain, commune de Neuilly-le-Vendin).
4. Peut-être Couptrain (arrondissement de Mayenne, chef-lieu de canton), dont le nom peut représenter *Curtis Ebretramni*, par l'intermédiaire de formes telles que *Courbetrain*, *Courptrain*. Couptrain et Courbesin ne sont distants l'un de l'autre que de quelques kilomètres.
5. Sillé-le-Guillaume (Sarthe, arrondissement du Mans, chef-lieu de canton).

gratanti animo ita praestitisse vel confirmasse cognoscitur. Praecipientes ergo jubemus ut quidquid (g) pars ab altera (l) contulit parti, aut econtra in reconpensatione (m) recepit, ab hoc die per hanc auctoritatem, inspectas ipsas commutationes, sicut per eas declaratur, habendi, tenendi, commutandi vel quidquid (g) exinde unusquisque quod a pare suo accepit ad perfectum ejusdem ecclesiae exercere voluerit, liberam et firmissimam in omnibus habeant potestatem, et neque ab ipsis praedictis viris neque a successoribus illorum ullo umquam tempore ipsae commutationes violentur. Unde duas [praecep]tiones (n) uno tenore conscriptas fieri jussimus, quas manu propria firmavimus et de anulo nostro sigillare jussimus.

Signum Karoli gloriosissimi regis.

[H]i[t]her[i]us (o) recognovi.

Dat[a] (p) XI kl. mart. (q) anno VI regni nostri Papia (r) civitate publico.

11.

Valenciennes, juillet 771 : — Charlemagne, sur la demande de l'abbé Rabigaud, prend le monastère de Saint-Calais sous sa protection et celle de son fils Charles [1]. et confirme l'immunité accordée par ses prédécesseurs, dans les termes de la charte de son père (n° 9) [2].

[M, 14 :] Praeceptum Karoli Magni de immunitate.

[M, 14-15 :] Karolus gratia Dei rex Francorum vir i[n]luster (a), omnibus agentibus nostris tam praesentibus quam et futuris, juvante Domino, qui nos in solium regni instituit. Si petitionibus servorum vel monachorum Domini, pro quod eorum quietem vel juvamen pertinet, liberum obaudimus vel ad effectum in Domini nomen mancipamus, regiam consuetudinem exercemus et nobis ad laudem vel stabilitate regni nostri in Domini nomen pertinere confidimus. Ideoque venerabilis vir Rabigaudus abba de monasterio Anisola, qui est in pago Cenomannico constructus, ubi sanctus Karilefus in corpore requiescit vel

(l) pars altera C. — (m) contra in recompensatione C. — (n) commutationes MC. — (o) Idherus M, Idherius C. — (p) Datum MC. — (q) cal. martii C. — (r) Papiacia M.
11. — (a) illuster M.

1. Ce fils venait de naître : voyez ci-dessus, § 6.
2. Mabillon, *Annales*, II, 226 : « Idem Rabigaudus jam a Carolo praeceptum immunitatis obtinuerat apud Valentianas anno regni ejus tertio. » — En marge, dans le manuscrit M : « Cette charte est apocryphe, elle est la reproduction maladroite de la charte de Pépin le Bref accordée à l'abbé Nectaire. » Voyez ci-dessus, § 6. — Mühlbacher, n° 138.

ipse abba cum congregatione monachorum sub sancto ordine conversare videtur, missa petitione clementiae regni nostri expetiit ut eum vel ipsum monasterium una cum omnibus rebus vel homines suos, quod praesenti tempore habere videtur aut in antea a Domino timentibus hominibus fuerint collata aut condonata, amicis, gasindis, susceptis, vel quid per ipsum monasterium sperare videntur, unde legitimo redebet mitio, sub sermone tuitionis nostrae vel immunitatis ipsius monasterii, vel mundeburdo filii nostri Karoli, qui causas ipsius abbatis vel monasterii sui habet in tuitione receptas; cui nos hoc gratanti animo praestitisse vel in omnibus recepisse cognoscitur. Quapropter praesentem decrevimus ac jubemus praeceptum ut neque vos neque juniores successoresque vestri nec missi de palatio nostro discurrentes, ut inspecta ipsa priorum regum auctoritas declarat, nec ullus quislibet de judiciaria potestate in vicos aut in villas ipsius monasterii ad causas audiendum nec ulla inferenda exactanda vel freda exigenda nec fidejussores tollendos nec mansiones aut paratas faciendas, nullus episcopus nec ullus comes nec juniores eorum nullas retributiones ad requirendum ibidem ingredere non praesumant, sed sicut ipsum beneficium antecessorum regum ad jam dictum monasterium usque nunc fuit conservatum, ita deinceps per nostram auctoritatem generaliter maneat inconvulsum; nisi liceat eis sub sermone tuitionis nostrae vel immunitatis nostrae et mundeburdo praedicto filio nostro valeat quiete vivere ac residere et die noctuque pro nobis vel [stabilitate (b)] regni nostri vel pro memorato filio nostro Karolo, qui eorum causas habet receptas, jugiter Domini misericordiam et omnium sanctorum deprecare. Et si tales causae adversus ipsius monasterium aut contra abbates monasterii supra dicti ortae fuerint aut surrexerint, quas a vobis aut a junioribus vestris absque eorum iniquo dispendio terminatae non fuerint, usque in nostram praesentiam vel ante filium nostrum Karolum omnimodis reserventur, et ibidem finitiva sententia per legem et justitiam debent accipere, et unicuique de reputatis conditionibus justitiam reddant et ab aliis simili modo veritatem recipiant. Et ut haec auctoritas firmior sit vel per tempora melius observetur, manu nostrae subter signaculis decrevimus roborandas.

Signum Karoli gloriosissimi regis.

[H]i[t]her[i]us (c) recognovi.

Data mens. jul. anno III [regni nostri (b)]. Actum Valentianas feliciter.

(b) *manque M.* — (c) Idherus *M.*

12.

Worms, 17 novembre 779. — Charlemagne, sur la demande de l'abbé Ebroïn, renouvelle en sa faveur la charte précédente [1].

[M, 15:] Praeceptum Karoli Magni de immunitate.

[M, 15-17:] Karolus gratia D[e]i (a) rex Francorum vir i[n]luster (b), omnibus agentibus nostris tam praesentibus quam et futuris, juvante Domino, qui nos in solium regni instituit. Si petitionibus servorum vel monachorum Domini, pro quod eorum quietem vel juvamen pertinet, liberum obaudimus vel ad effectum in Domini nomen mancipamus, regiam consuetudinem exercemus et nobis ad laudem vel stabilitate regni nostri in Domini nomen pertinere confidimus. Ideoque venerabilis [vir (c)] Ebroinus abba de monasterio Anisola, qui est in pago Cenomannico constructus, ubi sanctus Charilefus in corpore requiescit vel ipse abba cum congregatione monachorum sub sancto ordine conversare videtur, missa petitione clementiae regni nostri expetiit ut eum vel monasterium ipsum una cum omnibus rebus vel homines suos, quod praesenti tempore habere videtur aut in antea a Domino timentibus hominibus fuerint collata aut condonata, amicis, gasindis, susceptis vel qui per ipsum monasterium sperare videntur, unde legitimo redebet mitio, sub sermone tuitionis nostrae vel immunitatis ipsius monasterii vel mundeburdo filii nostri Karoli, qui causas ipsius abbatis vel monasterii sui habet in tuitione receptas; cui nos hoc gratanti animo praestitisse vel in omnibus recepisse cognoscitur. Quapropter praesentem decrevimus ac jubemus praeceptum ut neque vos neque juniores successoresque vestri nec missi de palatio nostro discurrentes, ut in inspecta ipsa priorum regum auctoritas declarat, nec ullus quislibet de judiciaria potestate in vicos aut in villas ipsius monasterii ad causas audiendum nec ulla inferenda exactanda vel freda exigenda nec fidejussores tollendos nec mansiones aut paratas faciendas, nullus episcopus nec ullus comes nec juniores eorum nullas redibitiones ad quaerendum ibidem ingredere non praesumant, sed sicut ipsum beneficium antecessorum regum ad jam dicto monasterio usque nunc fuit conservatum, ita deinceps per nostram auctoritatem generaliter maneat inconvulsum, nisi ut liceat eis sub sermone tuitionis vel immunit[at]tis (d) nostrae et mundeburdo praedicti filii nostri

---

12. — (a) domini *M.* — (b) illuster *M.* — (c) *manque M.* — (d) immunitionis *M.*

1. Cette pièce se place entre les n⁰ˢ 219 et 219 *a* des *Regesten* de M. Mühlbacher.

valeat quietus vivere ac residere et die noctuque pro nobis vel stabilitate regni nostri et memorato filio nostro Karolo, qui eorum causas habet receptas, jugiter Domini misericordiam et omnium sanctorum deprecari. Et si tales causas adversus ipsum monasterium aut ipsius abbatis ortae fuerint aut surrexerint, quas a vobis aut junioribus vestris absque eorum iniquo dispendio terminatas non fuerint, usque in nostram praesentiam reserventur, vel in praesentia filii nostri reserventur, et ibidem finitivam [per (c)] legem et justitiam debeant accipere sententiam, et unicuique de reputatis conditionibus justitiam reddant et ab aliis simili modo recipiant. Et ut haec auctoritas firmior sit vel per tempora melius conservetur manu nostra subter signaculis decrevimus roborare et de anulo nostro jussimus sigillare.

Signum Karoli gloriosissimi regis.

Gi[lt]bertus (e) ad vicem Radonis recognovi.

Data sub die XV kl. decemb. anno XII et VI regni nostri. Actum Vurmatia civitate in Dei nomine.

13.

Aix-la-Chapelle, 25 août 814. — Louis le Pieux, sur la demande de l'abbé Adalgyse, confirme la protection et l'immunité accordée par ses prédécesseurs au monastère de Saint-Calais [1].

[*M*, 17 :] Praeceptum Hludovici imperatorum piissimi.

[*M*, 17-18; *B*, VI, 460 :] In nomine Domini Dei et Salvatoris nostri Jesu Christi. Hludowicus (a) divina ordinante clementia imperator augustus omnibus episcopis, abbatibus, ducibus, comitibus, vicariis, cintenariis (b), actionariis, missis nostris discurrentibus, vel cunctis fidelibus (c) sanctae Domini ecclesiae et nostris, praesentibus scilicet et futuris. Notum sit quia, [si (d)] sacerdotum ac servorum Domini petitiones, quos nobis pro suis necessitatibus innotuerint, ad effectum perducimus, non solum imperialem consuetudinem exercemus, verum etiam ad beatitudinem et aeternae retributionis talia nobis facta profutura confidimus. Proinde comperiat omnium fidelium nostrorum magnitudo et (e) solertia quia vir venerabilis Adalgysus (f) abba ex monasterio Anisola, quod est constructum in honorem sancti Karilefi, ubi ipse corpore requiescit, in pago Cenomannico (g), veniens ad nos detulit

(e) Gislebertus *M*.

13. — (*a*) Hludovicus *M*. — (*b*) centenariis *B*. — (*c*) fidelibus, etc. *Manque la suite jusqu'à* Proinde comperiat *B*. — (*d*) *manque M*. — (*e*) *ces deux mots manquent B*. — (*f*) Adalgisus *B*. — (*g*) *ces quatorze mots depuis* quod est *manquent. B*.

1. Bouquet, VI, 460 ; Migne, CIV, 986. — Mühlbacher, n° 512.

serenitati nostrae praeceptum domni ac genitoris nostri Karoli serenissimi imperatoris, in quo continebatur qualiter ipse et avus noster Pip[p]inus (*h*) bonae memoriae rex seu antecessores eorum, reges videlicet priores, ob amorem Dei tranquillitatemque fratrum (*i*) ibidem consistentium, semper ipsum monasterium sub plenissima defensione et emunitatis tuitione habuissent; sed pro firmitatis studio petiit praedictus abba ut circa ipsum sanctum locum denuo talia concedere pro mercedis nostrae augmento (*j*) et confirmare deberemus. Cujus petitionem pro divino amore renuere noluimus, sed in omnibus et praesentes et futuri fideles sanctae ecclesiae et nostri ita concessum atque perpetuo a nobis confirmatum esse cognoscant. Praecipientes ergo jubemus ut nullus judex publicus neque quislibet ex judiciaria potestate nec ullus ex fidelibus sanctae ecclesiae aut (*k*) nostris in ecclesias aut loca vel agros seu reliquas pocessiones (*l*) praedicti monasterii, quas moderno tempore juste et rationabiliter possidere videtur, in quibuslibet pagis et territoriis infra ditionem imperii nostri, nemo (*m*) ad causas audiendum (*n*) vel freda exigenda aut inferendas exactanda (*o*) sive mansiones vel paratas faciendas nec fidejussores tollendos aut homines ejusdem ecclesiae distringendos, nec ullas redibitiones aut inlicitas occasiones (*p*), ullo umquam (*q*) tempore, ingredi audeat vel exactare praesumat; sed liceat memorato abbati suisque successoribus res praefatae ecclesiae sub emunitatis deffensione (*r*) quieto tramite possidere et nobis fideliter deservire atque pro stabilitate nostra vel totius imperii a Deo nobis concessi atque conservandi una cum fratribus suis Domini misericordiam exorare. Et ut haec (*s*) auctoritatis confirmatio firmior ac robustior habeatur et ab omnibus fidelibus sanctae Dei ecclesiae et nostris diligentius conservetur, manu propria subscripsimus et anuli (*t*) nostri impressione signari jussimus.

Signum Hludowici (*u*) serenissimi imperatoris.

Helisachar recognovi.

Data VIII kl. (*v*) septemb. anno I (*w*) Christo propitio imperii nostri, indict. VII (*x*). Actum (*y*) Aquisgrano (*z*) palatio in Dei nomine feliciter. Amen (*aa*).

(*h*) Pipinus *MB*. — (*i*) Francorum *M*. — (*j*) talia pro mercedis nostrae augmente concedere *B*. — (*k*) et *B*. — (*l*) possessiones *B*. — (*m*) nemo *manque B*. — (*n*) audiendas *B*. — (*o*) exactandas *B*. — (*p*) *B ajoute* requirendas. — (*q*) unquam *B*. — (*r*) defensione *B*. — (*s*) Et ut et *M*. — (*t*) annuli *B*. — (*u*) Ludovici *M*. — (*v*) cal. *C*. — (*w*) primo *B*. — (*x*) indictione septima *M*. — (*y*) Actum *manque M*. — (*z*) Aquisgrani *B*. — (*aa*) feliciter Amen *manque M*.

14.

Aix-la-Chapelle, 31 mai 825. — Louis le Pieux, sur la demande de l'abbé Alboin, permet aux religieux de Saint-Calais d'élire parmi eux le successeur de cet abbé après sa mort [1].

[*M*, 18 :] Praeceptum Hludovici imperatoris de electione abbatis.

[*M*, 18-19; *T*, I, 23-24 :] In nomine Domini Dei et salvatoris nostri Jesu Christi. Hludo[w]icus (*a*) divina ordinante providentia imperator augustus, omnibus fidelibus sanctae (*b*) Dei ecclesiae et nostris, seu etiam Domino (*c*) dispensante successoribus nostris (*d*). Notum sit quia vir (*e*) venerabilis Alboinus abba monasterii sancti Charilefi (*f*), quod dicitur Anisola, ad nostram accedens clementiam suggessit mansuetudini nostrae ut, sicut auctoritas canonica et regularis jubet, monasterio cui ipse Deo auctore praeest per nostrum praeceptum confirmare [dignaremur] ut (*g*) post ejus obitum, si talis inventus in praedicto monasterio fuisset, qui secundum regulam sancti Benedicti monachis Deo ibidem militantibus praeesse [e]t (*h*) prodesse potuisset, licentiam haberent inter se eligendi abbatem. Cujus deprecatione (*i*), quia juste et rationabilis nobis visa est, aurem accommodavimus et hos nostros imperiales apices fieri jussimus, per quos decernimus atque jubemus ut post praedicti abbatis discessum, si talis ibi de eadem congregatione inventus repertus fuerit qui ceteros secundum regulam sancti (*j*) Benedicti regere possit, licentiam habeant inter se eligendi abbatem, qualiter ipsam congregationem pro nobis, conjuge nostra (*k*) proleque nostra atque (*l*) stabilitate totius imperii nostri hilariter Domini misericordiam exorare delectet. Et ut hanc auctoritatem a nobis factam verius credatis et diligentius conservetis, manu propria nostra subter firmavimus et anuli nostri impressione signare jussimus.

Signum Hludo[w]ici (*m*) serenissimi imperatoris.

Durandus diaconus ad vicem Fridegisi recognovi.

Dato primo kl. (*n*) junii anno Christo propitio XII domni (*o*) Hlu-

---

14. (*a*) Hludovicus *MT*. — (*b*) scilicet *M*. — (*c*) Deo *T*. — (*d*) nostris successoribus *M*. — (*e*) vir *manque T*. — (*f*) scilicet sancti Charilefi *M*, S. Carilefi *T*. — (*g*) confirmare ut *M*, confirmare. et *T*. — (*h*) praeesset *MT*. — (*i*) deprecationem *T*. — (*j*) scilicet sancti *M*. — (*k*) nostra *manque M*. — (*l*) et *T*. — (*m*) Hludovici *MT*. — (*n*) pridie calendas *T*. — (*o*) domini *M*.

[1]. *Thesaurus*, I, 23; Bouquet, VI, 545; Migne, CIV, 1146. — Mühlbacher, n° 771. — C'est encore une pièce donnée probablement par les bénédictins d'après le petit cartulaire et par le manuscrit de M. l'abbé Froger d'après le grand. Il en est de même de la pièce n° 16.

do[w]ici (m) seren[issimi] (p) imperatoris (q), indictione III (r). Actum Aquisgrano palatio regio (s).

15.

Verberie, 24 mai 850. — Charles le Chauve, sur la demande de l'abbé Rainaud, confirme et renouvelle la charte de son père (n° 13) [1].

[M, 19 :] Praeceptum domini nostri Karoli regis de immunitate.
[M, 19-20; B, VIII, 509-510 :] In nomine sanctae et individuae Trinitatis. Karolus gratia Dei rex. Omnibus episcopis abbatibus, ducibus, vicecomitibus, vicariis, cintenariis (a), actionariis, missis nostris discurrentibus (b) vel cunctis fidelibus sanctae Dei ecclesiae et nostris, praesentibus et futuris. Notum sit quia, si sacerdotum ac servorum Domini petitiones, quas nobis pro suis necessitatibus innotuerint, ad effectum producimus, non solum impraevaricabilem [consuetudinem (c)] exercemus, verum etiam et beatitudinem aeternae retributionis talia nobis facta profutura credimus promereri. Proinde comperiat omnium fidelium nostrorum solertia quia venerabilis vir Reinaldus abba ex monasterio Anisola, quod est constructum in honore sancti Charilefi (d), ubi et ipse corpore requiescit, in pago Cenomannico veniens ad nos detulit serenitati nostrae praeceptum domni (e) ac genitoris nostri Hludowici (f) serenissimi imperatoris, in quo continebatur qualiter ipse et avus noster imperator augustus seu antecessores eorum, priores scilicet reges, ob amorem Domini (g) tranquillitatemque fratrum ibidem consistentium, semper ipsum monasterium sub plenissima deffensione (h) et emunitatis tuitione habuissent; sed pro firmitatis studio (i) petiit praedictus abba ut circa ipsum sanctum locum denuo talia pro mercedis nostrae augmento concedere et confirmare deberemus. Cujus petitionem pro divino amore rennuere noluimus, sed in omnibus et praesentes et futuri fideles sanctae Domini ecclesiae et nostri ita concessum atque perpetuo a nobis confirmatum esse cognoscant. Praecipientes ergo jubemus ut nullus judex publicus neque quislibet ex judiciaria potestate nec ullus ex fidelibus sanctae Dei ecclesiae ac nostris in ecclesias aut loca aut agros seu reliquas [posses-

(p) seren. *M, manque T.* — (q) imp. *M.* — (r) tertia *T.* — (s) regio palatio *M.*
15. (a) centenariis *B.* — (b) discurrentibus, etc. *Manque la suite jusqu'à* Proinde comperiat *B.* — (c) *manque M.* — (d) Carilefi *B.* — (e) domini *M.* — (f) Illudovici *M.* — (g) Dei *B.* — (h) defensione *B.* — (i) studio, etc. *Manque la suite jusqu'à* Signum Karoli *B.*

1. Bouquet, VIII, 509.

siones (j)] praedicti monasterii, quas moderno tempore juste et rationabiliter possidere videtur, in quibuslibet pagis et territoriis infra
ditionem regni nostri, nemo ad causas audiendum vel freda exigenda
vel inferendas exacta (k) sive mansiones vel paratas faciendas nec fidejussores tollendos aut homines ejusdem ecclesiae distringendos, nec
ullas redibitiones vel inlicitas occasiones, ullo umquam tempore ingredi
valeat vel exactare praesumat; sed liceat memorato abbati suisque
successoribus res praefatae ecclesiae sub emunitatis deffensione quieto
tramite possidere et pro nobis feliciter atque pro stabilitate regni
nostramque una cum fratribus ibidem Domino famulantibus Domini
misericordiam exorare. Et ut haec auctoritatis nostrae confirmatio
firmior habeatur ac robustior et ab omnibus fidelibus sanctae Domini
ecclesiae et nostris diligentius conservetur, manu propria subter firmavimus et de anulo nostro sigillare jussimus.

Signum Karoli gloriosissimi regis.
Bartolomaeus (l) ad vicem Hludovici recognovi.
Data VIIII kl. jun. (m) anno X regnante Karolo glorioso rege, indict.
XIII. Actum Vermeria palatio regio in Dei nomine feliciter. Amen (n).

16.

Verberie, [samedi] 24 mai 850. — Charles le Chauve confirme l'abbé Rainaud dans la possession du monastère de Saint-Calais pour la durée de sa vie et permet aux religieux d'élire parmi eux son successeur et les autres abbés à l'avenir [1].

[M, 20 :] Praeceptum domini et protectoris nostri Karoli de electione.
[M, 20-21 ; T, I, 35-36 :] In nomine sanctae et individuae Trinitatis. Karolus (a) gratia Dei rex. Si servorum Dei non inrationalibus petitionibus benignum assensum praebemus, regiae celsitudinis opera
frequentamus. Itaque notum sit omnibus sanctae Dei (b) ecclesiae fidelibus et nostris praesentibus atque futuris quia venerabilis vir Reinoldus
abba monasterii sancti Charilefi (c), quod vocatur Anisola, ad nostram
accedens sublimitatem humiliter petiit ut eamdem a nobis sibi commis-
sam et datam abbatiam omnibus diebus vitae suae habendam per nostrae auctoritatis praeceptum denuo confirmare dignaremur. Ejus i[de]o

---

(j) *manque* M. — (k) *sic* M. — (l) Bartholomaeus B. — (m) ix cal. junii B. —
(n) Vermer. palatio. *Manque le reste* M.
16. — (a) In Dei nomine, sanctae et individuae Trinitatis, Carolus T. —
(b) Domini M. — (c) Carilefi T.

1. *Thesaurus*, I, 35 ; Bouquet, VIII, 510. — Voyez ci-dessus la note sur la pièce n° 14.

petitionem (d) clementi aure excipientes, hoc scriptum altitudinis nostrae fieri jussimus, per quod secundum preces ejus eamdem iterum cellam secundum regulam sancti Benedicti ab eo gubernandam ei committimus (e), videlicet ut quandiu secundum proprium propositum in Dei voluntate vixerit atque in nostra fidelitate duraverit, ipsam superius nominatam abbatiam cum omnibus sibi juste legaliterque attinentibus rebus securus teneat atque possideat et regulari institutione disponat. Post suum vero ex hac vita decessum, licentiam habeant simul cum nostro (f) auctoritatis ascensu (g) monachi ejusdem loci, si inter eos inveniri potest, secundum canonicam auctoritatem et sacratissimi patris Benedicti traditionem, ex sese (h) eligendi abbatem. Si autem contigerit eum quem sibi praestituendum eligerint (i) pro suis nequiter admissis aut in Deum aut in propositum suum aut in nos ab eadem obedientia praelationis amoveri sive expelli, non hac serenitatis nostrae auctoritate (j) concessionis eligendi abbatem priventur, sed quandiu (k) ex ipsis inveniri poterit qui eis et praeesse et prodesse possit, veluti praemissum est, semper habeant licentiam de sese (h) eligendi regularem abbatem sine cujuspiam fidelium sanctae Dei ecclesiae, nostrorum aut futurorum temporum, contradictione sive impedimento. Et ut haec magnificentiae nostrae auctoritas semper in Christi nomine meliorem obtineat firmitatem, manu nostra eam subter firmavimus et de anulo nostro sigillari jussimus.

Signum Karoli (l) gloriosissimi regis.

Bartolomaeus (m) notarius ad vicem Hludovici recognovi.

Data VIIII kl. jun. (n) anno X regnante Karolo glorioso (o) rege, indictione XIII. Actum Vermeria palatio regio in Dei nomine feliciter. Amen (p).

17.

Bonneuil [1], 24 août 855. — Le concile national confirme l'indépendance du monastère de Saint-Calais [2].

[M, 21 :] Incipit privilegium sanctorum praesulum apud Bonoilum villam concilium celebrantium.

(d) Ejus in eo petitionem M, ejus incompetitionem T. — (e) commisimus T. — (f) nostrae M. — (g) assensu T. — (h) se T. — (i) elegerint T. — (j) autoritatem M. — (k) quamdiu T. — (l) Caroli T. — (m) Bartholomaeus T. — (n) IX calendas junii T. — (o) Carolo gloriosissimo T. — (p) palatio. *Manque le reste* M.

---

1. Seine ou Seine-et-Oise ; voy. ci-dessus, § 6.
2. Mabillon, *Annales*, III, 668 ; *Thesaurus*, IV, 59 ; Mansi, XV, 21.

[*M*, 21-25; *A*, 668-669; *T*, IV, 59-64 :] In nomine summae et incomparabilis clementiae, adorandae scilicet et incomparabilis Trinitatis. Cum sacrosancti conventus fraterna societas venerabilium praesulum Bonoilum unanimem sui exhiberet praesentiam, vocatione magni atque ortodoxi (*a*) regis serenissimi Karoli, anno incarnationis Dominicae DCCCLV (*b*), indictione prima, regni etiam memorati augusti XVI, inter cetera variarum rerum sanctae matris ecclesiae sinu erumpentia discrimina, quae (*c*) sacrorum praesentium antistitum ibidem sanxerat dignatio conferenda et auctoritate sibi conlata in pristinum et necessarium ordinem relevanda, obtulit sese eorum paternae et piissimae conlationi ordinis monastici cultus ac status ejusdem professionis, ipsorum quidem regimini pastorali solatio subvehenda ac confovenda religio, quae quondam in patribus virtute divina promulgata refloruit, sed jam nunc emergentium tempestatum procellis attrita, vada sui portus inexplebili naufragio subigens optati littoris (*d*) quietem adire non patitur. Hujus igitur institutionis utilitates et convenientes pro tempore necessitudines cum efficacius pertractare et eas sollerti cura, Christi freti juvamine, ad effectum usque idem sacer conventus optaret efferre, Rainaldum religionis cultu et vitae merito venerabilem eidem sacro concilio cum quibusdam aliis sanctitatis fama (*e*) reverendis abbatibus residentem, accidit commissi sibi coenobii pii patris et pretiosi (*f*) confessoris Carilefi (*g*) inconvenientias et fratrum in ea consistentium oppressiones et calamitatum anxietudines studio gregis contraditi lacrymabili sermone prosequi, interque (*h*) suae sermocinationis alloquia protulit praeceptiones regum catholicorum ortodoxorum (*i*) suprafato monasterio conlatas pro Dei omnipotentis amore et sanctorum veneratione ibique consistentium monachorum remota et inconcussa quiete, qualiter identidem monasterium per successiones temporum illustrium regum immunitatum titulos et securitates perceperit, quibus felici successu, divina id providente clementia, salubri et efficaci tramite hactenus deguerit. Ipsis etiam eisdemque (*j*) praeceptionibus adnexum juste et rationabiliter inerat ut monachi jam dictae congregationis, regularis propositi studio contenti, sub norma beati Benedicti patris coenobitice viventes, ex propria congregatione sibi eligendi abbatem jus habeant, licentiam et facultatem : nempe ut quibus cor unum et anima una necessario est habenda, patri spirituali tam corpora quam corda (*k*) subdentes, jugo etiam Christi suavi et honeri (*l*) levissimo colla (*m*) submittentes (*n*), obedientiae freno devincti, discant patri spirituali (*o*) se suaque committere. Praeterea harum praeceptionum irruptiones et violentissimas quorumdam instinctu ipsius.

17. — (*a*) orthodoxi *AT*. — (*b*) CCCDLV *M*. — (*c*) quae *manque A*. — (*d*) litoris *A*. — (*e*) forma *A*, firma *M*. — (*f*) preciosi *A*. — (*g*) Charilefi *M*. — (*h*) atque *A*. — (*i*) orthodoxorum *AT*. — (*j*) eisdem *T*. — (*k*) tam corda quam corpora *T*. — (*l*) oneri *AT*. — (*m*) corda *T*. — (*n*) summittentes *AT*. — (*o*) patris spiritalis *T*.

loci (p) inf[ra]ctiones (q), asserentium subdole jure possessionis propriae idem monasterium debere subici urbi Cinomannicae (r), praenominatus vir venerabilis Rainaldus abba evidentissim[e] (s) intimavit, cum nihil horum acta et praeceptorum confirmationes praescriptae contineant, sed potius haec interdicant, amputent et inhibeant. Quapropter praedictorum beatorum antistitum unanimitas, pari assensu, communi quoque voto, retractans et regularis auctoritatis et regiae collationis ac corroborationis gesta concordi aequitatis vigere (t) libramine, acta praedicta (u) piisssimorum regum sanctae religionis patrata intuitu de reliquo intemerata manere percensuit. Ne vero ab aliquo eorumdem patrum sacrosancta institutio ausu temerario aggredi praesumatur, neque quis id nefario conamine pertentet irrumpere quod propriae auctoritatis tenore cuique ipsorum libuerit confirmare, necessario placuit adnotare. Statuimus ergo, optamus et communi aequitatis auctoritate determinamus ut saepedictum monasterium beatissimi Carilefi (v) confessoris, omni libertate monasticae religionis adepta, pace et quiete per Christi gratiam potita, ordine libero et inconcusso per succedentia quietum valeat degere tempora, ita ut non episcopus, nulla extera persona laicalis seu clericalis ad hoc inquietandum, perturbandum ac sollicitandum aut invadendum vel possidendum monasterium aspiret, nec etiam praememoratae urbi Cinomannicae (w) proprietate rerum subjaceat, cum liberum sit dono antiquorum regum, praeter communem canonum auctoritatem a propriis pontificibus ipsi et universis monasteriis conservandam; sed liceat eidem loco de proprio grege juxta regularis vitae auctoritatem proprium habere pastorem. Si quis autem his nostris constitutionibus refragari nisus fuerit et multipliciter praescriptam principum bonitatem et indulgentiam, simul etiam nostrae auctoritatis instituta, per quamcumque calliditatem seu cupiditatem infringere et aliquo modo pervertere praesumpserit (x), anathematis ultione se plectendum noverit, justo Dei omnipotentis quem sacrilege irritavit una cum nostrae auctoritatis judicio. Postremo tenorem hujusce firmitatis, potestate nobis a Domino caelitus contributa dicente : Quaecumque ligaveris super terram erunt ligata et in caelo, eo sermone ligamus, ut quicumque haec inrumpere (y), vel, aliter quam a nobis sunt statuta, ligata solvere aut solvenda ligare percensuerit, nequaquam se in caelesti regione solvendum, sed clauso aeterni regni aditu in tenebras exteriores ligandum esse cognoscat, nisi digna satisfactione correxerit quod arroganti impietate praesumpsit (z). Harum itaque sanctionum evidentissimam confirmationem manibus sacrorum praesentium pontificum subter notatam, absentium

---

(p) loci *manque* T. — (q) infectiones *MT*, infestationes *A*. — (r) Cenomannicae *M*, Cinomanniae *A*. — (s) evidentissimis *AMT* — (t) vigore *M*. — (u) saepedicta *M*. — (v) Charilefi *M*. — (w) Cinnomanicae *T*. — (x) praesumserit *AT*. — (y) irrumpere *T*. — (z) praesumsit *AT*.

quoque consacerdotum nec minus idoneis adstipulationibus (*aa*) per Christum et in Christo fulciri postulamus [1].

Amalricus (*bb*) gratia Dei Turonicae metropolis ecclesiae humilis episcopus sub signo sanctae crucis volui, consensi et subscripsi (*cc*).

Wenilo (*dd*) munere divino Sennonensis (*ee*) ecclesiae episcopus huic privilegio assensum praebui et subscripsi.

Incmarus sanctae metropolis ecclesiae Remorum episcopus subscripsi.

Paulus sanctae Rotomagensis (*ff*) ecclesiae archiepiscopus subscripsi.

Heribaldus Autisiodorensis ecclesiae episcopus subscripsi.

Ercenradus (*gg*) Parisiacensis (*hh*) ecclesiae (*ii*) episcopus subscripsi.

Rothadus Suessionensis ecclesiae episcopus subscripsi.

Teutboldus Lingonicae ecclesiae episcopus subscripsi.

Hirminfridus (*jj*) gratia Dei Belloacensis ecclesiae episcopus subscripsi.

Balfridus Bajocensis ecclesiae episcopus subscripsi.

Herluinus Constantinensis ecclesiae episcopus subscripsi.

Herpuinus Silvanectensis ecclesiae episcopus subscripsi (*kk*).

Guntbertus Ebrocensis ecclesiae episcopus subscripsi.

Jonas Eduorum humilis episcopus subscripsi.

Hariardus Lixoviensis ecclesiae episcopus subscripsi.

Hildebrannus Sagensis ecclesiae episcopus subscripsi.

Hildegarius Meldensis ecclesiae episcopus subscripsi.

Imo episcopus Noviomensis hoc privilegium subscripsi.

Agius episcopus humilis Aurelianensis ecclesiae subscripsi.

Frotboldus Carnotensis ecclesiae episcopus subscripsi.

Pardulus Laudunensium ecclesiae episcopus subscripsi.

Elmeradus Amianensium (*ll*) ecclesiae episcopus subscripsi.

(*aa*) astipulationibus *MT*. — (*bb*) Amalaricus *M*. — (*cc*) consensi etc. *M. Dans la plupart des articles suivants, le mot* subscripsi *est écrit* subs. *dans A et omis dans M et T. Ce mot était sans doute représenté, dans le grand cartulaire, par une abréviation peu lisible.* — (*dd*) Uvenilo *A*. — (*ee*) Senonensis *A*. — (*ff*) Rothomagensis *M*. — (*gg*) Ercanradus *A*. — (*hh*) Parisiacensis *AT*. — (*ii*) ecclesiae *manque M*. — (*jj*) Hirmenfridus *A*. — (*kk*) *M place cette signature plus bas, entre celles des évêques de Sées et de Meaux.* — (*ll*) Ambianensium *A*.

---

[1] Les signatures placées au bas de ce privilège sont celles des archevêques de Tours, Sens, Reims et Rouen, des évêques d'Auxerre, Paris, Soissons, Langres, Beauvais, Bayeux, Coutances, Senlis, Évreux, Autun, Lisieux, Sées, Meaux, Noyon, Orléans, Chartres, Laon, Amiens, Avranches, Châlon-sur-Saône, Mâcon, Troyes, Angers et Nantes, des abbés de Saint-Denis-sur-Seine, Saint-Bertin de Saint-Omer, Ferrières-Gâtinais, Saint-Maur-les-Fossés, Saint-Lomer de Moutiers-au-Perche, Corbie, Montiérender, Saint-Benoît-sur-Loire, Saint-Germain-des-Prés de Paris, Saint-Germain d'Auxerre et de trois monastères inconnus. — Dans le ms. *M*, les cinq premières de ces signatures sont précédées chacune d'un monogramme de forme différente.

Remedius Abrincatensis (mm) ecclesiae episcopus subscripsi.
Godelsadus (nn) episcopus subscripsi.
Braidingus Matiscensium sedis episcopus subscripsi.
Prudentius sanctae Trecasinae ecclesiae episcopus subscripsi.
Dodo Andecavensis (oo) ecclesiae indignus episcopus subscripsi.
Actardus Namnetensis (pp) indignus episcopus huic privilegio subscripsi.
Ludowicus (qq) abba in Dei nomine subscripsi.
Adalardus abba in Dei nomine subscripsi.
Ego Lupus abba in Dei nomine subscripsi.
Heinhardus (rr) abba subscripsi.
Frodinus abba indignus subscripsi.
Odo abba monasterii Corbeiensis subscripsi.
Hunfredus abba monasterii Dervensis subscripsi.
Bernardus abba huic privilegio subscripsi.
Gauslenus (ss) abba subscripsi.
Abbo abba subscripsi.
Arcamboldus (tt) abba subscripsi.
Georgius abba subscripsi.
Item Abbo abba subscripsi.
Data VIII[I] kl. septembris (uu) anno XVI regnante Karolo glorioso rege, indictione I. Actum Bonoilo villa in Dei nomine feliciter. Amen.

18.

Pitres [1], *862. — Par ordre du concile, les évêques qui n'avaient pas pris part à l'acte précédent y ajoutent leur signature* [2].

[*M*, 25-26; *T*, IV, 63-64 :] Anno ab incarnatione Domini DCCC LXII (a), indictione X, regni gloriosi regis Karoli XXIIII [3], in sinodo habita in loco qui dicitur Pistis, quibusdam huic privilegio renitentibus, inspectis rursum auctoritatibus priorum et recentium regum, approbatum et confirmatum est ab omnibus et decretum ut absentes

---

(mm) Abrencatensis *M*. — (nn) Gotelsadus *T*. — (oo) Andegavensis *M*. — (pp) N. S. *M*. — (qq) Ludovicus *T*. — (rr) Hembardus *T*. — (ss) Gautlenus *M*. — (tt) Archamboldus *M*. — (uu) viii kal. septembris *AT*, viii kl. septemb. *M*; mais cf. n° 20.
18. — (a) CCCDLXII *M*.

---

1. Eure, arrondissement de Louviers, canton de Pont-de-l'Arche.
2. *Thesaurus*, IV, 68; Mansi, XV, 635.
3. Il faudrait XXII ou XXIII, selon la manière la plus ordinaire de compter les années du règne de Charles le Chauve.

et eorum qui obierant successores ad (b) ipsum subscriptionibus roborarent 1.

Herardus (c) pietate divina Turonicae metropolis episcopus huic privilegio ordine successionis subscripsi (d).

Hincmarus Laudunensis ecclesiae episcopus huic privilegio praedecessoris mei vices restitui et vires.

Eneas Parisii episcopus [subscripsi (e)].

Folchrius (f) Augusti Tricorum (g) indignus episcopus hoc privilegium (h) denuo relectum et a sanctis patribus corroboratum [subscripsi et (e)] vices praedecessoris mei adimplevi.

Erchenraus indignus episcopus similiter [subscripsi (e)].

Gislebertus humilis Carnotensium (i) episcopus hoc privilegium denuo a sanctis praesulibus relectum ac roboratum gerens vices praedecessoris mei Frotbaldi firmare curavi.

Odo Belloacensis ecclesiae episcopus consensum (j) patris mei Hirminfridi confirmans subscripsi.

Ercambertus sanctae Bajoacensis ecclesiae episcopus consinsu (k) praedecessoris mei huic privilegio et vires reddidi et subscripsi (l).

Rainelmus Noviomagensis ecclesiae episcopus relectum a sanctis patribus privilegium judicio praedecessoris mei subscripsi (d).

Christianus Autissiodorensis sedis episcopus huic privilegio subscripsi (d) et vices praedecessoris mei confirmavi.

19.

Pitres, 862. — Le concile engage Robert, évêque du Mans, à se désister de ses prétentions sur le monastère de Saint-Calais et à signer le privilège accordé aux religieux par le concile de Bonneuil (n° 17) [2].

[M, 26; T, IV, 63-64:] Exemplar epistolae quam miserunt sancti praesules concilium in loco qui dicitur Pistis celebrantes Rotberto Cenomanensium episcopo pro confirmatione ejusdem privilegii et de concordia abbatis Ingilgarii fratrumque Anisolensis coenobii.

(b) id *T.* — (c) Hierardus *T.* — (d) le mot subscripsi *manque M.* — (e) *manque MT.* — (f) Folchrigus *T.* — (g) Augustricorum *M.* — (h) privilegio *T.* — (i) Carnotensis *M.* — (j) consensu *M.* — (k) consensum *T.* — (l) et subscripsi *manque M.*

2. Les signatures qui suivent sont celles de l'archevêque de Tours et des évêques de Laon, Paris, Troyes, Châlons-sur-Marne, Chartres, Beauvais, Bayeux, Noyon et Auxerre.
1. Mabillon, *Annales*, III, 93; *Thesaurus*, IV, 63; Mansi, XV, 637; Bouquet, VII, 585. — Traduit en français par M. Hauréau, *Revue de l'instruction publique*, 18 décembre 1862, p. 604.

[M, 26-27; A, 93-94; T, IV, 63-64:] Unanime concilium¹ habitum in loco qui appellatur Pistis, fratri carissimo (a) et coepiscopo Rotberto Cenomannicae urbis perpetuam salutem. Expectata (b) diu fraudati vestra praesentia, metropolitano vestro dilectissimo nobis Herardo Turonorum praesuli litteras vobis tradendas commisimus, quibus significamus quae libentius viva, ut aiunt, voce indicaremus. Causam (c) monachorum sancti Carilefi (d), quae principis voluntate, nobis suadentibus, dilata est, donec cum vestris (e) auctoritatibus rediretis, postquam vos venturos desperavimus, diligenter examinare curavimus, priscorumque (f) regum et recentium edictis sollicite consideratis comperimus privilegium, indulgentia ejusdem gloriosi domini nostri regis Karoli concessum, juste rationabiliterque dudum nostra auctoritate firmatum, quod etiam decernentibus nobis fratres nostri qui fuerant absentes, vel qui migrantibus (g) ad Dominum successerunt, subscriptionibus propriis roborarunt. Quamobrem hortamur sanctitatem vestram ut in stabiliendo vestra subscriptione eodem privilegio, quamquam decessor vester Haldricus inani spe (h) id facere declinaverit, nequaquam vos difficiles praebeatis; veritas enim et justitia absque rubore et dolore sequenda sunt, maxime his qui praedicationem suam aliter solidare non possunt; recipiatisque venerabilem Ingilgarium (i) abbatem et fratres ejus monachos vestra pace et concordia sine dubio perfrui optantes. Hoc vos sine cunctatione ac dilatione agere desideramus. Sin autem, id quod Deus avertat, non obtinuerimus, in societate caritatis (j) quam nobis vicissim debemus nequaquam valebimus permanere, cum ab observatione aequitatis nequaquam audeamus recedere. Haec respectu vestri honoris taliter temperavimus, ne, si totum rei gestae ordinem texeremus, indecorum (k) aliquid scriberetur.

20.

Bonneuil, 24 août 855. — Charles le Chauve, sur la demande de l'abbé Rainaud, confirme le privilège accordé le même jour par le concile au monastère de Saint-Calais [2].

[M, 27:] Praeceptum Karoli protectoris nostri super privilegium episcoporum.

19. — (a) fratri carissimo M, carissimo fratri T. — (b) Exspectata A. — (c) causa M. — (d) Charilefi M. — (e) convestris M. — (f) priscorum T. — (g) Ces neuf mots depuis nobis manquent T. — (h) inani spe manque T. — (i) Ingelgarium A. — (j) charitatis M. — (k) indecorem T.

1. Mabillon, *Annales*, III, 94 : « In hac epistola mihi videor stilum agnoscere Lupi abbatis, qui huic synodo et subsequenti Senonensi interfuit. »
2. Mabillon, *Annales*, III, 669; Bouquet, VIII, 527.

[*M*, 27-29 ; *A*¹, 669-670 ;] In nomine sanctae et individuae Trinitatis. Karolus gratia Dei rex. Si sacra venerabilium patrum instituta sacerdotum Christi regiis (*a*) praecellentiae nostrae edictis confirmamus, profuturum nobis id ipsum et ad praesentem vitam cum felicitate transigendam, et ad aeternam beatitudinem (*b*) facilius obtinendam procul dubio confidimus. Itaque notum sit omnibus sanctae Dei ecclesiae fidelibus et nostris, praesentibus atque futuris, quia venerabilis vir Rainaldus monasterii sancti Karilefi (*c*) abbas, ad nostrae reverentiae (*d*) accedens sublimitatem, obtulit mansuetudinis nostrae optutibus (*e*) relegendum privilegium a sanctis patribus regni nostri coepiscopis una cum nostro assensu canonica auctoritate factum eorumdemque conservanda subscriptione roboratum de praefato sibi commisso juxta beati Benedicti traditionem gubernando monasterio (*f*), quo siquidem evidenti significatione manifestatur atque confirmatur res eidem monasterio pertinentes, ubi memoratus sanctus [K]arilefus (*g*) honorabiliter sepultus in nomine Domini veneratur, per praeceptiones regum perque instrumenta ac testamenta chartarum (*h*) delegatas, honestatibus ac (*i*) cultibus ejusdem sacri loci perpetuo sine cujuspiam substractione aut diminutione pleniter debere haberi et in usibus atque stipendiis monachorum inibi Deo servientium sub administratione regularis abbatis aeterna lege debere quoque teneri, ita ut ejusdem loci antefatus abba et successores ejus pontifici propriae civitatis aliquando dominio aut potestati non subjaceant, nisi sicut alia omnibus propriis civitatibus propriisque pontificibus secundum canonicam auctoritatem ad providendum pastorali cura commissa subjecta monasteria, absoluta scilicet dominationis eorum omni servitio, propter quod exhibendum illis est non fictae charitatis (*j*) obsequia. Igitur interveniente supra signati privilegii auctorum audienda intercessione, memoratus abba Rainaldus (*k*) memoratum saepe privilegium altitudinis nostrae scripto suppliciter petiit confirmari. Nos autem pro Dei amore summissam ejus efflagitationem clementer audientes, serenitatis nostrae praeceptum hoc fieri jussimus, per quod, conservandum plerumque dictum privilegium confirmantes, statuimus monasticae religionis praedictum monasterium sine aliqua immunitione familiae rerumque aliarum sibi pertinentium cultui secundum sancti Benedicti documentum aeternaliter haberi, ita ut, praeter quod supra signatum est, nunquam dominio civitatis Cinomannicae praesulum subjaceat neque laicalis potestatis usurpationi aliquando subdatur, sed semper, Domino adminiculante, regularis abbatis administratione agatur ac disponatur. Decedente vero praescripto Rainaldo reverendo abbate,

---

20. — (*a*) regis *M*. — (*b*) æterna beatitudine *M*. — (*c*) Charilefi *M*. — (*d*) nostram reverentiam *M*. — (*e*) obtutibus *A*. — (*f*) gubernandum monasterium *M*. — (*g*) Charilefus *M*, Carilefus *A*. — (*h*) cartarum *A*. — (*i*) et *A*. — (*j*) caritatis *A*. — (*k*) Rainoldus *M*.

licentiam habeant ejusdem loci religiosi monachi secundum regularem institutionem ex sese eligendi abbatem, conservata in omnibus et ab omnibus frequenter dicti a sanctis patribus regni nostri pontificibus edicti privilegii impraevaricanda (*l*) sanctione, videlicet ut praesentibus et futuris temporibus in eodem venerando loco consistentibus monachis liberius pro nostra genitorisque nostri Hludowici (*m*) augusti salute ac regni a Domino (*n*) nobis commissi stabilitate divinam misericordiam assiduis precibus implorare delectet. Ut autem hoc benignitatis nostrae confirmationis praeceptum meliorem semper optineat (*o*) vigorem, manu nostra eam subter firmavimus et de anulo nostro sigillari jussimus.

Data VIIII kl. septemb. (*p*) anno XVI regnante Karolo glorioso rege, indictione I. Actum Bonoilo villa in Dei nomine feliciter. Amen.

21.

Verberie, 29 octobre 863. — La cour du roi, sous la présidence de Charles le Chauve, rejette les prétentions de l'évêque du Mans sur le monastère de Saint-Calais et ordonne la destruction de ses titres faux [1].

[*M*, 29; *A*, 105; *C*, 169 :] Exemplar notitiae, qualiter dominus noster Karolus filius vester charissimus (*a*) querelae Rotberti episcopi finem dedit.

[*M*, 29-32; *A*, 105-106; *C*, 169-172 :] Cum resideret excellentissimus ac gloriosissimus rex Karolus in Vermeria palatio, in conventu venerabilium archiepiscoporum, episcoporum, abbatum clerique ceteri ordinis, cum illustribus comitibus et vassis dominicis ac compluribus nobilium virorum, quorum nomina subter tenentur inserta, aliisque non paucis qui numerositatis gratia nominatim comprehendi nequeunt, ad diversas emergentium causarum considerationes tam ecclesiasticas quam saeculares tractandas atque juste et legaliter deffiniendas (*b*); ventilare coepit controversiam ortam inter Rotbertum Cenomannicum (*c*) episcopum et Ingelgarium monasterii sancti Charilefi (*d*) abbatem, pro qua maxime per ammonitionem reverendi papae Nicolai domnus rex ad eumdem conventum venerat. Recitata autem epistola ab

(*l*) *A ajoute* decreti. — (*m*) Hludovici *M.* — (*n*) Deo *A.* — (*o*) obtineat *A.* — (*p*) viii kal. septembris *A.*
21. — (*a*) carissimus *A.* — (*b*) diffiniendas *A.* — (*c*) Coenomanicum *C.* — (*d*) Carilefi *A*, Charilephi *C.*

1. Mabillon, *Annales*, III, 105 (probablement d'après le petit cartulaire); *Amplissima Collectio*, I, 169 (d'après le grand cartulaire); Mansi, XV, 670; Bouquet, VII, 297.

eodem apostolico domno regi directa, narrabat coenobium sancti Charilefi (e) potestati episcopatus praedicti Rotberti injuste subtractum, et ut ei restitueretur exposcebat. Cujus metropolites Herardus legens scriptum pro praefata altercatione sibi ab eodem papa directum, invenit ceteros eum sillabatim (f) rogasse antistites ut ipsi Rotberto ad ipsum monasterium adhipiscendum (g) unanimiter opem ferrent. Quae litterae coram prolatae ostenderunt eidem Rotberto quartam missam epistolam; eademque ostensa, inventum est monachis praedicti coenobii quintam missam; quarum tres hactenus domnum regem et pontifices ac ceteros assistentes latuerant, eodem eas Rotberto occultante. Tum, juxta ejusdem apostolici mandationem et sacrorum canonum institutionem, idem Rotbertus ex propria diocesi (h) tres elegit judices, Herardum scilicet Turonicum metropolitem, Dodonem Andegavensium (i) et Actardum Nannetensium (j) antistitem, quorum examine idem terminaretur conflictus. Vocati autem saepedicti coenobii monachi et coram interrogati responderunt se illuc per obedientiam proprii abbatis venisse nec esse sui officii ut ex hoc cum quolibet in rationem intrarent. Interrogatus etiam eorum abbas respondit per obedientiam et munificentiam ipsius regis sub monastica professione se ipsum tenere monasterium et exinde ei debitum exhibere famulatum. Tunc surgens gloriosus rex stetit ante praedictos judices et manifeste ostendit ex parte attavi, avi et genitoris jure hereditario sine ullo censu se ipsum possidere monasterium ac singillatim (k) monachis abbatibus illud gubernandum commisisse; addiditque quod, excusante se Rainaldo ex eadem abbatia, ipse Rotbertus cum Frodoino [1] abbate regio jussu electionem ibi fecerit, et nihil ex hac re sonuerit, patrata vero electione ipsum monasterium petierit, ac illud ei, non restituendo, sed beneficii nomine largiendo, commiserit, non recolens eisdem monachis regali auctoritate et pontificali privilegio concessum ex sese abbates sibi eligendo praeficere. Hinc judicio episcoporum inventus (l) est ut utriusque partis auctoritates inconvulsae servarentur et datus est eis dies statutus ad discernendum cujus juste et (m) legaliter refutanda, cujusve essent scripta approbanda (n) atque (o) tuenda. Cui placito ipse domnus rex et monachi interfuerunt, et idem episcopus illo venire atque legatum suum mittere distulit. Interea sacrarum (p) statuta auctoritatum et saecularium jura legum prolata demonstraverunt; insuper omnes episcopi et ceteri assistentium (q) assensum praebentes judicaverunt, ut, quia de

---

(e) Carilefi *A*. — (f) syllabatim *AC*. — (g) adipiscendum *A*. — (h) diecesi *M*, dioecesi *C*. — (i) Andecavensium *A*. — (j) Namnetensium *A*. — (k) sigillatim *C*. — (l) inventum *MC*. — (m) ac *C*. — (n) adprobanda *A*. — (o) et *C*. — (p) sacrorum *MC*. — (q) assistentes *A*.

1. Frodoin, abbé de Saint-Lomer, *Curbionense monasterium*, aujourd'hui Moutiers-au-Perche (Orne, arrondissement de Mortagne, canton de Rémalard).

rebus ecclesiasticis agebatur negotium et aliter nullo modo poterat definiri (r), admitterentur advocati utriusque partis, regalis videlicet et episcopalis, quatenus (s) his altercantibus veritas nudaretur et ad debitum celerius terminum causa perduceretur. Quibus datis, praecellentissimus rex repetito consessu accepit judiciariam potestatem. Advocatus autem episcopalis (t) Haldricus nomine regis interpellavit advocatum (u) nomine Widonem, dicens quod res sancti Gervasii, id est monasterium sancti Charilefi (v), unde strumenta se habere dicebat, et antecessores ejusdem Rotberti Franco et Haldricus pontifices (w) tenuerant, regia potestas, cujus ille advocatione fungebatur, ei malo ordine et injuste contenderet. Ipse (x) vero respondit quod res, quas ei quaerebat, imperatores Francorum hereditaverunt (y) domno regi Karolo, et non solum triginta, sed etiam trecentis annis absque censu et absque ulla repetitione ad proprium tenuerunt (z). Tunc domnus rex interrogando adjuravit Wenilonem Sennensem (aa) et Helmeradum Ambianensem et Herpuinum Silvanectensem episcopum, qui temporibus piissimi imperatoris (bb) Hludowici (cc) fuerant, Adalardum quoque illustrem comitem, secretorum ejus conscium et administrum (dd), qui veraciter testati sunt ipsum monasterium praescripto Haldrico, non restitutionis, sed beneficii jure largitum. Interrogatus quoque idem advocatus episcopi et Witto ejus homo id ipsum professi sunt. Nec enim praetaxatus (ee) episcopus Haldricus idem monasterium amplius quam duobus annis et dimidio habuit; Franco etiam ejus antecessor non amplius quam novem annis illud tenuit et in vita sua, retento episcopatu, amisit; cum episcopium uterque illorum pluribus annis rexit (ff). His ita elucidatis, reverendi anstitites et nobilissimi proceres et ceteri assistentes apertissime cognoverunt cognoscentesque affirmaverunt (gg) regiam ejusdem monasterii praeponderare possessionem (hh), quae numquam et nusquam interrupta fuerit, sed continuatim inconvulsa manserit, episcopale vero ideo refutandum dominium, quia ejus non vera nec effectum habentia apparerent (ii) instrumenta, nec habuerit quisquam pontificum idem monasterium nisi jure beneficii per munificentiam principalem. Advocatus igitur episcopi veridica professus est ratione non habere se vera et legitima instrumenta, per quae idem monasterium tenere posset. Unde et se concredidit et nulla principis aut judicum vi aut oppressione, sed propria voluntate et justo omnium assistentium judicio, easdem res cum querela warpivit (kk). Et ne materia refricandae litis ulterius remaneret, jussit domnus rex ut instrumenta Cenomannicae (ll) ecclesiae, quae inutilia et falsa probata

(r) definiri poterat MC. — (s) quatinus A. — (t) episcopi A. — (u) advocatum interpellavit MC. — (v) Carilefi A. — (w) manque C. — (x) ipsi MC. — (y) hereditaverint C. — (z) tenuerint C. — (aa) Senonensem MC. — (bb) manque C. — (cc) Hludovici MC. — (dd) ministrum A. — (ee) pretexatus M. — (ff) rexerit MC. — (gg) adfirmaverunt A. — (hh) pocessionem M. — (ii) apparent C. — (kk) werpivit A. — (ll) Coenomannicae C.

erant, intra quartum decimum diem in ejus exhiberentur praesentia penitusque abolirentur (*mm*), ne iterum per illa frustra aliquando innovarentur litigia et tempora quorumlibet judicum (*nn*) inaniter occuparentur. Propter notitiam namque rerum, ne umquam oblivione elaberentur, judicatum est ut omnia haec fideliter litteris alligarentur et in quorum praesentia publice gesta essent viritim comprehensis eorum indicaretur vocabulis; et ut perpetuum vigorem cuncta praeferrent omnemque falsitatis effugerent suspicionem, regio munirentur sigillo[1].

[*M*, 32-33; *C*, 172 :] In horum praesentia actum est : Hincmari archiepiscopi, Winelonis Senonensis archiepiscopi, item Winelonis Rothomagensis archiepiscopi, Herardi archiepiscopi, Dodonis episcopi, Herluini episcopi, Agii episcopi, Herpuini episcopi, Actardi episcopi, Gunberti episcopi, Helmeradi episcopi, Hildebranni episcopi, Hildegarii episcopi, Untfridi (*oo*) episcopi, Eneae episcopi, item Hincmari episcopi, Archanrausi episcopi, Gisleberti episcopi, Isaac episcopi, Odonis episcopi, Walberti episcopi, Raganelmi episcopi, Christiani episcopi, [F]ul-[c]rici (*pp*) episcopi, Goslini abbatis, Frodoini abbatis, Bernardi abbatis, W[u]lfadi (*qq*) abbatis, Tresulfi abbatis, Gotefridi abbatis, Adalardi comitis, Hutonis comitis, Haimadei comitis, Arduini comitis, Fulconis comitis, Herimfridi comitis, Bertaldi comitis, Gerardi comitis, Heddonis comitis, Sigeramni comitis, Berangarii comitis, Airici comitis, Theoderici comitis, Grifonis comitis, Bernardi comitis, Ursonis comitis, Alboini comitis, Bertramni comitis, Constantii, Adalunasci.

Raganarius (*rr*) notarius ad vicem Arberti comitis palatii recognovi.

Data quarto calendas novembris, indictione XII (*ss*), anno XXIIII regni Karoli gloriosissimi regis. Actum Vermeria (*tt*) palatio regio in Dei nomine feliciter. Amen.

(*mm*) abolerentur *A*. — (*nn*) judicium *MC*. — (*oo*) Vintfridi *C*. — (*pp*) Eulerici *MC*. — (*qq*) Walfadi *M*, Walafadi *C*. — (*rr*) Baganarius *C*. — (*ss*) 12 *M*. — (*tt*) Vermeriae *C*.

1. Mabillon, *Annales*, III, 106 : « Desunt in veteri exemplo codicis Aninsulensis nomina subscribentium, quorum praecipuos ex contextu praemissi instrumenti licet colligere. » — Les noms qui suivent sont ceux des archevêques de Reims, Sens, Rouen et Tours, des évêques d'Angers, Coutances, Orléans, Senlis, Nantes, Évreux, Amiens, Sées, Meaux, Thérouanne, Paris, Laon, Châlons-sur-Marne, Chartres, Langres, Beauvais, Avranches, Noyon, Auxerre et Troyes, des abbés de Saint-Germain-des-Prés de Paris, Saint-Lomer de Moutiers-au-Perche, Saint-Benoît-sur-Loire, Rebais, Corbie et Saint-Maur-les-Fossés, etc.

QUESTIONS MÉROVINGIENNES

V

LES ORIGINES DE SAINT-DENIS.

Bibliothèque de l'École des chartes, LI (1890), p. 5-62.

Les historiens ne sont pas d'accord sur plusieurs questions relatives aux origines de l'abbaye et de la ville de Saint-Denis, près de Paris.

A partir de l'an 625, un grand nombre de chartes, dont plusieurs conservées en original [1], font mention de la basilique qui renfermait le corps de saint Denis [2], évêque et martyr, de la communauté de moines établie auprès de cette basilique [3], de l'abbé qui la gouvernait [4], des bienfaits qu'elle avait reçus de la munificence des rois et des particuliers [5]. Il n'est donc pas douteux que l'existence de l'abbaye remonte au moins à cette date.

Remonte-t-elle plus haut encore? Au viᵉ siècle, Grégoire de

---

1. Ci-après, Appendice II, nᵒˢ 1, 2, 4, 5, 6; K. Pertz, *Diplomata*, p. 16, 31 et suivantes.
2. Appendice II, nᵒˢ 4, 5, 6; K. Pertz, p. 16, 32, etc.
3. « Ad ipsa basileca vel monachis ibidem deservientebus », Appendice II, nᵒ 1, ligne 8. — « Dodoni abbati una cum fratribus suis basilicae sancti Dionysii deservientibus », ibid., nᵒ 4. — « Fratrebus ibidem consistentebus », ibid., nᵒ 5, ligne 5.
4. « Ubi Dodo abba deservire vedetur », Appendice II, nᵒ 1, ligne 5. — « Dodo abba de basileca », ibid., nᵒ 2, ligne 8, etc.
5. Appendice II, nᵒˢ 1, 2, 4. « Et quia ab ipsis principebus vel a citeris priscis regebus vel deciam a Deo timentebus christianis hominebus ipse sanctus locus in rebus propter amorem Dei et vita aeterna videtur esse ditatus, » ibid., nᵒ 5, lignes 4 et 5. — K. Pertz, p. 16, nᵒ 14, etc.

Tours, en plusieurs endroits de ses ouvrages nomme une basilique de Saint-Denis, au diocèse de Paris, qui contenait la sépulture du saint martyr. Cette basilique et cette sépulture occupaient-elles le même emplacement que celles du vii⁰ siècle? Étaient-elles également desservies par des moines? En un mot, s'agit-il, dans ces passages, déjà de l'abbaye de Saint-Denis, ou bien d'une église dont l'existence aurait précédé la fondation de l'abbaye?

Au v⁰ siècle, sainte Geneviève, au rapport de l'auteur anonyme qui nous a laissé le récit de sa vie, détermina le clergé de Paris à construire une basilique en l'honneur de saint Denis. Cet édifice fut élevé dans un lieu appelé *vicus Catulliacensis*, où le saint évêque avait, disait-on, souffert le martyre. Faut-il identifier cette basilique, soit avec celle qui est mentionnée par Grégoire de Tours, soit avec l'abbaye du vii⁰ siècle? Grégoire parle du tombeau du saint, la Vie de sainte Geneviève du lieu de son martyre : faut-il admettre qu'il s'agit du même endroit, et que saint Denis fut enterré là où il avait reçu la mort? Faut-il, au contraire, préférer l'assertion d'un auteur du ix⁰ siècle, Hilduin, qui prétend qu'il fut supplicié sur la colline de Montmartre et que sa sépulture seule fut à Saint-Denis? En d'autres termes, *vicus Catulliacensis* est-il l'ancien nom de Saint-Denis ou celui de Montmartre?

Il ne faut pas prétendre arriver, en ces matières, à une certitude rigoureuse. Les textes sont trop rares et trop peu précis pour permettre d'asseoir autre chose que des conjectures. Mais ces conjectures peuvent être plus ou moins vraisemblables, plus ou moins fondées. Il faut tâcher d'en faire le départ, d'écarter les hypothèses qui n'ont aucune base pour retenir celles qui peuvent se défendre par quelques considérations sérieuses, de dégager, sur chaque point, la solution qui semble offrir la plus grande somme de probabilité. C'est ce que j'ai essayé de faire dans ce mémoire. Les conclusions auxquelles j'arrive, et que je soumets au jugement du public, forment dans leur ensemble un système assez différent de ceux qui ont été soutenus jusqu'ici par la plupart des auteurs.

J'examine d'abord la question des origines de l'abbaye, ensuite celle du lieu de la sépulture et du supplice de saint Denis.

§ 1. — L'ABBAYE DE SAINT-DENIS.

Aucun historien contemporain n'a parlé de la fondation de l'abbaye de Saint-Denis. Nous n'avons là-dessus que le témoignage de la tradition.

Cette tradition fut consignée, à Saint-Denis même, au ix° siècle, dans un écrit composé par un religieux dont nous ignorons le nom. Son ouvrage est connu sous le titre de *Gesta Dagoberti regis*. Le texte en a été imprimé plusieurs fois, notamment dans les collections d'André du Chesne [1] et de dom Bouquet [2]. On peut maintenant le lire dans une édition revue sur les manuscrits et annotée, qui a été donnée par M. Bruno Krusch [3]. Selon l'auteur anonyme, l'abbaye ne fut fondée qu'au vii° siècle, par le roi Dagobert Ier [4] (623-639). Avant le règne de ce prince, la sépulture de saint Denis se trouvait ailleurs, dans une simple église ou chapelle [5], placée sous la dépendance de l'évêque de Paris et desservie par un clerc séculier à la nomination de ce prélat [6]. Dagobert construisit, à quelque distance de là [7], une autre église, à laquelle il donna une décoration somptueuse [8]; ce fut dans celle-ci que s'établirent des moines [9]. Il ordonna de fouiller le tombeau du martyr, d'exhumer ses ossements et de les transporter dans l'église nouvelle. La translation fut faite solennellement; le

---

1. *Historiae Francorum scriptores*, I, p. 572-589.
2. *Recueil des historiens des Gaules et de la France*, II, p. 578-596.
3. *Monumenta Germaniae historica*, série in-4°: *Scriptores rerum Merovingicarum*, t. II, *Fredegarii et aliorum chronica*, etc., edidit Bruno Krusch (Hanovre, 1888), p. 396-425.
4. Par une particularité assez bizarre, l'auteur des *Gesta* ne raconte nulle part cette fondation : mais en disant qu'avant Dagobert l'abbaye n'existait pas, il fait entendre implicitement qu'elle devait son existence à ce prince. Tous ceux qui ont traité la question jusqu'ici l'ont compris ainsi.
5. « Villa quippe tantum aedicula... tantorum martyrum corpora ambiebat » (*Gesta*, 8; Krusch p. 402).
6. « Quia locus ipse eo tempore sub potestate Parisiaci antistitis constitutus erat et cui vellet clericorum eum jure beneficii tradebat » (*ibid.*).
7. « In alium ejusdem vici locum » (*Gesta*, 17; Krusch, p. 406).
8. « Et quamvis ecclesiam, quam ipse a fundamine construxerat, intrinsecus miro decore fabricaverit, foris quoque desuper absidam illam infra quam veneranda martyrum corpora tumulaverat... ex argento purissimo mirifice cooperuit » (*ibid.*).
9. « Eidem sancto loco et fratribus... ibidem deservientibus » (*Gesta*, 34; Krusch, p. 413).

narrateur en marque le jour précis : ce fut, dit-il, le 22 avril (*decimo kalendas maias*) [1].

Ce récit a été accepté pendant tout le moyen âge. Au xi° siècle, dans un acte mis sous le nom du roi Robert, Dagobert est qualifié de fondateur de Saint-Denis [2]. Au xii° siècle, on désignait l'église où avait, disait-on, reposé, jusqu'au temps de ce roi, le corps de saint Denis : c'était celle du prieuré de Saint-Denis-de-l'Étrée [3], situé dans la partie ouest de la ville de Saint-Denis, sur la route de Paris à Rouen. Au xvii° siècle, l'historien de Saint-Denis, Doublet, suivait encore la même tradition [4].

Mabillon, le premier, soutint un système tout différent [5]. Selon lui, la basilique dont il est question dans Grégoire de Tours et celle dont parle le biographe de sainte Geneviève ne sont pas différentes de l'abbaye : Dagobert n'eut donc, ni à fonder cette abbaye, ni à y établir le régime monastique ; tout cela existait avant lui ; il en rebâtit seulement l'édifice. La sépulture du martyr avait toujours occupé le lieu où s'élevait cette basilique, et la translation racontée par l'auteur des *Gesta Dagoberti* était de pure imagination. La thèse de Mabillon, adoptée par dom Félibien, dans l'*Histoire de l'abbaye royale de Saint-Denys* [6], et par l'abbé Lebeuf, dans l'*Histoire de la ville et de tout le diocèse de Paris* [7], est généralement admise et enseignée aujourd'hui.

L'autorité de Mabillon est des plus hautes et il peut paraître hardi de mettre en question ce qu'il a prononcé. Mais on a déjà remarqué que, chez le grand bénédictin, l'esprit de corps a fait quelquefois fléchir la rigueur du jugement scientifique. Son

---

1. « Sanctorum martyrum Dyonisii, Rustici et Eleutherii » — voir ci-après, Appendice I, n° 2 — « corpora requirens... in alium ejusdem vici locum summa cum veneratione decimo kal. maias transtulit » (*Gesta*, 17 ; Krusch, p. 406).

2. « Ex regali munificentia gloriosi regis Dagoberti fundatoris ejusdem aecclesiae » (J. Tardif, *Monuments historiques*, p. 156, n° 249 ; Pfister, *Études sur le règne de Robert le Pieux*, p. LXXI, n° 38).

3. « In Strata vero ubi dominus noster post Dominum ter beatus Dionys ius toto trecentorum annorum tempore quievit » (Suger, édition Lecoy de la Marche, p. 339).

4. J. Doublet, *Histoire de l'abbaye de Saint-Denys en France* (Paris, 1625, in-4°), p. 157.

5. *Ouvrages posthumes de D. Jean Mabillon et de D. Thierri Ruinart*, publiés par D. Vincent Thuillier, II, p. 336-360 : *Remarques sur les antiquitez de saint Denis*.

6. Paris, 1706, in-fol., *Dissertation préliminaire*.

7. Tome III, *Histoire de la banlieue ecclésiastique de Paris*, etc., p. 208 ; nouvelle édition (1883), I, p. 513 ; etc.

opinion sur une fausse charte de fondation de Saint-Germain-des-Prés, qu'il avait jugée trop favorablement, a inspiré à Jules Quicherat cette réflexion : « C'est ici le cas de déplorer la tyrannie que les préjugés ou les circonstances exercent même sur les plus grands esprits. Mabillon, législateur de la critique... n'aurait pas souscrit l'arrêt rendu par Mabillon, historien de l'ordre de Saint-Benoît [1]. » Or, les « préjugés ou les circonstances » pouvaient être, à propos de Saint-Denis, à peu près les mêmes qu'à propos de Saint-Germain-des-Prés. L'honneur de l'ordre de Saint-Benoît pouvait paraître intéressé à ce que l'illustre monastère désigné pour recevoir la sépulture des rois fût aussi ancien que la monarchie elle-même et à ce qu'il eût possédé de tout temps les saintes reliques qui faisaient sa gloire. Il y a donc lieu de soumettre à un nouvel examen une sentence qui n'a pu être rendue dans des conditions d'impartialité parfaite.

Le principal argument de Mabillon consiste à prétendre que le moine du IX° siècle, qui a écrit les *Gesta Dagoberti*, ne mérite aucune foi. Il relève avec complaisance dans son récit quelques détails peu vraisemblables, et il se hâte d'en conclure que cet auteur n'a écrit que des « sottises [2] », que tout ce qu'il avance est « ridicule et insoutenable [3] », et qu'il ne faut pas s'y arrêter. Lancée sur cette voie, la critique est allée, en notre siècle, plus loin encore. On a accusé l'auteur des *Gesta* d'avoir, dans les parties de son œuvre où il rapporte les libéralités de Dagobert envers l'abbaye, fabriqué et allégué sciemment des chartes fausses, pour légitimer les prétentions de sa maison sur des biens qu'elle possédait sans titre [4]. « Les *Gesta Dagoberti*, — écrivait, il y a cinq ans, un critique éminent, — ne sont qu'une compilation indigne de créance, composée à la fin du IX° siècle par un moine de Saint-Denis, pour rehausser la gloire du monastère et de son fondateur, pour rattacher la possession de ses biens à des libéralités de ce prince, pour l'assurer à l'avenir par des chartes

---

1. *Bibliothèque de l'École des chartes*, 6° série, I (26° année, 1865), p. 546.
2. « Et ce qu'en dit ce moine est si plein de sottises, que la tradition qui a pris de là sa source, doit passer pour une chose très incertaine et de très légère croyance, pour ne pas dire fausse et impossible » (Mabillon, *Œuvres posthumes*, II, p. 343-344).
3. « Le témoignage du moine de S. Denis... ne mérite pas qu'on en dise rien plus, tant ce qu'il avance en cet endroit est ridicule et insoutenable » (*ibid.*, p. 348).
4. G. Monod, dans la *Revue critique d'histoire et de littérature*, 7° année (1873), 2° semestre, p. 258.

supposées¹. » Mais cette condamnation sommaire n'était pas méritée. Tout récemment, M. Krusch, en même temps qu'il revisait le texte des *Gesta Dagoberti*, a cherché les sources d'information de l'auteur en ce qui concerne les diplômes incriminés ². Il a prouvé que cet écrivain n'a fabriqué aucun document, qu'il n'a fait que dépouiller, et cela avec un soin et une conscience dignes d'éloge, les archives de son monastère; que les pièces citées par lui sont presque toutes authentiques, enfin que, si quelques-unes sont fausses, elles existaient avant lui et qu'il les a acceptées de bonne foi ³. Son ouvrage est un travail d'une valeur réelle et il y a, aujourd'hui encore, sur certains documents qui ne nous sont pas parvenus, des renseignements utiles à en tirer. M. Krusch a montré, en outre, que la rédaction des *Gesta* remonte plus haut qu'on ne l'avait cru : l'auteur a écrit au commencement et non à la fin du IX° siècle.

On avait été trop prompt à le traiter de faussaire : n'a-t-on pas été trop prompt aussi à condamner en bloc la partie historique de son ouvrage? Sans doute ce livre, écho des légendes répétées de bouche en bouche dans le monastère, contient des fables : telle est l'histoire du double miracle qui aurait amené le jeune Dagobert, sous le règne de son père, à découvrir la sépulture du saint martyr, puis à s'engager envers lui par un vœu ⁴; telle est celle d'un gouverneur du prince, du nom de Sadregisèle, qui paraît bien être un personnage inventé ⁵. Mais, quand l'auteur des *Gesta* affirme qu'avant Dagobert il n'y avait pas de moines à Saint-Denis; quand il ajoute que le corps du saint évêque était déposé dans une autre église et que l'abbaye n'en a dû la translation qu'à la libéralité du roi son fondateur; quand il indique le jour exact où cette translation fut opérée : si alors il répète encore des traditions, ce sont des traditions d'un caractère historique et

---

1. « Die Thaten Dagoberts sind eine unzuverlässige Compilation aus dem Ende des neunten Jahrhunderts, von einem Mönch zu Saint-Denis verfasst, um das Kloster und seinen Stifter zu verherrlichen, auf seine Schenkungen den Besitzstand zurückzuführen, und denselben durch erdichtete Urkunden zu schützen » (Wattenbach, *Deutschlands Geschichtsquellen*, I, 5ᵉ édition, 1885, p. 105).

2. *Forschungen zur deutschen Geschichte*, XXVI (1886), p. 161-191.

3. Peut-être, en outre, le nombre de ces pièces fausses est-il moins grand que ne l'a cru le savant allemand. La critique diplomatique des *Gesta* n'est pas encore faite d'une façon définitive; mais on doit savoir beaucoup de gré à M. Krusch de l'avoir le premier esquissée.

4. *Gesta Dagoberti*, 2-9; Krusch, p. 401-403.

5. *Gesta*, 6; Krusch, p. 402, etc.

précis. Elles portent sur des faits dont les moines de Saint-Denis devaient être informés mieux que personne. Avons-nous des motifs sérieux pour refuser de les croire?

Il faut beaucoup se défier des traditions, quand elles tendent à exagérer l'antiquité des institutions ou des événements; mais il n'est guère à craindre qu'elles altèrent les dates en sens inverse. Nous sommes certains que l'abbaye de Saint-Denis était au moins aussi ancienne qu'elle le prétendait, qu'elle remontait, au moins, au règne de Dagobert, car nous possédons une charte originale de ce roi qui la nomme [1]. Nous ne devons pas présumer qu'elle fût plus ancienne encore. Pour une fondation religieuse, c'était un titre de gloire de compter de longs siècles d'existence. Si les religieux de Saint-Denis avaient pu se vanter de remonter, comme le suppose Mabillon, au VIe et même au Ve siècle, ils ne l'auraient jamais oublié; ils n'auraient eu garde de rabaisser mal à propos l'époque de leur fondation jusqu'au VIIe siècle.

Pour prouver que le monastère existait avant le règne de Dagobert Ier, Mabillon allègue des chartes qui le mentionnent et qui sont datées du règne de Clotaire II, père et prédécesseur de Dagobert. Il en indique plusieurs; mais il faut commencer par en écarter deux, qui n'ont pu être citées que par méprise : « Le testament de Clotilde, dame françoise, en faveur de S. Denis, imprimé dans la *Diplomatique*, ne convient pas au tems de Clotaire III, comme je croyois pour lors, mais à l'année XVI de Clotaire II, qui est l'an de Jesus-Christ 599. Le même Clotaire II a donné à la même abbaye de S. Denis une terre, comme le prouve sa charte originale écrite en écorce, et dattée de l'an 6. Je n'ai recouvré cet illustre monument que depuis l'édition de la *Diplomatique* [2]. » La charte de Clotilde (que tout le monde s'accorde à dater de l'an 16 de Clotaire III, c'est-à-dire de 673) ne fait aucune mention de Saint-Denis [3]; et l'on ne connaît aucun diplôme royal, sur papyrus, daté de l'an 6 d'aucun roi du nom de Clotaire. Ceci dit, il reste à considérer trois chartes (dont deux seulement étaient connues au temps de Mabillon). L'une (celle que Mabillon n'a pu voir, car elle n'a été découverte qu'en 1845) est un fragment de diplôme royal sur papyrus, de juin ou de juillet de l'an 11 de Clotaire II, c'est-à-dire de 625 [4]. La seconde,

---

1. K. Pertz, p. 16, n° 14.
2. Mabillon, *Œuvres posthumes*, II, p. 346.
3. J. Tardif, p. 15, n° 19.
4. Ci-après, Appendice II, n° 1.

un autre papyrus royal, ne porte plus de date, mais paraît à peu près contemporaine de la première [1]. La troisième est une charte privée, conservée seulement en copie, mais aussi incontestablement authentique que les originaux [2] : elle est datée du 20 avril de l'an 43 de Clotaire II (627). Ces trois textes nomment l'abbaye de Saint-Denis, ses moines, son abbé. Cette abbaye existait donc, dit Mabillon, « auparavant que Dagobert fût roi [3]. »

La conséquence serait inattaquable, si Dagobert n'était devenu roi qu'à la mort de son père. Mais il est du nombre de ces princes, assez nombreux dans notre histoire, qui ont commencé à régner du vivant de leur prédécesseur. Clotaire II vécut jusqu'au commencement de la 46e année de son règne [4] (629), et, dans la 39e année de ce même règne (probablement dans les premiers mois de 623 [5]), il avait donné à son fils, avec le titre de roi, le gouvernement d'une partie de ses États [6]. Aussi est-ce de 623 et non de 629 qu'on fit toujours partir, après comme avant la mort de Clotaire, le compte des années du règne de Dagobert [7]. Une pièce peut donc être datée des années de Clotaire II sans être antérieure à l'avènement de Dagobert, et c'est le cas des trois chartes qui nous occupent : elles sont précisément de cette période de six ans pendant laquelle la royauté fut partagée entre le père et le fils (623-629). Quand elles ont été écrites, Dagobert était roi.

Il est vrai qu'alors il ne régnait pas sur le diocèse de Paris. Son apanage ne comprenait que le royaume d'Austrasie, à l'est de l'Ardenne et des Vosges [8]. Mais il disposait d'un trésor royal, et c'était assez sans doute pour pouvoir fonder un monastère. Un acte original du même siècle nous montre une fondation sem-

---

1. Appendice II, n° 2.
2. Appendice II, n° 4.
3. *Œuvres posthumes*, II, p. 355.
4. Chronique dite de Frédégaire, IV, 56 ; Krusch, *Fredegarii et aliorum chronica*, p. 148.
5. *Questions mérovingiennes*, IV (*Bibliothèque de l'École des chartes*, XLVIII, 1887), p. 42, note 1. Ci-dessus, p. 139, n° 1.
6. « Anno XXXVIIII regni Chlothariae Dagobertum filium suum consortem regni facit eumque super Austrasius regem instituit » (Frédégaire, IV, 47 ; Krusch, p. 144).
7. *Questions mérovingiennes*, III, p. 4 (*Bibliothèque de l'École des chartes*, XLVI, 1885, p. 431. — Ci-dessus, p. 92). — Frédégaire, IV, 58 ; Krusch, p. 149.
8. « Chlotharius Dagobertum... super Austrasius regem instituit, retinens sibi quod Ardinna et Vosacos versus Neuster et Burgundia excludebant » (Frédégaire, IV, 47 ; Krusch, p. 144 ; Longnon, *Atlas historique de la France*, p. 41).

blable faite par une simple particulière [1]. A plus forte raison un roi pouvait-il en faire une dans le territoire soumis à un autre roi, dont il était lui-même l'héritier présomptif. Ces trois chartes ne donnent donc pas le droit de révoquer en doute la fondation attribuée à Dagobert ; mais elles fournissent le moyen d'en préciser la date. L'avènement de Dagobert est des premiers mois de 623 [2] ; la plus ancienne charte qui nomme un abbé de Saint-Denis, de juin ou juillet 625 [3]. La fondation du monastère eut donc lieu en 623, en 624 ou dans le premier semestre de 625.

Quant à l'auteur des *Gesta Dagoberti*, il a, comme Mabillon, oublié ou ignoré la vraie date de l'avènement de Dagobert. Il a cru qu'il n'avait été roi et n'avait pu exécuter sa fondation qu'après la mort de Clotaire II. Il s'est trompé, on le voit, en bonne compagnie, et l'on aurait mauvaise grâce à lui reprocher, sur ce point, sa méprise.

Après cet argument chronologique, qui semblait péremptoire et qui ne prouve rien, Mabillon invoque une raison tirée de l'usage de la langue à l'époque mérovingienne. « Il n'y a rien de mieux prouvé, dit-il, par M. de Valois dans sa *Disceptation de Basilicis* contre M. de Launoy, que par le mot de *Basilica* en France dans le sixième et septième siècle, on entend toujours une église de moines. Les cathédrales sont appelées *Ecclesiæ*, les paroisses aussi [4]. » Si cela était vrai, l'existence des moines à Saint-Denis au VIe siècle ne serait pas douteuse, car, dans Grégoire de Tours, l'église qui renfermait le tombeau de saint Denis est toujours appelée *basilica*. Mais le savant bénédictin rend fort inexactement la pensée de l'auteur qu'il allègue. « Grégoire de Tours, — dit, tout au contraire, Adrien de Valois, — appelle basiliques, tantôt les églises paroissiales, tantôt les monastères [5]. » L'histoire de l'église de Saint-Denis avant la fondation de l'abbaye, ou plutôt le peu que nous savons de cette histoire, aura sa place dans le paragraphe suivant. Quant au monastère, il faut s'en tenir à cet aveu de Mabillon lui-même, dans un autre passage du même mémoire : « Ni dans Grégoire de Tours ni dans

---

1. J. Tardif, p. 15, n° 19.
2. Ci-dessus, p. 198, note 5.
3. Appendice II, n° 1.
4. Mabillon, *Œuvres posthumes*, II, p. 355.
5. « Basilicas Gregorius nunc ecclesias parœciales vocat, ut in libri V capite II basilicam S. Martini Rotomagi, quæ et hodie parœcia esse dicitur, ac mille alibi alias ; nunc etiam monasteria » (*Hadriani Valesii Disceptatio de basilicis*, 1657, p. 19).

aucun autre historien... on ne trouve rien pour l'établissement des moines de saint Denis avant Dagobert [1]. »

Ce n'est pas assez dire : on trouve dans Grégoire de Tours, sinon des indices certains, du moins des présomptions contre la présence des moines, auprès du tombeau de saint Denis, au VIᵉ siècle. En 579, une femme de Paris ayant été accusée d'adultère, son père, pour la justifier, jura devant la sépulture du martyr qu'elle était innocente : une querelle s'ensuivit entre les amis de ce père et ceux du mari, qui soutenaient l'accusation ; on tira l'épée et le sang fut versé dans la basilique. Celle-ci, dit l'historien, fut mise en interdit ; les coupables, renvoyés par le roi devant l'évêque, durent composer avec lui [2]. Ceci s'accorde bien avec l'assertion de l'auteur des *Gesta Dagoberti*, qui dit que l'église où reposait saint Denis était placée sous l'autorité directe de l'évêque de Paris. Si c'eût été une église de moines, c'est sans doute avec l'abbé que les coupables auraient dû composer ; tout au moins il serait mentionné comme ayant porté plainte. Cinq ans plus tôt, en 574, la même basilique eut à souffrir des incursions des soldats de Sigebert, roi d'Austrasie, alors campés aux environs de Paris [3]. Les pillards, dit Grégoire de Tours, trouvèrent le sanctuaire tout ouvert et abandonné par ses gardiens : *reserata ostia ac vacuum templum a custodibus* [4]. S'il y avait eu là une communauté de religieux, il est difficile de croire qu'ils eussent tous abandonné leur couvent et leur église à la merci du

---

1. *Œuvres posthumes*, II, p. 348.
2. « Apud Parisius autem mulier quaedam ruit in crimine, asserentibus multis quasi quod relicto viro cum alio misceretur. Igitur parentes illius accesserunt ad patrem, dicentes : Aut idoneam redde filiam tuam, aut certe moriatur... Si, inquiunt, est innoxia, super tumulum hoc beati Dionysii martyris sacramentis adfirma... Tunc inito placito ad basilicam martyris sancti conveniunt, elevatisque pater manibus super altarium juravitque filiam non esse culpabilem. E contrario vero perjurasse eum alii a parte viro pronuntiant. His ergo altercantibus, evaginatis gladiis in se invicem proruunt atque ante ipsum altarium se trucidantur. Erant enim majores natu et primi apud Chilpericum regem... Respergitur sancta humano cruore basilica... atque usque ad ipsum sepulcrum tela iniqua desaeviunt... Locus officium perdidit, donec ista omnia ad regis notitiam pervenirent. Hi vero properantes ad praesentiam principis, non recipiuntur in gratia, sed et ad episcopum loci illius remissi, jussum est ut, si de hoc facinus culpabiles non inveniebantur, convenienter sociarentur communioni. Tunc ab episcopo Ragnimodo, qui Parisiacae ecclesiae praeerat, componentes quae male gesserant, in communione ecclesiastica sunt recepti » (*Historia Francorum*, V, 32 ; Arndt et Krusch, *Scriptores rerum Merovingicarum*, I, p. 224, 225).
3. *Historia Francorum*, IV, 49 ; Arndt et Krusch, p. 184.
4. *Gloria martyrum*, 71 ; Arndt et Krusch, p. 535.

premier venu. Si, au contraire, il n'y avait, comme le disent les *Gesta Dagoberti*, qu'un seul prêtre, chargé par l'évêque du service de la basilique [1], il est moins étonnant que ce prêtre et ses serviteurs n'aient pas eu le courage de rester dans une campagne ravagée par l'ennemi, pour y garder une église qui ne leur était confiée qu'à titre précaire.

Un seul historien mérovingien a parlé des commencements de l'abbaye de Saint-Denis : c'est l'auteur de la chronique dite de Frédégaire, qui écrivait au VIIe siècle. Ce qu'il en dit n'est pas aussi clair qu'on pourrait le souhaiter :

Anno sexto decemo regni sui Dagobertus profluvium ventris Spinogelo villa super Secona fluvio nec procul a Parisius aegrotare cepit. Exinde ad baseleca sancti Dionensis a suis defertur....
Hys gestis post paucus dies Dagobertus amisit spiritum, sepultusque est in ecclesia sancti Dionensis, quam ipse prius condigne ex auro et gemmis et multis preciosissemis espetebus ornaverat et condigne in circoito fabrecare preceperat, patrocinium ipsius precioso expetens. Tante opes ab eodem et villas et possessiones multas per plurema loca ibique sunt conlate, ut miraretur a plurimis. Sallencium ibidem ad instar monastiriae sanctorum Agauninsium instetuere iusserat, sed facilletas abbatis Aigulfi eadem instetucionem nuscetur refragasse [2].

L'église de Saint-Denis dont parle ici le chroniqueur est certainement celle de l'abbaye, qui était, de son temps, en pleine prospérité. Il l'appelle d'abord *basilica*, puis *ecclesia*, ce qui prouve encore que ces deux mots pouvaient avoir le même sens. Il dit que Dagobert l'avait fait construire (*in circoito fabrecare preceperat*) : il ne dit pas s'il s'agit d'une construction première ou d'une reconstruction. La première hypothèse est, semble-t-il, la plus simple et la plus naturelle. *In circoito fabrecare* est obscur ; faut-il entendre « construire dans toute l'étendue de son enceinte, construire entièrement » ? Mabillon écrit : *in circuitu (tumuli) fabricare præceperat* [3], et il conclut que le tombeau du martyr était là avant la construction de l'église, puisque celle-ci fut bâtie autour du tombeau. Mais c'est une hypothèse gratuite ; rien, dans ce qui précède, ne donne le droit de sous-entendre ici le mot *tumuli*.

---

1. Ci-dessus, p. 199, note 6.
2. Frédégaire, IV, 79 ; Krusch, p. 161.
3. *Œuvres posthumes*, II, p. 349.

Ce chroniqueur signale avec raison le nombre et la valeur des libéralités de Dagobert envers Saint-Denis; les chartes confirment, sur ce point, son témoignage [1]. Il faut ajouter qu'il fut le premier roi qui en usa ainsi. Les archives de l'abbaye nous ont bien conservé deux chartes de Clotaire II [2], mais dans ces chartes le vieux roi ne donne rien qui soit à lui : il confirme des dons faits par des particuliers [3]. Clotaire voulait bien prendre sous sa protection la fondation de son fils, lui assurer la possession paisible de ses propriétés, permettre que sa chancellerie donnât au saint qu'on y vénérait le titre honorifique de *peculiaris patroni nostri* [4]; mais il n'y avait pas de raison pour qu'il se dépouillât de son bien au profit d'une œuvre qui n'était pas la sienne. Dagobert, au contraire, aussitôt maître des domaines paternels, se hâta d'en faire part à ses moines favoris : au lendemain de la mort de Clotaire II, il leur donna une des résidences de ce prince, le palais d'Étrépagny, dans le Vexin [5]. On observe la même différence dans le choix que firent les deux rois pour le lieu de leur sépulture : Clotaire II fut enterré, comme ses prédécesseurs, dans la basilique de Saint-Vincent [6] (aujourd'hui Saint-Germain-des-Prés); Dagobert, le premier, voulut reposer à Saint-Denis [7].

La basilique séculière de Saint-Denis, au vɪᵉ siècle, renfermait la sépulture du saint; au vɪɪᵉ siècle, le corps du même saint était dans l'abbaye fondée par Dagobert : si la basilique du vɪᵉ siècle et l'abbaye ne sont pas identiques, il faut donc que les restes du martyr aient été transférés de l'une à l'autre. C'est ce qu'affirme, on l'a déjà vu, l'auteur des *Gesta Dagoberti*. Mais il n'est pas seul à nous l'apprendre. Les plus anciens titres du monastère en rendent également témoignage.

---

1. K. Pertz, p. 16, nº 14; p. 19, nº 18; p. 31, nº 32; p. 74, nº 84; p. 140, nº 22 (voir ci-dessous, note 5). — *Gesta Dagoberti*, passim; *Forschungen*, XXVI, p. 161-194.
2. Appendice II, nᵒˢ 1 et 2.
3. Ajoutons que, parmi les bienfaiteurs de l'abbaye de Saint-Denis au temps de Clotaire II, on remarque la dame Théodila ou Théodétrude (Appendice II, nº 4), qui paraît avoir été la sujette et la protégée de Dagobert (Appendice II, nº 3), et qui donna des preuves de son dévouement envers ce prince (*Gesta Dagoberti*, 37; Krusch, p. 415).
4. Appendice II, nº 1, ligne 2 de l'original; nº 2, ligne 3.
5. K. Pertz, p. 140, nº 22 : j'espère établir, dans un prochain numéro de ces *Questions*, l'authenticité et la vraie date de cette pièce.
6. Frédégaire, IV, 56; Krusch, p. 148.
7. Ci-dessus, p. 201.

Dans les chartes de Clotaire II, d'une part, et dans celles de ses successeurs, de l'autre, l'abbaye de Saint-Denis n'est pas désignée de la même façon. A partir du règne de Dagobert en Neustrie, on mentionne toujours la présence du corps de saint Denis dans le monastère. On écrit, par exemple : *basileca domni Diunensi martheris peculiaris patroni nostri, ubi ipse preciosus domnus in corpore requiescere vedetur* [1] ; ou encore : *monasthyrio sancti domni Dionisiae peculiaris patruni nostri, ubi ipsi praeciosus in corpore requiescit, vel ubi Chardericus abba praeesse viditur* [2], etc. [3] Sous Clotaire II, rien de pareil. Dans l'une de ses deux chartes, on lit d'abord : *partebus sancti domni Dioninsis peculiares patroni nostri* [4], et plus loin : *...[san]cti domni Dioninsis martheris ubi Dodo abba deservire vedetur* [5]; dans l'autre : *Dodo abba de basileça sancti domni Dioninsio martheris peculiares patroni nostri* [6]. Il n'est pas question de la présence de ce saint patron, *peculiaris patroni*. Est-ce un hasard, une simple négligence ? Rien n'est moins probable. Les religieux n'auront pas, à deux reprises différentes, omis de faire inscrire dans leurs titres un avantage dont ils se montrèrent si constamment jaloux par la suite. Puisqu'on n'a pas dit que le corps du martyr était dans l'abbaye, c'est qu'il était ailleurs ; et il n'est pas difficile de dire où : il reposait encore dans la basilique séculière, l'église qu'avait connue Grégoire de Tours. Pour fonder un monastère, en effet, il n'avait fallu à Dagobert que de l'argent, et son royaume d'Austrasie avait dû lui en fournir. Mais, pour enlever les ossements de saint Denis à l'évêque de Paris, maître du sanctuaire qui renfermait son tombeau, il aurait fallu avoir le droit de commander, et Clotaire seul, à Paris, avait ce droit. Avant d'obtenir de son père la permission de compléter sa fondation par le don de ces précieuses reliques, le jeune roi dut sans doute attendre quelque temps. C'est pendant ce temps qu'auront été écrites et expédiées les deux chartes où manque la clause : *ubi ipse pretiosus in corpore requiescit*.

Il n'attendit pourtant pas très longtemps : il est possible ici de

---

1. K. Pertz, p. 16, n° 14, ligne 3 de l'original.
2. K. Pertz, p. 44, n° 48.
3. K. Pertz, p. 31, n° 32 ; p. 32, n° 34 ; p. 33, n° 35 ; p. 46, n° 51, etc.
4. Appendice II, n° 1, ligne 2 : ces mots sont suivis d'une lacune ; mais le choix du terme *partebus*, au lieu de *basilicae* ou *monasterio*, prouve qu'on n'avait pas l'intention de les faire suivre de la formule *ubi ipse pretiosus in corpore requiescit*.
5. Appendice II, n° 1, ligne 5 de l'original.
6. Appendice II, n° 2, ligne 3 de l'original.

fixer une date tout à fait précise. L'auteur des *Gesta Dagoberti* dit que la translation des reliques eut lieu un 22 avril [1]. Il en savait le jour, bien qu'il en ignorât l'année, parce qu'il en voyait célébrer tous les ans la fête commémorative ; cette fête s'observait encore à pareil jour, dans le diocèse de Paris, au temps de Mabillon [2]. Or, le corps de saint Denis n'était pas encore dans l'abbaye en juin ou juillet 625, date de l'une des deux chartes de Clotaire II [3] ; mais il y était le 20 avril 627, date d'une charte privée, dans laquelle on lit déjà : *sancta basilica domini Dionysii martyris, ubi in corpore pausare videtur* [4]. Il y fut donc transféré le 22 avril 626.

Le jour de Pâques, en 626, fut le 20 avril ; le jour de la translation fut donc le surlendemain mardi, et la solennité dont elle fut l'occasion dut être comme une suite des fêtes de Pâques. Peut-être d'autres fêtes encore furent-elles associées à ces deux-là. La 42º année de Clotaire II, qui comprend la fin de 625 et la plus grande partie de 626, marque une époque importante dans la vie de Dagobert, celle de son premier mariage. Il épousa Gomatrude, sœur de Sichilde, la dernière des femmes de son père [5]. Ce mariage, ordonné par le vieux roi, fut célébré avec pompe à sa cour, dans un domaine des environs de Paris [6].

1. Ci-dessus, p. 194, note 1.
2. « Il est vrai que l'Eglise de Paris celebre le 22 d'avril la fête de l'Invention de saint Denis » (Mabillon, *Œuvres posthumes*, II, p. 340, note). — Mabillon ajoute : « Mais il est constant que c'est celle qui fut faite par la dame même qui avoit caché son corps, et qui le releva aussi-tôt que la rigueur de la persecution commença à se rallentir. Les anciens actes de saint Denis, écrits long-tems avant Dagobert, parlent de cette Invention... » L'explication que Mabillon donne pour constante n'est qu'une hypothèse gratuite. Les « anciens actes de saint Denis », loin d'être antérieurs à Dagobert, ne paraissent pas remonter plus haut que le commencement du ixᵉ siècle; ils sont probablement contemporains des *Gesta Dagoberti* (ci-après, Appendice I, nº 3). L'un et l'autre ouvrage rapportent la légende de la dame (nommée Catulla dans les *Gesta*) qui aurait caché, puis révélé les dépouilles mortelles de saint Denis : mais ni l'un ni l'autre n'indique le jour de cette « Invention ». Les *Gesta Dagoberti* sont le plus ancien texte qui mentionne, en relation avec le culte de saint Denis, la date du 22 avril ; on peut les en croire sur le fait auquel s'applique cette date et sur le sens de la fête qui y était restée attachée. [La fête de l'Invention de saint Denis, le 22 avril, est toujours au propre du diocèse de Paris (observation de M. Ledos).]
3. Appendice II, nº 1.
4. Appendice II, nº 4.
5. « Anno XLII regni Chlothariae Dagobertus cultu regio et jusso patris honeste cum leudibus Clippiaco (? voir la note suivante) nec procul Parisius venit ibique germanam Sichildae regini nomen Gomatrudae in conjugium accepit. » (Frédégaire, IV, 53 ; Krusch, p. 146, 147).
6. La lecture *Clippiaco*, dans le passage cité à la note précédente, n'est pas

Dagobert reçut à cette occasion un accroissement d'apanage, que son père, toutefois, ne lui accorda qu'avec peine [1]; cette concession fut faite avant juin 626, car, dès le 20 de ce mois, une charte nous montre le jeune prince régnant sur ses nouveaux domaines [2].

certaine; le meilleur manuscrit présente des traces de grattage et de surcharge, les autres des leçons plus ou moins bizarres. Plus loin, dans la même chronique (Frédégaire, IV, 58; Krusch, p. 150), on lit : « Dagobertus... Parisius venit, ibique Gomatrudem reginam Romiliaco villa, ubi ipsa matrimunium acceperat, relinquens, Nantechildem unam ex puellis de menesterio matrimonium accipiens, reginam sublimavit. » On ne sait pas comment doit se traduire, en topographie moderne, le nom de *Romiliacus* (Reuilly, proposé par Jacobs, paraît phonétiquement impossible); *Clippiacus* est probablement Clichy-la-Garenne (Seine), plutôt que Saint-Ouen-sur-Seine, qu'on a proposé sans raisons décisives. Mais on ne voit pas non plus clairement si, par les mots *ubi ipsa matrimunium acceperat*, il faut entendre : « où il l'avait épousée », ou bien : « où elle avait reçu, où on lui avait assigné sa dot. »

1. « Transactis nupciis, diae tercio, inter Chlotharium et filium suum Dagobertum gravis horta fuit intencio, petensquae Dagobertus cuncta que ad regnum Austrasiorum pertinencia suae dicione velle recipere, quod Chlotharium vehementer denegabat. Tandem a pontificebus vel sapientissimis viris procerebus pater pacificatur cum filio, reddensque ei soledatum quod aspexerat ad regnum Austrasiorum, hoc tantum exinde quod citra Legere vel Provinciae partibus situm erat, suae dicione retenuit » (Frédégaire, IV, 53; Krusch, p. 147). Ce passage a donné lieu à des interprétations diverses. On ne voit pas, à première vue, ce que Dagobert réclamait et ce qu'il obtint. Mais la solution est donnée par la fin de la phrase : Clotaire ne se réserva que ce qui était en deçà de la Loire; il donna donc tout ce qui était au delà, c'est-à-dire toute l'Aquitaine. Ainsi, dans la pensée de Dagobert et de ses contemporains, l'Aquitaine était considérée comme une dépendance de l'Austrasie. On ne saurait s'en étonner, Sigebert, Childebert II, Théodebert II, rois d'Austrasie, avaient possédé de vastes domaines au-delà de la Loire (Longnon, *Atlas historique*, planches III et IV, cartes des années 571, 587 et 600). Mais ce n'était probablement plus ces souvenirs historiques qui déterminaient, en 626, le sens du mot *regnum Austrasiorum*. Depuis que Clotaire II avait réuni dans ses mains toute la monarchie franque, il avait fait de l'Austrasie et de la Bourgogne deux circonscriptions administratives, formant chacune le ressort d'un maire du palais (Frédégaire, IV, 42; Krusch, p. 142). Quand ce régime fut organisé, en 613, la majeure partie de l'Aquitaine venait d'appartenir aux rois austrasiens; il est permis de présumer que le maire du palais d'Austrasie reçut alors dans son ressort cette région tout entière, et c'est là-dessus sans doute que Dagobert se fondait pour la réclamer. La domination de Dagobert sur l'Aquitaine, à partir de 626, est d'ailleurs attestée par une charte de cette année même (Appendice II, n° 3); voir la note suivante.

2. Appendice II, n° 3, daté : « sub die XII kal. julias anno IIII regni domni nostri Dagoberto regis. » On a rapporté jusqu'ici cette pièce à 631 ou 632, dans la supposition que les années du règne de Dagobert étaient comptées de la mort de Clotaire II (qu'on fixait à tort à 628 au lieu de 629). Mais on sait que les années de règne des Mérovingiens sont toujours comptées de leur premier avènement (*Questions mérovingiennes*, III, p. 4, 5; ou *Bibliothèque de l'École des chartes*, XLVI, p. 431, 432; ci-dessus, p. 92; *Neues Archiv der Gesellschaft für ältere deutsche Geschichtskunde*, XI, p. 358; *Göttingische gelehrte Anzeigen*, 1887, p. 382). Le douzième jour avant les calendes de juillet de l'an 4 de Dagobert est donc le 20 juin 626. — Le nom de Dagobert ne figure

Peut-être la permission de prendre le corps de saint Denis à l'église qui le possédait, pour en gratifier les religieux, fut-elle un autre présent de noces accordé par le père à son fils. Celui-ci dut être plus facile à obtenir de Clotaire, puisqu'il ne le faisait pas à ses dépens. Si l'on admet cette hypothèse, il faudra supposer que le mariage de Dagobert avec Gomatrude, retardé par le carême, eût lieu aussitôt après Pâques, dans les derniers jours d'avril 626.

Quoi qu'il en soit de ces dernières conjectures, on peut conclure des considérations précédentes que l'auteur des *Gesta Dagoberti* était bien informé ; qu'il a eu raison d'attribuer à Dagobert Ier la création du monastère de Saint-Denis et la translation des reliques du saint dans l'église abbatiale ; que le monastère fut fondé entre janvier 623 et juillet 625, et que la translation des reliques eut lieu le mardi 22 avril 626.

Il restait au monastère une dernière faveur à obtenir : c'était que son patrimoine fût officiellement et irrévocablement séparé de celui de l'église de Paris et soustrait à l'ingérence épiscopale. Ce privilège ne lui fut accordé par des actes exprès que sous le fils et successeur de Dagobert, Clovis II. Ce fut l'objet d'un acte de l'évêque de Paris, Landri, qui ne nous est pas parvenu, puis d'une charte royale de confirmation, dont les Archives nationales possèdent encore aujourd'hui l'original, bien conservé, avec les signatures autographes de Clovis II et de divers évêques et grands dignitaires du palais [1]. On ne paraît pas avoir toujours bien compris le caractère de cet acte. C'est, si je ne me trompe, l'équivalent exact de ces décrets par lesquels, de nos jours, le gouvernement reconnaît à une association le caractère d'établissement d'utilité publique, et lui confère par là la faculté de posséder et de recevoir. Aux associations modernes, comme à l'antique abbaye, ce précieux avantage n'est jamais accordé qu'après un certain nombre d'années d'existence ; l'acte qui l'assure à Saint-Denis est du 22 juin 654, trente ans après la date qui vient d'être assignée à la fondation de l'abbaye. On comprend qu'il pût être à propos alors de régulariser la condition juridique d'une communauté dont la création était encore si récente. On

---

pas seulement dans la date de cet acte. Dans les premières lignes, il est question d'une *praeceptio* de ce prince, adressée à un certain comte Barontus, qui plus tard, promu au rang de duc, se rendit fameux par ses malversations au préjudice du trésor royal d'Aquitaine (Frédégaire, IV, 67 ; Krusch, p. 154).

1. Appendice II, n° 5.

s'expliquerait moins facilement l'utilité de cette précaution, si, à cette époque, l'abbaye avait déjà compté, comme le prétend Mabillon, un ou deux siècles d'existence indépendante.

§ 2. — SAINT-DENIS-DE-L'ÉTRÉE.

Il résulte de ce qui précède qu'il faut distinguer, dans le diocèse de Paris, à l'époque mérovingienne, deux églises de Saint-Denis : l'église abbatiale, fondée par Dagobert; l'église séculière, mentionnée par Grégoire de Tours. Elles étaient en deux endroits différents, puisque les reliques du martyr furent transférées de l'une à l'autre. L'emplacement de l'église abbatiale est bien connu; il est marqué encore aujourd'hui par la célèbre basilique où furent enterrés la plupart de nos rois. Où se trouvait l'autre église, celle qui renfermait, au vi⁰ siècle, le tombeau de saint Denis?

Selon l'auteur des *Gesta Dagoberti*, elle était dans le même bourg ou village (*vicus*) que l'abbaye [1], c'est-à-dire dans la ville actuelle de Saint-Denis-sur-Seine. Ce renseignement doit être exact, car il s'accorde bien avec les données que fournit le texte de Grégoire de Tours.

On a prétendu que l'église de Saint-Denis mentionnée par Grégoire de Tours était dans la ville de Paris. Cette supposition ne repose que sur un passage mal compris. En 580, un fils de Chilpéric I⁰ʳ et de Frédégonde, nommé Dagobert, mourut en bas âge au palais de Berny [2], sur les bords de l'Aisne; on amena son corps, dit l'historien, à Paris, et on l'enterra dans la basilique de Saint-Denis : *Deducentes a villa Brinnaco Parisius, ad basilicam sancti Dionisi sepelire mandaverunt* [3]. On a déjà remarqué que, dans Grégoire de Tours, les noms des cités désignent souvent le territoire entier aussi bien que le chef-lieu [4]. Ce passage prouve donc simplement que la basilique en question était située sur le territoire de la cité ou du diocèse de Paris, ce dont personne ne doute. Mais un autre récit du même historien, auquel il a déjà été fait allusion plus haut, prouve qu'elle était située hors de la

---

1. « In alium ejusdem vici locum » (ci-dessus, p. 193, note 7).
2. Berny-Rivière (Aisne), près de Vic-sur-Aisne; Longnon, *Géographie de la Gaule au vi⁰ siècle*, p. 401.
3. *Historia Francorum*, V, 34; Arndt et Krusch, p. 227.
4. Longnon, *Géographie de la Gaule au vi⁰ siècle*, p. 7 et suivantes.

ville, dans un village (*vicus*) de la banlieue ; ce récit fournit, en outre, le moyen de préciser un peu la situation de ce village. Il s'agit des événements de l'année 574.

Sigebert, roi d'Austrasie, marchait contre son frère Chilpéric, à la tête d'une armée levée dans les provinces d'Outre-Rhin. Il obtint de Gontran, le troisième frère, la permission de passer par son territoire pour traverser la Seine. Chilpéric effrayé s'enfuit alors jusqu'à Havelu, dans le pays chartrain, tandis que Sigebert faisait camper ses troupes aux environs de Paris. La paix fut faite peu après : mais Sigebert, pendant le temps que dura le campement de son armée, ne put contenir la sauvagerie de ses soldats austrasiens ; les villages, *vici*, voisins de Paris furent brûlés ou pillés, les habitants mêmes emmenés captifs[1]. La basilique de Saint-Denis fut du nombre des lieux où ces barbares portèrent leurs ravages. C'est alors que Grégoire de Tours montre le sanctuaire déserté par ses gardiens et abandonné à la cupidité des pillards[2] : évidemment ce sanctuaire était dans la campagne, et c'est pour se réfugier dans la ville que les gardiens l'avaient quitté. De plus, il est dit que les soldats, après avoir accompli leurs méfaits, étaient obligés de passer l'eau en bateau pour regagner leur campement ; un d'eux, pris de repentir pen-

---

1. « Dum haec ageretur, Sygiberthus rex gentes illas quae ultra Renum habentur commovit, et bellum civili ordiens contra fratrem suum Chilpericum ire distinat... Sed cum Sygiberthus gentes illas adducens venisset, et Chilpericus de alia parte cum suo exercitu resederet, nec haberet rex Sygiberthus, super fratrem iturus, ubi Sequanam fluvium transmearet, fratre suo Guntchramno mandatum mittit, dicens : Nisi me permiseris per tuam sortem hunc fluvium transire, cum omni exercitu meo super te pergam. Quod ille timens, foedus cum eodem init eumque transire permisit. Denique sentiens Chilpericus quod scilicet Guntchramnus relicto eo ad Sygiberthum transisset, castra movet et usque Avallocium Carnotensim vicum abiit. Quem Sygiberthus insecutus, campum sibi praeparare petiit. Illi vero timens ne conleso utroque exercitu etiam regnum eorum conruerit, pacem petiit... Vicos quoque qui circa Parisius erant maxime tunc flamma consumpsit, et tam domus quam res reliquae ab hoste direpti sunt, ut etiam et captivi ducerentur. Obtestabat enim rex, ne haec fierent, sed furorem gentium, quae de ulteriore Rheni amnis parte venerant, superare non poterat. » (*Historia Francorum*, IV, 49 ; Arndt et Krusch, p. 184).

2. « Dionisius vero episcopus Parisiorum urbi datus est martyr. Tempore vero quo Sigibertus rex cum exercitu ad urbem illam venit et maximam vicorum ejus partem incendio concremavit, quidam de primoribus ejus ad basilicam antedicti martyris properat, non orationis devotione, sed tantum ut aliquid fraudaret ab aede. Hilicet ubi reserata ostia ac vacuum templum a custodibus repperisset, pallam holosiricam auroque exornatam et gemmis, quae sanctum tegebat sepulchrum, temerario ausu diripuit secumque sustulit » (*Gloria martyrum*, 71 ; Arndt et Krusch, p. 535, 536).

dant la traversée, se fit ramener à terre et retourna à l'église pour y remettre ce qu'il y avait pris[1]. L'église était donc à peu de distance de la Seine et sur la rive opposée à celle où se trouvait le camp austrasien. Mais ce camp ne pouvait être que sur la rive gauche, puisque Sigebert, venant de l'Est, avait franchi le fleuve d'abord et campé ensuite. Ainsi la basilique de Saint-Denis était sur la rive droite et non loin de la Seine : c'est précisément la position de la ville de Saint-Denis.

Il est question aussi de cette église dans la Vie de sainte Geneviève de Paris[2].

Cette sainte vécut au ve siècle et mourut, à un âge avancé, dans les premières années du vi^e[3]. Sa vie fut écrite par un auteur qui vivait dans la première moitié du vi^e siècle[4]. Les manuscrits de cette Vie n'offrent pas tous le même texte : l'ouvrage a été remanié et amplifié à diverses époques, et il est probable qu'aucune des rédactions qui nous sont parvenues ne représente la composition primitive. Le dernier éditeur de la Vie, M. Charles Kohler, a réparti les manuscrits en quatre familles : il a cru pouvoir assigner la date la plus ancienne à la rédaction la plus courte, contenue dans les manuscrits dont il a formé sa première famille. Il est probable, en effet, que le texte de ces manuscrits remonte, dans l'ensemble, à une date peu éloignée de celle où vivait l'auteur et se rapproche plus que tout autre de la rédaction première ; mais, pas plus que les autres, ils ne reproduisent exactement cette rédaction, et certains traits qui devaient figurer dans l'original ne nous ont été conservés que par des manuscrits de la seconde et de la troisième famille[5], ou même de la quatrième[6].

1. « Veniens autem ad castra, fuit ei necessitas navigandi. Cumque puer ejus, quem tunc creditum habebat, suspensis ad collum ducentis aureis, navem cum eodem ascendisset, subito a nullo tactus de navi deruit, obpraessusque aquis numquam potuit inveniri. Ille quoque, judicium Dei in se cernens per pueri amissionem et auri, velociter litori de quo digressus fuerat remeavit, pallamque sepulchri summa velocitate restituit » (*ibid.*).
2. Voir Ch. Kohler, *Étude critique sur le texte de la Vie latine de sainte Geneviève de Paris, avec deux textes de cette Vie* (Paris, 1881, in-8°, formant le 48° fascicule de la *Bibliothèque de l'École des hautes études*, sciences philologiques et historiques).
3. Kohler, p. LII, LIII.
4. Kohler, p. LVI-LXIV. [M. Bruno Krusch a essayé de reporter à une date plus récente la composition de cette Vie, *Neues Archiv*, t. XVIII, fasc. 1 ; M. l'abbé Duchesne a défendu l'opinion adoptée ici par M. Julien Havet, *Bibliot. de l'Éc. des chartes*, t. LIV, fasc. 3-4.]
5. Kohler, p. XXII, XLV.
6. Kohler, p. XXXV, note.

L'hagiographe rapporte que sainte Geneviève détermina le clergé parisien à construire une église, *basilica*, en l'honneur de saint Denis, dans un village appelé Catulliacus, *Catulliacensis vicus* [1]. Quel est ce lieu ? Selon les manuscrits de la première famille, c'était celui où le saint évêque avait souffert le martyre, *vicum in quo sanctus Dionysius... passus est*; selon ceux de la seconde et de la troisième, c'était, en outre, l'endroit où il était enterré : *passus est et sepultus*. Si l'on admet cette dernière leçon, il n'y a pas de question : il est clair que l'église bâtie par sainte Geneviève est celle dont parle Grégoire de Tours, et que Catulliacus est l'ancien nom de Saint-Denis-sur-Seine. Si, au contraire, à l'exemple de M. Kohler, on préfère le texte de la première famille, deux autres considérations commandent d'adopter la même solution. D'une part, s'il y avait eu dans le diocèse de Paris, au VIe siècle, deux églises différentes consacrées à saint Denis, Grégoire de Tours, en disant que le jeune fils de Chilpéric fut amené de Berny à Paris et enterré « dans la basilique de Saint-Denis [2] », se serait exprimé d'une façon équivoque ; s'il a cru cette désignation suffisante, c'est la preuve qu'il n'y avait, de son temps, qu'une seule basilique parisienne de ce nom. D'autre part, dans le texte même de la première famille, l'hagiographe met dans la bouche de sainte Geneviève, parlant aux prêtres de Paris, ces mots : *Obsecro vos ut... edificetur in sancti Dionysii honorem basilica, nam terribilem esse et metuendum locum ejus nemini ambigendum est* [3]. On sait que ces mots, *locum ejus*, dans la langue de l'antiquité ou du haut moyen âge, doivent se traduire par « son tombeau [4] ». Ainsi, quel que soit le texte qu'on adopte, on voit que, selon l'auteur de la Vie de sainte Geneviève, Catulliacus, où cette sainte fit bâtir une église en l'honneur de

---

1. Kohler, p. 18-23. — Les manuscrits donnent des formes diverses, *Catholacensem, Catholiacensem, Catollacensem, Catulacinsem vicum*, les monnaies (ci-après, p. 214) *Catolaco* où *Catullaco*. Toutes ces formes sont, à ce qu'il semble, des altérations d'un primitif *Catulliacus*, tiré d'un gentilice *Catullius* (d'Arbois de Jubainville, *Propriété foncière, noms des lieux habités en France*, p. XVIII, 214 ; j'ai dû à l'obligeance de l'auteur la communication des épreuves de ce livre, qui est encore sous presse au moment où j'écris ce mémoire). La forme *Catulliacus* se lit d'ailleurs en toutes lettres dans les *Gesta Dagoberti* (ci-après, p. 211).
2. Ci-dessus, p. 207 et note 3.
3. *Vita b. Genovefae*, 15-18 ; Kohler, p. 19, 20.
4. « Locus, pro sepulcro, seu loco sepulcri, occurrit passim in vet. inscriptionibus » (Du Cange). — Forcellini, *Lexicon*, LOCUS, n° 12 ; édition De-Vit, III, p. 789. — « Testantur hoc martyrum loca » (saint Augustin, *De civitate Dei*, I, 1 ; Migne, XLI, col. 14).

saint Denis, était le lieu où se trouvait la sépulture du martyr, c'est-à-dire celui qui porte aujourd'hui son nom.

C'est ainsi que l'a entendu l'auteur des *Gesta Dagoberti*. Il a emprunté à la Vie de sainte Geneviève, et la tradition qui attribuait à cette sainte la construction de la première église élevée sur le tombeau du saint évêque, et le nom de Catulliacus pour désigner le village de Saint-Denis [1]. Là encore, il s'est montré bien informé.

Il reste à répondre à quelques objections. On a voulu voir dans un passage de la Vie de sainte Geneviève la preuve que le *vicus Catulliacensis* était situé loin de la rivière. Il s'agit d'un miracle par lequel sainte Geneviève aurait procuré à boire aux ouvriers qui construisaient l'église : « L'eau, dit M. Kohler, ayant manqué aux travailleurs, le prêtre Genesius, qui dirigeait la construction, dut aller jusqu'à Paris pour en chercher. Ceci semblerait indiquer que la localité ne se trouvait pas sur les bords de la Seine [2]. » Si l'on veut bien se reporter au texte de la Vie [3], on verra, d'abord, que les ouvriers dont il est question ici ne travaillaient pas sur le lieu de la construction, mais dans un bois, *in saltu*, où ils étaient allés chercher des matériaux pour la charpente ; ensuite, qu'il n'est pas parlé d'eau, *aqua*, mais de boisson ou de breuvage, *potus, poculum*. Ce breuvage, qu'on avait apporté de la ville dans une cuve, *vas quod cupam nuncupant*, et que sainte Geneviève renouvela miraculeusement, ne devait pas être de l'eau [4] : il n'y a guère de bois aux environs de Paris d'où l'on ne puisse aller en chercher plus près que la ville, et l'hagiographe n'aurait probablement pas cru faire beaucoup d'honneur à son héroïne en lui attribuant un miracle qui n'aurait abouti qu'à abreuver ses ouvriers d'eau claire. Il y a là une réminiscence évidente du miracle des noces de Cana, c'est-à-dire d'une création merveilleuse de vin.

« Pour nous, dit encore M. Kohler, il nous semble que, l'hagiographe désignant comme le lieu de la construction de cette basilique l'endroit même où saint Denis fut martyrisé... le plus simple est de suivre sur ce point la tradition et de penser que l'auteur avait en vue la colline de Montmartre. » Et il ajoute aussitôt :

---

1. *Gesta Dagoberti*, 2, 3 ; Krusch, p. 401, 402.
2. Kohler, p. xciv.
3. *Vita b. Genovefae*, 18 ; Kohler, p. 22, 23.
4. Cette remarque a déjà été faite par M. Anatole de Barthélemy, dans le *Bulletin du comité d'histoire et d'archéologie du diocèse de Paris*, I (1883), p. 98.

« Il est vrai que le premier écrivain qui ait indiqué Montmartre comme le théâtre du martyre est ce même Hilduin, abbé de Saint-Denis, auquel nous devons l'invention de la mission de saint Denis l'Aréopagite en Gaule. Ce témoignage ne nous offre donc pas toutes les garanties désirables de vérité [1]. » L'expression est insuffisante : il faut dire que le témoignage d'Hilduin est absolument nul. Cet auteur n'est pas seulement décrié à juste titre pour avoir soutenu le premier l'opinion qui identifie, sans aucun motif plausible, saint Denis de Paris avec saint Denis l'Aréopagite, évêque d'Athènes. Son ouvrage [2], écrit vers 835 [3], ne contient aucun renseignement emprunté à d'autres sources que celles qui nous sont connues, aucun par conséquent qui ait une valeur propre. Partant des textes que nous possédons, il s'est efforcé de développer et d'amplifier son récit le plus possible. Pour lui donner une couleur antique, il y a introduit, quand il en a trouvé l'occasion, des noms propres ou des détails empruntés à des écrits anciens. Par exemple, il avait pu voir, soit dans une charte des archives de son abbaye, soit dans l'analyse qu'en a donnée l'auteur des *Gesta Dagoberti*, qu'un endroit de la ville de Paris s'était appelé autrefois *carcer Glaucini* [4] : il s'est emparé de ce nom et en a fait celui d'une prison où saint Denis aurait été enfermé avant d'être livré au supplice [5]. C'est à des expédients analogues qu'ont recours, si je ne me trompe, les auteurs qui de nos jours appliquent leurs efforts à nous donner, au théâtre ou dans le roman, des « restitutions archéologiques » plus ou moins heureusement exécutées. — Hilduin a procédé de même pour Montmartre. Il dit que ce lieu s'appelait d'abord *Mons Mercurii*, le mont de Mercure, à cause d'une idole qui s'y trouvait, puis que, saint Denis et ses compagnons y ayant reçu la mort, on remplaça ce nom par celui de *Mons Martyrum*, le mont des Martyrs [6]. Ainsi, un seul et même nom français aurait à la fois deux étymologies latines. C'est ce qu'on ne peut admettre : l'une ou l'autre de ces étymologies est nécessairement fausse. La vraie est *Mons Mer-*

---

1. Kohler, p. xciv, xcv.
2. Migne, *Patrologia latina*, CVI, col. 13-50.
3. Mühlbacher, *Regesten* (Böhmer, *Regesta*, I), p. 349, n° 920.
4. *Gesta Dagoberti*, 33; Krusch, p. 413.
5. Hilduin, 29; Migne, CVI, 45.
6. « Quorum memoranda et gloriosissima passio e regione urbis Parisiorum in colle qui antea Mons Mercurii, quoniam inibi idolum ipsius principaliter colebatur a Gallis, nunc vero Mons Martyrum vocatur... celebrata est... » (Hilduin, 36; Migne, CVI, 50).

curii, car un texte relativement ancien, la chronique dite de Frédégaire, nous apprend que Montmartre s'appelait au VIIe siècle *Mons Mercore* [1]. Hilduin a été frappé de ce détail. Ce nom, qui renferme un souvenir païen, lui a paru digne de figurer dans un ouvrage où il racontait des événements accomplis à Paris au temps du paganisme : et conclure de ce nom à l'existence d'une idole de Mercure ne pouvait que lui paraître tout naturel. Puis, s'avisant que Montmartre aurait pu venir tout aussi bien de *Mons Martyrum* que de *Mons Mercurii*, il n'a pas résisté à la tentation de donner aussi cette seconde étymologie et de rattacher ainsi directement le lieu dont il parlait à la personne de son héros. Seulement, il ne s'est pas aperçu qu'en expliquant le même nom de deux façons différentes, il se mettait en contradiction avec lui-même. Cette absurdité n'a nui en rien, du reste, au succès de son hypothèse. L'opinion qui fait venir Montmartre de *Mons Martyrum* a été universellement acceptée au moyen âge ; elle compte encore ses partisans, qui n'osent rejeter une tradition dix fois séculaire. Il doit suffire, pour les rassurer, de leur rappeler que la tradition contraire est plus ancienne encore de trois siècles, puisqu'elle se trouve dans la Vie de sainte Geneviève, rédigée probablement sous les successeurs immédiats de Clovis.

Quant à la découverte faite en 1611, à Montmartre, d'une salle souterraine, dans laquelle on a proposé de reconnaître un *martyrium* des premiers siècles consacré à saint Denis [2], il faut rendre hommage à la science et à l'ingéniosité avec lesquelles cette hypothèse a été présentée, mais il faut reconnaître aussi que les renseignements dont nous disposons sont absolument insuffisants pour asseoir une opinion. Rien ne permet de dire, ni de quelle date pouvait être la crypte en question, et par conséquent si elle était antérieure ou postérieure à Hilduin, ni si elle était dans un rapport quelconque avec la personne ou le culte de saint Denis, ni même si elle avait une destination religieuse [3].

1. « Aeghyna jobente Chlothario in Monte Mercore resedit » (Frédégaire, IV, 55 ; Krusch, p. 148). — Comment l'accent, qui dans *Mercurii* devait être sur la syllabe *cu*, a-t-il passé à la syllabe précédente dans *Montmartre* et probablement déjà dans *Mercore*? C'est un problème qu'il faut signaler à l'attention des romanistes. Je dois cette remarque à M. d'Arbois de Jubainville.
2. Edmond Le Blant, *Manuel d'épigraphie chrétienne*, p. 152-161.
3. « Sans donc trouver gueres plus de mystere dans ce souterrain, que n'y en a trouvé Sauval, je pense que cette cave pratiquée dans le plâtre a servi aux habitans de cette montagne à cacher du tems des guerres ce qu'ils pouvoient avoir de plus précieux » (Lebeuf, *Histoire*, etc., III, *Histoire de la banlieue ecclésiastique*, p. 121 ; nouvelle édition, I, p. 456).

Tout ce qu'on peut dire à ce sujet n'est que conjecture et ne saurait infirmer les témoignages nets et précis que fournit le texte de la Vie de sainte Geneviève, combiné avec celui de Grégoire de Tours et celui des *Gesta Dagoberti*, — trois monuments littéraires antérieurs, les uns et les autres, à la rédaction de l'ouvrage de l'abbé Hilduin.

Outre les monuments littéraires, d'ailleurs, la numismatique apporte dans la question un témoignage décisif : « Les monnaies mérovingiennes, — écrit M. Anatole de Barthélemy, — qui portent les noms de SCI DIONISII — EBREGISILVS et CATOLACO ou CATULLACO — EBREGISILVS ou EBREGESIRVS sont frappées par le même monnayeur, gravées par le même artiste, au point d'être identiques [1]. » En faut-il davantage pour donner définitivement le droit d'affirmer que les deux noms désignent une seule et même localité ?

Il résulte de la Vie de sainte Geneviève que la basilique construite à l'instigation de cette sainte fut la première église élevée sur la sépulture de saint Denis. L'auteur des *Gesta Dagoberti* et celui d'un autre texte carolingien, si pauvre en renseignements qu'il n'y a pas eu d'occasion de le citer jusqu'ici, la *Passio sanctorum martyrum Dionisii, Rustici et Eleutherii* [2], disent qu'auparavant l'emplacement de cette sépulture était marquée par un monument ; — la *Passio* dit : par un « mausolée élevé ». Ce monument, ajoutent les deux textes, avait été érigé par les soins d'une pieuse femme qui avait recueilli les restes du martyr après son supplice ; les *Gesta* et certains manuscrits de la *Passio* ajoutent que cette femme s'appelait Catulla, nom évidemment forgé tout exprès pour fournir une étymologie à celui de Catulliacus [3]. Quoi qu'il faille penser de cette dernière légende, l'existence d'un monument sur le tombeau avant la construction de l'église est chose vraisemblable. C'est ce monument qui avait conservé à la

---

1. *Bulletin du comité d'histoire et d'archéologie du diocèse de Paris*, I (1883), p. 98.

2. Voir ci-après, Appendice I, n° 2.

3. « Quaedam materfamilias vocabulo Catulla, a qua et vico deductum nomen dicunt, quia palam non audebat, clam sepulturae mandavit. Signavit tamen locum, ut rei geste junioribus constaret notitia » (*Gesta Dagoberti*, 3 ; Krusch, p. 401). — « Tunc matrona quaedam (certains manuscrits ajoutent : Catulla nomine)... cum primum persecutionis vidit tepuisse fervorem, locum sanctorum martyrum ossa servantem qua oportuit sollicitudine requisivit atque inventum eminentis mausolei constructione signavit » (*Passio*, 27, 30 ; *Monumenta Germaniae, Auct. antiquiss.*, IV, 2° partie, p. 104).

population le souvenir du lieu où saint Denis passait pour être enterré. Un passage de Grégoire de Tours nous en fait connaître l'aspect, du moins si l'on admet, comme cela est probable, qu'il était resté intact à l'intérieur de l'église dans la construction de laquelle on l'avait englobé. Il était en forme de tour, *turritus*, et assez étroit du haut pour qu'un homme debout sur le sommet pût, ses deux pieds venant à glisser, tomber les jambes écartées de part et d'autre et se blesser, *compressis testiculis* : cet accident arriva, paraît-il, à un des soldats austrasiens qui pillèrent l'église en 574 [1]. C'était donc un cône ou une pyramide. Il servait d'autel à la basilique [2] : au dessus était suspendue, à l'époque de ce pillage, une colombe d'or [3], évidemment destinée, selon l'usage du temps, à renfermer les hosties [4]. Il était couvert, à la même époque, d'une étoffe de soie ornée d'or et de pierreries ; un autre barbare austrasien déroba, dit Grégoire, cette étoffe précieuse, puis, effrayé par la mort subite d'un de ses complices, il la rapporta presqu'aussitôt lui-même au sanctuaire auquel il l'avait prise [5].

Il reste à déterminer le point de la ville de Saint-Denis qui répond à l'emplacement de cette première église du martyr. Nous n'avons pas à ce sujet de tradition plus ancienne que le XIIe siècle, mais celle qui avait cours à cette époque [6], et qui a été reçue jusqu'au XVIIe siècle [7], présente la plus grande vraisemblance. Elle désigne, ai-je dit, le prieuré de Saint-Denis-de-l'Étrée, situé jadis dans la partie ouest de la ville, au bout de la rue Compoise, à la jonction des rues Catulienne et Charonnerie [8]. Ce prieuré devait son surnom, l'Étrée, à sa situation auprès de la voie antique de Paris à Rouen. On sait que l'usage des premiers siècles était de placer les tombeaux sur le bord des routes [9] ; il est donc

---

1. « Alius autem super sepulchrum sanctum calcare non metuens, dum columbam auream lancea quaerit elidere, elapsisque pedibus ab utraque parte, quia turritum erat tumulum, compressis testiculis, lancea in latere defixâ, exanimis est inventus » (Grégoire de Tours, *Gloria martyrum*, 71 ; Arndt et Krusch, p. 536).
2. « Super tumulum hoc beati Dionysii martyris sacramentis adfirma... Elevatisque pater manibus super altarium juravit... » (Ci-dessus, p. 200, note 1.)
3. Ci-dessus, note 2.
4. Du Cange, *Glossarium*, COLUMBA, 1.
5. Ci-dessus, p. 208, note 2, et p. 209, note 1.
6. Ci-dessus, p. 194, note 3.
7. Doublet, p. 157.
8. Voir le plan de Saint-Denis dans Félibien.
9. « Juxta ipsum aggerem publicum » (Grégoire de Tours, *Historia Francorum*, II, 5 ; Arndt et Krusch, p. 67 ; cf. II, 4, p. 60 ; « Cumque illi venientes

naturel que celui de saint Denis ait été élevé sur le parcours d'une voie romaine. De plus, le prieuré de l'Étrée se trouvait dans la partie de la ville la plus voisine de la Seine, ce qui répond, on se le rappelle, à une des données fournies par le récit de Grégoire de Tours sur les actes de pillage de l'année 574 [1]. Enfin, l'église de Saint-Denis-de-l'Étrée, avant d'appartenir à l'abbaye et de former un prieuré, resta pendant longtemps séculière et probablement paroissiale. Elle l'était encore au IXᵉ siècle [2]. Tel était précisément, comme on l'a vu [3], le caractère de l'église qui possédait au VIᵉ siècle et au commencement du VIIᵉ les restes de saint Denis et à laquelle Dagobert les enleva pour les donner à l'abbaye. Plus tard seulement, on ne peut dire au juste à quelle époque, — entre le IXᵉ et le XIIᵉ siècle, — l'abbaye, voulant posséder l'église qui avait renfermé pendant près de quatre cents ans le corps de son saint patron, trouva quelque moyen de l'acquérir et en fit un prieuré [4].

§ 3. — CONCLUSIONS.

Selon la tradition la plus ancienne, saint Denis, premier évêque de Paris, subit le martyre au village de Catulliacus. Ce lieu est aujourd'hui la ville de Saint-Denis-sur-Seine. La légende qui place le martyre de saint Denis à Montmartre et qui explique ce dernier nom par *Mons Martyrum* est une fable imaginée par l'abbé Hilduin, au IXᵉ siècle.

Le tombeau de saint Denis se trouvait au même lieu de Catulliacus, sur le bord de la voie romaine, à l'endroit où s'éleva jusqu'au siècle dernier le prieuré de Saint-Denis-de-l'Étrée. C'était un monument en forme de cône ou de pyramide.

portam civitatis ingrederent, ecce istum per aliam portam mortuum efferebant »).

1. Ci-dessus, p. 208, 209.
2. *Miracula S. Dionysii*, I, 24, dans les *Acta sanctorum ordinis S. Benedicti*, III, II, p. 351 ; Mabillon, *Œuvres posthumes*, II, p. 342 ; Lebeuf, III, p. 208, et nouvelle édition, I, p. 513.
3. P. 193, note 6.
4. « Je n'ai point trouvé, dit Lebeuf, en quel temps cette église de Saint-Denis de l'Étrée devint un prieuré » (III, p. 210 ; nouvelle édition, I, p. 514). Il ajoute : « Il y avoit des religieux dès la fin du Xᵉ siècle, et c'étoit alors une espèce de maison de santé pour l'abbaye de Saint Denis », mais le texte qu'il cite à l'appui de cette assertion (*Acta sanctorum ordinis S. Benedicti*, VI, 1, p. 697) parle de Saint-Martin-de-l'Étrée, et non de Saint-Denis.

Au v⁰ siècle, à l'instigation de sainte Geneviève, le clergé du diocèse de Paris construisit, au-dessus de ce tombeau, une église ou basilique dont le monument forma l'autel. Cette église fut placée sous l'autorité de l'évêque de Paris et desservie par des clercs séculiers. C'est celle que Grégoire de Tours mentionne, en plusieurs endroits de ses écrits, sous le nom de *basilica sancti Dionisii*. Le jeune Dagobert, fils de Chilpéric, y fut enterré en 580.

En 623, en 624 ou dans les premiers mois de 625, sous le règne de Clotaire II, son fils Dagobert, roi d'Austrasie, fonda en l'honneur de saint Denis, à quelque distance et à l'est de la basilique qui renfermait le tombeau du martyr, le célèbre monastère où ont été enterrés la plupart des rois de France. C'est à ce monastère que se rapportent de nombreuses chartes mérovingiennes, dont le texte et souvent même les originaux nous sont parvenus.

Le mardi 22 avril 626, le même Dagobert fit enlever du tombeau de saint Denis les reliques du martyr et les fit transporter dans l'église abbatiale, où elles furent conservées depuis lors.

La basilique de l'Étrée, dépouillée de ces reliques, garda une existence indépendante, comme église séculière et probablement paroissiale, au moins jusqu'au ix⁰ siècle. A une époque indéterminée, entre le ix⁰ et le xii⁰ siècle, elle fut acquise par l'abbaye de Saint-Denis et transformée en prieuré. Elle continua d'être honorée, comme le lieu de la première sépulture de saint Denis, jusqu'au temps de Mabillon, qui lui contesta mal à propos ce titre à la vénération des fidèles.

APPENDICE I

NOTES ADDITIONNELLES.

1.

La date de l'épiscopat de saint Denis.

Selon Grégoire de Tours, saint Denis fut envoyé en Gaule et devint évêque de Paris au temps de l'empereur Dèce [1] (249-251).

Selon la tradition postérieure, il aurait vécu à une époque notablement plus ancienne, dans les dernières années du 1ᵉʳ siècle de notre ère. Trois textes, — une charte de Thierry IV, du 1ᵉʳ mars 724 [2], et deux écrits carolingiens, la *Passio* [3] et la rédaction de la seconde et de la troisième famille des manuscrits de la Vie de sainte Geneviève, — le disent envoyé en Gaule par le pape saint Clément (91-100 environ). Un quatrième, les *Gesta Dagoberti*, place son martyre au temps de l'empereur Domitien (81-96).

Les auteurs de ces divers écrits ont mal compris le texte de Grégoire

---

1. « Sub Decio vero imperatore multa bella adversum nomen christianum exoriuntur... Hujus tempore septem viri episcopi ordenati ad praedicandum in Galliis missi sunt, sicut historia passiones sancti martyres Saturnini denarrat. Ait enim : « Sub Decio et Grato consolibus [251], sicut fideli recordatio« nem retenitur, primum ac summum Tholosana civitas sanctum Saturni« num habere coeperat sacerdotem. » Hii ergo missi sunt, Turonicis Catianus episcopus, Arelatensibus Trophimus episcopus, Narbonae Paulos episcopus, Tolosae Saturninus episcopus, Parisiacis Dionisius episcopus, Arvernis Stremonius episcopus, Lemovicinis Martialis est distinatus episcopus. De his vero beatus Dionisius Parisiorum episcopus, diversis pro Christi nomine adfectus poenis, praesentem vitam gladio imminente finivit » (*Historia Francorum*, I, 30 ; Krusch, p. 47, 48).
2. Appendice II, nº 6.
3. Appendice I, nº 3.

de Tours qu'ils avaient sous les yeux. C'était un texte de la rédaction [ ][1], représentée par beaucoup de manuscrits, où manquent les livres VII à X et certains chapitres des livres I à VI[2]. Dans cette rédaction, la phrase qui concerne saint Denis, et qui commence par les mots *Hujus tempore* (c'est-à-dire au temps de Dèce), n'est éloignée que de quelques lignes de celles où se lisent les noms de Domitien et de saint Clément[3], de sorte que des lecteurs inattentifs pouvaient facilement la rattacher à l'un ou à l'autre de ces noms. C'est ce qu'a fait, par exemple, l'auteur des *Gesta Dagoberti*; dans la phrase même où il nomme Domitien, il copie, avec de très légers changements, ce que Grégoire de Tours dit de cet empereur :

Domicianus autem secundus post Neronem in christianis sevit...... Hujus tempore...
(*Historia Francorum*, I, 26, 30.)

Temporibus Domiciani, qui secundus ab Nerone in christianos arma corripuit.
(*Gesta Dagoberti*, 3.)

Les trois autres auteurs, qui s'accordent à rapprocher le nom de saint Denis et celui de saint Clément, ont commis une erreur semblable. Mais un seul d'entre eux a dû être amené à cette erreur par la lecture directe de Grégoire de Tours : les deux autres l'auront empruntée au premier. Or, le plus ancien des trois est probablement le rédacteur de la charte de Thierry IV ; et c'est aussi celui dont les termes rappellent le plus fidèlement ceux de Grégoire :

Beatus Clemens tertius Romae eclesiae fuit episcopus passus..... Hujus tempore septem viri episcopi ordenati ad praedicandum in Galliis missi sunt... Parisiacis Dionisius episcopus...
(*Historia Francorum*, I, 27, 30.)

Beatus Dyonisius cum sociis suis... qui primi post apostholorum sub urdinacione beati Clementi Petri apostholi successoris in hanc Galliarum provincia advenirunt ibique predicantis...
(*Charte de Thierry IV.*)

Sanctus Dionisius... Et comperi juxta traditionem seniorum vel relationem passionis sue, a sancto Clemente, filio in baptismo sancti Petri apostoli, Rome episcopus ordinatus et in hac provincia ab eo directus est.
(*Vita b. Genovefae*, 15[4].)

Sanctus igitur Dionisius, qui tradente beato Clemente Petri apostoli successore verbi divini semina gentibus parturienda susceperat...
(*Passio*, III, 103.)

C'est donc, semble-t-il, l'auteur de la charte de Thierry IV qui a le premier attribué à l'épiscopat de saint Denis cette haute antiquité. Si

---

1. [Phrase modifiée par l'auteur sur son exemplaire courant.]
2. Une édition très commode de cette rédaction a été donnée par M. H. Omont : *Grégoire de Tours, Histoire des Francs, livres I-VI, texte du manuscrit de Corbie* (Paris, 1886, in-8°; n° 2 de la *Collection de textes pour servir à l'étude et à l'enseignement de l'histoire*).
3. Omont, p. 18, 19.
4. Kohler, p. 18, note 7.

l'on compare cette charte, destinée à confirmer certains privilèges de l'abbaye de Saint-Denis, avec celle qui fut donnée pour le même objet, au siècle précédent, par le roi Clovis II [1], on constate que l'acte du VIIIe siècle a été copié sur celui du VIIe, avec insertion de quelques passages nouveaux [2]; le membre de phrase qui dit saint Denis envoyé par saint Clément est une de ces additions. Il est curieux qu'un rédacteur de charte, possédant un modèle qu'il n'avait qu'à copier, ait pris la peine d'y ajouter un développement pour ainsi dire littéraire, et d'en chercher la matière dans un ouvrage historique, tel que celui de Grégoire de Tours. Le fait est rare; mais il doit moins étonner sous Thierry IV que sous tout autre prince mérovingien. Le règne de Thierry IV, en effet, fut marqué par une activité historiographique exceptionnelle. C'est dans la sixième année de ce roi (726-727) que fut composée la chronique, tirée en grande partie des six premiers livres de Grégoire de Tours, qu'on désignait jadis sous le nom de *Gesta regum Francorum* et qu'on appelle maintenant le *Liber historiae Francorum* [3]. C'est un peu plus tard, mais encore sous le même règne, que fut mise au net une seconde rédaction du même ouvrage [4]. C'est un an avant la mort de Thierry IV, en 736, que travailla, en s'aidant de cette seconde rédaction du *Liber*, le premier continuateur de la chronique dite de Frédégaire [5]. On a donc, sous ce prince, beaucoup lu et beaucoup écrit l'histoire. Cela peut expliquer la présence, dans une de ses chartes, d'une addition historique tirée des livres de Grégoire de Tours.

Selon une opinion émise par M. Gabriel Monod et appuyée sur des présomptions très vraisemblables, le *Liber historiae Francorum* aurait été écrit à Saint-Denis [6]. La charte de Thierry IV apporte une nouvelle probabilité à l'appui de cette hypothèse. Le moine qui avait été chargé de la rédiger est peut-être le même que celui à qui on doit le *Liber historiae*. A la date de la charte, celui-ci devait avoir commencé, pour la préparation de sa chronique, la lecture du Grégoire de Tours en six livres; il n'aura pas voulu laisser passer sans en tirer parti le chapitre du livre Ier où il rencontrait le nom du saint patron de son monastère.

---

1. Appendice II, n° 5.
2. Ces passages nouveaux sont imprimés ci-après (Appendice II, n° 6) en gros caractère; les parties copiées sur le diplôme de Clovis II sont en caractère plus petit.
3. Krusch, dans Wattenbach, *Deutschlands Geschichtsquellen*, 5° édition, I, p. 404-406; *Fredegarii et aliorum chronica*, p. 217, 328.
4. *Fredegarii et aliorum chronica*, p. 218, 328.
5. *Ibid.*, p. 8, 174.
6. *Revue critique d'histoire et de littérature*, 7° année (1873), 2° semestre, p. 258; *Mémoires de la Société de l'histoire de Paris*, III (1876), p. 219-240; Wattenbach, I, 104. — M. Krusch, qui a combattu cette opinion, a montré qu'elle n'est pas certaine, mais il n'a pas établi qu'elle doive nécessairement être rejetée (Wattenbach, p. 404; *Fredegarii et aliorum chronica*, p. 216).

Hilduin, qui écrivait dans la première moitié du IXe siècle, avait sous les yeux la *Passio sanctorum martyrum*, qui, s'inspirant de la tradition répandue à Saint-Denis depuis le temps de Thierry IV, place la mission du martyr en Gaule au temps de saint Clément. Il a suivi tout naturellement cette opinion, et il en a profité pour établir, entre saint Denis de Paris et saint Denis l'Aréopagite, évêque d'Athènes, une identification à laquelle personne n'avait songé avant lui.

L'affirmation de Grégoire de Tours, qui fait de saint Denis un contemporain de Dèce, est en somme le seul renseignement historique sur l'époque où vécut le premier évêque de Paris. Le reste ne saurait entrer en ligne de compte.

2.

Saint Rustique et saint Éleuthère.

On donne pour compagnons à saint Denis, évêque de Paris, dans son apostolat et dans son martyre, un prêtre, saint Rustique, et un diacre, saint Éleuthère. Mais tous les textes relatifs à saint Denis ne mentionnent pas ces deux autres martyrs. Pour ne pas compliquer l'exposé des questions, déjà embrouillées, qui font l'objet des pages précédentes, j'ai parlé de saint Denis seul et j'ai passé sous silence tout ce qui concerne ses compagnons. Quelques mots suffiront pour combler cette lacune.

Grégoire de Tours, qui nomme plusieurs fois saint Denis, ne fait aucune mention de ses compagnons. Peut-être en était-il de même dans la rédaction première de la Vie de sainte Geneviève; saint Rustique et saint Éleuthère ne sont nommés dans cette Vie qu'une seule fois, et la phrase où se lisent leurs noms est une courte incise, que ne donnent pas tous les manuscrits et qui peut avoir été ajoutée après coup [1]. Le plus ancien texte daté où se trouvent leurs noms est la grande charte de Clovis II, du 22 juin 654 : le nom d'Éleuthère est défiguré, et ils sont nommés dans l'ordre inverse de celui que la tradition a fixé depuis : *beatus Dionisius, Leutherius et Rusteous* [2]; ils ne sont pas qualifiés de prêtre et de diacre. La charte de Thierry IV ne mentionne pas non plus cette dernière particularité, mais l'ordre et l'orthographe des noms y sont déjà à peu près tels qu'on les trouve

---

1. *Vita b. Genovefae*, manuscrit de la première famille : « Quanta vero veneratione et amore dilexit Catholacensem vicum, in quo sanctus Dionisius, cum sociis suis Rustico et Eleutherio, passus est, nequaquam silendum esse arbitror »; manuscrits de la deuxième famille : « ..., in quo sanctus Dionisius passus est et sepultus, nequaquam comprehendere queo » (Kohler, p. 18).
2. Appendice II, n° 5, ligne 3 de l'original.

toujours par la suite : *beatus Dyonisius cum sociis suis Rustico et Eleotherio* [1]. Les autres chartes données en faveur de l'abbaye, quelle qu'en soit la date, nomment ordinairement saint Denis seul. La *Passio* [2] nomme Rustique sans qualification et donne à saint Éleuthère le titre d'archidiacre : *Rusticum et Eleutherium archidiaconem* [3]. Les *Gesta Dagoberti*, les premiers, disent en toutes lettres : *Rusticum et Eleutherium, quorum alter presbiter, alter diaconus erat* [4]. Enfin Hilduin, brodant sur cette donnée, fait de Rustique un archiprêtre aussi bien que d'Éleuthère un archidiacre, et affirme qu'en fouillant leur tombeau on trouva, à côté de leurs corps, les restes de la chasuble de Rustique et de la dalmatique d'Éleuthère [5].

Dans le martyrologe qui porte le nom de saint Jérôme, à la date du 9 octobre, on lit : *Parisius natalis sanctorum Diunisi episcopi, Eleutheri diaconi et Rustici praesbyteri et confessoris* [6]. Cette phrase est probablement une addition mérovingienne, comme celles que l'éditeur du martyrologe a signalées lui-même dans ses manuscrits [7]. On remarquera que l'ordre des noms est le même que dans la charte de Clovis II; que les compagnons de saint Denis sont appelés, comme dans les *Gesta*, l'un diacre et l'autre prêtre ; enfin, que saint Rustique est qualifié de *confessor*.

En résumé, il semble que les personnages de saint Rustique et de saint Éleuthère, étrangers à la tradition primitive sur saint Denis, sont venus s'y ajouter vers le VIe ou le VIIe siècle, peut-être lors de la fondation de l'abbaye et de la translation des reliques, et que la tradition à leur égard s'est régularisée et précisée graduellement jusqu'à l'époque de la rédaction de l'ouvrage d'Hilduin. Mais il faut se contenter de dire « il semble », car les données que nous possédons sont trop insuffisantes pour permettre de rien affirmer.

Dans les textes qui nomment les deux compagnons de saint Denis, tels que la *Passio* et les *Gesta Dagoberti*, tout ce qui est dit de la sépulture et de la translation de l'évêque-martyr s'applique aussi à ses deux compagnons; leurs noms sont comme inséparables du sien.

---

1. Appendice II, n° 6, au commencement de la première addition originale (en gros caractère).
2. Appendice, I, n° 3.
3. *Passio*, 23 ; *Monumenta Germaniae, Auct. antiquiss.*, IV, 2e partie, p. 104.
4. *Gesta Dagoberti*, 3 ; Krusch, p. 401.
5. Hilduin, 35 ; Migne, CVI, 49.
6. Florentinius, *Vetustius occidentalis ecclesiae martyrologium*, (Lucques, 1668, in-fol.), p. 907. [Voir maintenant l'édition du Martyrologe hiéronymien donnée par feu le commandeur J.-B. de Rossi et M. l'abbé Duchesne dans *Acta sanctorum novembris*, tomi II pars prior (Bruxellis, apud socios Bollandianos, 1894, in-fol.), p. 130. Le texte de la meilleure rédaction, que M. l'abbé Duchesne attribue à la fin du VIe siècle (cf. *Bulletin critique*, 1890, p. 484) porte : *Parisius Diunisi, Eleutheri presbyteri et Rustici diaconi.*]
7. *Ibid.*, p. 31, 32.

3.

La « Passio sanctorum martyrum Dionisii, Rustici et Eleutherii ».

Le texte qui porte ce titre est la plus ancienne Vie de saint Denis connue, et probablement la plus ancienne qui ait été écrite. C'est aussi la seule qui soit antérieure à l'ouvrage de l'abbé Hilduin ; celui-là s'en est servi et en a transcrit textuellement plusieurs passages. On attribuait autrefois cette *Passio* au poète Fortunat, contemporain de Grégoire de Tours : c'est une erreur dont on est revenu, et, dans la dernière édition des œuvres en prose de Fortunat, donnée par M. Krusch, celle-ci a été justement reléguée parmi les fragments apocryphes [1]. Ce qu'il y a peut-être de plus remarquable dans cet ouvrage, c'est le petit nombre des faits qu'il renferme ; on pourrait presque dire : l'absence complète de faits. On n'y trouve que des développements de rhétorique, et on n'y apprend à peu près rien qui ne se lise aussi bien ailleurs.

Le style maniéré et prolixe de la *Passio* donne lieu de supposer qu'elle aura été écrite à l'époque carolingienne. On a cru pouvoir la compter parmi les sources dont s'est servi l'auteur des *Gesta Dagoberti*[2] ; mais il est plus probable que les deux ouvrages sont indépendants l'un de l'autre. Ils n'ont en commun que deux ou trois détails, qui ont pu être empruntés aux traditions orales du monastère, et qu'ils n'expriment pas dans les mêmes termes. Ils diffèrent sur plusieurs points d'une certaine importance. On a déjà vu que la *Passio* fait son Éleuthère archidiacre et ne dit pas ce qu'était saint Rustique, tandis que les *Gesta* disent saint Rustique prêtre et saint Éleuthère diacre. La *Passio* dit que saint Denis fut envoyé en Gaule par saint Clément et n'indique pas l'empereur qui régnait alors ; les *Gesta* ne prononcent pas le nom du pape et datent le martyre de saint Denis par le règne de l'empereur Domitien. Les *Gesta* donnent à la dame qui aurait, selon la légende, sauvé les restes des martyrs, le nom de Catulla ; la *Passio* parle de cette même dame, mais sans indiquer son nom : certains manuscrits seulement l'ont ajouté, et ceux-là ne le donnent pas tous de la même façon [3]. Enfin, la *Passio* place la

---

1. *Monumenta Germaniae, Auct. antiquiss.*, IV, 2ᵉ partie : *Venanti Honori Clementiani Fortunati presbyteri Itali opera pedestria*, recensuit et emendavit Bruno Krusch, p. 101-105.
2. Krusch, *Fredegarii et aliorum chronica*, p. 396, 401.
3. Ci-dessus, p. 214, note 3. Au manuscrit de Munich, signalé par M. Krusch comme ne contenant pas *Catulla nomine* (p. 104, note 20, cf. p. xxxi), on peut ajouter, par exemple, les manuscrits de la Bibliothèque nationale, latin 8793 (fol. 180) et 5296 D (fol. 7), qui omettent également ces mots, et le

sépulture de saint Denis à six milles de Paris, et les *Gesta* à cinq milles[1]. Les deux auteurs ont donc écrit chacun de leur côté, sans qu'aucun ait connu l'ouvrage de l'autre. On peut tirer de là deux conclusions. La première, c'est qu'ils ont écrit à peu près en même temps : donc, sachant que les *Gesta* sont du commencement du ixe siècle, nous en dirons autant de la *Passio*. La seconde, c'est qu'ils ont écrit loin l'un de l'autre. Or, l'auteur des *Gesta* habitait certainement à Saint-Denis, près de Paris. Celui de la *Passio* habitait donc loin de cette ville.

L'examen de la *Passio* confirme cette dernière induction. L'auteur ignore la différence entre l'église de l'Étrée et l'abbaye, entre la première sépulture du martyr et le lieu où, de son temps, étaient conservés ses restes[2] : il n'était pas, comme l'auteur des *Gesta Dagoberti*, au courant de la tradition locale. Il se donne la peine de décrire la situation de la ville de Paris, comme s'il supposait que ses lecteurs ne devaient pas la connaître[3]. Il parle en termes généraux des miracles[4] qui s'accomplissaient journellement, dit-il, auprès des reliques des martyrs, mais il n'a pas un fait positif à raconter. Il mentionne un seul trait précis : quand un possédé approchait du lieu où reposaient les martyrs, le démon qui l'obsédait se voyait contraint de désigner, par la bouche du patient, les places qu'occupaient respectivement les trois corps saints[5]. N'y a-t-il pas là un souvenir d'un spectacle qui

---

manuscrit latin 11748 de la même Bibliothèque, qui écrit : *nomine Elisia* (fol. 59 v°).

1. « In sexto ab urbe memorato lapide (*Passio*, 28, p. 104); « hic (vicus) ab urbe quae Lutecia sive Parisius vocatur quinque ferme millibus abest » (*Gesta Dagoberti*, 2; Krusch, p. 401). Cinq milles romains font environ sept kilomètres et demi; six milles, neuf kilomètres. Ce dernier chiffre est celui qui représente le plus exactement la distance véritable de Saint-Denis à l'île de la Cité.

2. « Antedicta tamen materfamilias... locum sanctorum martyrum ossa servantem qua oportuit sollicitudine requisivit atque inventum eminentis mausolei constructione signavit. Unde postmodum christiani basilicam super martyrum corpora magno sumptu cultuque eximio construxerunt, ubi cotidie... merita eorum virtutum probantur... » (*Passio*, 30, 31, p. 104).

3. « Quia esset salubris aere, jocunda flumine, fecunda terris, arboribus nemorosa et venetis uberrima, constipata populis, referta commerciis, ipsumque insulae potius quam urbis spatium, quod habitatione circumfusa fluminis unda praestabat, crescentibus consistentium catervis reddebatur exiguum... » (*Passio*, 16, p. 103). — Au lieu de *salubris aere, jocunda flumine*, le manuscrit latin 3793, ancien 2890, de Colbert (fol. 179), a : *salubris ac Reni jocunda flumine*. Lebeuf, trompé par cette faute de copiste, a supposé que la *Passio* dérivait d'une source allemande (*Dissertations sur l'histoire de Paris*, I, p. 46, 47).

4. « Ubi recepit caecitas visum, debilitas gressum et obstrictae aurium januae recipere merentur auditum » (*Passio*, 31, p. 104, 105).

5. « Sed nec illud silendum est, quod immundi spiritus infestatione vexati, dum ad memoratum locum examinandi divina loquuntur, sanctorum ipsorum coguntur imperio quo quisque sit martyrum positus loco adsignatis nominibus indicare » (*Passio*, 32, p. 105).

aurait été offert habituellement, par les soins des gardiens du sanctuaire, à la curiosité des pèlerins ou des visiteurs étrangers, et dont le rédacteur de la *Passio* aurait été témoin pendant un voyage? Enfin, dans un long préambule, après avoir parlé d'une façon générale des apôtres de la Gaule, l'auteur en nomme deux dont il raconte brièvement la carrière, et ce sont deux évêques du Midi : saint Saturnin, de Toulouse, et saint Paul, de Narbonne. On sait que Narbonne était le siège métropolitain dont relevait l'évêché de Toulouse. L'écrivain donne des détails un peu plus étendus sur saint Saturnin, dont il semble avoir lu la Vie [1]. On peut donc se demander si cette *Passio* n'aurait pas été rédigée dans la province ecclésiastique de Narbonne, et, plus précisément, dans le diocèse de Toulouse.

Les princes de la seconde race ont montré envers saint Denis et son monastère une dévotion au moins égale à celle dont avaient fait preuve les rois mérovingiens. Or, à la fin du VIIIe siècle et au commencement du IXe, Toulouse était la capitale d'un de ces princes, du fils de Charlemagne, Louis le Pieux, alors roi d'Aquitaine, plus tard empereur [2]. Serait-ce à l'instigation de Louis le Pieux qu'un membre du clergé toulousain aurait écrit, aux environs de l'an 800, la *Passio sanctorum martyrum Dionisii*, etc.? On comprendra très bien, dans cette supposition, comment cette œuvre méridionale put rester ignorée du moine de Saint-Denis qui écrivit à peu près au même moment les *Gesta Dagoberti*. Mais on ne pourra non plus s'étonner que, quelques années plus tard, une fois le roi d'Aquitaine devenu empereur, la *Passio* écrite pour lui soit parvenue à la connaissance de l'abbé Hilduin, qui était son archichapelain [3].

---

1. *Passio*, 11, 12, p. 102, 103 et note de la p. 102.
2. S. Abel et B. Simson, *Jahrbücher des fränkischen Reichs unter Karl dem Grossen*, II, p. 91.
3. Un grand nombre de phrases de la *Passio* ont passé textuellement dans l'ouvrage d'Hilduin; voir par exemple Hilduin, 34 (Migne, CVI, 48).

APPENDICE II

PIÈCES JUSTIFICATIVES.

Dans l'indication des sources, placée en tête de chacune des pièces suivantes, la lettre *A* désigne l'original, ou à défaut d'original, la meilleure copie; la lettre *B* (s'il y a lieu), la source indépendante la plus digne de foi après *A*, etc.

Dans les textes, l'abréviation (*C*) désigne le chrisme (☧ ou autres formes); (*M.*), le monogramme; (*SR.*), *signum recognitionis*, le parafe ou ruche qui accompagne certaines signatures; (*NN.*), *notae notarii*, les notes tironiennes; (*SI.*), *sigillum impressum*, le sceau plaqué, et (*SID.*), *sigillum impressum deperditum*, la trace d'un sceau plaqué, aujourd'hui perdu.

L'emploi de deux caractères de corps différent, dans la pièce n° 6, a pour but de distinguer les parties originales et celles que le rédacteur de la pièce a copiées sur un acte antérieur[1] (n° 5).

Lorsqu'un diplôme est publié d'après l'original, les lignes sont séparées et numérotées, et les lettres qui représentent la solution des abréviations sont imprimées *en italiques*.

1.

Clotaire II confirme la donation d'un terrain dans Paris, faite à l'abbaye de Saint-Denis par Daobercht, fils de Baddon.

Étrépagny, 14 juin-15 juillet 625.

Original : Archives nationales, K. 1, n° 7, papyrus mutilé [2] (*A*).

---

[1]. Ces règles sont en partie empruntées à celles qui ont été formulées par M. de Sickel (*Bibliothèque de l'École des chartes*, XLI, 1880, p. 396-405).

[2]. Parmi les pièces qui ont passé de l'abbaye de Saint-Denis aux Archives nationales, se trouve une fausse charte de Dagobert Ier, fabriquée au IXe siècle et écrite sur papyrus (K. Pertz, p. 143, n° 27). En 1845, sous l'administration de Letronne, garde général des Archives, on détacha du dos de cette

V. — LES ORIGINES DE SAINT-DENIS. — APPENDICE II.

Fac-similé : Tardif [1], pl. IV [2] (B).
Imprimé : H.-L. Bordier, dans le *Bulletin de la Société de l'histoire de France*, 1855-1856, p. 260 (C). — Tardif [3], p. 4, nº 4. — K. Pertz [4], p. 13, nº 10. — R. de Lasteyrie [5], p. 9, nº 5.

(1) .....rius [6] re[x] Francorum | (2) .....iatis titolis Xp*isto* auspece

1. — *Uncis inclusa nunc desunt in A, leguntur in B.*

pièce une feuille de parchemin sur laquelle elle était collée, et l'on s'aperçut qu'elle était écrite sur le verso de deux fragments plus anciens, assemblés bout à bout. — La plus grande partie de ces fragments était et est encore parfaitement lisible. Quelques parties seulement de la surface du papyrus furent détruites dans l'opération du décollage ; mais, en 1851, deux employés des Archives, MM. Bordier et Teulet, réussirent à calquer l'empreinte renversée qu'elles avaient laissée sur le parchemin, et, lorsqu'on exécuta, la même année, des fac-similé des deux fragments, on put les compléter au moyen de ces calques (article de H.-L. Bordier, dans le *Bulletin de la Société de l'histoire de France*, 1855-1856, p. 269). — L'un des fragments ainsi conservés est tout ce qui reste d'un plaid de Clotaire III (K. Pertz, p. 34, nº 36); l'autre contient le texte qu'on va lire.

1. Voir *Questions mérovingiennes*, I, p. 6 (*Bibliothèque de l'École des chartes*, XLVI, p. 139), note 3 ; — ci-dessus, p. 2, nº 3.
2. Sur ce fac-similé, qui permet de combler certaines lacunes de l'original, voir ci-dessus, p. 226, note 2.
3. *Questions mérovingiennes*, I, p. 5, note 5 ; — ci-dessus, p. 1, n. 5.
4. *Ibid.*, note 6.
5. *Cartulaire général de Paris ou Recueil de documents relatifs à l'histoire et à la topographie de Paris*, tome Iᵉʳ (Paris, 1887, 1 vol. in-fol. de la collection de l'*Histoire générale de Paris*, publiée par la ville).
6. La feuille de papyrus ayant été, ici comme au nº 2, coupée verticalement, il manque toute la partie gauche, c'est-à-dire le commencement de toutes les lignes. En rapprochant les nºˢ 1 et 2, en les comparant avec certaines formules (Marculfe, I, 16, 17, 31 ; E. de Rozière, I, p. 194-199 ; Zeumer, p. 53, 54, 62) et en calculant, pour les diverses lignes du texte d'une même pièce, un nombre sensiblement égal de lettres à suppléer, on peut restituer approximativement la teneur probable des deux actes (Sickel, *Diplomatum imperii tomus I besprochen*, p. 38-41). Celui-ci doit se lire à peu près ainsi [*des signes divers au crayon, ayant évidemment pour objet l'étude métrique des fins de phrase, sont représentés ici par des espaces*] : (Chlothacha)rius rex Francorum (*viris inlustribus*..... — *Ad mercedem nostram ampl*)iatis titolis Christo auspece credemus pertenere, si ea que cognoverimus partebus sancti domni Dioninsis peculiares patroni nostri (*a Deum timentibus hominibus per donationis titulum fuisse concessa g*)eneraliter confirmamus adque stabeli dignetate durare jobemus. Ideo vir venerabelis pater noster Dodo abba epistolam donacionis (*ab inlustri viro Daoberctho filio Baddonis roboratam nobis ostendit relegen*)dam, in qua tenetur insertum area quod est infra murus Parisius civitatis, quem ex sucessionem genetore suo Baddone quondam (*ipse inluster vir accepisse et per cartulam tradicionis ad basilicam san*)cti domni Dioninsis martheris, ubi Dodo abba deservire vedetur, nuscetur contulisse. Qui viro petiit ut hoc in ipsa basileca (*vel monacohis ibidem deserv(ientibus per nostrae auctoritatis praeceptum pleni*)us confirmare deberimus. Cui nos hunc beneficium pro divino intuetu vel referencia ipsius loci sancti libente animo praes(*titisse et*

credemus pertenere si ea que cognoverimus partebus *sancti domni* Dioninsis [p]eculiares patroni nost[ri] | (3) .....eneraliter confirmamus adque stabeli dig[ne]tat[e] durare j[o]b[emus]. Ideo v[ir v]enera[belis] pater n[o]s[ter Do]do abba epistolam donaciones | (4) ..... da[m in q]ua tenetur insertum are[a quod est infra] mu[r]us Parisius ci[vitatis qu]em ex sucession[em] genetore [suo] Baddone quondam | (5) .....*cti* dom[ni] Dion[insi]s martheris ubi Dodo abba deservire [vedetur nusc]etur contulisse. Qui viro petiit ut hoc in ipsa basileca | (6) .....[us confirma]re deberimus. Cui nos h[unc] b[enefi]cium pr[o div]ino intueto vel referencia ipsius [loci *sancti*] libente [animo praes] | (7) ..... ipso in*lustri* viro Daoberc[tho] area [ipsa ad supr]adicta basil[eca] per i[ns]pecta donacione legaliter fuisse condonatum hujus | (8) .....[us] cum [Dei et n]ostra grac[ia ad ipsa basileca vel monach]is ib[idem] deservientebus proficiat in perpetuo. [Et u]t hec auctoretas nostr[is e]t f[u] | (9) .....m ma[nus no]stre subscribc[ione]b[us subter eam decrevemus roborari].

[(*C.*) Syggolenus [a] optol*it*. (*SR. N N. : In Christi nomen.*) Chlothacharius (*M.*) in Xpi*sti* nomine rex h[anc preceptionem sub*scripsi*.] |

(10) .....julias annu*m* XLI regn*i* nostri Sterpiniaco [1] *feliciter.*

---

1. — *a. forsitan legendum* Yggolenus *B*, Iggolenus *C*.

confirmasse cognoscite, praecipientes enim ut sicut constat ab) ipso inlustri viro Daberctho area ipsa ad supradicta basileca per inspecta donacione legaliter fuisse condonatum, hujus (*auctoritatis nostrae vigore et generali beneficio confirmato in omnib*)us cum Dei et nostra gracia ad ipsa basileca vel monachis ibidem deservientebus proficiat in perpetuo. Et ut hec auctoretas nostris est fu(*turis temporibus inconcusso jure inviolabilem capiat firmitate*)m, manu nostre subscribcionebus subter eam decrevemus roborari. — Syggolenus optolit. — Chlothacharius in Christi nomine rex hanc preceptionem subscripsi. — (*Bene valete.*) — (*Datum sub die* ..... *kalendas? nonas? idus?*) julias annum XLI regni nostri Sterpiniaco feliciter.

1. Étrépagny (Eure).

2.

Clotaire II confirme les dispositions testamentaires faites par feu Jean, marchand, en faveur de l'abbaye de Saint-Denis, de diverses églises du diocèse de Paris et de ses parents.

Étrépagny, avant le 22 avril 626 [1].

Original : Archives nationales, K. 1, n° 4, *papyrus mutilé* (A).
Fac-similé : Mabillon, *De re diplomatica, Supplementum*, p. 69 (B). — *Nouveau Traité de diplomatique*, V, p. 668, pl. 90. — *Neues Lehrgebäude der Diplomatik*, etc., *aus dem Französischen übersetzt*, VIII, p. 324, pl. 90. — Letronne [2], pl. III. — Héliogravure Dujardin, exécutée par les soins de l'administration des Archives nationales, non encore publiée [3].
Imprimé : Ruinart, *Greg. Tur.* [4], col. 1383 (*et* Migne, LXXI, col. 1197). — Mabillon, *Annales ordinis S. Benedicti*, I, p. 685. — Mabillon, *De re diplomatica, Supplementum*, p. 92. — Félibien [5], p. III, n° 1. — Bouquet, IV, p. 627, n° 16. — *Nouveau Traité*, V, p. 668, 669 (*note*). — *Neues Lehrgebäude*, VIII, p. 324, note H. — Bréquigny [6], p. 128, n° 66. — Pardessus [7], I, p. 229, n° 243. — Teulet [8], p. 6, n° 3. — Tardif, p. 5, n° 5. — K. Pertz, p. 13, n° 11. — Lasteyrie, p. 9, n° 6.
Catalogué : Georgisch [9], col. 8 (à l'année 628). — De Foy [10], p. 55 (à 620). — Bréquigny [11], p. 46 (*id.*).

(1) .....lustrebus [12] Chrodegar..... | (2) .,...re sana [m]ente

1. Les éditeurs précédents ont daté, pour la plupart, « vers 627 ». La date que je propose s'appuie sur les considérations exposées dans le mémoire précédent, p. 202-207.
2. Voir *Questions mérovingiennes*, I, p. 6, note 2; — ci-dessus, p. 2, n. 2.
3. J'ai dû à la courtoisie de l'administration des Archives la communication d'une épreuve de cette reproduction, ainsi que de celle de la pièce n° 5.
4. *Sancti Georgii Florentii Gregorii episcopi Turonensis opera omnia*, etc., opera et studio domni Theoderici Ruinart (Paris, 1699, in-fol.).
5. Ci-dessus, p. 194, note 6.
6. *Questions mérovingiennes*, I, p. 5, note 2; — ci-dessus, p. 5, n. 2.
7. *Questions mérovingiennes*, I, p. 5, note 3; — ci-dessus, p. 5, n. 3.
8. *Questions mérovingiennes*, I, p. 5, note 4; — ci-dessus, p. 5, n. 4.
9. *Regesta chronologico-diplomatica*, I (1740, in-fol.).
10. *Notice des diplômes, des chartes et actes relatifs à l'histoire de France, qui se trouvent imprimés dans les ouvrages de diplomatique, dans les historiens et dans les jurisconsultes, rangés dans l'ordre chronologique* (Paris, 1759, in-fol.).
11. *Table chronologique des diplômes, chartes, titres et actes imprimés, concernant l'histoire de France*, tome Ier (Paris, 1769, in-fol.).
12. Le papyrus est coupé verticalement, comme dans la pièce précédente. L'acte doit se lire à peu près ainsi [*sur les espaces, voir ci-dessus, p. 227, note* 6]:

per basilecabus de suis propriis facultatebus per testamenti pagenam voluerit legaliter delegari per n[ost]ris aucto[retate]bus testamentum | (3) …..oster [Do]do abba de basileca *sancti* domni Dioninsio martheris pe[cu]liares patroni nostri testamenti pagenam a Johanni quondam neguciante filiu……d….:.e ᵃ | (4) ….uid de suis facultatebus ad basileca ipsius *sancti* Dioninsio vel relequa loca *sancta* infra oppedum Parisior*um* civetatis eciam et ad alecus de suis propinquis per ipso | (5) …..gene[rali]ter confirmari deberimus. Quod nos magnetudo vestra sicut unicuique justa petentes vel pro nostre mercides conpendium hunc benefici[um no]n negasse | (6) …..epedi[ctu]s Johannis ad antedicta basileca *sancti* domni Dioninsio vel relequa *sancta* loca aut suis propinquis juste nuscetur delegasse, hoc est in terris, domebus, mancipiis | (7)…..entis vel relequo beneficio hujus auctoretatis nostre vigore seu generale beneficium confirmatum ad ipsas basilecas vel suis propinquis proficiat in perpetuo | (8) …..mentum similiter

2. — *Uncis inclusa nunc desunt in A, leguntur in B.* — *a. sic A,* filius Hid….. *B.*

(*Chlothacharius rex Francorum viris* in)lustrebus Chrodegar(io ….. et …..) — *Si ea quae fidelium quilibet Deo propitio nostrorum, de transitoriis cupiens aeterna promere)re,* sana mente per basilecabus de suis propriis facultatebus per testamenti pagenam voluerit legaliter delegari, per nostris auctoretatebus testamentum (*confirmamus, nobis ad mercedem procul dubio credimus pertinere*. *Igitur vir venerabilis pater n*)oster Dodo abba de basileca sancti domni Dioninsio martheris peculiares patroni nostri testamenti pagenam a Johanni quondam neguciante filiu…..d…..e (*factam nobis ostendit relegendam, in qua continebatur qualiter ipse Johannes quondam aliq*)uid de suis facultatebus ad basileca ipsius sancti Dioninsio vel relequa loca sancta infra oppedum Parisiorum civetatis, eciam et ad alecus de suis propinquis, per ipso (*testamento delegasset* : *petiit ut hoc circa ipsa loca sancta vel suis propinquis per nostrum praeceptum*) generaliter confirmari deberimus. Quod nos magnetudo vestra, sicut unicuique justa petentes vel pro nostre mercides conpendium, hunc beneficium non negasse, (*sed gratanti animo praestetisse et confirmasse cognoscat* : *praecipientes enim ut quicquid s*)epedictus Johannis ad antedicta basileca sancti domni Dioninsio vel relequa sancta loca aut suis propinquis juste nuscetur delegasse, hoc est in terris, domebus, mancipiis, (*villabus, aedificiis, accolabus, mobilibus et inmobilibus, auro, argento, speciebus, ornam*)entis vel relequo beneficio, hujus auctoretatis nostre vigore seu generale beneficium confirmatum, ad ipsas basilecas vel suis propinquis proficiat in perpetuo, (*et, sicut constat eis ipsas res a 'jam dicto Johanne juste delegatas fuisse, per inspectum testa*)mentum, similiter per hanc preceptione firmati valeant permanere securi. Et ut hec auctoretas ampliatis titolis nostris et futuris temporebus inconcusso jure) *firmiorem* [? *correction au crayon, devenue illisible*]. *obtineat vigorem, manus nostrae subscriptionibus subter eam decrevimus roborare*). —Ursinus optulit. — Chlothacharius in Christi nomine rex hanc preceptionem subscripsi. — Bene valete. — (*Datum sub die …. annum….. regni*) nostri Stirpiniaco feliciter in Domino adistipulatore (?).

per hanc preceptione firmati valeant permanere securi. Et ut hec auctoretas ampliatis titolis nostris et futuris temporebus inconcusso jure | (9).....

(*C.*) Ursinus optul*it*. (*SR.*)

Chlothacharius (*M.*) in Xp*is*ti nomine rex hanc precep[tion]em sub*scripsi*.

(*SID.*) Bene val*ete*. |

(10) .....nostri Stirpiniaco fel*iciter* in Domino adistipu*latore* [1].

3.

Partage de terres en Limousin entre la dame Théodila [2], *d'une part, et Maurin, Audégisèle et consorts, de l'autre.*

Jarjavaly, vendredi 20 juin 626.

Imprimé : Mabillon, *De re diplomatica*, p. 464, *d'après une copie de Vyon d'Hérouval, faite d'après le cartulaire de la Chapelaude, aujourd'hui perdu.* [3] (*A*). — Bréquigny, p. 136, n° 73. — Pardessus, II, p. 9, n° 253. — Chazaud, *Fragments du cartulaire de la Chapelle-Aude* [4], p. 3, n° 2.
Catalogué : Georgisch, col. 9 (*à l'année 632*). — De Foy, p. 60 (*id.*). — Bréquigny, p. 49 (*id.*).

Placuit atque convenit inter viro illustri Landegisilo qui ad vicem illustrae matronae Teudilanae, Gabregabalio [5] in territorio Lemovicino situm, ad terram demensurandam vel dividendam inter partem jam dictae matronae et Maurino et Audegiselo vel consortes eorum, juxta ut praeceptio gloriosissimo domno Dagoberto regi ad viro inlustri Baronto comite [6] data edocet. Pars memoratae matronae, prosequente jam dicto viro Landegiselo, duas partes, juxta convenientia praesentia loquebatur, recepit. Hoc est, tabula prima, de loco illo ubi terminus qui ad viros illustris

1. Je propose cette lecture sous toutes réserves; celle des précédents éditeurs, *ad vetus palatium*, ne paraît pas admissible.
2. Voir ci-dessus, p. 202, note 3.
3. Voir la note suivante.
4. Moulins, publication de la Société d'émulation de l'Allier, 1860, in-8°. — La Chapelaude (Allier) était un prieuré dépendant de l'abbaye de Saint-Denis. Le cartulaire, vu par Du Cange, Doublet, Vyon d'Hérouval et perdu depuis, était, pense M. Chazaud, du XII° siècle (Chazaud, p. I, II).
5. Jarjavaly (Creuse, commune de Royère).
6. Voir ci-dessus, p. 205, la fin de la note 2.

Gainoaldo et Baronto comitis ex ordinacione dominica fuerat circuitus, de loco illo ubi terminus qui de versus Rovaria [1] monasterio venit, ubi cubito versus Ebrolocino facit, et deinde per ipso termino usque in fluvio Ausonae et deinde per ipso fluvio usque rio quae est Salmagnaria et Votodio Lupiniano, et per alio latus de juxta ipsa villa Fornolus, per canale quae versus palude, quod est super Salmagnaria, vadit, usque memorato loco ubi terminus ipse cubitum facit, unde prius tabula ipsa mota fuit. Simili modo et alia tabula ad parte jam dictae matronae Teudilanae de versus villa Fornolus usque ad terminum Vallariense [2] usque decusas quod per demensuracione ubi decusas positas sunt, et de illo loco per latus similiter signa vel decusas terminato ordine per loco qui dicitur ad Pratellus et de illo loco ad Castaneolo ad petras duas, et deinde ad fonte Morsorsa, de illo vero loco ad Cumba ubi de fronte ubi decusas positas sunt, cum mansiones quod dicitur Alpini, quod ipse Maurinus vel consortes sui tenuerunt, et factus illos ubi Maretemus servus ipsorum mansisse visus est. Itaque acceperunt Maurinus et Audegiselus vel consortes eorum tertia tabula, quod ab uno latere subjungit ad suprascripta tabula, et a fronte ad terminum qui de versus Rovaria vel de palude ubi fons Varatum consurgit, per ipsum terminum usque ubi cubitum facit et deinde in antea versus palude super Salmagnaria aripennos octo, ubi signa posita sunt, et de alio latus per memorato rio Varatione usque ad terminum Valarense, in qua pagina sunt mansiones Concisa, Veterina [3] et Rotaricias [4]. Et refusum est ad tabula prima, de pagina illa quae de versus Rovaria monasterio de ipsa rem indiviso remanserat, ad parte supradicta matrona Theudilane, quod est inter Varacione et alio rio qui de versus ipso monasterio consurgit [5], una cum silva vel culturas, aripennos sexcentos, et quod desuper resedunt accepit idem [Au]degi-

---

1. Royère (Creuse).
2. Le finage de Vallière (Creuse), au nord-est de Royère.
3. La Vedrenne (Creuse, commune de Saint-Pardoux-Lavaud), ou Verdinas (commune de Royère), au nord de Jarjavaly et de Roudersas.
4. Roudersas ou Roudaressas (commune de Royère), au nord-est de Jarjavaly.
5. Il semble que le *fons Varatum* ou *rio Varacione* est le ruisseau de Roudersas, et l'*alio rio* celui de la Mazure, qui tous deux coulent du sud-ouest au nord-est, dans la direction de Royère à Vallière. Ces cours d'eau sont indiqués, mais non nommés, dans les cartes ; je dois la connaissance des noms sous lesquels on les désigne aujourd'hui à l'obligeance de M. Toumieux, maire de Royère.

selus *a* aripennos CCXX et ad parte jam dictorum ad tabula inter ipsos rios per loca ubi decusas positas sunt usque ad Rotaricias. Et pro eo quod tabula jam dicto Maurino versus termino Vallarense longior fuisset, ubi Recisolena factus fuerat et sogas octo reciperat, refuderunt a parte suprascriptae matronae Theudilane juxta villa Fornolus factus ille ubi Bitus servus jam dictorum mansisse visus est. Quas tabulas per jam dicta vel demensurata loca, cum silvas, culturas vel prata, unaquaque parte constante ad integra accepiss[e e]t *b* ad invicem sibi tradidisse. Juxta itaque partes, per Patrem et Filium et Spiritum sanctum, vel per salutem principum cujus nunc potestatem regimur [1], nulla pars contra parte de suprascriptis aut heredibus eorum nullo umquam tempore esse ventus *c*. Quod si qua pars de placito resillire voluerit aut contra suprascripta definitione ambulare conaverit, inferat parte statuta serv[anti] *d* una cum fisco auri libras decem, argento pondo viginti, et haec convenientia inter ipsis conscripta nullo umquam tempore per nullo ingenio possit cassari, sed perpetualiter firma et inviolata permaneat stipulatione subnixa.

Factum pactum sub die XII kal. julias anno IIII regni domni nostri Dagoberto regis [2].

S. † vir illustris Landegisilo, qui ad vicem Theodilanae matronae emisit.

† Maurinus pactionem seu convenentiam nostram subs.

Audegilus pro parte conjuge mea pactionem seu convenentiam nostram subs.

...emius pro parte conjuge meae pactionem seu convenentiam nostram subs.

Furicius ad vicem conjuge meae pactionem seu convenentiam meam subs.

Simplicius pro testimonio rogitus a suprascripto hanc convenentiam subs.

Barontus subs.

Agolenus rogitus a suprascriptos hanc convenientiam pro testimonio subscripsi.

3. — *a.* Landegiselus *A.* — *b.* accepisset *A.* — *c.* sic *A.* — *d.* serviant *A.*

1. Clotaire II et Dagobert I*er*.
2. Sur cette date, voir p. 205, note 2.

4.

Théodetrude ou Théodila, fille de Brodulfe [1] [*par conséquent cousine de Caribert (Fréd. 55, 56)], donne à l'abbaye de Saint-Denis des domaines situés dans le territoire de Chambly, le Limousin et le Beauvaisis.*

Saint-Denis, lundi 20 avril 627.

Imprimé : Doublet [2], p. 653, d'après le cartulaire de la Chapelaude (A). — Félibien, p. iv, n° 2. — Bréquigny, p. 126, n° 64. — Pardessus, I, p. 227, n° 241. — Chazaud, p. 1, n° 1.

Catalogué : De Foy, p. 57. — Bréquigny, p. 47.

Domino nostro et in Christo venerabili patri Dodone abbati una cum fratribus suis basilicae sancti Dionysii deservientibus, Theodetrudis sive Theodila filia Brodulfo. Cunctorum christianorum spes confidere debet ut potius pro anima laboremus quam seculum diligamus, juxta lectionem [3] ubi dicitur, perit mundus et ea quae in mundo sunt, illud vero quod in ecclesias aut in basilicas sanctorum vel in pauperibus confertur, numquam perit, sed in memoria aeterna pro justitia reputatur. Propterea tibi, sancta basilica domini Dionysii martyris, ubi in corpore pausare videtur, dono donare deliberavi, hoc est, villa quae vocatur Matrius [4] quae est in opido Camliacense [5], cum domibus, mancipiis et vineis ad se pertinentes in fundo Magacinse ad praesens possedere videor, cum terris tam cultis quam incultis, silvis, aquis aquarumve decursibus, cum termino vel colonica sua ad se pertinentes. Volo etiam esse donatum villa quae cognominatur Patriago [6], quae est in pago Lemozino, cum domibus, mancipiis, terris, pratis, pascuis, silvis, aquis aquarumve decursibus, cum termino suo vel quodcumque in suprascripto loco habere videor. Eidem quoque sancti Dionysii basilicae volo similiter esse dona-

---

1. Voir la pièce précédente, et ci-dessus, p. 202, note 3.
2. Voir ci-dessus, p. 194, note 4.
3. Je ne sais quel est ce texte.
4. Méru (Oise), selon A. Jacobs, *Géographie de diplômes mérovingiens* (1862), p. 10, et M. A. Longnon, *Atlas historique*, p. 189.
5. Le *pagus* ou territoire de Chambly (Oise).
6. Peyrat-le-Château (Haute-Vienne), à l'ouest et non loin de Royère (voir la pièce précédente).

tum villa quae vocatur Milgiachis¹, quae est in pago Bellovacinse, cum domibus, mancipiis, terris, vineis, silvis, pratis, pascuis, aquis aquarumve decursibus, cum termino suo vel colonicas ad se pertinentes, et quod inibi habeo ab integro dono atque transcribo, sicut me Deus de seculo isto recipere dignatus fuerit, et villas ipsas superius nominatas in sacrosancta basilica domini Dionysii in potestatem sine ullius inquietudinis revocatur, ut tenendi et possedendi, vendendi, commutandi vel quidquid pro animae meae remedium exinde volueritis faciendi liberam et firmissimam in omnibus habeatis potestatem, et pro hujus meriti nomen meum in libro vitae conscribatur², quia ibidem in ipsa basilica corpusculum meum pausare cupio, easdem villas, quas pro animae meae remedium obtuli in honore sancti Dionysii, volo vobis licere pacifice possidere. Et quia votus meus fuerat ut per paginam testamenti villas ipsas superius nominatas basilicae sancti Dionysii condedisse, sed ut mos est loci illius³ habetur per epistolas delegasse, sed nulla iniquitas aut falsa ingenia a Deo pertinere potest, quia ipse reddit unicuique secundum opera sua, propterea rogo et contestor coram Deo et angelis ejus omni nationi hominum, tam propinquis quam extraneis, ut nullus contra deliberatione mea impedimentum sancto Dionysio de hac re, quae ad me per has litteras deputatum est, facere praesumat; si fuerit qu[i ma]nus su[a]s ᵃ ad hoc apposuerit faciendo, aeternus rex peccata mea absolvat, et ille maleditus in inferno inferiori, et anathema et maranatha percussus, cum Juda cruciandus descendat, et peccatum quem amittit in filios et in domo sua crudelissima plaga ut lepr[a sit]ᵇ pro hujus culpa a Deo percussus, ut non sit qui inhabitet in domo ejus, ut eorum plaga in multis

4. — *a.* quia minus suus *A.* — *b.* leprose *A.*

1. Milly (Oise), selon A. Jacobs, p. 11 (?).
2. « Et alius liber apertus est qui est vitae... Et qui non inventus est in libro vitae scriptus, missus est in stagnum ignis » (*Apocalypse*, xx, 12, 15). — On ne peut admettre l'explication proposée par Mabillon : « Theodila veut encore dans sa charte que *nomen meum in libro vitæ conscribatur*... Ce livre de vie étoit le necrologe, où selon le caractère de l'ordre monastique, on inscrivoit les noms des bienfaiteurs avec leurs donations pour prier Dieu pour eux »(*Œuvres posthumes*, II, p. 355).
3. Il semble résulter de là que Théodila n'était pas de la région où est situé Saint-Denis; la pièce précédente, en effet, donne lieu de la croire Limousine ou tout au moins Aquitaine. — Cette phrase ne révèle-t-elle pas déjà, entre le droit du nord et celui du midi de la France, quelque chose du contraste qui donna naissance plus tard aux termes de pays « de droit écrit » et « de droit coutumier »?

timorem concutiat, et quantum res ipsa meliorata valuerit, duplex satisfactione fisco egenti exolvat. Et quod Deo et sancto Dionysio pro remedio animae meae obtuli, omnem firmitatem obtineat stipulatione interposita.

Actum ad basilica sancti Dionysii sub die duodecima kalend. maias anno [XLIII]ᵉ regni nostri domini Chlotarii regis.

Signum † Theodilane sive Theodetrude manu sua factum, quae hanc epistolam istius donationis fieri rogavit.

Signum Sigrannosa testis.

Signum Hinchario testis.

Signum Berthelmo viro inlustris testis.

Signum viro inlustris Landegiselo [1] testis.

Signum Vuaddoleno.

Signum Becteno.

Signum Sunnarcto testis.

Signum Teiane testis.

Signum Austremando testis.

Signum Hildondo.

Signum Deoretrannus.

Signum Helesio testis.

Ego Recomarus lector rogante et presente supradicta Theodetrude hanc donationem scripsi.

5.

Clovis II confirme à l'abbaye de Saint-Denis la faculté d'avoir des biens distincts de ceux de l'église de Paris et d'être soustraite, quant à l'administration de ces biens, à l'autorité épiscopale.

Clichy-la-Garenne, dimanche 22 juin 654.

Original : Archives nationales, K. 2, n° 3, papyrus (A).

Fac-similé : Mabillon, De re diplomatica, p. 376, pl. XVII (B). — Letronne, pl. IX (lire VIII). — Héliogravure Dujardin, exécutée par les soins de l'administration des Archives nationales, non encore publiée.

4. — c. 43 A.

1. Voir la pièce précédente.

Copie : *Bibliothèque nationale*, ms. *lat. nouv. acq.* 326, xi° ou xii° siècle [1], *fol.* 5-7 (*C*).

Imprimé : *Doublet*, p. 682. — *Sirmond, Concilia Galliæ*, I, p. 498. — (*Pierre du Puy*), *Preuves des libertez de l'Eglise gallicane*, 1re édit. (1639), p. 1039; 2e édit. (1651), II, p. 1448; 3e édit. (1731), II, p. 198. — *Le Cointe, Annales*, III, p. 375. — *Labbe, Concil.*, VI, col. 489. — *Mabillon, De re diplomatica*, p. 466. — *G. Dubois, Historia ecclesiæ Parisiensis*, p. 188. — *Félibien*, p. v, n° 5. — *Hardouin, Acta conciliorum*, III, col. 989. — *Bouquet*, IV, p. 636, n° 29. — *Bréquigny*, p. 213, n° 131. — *Schönemann, Codex für die praktische Diplomatik*, I (1800), p. 11, n° 5. — *Pardessus*, II, p. 98, n° 322. — *Teulet*, p. 13, n° 8. — *Tardif*, p. 10, n° 11. — *K. Pertz*, p. 19, n° 19. — *Lasteyrie*, p. 15, n° 11.

Catalogué : *Georgisch*, col. 11 (à l'année 653). — *De Foy*, p. 73 (*id.*). — *Bréquigny*, p. 59 (*id.*).

(1) (*C.*) Chlodovius rex Francorum viris inlu*stribus* [2]. |
(2) Oportit climenciae princepali inter citeras peticiones illud quae pro salute adscribetur vel pro timore divini nomenis postolatur placabeli audito suscipere et ad effectum perducere, ut fiat in mercide conjuncio, dum pro quietem servorum Dei vel congruencia locis venerabilebus inpertitur peticio. Igetur dum et omnipotens Pater, qui dixit de tenebris | (3) lumen splendiscere, per incarnacionis mistirium unigeniti fili sui *Domini nostri Ihesum Xpisti* vel inlustracionem Spi*ritus sancti* inluxit in corda *sanctorum* xp*istianorum* [3], pro cujus amore et desiderio inter citerus gloriosos triumphos marterum beatus Dionisius, Leutherius et Rustecus meruerunt palmam victuriae et coronam percipere gloriosam, ubi per multa tempora in eorum basileca, in qua requiescere v[ide]ntur, | (4) non minema miracola Xp*istus* per ipsos vid[e]tur operare, in quo eciam loco genetores nostri domnus Dagoberclhus et domna Nanthechildis videntur requiescere, ut per intercessionem *sanctorum* illorum in celesti regno

5. — *Quae uncis includuntur quadratis, desunt in A; quae rotundis, in AB : illa ex B, haec ex C supplentur.*

1. C'est le plus ancien cartulaire de Saint-Denis. D'autres cartulaires plus récents, à la Bibliothèque et aux Archives nationales, contiennent des copies de la même pièce; il n'a pas paru utile d'y recourir.
2. [*Sur les espaces, voir ci-dessus*, p. 227, n. 6.]
3. « Quoniam Deus, qui dixit de tenebris lucem splendescere, ipse illuxit in cordibus nostris ad illuminationem scientiae claritatis Dei » (saint Paul, *Ad Corinthios*, II, iv, 6).

cum omnebus sanctis mereant particepari et vitam aeternam percipere, et quia ab ipsis principebus vel a citeris priscis regebus vel aeciam a Deo timentebus xpistianis hominebus ipse sanctus locus | (5) in rebus propter amorem Dei et vita aet[er]na videtur esse ditatus, et nostra integra devocio et peticio fuit ut apostolicus vir Landericus Parisiaci aeclesiae episcopus privilegio ad ipsum sanctum locum, abbati vel fratrebus ibidem consistentebus, facere vel confirmare pro quiite futura deberit, quo facilius congregacioni ipsi licerit pro stabiletate regni nostri ad limena martirum ipsorum jugeter exorare, hoc ipse | (6) pontefex cum suis quoepiscopis juxta peticionem devocionis nostrae plenissemam volontatem preste[tisse] vel confirmasse dinuscitur [1]. Nos ergo per hanc seriem auctoretatis nostrae, juxta quod per supradictum privelegium a pontefecebus factum et prestetum est, pro reverencia ipsorum marterum vel nostra confirmanda mercede, per hanc autoretatem jobemus ut, si qua ad ipsum locum sanctum in [villa]bus, man | (7) cipiis vel quibuscumque rebus adque corpor[e]bus a priscis principebus seo genetorebus nostris [vel a Deum timentebus homine]bus propter amorem Dei ibidem delegatum aut deinceps fuerit addetum, dum ex munificencia parentum nostrorum, ut dixemus, ipse sanctus locus videtur esse ditatus, nullus episcoporum, nec praesentes nec qui futuri fuerint successores, aut eorum ordenatores vel qualibit persona | (8) possit quoquo ordene de loco ipso alequ[id] auferre aut alequa potestate sibi in ipso monast[h(erio usurpare) ve]l alequid quase per conmutacionis titolum absque volontate ipsius congregacionis vel nostrum permissum minoare aut calices vel croces seo indumenta altaris vel sacros codeces, argentum aurumve vel qualemcumque speciem, de quod ibidem conlatum fuit aut erit, auferre| (9) aut menoare vel ad civetate deferre no[n] debeat nec praesumat, sed liciat ipsi sancte congreg(acioni quod eoru)m per ri[cta]m [de]legacionem conlatum est perpeten possedere et pro stabiletate regni nostri jugeter exorare, quia nos pro Dei amore vel pro reverencia ipsorum sanctorum marterum et adhepiscenda vita aeterna hunc beneficium ad locum ipsum sanctum cum consilio pontefecum et inlustrium virorum | (10) nostrorum procerum gratissemo anemo et integra volontate vise fuemus prestetisse, eo scilecit ordene, ut, sicut tempore domni et genetoris

---

[1]. On possède un prétendu original de ce privilège, mais c'est un faux, fabriqué au IX⁰ siècle (Tardif, p. 8, n⁰ 10; *Musée des Archives nationales*, p. 11, n⁰ 5). Le privilège authentique est perdu.

nostri ibidem psallencius^a [per t]urmas fuit instetutus, vel sicut ad monasthirium *sancti Mauricii Agaunis* die noctoque tenetur, ita in loco ipso celebretur. Quam viro autoretate decrivemus, X*pistum* in omnebus nobis subfragantem, ut fir | (11) mior habeatur et per tempora conservitur, subscripcionebus man[us nostr]ae infra roborare [1].

(*C.*) Beroaldus optulit. (*SR.*)

Chlodovius (*M.*) rex sub*scripsi*.

(*C.*) Aunemundus [2] peccator consenciaens subscri*psi*. (*SR.*)

(*C.*) In X*pisti* nomine Chaoaldus [3] e*piscopus* consenciens sub*scripsi*. (*SR.*)

(*C.*) Rauracus [4] peccator consenciens sub*scripsi*. (*SR. NN. : In Deo subscripsi.*) |

(11 *bis*) (*C.*) Armentarius [5] peccator consenciens sub*scripsi*. (*SR.*) |

(12) (*C.*) Audomarus [6] e*piscopus* consenciens sub*scripsi*. (*SR.*)

(*C.*) Aetherius [7] peccator consenciens sub*scripsi*. (*SR.*)

† In [X*pisti*] nomine Eligius [8] e*piscopus* sub*scripsi*. (*SR.*)

(*C.*) Vulfoleudus [9] peccator sub*scripsi*. (*SR.*)

(*C.*) Palladius [10] peccator consenciens sub*scripsi*.

(*C.*) Clarus [11] in Dei nomine e*piscopus* cunsinsi et sub*scripsi*.

(*C.*) Gratus [12] peccator consenciens sub*scripsi*. (*SR.*) |

5. — *a.* Psallencius *A.*

1. L'ordre des signatures suivantes et la répartition de ces signatures en plusieurs lignes ne peuvent être déterminés que d'une manière approximative. — Ces signatures, la plupart autographes et souvent difficiles à déchiffrer, ont été mal lues par le copiste du cartulaire (*C*); sa copie ne peut plus être ici d'aucun secours pour l'établissement du texte.
2. Saint Chamond, évêque de Lyon.
3. ..vêque de Vienne.
4. Évêque de Nevers.
5. Évêque de Sens.
6. Saint Omer, évêque de Thérouanne. Les éditeurs précédents ont lu *Laudomerus* ou *Baudomerus*.
7. Évêque d'Embrun.
8. Saint Éloi, évêque de Noyon.
9. Évêque de Bourges.
10. Évêque d'Auxerre.
11. Évêque de Grenoble.
12. Évêque de Chalon-sur-Saône. On a lu précédemment *Grator*, prenant pour un *o* un trait qui n'est probablement qu'un signe d'abréviation. Cette faute de lecture avait déjà été commise par le fabricateur de la fausse charte de l'évêque Landri (Tardif, p. 9 et pl. X).

(12 bis) (C.) Sicoaldus [1] peccator consenciens subscripsi. (SR.)
(C.) Rigoberothus [2] peccator episcopus subscripsi. (SR.) |
(13) Signum (M.) viro inlustri Radoberto major domus [3].
(C.) Castad..... [4] pec..... (SR.)
(C.) In Xpisti nomine Landericus [5] acsi peccator episcopus subscripsi. (SR.)
Wandalmarus [6] consensi et subscripsi. (SR.)
Syghichelmus consinsi et subscripsi. (SR.)
(C.) Auderadus [vir in]luster atque patricius consinsi et subscripsi. |
(14) Aegyna [7] subscripsi.
Chradoberctus subscripsi. (SR. NN. : Subscripsi.)
Signum viro inlustri Ermenrico domestico [8].
(C.) Amalberothus [9] consinsi et subscripsi. (SR.) |
(14 bis) [Ga]uciobertus diaconus hunc privilegium subscripsi.
(C.) Athiliagdus peccator concinsi et subscripsi. (SR.) |
(15) Signum (M.) viro inlustri Merulfo.
Signum (M.) viro inlustri Bertelaen... Signum.
Signum (M.) viro inlustri Aigulfo comite palatii. Signum.
Ochelpincus subscripsi. (SR.)
(C.) Chaubedo [10] consinsi et subscripsi. (SR.)
(C.) Varnacharius consinsi et subscripsi. (SR.)
(C.) Vuideradus consinsi et subscripsi. (SR.)

---

1. Évêque de Langres. Les éditeurs précédents ont lu *Ricoaldus*.
2. Évêque de Tours.
3. Clovis II avait deux maires du palais, l'un pour la Neustrie, l'autre pour la Bourgogne (Frédégaire IV, 89; Krusch, p. 165, 166). Celui de Neustrie, depuis 641 jusqu'après la mort de Clovis II, fut Erchinoald (ibid., 8, p. 163; *Liber historiae Francorum*, 45, p. 317). Radobert était donc sans doute maire du palais pour la Bourgogne.
4. « Tam rex quam pontifices et principes... subscriptionibus firmaverunt, inter quos... domnus Castadius... » (*Gesta Dagoberti*, 51 ; Krusch, p. 425). C'est probablement un évêque, mais on ignore de quel siège.
5. Évêque de Paris.
6. Le duc Wandalmar, *ex genere Francorum*, fut un des chefs de l'expédition entreprise par Dagobert Ier contre la Gascogne, vers 636 (Frédégaire, IV, 78, p. 160).
7. Autre duc, celui-ci *genere Saxsonum*, employé dans la même expédition (ibid.; voir aussi 54 et 55, p. 148; ci-dessus, p. 243, note 1). — Les éditeurs précédents ont lu *Aegynarus subscripsi*.
8. Voir Frédégaire, IV, 90, p. 166.
9. Frère de Flaochadus, maire du palais de Bourgogne en 642; voir Frédégaire, IV, 90, p. 166, et *Liber historiae Francorum*, 45, p. 318.
10. Fils de Berthaire, comte palatin (Frédégaire, IV, 90, p. 167), et probablement le même qu'Aubedo, ambassadeur de Clovis II en Italie (ibid., 71, p. 156).

(C.) Gentulfus consinsit et subscripsit. (SR.)
(C.) Rado ¹ subscripsi. (SR.) |
(16) Signum (M.) viro inlustri Austroberto. Signum.
(C.) Gaerinus ² jusus subscripsi. (SR.)
Ebrulfus subscripsi. (SR.)
(C.) Intinus subscripsi (SR.)
Signum (M.) viro inlustri Probato.
Signum † Gundoberto.
(C.) Bobo ³ consinsi et subscripsi. (SR.)
(C.) Desideratus consinsi et subscripsi. (SR.)
(C.) Bodolevus subscripsi. |
(16 bis) In Xpisti nomine Gaerechramnus diaconus subscripsi. (SR.)
(C.) Ebroinus ⁴ subscripsi. (SR.)
(C.) Ragenobertus subscripsi. (SR.)
(C.) Arnebercthus ⁵ subscripsi. (SR.) |
(16 ter) (C.) Chaldo subscripsi. (SR.)
Signum (M.) viro inlustri Madalfrido. |
(SID.) Bene valete. |
(17) Datum sub die X kalendas julias annum XG⁶ rigni nostri (Cly)piaco in Dei nomine.

5. — b. vix legitur AB, XVI C.

1. Frère de saint Ouen, évêque de Rouen (Gesta Dagoberti, 51, p. 425).
2. Peut-être le frère de saint Léger, évêque d'Autun (Liber historiae Francorum, 45, p. 318, 319).
3. La chronique dite de Frédégaire (87, p. 165) mentionne un duc d'Auvergne de ce nom, mais il était, en qualité d'Aquitain, sujet du roi d'Austrasie Sigebert, II. Voir aussi Gesta Dagoberti 37, p. 415.
4. Probablement le fameux maire du palais des rois Clotaire III et Thierry III.
5. Duc et fidèle serviteur des rois Clotaire II et Dagobert I⁰ʳ (Frédégaire, IV, 54, 58, 78, p. 147, 148, 150, 160).

6.

Thierry IV confirme le privilège précédent et y ajoute le droit, pour les religieux de Saint-Denis, d'élire leur abbé.

Valenciennes, mercredi 1ᵉʳ mars 724 [1].

Copie : *Archives nationales*, K. 4, n° 4 [2] *(A)*.
Imprimé : Mabillon, *De re diplomatica*, p. 488, n° 36 [3] *(B)*. — Bouquet,

1. On ignore la date exacte de l'avènement de Thierry IV; mais on a, pour la déterminer approximativement, deux élémemts, dont l'un a été signalé à l'attention des historiens par M. Krusch (*Neues Archiv*, X, p. 94), l'autre par M. Mühlbacher (*Regesten*, p. 13, n° 35), — 1° L'acte de fondation de la Novalèse est daté *sub die tercio kal. februari, anno quinto regante domino nostro Theodorico rege, in indictione nona* (Pardessus, II, p. 481). D'après l'indiction, cette date ne peut répondre qu'au 30 janvier 726. La première année de Thierry IV avait donc commencé au plus tôt le 31 janvier 721, au plus tard le 30 janvier 722. — 2° D'après les *Gesta abbatum Fontanellensium*, 7 (édition Loewenfeld, 1886, in-8°, p. 24-25), Bénigne, abbé de Saint-Wandrille, gagna un procès le 19 juillet de la troisième année de Thierry IV, et mourut (ibid., 7, p. 26, et 3, p. 21) le 20 mars de la même troisième année. Cette seconde date est nécessairement postérieure à la première; donc, le jour où commençait chacune des années du règne de Thierry IV était compris entre le 21 mars et le 19 juillet. — De la combinaison de ces deux données, il résulte que Thierry IV devint roi au plus tôt le 21 mars 721, au plus tard le 19 juillet 721. Le présent acte est donc du 1ᵉʳ mars 724, et non, comme on l'a cru, de 723 ou même de 722.

2. Cette copie, sur une feuille volante en papier, est d'une écriture de la seconde moitié du XIVᵉ siècle. On lit à la fin : *Tripet transtulit*. Ce Tripet paraît avoir eu, pour son temps, une connaissance remarquable de la paléographie mérovingienne. Sa signature se trouve aussi au bas de la copie d'un autre acte (K. 3, n° 19; K. Pertz, p. 73, n° 83), dont l'original nous est parvenu, ce qui permet de contrôler la valeur de ses transcriptions : le résultat de ce contrôle montre en lui un copiste, sinon impeccable, du moins digne de beaucoup de confiance. — Au verso de la copie K. 4, n° 4 sont inscrites ces mentions : *T. B. B. De scrinio litterarum vetustissimarum. Emunitas Theoderici regis.*

3. Mabillon donne pour toute indication de source : *Ex archivo Dionysiano.* Son texte diffère assez notablement de celui-ci, et l'on croirait à première vue qu'il dérive d'une autre copie : il dérive pourtant de celle-ci, car une lacune, qui se remarque vers la fin, répond exactement à une ligne entière de l'exemplaire K. 4, n° 4 (ci-après, p. 245, note 1). Comme on ne peut suspecter Mabillon d'avoir mal transcrit, il faut croire qu'il n'aura eu à sa disposition qu'une mauvaise copie de cette copie. — Son texte ne peut servir qu'à combler quelques lacunes résultant du mauvais état actuel de la copie du XIVᵉ siècle; les autres variantes ne seront pas notées.

IV, p. 702, n° 118. — *Bréquigny*, p. 441, n° 316. — *Pardessus*, II, p. 338, n° 527 [1]. — *K. Pertz*, p. 82, n° 93 [2].
Catalogue : *Georgisch*, col. 24 (à l'année 722). — *De Foy*, p. 114 (à 723). — *Bréquigny*, p. 84 (à 722). — *Wauters* [3], p. 67 (à 723). — *Mühlbacher* [4], p. 13, n° 35 b (à 723).

Theudericus rex Francorum vir[is] inlustr[ibus] [a].

Oportit [5] climencia principali inter citeras peticionis illu[d quae] [b] [6] pro salute adscribitur [7] vel per divin. [8] nominis posthulatur plagabili audetum susciperi, et ad aeffectum perducire, ut fiat in mercidem conjunctio, dum pro quietim servorum Dei vel congruencia locis venerabilibus inpertitur peticio. Aergo dum et omnipotens Pater, qui dixit de tenebris lucem explendiscire, per incarnacionis mystheriae unigenite filii sui Domin. nostri Ihesu Xpisti vel inlustracione Spiritus sancti inluxit in corda sanctorum xpistianorum, pro cujus amore et disiderium inter citerus gloriosus triunfus martyrum beatus Dyonisius, cum sociis suis Rustico et Eleotherio, qui primi post apostholorum sub urdinacione beati Climenti [9] Petri apostholi successoris in hanc Galliarum provincia advenirunt ibique predicantis baptismum

6. — *a*. vir inlustris *A*. — *b*. illustrium *A*, illud quae *supra* p. 237 [6].

1. « Hujus diplomatis autographum in archivo regni… non exstat, sed duo exemplaria tantum, quorum alterum admodum recens, alterum bombycina charta quarto decimo, ut videtur, seculo exaratum; hujusce lectionem, collatione… facta, secutus sum… » (Pardessus, II, p. 338, note 2.) Malgré cette annonce, l'édition de Pardessus, aussi bien que les autres, reproduit sans la corriger celle de Mabillon; même la lacune de la fin (p. 245, note 1) n'a pas été comblée.
2. Cet éditeur signale une copie moderne, « Bibl. Lugdun. n. 804 », qui lui a fourni, par comparaison avec le texte de Mabillon, un certain nombre de variantes orthographiques. Ce n'est encore, autant qu'on peut en juger, qu'une transcription de la copie ancienne des Archives.
3. *Table chronologique des chartes et diplômes imprimés concernant l'histoire de la Belgique, mise en ordre et publiée sous la direction de la Commission royale d'histoire*, tome Ier (Bruxelles, 1866, in-4°).
4. J. F. Böhmer, *Regesta imperii*, I : *die Regesten des Kaiserreichs unter den Karolingern*. (Innsbruck, 1889, in-4°).
5. Les parties imprimées en petit caractère ont été empruntées textuellement, par le rédacteur de cet acte, à la pièce précédente (n° 5).
6. En examinant l'original ou les fac-similé du n° 5, ligne 2, on comprend aisément comment ici les mots *illud quae*, écrits en lettres mérovingiennes, auront pu être lus *illustrium*. Le *d* à longue haste aura été pris pour une *s*, le *q* pour un *t* et une *r*, l'*u* et l'*e* pour un *i* et un *u*, l'a suscrit pour l'abréviation représentant *m*.
7. [Sur les espaces, voir ci-dessus, p. 227, n. 6.]
8. Un point à la fin d'un mot représente une abréviation dont le sens pouvait laisser quelque place au doute.
9. Voir ci-dessus, p. 218-221.

penitenciae et remissionem peccatorum, d[um] *c* in hunc modo certabant, ibique meruerunt palmam marthyriae et coronas perciperi gloriosas, ubi per multa tempora et usque nunc in eorum basileca, in qua preciosa eorum corpora requiescire vedintur, non minima miracola virtute Xpisti per ipsus dignabatur operari, in quo eciam loco gloriosi parentis nostri vel bone memoriae proadavus noster Dagoberthus quondam rex vidintuir requiescire, utinam ut et nus per intercessionem sanctorum ipsorum in celestia rigna cum omnibus sanctis miriamur participare et vitam eternam percipere. Igitur venerabilis vir fidelis noster Deo propicio Berthoaldus abba de ipsa baselica peculiar. patronis nostri domni Dyonisii, missa peticione per inlustri viro Carlo majorem domus nostri, climenciae rigni nostri ridedirunt sogendi eo quod a longo tempore a pontificibus Parisiorum urbis integrus privilegius ad ipsa baselica domni Dyonisii fuissint concessus et ad anterioris rigis parentis nostrus de eu tempure usque nunc confirmatus, qui et ipso privilegio seu et ipsas precipcionis vel confirmacionis si pre manibus habire adfirmant, sed pro integra firmitate peciit ipsi vir Carlus vel ipsi abba celsitudin. nostra ut et nus iteradis per nostra precipcion. hoc diberimmus adfirmare, quorum tam religiosa peticion. libentissemi suscepisse et in omnibus confirmassae vestra conperiat magnitudo. Sed quia a super escriptis principibus vel a citeris priscis regibus eciam et ad Deo timentibus xpistianis omnibus ipsi templus vel ipsi sanctus locus propter am[orem] *c* Dei et vitam eternam in rebus videtur esse dithatus, nostra integra devocio est ut privilegio ad ipsum sanctum locum, abbati vel fratrebus ibidem consistentebus, facere vel confirmare pro quieti futurae diberimus, ut facilius a congregacion. ipsius liciat pro estabilitati regni nostri ad limena vel ad sepulchra ipsorum marthyrum jugiter exorare. Nus ergo per hanc seriem auctoritatis nostri, juxta quod per supradictum est privilegium a pontefìcibus factum vel ab antecessorebus regibus parent[ibus] *c* nostris confirmatum, pro reverenciam ipsorum marthyrum vel nostra confirmanda mercidem, concidemus ipsi sanctus locus et a novo confirmamus ut, si qua ad ipsum sanctum locum tam in [villa]bus *c*, mancipiis vel in quibuscumque rebus adque corporibus a priscis principibus seu a genitoribus nostris vel ad Deo timentebus hominibus propter amorem Dei ibidem fuit deligat[um] *c* aut deinceps fuerit addetum, dum et ex munificiencia parentum nostrorum, ut dixemus, ipsi sanctus locus veditur essi didatus vel condatus, nullus aepiscoborum, nec presentum ne[c qui] *d* futuri fuerunt successoris, aut eorum ordi-

---

6. — *c. quae hic uncis includuntur abscissa sunt in A, supplentur ex B.* — *d. neque A.*

natoris vel quislibet persona non possit quoque ordin. de ipso loco aliquid auferri aut per aliqua potestat. sibi in ipso monasthyrio usurpare vel aliquid quasi per comutacionis titol, absque volomtati ipsius abbati vel ipsius congricacion. aut nostrum permissum et neque calicis neque crocces seu indumenta altar. vel sagrus codicis aut aurum aut argentum vel qualicumque especiem, de quo ibidem conlatum fuerit aut inantia daedatum, auferri aut minuare nec ad civitat. deferri penitus eis non liciat nec facire presumant, sed liciat ipsi sancti loce vel ipsius congrigacion. quod eorum per rectam delegacion. conlatum est perpeti possideri. Et illut viro in hunc privilegio nostre serinitat. placuit inserendi, ut, cum abbas de ipsa casa Dei de hunc seculo nuto divino fuerit evogatus, liciat ipsius sancti congrigacion. de ipso monasthirio ex simedipsis elegire et quem bonum et condignum invinirent, [qui] *c* pro honus abbatiue secundum urdiny sancto possit regere vel gobernare et unanimiter consinserint, dato auctoritat. a nobis vel a successoribus nostris, ibidem [in] *c* ipsa casa Dei instituatur abba et pro estabilitat. rigni nostri vel pro cunctis leodis nostris seu saluti patriae Domin. misericordia jugiter valiant exorare, qua *e* ¹ [nos *f*] pro Dei amore vel pro reverencia ipsorum sanctorum martirum et adepiscendam vitam eternam hunc beneficium ad ipso loco sancto vel ad ipso monastirio cum consilio pontefecum [et *f*] *g* obtematum inlustrium virorum nostrorum procerum gratissemo animo et integra devotion. visae fuemus prestiedisae vel concessissae, eo excilit urdin. ut sicut tempora anteriorum regum parentum nostrorum ibidem in ipsa sancta baselica salencius per turmas fuit instietutus, sicut ordo sancta edocit, die noctique perenniter in ipso loco sancto celebretur. Quam virdenac. auctoritat. decrivemus, Xpistum in omnibus nobis sofragantem confidemus, qui adjuvit illis conservantem et desipit illis distraire copientis. Et ut firmiorem obteniat vigorem et nostris et futuris Deo aucsiliante temporibus inlesa custodiatur et per tempora conservitur, manus nostri eam infra dicrivemus roborare.

6. — *e-g desunt in B.* — *f. ita supra p.* 238, 239, *abscissum in A.*

1. Les mots suivants, jusqu'à *obtematum* exclusivement, manquent dans toutes les éditions; le premier de ces mots et le dernier, dans la copie du XIVᵉ siècle (*A*), ont été emportés par une déchirure du papier, les autres, de *pro Dei* à *pontefecum* inclusivement, remplissent exactement une ligne de cette copie. C'est donc de cette même copie que se sont servis, et le copiste qui a travaillé pour Mabillon et le paléographe qui a collationné le texte pour Pardessus, et l'auteur de la copie consultée par K. Pertz. Les uns et les autres ont sauté une ligne par inadvertance; c'était une faute facile à commettre, les lignes étant longues, l'écriture serrée et difficile à lire.

Dat. ipso die kalend. marcias anno III rigni nostri Valencia-[n]is *h* ¹ in Dei nom. feliciter.

6. — *h*. Valencialis *A*, Valencianis *B*.

1. Valenciennes (Nord), si l'on admet la correction assez vraisemblable de Mabillon (*Valencianis* pour *Valencialis*).

QUESTIONS MÉROVINGIENNES

VI

LA DONATION D'ÉTRÉPAGNY.
(1ᵉʳ OCTOBRE 629.)

Bibliothèque de l'École des chartes, LI (1890), p. 213-237.

La plupart des chartes mérovingiennes dont nous avons le texte n'existent plus en original : elles nous ont été conservées par des copies, contenues dans des cartulaires. Les éditeurs qui les ont publiées, les diplomatistes qui les ont étudiées, ont accepté d'ordinaire le texte donné par ces copies. Rarement ils ont essayé de deviner et de corriger les fautes qui pouvaient s'y être glissées. En d'autres termes, la critique conjecturale, si familière à la philologie classique et d'un usage si courant dans l'établissement du texte des écrivains anciens, a été peu employée jusqu'ici en diplomatique.

Elle ne serait pourtant ni moins nécessaire ni moins profitable à l'étude des chartes qu'à celle des œuvres littéraires. Les copistes de toute époque, qui nous ont transmis le texte des poètes et des prosateurs romains, ont travaillé le plus souvent sur des manuscrits aisés à lire et d'une latinité à peu près correcte. Tout autre était la difficulté, au moyen âge, pour l'archiviste d'un couvent ou d'un chapitre, qui avait à insérer dans un cartulaire des actes des rois de la première race. Il lui fallait déchiffrer cette cursive singulièrement compliquée, dont rien dans son temps ne pouvait lui donner l'idée et qui fait encore le désespoir des débutants en paléographie [1]. Il lui fallait chercher à comprendre cette

---

[1] Les débutants n'en sont pas seuls embarrassés. Tel passage d'un diplôme original du VIIᵉ siècle a trompé, les uns après les autres, tous les éditeurs de textes mérovingiens : voir ci-après, Appendice II.

langue qu'on ose à peine appeler du latin, tant la barbarie de la grammaire et de l'orthographe y rend méconnaissables les mots les plus usuels. Il ne pouvait éviter de faire des fautes. Mais, de nos jours, pour reconnaître ces fautes et pour rétablir la vraie leçon, le diplomatiste a peut-être plus de ressources que le philologue humaniste. En même temps que les copies, il peut étudier quelques originaux. Il peut comparer les formules des actes entre eux, juger, d'après l'un, ce qu'il doit y avoir dans l'autre. Il peut enfin se rendre compte des difficultés spéciales de l'écriture mérovingienne, déterminer par sa propre expérience quelles sont les lettres de cette écriture qui prêtent à des confusions, et à quelles confusions elles prêtent. Avec tous ces secours, il doit arriver à proposer, dans bien des cas, des corrections qui offrent à peu près les caractères de la certitude.

Quelques exemples montreront combien on a peu fait en ce sens, et combien il aurait été facile de faire quelque chose.

Dans un acte d'exemption de tonlieu, qui fut accordé par Clotaire III à l'abbaye de Corbie, le 23 décembre 661, et qui nous a été conservé par un cartulaire du xᵉ siècle, la phrase qui annonce la souscription du jeune roi et celle de la reine sa mère se lit ainsi : *Et ut haec praeceptio firmior habeatur et per tempora conservetur, nos et precelsa genetrix nostra domna Baldechildis regina maxima nostris signiculis subter eam decrevimus adfirmare* [1].

Ni dom Bouquet [2], ni Bréquigny [3], ni Pardessus [4], ni K. Pertz n'ont soulevé la moindre objection contre *regina maxima*. On sait pourtant qu'une épithète pareille n'est pas du style officiel. Il y a donc une faute de copie et il faut chercher une correction. On ne cherchera pas loin. Dans une autre charte du même roi, on lit : *Nos et precelsa domna et genitrix nostra Baltildis regina manus nostrae signaculis subter eam decrevimus adfirmare* [5]. Il est clair que le copiste de notre pièce a lu *maxima* pour *manus*, et qu'on doit rétablir ce dernier mot dans le texte.

Rétablira-t-on du même coup, *nostrae* au lieu de *nostris*? On en serait tenté ; mais il ne faut pas oublier l'incorrection de l'orthographe mérovingienne. Les copistes qui ont écrit les diplômes

---

1. K. Pertz, p. 35, n° 38.
2. Tome IV, p. 643.
3. P. 231, n° 146.
4. Tome II, p. 116, n° 337.
5. K. Pertz, p. 32, n° 33.

ont mis parfois *i* pour *ae*; trois actes originaux de Thierry III, précisément dans une formule pareille à celle qui nous occupe, donnent : *manus nostri subscripcionebus eam subter decrivemus roborare* [1]. Il est probable qu'il y avait aussi *nostri* dans la charte de Corbie : c'est cette forme qui, trompant l'auteur du cartulaire, lui a donné l'idée d'écrire *nostris*, et, par suite, de chercher un mot quelconque pour remplacer *manus*, devenu inintelligible.

En somme, la fin de l'acte de Clotaire III pour Corbie devra être rétablie ainsi : *Nos et precelsa genetrix nostra domna Baldechildis regina ma[nus] nostr[i] signiculis* [2] *subter eam decrevimus adfirmare.*

Un acte de Clovis III pour les monastères de Malmédy et Stavelot, en date du 25 juin 693, dont la copie est conservée dans un manuscrit du IXᵉ siècle à la bibliothèque de Bamberg, se termine ainsi : *Data quod facit mensis junius die XXV anno II regni nostri. Namucho recognovi* [3].

A s'en tenir à ce texte, *Namucho* serait le nom du référendaire qui a contresigné la pièce. Mais ce contre-seing précède ordinairement la date : ici, il la suit et il occupe la place réservée dans les autres chartes à la date de lieu, qui manque dans celle-ci. De plus, *Namucho*, qui n'est pas connu autrement comme nom d'homme [4], rappelle de bien près les formes *Namuco*, *Nammuco*, employées couramment aux temps mérovingiens pour désigner la ville de Namur [5]; et la pensée se porte d'autant plus facilement sur cette ville, qu'elle est relativement peu éloignée du double monastère en faveur duquel l'acte est expédié. Aussi déjà dom Bouquet avait-il eu l'idée d'écrire simplement : *anno secundo regni nostri. Namucho*, en ajoutant en note : *Namucum, posteà Namurcum*, Namur [6]. Mais Bréquigny lui a objecté qu'on n'a pas

---

1. K. Pertz, p. 44, nᵒˢ 47, 48; p. 52, nᵒ 57.
2. L'original devait porter *signaculis*. Mais on peut laisser sans les corriger les erreurs de transcription qui ne portent que sur des détails d'orthographe sans importance. Rétablir systématiquement, dans les chartes conservées en copie, tous les détails de l'orthographe présumée des originaux, serait un jeu d'esprit aussi oiseux que facile, et trop souvent arbitraire (Sickel, *Urkunden der deutschen Könige*, I, p. IX).
3. K. Pertz, p. 56, nᵒ 62.
4. Förstemann, *Altdeutsches Namenbuch*, I (Nordhausen, 1856, in-4ᵒ), col. 949.
5. Anatole de Barthélemy, *Liste des noms de lieux inscrits sur les monnaies mérovingiennes*, dans la *Bibliothèque de l'École de chartes*, 6ᵉ série, I (1865), p. 447, 459.
6. *Recueil des historiens*, IV, p. 670, nᵒ 77, note *b*.

le droit de supprimer le mot *recognovi*, et que ce mot suffit à prouver qu'il s'agit bien de la signature d'un fonctionnaire de la chancellerie : *Vox* Namucho *nomen hic videtur referendarii seu notarii, ad majorem instrumenti fidem subscribentis, quod evincit vox* recognovi, *quam ex conjecturâ amandare non licuit*[1]. Par suite, l'ancienne leçon a reparu dans les éditions de Bréquigny, de Pardessus et de K. Pertz, et Stumpf a inscrit sans hésiter *Namucho* dans un catalogue des référendaires de la chancellerie mérovingienne[2].

Il est certain que dom Bouquet, en supprimant simplement le *recognovi*, usait d'une liberté exagérée. Si *Namucho* avait été le dernier mot de l'acte original, pourquoi les copistes auraient-ils ajouté un autre mot, qui fausse le sens? Mais il ne pouvait être le dernier; si c'est une date de lieu, elle devait être suivie, comme dans la plupart des actes de cette époque, du mot *feliciter*, écrit, soit en toutes lettres, comme dans les planches nos XXV, XXVII, XXIX du recueil des fac-similé de Letronne, soit en abrégé, comme dans les nos XXIV, XXVI, XXVIII, XXX du même ouvrage. Il suffit sans doute d'avoir mentionné cette dernière hypothèse : on a compris qu'elle fournit la solution du problème. L'original portait, sans aucun doute, *Namucho fel.*, c'est-à-dire *Namucho feliciter*, et le copiste a lu *Namucho rec.*, qu'il a interprété *Namucho recognovi*. La confusion était facile à commettre; pour s'en convaincre, il suffit d'examiner dans le recueil de Letronne les fac-similé nos XXIV et XXVI, qui reproduisent les originaux de deux actes de Clovis III. Voici comment y sont tracés, à la fin de la dernière ligne, les trois caractères sous lesquels le lecteur doit deviner le mot *feliciter* :

---

1. Bréquigny, p. 331, note 2; Pardessus, II, p. 225, note 1.
2. *Historische Zeitschrift*, XXIX, p. 365.

On peut donc décidément rayer le fabuleux *Namucho* de la liste des fonctionnaires de la chancellerie mérovingienne et ajouter Namur à celle des résidences royales du vii° siècle. Cette ville avait à cette époque une certaine importance, puisqu'on s'était décidé à lui reconnaître le titre de cité [1], qu'elle n'avait pas au temps de l'empire romain. D'ailleurs, Clovis III ayant exercé sa royauté nominale sur l'Austrasie aussi bien que sur la Neustrie, on ne peut s'étonner qu'il ait fait un séjour, au moins momentané, sur les bords de la Meuse. Environ deux ans plus tard, un acte original nous le montre rendant la justice dans une autre ville du nord de la Gaule, en son palais de Valenciennes : *Valencianis in palacio nostro* [2].

La même charte de Stavelot débute, dans la copie, par ces mots : *Chlodoveus rex Francorum illustri Aerico duci et Charievio comiti*. Les trois premiers mots sont bons, — l'orthographe *Chlodoveus*, moins usuelle que *Chlodovius*, se trouve pourtant dans un acte original de Clovis III [3], — et les cinq derniers paraissent également admissibles. Mais *illustri* est fautif. Sans parler de l'orthographe *illustri*, par *ill*, substituée par le copiste à l'orthographe par *inl*, seule usitée aux temps mérovingiens, on remarquera : 1° qu'il manque devant cet adjectif le substantif *vir*, le titre des fonctionnaires mérovingiens, dans la suscription des diplômes qui leur sont adressés, étant toujours *vir inluster* et non pas *inluster* seulement ; 2° que cette qualification d'hommes illustres devait être au pluriel, car le comte Charievius y avait droit aussi bien que le duc Aericus. Ainsi, au lieu du seul mot *illustri* au singulier, l'original devait porter les deux mots pluriels *viris inlustribus*. Comment expliquer la double erreur du copiste ? Simplement en admettant que, sur la première ligne de l'original, les mots *rex Francorum viris inlustribus* étaient écrits en abrégé, *rex Francor. v. inl.*, et qu'ils étaient tracés à peu près comme nous les voyons sur l'acte original reproduit dans la planche XXVI de Letronne :

---

1. A. de Barthélemy, *ibid.*
2. K. Pertz, p. 58, n° 66.
3. Letronne, planche XXVI.

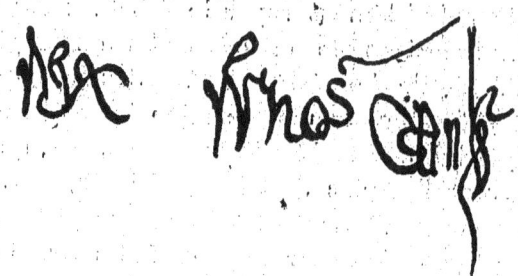

Le mot *inl.* n'étant pas terminé, le copiste n'a pas su s'il devait lire *inlustri* ou *inlustribus*, et le voisinage immédiat du nom *Aerico* lui a fait préférer le singulier. Quant à l'*u*, abréviation de *viris*, il y a vu un *ũ* signifiant *um* et il l'a pris pour la fin du mot *Françorum*.

Pour que cette dernière erreur fût possible, il a fallu que les mots *Franc.* et *v. inl.* fussent écrits très près les uns des autres : or, des divers actes originaux de Clovis III qui nous sont parvenus, le n° XXVI de Letronne est le seul où ces mots soient ainsi rapprochés. C'est aussi le seul où le nom du roi soit écrit, comme dans la pièce qui nous occupe, *Chlodoveus*, et non *Chlodovius*. On est peut-être en droit d'en conclure que l'original perdu de la charte de Stavelot et Malmédy était de la main du même scribe de chancellerie que celui du fac-similé n° XXVI [1]. Cela est d'autant plus vraisemblable que les deux pièces sont de deux dates très rapprochées l'une de l'autre : l'une du 5 juin 693, l'autre du 25 du même mois.

C'est aussi des archives de Stavelot et Malmédy que provient un acte de Charles Martel, maire du palais, relatif à un procès jugé par sa cour : le texte ne nous en a été conservé que par des cartulaires du XIII° et du XIV° siècle [2]. La date se présente sous la forme suivante : *Data quod fecit mense decembri die VI non. regnante Chilprico rege.* Au mois de décembre, on ne compte que quatre jours des nones ; on n'a donc pas pu dater *die VI nonas*. C'est pourquoi Bréquigny a proposé de lire IV au lieu de lire VI [3],

---

1. L'argument de l'orthographe, à lui seul, ne suffirait pas, car les scribes ne s'attachaient pas à l'uniformité en cette matière. Les n°° XXV et XXVI de Letronne sont manifestement d'une même main : cependant l'un porte *Chlodoveus*, l'autre *Chlodoveus*.
2. K. Pertz, p. 97-98, n° 10.
3. « Forté legendum *die iv non.* pro *die vj*, ipsa enim nonarum dies mense decembri in diem mensis quintam incidit ; ac proinde dies sexta ante nonas

et cette correction facile a été adoptée par Pardessus [1] et par K. Pertz. Elle est bien insuffisante; comme le fait remarquer M. Mühlbacher [2], la formule : *Datum* [3] *quod ficit mensis...* est toujours suivie de l'indication d'un quantième compté selon la méthode moderne, et non d'une date formulée avec les termes du calendrier romain. Le mot *nonas* est donc fautif. De plus, l'indication de l'année du règne manque. Il faut trouver une correction qui la fasse reparaître, et qui, en même temps, supprime *nonas*, ou plutôt *non*.

K. Pertz a proposé, pour compléter la date, d'ajouter les mots *anno V*, qu'il a imprimés entre crochets. M. Mühlbacher, à peu près dans le même sens, fait remarquer que *non* pourrait être une mauvaise lecture pour la fin des mots *anno V*, le *V*, de la forme *u*, ayant été pris pour une *n*. Mais ce savant repousse aussitôt cette conjecture, et il dit ce qui l'empêche de l'admettre : le 6 décembre de l'an 5 de Chilpéric II tombe en 719; or, depuis son avènement en 715 jusqu'après la fin de l'année 719, Chilpéric ne fut pas reconnu par Charles Martel, et celui-ci n'aurait pas daté par les années de son règne. En 720 seulement, le roi étant tombé entre les mains du maire du palais, celui-ci crut à propos de couvrir du nom de son prisonnier royal le pouvoir de fait que nul ne lui contestait plus. Chilpéric II mourut bientôt après, au cours de la 6ᵉ année de son règne [4], probablement au printemps ou dans l'été de 721 [5]. L'acte dont il s'agit, daté du mois de décembre, ne peut donc être que de décembre 720, et devait porter l'indication de la 6ᵉ année du règne de Chilpéric II [6].

Le dernier éditeur du document, K. Pertz, en reproduisant la date telle que l'avaient imprimée ses devanciers, ajoute en note un renseignement précieux. Il nous apprend [7] que, dans les deux

numerari non solebat. Facilis lapsus oscitantis amanuensis vel typographi » (Bréquigny, p. 420, nº 301, note 2).

1. Tome II, p. 316, nº 509, note 1.
2. *Die Regesten des Kaiserreichs unter den Karolingern*, p. 12, nº 32.
3. *Datum* et non *data* : cette dernière leçon, quand elle se rencontre dans la date d'une pièce mérovingienne, ne peut être qu'une faute de copie (Sickel, *Diplomatum imperii tomus I besprochen*, p. 44, 45; Stumpf, dans *Historische Zeitschrift*, XXIX, p. 380).
4. Mühlbacher, *ibid.*
5. *Questions mérovingiennes*, V (*Bibliothèque de l'École des chartes*, LI), p. 58, note 1; — ci-dessus, p. 242, n. 1.
6. D'ailleurs, la conjecture *non* = (*an*)*no V* supposerait la leçon *anno*, tandis que la seule forme admissible de ce mot, dans la date d'une charte mérovingienne, est *annum* (Stumpf, dans *Historische Zeitschrift*, XXIX, p. 380).
7. K. Pertz, p. 98, nº 10, note s.

cartulaires [1], le mot *regnante* est précédé d'un signe, dont il reproduit à peu près ainsi la forme : ꝋ. Pour que des scribes du XIII° ou du XIV° siècle aient introduit dans leur transcription un caractère étranger à l'alphabet dont ils se servaient habituellement, il faut que l'original leur ait lui-même offert un signe qu'ils ne connaissaient pas. Précisément, l'écriture des chartes de la période mérovingienne comprend un signe, et un seul, qui a cessé d'être connu après cette période : c'est le caractère grec Ϛ, employé dans la numération écrite, notamment dans la date des actes, pour représenter le nombre six; or ce nombre est celui-là même qui devait, on vient de le voir, figurer à côté du nom du roi dans la date de notre pièce. Évidemment, c'est le Ϛ qui se trouvait ici dans l'acte original, et que les copistes, n'en comprenant plus le sens, ont reproduit maladroitement.

Le mot qui précédait ce chiffre dans l'original devait être *annum* [2]; celui qui le précède dans la copie est *non*. L'erreur des copistes doit s'expliquer en supposant que le mot *annum* était écrit, comme on le voit à la dernière ligne des planches XVI, XXVI, XXXII, XXXIII, XXXVII-XL et XLII de Letronne, *ann.*, avec un signe d'abréviation, l'*a* suscrit pouvant facilement passer inaperçu :

Le mot se réduit ainsi en apparence, aux deux lettres *nn*, qu'un scribe habitué à compter selon le calendrier romain devait être naturellement porté à prendre pour l'abréviation du mot *nonas*.

Dans la date du jour, deux mots avant celle de l'année, le nombre six est écrit VI et non Ϛ. Il n'est pas impossible que cette contradiction se soit présentée dans l'original même. Si l'on répugne à l'admettre, l'hypothèse la plus simple est que l'original portait *dies sex* en toutes lettres, et que la traduction de ce nombre en chiffres est ici du fait du copiste. Il est possible aussi que VI soit une erreur de transcription pour III.

---

1. On peut présumer, bien qu'il ne le dise pas, que le second en date de ces cartulaires a été copié sur le premier, ou que tous deux dérivent d'une même copie perdue.
2. Ci-dessus, p. 253, note 6.

VI. — LA DONATION D'ÉTRÉPAGNY.

On peut donc avoir un doute sur le chiffre du jour; mais on n'en saurait conserver sur celui de l'année. Il faut rétablir toute cette formule de date ainsi : *Dat[um]*[1] *quod fecit*[2] *mense decembri die [sex? annum* 5*] regnante Chilprico rege*, et il faut traduire : le 6 (?) décembre 720.

Faute de s'être avisés de quelques corrections indispensables, les éditeurs des actes précédents ont donné pour bons des textes fautifs. Voici, au contraire, une pièce qu'ils ont repoussée comme fausse et qui est authentique. Le mauvais état du texte, altéré par un copiste, a fait condamner en bloc un document qui n'avait besoin que de quelques corrections.

Il s'agit d'une charte du roi Dagobert Ier, conservée par deux cartulaires de Saint-Denis, l'un du XIIIe siècle, l'autre du XIV[e][3], et portant donation à cette abbaye du village d'Étrépagny, dans le Vexin. Doublet l'a publiée le premier, avec des erreurs et des corrections arbitraires qui en gâtent le texte; Bréquigny en a donné, d'après le second cartulaire, une copie meilleure, qui a été reproduite par Pardessus; K. Pertz est revenu aux mauvaises leçons de Doublet. On en trouvera une nouvelle édition à la suite du présent mémoire[4]. Germon, le premier, en a contesté l'authenticité[5]. Il n'y a rien là qui doive surprendre, puisqu'il a porté les mêmes attaques contre les chartes originales les plus authentiques; ce dont on peut s'étonner, c'est que d'autres aient cru devoir tenir compte des objections d'un auteur aussi justement décrié; c'est qu'à la suite de Germon, Bouquet, Bréquigny, Pardessus, K. Pertz, et récemment encore M. Bruno Krusch[6], aient à l'envi condamné la pièce, pour les motifs les plus futiles.

« Ce diplôme, dit Bréquigny, est mentionné dans les *Gesta Dagoberti*... Il faut donc croire qu'au IXe siècle, où cet ouvrage fut écrit, il se trouvait déjà dans les archives de Saint-Denis; mais il n'en faut pas moins le rejeter au nombre des actes faux.

---

1. Ci-dessus, p. 253, note 3.
2. Pour *ficit*; voir ci-dessus, p. 249, note 2.
3. Archives nationales, LL. 1156, fol. 12 v°; Bibliothèque nationale, ms. lat. 5415, p. 10. Le texte du manuscrit de la Bibliothèque paraît être la copie de celui des Archives.
4. Ci-après, Appendice I, n° 1.
5. *De veteribus regum Francorum diplomatibus*, etc., *disceptatio* II (1706, in-12), p. 114.
6. *Forschungen zur deutschen Geschichte*, XXVI (1886), p. 169; *Fredegarii et aliorum chronica*, p. 408, note 3.

En effet, le village d'Étrépagny, qui appartenait au domaine royal sous Dagobert Ier, continua d'en faire partie au moins jusqu'au temps de Clotaire III, qui y avait sa résidence, en l'an 5 de son règne, au moment où il accorda aux moines de Corbie une charte d'immunité. Toutefois, dans les actes du concile de Soissons, en 862, il est compté au nombre des possessions de Saint-Denis... D'autres preuves de fausseté, tirées du style, des formules, du nom supposé du lieu où l'acte est censé donné, ont été exposées par Germon, chez qui on peut les voir [1]. » Examinons ce que valent ces raisons.

Il est vrai qu'il existe une charte de Clotaire III, du 23 décembre 661, — celle même où a été signalée, plus haut, la fausse leçon *regina maxima*, — qui est datée d'Étrépagny, *Stirpiniaco* [2] : mais il n'y est pas dit que ce lieu appartînt au roi. Rien n'invite à supposer que les princes mérovingiens, au cours de leurs fréquents déplacements, se soient astreints à résider toujours dans des maisons à eux. Ils ont dû plus d'une fois prendre leur logement dans les domaines des monastères, et les moines de Saint-Denis en particulier avaient assez à se louer de la faveur royale pour pouvoir offrir l'hospitalité au jeune Clotaire III, dans une possession qu'ils tenaient de la libéralité de son aïeul. Cette date ne peut donc rien prouver ni pour ni contre la donation attribuée à Dagobert.

Les raisons données par Germon sont au nombre de trois [3] : —

---

1. « Sic memoratur hoc Diploma in Gestis Dagoberti... Ergò credendum est seculo nono, quo Dagoberti Gesta scripta sunt, jam extitisse in archivo S. Dionysii instrumentum de quo agimus; nec ideò minùs inter spuria instrumenta ablegandum. Esterpiniacum enim, quod et Istirpiniacum et Sterpiniacum aliàs dicitur, villa regalis fuit sub Dagoberto I, nec è regiarum villarum numero esse desiit, ante Chlotharium III, qui ibi degebat anno regni sui quinto, cùm Corbeiensibus immunitates concessit Diplomate quod ordine suo proferemus. In actis autem Suessionicæ synodi anno 862, inter Dionysias villas recensetur... Alia in eo falsi indicia, ex stylo, et ex formulis, ex conflicto loci nomine, quo datum Diploma fingitur, deprehendit Germonius, quem videsis » (Bréquigny, p. 175, n° 103, note 1).

2. K. Pertz, p. 35, n° 38.

3. « Diploma quod sequitur datum dicitur *Sauriciagoræ*, qui locus in quarto *de re diplomatica* Libro, ubi de antiquis Regum nostrorum Palatiis disseritur, eorumque Catalogus texitur, planè omissus est. Si consultò, ut suspicor, est omissus; non aliam certè ob causam, quam quia diploma in quo laudatur, suspectum erat. Et vero suspectum videri debuit, 1. Nullus in eo notatur annus... 2. Ad firmandam concessionem suam ait Dagobertus, velle se illam *manus suæ subscriptionibus, ac propria annotatione adumbrare*. Quam exprimendæ subscriptionis formulam non puto in ullo alio Merovingico diplomate reperiri. 3. *Ad sanctum locum* (Basilicam Dionysia-

1° La pièce ne porte pas de date d'année. — Cette lacune tient à une omission de Doublet, le premier éditeur; elle a été comblée, d'après le cartulaire, dès la seconde édition, celle de Bréquigny. — 2° La souscription royale y est annoncée par une formule insolite : après les mots *manus nostre subscriptionibus*, qui sont dans toutes les chartes de cette époque, on en trouve d'autres, *propria annotatione adumbrare*, qui ne se rencontrent pas ailleurs. — L'observation est juste; mais une difficulté aussi légère donne le droit de suspecter seulement la fidélité de la transcription, non l'authenticité de l'acte. — 3° Au lieu de nommer à Saint-Denis des moines, *monachi*, la charte parle de clercs et de pauvres, *tam clerus quam pauperes inibi consistentes*. — Germon, qui attaquait toutes les chartes, les meilleures comme les plus mauvaises, pouvait alléguer cette raison : mais Bréquigny et les diplomatistes modernes n'auraient pas dû en tenir compte, car les mêmes termes de *clerus* et de *pauperes*, appliqués à Saint-Denis, se retrouvent dans une charte originale de Dagobert Ier, que personne après Germon n'a songé à suspecter, la donation du lieu d'*Iticina* en Parisis (Ursines, près Vélizy) [1].

Cette dernière pièce n'a pas seulement en commun avec la nôtre ces termes de clercs et de pauvres; toutes les formules, toutes les clauses de l'une se retrouvent littéralement reproduites dans l'autre. Cette particularité n'a pas échappé à M. Bruno Krusch : il l'a signalée et il a fait ressortir le parti qu'on peut en tirer pour combler les lacunes du papyrus original relatif à *Iticina* [2]. Mais il ne semble pas lui être venu à la pensée d'en tirer un argument en faveur de la donation d'Étrépagny; prévenu de l'idée que cette pièce était fausse, il en a conclu simplement que le faussaire avait pris pour modèle l'acte authentique concernant *Iticina*. Il n'a pas remarqué que l'observation, qu'il était le premier à présenter, effaçait d'un seul coup les reproches que ses devanciers avaient pu faire au style ou aux formules de la donation d'Étrépagny, et par conséquent tout prétexte pour la suspecter de ce chef.

Comment expliquer cette persistance des critiques à condamner un acte contre lequel on ne découvre, dans leurs jugements

---

nam), dicuntur consistere *non Monachi, sed Clerus et pauperes*... » (Germon, ibid., p. 114, 115).
1. Ci-après, Appendice I, n° 2.
2. *Forschungen*, XXVI, p. 169.

mêmes, aucun grief sérieux ? Peut-être par deux petites particularités, deux anomalies, si minces que l'une a été à peine signalée par Bréquigny, que l'autre n'a été mentionnée par personne, mais qui sautent aux yeux tout d'abord et qui ont dû prévenir défavorablement les lecteurs. Elles se trouvent dans les deux formules finales, la souscription et la date. La première de ces formules est ainsi conçue : *Vir illuster Dagobertus rex subscripsi.* L'autre se termine, après les indications de jour et d'an, par ce nom de lieu : *Sauriciagore.*

Il est certain que c'est là un nom peu vraisemblable, et l'on n'est pas étonné de voir Bréquigny invoquer contre l'authenticité du diplôme, — tout en attribuant, par erreur, cet argument à Germon, — le nom de lieu imaginaire qu'il porte : *ex conficto loci nomine, quo datum diploma fingitur* [1]. Mais M. Krusch a trouvé et révélé le mot de l'énigme : *re* n'est qu'une faute de lecture pour *fel.*, abréviation de *feliciter* (on a vu plus haut une faute toute semblable), et, si on élimine cette syllabe mal à propos soudée au nom, il reste une finale en *iago*, qui rappelle de bien près le suffixe *iaco*, si fréquent dans la toponymie latine de la Gaule [2]. L'explication est évidente, et, quand on l'a lue, on est plus étonné encore de voir son auteur s'obstiner à tenir pour fausse une pièce dont il sait si bien faire disparaître toute marque de fausseté. Pour achever la démonstration, il reste à déterminer le nom réel qui se cache sous *Sauriciago*. On pourrait penser tout simplement à *Sauriciaco*, nom qui figure dans Grégoire de Tours [3] et qui doit se traduire par Sorcy, village détruit, près Longueval (Aisne) [4] ; mais rien n'indique que ce lieu ait jamais été au nombre des résidences royales. Avant de l'ajouter à la liste de ces résidences, et pour juger des erreurs qu'on peut avec vraisemblance attribuer au copiste de notre cartulaire, jetons un coup d'œil sur quelqu'un des actes royaux du même temps qui nous sont parvenus en original. Le plus rapproché, par sa date, de celui qui nous occupe est une charte de Clotaire II, datée précisément d'Étrépagny, *Stirpiniaco* [5] ; et voici comment sont écrits, dans cette charte, les deux mots *Stirpiniaco fel.* [6] :

1. Ci-dessus, p. 256, note 1 ; même page, note 3.
2. *Forschungen*, XXVI, p. 169, note 5.
3. *Historia Francorum*, IX, 37 ; Arndt et Krusch, p. 391.
4. Longnon, *Géographie de la Gaule au VIe siècle*, p. 403.
5. *Questions mérovingiennes*, V (*Bibliothèque de l'École des chartes*, LI), p. 45, n° 2 ; — ci-dessus, p. 229, n° 2.
6. Letronne, pl. III.

Les paléographes de nos jours, qui ont appris à déchiffrer à peu près correctement les caractères mérovingiens, ne s'y trompent pas; mais il faut avouer qu'il serait aisé de s'y tromper. Qu'on livre ce spécimen à un copiste peu habitué à ce genre d'écriture : il est probable qu'il prendra le *t* pour un *a*, l'*i* et l'*r* pour un *u*, le *p* pour une *r*, puis, plus loin, le groupe *ac* pour un *g* et enfin la syllabe *fel* pour la syllabe *re*; en tout, il lira *saurinigore*, soit, à deux lettres près, ce que nous lisons dans la donation d'Étrépagny. Il est évident que le copiste qui nous a conservé le texte de cette donation a commis à peu près les mêmes erreurs, ayant sous les yeux le même assemblage de caractères ; qu'ainsi l'acte, expédié dans le lieu même qui en fait l'objet, à Étrépagny, portait à la date les mots *Stirpiniaco fel.*, écrits de la même façon et très probablement par le même scribe que dans la charte de Clotaire II. Ce n'est pas dépasser les bornes légitimes de la critique conjecturale que de rendre à ces deux mots, dans le texte de l'acte, la place qu'ils occupaient certainement dans l'original.

La souscription *vir illuster Dagobertus rex subscripsi* est bien faite pour choquer les diplomatistes. On a cru, il est vrai, que les rois mérovingiens avaient pris le titre de *vir inluster*, et cette erreur, accréditée depuis onze siècles et demi, depuis l'avènement même de Pépin le Bref, n'est dissipée que depuis cinq ans : mais on ne croyait lire ces mots que dans l'en-tête des actes et on n'a jamais prétendu que les princes les eussent fait figurer dans leur signature. A plus forte raison refusera-t-on d'admettre une signature ainsi conçue, si l'on adhère aux raisons qui ont été données ici même, en 1885, pour nier tout à fait l'emploi de ce titre par les rois de la première race. Mais, si les mots *vir illuster* sont déplacés ici, le reste de la souscription, *Dagobertus rex subscripsi*, est bien conforme aux règles de la diplomatique mérovingienne et à l'usage de Dagobert en particulier [1]. Les deux mots suspects proviennent sans doute, comme le *Sauriciagore* de la date, d'une simple faute de lecture. Pour deviner ce qu'ils cachent, reportons-nous encore à l'acte de Clotaire II qui nous a livré l'explication du nom de lieu. Ce qui, dans cet acte, précède immédiatement la signature du roi, c'est la signature du référendaire : *Ursinius optulit;* et cette signature est tracée ainsi :

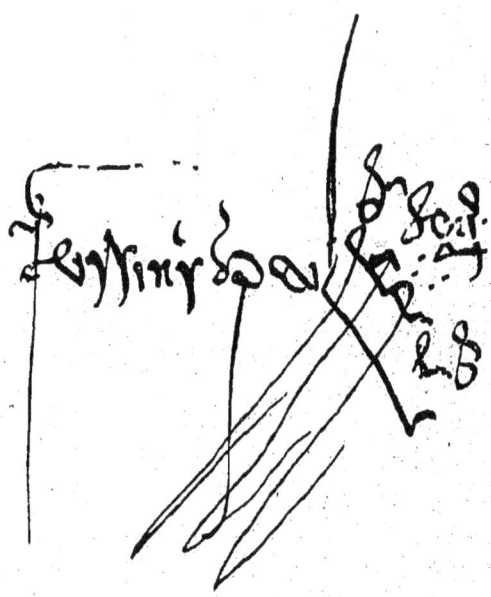

Supposons, comme précédemment, cette souscription placée sous les yeux d'un scribe peu expérimenté; supposons ce scribe, comme devait l'être un moine de Saint-Denis au xiiie siècle, ignorant des lois précises de la diplomatique mérovingienne, mais hanté de la notion traditionnelle qui voulait que tout roi de la première race se fût intitulé *vir inluster*. Il reconnaîtra d'abord, au commencement, la première lettre du premier de ces deux mots. Il prendra ensuite, assez facilement, l'*r* et l'*s*, tels qu'ils sont faits, pour un *i* et une *r*. Les deux lettres qui suivent, *in,* sont précisément celles qui commencent le second mot du titre en question. Sans continuer cette analyse lettre par lettre, il suffit sans doute de prier le lecteur d'examiner avec quelque attention les six lettres *soptul* du fac-similé ci-dessus pour lui faire convenir qu'il n'était pas très difficile de les lire *luster*. Ainsi l'acte de donation d'Étré-

---

1. K. Pertz, p. 14, n° 12; ci-après, Appendice I, n° 2.

pagny, comme la charte de Clotaire II, avait été dressé par le référendaire Ursinus; comme cette charte, il portait sa signature autographe, composée exactement des mêmes traits; et ce sont ces traits que le copiste du cartulaire, paléographe plus consciencieux qu'habile, a lus *vir inluster* et transcrits, en rajeunissant systématiquement l'orthographe, *vir illuster*.

Il résulte de là que l'original sur lequel a été copiée la donation d'Étrépagny était bien du temps de Dagobert, car il faut que les formules de date et de souscription y aient été écrites par les mêmes mains que dans l'acte de Clotaire II auquel on vient de la comparer. Sous la plume de tout autre scribe que celui qui a daté l'acte de Clotaire II, en effet, les mots *Stirpiniaco fel.* ne se seraient pas présentés de manière à prêter à la confusion qui les a fait lire *Sauriciagore*. Si les mots *Ursinus optul.* n'avaient pas été, comme dans l'acte de Clotaire II, écrits de la main d'Ursinus lui-même, ils n'auraient pas offert exactement l'aspect qu'ils ont dans cet acte, et qui seul explique la fausse lecture *vir illuster*. L'authenticité de la charte ne doit donc plus être mise en doute.

Quelques autres passages, dans le corps de l'acte, ont été altérés par le copiste. On les trouvera, dans l'édition ci-après, rétablis d'après l'acte d'*Iticina*. Ainsi *devotissimus*, à la seconde phrase, est une faute pour *devoti sumus*; et, à l'avant-dernière clause, au lieu de *quod agerentur*, il faut lire, d'après le papyrus similaire, *commoda generentur*, etc. Il est plus difficile de rectifier l'endroit où le roi annonce sa signature autographe : cette clause est à la fois mutilée dans l'original d'*Iticina* et corrompue dans la copie du texte relatif à Étrépagny. La formule la plus ordinaire est, on le sait, *manus nostrae subscriptionibus subter eam decrevimus roborare*, ou *adfirmare*. Au lieu de ces mots, on lit dans le cartulaire : *manus nostre subscriptionibus inferam ut diximus propria annotatione istaducibius adumbrare*. Il faut restituer évidemment *infra eam* au lieu d'*inferam*, et probablement *adfirmare* au lieu d'*adumbrare*. Sous les syllabes *istaducibius* se cache peut-être une forme barbare *istuduemus* : en effet, le mot *studuimus* a été employé à la place de *decrevimus*, à la fin d'une formule de Marculfe[1] et de deux chartes royales de l'époque mérovingienne[2]; et, comme l'auteur de notre charte a écrit *Istirpiniacum*[3] pour

---

1. I, 2; E. de Rozière, II, p. 737, n° 575; Zeumer, p. 43.
2. K. Pertz, p. 18, n° 15; p. 88, n° 97.
3. Ceci ne doit pas empêcher de lire *Stirpiniaco* à la date. La date et le texte

Stirpiniacum, il n'y a rien de téméraire à lui imputer l'addition d'un *i* parasite devant *studuimus*. Quant aux termes insolites *ut diximus* et *propria annotatione*, j'avoue que je ne trouve rien à proposer pour les remplacer; je signale ce petit problème à la sagacité des lecteurs.

L'acte est daté, dans le cartulaire, *sub die kal. octobris anno ϛ regni*, c'est-à-dire le 1ᵉʳ octobre de l'an 6 de Dagobert, ou 628. Mais, en 628, Clotaire II vivait encore, et Dagobert, roi d'Austrasie, n'avait pas à disposer du domaine neustrien d'Étrépagny. C'est ici le lieu de rappeler que les *Gesta Dagoberti* nous ont conservé une mention de notre charte, rédigée en termes fort exacts : *ut autem eosdem martyres sibi plenius conciliaret, Stirpiniacum villam sitam in pago Wilcasino praesentaliter per firmitatis suae praeceptum eorum basilicae tradidit* [1]. L'auteur de cet ouvrage, qui a fait tout son travail sur les pièces des archives de Saint-Denis, avait certainement la pièce sous les yeux. Or, il en a intercalé la mention dans le paragraphe où il raconte les événements de la 7ᵉ année de Dagobert. Entre le témoignage de l'écrivain du IXᵉ siècle et celui du copiste du XIIIᵉ, le choix ne saurait être douteux : au IXᵉ siècle, l'original devait être en meilleur état, et l'on devait être mieux instruit de l'art de déchiffrer une écriture qui n'avait pas encore deux cents ans d'ancienneté. Il faut donc lire : *sub die kal. octobris anno ϛ [I] regni*, le 1ᵉʳ octobre de l'an 7 du règne, ou 629. Ce jour est un dimanche : les actes royaux datés du dimanche sont assez nombreux pendant la période mérovingienne.

On savait que Clotaire II avait vécu au moins jusqu'au 1ᵉʳ septembre 629, jour [vers lequel] commença la 46ᵉ année de son règne [2]; on présumait qu'il avait dû dépasser de très peu cette date [3]. On peut maintenant l'affirmer. Dagobert, en effet, n'aurait pas disposé, du vivant de son père, d'un des domaines de celui-ci : au 1ᵉʳ octobre 629, Clotaire II était donc mort. Comme, d'autre part, la nouvelle de sa mort était encore inconnue, dans une petite localité de Bourgogne, le 18 du même mois d'octobre [4], il faut croire qu'il mourut dans la seconde moitié de septembre 629.

des chartes mérovingiennes étaient ordinairement écrits par des copistes différents.

1. *Gesta Dagoberti*, 22 ; Krusch, *Fredegarii et aliorum chronica*, p. 408.
2. *Questions mérovingiennes*, IV (*Bibliothèque de l'École des chartes*, XLVIII), p. 41, note 3 ; — ci-dessus, p. 138, n. 2.
3. Krusch, dans *Forschungen*, XXII, p. 459.
4. Krusch, *Fredegarii et aliorum chronica*, p. 148, note 4.

VI. — LA DONATION D'ÉTRÉPAGNY.

La chronique dite de Frédégaire nous apprend que Clotaire II fut enterré à Saint-Vincent, près Paris, c'est-à-dire à Saint-Germain-des-Prés [1]. Dagobert assistait sans doute aux funérailles. Doit-on supposer qu'aussitôt celles-ci terminées, il se soit rendu de Paris à Étrépagny, pour faire expédier un acte de donation de ce lieu à Saint-Denis? La chronique le montre occupé d'un soin plus pressant, celui de faire reconnaître son autorité dans toute la Gaule, et se transportant d'abord, non au nord-ouest de Paris, mais au nord-est, à Reims et à Soissons [2]. Si l'on songe que les seuls actes originaux de Clotaire II connus sont datés l'un et l'autre d'Étrépagny [3], qu'ainsi ce lieu paraît avoir été une de ses résidences habituelles, on pourra conjecturer, avec plus de vraisemblance, que c'est là qu'il mourut, que son corps fut transporté de là à Saint-Vincent, et que la donation fut faite et expédiée dans le court intervalle compris entre la mort et les funérailles. Soit que Dagobert répugnât à conserver la maison où son père était mort, soit qu'il tînt à dédommager l'abbaye fondée par lui de la préférence donnée par le mourant, pour le choix de sa sépulture, à une basilique rivale, il voulut, semble-t-il, lui faire don de la demeure paternelle sans attendre même que celui qui l'avait habitée l'eût quittée pour son dernier asile. Dans cette supposition, il faudra placer la mort de Clotaire, non seulement dans la seconde moitié de septembre 629, mais tout à fait dans les derniers jours de ce mois.

Ce dernier détail n'est qu'une hypothèse. Qu'on l'accepte ou qu'on la rejette, les points suivants peuvent, je crois, être considérés comme acquis :

1° L'acte de donation du village d'Étrépagny à l'abbaye de Saint-Denis par le roi Dagobert Ier est authentique;

2° L'original perdu de cet acte fut expédié à Étrépagny, le 1er octobre 629, sous le contre-seing du référendaire Ursinus;

3° Clotaire II mourut dans la seconde moitié du mois de septembre 629.

---

1. « Anno XLVI regni sui Chlotharius moritur et suburbano Parisius in ecclesia sancti Vincenti sepellitur. » (Frédégaire, IV, 56; édition Krusch, p. 148).
2. « Dagobertus cernens genitorem suum fuisse defunctum, universis leudibus quos regebat in Auster jubet in exercito promovere. Missus in Burgundia et Neuster direxit, ut suum debirint regimen eligere. Cumque Remus venisset, Soissionas peraccedens, omnes pontefecis et leudis de regnum Burgundiae inibi se tradedisse nuscuntur. » (Frédégaire, IV, 56, p. 148).
3. *Questions mérovingiennes*, V (*Bibliothèque de l'École des chartes*, LI), p. 42-47; — ci-dessus, p. 226-231.

APPENDICE I

PIÈCES JUSTIFICATIVES.

1.

*Dagobert I*er *donne à l'abbaye de Saint-Denis le village d'Étrépagny en Vexin.*

Étrépagny, dimanche 1er octobre 629.

Copie : *Archives nationales*, LL. 1156, xiiie siècle, fol. 12 v° (A) [1].
Imprimé : *Doublet*, p. 674. — *Bréquigny*, p. 175, n° 103. — *Pardessus*, II, p. 53, n° 285. — *K. Pertz*, p. 139, n° 22.
Catalogué : *De Foy*, p. 65 (à 638). — *Bréquigny*, p. 53 (*id.*).

Dagobertus rex Francorum vir[is] i[n]lust[ribus] *a* omnibus agentibus presentibus et futuris.

Optabilem esse oportet de transitoria promere eterna vel de caduca substantia erogandum lucrare gaudia sempiterna [2]. Igitur nos, rem ipsam considerantes prout in eternum vel in aliquantulum mereamur justorum esse consortes, villam c[og]nomen [ante] *b* Istirpiniacum [3] sitam in pago Vilcasino, eam cum omni integritate vel meritum a basilicam domni Dyonisii martyris peculiaris patroni nostri, ubi ipse preciosus domnus in corpore requiescit et venerabilis vir Aigulfus abbas custos preesse videtur [4], [eo] *c* quod ibidem devot[i su]mus *d* per

---

1, — *a*. vir illuster *A*. — *b*. cui nomen est *A*. — *c*. ideo *A*. — *d*. deuotissimus *A*.

1. Le manuscrit de la Bibliothèque nationale, lat. 5415, xive siècle, qui contient la même pièce aux p. 10 et 11, l'a copiée sur LL. 1156.
2. [Des signes au crayon, se rapportant évidemment à l'étude métrique des fins de phrase, sont représentés ici par des espaces.]
3. Étrépagny (Eure).
4. Sur cet abbé, voir Frédégaire, IV, 79 (édition Krusch, p. 161). Il fut probablement le second abbé de Saint-Denis et dut succéder au premier abbé, Dodon (*Questions mérovingiennes*, V, p. 44, 46, 50; — ci-dessus, p. 228, 230, 234), entre le 20 avril 627 et le 1er octobre 629.

tempora bona propitiante Domino impertire, presentaliter plena devotione visi fuimus concessisse, jubentes etenim ut villa antedicta, cum omni integritate et soliditate, hoc est domibus, edificiis, presidiis, mancipiis, colonis, inquilinis, accolabus, libertis, servis tam ibidem oriundis quam et aliundis translatis, rusticis et urbanis, saltis atque subjunctis, terris cultis et incultis, vineis, silvis, pratis, pascuis, aquis aquarumve decursibus, pecoribus, peculiis, mobile et immobile, omneque genus pecudum et universum merita, adpendiciis, adjacentiis tam intra terminos quam et extra terminos, omnemque rem adexquisitas, quicquid dici aut nominare potest, vel quod ad fisco nostro presente nunc tempore in Dei nomine possidetur, ex indulgentia nostra sint ad ipsam sanctam basilicam concessa. Specialius ordinamus ut in postmodum ad ipsum sanctum locum vel clerum aut pauperes inibi consistentibus pro regni stabilitate vel remedium anime nostre, absque ullius in postmodum refragatione, e[vi]s *e* 1 temporibus delectet proficere, quo fiat ut, dum nos ad clerum vel pauperes ad ipsum sanctum locum consistentibus substantia vel in aliquantulum deputamus, pro intercessione antedicti domni Dyonisii martyris apud Dominum in futuro mercedem [comm]oda ge[ne]rentur *f*. Et ut hec concessio auctoritatis nostre tam presentium quam succedentium tempora inviolabilem capiat firmitatem, manus nostre subscriptionibus inf[ra e]am *g* ut diximus propria annotatione *a* ist[u]du[em]us ad[firm]are *h*.

U[rs]i[nus op]t[ulit] *i*.

Dagobertus rex subscripsi.

Dat[um] *j* sub die kal. octobris anno ና[I] *k* regni [nostri] *l* S[tirp]i[niac]o [f]e[liciter] *m*.

e. eius A. — f. quod agerentur A; v. p. 261. — g. inferam A. — h. istaducibius adumbrare A; v. p. 261. — i. Vir illuster A; v. p. 259, 260. — j. Data A. — k. ና A; v. p. 262. — l. deest A. — m. sauriciagore A; v. p. 258.

1. « Ævus, longævus, æternus » (Du Cange).
2. Voir ci-dessus, p. 262, premières lignes.

2.

Dagobert Ier donne à l'abbaye de Saint-Denis le village d'Ursines en Parisis.

Clichy-la-Garenne, 15 février 632-15 mars 633 1.

Original : Archives nationales, K, 1, n° 5, papyrus mutilé (A).
Fac-similé : Mabillon, De re diplomatica, p. 374, partiel (B). — Letronne, pl. V.
Imprimé : Mabillon, De re diplomatica, p. 465, n° 5 (C). — Annales ordinis S. Benedicti, I, p. 685, n° 13 [bis]. — Félibien, pr., p. v, n° 3. — Germon, De veteribus regum Francorum diplomatibus (1703), p. 275. — Bouquet, IV, p. 628, n° 19. — Marini, i Papiri diplomatici, p. 98, n° 62. — Bréquigny, p. 167, n° 97. — Pardessus, II, p. 45, n° 279. — Teulet, p. 9, n° 5. — Tardif, p. 6, n° 7. — K. Pertz, p. 16, n° 14.
Catalogué : Georgisch, p. 7 (à 628). — De Foy, p. 59 (à 632). — Bréquigny, p. 49 (id.).

(1) ..... [erc]thus ² rex Francorum viris inlustribus Vuandel[berto]

1. La 10ᵉ année de Dagobert, dans laquelle fut donnée cette charte, commença au plus tôt le 20 janvier 632 et finit au plus tard le 7 avril 633 (*Questions mérovingiennes*, IV; *Bibl. de l'École des chartes*, XLVIII, p. 42, note 1; — ci-dessus, p. 139, n. 1). Mais la présente pièce, étant datée, en outre, du 15 d'un mois, ne peut être ni antérieure au 15 février de la première de ces années ni postérieure au 15 mars de la seconde.

2. On observe une ressemblance étroite entre la rédaction de cet acte et celle du précédent. Un même formulaire a dû servir de modèle pour l'un et l'autre. Celui-ci doit probablement se lire ainsi : (*Dagob*)ercthus rex Francorum viris inlustribus Vuandelberto duci, Gaganrico domestico et omnibus agentibus praesentibus et futuris. — (*Optabile esse oportet de transitoriis*) promerere aeterna vel de caduca substancia erogandum locrari gaudia sempeterna. Igetur nos, re ipsa considerantis prout in aeternum vel (*in*) alequantolum mereamur justorum esse consortis, villa cognomenante Iticina setam in pago Parisiaco, qui fuit Landerico et Gan(*ga*)nerico germanis et ad dicionebus (*fisci nostri fuit revocata, eam cum omni integritat*)e vel meretum ad baseleca domni Diunensi martheris peculiaris patroni nostri, ubi ipse preciosus domnus in corpore requiescere vedetur, eo quod ibidem devoti sumus per tempora bona propitiante Domino impertire, praesencialiter plena devocione visi fuemus concessisse, jubentis etenim u(*t villa antedicta, cum domibus, aedificiis, terris cultis et incultis, vin*)eis, silvis, pratis, pascuis, aquis aquarumve decursibus, adje(*o*)en(*tiis*), qualeter ab ipsis (*usque ad die praes*)enti vel ad fisco nostro praesente nunc tempore in Dei nomen possedetur, ex indulgentia nostra sit ad ipsa sancta basileca concessa, quam ut acto(*res e*)jus p(*er nost*)ra dicione percipiant, specialius (*ordinamus ut in postmodum ad ipsum sanctum locum vel clerum aut*) pauperis inibi consistentebus pro regni stabilitate vel remedium animae nostrae, absque ullius in postmodum refragacione, evis temporebus d(*electe*)t proficere, (*quo*) fiat ut, dum

VI. — LA DONATION D'ÉTRÉPAGNY. — APPENDICE I.

du[ci], Gaganrico domestico et omnibus agentibu[s praes]entibus et futu[ri]s. |
(2) .....(promerere) [aeterna vel *a* de caduca substancia] eroga[ndum] l[o]crar[i gau]d[ia s]emp[ete]rna. Igetur n[os, re ip]sa co[nsi]d[eran]tis [pro]ut [in aetern]um vel...*b* [a]lequantolum mereamur justorum esse [consortis, vill]a cognomenante Iticina [1] setam [2] in pago [Parisia]co, qui fuit Landeric[o et] Gan..nerico germanis et ad dicionebu[s] |
(3) .....[e vel meretum] ad baseleca domni Diunensi martheris peculiaris patr[oni] nostri, ubi ipse *c* pre(ciosus) d(omnus) in corpore re(qui)esc(er)e vede(tur), eo quod ibidem devoti sumus per tempor(a bona propitiant)e Domino inpertire, praes(encialiter p)lena d(evo)cione vi(si) fuemus (concessisse), j(u)bentis (etenim u)..... | (4) .....(eis *d*, silvis, pratis, pasc)uis, aquis a(qu)a(r)umve d(ecursi)b(us), adje..en.... *e*, qualeter ab ipsis ....enti *f* vel ad f(isco nostro) praesente (nunc) tempore in Dei nomen possedetur, ex indulge(ntia) nostra sit *g* ad ipsa sancta base(leca) conces(sa, qu)am *h* ut acto.....jus p.....ra d(icione) percipiant, specialius) | (5) ....:.(pauperis *i* inibi con)sisteneb(us) pr(o regni stabil)etate vel remedium animae nostrae, (absque ul)l(ius in postm)o(dum r)efrag(aci)one, evis *j* temporeb(us) d....(i) profecer(e) .....flat *k* ut, dum nos ad clero vel (pa)up(eres) ad *l* ipso lo(co sancto) cons(istente)bu.......ciam (ve)l (in) alequantol(um) ..... | (6) ..... *m* omino i....turum m...dem commoda generentur *n*. Et ut *o* h...c.........tat.... ....e..... a.....a qua.....ccede.....a tempora *p* [invio]labelem cape[at]

2. — *Quae uncis includuntur quadratis, desunt in A; quae rotundis, in AB; illa ex B, haec ex C supplentur.* — *a. ita C, ac A.* — *b. spatium duarum litterarum A; nihil BC.* — *c–n desunt B.* — *d. etenim vol.....reis C.* — *e. a die p... C.* — *f. ab ipsis ... dominetur C.* — *g. sit A, deest C.* — *h. quae C.* — *i. ...ti pauperis C.* — *j. deest C.* — *k. debeat profecere, et ut flat C.* — *l. ac C.* — *m–n. .....omne.... incommoda generetur C.* — *n. generentur A.* — *o-p desunt B, ...tam au..... tempora C.*

nos ad clero vel pauperes ad ipso loco sancto consistentebu(s *substan*)ciam vel in alequantolum (*deputamus, per intercessionem antedicti domni Dionisii martyris apud D*)omino i(*n fu*)turum m(*erce*)dem commoda generentur. Et ut h(*aec*) c(*oncessio auctori*)tat(*is nostra*)e (*tam praesent*)a(*li*)a qua(*m su*)ccede(*nti*)a tempora inviolabelem capeat firmetatem, manus nostrae subscriptionebus infra (*eam....... studuimus adfirmare*). — Dagobercthus rex subscripsi. — Dado optolit. — (*Bene valete.*) — (*Datum quod fecit mensis.....*) dies XV quindece annum X decemo ri(*gni*) n(*ostri*) in Dei (*nomine*) Cl(*i*)piaco feliciter.
1. Ursines (Seine-et-Oise), commune de Vélizy. Ce village, aujourd'hui détruit, s'appelait au xi⁰ siècle *Uncine*, au xiii⁰ *Ocine*; son église était placée sous l'invocation de saint Denis (Lebeuf, *Histoire du diocèse de Paris*, VIII, p. 354; nouvelle édition, III, p. 221; Longnon, *Atlas historique*, p. 184). Les *Gesta Dagoberti* (37, p. 445) mentionnent la donation de ce lieu, qu'ils appellent *Idcina*; ils la rapportent à la 14⁰ année de Dagobert.
2. Les éditeurs précédents ont lu *Iticinascoam* et ont traduit par Écouen (Seine-et-Oise). La lecture rectifiée est due, aussi bien que l'identification du nom d'*Iticina* (voir la note précédente), à M. A. Longnon, de l'Institut.

firmetate[m], m[anus n]ostrae subscrip[ti]onebus infra.....m...... | (7).....
[Dago]bercth[us rex] subscripsi.
D[a]d[o optolit. (SR.)] |

(8) .....d[ies] XV quindece annum X decemo ri... n.... in Dei....
Cl..piaco feliciter.

APPENDICE II

DOUDEAUVILLE (EURE) EN 692 [1].

Mabillon a publié le premier, d'après l'original conservé alors à Saint-Denis, un jugement de Clovis III, en date du 12 août de la première année de son règne (692), relatif à diverses localités contestées entre deux particuliers : *loca noncobantis Malcha, Childulfovilla, Buxsito, Bacio superiore et Bacio supteriore* [2]. Cette série de noms a été reproduite sans changement dans la plupart des éditions qui ont été données du même acte, soit que les éditeurs aient simplement réimprimé le texte de Mabillon, comme dom Bouquet [3] et Bréquigny [4], soit qu'ils l'aient comparé avec l'original, comme Félibien [5], Pardessus [6] et Teulet [7]. Jules Tardif, le premier, publiant à son tour la même pièce d'après l'original (aujourd'hui aux Archives nationales, K. 3, n° 3), a remplacé *Malcha* par *Nialcha* [8], et cette correction, dont l'évidence s'impose, a passé dans la dernière édition, celle des *Monumenta Germaniae historica* [9].

Les noms de *Bacivo superiore* et *subteriore* se lisent dans une autre pièce ancienne des archives de Saint-Denis, un jugement de Pépin le

---

[1]. Voir ci-dessus, p. 248, note 1. — [M. Julien Havet était revenu sur son opinion relativement à l'*année* de la date. Pour des raisons qu'il avait exposées de vive voix à M. d'Arbois de Jubainville, à qui est due cette communication, il s'était déterminé à dater le jugement de Clovis III du 12 août 694.]

[2]. *De re diplomatica*, p. 474, n° 17 ; cf. *Acta sanctorum ordinis S. Benedicti*, III, II, p. 616, n° 4.

[3]. *Recueil des historiens*, IV, p. 668, n° 74.

[4]. *Diplomata, chartæ*, p. 322, n° 247.

[5]. *Histoire de l'abbaye royale de Saint-Denys*, pièces, p. XI, n° 15.

[6]. Tome II, p. 217, n° 418.

[7]. *Diplomata et chartæ merovingicæ ætatis* (anonyme), p. 58, n° 24.

[8]. *Monuments historiques*, p. 23, n° 28.

[9]. K. Pertz, p. 53, n° 59.

Bref, maire du palais, qui témoigne que ces localités étaient comprises dans le Vexin, *in pago Velcasino* [1]. On y a reconnu deux villages situés dans cet ancien pays et aujourd'hui dans le département de l'Eure, dont le nom actuel est Bézu. L'un, Bézu-le-Long, probablement le *supterior* des deux textes, forme avec un village voisin, Saint-Éloy, une commune officiellement dénommée Bézu-Saint-Éloy et comprise dans le canton de Gisors [2]. L'autre, Bézu-la-Forêt, *superior*, est une commune du canton de Lyons-la-Forêt. On trouve, sans sortir de la même région, l'équivalent moderne de *Nialcha* dans Neaufles-Saint-Martin, autre commune du canton de Gisors, à environ quatre kilomètres au sud-est de Bézu-le-Long. Mais on n'a pas découvert celui de *Childulfovilla*. Cette forme n'aurait guère pu donner, en français moderne, que Hédouville ou Hédauville, et l'on ne trouve de lieux de ce nom qu'en Seine-et-Oise et dans la Somme, assez loin du Vexin normand.

Il est inutile de chercher ailleurs : *Childulfovilla* n'est qu'une faute de lecture, répétée, comme *Malcha*, mais avec plus de persistance, d'édition en édition. En examinant attentivement, soit l'acte original, soit le fac-similé donné par Letronne (planche XXIV), on verra que le trait qui a été pris pour le premier jambage d'une *h* est prolongé au-dessous de la ligne : ce prolongement ne se rencontre dans aucune des *h* de la pièce et ne peut appartenir qu'à un *d*. Le prétendu *c* n'est donc autre chose que la panse du même *d*, et ce qu'on avait pris pour le second jambage de l'*h* est la première partie d'un *u*. Il faut lire *Duldulfovilla*, et la traduction du nom ainsi rectifié n'offre plus de difficulté. C'est Doudeauville (Eure), commune du canton d'Étrépagny, à environ dix kilomètres au nord-ouest de Bézu-le-Long et à la même distance au sud de Bézu-la-Forêt.

L'auteur du *Dictionnaire historique de toutes les communes du département de l'Eure*, M. Charpillon, et celui du *Dictionnaire topographique de l'Eure*, M. le marquis de Blosseville, n'ont pas trouvé de mention de Doudeauville dans les textes avant le XIIe siècle. La rectification qui vient d'être indiquée recule de cinq siècles l'antiquité, historiquement constatée, de ce modeste village [3].

Buxsito devait être situé dans la même région que Neaufles-Saint-Martin, Doudeauville et les deux Bézu, mais ce nom ne paraît pas s'être conservé, et l'on ne peut dire à quelle localité il répondait.

---

1. J. Tardif, p. 45, n° 54; K. Pertz, p. 109, n° 23.
2. Le marquis de Blosseville, *Dictionnaire typographique de l'Eure*, p. 19.
3. M. Charpillon avait conjecturé fort justement, sans pouvoir cependant appuyer son hypothèse sur des documents, que la paroisse de Doudeauville devait remonter aux temps mérovingiens (*Dictionnaire*, I, p. 950); mais il s'était trompé en attribuant à la première partie du nom de ce lieu une origine romaine (*ibid.*).

QUESTIONS MÉROVINGIENNES

VII

LES ACTES DES ÉVÊQUES DU MANS.

M. Julien Havet, qui est tombé malade le 15 juillet 1893 et est mort le 19 août, a laissé cet ouvrage inachevé. Le plan qu'il s'était tracé est suffisamment indiqué par les titres des paragraphes qu'il avait pu rédiger : § 1, *Introduction* ; — § 2, *les « Gesta Aldrici »* ; — § 3, *les Chartes des « Gesta Aldrici »* ; — § 4, *les « Actus pontificum »* ; — § 5, *les Chartes des « Actus pontificum » relatives aux monastères du diocèse* ; — § 6, *les Chartes des « Actus pontificum » relatives aux privilèges et aux domaines de l'évêché*. Le manuscrit s'arrête à ce sixième titre. — M. Julien Havet comptait publier en appendice « celles des chartes mérovingiennes qui... seront reconnues authentiques, ou en faveur desquelles pourra être invoqué le bénéfice du doute » (Introduction, ci-dessous p. 275). A cet effet, il avait transcrit et, plus ou moins complètement, annoté ces divers textes. Voici l'énumération de ceux dont la discussion ne figure pas dans les cinq paragraphes rédigés :

1º *Cod. Cenom. 224 fol. 59 rº. Hunaldi pro Berario de Gaviriaco. Genuinum* (hésitation sur la date).

2º *Cod. Cenom. 224 fol. 64 vº. 669 mart. 1 f. V. Childerici II pro Berario de Arduno. Genuinum.*

3º *Cod. Cenomann. 224 fol. 65. 673 augusti 27 fer. VII (ou 674 augusti 27 domin.). Childerici pro Aigliberto de Arduno. Genuinum.*

4º *Cod. Cenom. 224 fol. 68 vº. 698/699 mart. 3 die dom. aut f. II. Childeberti III pro Herlemundo de Comitatu. Genuinum.*

5º *Cod. Cenom. 224 fol. 69. 698/699 mart. 3 domin. f. II. Childeberti III pro Herlemundo de Arduno. Genuinum.*

6° *Cod. Cenom.* 224 *fol.* 67. 713 *mart.* 2 *f.* V. *Dagoberti III pro Herlemundo de immunit. eccl. Cenom. Genuinum* (Anisola interpol.).

7° *Cod. Cenom.* 224 *fol.* 69. 713 *mart.* 10 *fer.* VI. *Dagoberti III pro Herlemundo de Arduno. Genuinum.*

8° *Cod. Cenom.* 224 *fol.* 69 v°. 721 *junii* 1 *die domin. Agentum Aldramni pro Herlemundo de Arduno. Genuinum.*

9° *Cod. Cenom.* 224 *fol.* 58. 723 *mart.* 2 *f.* III. *Theoderici* (IV) *pro Berario de immunitate eccl. Cenom. Genuinum* (an nomen B. interpol.?).

10° *Cod. Cenom.* 224 *fol.* 70. 723 *mart.* 5 *feria* VI. *Theodorici IV pro* (Herlem. et) *Charivio de Arduno. Genuinum. Interpolatum.*

11° 716/743/744 [716 est barré] *mart.* 2 *fer.* II/VI[I]/II. *Chilperici* (Childerici ? [1]) *pro Gauzioleno de Arduno. Genuinum.*

12° *Cod. Cenom.* 224 *fol.* 73 — ? 749 *mart. Gauzioleni de Canasverolas. Genuinum.*

13° et 14° *Testamenta Bertichramni et Hadoindi. Genuina* (le premier de ces documents du samedi 27 mars 616, le second du jeudi 6 février 643).

Une fiche qui se trouve parmi les notes de l'auteur porte : « *Actus pontif. Cenom. Chartes*. Le grand nombre de pièces datées des premiers jours de mars ne doit pas éveiller de soupçons. On remarque la même particularité dans les chartes royales authentiques de la première partie du volume de K. Pertz. »

Le manuscrit inachevé présentait çà et là, surtout dans les notes, des blancs et des indications provisoires abrégées. De là, dans l'imprimé, des suppléments, toujours placés entre crochets [ ], dont la mémoire de l'auteur n'est pas responsable.

§ 1. — *Introduction.*

On doit à Mabillon et à Baluze la publication de deux ouvrages du IX° siècle, relatifs à l'histoire de l'évêché du Mans : les *Actus pontificum Cenomannis in urbe degentium* et les *Gesta domni Aldrici Cenomannicae urbis episcopi a discipulis suis.* Le premier est une histoire des évêques du Mans, depuis le fondateur de l'évêché, saint Julien, jusqu'à saint Aldric, évêque de 832 à 857. Le second est consacré uniquement à la vie de ce dernier évêque. L'un et l'autre contiennent la copie d'un grand nombre de chartes, tant mérovingiennes que carolingiennes, qui ne sont connues que par eux, et qui ont fixé depuis longtemps l'attention des diplomatistes.

---

1. Ce mot est entre parenthèses dans l'autographe de l'auteur.

Ces chartes sont-elles authentiques?

Dans les *Actus pontificum*, il y en a beaucoup de fausses : c'est un point hors de contestation. Nous avons le texte d'un jugement de la cour du roi Charles le Chauve, du 29 octobre 863, qui déclare faux une série de titres produits par l'évêque du Mans à l'appui de ses prétentions sur l'abbaye de Saint-Calais [1]; or, plusieurs des chartes rapportées par les *Actus* ont précisément pour but d'établir les droits de l'évêché sur cette abbaye. D'ailleurs, dans ces chartes comme dans plusieurs autres, on remarque des clauses ou des formules inusitées à l'époque mérovingienne. Aussi, dès 1740, les bénédictins, auteurs de l'*Histoire littéraire de la France*, estimaient que la plupart des titres des *Actus pontificum* sont « faux et supposés [2] », et leur jugement a été universellement accepté.

Sur les *Gesta Aldrici*, les mêmes savants pensaient autrement. « S'il s'est proposé pour modèle, » disent-ils en parlant de l'auteur des *Actus pontificum*, « les Actes de saint Aldric, comme il y a beaucoup d'apparence par le soin qu'il prend d'insérer dans sa narration les monuments publics qui ont trait à son entreprise, on peut dire qu'il n'a pas été fidèle à imiter la candeur et la bonne foi de cet autre Écrivain, qui ne rapporte que des pièces sincères et authentiques [3]. » Mais la critique allemande de notre siècle n'a pas accepté ce jugement favorable. Paul Roth [4], M. Th. de Sickel [5], M. Mühlbacher [6] ont, l'un après l'autre, signalé dans les *Gesta Aldrici* des pièces qui leur ont paru non moins fausses que celles des *Actus pontificum*. Les deux sources, selon les savants allemands, seraient également impures.

M. le professeur Bernhard Simson [7] a non seulement adopté la thèse de ses compatriotes, mais il l'a élargie et en a étendu la portée. A l'entendre, les *Actus pontificum* et les *Gesta Aldrici* seraient l'œuvre d'un seul et même imposteur, qui aurait semé

---

1. Mabillon, *Annales*, III, 105; Martène, *Amplissima Collectio*, I, 169; Bouquet, *Recueil des historiens*, VII, 297; *Questions mérovingiennes*, IV (*Bibliothèque de l'École des chartes*, XLVIII, 1887), Appendice, n° 21.
2. [*Histoire littéraire de la France*, V, p. 147.]
3. *Ibid.*, p. 146-147.
4. [Paul Roth, *Geschichte des Beneficialwesens*, p. 452 et 460; *Feudalität und Unterthanverband*, p. 103-104.]
5. *Acta regum et imperatorum Karolinorum*, II (1867), p. 286, 350, 352, 397 et suiv.
6. J.-F. Böhmer, *Regesta imperii*, I : *die Regesten des Kaiserreichs unter den Karolingern* (1880-1889, in-4°), *passim*.
7. *Die Entstehung der pseudo-isidorischen Fälschungen in Le Mans* (1886).

avec une égale abondance, dans l'un et l'autre ouvrage, les productions de son talent de faussaire : bien plus, cet imposteur serait encore l'auteur de deux falsifications autrement considérables, dont l'influence s'est exercée fort loin au-delà des limites du diocèse du Mans, les fausses Décrétales du pseudo-Isidore et les faux Capitulaires du pseudo-Benoît Lévite [1]. J'ai exposé la thèse de M. Simson dans un numéro précédent de ces *Questions* [2] : j'y adhérais alors sans réserve. Elle a été adoptée par des savants dont le nom fait autorité : M. Paul Viollet [3], M. l'abbé Duchesne [4], membres de l'Institut; M. Paul Fournier, professeur à la Faculté de droit de Grenoble, qui l'a reprise et développée avec de nouveaux arguments [5].

Cette thèse a mis le comble au discrédit où étaient tombées les chartes mancelles. Tout en déclarant faux les documents des *Actus*, l'*Histoire littéraire* apportait à la condamnation quelque tempérament : « Nous ne voudrions pas après tout assurer qu'ils le soient tous, et qu'il n'y en eût aucun d'authentique dans un si grand nombre [6]. » Bréquigny et Pardessus, s'inspirant l'un après l'autre du même sentiment, avaient admis l'authenticité de quelques-unes des pièces. Mais, en 1890, M. l'abbé Duchesne ne croyait plus pouvoir user de cette indulgence : dans une dissertation consacrée à la chronologie des évêques du Mans [7], il s'abstenait de tenir aucun compte des documents, soit des *Actus*, soit des *Gesta*, les tenant apparemment tous *a priori* pour non avenus.

Cependant, dès 1887, une voix s'était élevée en faveur d'une partie au moins des textes du Mans : c'est une voix d'outre-tombe, celle de G. Waitz, dans la préface de son édition des *Gesta Aldrici*, publiée après sa mort. Waitz n'a pas connu le livre de M. Simson, mais il a par avance combattu et détruit certaines de ses affirmations. Il a prouvé que les *Gesta Aldrici* ne peuvent pas être du même auteur que les *Actus pontificum*,

1. Simson, p. 134.
2. *Questions mérovingiennes*, IV (*Bibl. de l'École des chartes*, XLVIII), p. 11 ; — ci-dessus, p. 109.
3. *Bibliothèque de l'École des chartes*, XLIX (1888), p. 658-660.
4. *Bulletin critique*, 1886, p. 445: *les anciens Catalogues épiscopaux de la province de Tours* (1890, gr. in-8º), p. 45.
5. *La Question des fausses Décrétales* (1887 et 1888, deux brochures in-8º, extraites de la *Nouvelle Revue historique de droit français et étranger*).
6. [*Histoire littéraire de la France*, V, p. 147.] Cf. Sickel, II, p. 289 : « Wir sind nicht berechtigt diese Diplome, weil wir sie nur aus einer entschieden unlautern Quelle kennen, in Bausch und Bogen zu verwerfen. »
7. *Les anciens catalogues*, etc., p. 35-52.

et, sans nier qu'il y ait dans les *Gesta* des pièces fausses, il a montré qu'on s'était trop pressé d'en condamner plusieurs sans motif.

D'autre part, en 1890, un partisan déclaré de la thèse de M. Simson, M. Paul Viollet, a eu l'occasion d'examiner incidemment une charte des *Actus*, qui avait toujours été regardée comme apocryphe : et, en la considérant de près, il a été amené à en défendre l'authenticité [1]. Là aussi, le départ des pièces vraies et des pièces fausses n'est donc pas fait d'une façon définitive.

La lumière reste à faire. Pour y arriver, il faut examiner l'un et l'autre ouvrage et chercher à en déterminer, aussi précisément qu'il se pourra, la date, l'auteur, le but ou les tendances, les sources, l'autorité ; puis, il faudra passer à l'examen critique des chartes qu'ils rapportent. Malgré le titre placé en tête de ces *Questions*, cet examen ne saurait être limité aux chartes mérovingiennes ; on ne peut se faire une opinion sur la confiance due à chacune de celles-ci, si l'on n'en a une sur la valeur de tout le recueil dont elle fait partie.

Celles des chartes mérovingiennes qui, à la suite de cet examen, seront reconnues authentiques, ou en faveur desquelles pourra être invoqué le bénéfice du doute, seront publiées dans l'Appendice placé à la suite de ce mémoire. Pour les chartes mérovingiennes fausses, ainsi que pour les chartes carolingiennes fausses ou vraies, je me bornerai à renvoyer aux recueils usuels où elles ont été publiées ou cataloguées.

Je commence par celui des deux ouvrages qui a été le moins maltraité par la critique, et qui aurait dû ne l'être point du tout, les *Gesta domni Aldrici*.

§ 2. — Les « *Gesta Aldrici* ».

Les *Gesta Aldrici*, conservés par un seul manuscrit, du XIe siècle [2],

---

1. *Histoire des institutions politiques et administratives de la France*, I (1890), p. 387-388.
2. Bibliothèque de la ville du Mans, n° 99. C'est par erreur que ce manuscrit a été indiqué parfois comme remontant au IXe siècle. La date de la transcription est assurée par une liste d'évêques, qui est copiée en tête du volume, et qui s'arrête de première main à l'évêque Avesgaud (995-1035). Toutes les éditions dérivent de ce manuscrit, même celle de Baluze (ci-après, p. 278, note 4) ; mais Baluze ne l'a probablement pas vu ; il n'a dû en avoir qu'une mauvaise copie.

ont été publiés au xviiᵉ siècle par Baluze [1], de nos jours par feu G. Waitz [2], puis par feu M. l'abbé Robert Charles et M. l'abbé Louis Froger [3].

Ce n'est pas une biographie complète de l'évêque Aldric. Sur les vingt-quatre années que dura son épiscopat (832 à 857), les *Gesta* ne relatent que les huit premières (832 à 840). Les chartes qui y sont insérées sont surtout des actes de l'empereur Louis le Pieux, données pendant ces huit années.

Selon une opinion adoptée par M. de Sickel [4] et par M. l'abbé Duchesne [5], vers laquelle semble pencher aussi M. Simson [6], les *Gesta* ne devraient pas être étudiés à part : ce ne serait pas un ouvrage distinct, mais simplement un chapitre, le dernier et le plus long, de l'autre ouvrage, les *Actus pontificum*. — Waitz a montré la fausseté de cette hypothèse.

L'objet des *Actus* est l'histoire des évêques du Mans. Cette ville y est constamment supposée connue du lecteur et présente à son esprit. Au contraire, l'objet des *Gesta* n'est ni la ville ni le diocèse du Mans : c'est la personne d'Aldric. Quand son héros est nommé évêque, le biographe écrit : « Il obtint un certain évêché qu'on appelle le Mans » (*episcopatum quippe ei quoddam, cujus vocabulum est Cenomannis*) [7]. S'exprimerait-il ainsi s'il avait déjà écrit la vie des autres évêques de cette ville, si la biographie d'Aldric n'était, dans sa pensée, qu'une suite de celle de ses prédécesseurs?

Aucun chapitre des *Actus* n'a de préface ; les *Gesta* en ont une. On met une préface à un ouvrage distinct, qui doit former

---

1. *Miscellanea*, in-8ᵒ, III (1680), p. 1-178 ; in-fol., I (1761), p. 79-120.
2. *Monumenta Germaniae*, in-fol., *Script.*, XV (1887), p. 304-327. On a malheureusement omis dans cette édition, sous prétexte (p. 307) de les réserver pour un autre volume des *Monumenta*, les nombreuses chartes dont les *Gesta* rapportent le texte.
3. *Gesta domni Aldrici Cenomannicæ urbis episcopi a discipulis suis*, texte publié et annoté par l'abbé R. Charles et l'abbé L. Froger (Mamers, 1889, in-4ᵒ). Les citations des *Gesta* qui se trouveront ci-après sont faites d'après cette édition, comparée avec le manuscrit, que j'ai pu, grâce à la libéralité de la bibliothèque du Mans et du ministère de l'instruction publique, examiner à Paris. J'indique avec les pages de cette édition les numéros des chapitres de Baluze, numéros non reproduits (on doit le regretter) dans l'édition Charles et Froger.
4. *Acta Karolinorum*, II, 287.
5. *Les anciens Catalogues épiscopaux de la province de Tours*, p. 45 et 48.
6. *Die Entstehung*, etc., p. 130, 134, 136.
7. Chapitre 1ᵉʳ ; édition Charles et Froger, p. 9. — Cette remarque est due à G. Waitz, *Monum. Germ., Script.*, XV, p. 304, note 4.

un tout par lui-même ; on n'en met pas en tête de la dernière partie d'un ouvrage, dont le début en est dépourvu.

L'auteur des *Gesta* n'écrit pas la même langue que celui des *Actus*. On vient de voir, sous la plume du premier, un barbarisme, *episcopatum* pour *episcopatus*. Ce n'est pas la seule faute de grammaire dont il se soit rendu coupable. La phrase entière est d'une structure lourde et maladroite :

Episcopatum quippe ei quoddam, cujus vocabulum est Cenomannis, eligente eum ejusdem provinciæ archiepiscopo Landramno atque comite ejusdem parrochiæ Morigone sive omnibus prefixe parrochiæ nobilibus hominibus atque cunctis palatinis et clero vel populo, per bacculum Landramni Turonicæ civitatis et predictæ parrochiæ metropolitani, jamdictum episcopatum est in sua presentia et eo instigante a Hludowico gloriosissimo imperatore ortantibus cunctis cura pastorali commissum [1].

Répétitions gauches, longues incises, qui font perdre de vue le sujet grammatical, anacoluthe, barbarisme, obscurité [2], tous les défauts qui font le mauvais écrivain sont réunis en quelques lignes. Ils se retrouvent à peu près au même degré dans tous les chapitres des *Gesta*. L'auteur des *Actus* en est exempt ; son style, sans être ni précisément élégant ni classique, est aisé et grammaticalement correct ; on comprend ce qu'il veut dire [3].

M. Simson et M. Paul Fournier ont signalé avec raison, dans les *Gesta* comme dans les *Actus*, l'imitation du *Liber pontificalis* de l'Eglise romaine [4]. Le cadre de chaque biographie épiscopale est le même que celui de chaque biographie papale dans le *Liber pontificalis* : d'abord la nationalité de l'évêque, spécifiée aussi précisément que possible, puis l'énumération de ses actes, parmi lesquels les constructions d'édifices tiennent une grande place ; et à la fin, le nombre des cérémonies d'ordination auxquelles il a présidé, d'évêques, de prêtres, de diacres, de

1. *Ibid.*
2. A qui rapporter les mots *in sua presentia et eo instigante* ? à Aldric, à Landramn ou à Louis ? A quelque hypothèse qu'on s'arrête, il est impossible d'obtenir un sens satisfaisant.
3. Voyez les passages ci-après. — C'est encore une remarque qu'on doit à G. Waitz : « Horum (Gestorum Aldrici) auctor dicendi genere utitur valde prolixo et contorto ; semper easdem locutiones repetens, lectoribus revera taedium movet ; *Actus* vero stilo facili et satis eleganti sunt conscripti. »
4. Simson, p. 87 ; Fournier, (1887), p. 19. [Voir la communication de M. l'abbé Duchesne, ci-dessous, page 290, note 1.]

religieuses qu'il a consacrés. Ce trait, commun aux deux compilations mancelles, prouve que l'une des deux a servi de modèle à l'autre. Mais ce sont les *Gesta Aldrici* qui ont servi de modèle aux *Actus* : si les *Actus* avaient été écrits d'abord, si l'auteur des *Gesta Aldrici* avait eu devant les yeux la série des biographies des évêques du Mans et avait cherché à s'en inspirer, il aurait conçu son ouvrage comme une suite à cette série et non comme un écrit isolé; il n'aurait ni composé une préface spéciale ni laissé échapper ces mots : « episcopatum quoddam cujus vocabulum est Cenomannis. » D'ailleurs, les *Actus* renvoient expressément aux *Gesta* [1]. Les *Gesta Aldrici* ont donc été écrits les premiers, à l'imitation du *Liber pontificalis* romain, les *Actus pontificum* ensuite, à l'imitation des *Gesta Aldrici*.

Il est vrai que, dans un manuscrit des *Actus pontificum*, les *Gesta Aldrici* ont été incorporés aux *Actus* [2]; mais cette incorporation est du fait du copiste du XIII° siècle. Ce qui le prouve, c'est que, pour se procurer le texte des *Gesta*, ce copiste a dû les emprunter au manuscrit unique, du XI° siècle, qui nous a conservé cet ouvrage [3]; il ne les trouvait donc pas dans son exemplaire des *Actus*. Cette transcription ne s'étend pas, du reste, au-delà des premiers chapitres, et la plus grande partie des *Gesta* ne nous est connue que par le manuscrit du XI° siècle [4]. Le texte authentique du chapitre des *Actus pontificum* sur saint Aldric, donné par un autre manuscrit, a été imprimé par Mabillon [5]: il ne copie pas les *Gesta Aldrici*, mais il y renvoie le lecteur, il les analyse, il en parle comme d'un ouvrage antérieur et distinct [6].

---

1. Ci-après, p. 280.
2. Bibliothèque du Mans, n° 224, fol. 84 v° à 90 v°.
3. Au titre du chapitre VII (Froger, p. 22), les mots *sive de villula nomine Busc atque de aliis villulis* sont, dans le ms. des *Gesta* (n° 99, fol. 10 v°), écrits ainsi :

           uillula nomine
sive de Busc atque de aliis villulis

Le copiste des *Actus* (n° 224, fol. 89) a écrit : *siue de Busc uillula nomine atque*, etc. C'est une faute qui ne s'explique que par l'emploi du n° 99 même, et non de tout manuscrit, même apparenté à celui-là.
4. Le texte des *Gesta Aldrici*, dans le manuscrit 224, s'arrête à ces mots du chap. X (Froger, p. 30, ligne 4 du bas) : *et futurorum industrie qualiter cum*. Il est, dans tout ce qui précède, rigoureusement conforme à celui du n° 99. — On voit que M. de Sickel (*Acta*, II, p. 286) et Waitz (*Monum. Germ., Script.*, XV, p. 307) se sont trompés en supposant que Baluze avait pu tirer les *Gesta* du manuscrit n° 224. Il n'y a qu'un manuscrit des *Gesta*, c'est le n° 99.
5. Ms. Baluze 45, fol. 110; *Vet. Anal.*, in-8°, III, p. 276.
6. « In alia scedula quae de ejus actibus est causa memoriae et utilitatis conscripta... » Ms. Baluze 45, fol. 110 v°; ci-après, p. 280.

Mais, dit-on, les *Gesta* se donnent eux-mêmes pour une partie des *Actus*. On y lit, en tête d'un chapitre, ces mots :

Placuit etiam in hac scedula, quæ de quibusdam actibus pontificum Cenomannica in urbe degentium usque ad Aldricum ejusdem urbis episcopum conscripta esse dinoscitur, inserere relationem sive memoriale, etc. [1].

Ces mots se trouvent, en effet, dans le manuscrit des *Gesta Aldrici*; mais ils n'appartiennent pas à l'ouvrage. Le manuscrit, au lieu de nous donner ces *Gesta* seuls, y a ajouté des suppléments; Waitz l'a déjà fait remarquer [2] avec raison. Il est clair que les mots : « in hac scedula... de quibusdam actibus pontificum Cenomannica in urbe degentium... conscripta, » ne sont pas du biographe qui avait écrit : « episcopatum quoddam, cujus vocabulum est Cenomannis. » Ils sont de l'historien qui a lui-même intitulé son œuvre : *Actus pontificum Cenomannis in urbe degentium*. D'ailleurs, la langue et le style, à partir de ces mots : *Placuit etiam*, sont ceux des *Actus* et non plus ceux des *Gesta*. C'est un fragment des *Actus pontificum* qui s'est égaré dans le manuscrit des *Gesta Aldrici*. Il en sera question plus loin, non ici.

Où commencent ces additions, où finissent les *Gesta Aldrici*? La langue et le style ne suffisent pas à fournir une réponse, car certains chapitres, remplis surtout par des copies de pièces transcrites textuellement, laissent peu voir la manière d'écrire de leur rédacteur. Waitz et M. Froger ont proposé des conjectures différentes. Selon Waitz, le dernier chapitre des *Gesta* serait le n° XLVI de Baluze [3] (édition Charles et Froger, p. 128-130); selon M. Froger, ce serait le n° XXXVIII (p. 110-112). Ils n'ont dit, ni l'un ni l'autre, sur quels motifs ils ont fondé leurs opinions. On peut en proposer une troisième : le dernier chapitre de l'ouvrage est le n° XLIV (p. 123-127), le premier chapitre des additions est le n° XLV (p. 127). Voici les raisons de le croire.

Les *Actus pontificum*, ai-je dit, mentionnent une biographie

---

1. Chap. XLVII (Froger, p. 130).
2. « Magnam quidem libri partem, quae nunc cum Gestis est coniuncta, postea demum esse additam, facile est intellectu » (*Monum. Germ., Script.*, XV, p. 304).
3. Dans les quarante-six premiers chapitres eux-mêmes, Waitz voudrait reconnaître plusieurs auteurs et plusieurs époques. L'ouvrage se serait arrêté d'abord au chap. XXX; plus tard, on aurait ajouté XXXI à XLIII, puis XLIV à XLVI. Ce dépècement ne paraît pas appuyé sur des raisons suffisantes.

d'Aldric, à laquelle ils renvoient leurs lecteurs, et l'analyse qu'ils en donnent permet d'y reconnaître sans peine nos *Gesta* [1] :

Aedificia autem quae praedictus pontifex multipliciter a novo operatus est, et ecclesias sive nonnulla monasteria quae a novo fundavit atque perficere et ornare studuit, necnon et restaurationes aliorum monasteriorum et caeterarum ecclesiarum, seu ordinationes episcoporum et sacerdotum et levitarum et reliquorum graduum, sed et de qua tribu ortus et cum quibus edoctus et qualiter ad sacros ordines est consecratus, et quantas res et cellulas seu monasteria ecclesiae sibi commissae juste et canonice atque legaliter acquisivit, et praecepta regalia et evindicationes quae ex his legibus et per judicium accepit, seu privilegia quae suis canonicis et monachis de rebus quas eis dedit ad eorum stipendia supplenda plena auctoritate fecit, atque praecepta regalia quae super his firmitatis et inconvulsionis causa accepit, seu nonnulla alia bona quae Domino annuente facere ad utilitatem sanctae Dei ecclesiae servorumque ejus et plebi sibi commissae meruit, si quis hoc investigare aut scire voluerit, in alia scedula quae de ejus actibus est causa memoriae et utilitatis conscripta, plenius invenire poterit. Quae tamen si quis perscrutando enucleatim legerit et saepius revolverit et quaedam memoriae commendaverit, indubitanter magnum lucrum ad defendendam et custodiendam canoniceque et regulariter sive legibus ecclesiam Cenomanicam regendam invenire Domino auxiliante poterit. Defendat eam Dominus omnipotens ab omnibus aemulis suis una nobiscum, humiliter oramus, et nunc et per cuncta secula seculorum. Amen.

Dans chaque membre de phrase de cette analyse, on retrouve le contenu d'un ou plusieurs chapitres des *Gesta Aldrici* :

Aedificia autem quae... operatus est...	*Gesta*, II, III (Froger, p. 11-17); XLIII (p. 123);
Ecclesias sive nonnulla monasteria quae a novo fundavit...	XVII-XIX (p. 57-61); XXVII-XXVIII p. 70-72);
Restaurationes aliorum monasteriorum et caeterarum ecclesiarum...	XXVI (p. 68); XXIX (p. 73);
De qua tribu ortus et cum quibus edoctus et qualiter ad sacros ordines est consecratus...	I (p. 5-9);
Quantas res et cellulas seu monasteria ecclesiae... acquisivit...	VI (p. 20-21); XII (p. 44); XXX (p. 74-78); XLIII (p. 122);

---

1. Ms. Baluze, 45, fol. 110; *Vet. Anal.*, in-8°, III, p. 276.

Praecepta regalia et evindicationes quae... accepit...	IX-XI (p. 28-44); XIII-XV (p. 45-56); XXXVIII-XLII (p. 110-121);
Privilegia quae suis canonicis et monachis de rebus quas eis dedit... fecit...	XXXII (p. 79-86); XXXIV (p. 88-95); XXXVI (p. 98-109);
Praecepta regalia quae super his... accepit...	XXXIII (p. 86-88); XXXV (p. 96-97); XXXVII (p. 109-110).

On doit donc retrouver aussi dans les *Gesta Aldrici* le passage que la même analyse indique en ces termes :

Seu ordinationes episcoporum et sacerdotum et levitarum et reliquorum graduum...

Or, on ne le retrouve qu'au chapitre XLIV (Froger, p. 126) :

Predictus quoque Aldricus episcopus fecit ordinationes per diversa et canonica tempora LX. Episcopus ergo sacravit VII, sacerdotes vero DCCC, levitas DCCCC, subdiaconos quoque et reliquos ordines prout necessitas poposcebat...

Donc le chapitre XLIV appartient encore à l'ouvrage.
Le chapitre XLV, au contraire, y est étranger. Ce chapitre est ainsi conçu (Froger, p. 127) :

De translatione corporis sancti Pavacii et dextri brachii sancti Liborii. — Anno incarnationis domini nostri Ihesu Xpisti DCCCXL, indictione III, anno vero imperii Hludowici piissimi augusti XXVII et anno VIII Aldrici hujus parrochię episcopi atque *hujus* cenobii fundatoris, VII videlicet iduum juliarum die, sollempniter translatum est a prescripto episcopo et ab aliis episcopis et sacerdotibus et reliquis sacris ordinibus corpus sancti Pavatii et brachium dextrum sancti Liborii in *hanc* sancti Salvatoris ecclesiam, *hucque* in nobilissima urna decenter a prefixis episcopis et sacerdotibus subsequentibus signis humatum, quorum precibus ab omnibus petimus liberari malis et cunctis frui eternaliter bonis, ipso auxiliante cui est honor et gloria in saecula saeculorum. Amen.

Il s'agit ici d'un monastère qu'Aldric avait fondé en 836, sous l'invocation du Sauveur [1], et auquel il donna, en 840, comme

---

1. *Gesta*, XVII, p. 58. — La construction du monastère fut commencée le 1ᵉʳ mai et dura quatre mois et demi; le monastère fut consacré le 16 septembre (*ibid.*, et XXXIV, p. 89). Cette consécration est relatée, comme un fait

nous l'apprend ce passage même, des reliques de deux de ses prédécesseurs, saint Pavace et saint Liboire. Le nom du premier de ces deux saints supplanta dans la suite le vocable du Sauveur, et le lieu, situé dans la banlieue du Mans, au nord de la ville, s'appelle aujourd'hui Saint-Pavace. On remarquera les mots *hujus cenobii, in hanc sancti Salvatoris ecclesiam*, etc., qui indiquent un texte, ou écrit à Saint-Sauveur, ou destiné à y être lu ; on n'observe rien de pareil dans les *Gesta*, qui commencent par supposer que leur lecteur ne connaît même pas le nom du Mans. Il faut remarquer aussi la formule de la date : Louis le Pieux est donné comme vivant le 9 juillet 840, tandis qu'il était mort le 20 juin précédent. La nouvelle de sa mort n'était donc pas encore connue : la rédaction est contemporaine des faits, ou à peu près. Le style est celui d'un procès-verbal ; ajoutons d'un procès-verbal rédigé par l'évêque lui-même, puisque son nom n'y est accompagné d'aucune épithète louangeuse. Le plus probable est qu'Aldric, en transportant à Saint-Sauveur les reliques des saints Pavace et Liboire, fit placer dans l'église du monastère une inscription commémorative de la translation qu'il opérait [1], et que le chapitre XLV est simplement une copie de cette inscription.

Mais le fait relaté dans cette inscription n'a pas été connu de l'auteur des *Gesta Aldrici*. En deux endroits de son œuvre, il aurait eu, s'il l'avait su, l'occasion d'y faire allusion, et il n'en a rien dit. La première fois [2], il énumère les saints dont les reliques reposaient à Saint-Sauveur ; il ne nomme ni Pavace ni Liboire. Plus loin [3], il raconte la découverte et l'histoire des reliques de ces deux saints ; il ne parle pas de leur translation à Saint-Sauveur. Il a donc écrit avant cette translation (9 juillet 840) : et, en effet, le fait le plus récent dont il parle est du 20 février 840 [4].

Les *Gesta Aldrici* se terminent donc au chapitre XLIV, et le chapitre XLV ouvre la série des additions.

L'ouvrage ne nous est pas parvenu complet. Le chapitre XLIV, qui, d'après ce qui vient d'être dit, est le dernier, porte le titre suivant (Froger, p. 122, 123) :

---

encore récent, dans un acte du 1ᵉʳ avril 837 (XXXIV, p. 95). La construction du monastère avait donc eu lieu du samedi 1ᵉʳ mai au mercredi 15 septembre 836.

1. Cf. *Gesta*, XVIII, p. 59 : « Et eorum pignora in eis collocavit, quorum nomina super ea actenus adscripta esse videntur. »
2. *Gesta*, XVIII, p. 59.
3. *Ibid.*, XLIV, p. 124.
4. *Ibid.*, XV, p. 50.

De ospitalium constitutione et receptione, et de sex sanctorum corporibus in sinu matris aecclesię delatis et collocatis quorum nomina hic habentur inserta, et de xii signis in clocariis matris ęcclesię collocatis per singulis horis reboandis, et de consecratione episcoporum et sacerdotum ac reliquorum graduum sive sanctimonialium, et de commemoratione dedicationum ecclesiarum.

Des cinq objets ainsi annoncés, le texte que nous avons n'en traite que quatre : la construction de deux hôpitaux, la découverte et la translation de six corps saints, l'installation de douze cloches à la cathédrale, la consécration de plusieurs évêques, prêtres, clercs et religieuses. Le chapitre se termine ensuite brusquement, sans dire un mot du cinquième objet, *De commemoratione dedicationum ecclesiarum*. Le copiste du manuscrit qui a servi de modèle au nôtre n'a donc pas seulement allongé l'ouvrage, en y ajoutant des suppléments, il en a tronqué la partie authentique.

Une autre lacune se trouve à la fin du chapitre xxviii (p. 72). La dernière phrase annonce une liste de biens épiscopaux donnés par Aldric au monastère de Teloché, et cette liste manque :

Has ergo villulas et res jamdictus Aldricus episcopus prefixo monasteriolo et monachis inibi Domino degentibus per suum privilegium confirmavit, una cum licentiam domni Hludowici piissimi imperatoris et una cum [con]sensu Ursmari sui metropolitani et ceterorum suorum conprovincialium sanctorum episcoporum, assensum etiam prebente universo ordini et clero sibi commisso sive cuncto cetu Cenomannico [*lisez* Cenomannica] in parrochia Domino militantium sacerdotum ac levitarum atque reliquorum sacrorum ordinum ministrorum, id est [1]. (*sic.*)

La préface des *Gesta Aldrici* a été omise dans les éditions de Baluze et de Waitz ; MM. Charles et Froger l'ont imprimée les premiers, d'après le manuscrit, qui la donne immédiatement avant le premier chapitre (fol. 4 v°). L'*Histoire littéraire* la jugeait

---

1. Le manuscrit (n° 99, fol. 24 r°) porte *id ē*, abréviation régulière de *id est*. Baluze a omis ces deux mots. MM. Charles et Froger ont lu *idem*, et, pour essayer de donner un sens à cette leçon, ils ont transporté ce mot en tête du chapitre suivant, devant ceux-ci : *Memoratus namque Aldricus*, etc. Mais *idem memoratus* serait un pléonasme, et notre auteur commet assez de fautes de langue par lui-même pour qu'on doive éviter de lui en imputer qu'il n'a pas commises.

étrangère à l'œuvre [1] : on ne voit pas le motif de ce jugement. Il est vrai qu'elle est inutile et ne contient que des banalités qui pourraient se mettre aussi bien en tête de tout autre écrit; mais la gaucherie et l'incorrection qu'on y remarque [2] la rapprochent du reste du livre, plutôt qu'elles ne l'en distinguent.

Avant cette préface, le même manuscrit donne plusieurs pièces de vers composées en l'honneur d'Aldric et dont quelques-unes lui sont adressées. Ces poésies, connues aujourd'hui sous le nom de *Carmina Cenomanensia* [3], ne font pas pour la plupart partie des *Gesta*, mais elles contiennent quelques renseignements à noter, particulièrement sur la composition de cet ouvrage [4]. La dernière de ces pièces est un prologue des *Gesta*, que les divers éditeurs ont eu tort de ne pas reproduire, car, à la différence des autres poésies, il fait véritablement partie de l'ouvrage; sa place est immédiatement avant la préface en prose [5].

En résumé, les *Gesta Aldrici* forment un ouvrage distinct. Ils ne nous sont pas parvenus complets.

Ce qui en reste est compris dans le manuscrit 99 du Mans, du fol. 4 v° au fol. 39 v°, et dans l'édition de MM. Charles et Froger, de la page 1 à la page 127 [6] (préface et chapitres I à XLIV).

La date de la rédaction des *Gesta Aldrici* peut être fixée à quelques mois près.

Ils sont antérieurs à la mort d'Aldric (857). Au chapitre XXIII (p. 17), le biographe parle d'une cérémonie qui, « maintenant », dit-il, se fait le 22 décembre, mais qui devra être transférée au jour anniversaire de la mort d'Aldric, « quand il aura plu à Dieu de l'appeler à lui » :

---

1. [*Histoire littéraire de la France*, V, p. 146.]
2. Elles ne sont pas entièrement du fait de l'auteur, mais aussi du copiste. Il y a des fautes qu'il faut corriger par conjecture. Ainsi, au lieu de : *Apparuisset enim ad maxima pertingitur* (p. 2), il faut évidemment lire : *A parvis etenim ad maxima*, etc. — P. 4, c'est la ponctuation des éditeurs qui demande à être rectifiée : la citation de saint Grégoire ne commence qu'au mot *Quia* (ligne 2), et non au mot *qui* (ligne 1).
3. Elles ont été publiées par dom Piolin, *Histoire de l'église du Mans*, II, p. 535-546, puis par M. Dümmler, *Monumenta Germaniae*, in-4°, *Poetae Latini aevi Carolini*, II (1884), p. 623-635. On doit regretter que MM. Charles et Froger ne les aient pas reproduites; elles n'auraient pas beaucoup grossi leur publication, et on aurait eu sous la main, dans un même volume, tout le contenu du ms. 99 du Mans.
4. *Carmina Cenomanensia*, n° VII ; Dümmler, II, p. 632.
5. N° XI; Dümmler, II, p. 635 ; ci-après, p. 288.
6. En ajoutant au texte donné par ces éditeurs les six vers mentionnés dans la note précédente.

Predicta vero festivitas et antedicta refectio fratrum que modo agitur in xii kl. die januariarum die (sic), que et una die anticipatur propter dedicationem prefixe matris et senioris civitatis ecclesie, decretum et consideratum est a jamdicto Aldrico episcopo et a predictis sanctis coepiscopis et suis sacerdotibus et canonicis universis ut transferatur in diem depositionis ejus, quando eum Dominus de hoc seculo vocare voluerit...

D'ailleurs, ils sont mentionnés dans deux morceaux écrits l'un et l'autre du vivant d'Aldric : le chapitre XXIII des *Actus pontificum*, où l'analyse des *Gesta*, citée plus haut[1], est précédée de ces mots :

... Aldricus... cui Dominus, oramus, hanc degere vitam secundum suam voluntatem tribuat, et post hanc vitam ei concedat sempiternam...

et la pièce n° VII des *Carmina Cenomanensia*, où on lit d'abord :

Hinc bona plura sacer que presul fecerit ipse,
Ejus scripsere omnia discipuli...
Actibus ex ejus recte conscriptus opimis
Hinc a discipulis cuncta libellus habet...

et ensuite :

Hunc tu pontificem conserva, Xpiste redemptor...
Cumque suprema ejus viduaverit urna pupillas,
Eternam requiem cede, precamur, ei[2].

Ils sont antérieurs aussi à la mort de Louis le Pieux (20 juin 840), ou du moins au moment où la nouvelle de sa mort arriva dans le Maine : car on a vu que l'auteur n'a pas connu la translation de saint Pavace, faite le 9 juillet 840, à une date où l'on croyait Louis encore vivant. Le nom de l'empereur revient à chaque page, et il n'est jamais fait allusion à sa mort; silence qui se remarque par le contraste avec le langage des additions, où plusieurs fois les continuateurs ont laissé voir qu'ils écrivaient sous un autre règne :

---

1. [Ci-dessus, p. 280-281.]
2. Dümmler, II, p. 632.

Temporibus Hludowivi piissimi augusti subter inserta causatio vel evindicatio fuit de monasterio Anisole [1]...

Exemplar precarie de villa Tridente, quam Aldricus episcopus Bavoni vasso dominico fecit, tempore Hludowici piissimi augusti [2]...

Precaria de villa Calisamen quam fecit Aldricus Cenomannice sedis episcopus Acberto vasso dominico, tempore Hludowici piissimi augusti [3]...

Enfin, on y trouve beaucoup de chartes de Louis et pas une seule de Charles le Chauve. Toutes ces circonstances commandent de placer la rédaction des *Gesta* avant la mort de Louis le Pieux.

Mais ils sont de peu antérieurs à cette mort, car ils contiennent cinq documents de l'an 838 (un du 22 mars [4], un du 11 mai [5], trois du 7 septembre [6]) et un du 20 février 840 [7]. Ce dernier seul peut faire difficulté. C'est une charte de l'empereur, datée du 20 février dans l'an 23 de l'empire et dans la troisième indiction; données chronologiques dont la première répondrait à 837, la seconde à 840. Mais la date de lieu, Poitiers, ne convient qu'au 20 février 840 : le chiffre de l'année de l'empire a donc été mal copié. Cette pièce étant la seule de l'année 840, Waitz a supposé qu'elle avait été ajoutée après coup et que le corps de l'ouvrage s'arrêtait au plus tard à 838 [8]. C'est une hypothèse gratuite. Puisque l'ouvrage contient une pièce du 20 février 840, il a été écrit après ce jour. Les *Gesta Aldrici* ont donc été rédigés, ou du moins achevés, entre le 21 février et le 8 juillet 840.

Un passage seul doit avoir été retouché à une date moins ancienne [9]. C'est la phrase déjà citée sur les ordinations faites

---

1. *Gesta*, XLVII, p. 130-131.
2. *Ibid.*, LX, p. 174.
3. *Ibid.*, LXX, p. 191.
4. *Ibid.*, XLII, p. 119.
5. *Ibid.*, XLIII, p. 122.
6. *Ibid.*, XXXVII, p. 109; XXXIX, p. 112; XLI, p. 117.
7. *Ibid.*, XV, p. 50.
8. « Quae de a. 840. narrantur procul dubio post addita sunt. » *Monum. Germ., Script.*, XV, p. 304, note 1.
9. Trois passages que M. Waitz cite (p. 304, note 3), comme trahissant une rédaction notablement postérieure, ne me paraissent pas avoir ce sens. Ils n'impliquent, entre les faits dont ils parlent et l'époque de la rédaction, qu'un délai indéterminé et qui peut être aussi court que l'on veut. Ce sont ceux-ci : « sicut in posteris actum esse Domino annuente probatur » (XLIV, p. 125); « et nomina super ea... ascribere jussit, que et adhuc... reperiri hodierna die queunt » (III, p. 14, 15); « nomina super ea actenus adscripta esse videntur » (XVIII, p. 59). — Le premier de ces passages a été également allégué, dans le même sens, par M. l'abbé Froger (p. xix, note 2).

par Aldric. Il fit, dit-on, cette cérémonie soixante fois, et il consacra sept évêques et plusieurs centaines de prêtres et autres clercs :

Predictus quoque Aldricus episcopus fecit ordinationes per diversa et canonica tempora LX.
Episcopos ergo sacravit VII, sacerdotes vero DCCC, levitas DCCCC...

D'après le formulaire de la cour de Rome, connu sous le nom de *Liber diurnus*, les *canonica tempora*, pour les ordinations de prêtres et de diacres, étaient au nombre de six, savoir : les quatre-temps, le commencement et le milieu du carême [1]. Du 22 décembre 832, date de sa consécration, au 8 juillet 840, Aldric aurait pu faire au plus, pendant les sept années de 833 à 839, six ordinations par an, soit quarante-deux, et, dans l'année 840, quatre : en tout, quarante-six. En ajoutant les sept consécrations d'évêques, qui avaient pu se faire hors des temps marqués, on n'arriverait encore qu'à cinquante-trois ordinations au lieu de soixante. Mais le chiffre de six ordinations par an était un maximum qui ne devait pas être atteint chaque année ; on peut supposer que cette cérémonie ne se faisait guère, dans chaque diocèse, plus de deux ou trois fois par an. Ainsi, le chiffre de soixante ordinations peut convenir assez exactement aux vingt-quatre ans d'épiscopat d'Aldric (832-857). Ce chiffre et ceux qui l'accompagnent n'ont donc été écrits qu'après la mort de l'évêque. On peut supposer que le biographe, comprenant que ces données statistiques seraient sans intérêt tant que durerait l'épiscopat du héros, avait eu la précaution de laisser les chiffres en blanc, et que ces blancs ont été remplis seulement lorsque la mort d'Aldric permit d'inscrire des chiffres définitifs.

S'il fallait en croire le titre, le livre qui nous occupe serait l'œuvre collective de plusieurs auteurs, les élèves de l'évêque Aldric : *Gesta domni Aldrici Cenomannicæ urbis episcopi a discipulis suis*. Cette affirmation a été prise à la lettre par l'un des poètes des *Carmina Cenomanensia*, qui l'a reproduite dans les vers cités plus haut :

---

1. « Ordinationes vero presbiterorum seu diaconorum non nisi primi, quarti, septimi et decimi mensum jejuniis, sed et ingresso quadregismali atque mediane, vespere sabbati, noverit celebrandas. » *Liber diurnus*, VI ; édition Sickel (1889), p. 6 ; édit. E. de Rozière (1869), p. 27.

> Ejus scripsere omnia discipuli...
> Actibus ex ejus recte conscriptus opimis
> Hinc a discipulis cuncta libellus habet.

Mais on ne peut l'admettre : on sent dans tout le livre une même langue, un même style, une même inspiration. Dans la préface, d'ailleurs, l'auteur parle de lui-même au singulier :

> Coadjuvante divinitatis gratia scribere conor... Hęc enim dicendo et me pariter vobiscum admoneo...

et sa personnalité unique se montre encore plus nettement dans le prologue en vers :

> Ad te, Xpiste potens, lacrimas nunc fundo lugubres,
> Nisibus et totis *famulus* te posco *misellus*,
> Qui facis infantum dissertas obtime linguas,
> Da *mihimet* verbi claram splendere lucernam,
> Ut valeam retinenda patris conscribere facta
> Pręsulis Aldrici Cenomannica rura regentis [1].

Nous avons donc affaire à l'œuvre d'un seul auteur [2]. Cet auteur était clerc et habitait le Mans, cela est évident à première vue. Mais quel clerc manceau, du temps d'Aldric, pouvait mettre ses écrits sous le nom des élèves, *discipuli*, de ce prélat? Un des élèves en question? C'eût été manquer de modestie ou de discrétion : car c'était, s'il faisait des fautes, les mettre à la charge de ses condisciples. Un seul homme avait le droit de prendre ce pseudonyme, c'était le maître commun de ces élèves, l'évêque lui-même. Il faut en conclure que les *Gesta Aldrici* sont une autobiographie.

Plusieurs circonstances confirment cette supposition.

Et d'abord, les *Gesta* rapportent, sur certains faits de la vie d'Aldric, des circonstances intimes, des épisodes qui n'avaient pas eu de témoin [3], qu'il pouvait seul connaître et raconter. Si donc il n'en avait pas écrit le récit, il faudrait au moins qu'il l'eût dicté.

En second lieu, si l'auteur habitait le Mans, il est sûr qu'il

---

1. *Carmina Cenomanensia*, XI; Dümmler, II, p. 635.
2. En faveur de cette opinion, voir aussi Simson, p. 132.
3. *Gesta*, I, p. 6.

VII. — LES ACTES DES ÉVÊQUES DU MANS.

n'était pas Manceau, puisqu'il écrivait : « episcopatum quoddam, cujus vocabulum est Cenomannis. » Telle était la condition d'Aldric. Germain de naissance, il avait passé sa jeunesse à Aix-la-Chapelle, puis à Metz [1]. Il n'avait dû le choix de son évêché qu'au hasard, qui avait amené la vacance du siège juste au moment où l'empereur Louis (dont il était le confesseur et dont il suivait la cour) passait près du Mans. Étranger à son diocèse, il avait commencé à le connaître en même temps qu'à le gouverner.

Le style des *Gesta Aldrici* est, le lecteur a pu en juger, laborieux et parfois obscur. Ces caractères sont surtout sensibles quand on le compare avec celui des *Actus pontificum*.

Dans ce dernier ouvrage, on sent du latin qui a été pensé en français, c'est ce qui nous le rend facile à comprendre. Les *Gesta* donnent au contraire l'impression d'un texte pensé dans une langue étrangère, et sont en tout cas l'œuvre d'un latiniste médiocre. Or, d'une part, Aldric était Germain ; d'autre part, bien qu'il eût été placé quelque temps, à Metz, à la tête de l'école épiscopale [2], sa culture philologique ne devait pas être très développée. Nourri à la cour depuis l'âge de douze ans, il n'était devenu clerc et ne s'était mis à l'étude de la « grammaire », du chant romain et de l'Écriture sainte qu'à plus de vingt ans [3]. Les pièces des *Carmina Cenomanensia*, composées sous ses yeux, et dont il a accepté la dédicace, montrent qu'il n'était difficile ni sur la versification ni sur la latinité. Au surplus, sa vie est celle d'un homme d'action et non d'un homme de cabinet, fait pour le gouvernement et non pour l'étude.

On objectera un passage des *Gesta* qui est consacré à l'énumération de ses vertus. S'est-il donc loué lui-même ?

Prefatus ergo pontifex fuit vir mitissimus et sapiens valde, lingua eruditus, psalmos omnes per ordinem memoriter retinens et in eorum sensibus subtilissima exercitatione limatus, lingua quoque in lectione polita, et exortator omnium bonorum operum, plebique florentissime

---

1. *Gesta*, p. 6, 7.
2. *Ibid.*, p. 8, 9.
3. « Cantum quippe Romanum atque grammaticam, sive divine scripture seriem humiliter discere meruit » (*ibid.*, p. 8). Ceci se place après sa tonsure, qui fut suivie au bout de deux ans de son ordination au diaconat, par l'évêque Gondulfe ; après trois autres années, il fut fait prêtre par Drogon, successeur de Gondulfe. Celui-ci était mort en 825 ; Aldric était donc devenu diacre au plus tôt en 822 et avait été tonsuré au plus tôt en 820. Il était né le 21 juin 800 (Froger, p. v). Selon le n° VII des *Carmina Cenomanensia*, il aurait été fait clerc à vingt ans, diacre à vingt-cinq, prêtre à trente (Dümmler, II, p. 631).

19

salutaria predicans fidei catholicę et apostolicę inmutilate conservare perhenniter, sua monita salutaria predicans, corda fidelium corroborans, ortodoxę fidei ęmulator ac defensor fortissimus, paupertatis amator et inerga inopem provisionem non solum mentes pietatem sed studii sui laborem sollicitus (sic), captivorum etiam redemptor, orphanorum quoque et viduarum largitor, necessaria tribuens, amator religiositatis xpistianę normę et religiose volentibus vivere Dei timore habere in suis precordiis dilecto residens (sic). Vir vero erat mitissimus atque suavis omnique bonitate ornatus, amator cleri omni (sic) populi xpistiani, tardus ad irascendum et velox ad miserandum, nulli pro malo malum reddens neque vindictam secundum meritum tribuens, sed pius et misericors omnibus erat, cunctos attrahens neminemque dissipans [1].

En voilà plus, je l'avoue, qu'un auteur d'aujourd'hui n'oserait en dire sur lui-même. Pourtant, je suis encore moins frappé des louanges données ici à Aldric que de la discrétion avec laquelle il est loué. Notons d'abord qu'il ne l'est dans aucun autre chapitre; et, dans celui-ci même, il y a non des appréciations, mais des affirmations, des faits : on dit quelles étaient, parmi les vertus, celles qu'Aldric avait en estime particulière, qu'il se piquait de cultiver, qu'il se flattait de posséder. Est-il sûr qu'au IXe siècle un homme d'une culture peu raffinée, mais fort de sa conscience, ne se crût pas en droit de se donner un pareil certificat? Moins d'un siècle plus tôt, on avait vu en Germanie un évêque (ou prétendu tel) proclamer sa propre sainteté, distribuer au peuple un livre qu'il avait fait lui-même, et où il se qualifiait « praeclarum atque totum speciosum, ex electione Dei natum, sanctum episcopum », dédier des églises sous sa propre invocation, enfin y déposer, comme reliques, des fragments de ses ongles et de ses cheveux [2]. L'âge où de pareilles énormités étaient possibles avait sans doute, sur les témoignages qu'on peut se rendre soi-même, une autre façon de penser que le nôtre.

Il faut distinguer les louanges précises, qu'on peut quelquefois s'accorder à soi-même, et les compliments, qu'on ne fait jamais

---

1. *Gesta*, II, p. 11. — [« Les 12 premières lignes, *vir mitissimus... dilecto residens* (*dilector existens*) sont tirées du *Liber Pontificalis*, vie de Grégoire III, t. I de mon édition, p. 415. Les 4 suivantes, *vir vero erat mitissimus... omnibus erat*, proviennent de la vie de Zacharie, *ibid.*, p. 426. » (Communication de M. l'abbé Duchesne. Voir ci-dessus, p. 277-278, et ci-dessous, p. 328, ligne 20.)]

2. *Acta synodi Romanae*, 25 oct. 745, dans *Bonifatii et Lulli epistolae* : Jaffé, *Bibliotheca rerum Germanicarum*, III (1866), p. 139, 142; *Monumenta Germaniae*, in-4°, *Epistolae Merowingici et Karolini aevi*, I (1892), p. 318, 319.

qu'à autrui. Le compliment, c'est la louange banale, en termes sonores et vagues. Les *Gesta Aldrici*, que j'attribue à Aldric, ne contiennent pas de compliments à son adresse, tandis que les vers composés par ses élèves en sont pleins :

> Te nutrix igitur Mettis suscepit alendum
> Dum pocius studiis esset alenda tuis.
> Mox inibi meritis efferuit (*sic*) actio pulcris
> Vestra salutifero prorsus odore calens,
> Sicut odoriferis flagrantia balsama guttis
> Aera diffuso nectare sepe replent...
> Coeperat innumeras sensim volitare per auras
> Fama quidem dulcis, gratior atque favis...
>
> Cuspide nempe tuo contagia dira fatescunt...
> Quam felix cuneus tali sub presule pollens,
> Cujus et altithronus est via, forma, salus [1]...
>
> Mater Gerhildis nomine dicta fuit...
> O felix venter, qui talem fundere partum
> Promeruit, mundo qui foret altus honor,
> Quique daret populis mox gaudia plurima, natus
> Iohanni similis pluribus indiciis...
>
> Exemplum cunctis, norma salutis erat
> Ingentes animos angusto in pectore versans,
> Hinc nova res populis miraque valde inerat...
>
> Ignis et accensus modio non subditur unquam...
> Candelabro lucens sed supraponitur alto
> Ut spargat cunctis lumina clara satis :
> Haud secus Aldrici volitat dum fama per orbem,
> Excelsum currens venit ad usque polum [2]...

Enfin, l'auteur s'est trahi dans deux passages, l'un de la préface, l'autre du livre même. Dans le premier, il parle à ses « élèves » et leur adresse des exhortations. Il avoue donc qu'il est leur maître :

Primitus, quasi ad discipulos loquens, hortor ne parva fastidiendo despiciant, ut ad majora utilius ac sagatius conscendere valeant [3]...

---

1. *Carmina Cenomanensia*, V ; Dümmler, II, p. 625, 626.
2. *Ibid.*, VII, p. 629, 631.
3. Froger, p. 1. Plus loin (p. 3, ligne 4), l'auteur revient à sa fiction : « Ita et vos seniores vel mei condiscipuli, non neglegamus percurrere parvulas

Dans l'autre, plus catégorique encore, le nom d'Aldric est accompagné de l'épithète « pécheur », et l'on demande à Dieu le pardon de ses « crimes ». Comme l'a remarqué Waitz, cela ne peut avoir été écrit que par lui [1].

Ad has ergo festivitates consideratum et decretum est ut predicti sacerdotes revestiti mane prima conveniant... et supradicta officia pro Aldrico episcopo mane prima ante horam terciam faciant, orantes humiliter et supplicantes flexisque poplitibus Domini misericordiam obsecrantes, tam sacerdotes cuncti quam et reliqui clerici omnes, ut absolvat Dominus animam Aldrici peccatoris episcopi ab omni vinculo delictorum [2]...

L'auteur des *Gesta Aldrici* est donc l'évêque Aldric.

Son objet, en écrivant cette autobiographie, a été de consigner la mémoire de ce qu'il avait fait pour le bien spirituel et temporel de son diocèse. Il a raconté non sa vie, mais sa gestion.

Il devait son évêché à la faveur de l'empereur Louis le Pieux, qui lui témoignait une affection particulière. Né d'une famille noble et apparentée à la dynastie carolingienne [3], il avait passé son adolescence à la cour impériale [4]. L'empereur avait d'abord voulu l'attacher au service de l'État [5], lui avait ensuite donné une prébende dans le clergé de Metz, puis l'avait fait son confesseur [6]. Quand l'évêché du Mans fut vacant, Louis fut si pressé d'en faire don à son favori que celui-ci en fut investi deux jours après la mort de son prédécesseur [7]. La fidélité d'Aldric répondit

---

sive minimas scedulas... » Suivent des exhortations morales, qu'un *discipulus* ne se permettrait pas d'adresser à ses *seniores* : « Hec enim dicendo et me pariter vobiscum admoneo ne torpor aut negligentie fastidium mentis nostre aciem obnubilet, » etc.

1. « Quod nemo nisi ipse scribere potuit. » *Monum. Germ., Script.*, XV, p. 304, note 2.
2. *Gesta*, XXV, p. 67. Pour le même motif, on ne peut attribuer qu'à Aldric le n° IV des *Carmina Cenomanensia*, où on lit : « Aldricique tui famuli memor esto benignus Dans veniam scelerum... » (Dümmler, II, p. 625).
3. « Regia ex projenie ortus atque aliis nobilissimis ex parentibus... » *Gesta*, I, p. 5.
4. *Ibid.*, p. 5 et suiv.
5. *Ibid.*, p. 7.
6. *Ibid.*, p. 7, 9.
7. « Et in tertia die, hora tertia, Aldrico sacerdoti, successori scilicet suo, in Turonica urbe... episcopatus est canonice et regulariter datus... » *Actus pontificum*, XXII; *Vet. Anal.*, in-8°, III, p. 274. — « Nec magis ergo fuit sedes sine presule dicta Quam geminos Xpisto auxiliante dies. » *Carm. Cenom.*, VII; Dümmler, II, p. 632. — Son prédécesseur, Francon II, étant mort le 6 novembre

aux bienfaits qu'il avait reçus. En 833, au fameux « champ du Mensonge, » Louis, attaqué par ses fils, se vit trahi par son armée et sa cour; seuls, quelques évêques, en très petit nombre, lui restèrent fidèles; Aldric fut de ce petit nombre [1]. Dans ces luttes, qui avaient pour principe l'irritation des fils aînés de Louis le Pieux contre leur marâtre, l'impératrice Judith, et leur frère du second lit, Charles le Chauve, Aldric fut toujours, ainsi que l'empereur lui-même, du côté de Judith et de Charles. Par sa mère, il était compatriote de Judith, et il ne serait pas impossible qu'il fût aussi son parent [2]. Dans ses *Gesta*, il est question deux fois des prières à faire « pour le seigneur Louis, empereur, pour sa femme, l'impératrice Judith, et pour leur noble fils, le glorieux roi Charles [3] »; il n'est pas dit un mot de Lothaire ni de Louis le Germanique. Louis le Pieux mourant recommanda Aldric à Charles, et l'évêque, après la mort de son protecteur, eut à souffrir de sa fidélité au jeune roi [4].

Voilà donc un prélat de cour, appelé par la faveur impériale à un évêché riche, dans une contrée à laquelle aucun lien ne l'attachait, où l'on parlait une autre langue que la sienne, loin de son pays d'origine et des résidences ordinaires du prince. Beaucoup d'autres, à sa place, n'auraient vu dans ce beau poste qu'une source de revenus à recueillir, pour les dépenser à la cour, en abandonnant aux clercs du pays l'administration effective du diocèse. Mais Aldric n'était pas d'un tempérament de sinécuriste. A peine nommé, il s'occupa de mettre l'ordre dans son diocèse, de reconstituer le temporel de l'évêché, de réformer le clergé séculier et régulier, de bâtir des églises, de fonder des couvents, d'élever des constructions d'utilité publique, d'améliorer la

---

832 (*Actus*, *ibid.*), il en résulte que l'investiture de l'évêché fut donnée à Aldric le vendredi 8; la présence de Louis le Pieux à Tours le 8 novembre 832 doit être ajoutée à ce que nous savions déjà de l'itinéraire de ce prince (Mühlbacher, p. 326). Le sacre d'Aldric eut lieu au Mans, six semaines plus tard, le dimanche 22 décembre 832 (*Gesta*, I, p. 10).

1. Mühlbacher, *Regesten*, I, p. 332, n° 896°.
2. « Natione patris ex parte Francus sive Saxho, matris quoque ex parte Alamannus atque Baiuvarius. » *Gesta*, I, p. 5. — Judith, par sa naissance, se rattachait à la fois à la noblesse alamanne, bavaroise et saxonne : Simson, *Jahrbücher des fränkischen Reichs unter Ludwig dem Frommen*, I (1874), p. 146. — Cf. ci-dessus, p. 292, note 3.
3. « Pro domno Hludowico imperatore sive pro ejus conjuge Judith imperatrice atque pro nobilissima prole eorum Karolo glorioso rege. » *Gesta*, XXIX, p. 73. — « Pro domno Hludowico imperatore seu pro filio ejus Karolo. » *Ibid.*, XXVIII, p. 72.
4. Additions aux *Gesta*, LXVII, p. 164.

condition morale et matérielle de ses ouailles. Il ne se servit de la faveur de l'empereur que pour assurer, par des privilèges impériaux sollicités et concédés à propos, la stabilité de ses réformes et de ses fondations. Il déploya dans ces entreprises, — du moins pendant les huit premières années de son épiscopat, celles que nous connaissons le mieux, — une activité peu commune, et il avait le droit d'en être fier.

Tout cela, il est vrai, ne nous est connu que par son témoignage. Mais il n'a relaté que des faits précis et patents, qui étaient de notoriété publique. Il ne lui aurait pas été possible de les altérer. Rien n'invite à douter de sa bonne foi. Ses récits ont l'accent de la sincérité [1]; la lecture de son œuvre inspire la confiance dans sa parole, non moins que l'estime pour ses vertus, dont il a eu seulement le tort de se vanter un peu trop haut et un peu naïvement.

A quelle occasion a-t-il écrit cette autobiographie, ou, si l'on veut, cette apologie? On ne peut faire là-dessus que des conjectures. J'en proposerai une. L'évêché du Mans avait été donné à Aldric en 832, pendant une expédition de Louis le Pieux en Aquitaine : la concession princière avait été faite à Tours, et, quelque temps après, l'empereur était venu passer plusieurs jours au Mans, où son favori, à peine installé, lui avait fait les honneurs de sa nouvelle résidence. Depuis lors, sept ans s'étaient écoulés sans que l'empereur eût l'occasion de revenir du côté du Maine; Aldric n'avait pu revoir son bienfaiteur qu'à la cour; il ne lui avait pas été donné une seconde fois de le recevoir dans son diocèse. Mais il pouvait espérer que cela lui serait donné en 840. L'empereur passa la plus grande partie de l'hiver de 839-840 à Poitiers, où il vit Aldric et lui accorda de nouvelles grâces pour son église. Il se disposait à y rester jusqu'à la fin du carême de 840. Il fut obligé d'abréger son séjour et de marcher en hâte vers la Germanie, pour réprimer une tentative de révolte de son fils Louis, et il mourut quatre mois après [2]. Mais ce départ fut

---

1. En deux endroits (II, p. 12, et XVIII, p. 59), l'auteur rapporte de prétendus miracles, que nul ne fera difficulté de croire, car ils n'ont rien de miraculeux. C'est une marque de sa bonne foi : un imposteur n'eût pas craint d'inventer des faits franchement merveilleux. — Notons aussi les soins minutieux qu'il prend pour s'assurer, après sa mort, des messes et des prières pour le repos de son âme (*Gesta*, XXIII-XXV, p. 64-67; Bouquet, *Recueil des historiens*, VII, p. 607) : c'est l'indice d'une âme timorée, et non d'une conscience sans scrupules.

2. Mühlbacher, *Regesten*, I, p. 369.

soudain et imprévu : avant de recevoir les mauvaises nouvelles qui modifièrent ses résolutions, Louis le Pieux avait dû projeter un retour plus lent, et peut-être comptait-il passer par le Mans, ou du moins Aldric pouvait-il se flatter qu'il y passerait. N'était-ce pas pour l'évêque une occasion naturelle d'offrir à l'empereur le compte rendu de sa gestion, de lui montrer quel usage il avait fait de la dignité qu'il tenait de sa confiance? L'hommage aurait été digne du prince et du prélat, qui tous deux ont su se recommander à l'estime de l'historien par une même qualité, le dévouement aux devoirs de leur charge.

Si les *Gesta Aldrici* sont, comme je le crois, l'œuvre d'un homme honnête et digne de foi, les chartes qui y sont alléguées doivent être toutes authentiques [1]. L'opinion courante veut, au contraire, qu'il y en ait une partie de fausses. La question est assez grave pour mériter un examen à part.

§ 3. — *Les chartes des « Gesta Aldrici »*.

Les chartes insérées dans les *Gesta Aldrici* sont au nombre de dix-neuf, dont quatorze de l'empereur Louis le Pieux (de 832 à 840), trois de l'évêque Aldric (837 et 838) et deux de l'évêque Domnole (572 et 584).

Sur les quatorze chartes attribuées à Louis le Pieux, trois, selon M. Th. de Sickel, seraient fausses, quatre douteuses et sept authentiques.

On ne saurait trop hautement reconnaître les services que M. de Sickel a rendus à la diplomatique des Carolingiens, la pénétration dont il a fait preuve dans ses recherches, la lumière que ses travaux ont jetée sur toutes les questions qui se rattachent à cet ordre d'études. Mais on ne peut se défendre d'éprouver autant d'inquiétude que d'admiration quand on voit le critique pousser la confiance en sa méthode jusqu'à prétendre, à plus de mille ans de distance, reconnaître des faux fabriqués quelques années au plus après la date qu'ils portent. En effet, le signe le plus sensible auquel on reconnaît habituellement les chartes fausses, ce sont les anachronismes : les faussaires, voulant

---

[1]. « In genuina Gestorum parte... neque quidquam aperte falsi refertur. » Waitz, p. 305.

imiter les formules et le style des actes d'une autre époque, n'ont pas su le faire adroitement, et la science des diplomatistes les prend en défaut. Ici l'on suppose un contemporain de Louis le Pieux, un personnage influent de sa cour, un évêque, son parent, son confesseur et son favori, qui veut contrefaire les actes mêmes de cet empereur, ceux qu'il voit expédier journellement auprès de lui et, pour ainsi dire, sous ses yeux. Les moyens d'information, les modèles à copier s'offraient à lui en abondance. Pour les imiter de travers, pour se trahir et donner prise, il aurait fallu qu'il fût extraordinairement maladroit[1]. Tenter aujourd'hui de discerner des pièces forgées dans ces conditions, n'est-ce pas une entreprise téméraire et chimérique?

D'autre part, il a dû arriver très rarement que des pièces fussent forgées dans ces conditions. Car, autant le faux fabriqué à la date même ou tout près de la date qu'il porte a de chances de faire illusion aux modernes, autant il serait difficile, pour ne pas dire impossible, de le faire accepter des contemporains. Au temps où ont été écrits les *Gesta Aldrici*, Louis le Pieux vivait, la plupart des fonctionnaires employés dans sa chancellerie vivaient : ils pouvaient rendre témoignage de ce qui avait été concédé, expédié et scellé depuis huit ans, et ce témoignage eût, à la première occasion, confondu le faussaire. Il y avait au Mans un comte, nommé par l'empereur et chargé par lui du gouvernement de la province. D'importantes concessions de droits, comme celles qui font l'objet de nos chartes, ne pouvaient guère être expédiées et reçues sans qu'on prît soin de les lui notifier; aurait-il admis la production tardive de ces pièces, s'il n'en avait eu, à la date de leur expédition, aucune connaissance? En cas de contestation, les autorités judiciaires n'auraient pu se contenter, pour des pièces aussi récentes, qu'on leur produisît des copies : il aurait donc fallu forger de faux originaux, falsifier les souscriptions, falsifier le sceau? toutes circonstances qui augmentaient d'abord la difficulté de la falsification, ensuite, en cas de découverte, les dangers auxquels s'exposait le faussaire. Enfin, l'église du Mans, dans l'intérêt de laquelle on suppose qu'auraient été commis des méfaits aussi audacieux, avait alors pour chef un prélat fort bien en cour, comblé des marques de la bienveillance princière, un

---

1. Cf. Sickel, *Acta Karolinorum*, II, p. 289 ; «... es vollends leicht war für die Zeit Ludwigs sich gute Vorlagen zu verschaffen und mit den Gebräuchen der Kanzlei vertraut zu machen. »

évêque à qui l'empereur accordait en mainte occasion, — les diplômes non contestés sont là pour en faire foi, — des faveurs analogues à celles qui font l'objet des prétendus apocryphes. Quand on n'a qu'à demander des privilèges pour les obtenir, quel besoin aurait-on d'en fabriquer de faux?

Ainsi, *a priori*, il est très invraisemblable qu'Aldric ait inséré dans ses *Gesta* de fausses chartes de Louis le Pieux; et s'il l'avait fait, il serait très invraisemblable que la critique moderne fût en état de les discerner. Cela dit, voyons les raisons particulières pour lesquelles l'éminent diplomatiste croit pouvoir taxer de faux, plus spécialement, tel ou tel document.

Les *Gesta Aldrici*, chapitres XII à XIV (Froger, p. 44-49), rapportent deux chartes accordées par Louis le Pieux, en 836, pour assurer à l'évêché du Mans la possession d'un monastère dont il sera plusieurs fois question dans ce mémoire, le couvent de femmes de Notre-Dame, situé entre l'enceinte de la ville et la Sarthe. La première est un acte de donation, la seconde un acte de restitution. Aldric, est-il dit, avait sollicité d'abord la donation, parce qu'il croyait que le monastère appartenait au fisc et que le prince pouvait en disposer. Puis, ayant retrouvé dans les archives épiscopales des pièces qui établissaient les droits anciens de l'évêché sur ce même monastère, il modifia sa demande et sollicita, non plus un don, mais une restitution. Louis le Pieux, qui avait déjà accordé la première requête, accueillit non moins favorablement la seconde. C'est ainsi que les deux chartes furent expédiées l'une après l'autre, la première le vendredi 17 mars 836 [1], la seconde le mercredi 22 mars de la même année [2], et qu'elles ont été insérées textuellement à la suite l'une de l'autre dans les *Gesta Aldrici* :

Primo siquidem hoc accepit preceptum, quoniam putabat quod predictum monasteriolum donatio regum et fiscus esset imperatorum. Sed postquam invenit traditiones et precarias sive privilegia et strumenta multarum cartarum in vestigario sive armario predicte ecclesie, qualiter prefatum monasteriolum sancte Marie ad jamdictam matrem et civitatis ecclesiam a Deo devotis et liberis atque nobilibus utriusque sexus hominibus traditum fuerat, aliud inde accepit preceptum, sicuti in eo continetur insertum.

---

1. Sickel, II, p. 397, n° 3; Mühlbacher, p. 352, n° 926.
2. Sickel, p. 190, n° 344; Mühlbacher, p. 352, n° 927.

Écoutons maintenant M. de Sickel : « D'après l'un des deux diplômes, dit-il, Louis aurait donné le monastère à l'évêque, et, d'après l'autre, cinq jours plus tard, il le lui aurait restitué. L'invraisemblance de ce procédé n'est pas diminuée par l'explication encore plus invraisemblable qu'en donne le biographe et oblige de sacrifier l'une des deux chartes comme fausse. Or, comme le texte de la charte de restitution ne soulève aucune difficulté, tandis que l'autre contient des formules de notification et d'annonce insolites, ainsi que des tournures peu usuelles, je me décide en faveur de la première [1]. » Voilà tout ; il n'en a pas fallu davantage pour condamner une pièce. Ce n'est vraiment pas assez.

L'argument des formules et tournures insolites (on n'en cite qu'une seule) a si peu de poids aux yeux du critique lui-même, qu'il ne l'indique qu'accessoirement, comme un expédient pour se décider entre deux probabilités à peu près égales. Quant à l'invraisemblance, c'est un argument peu convaincant, car il est tout subjectif : ce qui paraît invraisemblable à un critique peut être vraisemblable aux yeux d'un autre. Il n'est certes pas invraisemblable qu'Aldric ait trouvé dans son évêché les archives en désordre ; c'est un accident auquel les dépôts d'archives sont exposés en tout temps et en tout pays. Il n'est pas moins vraisemblable qu'un prélat actif et zélé comme lui se soit occupé d'y remettre l'ordre et de savoir ce qu'elles contenaient, et, qu'en faisant ce classement, on ait mis la main sur des titres dont on ignorait l'existence ; on verra plus loin que ces découvertes furent facilitées, à l'insu d'Aldric, par l'industrie d'un clerc trop habile. Si, parmi les pièces retrouvées, il en était qui paraissaient établir ses droits sur des biens qu'il avait d'abord sollicités en pur don, il dut s'empresser de modifier sa requête et de demander une restitution au lieu d'une donation. Mais, comme il était loin de la cour et que peut-être, en ce siècle comme en d'autres, les

---

[1]. « Die betreffende Quelle enthält zwei auf das mon. S. Mariae et S. Petri in suburbio bezügliche Diplome, nach deren einem Ludwig das Kloster dem Bischof geschenkt, nach deren anderem er es ihm fünf Tage später restituiert haben soll. Die Unwahrscheinlichkeit dieses Vorganges wird durch die noch unwahrscheinlichere Erklärung des Biographen (s. Baluze l. c. 33 [XII, p. 45], vgl. die analoge Erzählung ibid. 17 [VI, p. 21]) nicht gemindert und nöthigt eine der beiden Urkunden als Fälschung preiszugeben. Da nun der Wortlaut von L. 344 in keiner Weise Anstoss erregt, das andere Stück aber ungewöhnliche Publications- und Ankündigungsformeln und nicht übliche Wendungen (wie rebus immobilibus ac seipsas moventibus) enthält, entscheide ich mich zu Gunsten des ersteren. » Sickel, *Acta Karolinorum*, II, p. 351.

bureaux n'expédiaient pas toutes les affaires avec une extrême célérité, la première demande aura pu suivre son cours après que la seconde était déjà formée, et aboutir quelques jours seulement avant celle-ci ; de sorte que les deux actes, contradictoires en la forme, d'objet identique au fond, auront été expédiés, comme nous les lisons, presque sous la même date. Dans tout ceci, rien d'invraisemblable, rien que de normal et de naturel.

Ce qu'on aurait plutôt le droit de déclarer invraisemblable, c'est ce que suppose M. de Sickel, la fausseté de l'une des deux chartes et l'authenticité de l'autre. Précisément parce qu'elles font double emploi, la possession de l'une rendait l'autre inutile, et le faux aurait été commis sans but appréciable ; la remarque en a été faite par un disciple de M. de Sickel, M. le professeur Mühlbacher [1]. L'avantage qu'elles offraient l'une et l'autre à l'évêché n'était même pas équivalent : la restitution était doublement préférable à la donation, d'abord parce qu'elle consacrait l'ancienneté des droits dont il s'agissait, ensuite parce qu'elle confirmait implicitement d'autres pièces qui y sont visées, et qui pouvaient avoir besoin de confirmation. Ainsi un évêque, ou ses clercs, en possession d'un titre authentique excellent, se serait avisé d'en fabriquer par surcroît un faux, beaucoup moins bon que le vrai : et c'est en invoquant la vraisemblance qu'on prétend faire accepter cette singulière hypothèse !

Certes, les deux actes expédiés par la chancellerie de l'empereur, à moins d'une semaine d'intervalle, s'accordent mal ensemble. Mais, plus le désaccord est visible et le contraste choquant, moins il est possible de songer à un faux ; la faute eût été trop grossière et l'imposteur trop malhabile. L'ingénuité avec laquelle sont exposées l'erreur commise et la rectification témoignent de la sincérité du narrateur. Les deux chartes sont également authentiques [2].

Les deux autres chartes de Louis le Pieux condamnées par M. de Sickel se rattachent au différend entre l'évêché du Mans et l'abbaye de Saint-Calais, dont il a été parlé dans le n° IV de ces *Questions*. L'une, en date du 7 septembre 838, est l'acte même par lequel l'empereur reconnaît les droits anciens de l'évêché

---

1. « Der zweck der fälschung ist allerdings nicht gut abzusehen. » Mühlbacher, *ibid.*, n° 926.
2. Cf. Waitz, p. 815, note 1 : « De chartis Ludovici a. 836, Mart. 17. et 22., quarum prima (sic), nescio an recte, falsa creditur... »

sur l'abbaye, et, en conséquence, la lui restitue [1]. L'autre, du 20 février 840, est une confirmation générale des biens de l'évêché, parmi lesquels est compris Saint-Calais, avec la mention de la restitution qui en a été faite [2]. Contre l'authenticité de ces deux pièces, le savant professeur et son école allèguent :

1° Qu'elles mentionnent et confirment de prétendues chartes antérieures, lesquelles sont fausses [3];

2° Qu'elles sont en contradiction avec le jugement rendu par la cour du roi Charles le Chauve, le 29 octobre 863, pour l'abbaye de Saint-Calais, contre l'évêque du Mans [4];

3° Qu'elles contiennent quelques expressions peu ordinaires dans les chartes impériales de ce temps [5].

La première allégation est exacte, mais non probante. L'une et l'autre pièce mentionnent, il est vrai, des chartes, les unes des temps mérovingiens, les autres de Charlemagne, dont nous retrouverons le texte dans les *Actus pontificum,* et qui sont certainement apocryphes. Mais, de ce qu'une pièce vise des pièces fausses, il ne résulte pas qu'elle soit fausse elle-même; il suffit que l'autorité dont elle émane ait manqué de critique ou ait été mal informée. La chancellerie de Louis le Pieux était exposée à cet accident; c'est l'opinion de M. de Sickel lui-même. On a vu qu'il admet l'authenticité de la charte du 22 mars 836, par laquelle l'empereur rend à l'évêque du Mans le monastère de Notre-Dame [6]. Or, cette charte vise des pièces mérovingiennes, qui seront pareillement examinées plus loin à propos des *Actus pontificum,* et qui ne sont pas moins fausses que les titres relatifs à Saint-Calais. Inutile donc d'insister sur cet argument.

Le suivant témoigne d'une confiance très grande, — trop grande, — dans la justice royale au temps des Carolingiens. Il est vrai, le jugement de Louis le Pieux en 838 et celui de Charles le Chauve en 863 sont en contradiction : le premier dit que l'abbaye de Saint-Calais a toujours appartenu à l'évêché du Mans et déclare la lui restituer ; le second affirme que la même abbaye a

---

1. *Gesta,* XXXIX, p. 112; Sickel, p. 398, n° 5; Mühlbacher, p. 360, n° 954.
2. *Gesta,* XV, p. 50; Sickel, p. 398, n° 6; Mühlbacher, p. 369, n° 972.
3. Sickel, p. 353, 400; Mühlbacher, ibid.
4. Sickel, p. 353, 399, 400.
5. Sickel et Mühlbacher, ibid.
6. Cf. Sickel, p. 351, à propos d'une autre charte (p. 74, note 28) : « Oder sollte etwa Alderich eben durch Fälschung von Urkunden der Vorgänger das Diplom Ludwigs erwirkt haben? » Oui, sauf que le faussaire n'est pas Aldric, mais un de ses clercs, l'auteur des *Actus pontificum;* voyez ci-après § 4.

toujours appartenu au roi et que, quand l'évêque l'a obtenue, ç'a été, non à titre de restitution, mais à titre de bénéfice ou don précaire :

838 : ... Hludowicus divina repropiciante clementia imperator augustus... Notum esse volumus... quoniam adiens serenitatem nostram Aldricus venerabilis Cenomannice urbis episcopus... obtulit obtutibus majestatis nostre... domni et genitoris nostri Caroli piissimi augusti inquisitionem atque supranominatum preceptum, per quod, ut jam dictum est, prescriptum Anisole monasterium memorate matri ecclesie sollepniter et legaliter reddidit... Que ita liquidius cognoscentes... decernimus atque sanccimus ut memoratum monasterium Anisole, quod aliquandiu ab eorum jure et dicione subtractum fuerat, abhinc in posterium habeant possideant [1]...

863 : Cum resideret excellentissimus ac gloriosissimus rex Karolus in Vermeria palatio in conventu venerabilium archiepiscoporum, episcoporum, abbatum... cum illustribus comitibus et vassis dominicis... ventilare coepit controversiam ortam inter Rotbertum Cenomannicum episcopum et Ingelgarium monasterii sancti Charilefi abbatem... Interrogatus... abbas respondit per obedientiam et munificentiam ipsius regis sub monastica professione se ipsum tenere monasterium et exinde ei debitum exhibere famulatum. Tunc surgens gloriosus rex stetit ante praedictos judices et manifeste ostendit ex parte attavi, avi et genitoris jure hereditario sine ullo censu se ipsum possidere monasterium ac singillatim monachis abbatibus illud gubernandum commisisse, addiditque quod... Rotbertus... ipsum monasterium petierit ac illud ei, non restituendo, sed beneficii nomine largiendo commiserit... Tunc domnus rex interrogando adjuravit Wenilonem Senonensem et Helmeradum Ambianensem et Herpuinum Silvanectensem episcopum, qui temporibus piissimi imperatoris Hludowici fuerant, Adalardum quoque illustrem comitem secretorum ejus conscium et administrum, qui veraciter testati sunt ipsum monasterium praescripto Haldrico non restitutionis, sed beneficii nomine largitum... His ita elucidatis, reverendi antistites et nobilissimi proceres et ceteri assistentes apertissime cognoverunt cognoscentesque affirmaverunt regiam ejusdem monasterii praeponderare possessionem [2]...

Mais il ne faut pas perdre de vue la différence des situations aux deux époques. — En 838, l'évêque du Mans est un favori de l'empereur, son ancien confesseur, un des rares fidèles qui ne l'ont pas abandonné au plus mauvais moment de son règne. Il

1. *Gesta*, XXIX, p. 113-115.
2. Ci-dessus, p. 273, note 1.

présente, à l'appui de ses prétentions sur Saint-Calais, des titres anciens, que nous savons, nous, être faux, mais dont la fausseté n'était pas évidente pour des hommes de son temps [1], puisque des titres aussi peu authentiques, produits deux ans auparavant pour justifier des prétentions analogues sur le monastère de Notre-Dame, avaient été admis et confirmés par la chancellerie impériale. Il est naturel que sa demande ait été accueillie favorablement et qu'il ait obtenu la restitution de Saint-Calais, comme il avait obtenu celle de Notre-Dame. Vingt-cinq ans plus tard, tout est changé. Le roi Charles a succédé à l'empereur Louis, et l'évêque Robert à l'évêque Aldric. Ce Robert, en cherchant un appui à Rome, s'est attiré l'inimitié de l'impérieux prélat qui domine l'esprit de Charles et qui gouverne l'Église de France, le célèbre Hincmar, archevêque de Reims [2]. Les moines de Saint-Calais, adversaires de l'évêque du Mans, ont eu le bon esprit de placer leur cause sous la protection du roi, et celui-ci, dès le début du procès, manifeste hautement la faveur qu'il leur porte. Par une déclaration en termes explicites, il fait connaître très précisément aux juges en quel sens il lui sera agréable de les voir prononcer. A partir de ce moment, le procès-verbal officiel ne nous fait plus voir qu'un simulacre de justice. L'évêque renonce à plaider; la cour lui nomme un avocat ou procureur d'office, mais celui-ci prend si peu son rôle au sérieux qu'après avoir formulé la demande qu'il est censé devoir soutenir, il n'ouvre plus la bouche que pour l'abandonner sans discussion et acquiescer aux conclusions de ses adversaires [3]. C'est dans ces conditions que le roi demande aux quelques survivants du temps de son père de déclarer, non pas si celui-ci avait donné Saint-Calais à l'évêque Aldric (cela n'est pas contesté), mais s'il l'avait donné à titre de restitution (ce que lui-même il nie), ou à titre de don (ce qu'il affirme). Aucun de ces témoins n'avait eu de motifs

1. Il les croyait lui-même authentiques et les alléguait de bonne foi (p. 300, note 6, et ci-après, § 4).

2. *Questions mérovingiennes*, IV (*Bibl. de l'Éc. des chartes*, XLVIII), p. 15; — ci-dessus, p. 113.

3. «... Ipsum monasterium praescripto Haldrico non restitutionis sed beneficii jure largitum. Interrogatus quoque idem advocatus episcopi et Witto ejus homo id ipsum professi sunt... Advocatus igitur episcopi veridica professus est ratione non habere se vera et legitima instrumenta, per quae idem monasterium tenere posset, unde et se concredidit, et nulla principis aut judicum vi aut oppressione, sed propria voluntate et justo omnium assistentium judicio, easdem res cum querela warpivit.» *Questions mérovingiennes*, IV, p. 96; *Bibl. de l'École des chartes*, XLVIII, p. 246; — ci-dessus, p. 189.

pour s'intéresser particulièrement aux détails de l'affaire et en garder un souvenir précis : trois étaient des prélats, titulaires de diocèses éloignés du Mans, le quatrième un laïque, le comte Adalard. Mais, après les paroles du roi, tous quatre n'avaient que le choix de lui plaire en parlant comme lui, ou de lui infliger l'outrage d'un démenti public. Est-ce avoir bien mauvaise opinion du siècle de Charles le Chauve que de dire qu'en pareilles circonstances le témoignage de quatre courtisans, en présence du prince, n'offre pas tous les caractères de la certitude ?

Mais, dira-t-on, la sentence de 863 a déclaré faux les titres produits par l'évêque du Mans dans l'affaire de Saint-Calais[1], et à bon droit, puisque ces titres, tels qu'on les lit dans les *Actus pontificum*, sont rejetés par les diplomatistes. Or, l'acte de restitution de 838 devait être du nombre des pièces produites alors par l'évêque. Il est donc compris dans cette condamnation ? Sans doute ; mais la cour de Charles le Chauve n'est pas une autorité en matière de critique diplomatique. Si les savants modernes rejettent, d'accord avec elle, les chartes mérovingiennes des *Actus* relatives à Saint-Calais, ce n'est pas qu'ils s'en rapportent à elle, c'est parce que l'examen intrinsèque de ces chartes les a amenés à une opinion qui se rencontre avec la sienne. Son jugement, comme il s'est trouvé vrai dans l'ensemble, peut se trouver erroné sur un détail. La cour de Charles a pu rejeter à tort une pièce authentique (noyée dans un dossier de pièces fausses), tout aussi bien que la cour de Louis, vingt-cinq ans plus tôt, avait admis à tort des pièces apocryphes. Nous restons libres de croire à la fois, en dépit de l'acte de 863, que Louis le Pieux avait réellement restitué Saint-Calais à l'évêque du Mans, et, en dépit de l'acte de 838, qu'il avait eu tort de lui faire cette restitution. De ce côté encore, rien n'engage à douter de l'authenticité de nos deux chartes.

[*Ici M. Julien Havet avait noté pour lui-même :*
Ajouter en note :
Pas Turibe.
Peut-être quelque érudit pourra-t-il deviner ce qu'il s'était proposé d'écrire. Voir ci-dessous, § 4.]

Restent quelques expressions peu usitées, dit-on, dans le style

---

1. Voy. la note précédente. — « Et ne materia refricandae litis ulterius remaneret, jussit domnus rex ut instrumenta Cenomannicae ecclesiae, quae inutilia et falsa probata erant, intra quartum decimum diem in ejus exhiberentur praesentia penitusque abolirentur... » *Ibid.*

de la chancellerie de Louis le Pieux. Ce qu'on signale en ce genre est peu de chose. Dans une des chartes [1], Charlemagne est appelé « domno et genitore nostro Carolo gloriosissimo rege Francorum », avec omission du titre impérial [2]; mais, quelques lignes plus loin, dans la même pièce, il est qualifié de *piissimi augusti*. Dans la même pièce encore, on trouve *sigillum*, qui est rare à cette époque, au lieu d'*anulus*, qui est plus ordinaire ; mais M. de Sickel cite lui-même plusieurs exemples de *sigillum*, et précisément dans des phrases analogues [3]. Ailleurs, on critique [4] l'expression *iterum iterumque jubemus*, qui semble, à bon droit, appartenir plutôt au style oratoire qu'au style diplomatique; mais la faute est peut-être aux éditeurs modernes, qui, par une mauvaise ponctuation, à ce qu'il semble, ont rapproché mal à propos deux mots destinés à être séparés [5]. Enfin, on remarque [6] qu'une liste de domaines, dont la possession est confirmée à l'église du Mans, est complétée par une mention banale, destinée à désigner implicitement d'autres biens non dénommés : « sive alias villulas quorum (*sic*) nomina in promptu non habentur, sed in plenariis jamdictę sanctę matris ecclesię tenentur insertas (*sic*). » Or, on a remarqué que les tournures de ce genre sont fréquentes, dans les *Gesta Aldrici*, dans les *Actus pontificum* et dans les additions à ces ouvrages [7]. La remarque est juste et inté-

---

1. *Gesta*, XXXIX, p. 114.
2. Sickel, p. 353.
3. C'est-à-dire dans des phrases où les actes font allusion, comme ici, aux sceaux attachés à d'autres actes mentionnés en passant. L'emploi d'*anulus* n'est consacré d'une façon exclusive que dans la formule spéciale (*Corroborationsformel*) par laquelle est annoncé le sceau fixé à la charte même qui contient cette formule (Sickel, I, p. 499).
4. Sickel, II, p. 400.
5. *Gesta*, XV, p. 55. Baluze et M. Froger ont imprimé : « Praedictas enim causas... concessimus, concessumque futuris temporibus esse volumus. Iterum iterumque jubentes praecipimus ut nullus, » etc. Le manuscrit ne met aucune ponctuation devant le premier *iterum*. Il faudrait donc ponctuer : «... Concessimus, concessumque futuris temporibus esse volumus iterum, iterumque jubentes praecipimus... » — Ceci dit en supposant que le texte est exactement transcrit, car il se pourrait encore que la répétition du mot *iterum* fût due à une simple erreur du copiste.
6. Mühlbacher, p. 369, n° 972.
7. « Dass Wendungen wie quarum nomina in promptu non habentur — quorum nomina propter prolixitatem hic non inseruimus — quia prolixum est nobis in hac epistola omnia inserere — quas enumerare longum est für die Fälschungen in den Gesta Aldrici charakteristisch sind, hat bereits Mühlbacher... bemerkt. » Simson, p. 62 ; cf. p. 59-62. Le mot *Fälschungen* seul est ici de trop.

ressante ; ces tournures, ainsi que bien d'autres [1], étaient habituelles à Aldric et par suite à la mode dans son entourage, et l'usage ou l'abus qui en est fait est un trait caractéristique des textes écrits ou inspirés par lui ou par les clercs manceaux de son temps [2]. Mais, de ce qu'une charte impériale rendue en faveur d'Aldric paraît avoir été inspirée par Aldric, il ne résulte pas qu'elle soit fausse, bien au contraire : rien n'était plus naturel, de la part de la chancellerie de l'empereur, que de demander au bénéficiaire d'une charte les matériaux qui devaient servir à la libeller. Comment, en particulier, les bureaux auraient-ils été en état de rédiger une énumération de propriétés rurales, situées pour la plupart dans le diocèse du Mans, et dont les noms ne pouvaient être connus ailleurs? Force leur était de se borner à copier la liste qui leur était fournie par l'impétrant, et c'est ce qu'ils ont fait. Nos deux chartes sont authentiques.

Voilà pour les diplômes impériaux que M. de Sickel déclare faux. Ses objections contre ceux qu'il appelle simplement douteux, *chartae dubiae fidei*, sont à peu près du même genre ; seulement il les tient lui-même pour moins probantes, puisqu'il ne conclut qu'à douter et non à nier. Les réponses qu'on peut y faire ne diffèrent guère non plus de celles qu'on vient de lire. Il ne paraît donc pas utile de continuer dans le détail une discussion déjà assez longue. Le lecteur curieux d'approfondir pourra se reporter aux pièces elles-mêmes et aux pages où ont été formulées les raisons alléguées pour les suspecter : j'ai la conviction qu'il conclura comme moi que les soupçons sont mal fondés et que ces quatre pièces, respectivement datées du 31 décembre 832 [3],

---

1. *Praefixus* pour *praefatus* (Simson, p. 65) ; *enucleatim* (p. 69) ; *matrem et civitatis ecclesiam* (p. 72), etc.
2. Simson, p. 58-73 ; cf. Froger, p. xxvi.
3. *Gesta*, XI, p. 34 ; Sickel, n° 308, p. 179 et 345 ; Mühlbacher, p. 327, n° 883. L'acte, qui a pour objet de maintenir l'évêché dans la possession des dîmes et nones qui lui étaient dues en divers lieux, contient la confirmation d'une charte de Charlemagne, mais mentionnée en termes vagues et que l'empereur ne dit pas avoir vue ; le texte apocryphe de cette charte de Charlemagne, tel qu'il nous est parvenu ailleurs (Sickel, p. 67, 289, 346), a dû être fabriqué plus tard et imité de celui de la charte de Louis le Pieux. — Il n'est pas exact que, dans celle-ci, l'empereur reconnaisse à l'évêque la propriété des monastères de Notre-Dame et de Saint-Calais, telle qu'elle lui a été attribuée plus tard ; il ne lui accorde encore que le droit d'y percevoir les dîmes et nones. — Waitz s'est prononcé, contre M. de Sickel, pour l'authenticité de cette charte (*Monum. Germ., Script.*, XV, p. [314, note 4]).

du 23 mars 836 [1], du 22 mars 836 [2] et du 7 septembre 838 [3], sont toutes également authentiques.

Les sept autres chartes de Louis le Pieux, dont l'authenticité est reconnue même par MM. de Sickel et Mühlbacher [4], ne donnent lieu à aucune difficulté.

Il faut en dire autant des trois actes de l'évêque Aldric, qui n'ont été, à ma connaissance, contestés par personne [5]. Ils n'ont guère d'intérêt que pour l'histoire de cet évêque.

---

1. *Gesta*, XXXVIII, p. 110 ; Sickel, n° 346, p. 191, 351 ; Mühlbacher, p. 352, n° 929 ; confirmation d'immunité pour le monastère de Notre-Dame. M. Mühlbacher n'exprime aucun doute sur cette charte. M. de Sickel lui-même penche pour l'authenticité : « Ich muss bemerken dass sowol diese Urkunde als... 364 [voy. ci-dessous, note 3] von ungewöhnlicher Fassung sind und die seltene Anordnung der Immunitätsbusse... enthalten ; aber geradezu deshalb verwerfen dürfen wir sie nicht. »

2. *Gesta*, XL, p. 115 ; Sickel, n° 345, p. 190, 351 ; Mühlbacher, p. 352, n° 928 ; concession du droit de monnayage. — « Muss ich auch das wesentlichste Bedenken welches ich... gegen die Echtheit dieser Urkunde aussprach, fallen lassen, nachdem ich... über die Tragweite derartiger Münzverleihungen eines bessern belehrt worden bin, und muss ich zugleich zugestehen dass sich in formeller Hinsicht... auch kaum noch etwas einwenden lässt... » (Sickel) ; « im wesentlichen unbedenklich, einzelheiten zweifelhaft » (Mühlbacher). Les seules objections précises sont la confirmation de chartes fausses et l'emploi de *sigilla* ; voy. ci-dessus, p. 300, note 6, et p. 304, note 3.

3. *Gesta*, XLI, p. 117 ; Sickel, n° 364, p. 197, 353 ; Mühlbacher, p. 360, n° 950 ; confirmation d'immunité pour Saint-Calais. — M. de Sickel penche pour l'authenticité et énumère plusieurs motifs de l'admettre ; cf. ci-dessus, note 1.

4. *Gesta*, IX, p. 28 ; Sickel, n° 307, p. 178, 345 ; Mühlbacher, p. 327, n° 882 ; 29 décembre 832, confirmation des *cellae* de Saint-Hubin, Saint-Vincent et Saint-Ouen. « Weder Fassung noch Inhalt können beanstandet werden » (Sickel). — *Gesta*, X, p. 30 ; Sickel, n° 309, p. 179, 346 ; Mühlbacher, p. 328, n° 888 ; 8 janvier 833, restitution de biens tenus en fief par Hérembert. « Die... Urkunden... 309, 330, 357-359, 377 lassen sich in keiner Weise beanstanden » (Sickel). — *Gesta*, XIV, p. 47 ; Sickel, n° 344, p. 190, 350 ; Mühlbacher, p. 352, n° 927 ; 22 mars 836, restitution du monastère de Notre-Dame. Cf. ci-dessus, p. 297-299. — *Gesta*, XXXIII, p. 86 ; Sickel, p. 193, n° 352 ; Mühlbacher, p. 355, n° 937 ; 18 juin 837, confirmation d'un acte d'Aldric en faveur des chanoines du Mans. — *Gesta*, XXXV, p. 96 ; Sickel, n° 350, p. 192, 351 ; Mühlbacher, p. 355, n° 935 ; 15 juin 837, confirmation d'un privilège d'Aldric pour Saint-Sauveur (Saint-Pavace). — *Gesta*, XXXVII, p. 109 ; Sickel, p. 197, n° 363 ; Mühlbacher, p. 359, n° 349 ; 7 septembre 838, confirmation d'un acte d'Aldric relatif à la disposition de ses biens. — *Gesta*, XLII, p. 119 ; Sickel, p. 195, n° 357 ; Mühlbacher, p. 357, n° 941 ; 22 mars 838, restitution de biens. Cf. ci-dessus, l. 6.

5. *Gesta*, XXXII, p. 79 ; 1er avril 837, privilège pour les chanoines. Cf. ci-dessus, note 4, ligne 10. — *Gesta*, XXXIV, p. 88 ; 1er avril 837, privilège pour Saint-Sauveur (Saint-Pavace). Cf. ci-dessus, note 4, ligne 12. — *Gesta*, XXXVI, p. 98 ; 838 (?), disposition de biens après décès. Cf. ci-dessus, note 4, ligne 14.

J'ai hâte d'arriver aux temps mérovingiens, dont les considérations précédentes m'ont tenu bien longtemps éloigné, et dont j'aurai à m'éloigner encore pour longtemps au paragraphe suivant. Les *Gesta Aldrici* rapportent deux actes du règne de Chilpéric Ier, émanés l'un et l'autre de saint Domnole, évêque du Mans, et datés : le premier du dimanche 6 mars 572 [1], le second du jeudi 4 septembre 581 [2].

Sur la plupart des évêques manceaux des premiers siècles, on ne sait guère que ce qu'en disent les *Actus pontificum*, et c'est une source à la fois peu instructive et peu digne de foi. Sur l'évêque Domnole, nous sommes mieux instruits, grâce à Grégoire de Tours [3]. Cet auteur nous apprend qu'au temps des fils de Clovis Domnole était abbé du monastère de Saint-Laurent, à Paris, ville comprise dans le royaume de Childebert Ier. Il noua des intelligences avec Clotaire Ier, qui régnait à Soissons ; quand celui-ci envoyait des émissaires pour espionner son frère Childebert, Domnole les recevait et leur donnait secrètement asile. Après la mort de Childebert, Clotaire, devenu seul roi des Francs, voulut récompenser ces services politiques ; il offrit d'abord l'évêché d'Avignon, que l'abbé refusa, puis celui du Mans, qu'il

---

1. *Gesta*, VII, p. 22 ; Bréquigny, p. 68, n° 38 ; Pardessus, I, p. 134, n° 178 ; ci-après, Appendice...
2. *Gesta*, VIII, p. 26 ; Bréquigny, p. 76, n° 42 ; Pardessus, I, p. 148, n° 189 ; ci-après, Appendice...
3. « Domnolus vero Cinomannorum episcopus aegrotare coepit. Tempore enim Chlotharii regis apud Parisius ad basilicam sancti Laurentii gregi monasteriali praefuerat. Sed quoniam Childeberto seniore vivente semper Chlothario regi fidelis extitit et nuntios illius ad speculandum missos crebrius occultabat, praestolabatur rex locum in quo pontificatus honorem acciperet. Migrante autem Avenniensis civitatis pontifice istum illuc dare deliberaverat. Sed beatus Domnolus haec audiens ad basilicam sancti Martini antistitis ubi tunc Chlotharius rex ad orationem venerat accessit, et nocte tota in vigiliis excubans per priores qui aderant regi suggestionem intulit ut non quasi captivus ab ejus elongaretur aspectu ; nec permitteret simplicitatem illius inter senatores sophisticos ac judices philosophicos fatigari, adserens hunc locum humilitatis sibi esse potius quam honoris. Ad haec rex annuens migrante Innocentio Cinomannorum episcopo ipsum ecclesiae illi antistitem destinavit. Jam adsumpto episcopatu talem se tantumque praebuit ut in summae sanctitatis culmen evectus, debili usum gressuum, caeco restituerit visum. Qui post viginti duos episcopati annos dum se cerneret morbo regio calculoque gravissime fatigari, Theodulfum abbatem in loco suo praelegit cujus assensum rex praebuit voluntatem, sed non multum post tempus mutata sententia in Batechisilum domus regiae majorem transfertur electio. Qui tonsoratus gradus quos clerici sortiuntur ascendens, post quadraginta diebus migrante sacerdote successit. » *Historia Francorum*, VI, 9 ; édit. Arndt et Krusch, p. 254-255.

accepta. Domnole devint évêque du Mans en 559 [1]. Son pontificat dura vingt-deux ans (les *Actus* lui en attribuent quarante-six !), pendant lesquels il acquit une grande réputation de sainteté. Il tomba malade de la pierre et mourut en 581.

Les deux chartes de cet évêque, qu'on lit dans les *Gesta*, sont des concessions de biens en faveur de l'abbaye de Saint-Vincent du Mans. Elles se trouvaient dans les archives de cette abbaye : car Aldric, disent les *Gesta*, n'en eut connaissance qu'après qu'un acte de faveur de Louis le Pieux eut placé le monastère (et, par conséquent, les archives) sous sa dépendance immédiate. Elles sont peu utiles au récit où elles sont insérées ; elles ne prouvent pas la thèse à l'appui de laquelle elles sont alléguées, savoir : la dépendance de l'abbaye à l'égard de l'évêché. L'écrivain semble donc avoir saisi le premier prétexte venu pour orner son récit du texte de deux titres très anciens. On peut en conclure : 1° que les deux seules pièces anciennes qu'il cite sont aussi les deux seules qu'il ait connues (sans quoi il n'eût pas manqué d'en citer davantage), et cela confirme ce qui a déjà été dit de l'abandon et de la dilapidation des archives épiscopales sous les prédécesseurs d'Aldric ; 2° que cet écrivain (c'est-à-dire l'évêque Aldric) ne connaissait pas les faux actes mérovingiens dont sont remplis les *Actus pontificum*, et par conséquent qu'il n'avait pas trempé dans la fabrication de ces faux. C'est un point bon à noter dès à présent.

Le monastère de Saint-Vincent du Mans était, ces chartes mêmes nous l'apprennent, une fondation de Domnole. L'évêque avait fait venir, pour les y placer, des reliques de saint Vincent, martyr. On sait que Childebert Ier avait rapporté de Saragosse la tunique de saint Vincent et l'avait déposée dans l'église fondée par lui à Paris sous le triple vocable de Sainte-Croix, Saint-Étienne et Saint-Vincent, aujourd'hui Saint-Germain-des-Prés. Domnole dut sans doute à ses relations parisiennes le don de quelque fragment de la précieuse tunique. S'il sollicita ce don dès les premières années de son épiscopat, il put l'obtenir de l'évêque de Paris, saint Germain, sans qu'il fût besoin de demander l'assentiment des moines et de l'abbé de Sainte-Croix ; car c'est en

---

1. Duchesne, *les Anciens Catalogues épiscopaux de la province de Tours*, p. 51. M. Duchesne interprète les mots *post quadraginta diebus* comme indiquant un délai compris entre la mort de Domnole et la consécration de Batéchisile. N'indiquent-ils pas plutôt le temps écoulé entre la tonsure de Batéchisile, successeur désigné, et la mort de Domnole, événement qui lui permit de prendre possession effective de la succession ?

566 seulement que ces religieux obtinrent de saint Germain le privilège de posséder et d'administrer les biens de leur monastère, au lieu d'être soumis, pour cette administration, à l'évêque de Paris [1]. — La première charte de Domnole, celle de 572, ne nomme d'autre patron du monastère manceau que le martyr saint Vincent; la seconde, datée de 581, en indique deux, saint Vincent et saint Laurent. Ce second vocable ne doit pas surprendre, dans une église fondée par un ancien abbé de Saint-Laurent de Paris; mais la différence dans le libellé des deux pièces donne lieu de conjecturer que quelques reliques de saint Laurent avaient à leur tour été transférées (comme celles de saint Vincent) de Paris au Mans, et que cette translation eut lieu après 572 et avant 581.

En dehors des *Gesta Aldrici*, on a une autre copie des deux chartes de Domnole dans les *Actus pontificum;* pour la charte de 572, il y en a une troisième dans le cartulaire de Saint-Vincent du Mans. Mais ces diverses copies ne représentent pas des traditions indépendantes; elles dérivent les unes des autres. Le texte des *Actus*, comparé à celui des *Gesta*, offre, il est vrai, un assez bon nombre de variantes [2], mais ce ne sont que des corrections opérées pour ramener le latin mérovingien aux règles de la grammaire latine ou pour rendre les phrases plus facilement intelligibles. Des mots explicatifs ont été ajoutés [3], des passages obscurs ont été supprimés [4]. Dans la première charte, l'ordre

---

1. J. Quicherat, dans la *Bibliothèque de l'École des chartes*, 6º série, I (1865), p. 532, 539-555.
2. Ci-après, Appendice.
3. [De brèves indications marginales permettent de retrouver les points visés par M. Julien Havet. Dans la charte de 572, les *Gesta Aldrici* donnent *quicumque oportuni ad domum ipsam fuerint;* les *Actus* ajoutent devant *fuerint* le mot *serviendum*. Un peu plus loin, les *Gesta* ont *Pupa cum filios, Populonio cum porcus;* les *Actus* ont *Pupa cum filiis, Pupilonio cum porcis quos custodit*. Dans la charte de 581, les *Gesta* ont *quod in eum conscriptum videtur;* les *Actus* ont *quod in eo conscriptum videtur bonum*. Plus loin, une citation du psaume CVIII est indiquée seulement dans les *Gesta*: *maledictionem illam incurrat quam propheta in psalmo CVIII decantavit;* elle est donnée au long dans les *Actus*: *... quam propheta in psalmo CVIII Jude cantavit, Fiant dies ejus pauci et episcopatum ejus accipiat alius*. (Voir ce passage, ci-dessous p. 317.)]
4. [Charte de 572, dans les *Gesta*: *per hanc paginam donationes quem Aunulfo diacono prof. unanimiter rogabimus conscribenda* (la copie des *Gesta* contenue dans le manuscrit des *Actus* écrit *prof.* par l'abréviation de *pro* et une *f* tildée). Dans les *Actus*, le mot *prof.* manque: *donationis quam Aunulfo diacono unanimiter rogavimus conscribendam*. (Voir ce passage, ci-dessous p. 316.) Même charte: après *voluntas nostra perpetim auxiliante Domino capiat firmitatem*, les *Gesta* ajoutent quatre mots qui manquent dans les *Actus*: *Ausuliani* (ou *Ausiulani*) *lepis idela mentione*. (Voir ce passage, ci-dessous, p. 316.)]

des souscriptions a été modifié, sans doute par quelque accident de copie; c'est l'ordre des *Gesta* qui est le bon, car il place toutes les signatures des diacres après celles des prêtres, conformément à la hiérarchie ecclésiastique, tandis que les *Actus* les mêlent. Une variante d'une autre espèce et plus grave se remarque dans la seconde charte. Après ces mots, qui n'exprimaient qu'une donation de l'évêque au monastère : « ab hodierno die predictus abba antedicti loci ad stipendia fratrum nuncupante basilice faciat revocare, » on a inséré ceux-ci, qui sont en désaccord avec le reste de la pièce et en changent la portée : « et sub jure memorate Cenomannensi ecclesiae juste et legitime esse debere censeo. » Ceci n'est plus une faute de copie : c'est une interpolation frauduleuse où se reconnaît la main du faussaire des *Actus*. Mais c'est un faux habile, car, en ajoutant seulement douze mots dans une charte assez longue, on n'altérait pas la physionomie de l'ensemble, et on pouvait espérer que l'interpolation passerait inaperçue. On voit par là le peu de confiance que mérite le texte des *Actus pontificum*. Quant au cartulaire de Saint-Vincent, il offre, pour la charte de 572, un texte plus court que celui des *Gesta*; il y manque toute l'énumération des biens donnés par l'évêque au monastère. Bréquigny et La Porte du Theil ont vu dans cette brièveté un signe d'authenticité; ils ont reproduit le texte du cartulaire de Saint-Vincent et rejeté en note, comme suspect d'interpolation, tout ce que les *Gesta* donnent en plus. Ils ne seraient pas tombés dans cette faute s'ils avaient mieux regardé les premières pages du Cartulaire et s'ils avaient remarqué que la charte de Domnole y est précédée d'une notice sur la vie de cet évêque, empruntée textuellement aux *Actus pontificum* [1]. Si les rédacteurs du Cartulaire ont eu recours à cet ouvrage, c'est que, selon toute probabilité, à l'époque où ils ont travaillé, les originaux vus par Aldric avaient péri depuis longtemps; ils durent donc aller chercher, dans la bibliothèque de la cathédrale, les plus anciens titres de l'histoire de leur monastère, et le manuscrit des *Actus* (n° 224) leur fournit à la fois la vie et la charte de Domnole. Il en résulte que le texte de Saint-Vincent a pour cette charte moins de valeur encore que celui des *Actus* : celui-ci est de seconde main, celui-là de troisième. Aussi

---

[1]. *Cartulaire de l'abbaye de Saint-Vincent du Mans*, publié par l'abbé R. Charles et S. Menjot d'Elbenne (Mamers, 1886, gr. in-4°), col. 1-4, d'après le manuscrit de la Bibliothèque nationale, lat. 5444, p. 7-9.

est-il encore plus fautif ; par exemple, non seulement il donne les signatures dans le mauvais ordre où on les lit dans les *Actus*, mais il en omet plusieurs, et il en ajoute d'autres qu'il a empruntées mal à propos à la charte de 581.

Telles que les donnent les *Gesta Aldrici*, les deux chartes sont authentiques. La langue, le style, les dispositions conviennent à l'époque mérovingienne. Le passage de la première, que Bréquigny et La Porte du Theil ont suspecté d'interpolation, est celui qui porte le mieux la marque de son antiquité : il contient une énumération d'esclaves des deux sexes, que l'évêque déclare donner au monastère et qu'il désigne par leurs noms. Cette indication, importante au moment où elle était faite, perdait sa valeur au bout de quelques dizaines d'années : quel intérêt aurait-on eu à la fabriquer après coup? Les doutes que les mêmes savants ont exprimés sur la seconde charte ne fournissent qu'une nouvelle preuve de la légèreté de leurs jugements. Ils hésitent à y croire, disent-ils, parce qu'elles ne se trouvent pas ailleurs que dans les *Actus pontificum* [1]. Or, elle est aussi dans les *Gesta Aldrici*, et le texte donné par les *Gesta* est meilleur que celui des *Actus*.

Dans la charte de 572, la date est placée à la fin, avant les signatures : « Actum Cenomannis in civitate anno xi regnante domni nostri Chilperici regis pridie nonas marcias; » dans celle de 581, elle est placée en tête et forme l'entrée en matière : « Anno xx regni domini nostri Chilperici gloriosissimi regis prid. non. septembr. ego Domnolus in Xpisti nomine, etc. [2]. » Cette différence tient à ce que la première est une simple donation entre vifs : « dono ergo in ipsius domni Vincentii honorem donatumque esse volumus; » la seconde, une sorte d'acte de dernière volonté, un supplément au testament de l'évêque : « quia ante tempus testamentum meum condidi, et in ipsum voluntatem meam adhuc non complevi quod in eum conscriptum videtur, volo in omnibus conservetur, et hec paginola plenam capiat opto

---

1. [P. 76, note 1 :] « Huic autem Chartæ credere vix audemus, non aliis testibus nixæ quàm actis Cenomanensium Episcoporum, inter quæ tot suppositiæ Chartæ insertæ sunt. »

2. Dans le manuscrit des *Actus* (n° 224), ainsi que dans les éditions, soit des *Actus*, soit même des *Gesta*, le membre de phrase *Anno... septembr.* a été détaché de l'acte et réuni à la rubrique qui le précède, en sorte que la charte ne semble pas contenir de date. Les mots *domini nostri Chilperici* suffisent à prouver que ces mots appartiennent à la charte de Domnole, et non à l'ouvrage du ix° siècle.

robore¹. » C'était, en effet, une règle, dans les testaments, de mettre la date au commencement. On pensait ainsi satisfaire plus sûrement aux prescriptions de la loi romaine ². On trouve cette règle observée dans la plupart des actes mérovingiens qui nous sont parvenus sous le nom de testaments, même dans ceux qui n'ont avec le testament romain rien de commun que ce nom ³.

Le rédacteur des chartes de Domnole s'est conformé, dans une certaine mesure, à un ensemble de lois qui régissaient, depuis plusieurs siècles, la rédaction des textes en prose latine et qui n'étaient pas encore tout à fait oubliées de son temps : je veux parler des règles de la prose métrique, qui limitaient à un certain nombre de types consacrés les agencements de syllabes longues et brèves, permis à la fin des phrases ou à la fin des membres de phrase. Ceci demande quelques mots d'explication.

L'existence de la prose métrique latine est une découverte récente. Dans le livre où elle vient d'être exposée, les lois de cette prose n'ont encore été discutées, établies et justifiées avec détail que pour une époque, le IVᵉ siècle, et pour un écrivain de cette époque, l'orateur païen Symmaque ⁴. L'auteur n'en a pas moins vu et indiqué, en quelques mots, l'application qui pourra être faite de sa méthode à d'autres temps et à d'autres écrivains ⁵. Le système qu'il a observé chez Symmaque et qui, dans ses traits essentiels, est commun au grand nombre des prosateurs de la décadence latine, peut se résumer dans les règles suivantes :

Dans chaque phrase et dans chaque membre de phrase, le der-

---

1. [Voir ce texte ci-dessous, p. 316-317.]
2. Les formalités pour la présentation du testament aux témoins et la signature devaient être accomplies *uno eodemque die* (novelle de Théodose II, du 12 septembre 439, §§ 2 et 4, dans la *Lex Romana Visigothorum*, édit. Haenel, p. 266). En écrivant la date en tête du testament, et à la fin une mention telle que *die et anno quo supra* ou *die et anno superius comprehenso*, on attestait l'observation de cette règle.
3. Pardessus, I, p. 81, 136, 197; II, p. 15, 69, 251, 323; Marculfe, II, 17 (Zeumer, p. 86; E. de Rozière, nᵒ 129, cf. 128), etc.
4. *La Prose métrique de Symmaque et les origines métriques du Cursus*, par Louis Havet, professeur au Collège de France (Paris, 1892, 1 vol. in-8ᵒ, formant le 94ᵉ fascicule de la *Bibliothèque de l'École des hautes études*). Nos lecteurs n'ont pas oublié la prose rythmique du moyen âge, dont on doit la révélation à notre confrère M. Noël Valois (*Étude sur le rythme des bulles pontificales*, dans la *Bibliothèque de l'École des chartes*, XLII, 1881, et à part). Les deux ordres de faits se lient étroitement. La découverte de M. Valois a préparé et provoqué celle de M. Louis Havet.
5. *La prose métrique de Symmaque*, p. 8-12 (§§ 15-24).

nier mot peut avoir à peu près n'importe quelle forme métrique[1] ; mais, ce dernier mot choisi, la forme métrique qu'il présente détermine la forme métrique que doit présenter la fin du mot précédent (pénultième).

Les types de fins de phrase ou d'incise, qu'il est permis d'employer, sont ceux qu'indique le tableau suivant[2] :

Finale du mot pénultième[3] :	Mot final :
˘ ˘ ˘	˘ ˘́
˘ ˘ ˘́ ou ˘ ˘́	˘ ˘ ˘́ ou ¯ ˘́ ou ¯ ˘ ˘́
¯ ¯	˘ ¯ ˘́ ou ˘ ¯ ˘ ˘́[4]
¯ ˘ ou ˘ ˘ ˘	¯ ¯ ˘ ou ¯ ¯ ˘ ˘́
¯ ˘	¯ ˘ ˘ ˘́
¯ ˘	˘ ˘ ¯ ˘́ ou ˘ ˘ ¯ ˘ ˘́
˘ ˘ ˘́	˘ ¯ ˘́ ou ˘ ¯ ¯ ˘ ˘́
˘́ ˘ ˘́	¯ ˘ ˘́ ou ¯ ˘ ¯ ˘ ˘́
	˘ ˘ ¯ ˘́ ou ˘ ˘ ¯ ¯ ˘́
˘́ ˘ ˘	¯ ¯ ¯ ˘ ˘́[5] ou ¯ ¯ ¯ ˘ ˘́
˘́ ˘ ˘́	¯ ˘ ¯ ¯ ˘́

Un monosyllabe lié par le sens au mot qui le suit est considéré comme ne formant avec celui-ci qu'un seul mot (par exemple un groupe comme *nōn ĕrăt* équivaut à un mot comme *scripsĕrăt*[6]).

Si, ces règles présentes à l'esprit, on examine les textes de la première partie de l'époque mérovingienne, on reconnaît aisément qu'elles étaient connues à cette époque et que les écrivains s'attachaient à les observer. Elles sont suivies à peu près régulièrement à la fin du ve siècle et au commencement du vi[e], dans

---

1. Louis Havet, *la Prose métrique de Symmaque*, p. 5 (§ 9). — La restriction « à peu près » est nécessaire : certains types de mots paraissent exclus en fin de phrase, notamment quelques-uns de ceux qui présentent plusieurs brèves de suite, comme *ăgĭlĭum*, *bĕnĕfĭcĭum*, etc. (p. 111).
2. *Ibid.*, p. 111. — J'omets quelques formes rares, dont les exemples ne paraissent pas assez nombreux pour que les règles en soient assurées, notamment plusieurs de celles où le dernier mot a jusqu'à cinq et six syllabes ou davantage (p. 112).
3. Quand la finale indiquée est ˘ ˘ ˘́ ou ˘ ˘́, le mot pénultième doit avoir au moins trois syllabes. Quand la finale indiquée est ¯ ¯ ou ¯ ˘, le mot pénultième peut avoir indifféremment deux ou plusieurs syllabes.
4. *Ibid.*, p. 34 (§ 50, lignes 1-3 et 9-14).
5. *Ibid.*, p. 32 (§ 48, lignes 2-6).
6. *Ibid.* et p. 76 (§ 194). Sur diverses autres combinaisons où entrent des monosyllabes, voir p. 76-78 (§§ 194-201) ; sur les règles spéciales aux formes monosyllabiques du verbe *sum*, p. 66-76 (§§ 138-193).

les écrits de saint Remi, son testament [1] et ses lettres [2]. A la fin du vi⁰ siècle, on les retrouve toujours bien reconnaissables dans des documents rapportés par Grégoire de Tours, tels qu'une lettre de sainte Radegonde [3], ou le texte officiel du traité d'Andelot [4]; seulement, à cette époque, la prosodie commence à être mal connue, et les écrivains commettent force fautes de quantité [5]. Les traces de l'ancienne observance sont visibles, même au vi⁰ siècle et au commencement du vii⁰, dans quelques chartes

---

1. « Ego Remigius episcopus civitatis Remorum sacer$d\bar{o}tti$ $c\bar{o}mpos$, testamentum meum condidi $j\bar{u}r\bar{e}$ $pra\bar{e}t\bar{o}r\bar{i}o$, atque id codicellorum vice val$\bar{e}r\bar{e}$ $pra\bar{e}$-$c\bar{e}pi$, si ei juris aliquid videb$\bar{\i}tur$ $d\bar{e}f\bar{u}isse$ …. Vitis plantam super vineam meam ad suburbanum positam simili modo commun$\bar{\i}ter$ $p\bar{o}ss\bar{\i}d\bar{e}bunt$, cum Melan$\bar{\i}o$ vin$\bar{\i}t\bar{o}re$, quem do in loco ecclesiastici hom$\bar{\i}nis$ $\bar{A}lb\bar{o}v\bar{\i}chi$, ut Albovichus libertate plen$\bar{\i}ss\bar{\i}ma$ $p\bar{e}rfr\bar{u}atur$ …… Amantium et uxorem suam Daero $t\bar{\i}b\bar{\i}met$ $d\bar{e}r\bar{e}linquo$; eorum filiam esse praecipio liber$\bar{a}m$ $D\bar{a}s\bar{o}v\bar{\i}ndam$. » Varin, *Archives administratives de Reims*, p. 4, 8, 16. Le dernier exemple est un des plus caractéristiques, à cause de la construction forcée à laquelle le testateur a eu recours pour finir par une cadence juste. On va voir, à la note suivante, une construction toute semblable, motivée apparemment par le même souci, dans une lettre du même saint Remi à Clovis.

2. « Angit me et satis me angit vestrae $ca\bar{u}s\bar{a}$ $trist\bar{\i}tiae$, quod gloriosae memoriae germana vestra transiit $\bar{A}lb\bar{o}chl\bar{e}dis$, sed consolari possumus quia talis de hac $l\bar{u}c\bar{e}$ $disc\bar{e}ssit$, ut recordatione magis suscipi $d\bar{e}b\bar{e}at$ $qu\bar{a}m$--$l\bar{u}g\bar{e}ri$. Illius enim vitae fuit quod adsumpta cred$\bar{a}t\bar{u}r$ $\bar{a}$-$D\bar{o}mino$, quae a Deo electa mi$gr\bar{a}v\bar{\i}t$ $\bar{a}d$-$ca\bar{e}los$ (*Monumenta Germaniae*, in-4⁰, *Epistolae Merowingici et Karolini aevi*, I, p. 112). — L'auteur de la *Prose métrique de Symmaque* a déjà signalé les ressources que fournit l'observation des cadences métriques pour donner une ponctuation non arbitraire des textes anciens. Par les exemples qu'on vient de lire, on voit notamment que la métrique condamne la pratique allemande moderne, qui met invariablement une virgule devant les mots tels que qui, quod, quam, etc. En latin, comme en français (à la différence de l'allemand), on ne doit mettre de virgule devant cette sorte de mots que lorsque l'incise qui les précède est trop longue pour permettre à la voix de continuer sans repos.

3. « Congruae provisionis tunc roborabiliter ad effectum $t\bar{e}nd\bar{\i}t$ $\bar{e}x\bar{o}rd\bar{\i}um$, cum generalibus patribus medicis ac pastoribus ovilis sibi conmissi causa $aur\bar{\i}bus$ $tr\bar{a}d\bar{\i}tur$, cujus $sens\bar{\i}bus$ $c\bar{o}nm\bar{e}nd\bar{a}tur$, quorum participatio de caritate, consilium de potestate, suffragium de oratione ministrare $pot\bar{e}r\bar{\i}t$ $int\bar{e}rv\bar{e}ntum$. » Grégoire de Tours, *Historia Francorum*, IX, 42; édit. Arndt et Krusch, p. 401.

4. « Cum in Christo nomine praecellentissimi domni Guntchramnus et Childebertus reges vel gloriosissima domna Brunechildis regina Andelao caritatis $stud\bar{\i}o$ $c\bar{o}nv\bar{e}nissent$, ut omnia quae undecumque inter ipsos scandalum poterat generare pleniore $cons\bar{\i}l\bar{\i}o$ $d\bar{e}f\bar{\i}n\bar{\i}rent$, id inter eos mediantibus sacerdotibus atque proceribus Deo medio caritatis studio sedit placuit $\bar{a}tqu\bar{e}$ $c\bar{o}nv\bar{e}n\bar{\i}t$; ut quamdiu eos Deus omnipotens in praesenti saeculo superesse voluerit fidem et caritatem puram et simplicem sibi $d\bar{e}b\bar{e}ant$ $c\bar{o}ns\bar{e}rv\bar{a}re$. » Ibid., IX, 20, p. 374, 375.

5. Sur ces fautes, qui se rencontrent dès le commencement du siècle chez des écrivains comme Ennodius, cf. L. Havet, *la Prose métrique de Symmaque*, p. 11, 12 (§§ 23, 24).

royales [1] et jusque dans le formulaire de Marculfe [2]; mais alors, les infractions, sinon aux règles de la prose métrique, du moins aux lois de la prosodie, devenant de plus en plus nombreuses, le sens du procédé se perd chaque jour davantage, et la fin du VII° siècle en marque l'abandon [3]. Je dois ici me borner à ces indications sommaires. Une application complète et approfondie de la méthode nouvelle à l'ensemble de la littérature et de la diplomatique mérovingiennes devra être faite quelque jour. Elle donnera, sans nul doute, des résultats intéressants [4]. Mais revenons aux deux chartes de saint Domnole.

Celles-ci sont de l'époque de transition, où les lois de la prose métrique sont encore assez bien observées, celles de la prosodie déjà mal connues. Aussi la plupart des fins de phrase et d'incise y sont-elles aisées à scander, mais à une condition, c'est qu'on ne craigne pas d'admettre, çà et là, certaines fautes de quantité :

1. « Per hoc supernae majestātis aūctōrem, cujus universa regūntūr impĕrio, placari credimus si in populo nostro justitiae jūrā sērvāmus, et ille pius pater et Dominus qui humanae fragilitatis substantiam suo semper adjuvare consuēvit aūxĭlĭo, melius dignabitur cunctorum necessitatibus quae sunt opportūnā cōncēdĕre, quos cognoscit praeceptorum suorum monĭta cūstōdīri... Cuncta ergō quae hujus edicti tenōrĕ dēcrēvĭmus, perpetualiter volūmus dēfīnīre. » Guntchramni regis edictum, 10 novembre 585, dans Boretius, Capitularia (Monum. Germ., in-4°), I, p. 11, 12. — « Dagobertus rex Francorum episcopis et ducibus cunctoque populo Galliarum fīnĭbus cōnstĭtūto. Condecet clementiae principatus nostri sagaci indagatiōnĕ prōsĕquĕre, et pervigili cura tractare ut electio vel dispositio nostra Dei voluntati dēbĕānt cōncōrdāre, et dum nobis regiones et regna in potestate ad regendum largiente Domino noscuntur ēssĕ cōnlātae, illis committantur privilĕgĭa dīgnĭtātum, quos vita laudabilis et morum probitas vel generositatis nobĭlĭtas ādtŭlit. » Charte de Dagobert I°r, 8 avril 630, dans K. Pertz, p. 15, n° 13.

2. « Compellit nos affeccio caritatis vestrae radio inflammāntĕ dīvīno, illa pro vestro quieti providere quae nobis manĕant ād - mērcēdem, et ea recto tramite inconvulso līmĭtĕ tērmĭnāri, que perennem deinceps propiciānte Domino obtīnĕānt fīrmĭtātem, quia non minor a Domino retributio speratur futura pro succiduis contemplāntĕ tēmpŏrĭbus, quam ad presens munera pauperibus ōffĕrēntem. » Marculfe, I, 1; Zeumer, p. 39; E. de Rozière, n° 574.

3. Une charte royale de 654, rendue dans une forme particulièrement solennelle, le privilège de Clovis II pour Saint-Denis (Questions mérovingiennes, V, Appendice II, n° 5), présente, à côté de plusieurs fins de phrase ou d'incise conformes aux lois métriques, comme in mercīdĕ cōnjūnccĭo, percĭpĕre glōrĭōsam, vidētŭr ŏpĕrāre, confīrmāssĕ dīnōscĭtur, nombre d'autres chutes, prohibées par les mêmes lois, telles que vidētŭr rēquĭēscĕre, aetērnām pērcĭpĕre, pro quiĭtĕ futūrā dēbĕrit, ipsō cĕlēbrētur (ou cĕlĕbrētur), manus nostrae infrā rŏbōrāre.

4. C'est sans doute par le souci de la prose métrique qu'il faut expliquer l'origine de certaines tournures d'un usage constant dans la diplomatique mérovingienne, comme visi fuimus cōncēssisse, non habētŭr incōgnĭtum, decrevimus rōbŏrāre, etc.

Congruum nobis fuit ut votum desiderabile in caritatis vestrę *notĭciam pŏnĕrēmŭs*, quia si consensus vester desiderium cordis nostri *decrētă ădnēctĕrit*, credimus nullius ullo umquam tempore contrarietate a nobis pariter firmata *pōssĕ cōnvĕlli*. Cum pro salutem populi vel *custodiam civĭtātis* reliquias d[omn]i ac venerabilis sancti Vincentii *mărtĭris* intercedente presumptione ausi fuerimus deferre *cum Dĕi ădjŭtōrio*, u[t] vestro eidem loco dignitatis ereximus in culmine ita petimus ut nostro pariter di*lĕtŭr ĕt mŭnĕre*, et si sensus vester in nos con*tŭlĕrit clărĭtātem*, hanc paginolam donationes vestro quesumus ut *firmĕtŭr rŏbŏre* [1]. Dono ergo...

Suit une longue énumération des biens donnés, remplie en majeure partie de noms propres, et qui ne se serait pas prêtée à l'observation des lois du mètre. Celles-ci reparaissent aussitôt que cette énumération est terminée :

Hęc omnia quod per hanc paginam donationes quem Aunulfo diacono prof. unanimiter *rogavĭmus cōnscrĭbēnda*, constat delegasse [2], nuncupata basilica habeat, teneat, possideat, quicumque loci ipsius digni*tātem* [3] *pērcēpĕrit*, jure hereditario perpetualiter sibimet *vindĭcet pōssĭdēndum*. Si ullo umquam tempore aut *pontĭfex cĭvĭtātum*, aut quilibet persona a nobis donata vel tradita de dominationem basilicę ipsius ab*strahĕre vŏluĕrit* [4], induat maledictionem pro benedictione et Domini nostri Ihesu Xpisti vel omnium sanctorum martirum in*cŭrrăt ŏffēnsa*, et voluntas nostra perpetim auxiliante Domino *capĭat fĭrmĭtātem*, A[qu]iliani legis [ad]*dĕta mĕntĭŏne*.

De même dans la seconde charte :

... Cum evocassem domno et fratri meo Audoveo episcopo Andecavę civitatis visitare sanctis liminibus patroni pecculiaris mei Victori episcopi immo et sollempnitatem *ipsiŭs cĕlĕbrāssem* [5], cum consensu omnium fratrum meorum presbiterorum, quia ante tempus testamentum *mĕum cōndĭdi*, et in ipsum voluntatem meam adhuc non complevi, quod in eum *conscrĭptŭm vĭdētur*, volo in *omnĭbus cōnsērvētur*, et hęc paginola plenam capiat *ŏptŏ rŏbŏre* [6]. Dono basilicę san-

---

1. Double faute de prosodie : la quantité correcte est *rŏbŏre*.
2. La grammaire et le mètre s'accordent à attester qu'ici le texte est corrompu.
3. L'original devait porter *dignitate*, ce qui explique la faute de quantité.
4. Prononcez *vŏlĕrit* (?).
5. Le souci du mètre peut seul expliquer ici l'emploi de la forme syncopée *celebrassem*, au lieu de la forme normale *celebravissem*.
6. Cf. ci-dessus, note 1.

ctorum Vincentii et Laurentii quem meo ŏpĕrĕ cōnstrūxi, et edific[io] pro salvationem civitatis et pŏpŭli cōnlŏcāvi, colonica...

Suit la désignation des biens donnés, puis l'acte reprend :

Ab hodierno die predictus abba antedicti loci ad stipendia fratrum nuncupante basilicę faciat rĕvŏcāre [1], et tamen ut post meum quando Deus jussĕrit ŏbĭtum, qui presens fuerit ordinatus de loco prefato commemorationem meam annis singulis adimplĕrĕ prŏcūret.
Ideo tibi Niviarde diacone ac defensor nostrę ecclesię indico atque jubeo ut hoc tua traditione sicuti nunc ab ecclesia pŏssĭdētur, cum omni soliditate vel adjacentia sua Leuso abbate facias cōnsĭgnāri.
Hoc vero inserēndŭm rŏgāvi, ut qui voluntati mee obvius esse voluerit maledictionem illam incurrat quam propheta in psalmo [nono centesimo] [2] dēcăntāvit, et presens pagina mănĕat incōnvŭlsa, quam pro rei firmita[te] manu propria subscripsi et domnis et fratribus meis m[u]n[i]ēndŭm rŏgāvi.

Voilà une nouvelle confirmation de l'authenticité des deux pièces. En effet, si elles étaient fausses, elles n'auraient pu être fabriquées qu'au IX[e] siècle : or, au IX[e] siècle, cette observance n'était pas connue. J'ai signalé plus haut une incise ajoutée par le faussaire des *Actus* à la fin d'une phrase de la charte de 581 : « et sub jure memoratę Cenomannensi ecclesiae juste et legitime esse debere censeo. » En insérant de son chef un aussi petit nombre de mots, l'interpolateur devait croire qu'il ne risquait pas de donner prise à la critique; cependant, il en a écrit assez pour le trahir. Sous la plume de l'auteur des deux chartes de saint Domnole, un mot final de forme dactylique, comme cēnsĕo, aurait dû être précédé d'un mot à pénultième brève, et debēre a la pénultième longue.

Conclusion : toutes les chartes rapportées dans les *Gesta Aldrici* sont authentiques, et, en particulier, les deux actes de saint Domnole pour le monastère de Saint-Vincent, appartenant à un siècle dont il nous est parvenu très peu de documents, auront droit à une place d'honneur dans le recueil des chartes authentiques de la période mérovingienne.

1. On trouve chez Fortunat *rĕfulsit* et ailleurs *rĕfŭgium* (édit. Leo), dans les *Monumenta Germaniae*, in-4°, p. 426.
2. Le manuscrit porte : *in psalmo CVIIII* [fin de page douteuse : v. p. 309, n. 3].

§ 4. — Les « Actus pontificum ».

Les *Actus pontificum Cenomannis in urbe degentium* [1], — souvent cités par les modernes sous les titres moins exacts de *Gesta pontificum* ou *Gesta episcoporum Cenomannensium* [2], — ont été publiés par Mabillon [3], d'après deux manuscrits qui existent encore. L'un, du XIII° siècle, était alors à la cathédrale du Mans; Mabillon ne le connut que par une copie médiocre que lui fournit l'abbé de Saint-Vincent de cette ville [4]; il appartient aujourd'hui à la bibliothèque de la ville du Mans (n° 224) [5]. L'autre est une copie faite au XVII° siècle par André Du Chesne [6], qui n'a pas dit

---

1. Tel est le titre dans le manuscrit du XIII° siècle (Bibliothèque du Mans, n° 224, fol. 15).
2. La copie de Du Chesne (Bibl. nat., Baluze, 45) est intitulée, en tête du premier feuillet (fol. 53), *Gesta pontificum Cenomanensium*. On ne peut savoir si ce titre a été fabriqué par Du Chesne ou emprunté par lui au manuscrit qu'il copiait. — Dans les deux manuscrits, chaque chapitre, contenant la vie d'un évêque, est intitulé *Gesta*.
3. *Vetera Analecta*, in-8°, III (1682), p. 50-397; in-fol. [(1723), p. 239-338].
4. « Acta hæc Episcoporum Cenomannensium ex regesto pontificali cathedralis ecclesiæ rogatu meo describi curavit R. P. Abbas monasterii S. Vincentii ex nostris, qui regestum istud à venerabilibus Canonicis ejus Capituli commodato impetravit, postulante imprimis humanissimo viro domino Godefrido Archidiacono, favente etiam domino le Vayer majori Decano meritissimo, atque cooperante D. Musseroto canonico... » *Vet. Anal.*, in-8°, III, p. 394.
5. La bienveillance du ministère de l'instruction publique et de l'administration municipale du Mans m'a permis d'examiner à loisir ce manuscrit, comme celui des *Gesta Aldrici*, à Paris. Pour la description du volume, voir [*Catalogue général des manuscrits des bibliothèques publiques de France*. Départements, tome XX (Paris, 1893, in-8°), p. 153-154]. — [En marge du manuscrit de M. Julien Havet se trouve une indication *Bolland.*, se rapportant à cette note. Cette indication vise probablement non pas Bolland lui-même, qui semble n'avoir eu aucune connaissance directe ou indirecte des *Actus* quand il préparait les documents relatifs à la vie de saint Julien (*Acta Sanctorum januarii*, II, p. 761-762), mais les Bollandistes. Il y a chance qu'il s'agisse de la vie de saint Turibe (*AA. SS. aprilis*, II, p. 416-418), publiée par Henschen en 1675, sept ans avant la publication des *Actus* par Mabillon. Cette vie, identique pour l'essentiel à celle qui figure dans les *Actus* (Mabillon, *Vetera Analecta*, in-8°, III, p. 63-65), est donnée par Henschen d'après l'ouvrage manuscrit de Joannes Morellus Lavallensis, *Nomenclatura seu legenda aurea pontificum Cenomanorum, ex vetustissimis Cathedralis Ecclesiæ Cenomanensis codicibus, in archivis prædictæ Ecclesiæ diu reconditis, in compendium fideliter digesta*, 1552. Or, Jean Moreau, *Parisiensis Academiæ Doctor Theologus et Cenomanensis Canonicus*, puise à une source manuscrite mancelle qui est peut-être le ms. 224 du Mans.]
6. On y reconnaît son écriture; cf. [par exemple, une lettre de Du Chesne à d'Hozier (2 juillet 1624) dans le manuscrit Nouv. acq. franç. 6237, fol. 20].

d'où il l'avait tirée. Elle se trouvait dans la bibliothèque de Colbert et fut communiquée à Mabillon par Baluze [1]; elle est maintenant à la Bibliothèque nationale, collection Baluze, vol. 45 (fol. 53 et 68-144) [2].

Chacun de ces deux manuscrits contient certains morceaux qui manquent dans l'autre. Les vies des six personnages donnés comme les premiers évêques du Mans, Julien, Turibe, Pavace, Liboire, Victurus et Victurius, ne sont que dans le manuscrit du XIII° siècle : la copie de Du Chesne commence avec le septième, Principe, dont l'existence est connue d'ailleurs et qui était évêque en 511 [3]. La même copie omet plusieurs fragments des chapitres suivants [4]; dans l'ensemble, néanmoins, les deux manuscrits s'accordent à peu près pour la partie comprise depuis l'épiscopat de Principe jusqu'à celui du prédécesseur d'Aldric, Francon II, inclusivement (816-832).

De 832 à 1064, la copie de Du Chesne entre seule en ligne de compte : elle donne seule les chapitres relatifs à Aldric et aux neuf évêques qui l'ont suivi; le manuscrit du Mans remplace le chapitre sur Aldric par une copie incomplète des *Gesta Aldrici* [5] et passe entièrement sous silence ses neuf successeurs. L'accord entre les deux exemplaires reprend avec la vie de l'évêque Arnaud (1067-1081), qui figure dans l'un comme dans l'autre, ainsi que celles de ses successeurs Hoël (1085-1097), Hildebert (1097-1125), Gui (1126-1135); puis il cesse de nouveau : dans la copie de Du Chesne, la vie de Gui est inachevée et suivie d'un simple catalogue sommaire des évêques postérieurs, jusqu'à la

---

1. *Vet. Anal.*, in-8°, III, p. 275 et troisième page de la préface.
2. Les feuillets ont été transposés par le relieur; il faut les lire dans l'ordre suivant : 53, 69-74, 68, 75-84, 87, 86, 85, 88-144.
3. Maassen, *Concilia aevi Merovingici* (dans les *Monumenta Germaniae*, in-4°, *legum sectio III*, t. I, 1893), p. 9-14.
4. Il manque : entre les fol. 68 v° et 75 r°, les deux chartes fausses de sainte Ténestine et de Childebert I°r, Mabillon, p. 92-95; — fol. 79 v°, tout ce qui est compris depuis les mots *vel reliquis*, Mabillon, p. 108, ligne 5 du bas, jusqu'aux mots *cum uxore et filiis*, p. 140, ligne 16 (soit 32 pages de texte imprimé in-8°); — fol. 83 v°, les trois pièces imprimées p. 151-158, de *Sequitur exemplar* à *Temporibus quoque* (la première de ces pièces est donnée plus loin); — fol. 87, 86, 85, les pièces imprimées p. 162-166, de *Similiter et exemplar* à *decrevimus roborare* (à la place de ces textes, le ms. Baluze 45 donne ici la pièce imprimée p. 151-154, qu'il avait omise plus haut); — fol. 93 v°, depuis *hominibus*, p. 185, l. 9, jusqu'à la fin du chapitre, p. 188; — fol. 97 r°, les pièces imprimées depuis le bas de la p. 199 jusqu'à la fin du chapitre, p. 211; — fol. 97 v°, les pièces imprimées p. 213-228; — fol. 98 r°, celles des p. 230-239; — fol. 105 r°, de la p. 255, l. 14, à la p. 257, l. 20.
5. Ci-dessus, p. 278, notes 3, 4.

mort de Claude d'Angennes (15 mai 1601); dans le manuscrit du Mans, la vie de Gui est complète et nous avons encore celles de Hugues (1135-1142), de Guillaume (1142-1186) et de Geoffroi de Loudon (1234-1255). Tout ceci peut se résumer dans le tableau suivant :

	Manuscrit du XIIIe siècle (bibl. du Mans, ms. 224) :	*Copie d'André Du Chesne* (Bibl. nat., ms. Baluze 45) :
(511-832)	Julianus, Turibius, Pavatius, Liborius, Victurus, Victurius. Principius, Innocens, Domnolus, Bertichramnus, Hadoindus, Berarius, Aiglibertus, Herlemundus, Gauziolenus, Herlemundus, Hodingus, Merolus, Joseph, Franco prior, Franco posterior.	*(Manquent.)* Principius, Innocens, Donnolus, Bertichrannus, Haduindus, Berarius, Aiglibertus, Herlemundus, Gauziolenus, Hellemundus, Hodingus, Merolus, Joseph, Franco prior, Franco posterior.
(832-857)	*Copie incomplète des* Gesta Aldrici.	Aldricus.
(857-1064)	*(Manquent.)*	Robertus, Lambertus, Gunherius, Hubertus, Mainardus, Segenfridus, Avesgaudus, Gervasius, Vulgrinus.
(1067-1135)	Arnaldus, Hoellus, Hildebertus, Guido.	Arnaldus, Hoellus, Hildebertus, Guido (*ce dernier inachevé*).
(1135-1186)	Hugo, Guillelmus.	*(Manquent.)*
(1234-1255)	Gaufridus de Loduno.	*(Manque.)*
(1126-1601)	»	(*Catalogue des évêques, de Gui à Claude d'Angennes.*)

Mabillon n'avait d'abord connu que le manuscrit du Mans (par la copie que lui fournit l'abbé de Saint-Vincent). Toute son édition était imprimée d'après cet exemplaire, quand Baluze lui communiqua la copie de Du Chesne [1]. Il avait, par conséquent,

---

1. Les notes placées par Mabillon à la suite du texte, p. 394-397, ne mentionnent ni le manuscrit de Du Chesne ni les chapitres conservés seulement

dû passer sous silence les neuf successeurs d'Aldric (853-1064) ; et, pour Aldric lui-même, il n'avait donné que des extraits des *Gesta Aldrici*, tirés de l'édition de Baluze[1]. Dès qu'il eut connaissance du nouveau texte, il fit imprimer des cartons, où il donna, à la place des extraits des *Gesta Aldrici*, les chapitres du manuscrit de Du Chesne relatifs à Aldric et aux neuf évêques suivants. Mais il ne toucha pas aux autres parties du volume. Son édition, telle qu'il l'a livrée au public, représente donc le manuscrit du Mans, seul, pour les prédécesseurs d'Aldric, ainsi que pour Arnaud et ses successeurs ; et la copie de Du Chesne, seule, pour la partie intermédiaire, d'Aldric à Vulgrin inclusivement.

En annonçant à ses lecteurs la copie de Du Chesne, communiquée par Baluze, d'où il tirait le complément de son édition, Mabillon disait que ce texte, plus court que celui du xiiie siècle, en était comme l'abrégé : « Acta Chesniana incipiunt a Principio Episcopo, et in Guidone desinunt, suntque veluti quoddam nostrorum compendium[2]. » Ces mots ont induit quelques critiques en erreur. On a cru qu'il s'agissait d'une rédaction distincte, d'un résumé analytique ou même d'un ouvrage nouveau, dû à un auteur qui aurait récrit toute l'histoire des évêques du Mans, depuis l'origine, en termes plus brefs. On a même voulu évaluer l'intervalle de temps qui aurait séparé les deux rédactions : les *Actus* primitifs, conformes au manuscrit du Mans, auraient été écrits au ixe siècle, ceux de la copie de Du Chesne au xiie siècle[3]. La vérité est que les deux rédactions n'en font qu'une. Si le manuscrit de Du Chesne est plus court, c'est que certains chapitres ou fragments de chapitres y ont été omis, mais les parties conservées ne présentent aucune différence avec le manuscrit du Mans ou l'édition de Mabillon : c'est un exemplaire tronqué du texte des *Actus*, ce n'est pas un autre texte. Il a été tronqué,

---

par ce manuscrit. Il y est dit au contraire expressément que l'ouvrage se divise en deux parties, « prima (sic) a B. Juliano ad Aldricum, altera ab Arnaldo ad Gaufridum de Loduno » (p. 392). Mabillon n'avait donc encore, au moment où il imprimait ces pages, rien pour les évêques compris entre Aldric et Arnaud.

1. « In ms. codice Cenomannensi sequuntur gesta Aldrici Episcopi, prout ab eruditissimo Stephano Baluzio in tomo 3 Miscellaneorum edita sunt, quæ gesta huc compendio retuleram, omissis actis novem subsequentium ab Aldrico Episcoporum, quæ in exemplo ad nos transmisso desiderabantur. » (*Vet. Anal.*, in-8°, III, carton de la p. 275).
2. *Vet. Anal.*, ibid.
3. *Histoire littéraire de la France*, [V, p. 148] ; Simson, *Die Entstehung der pseudo-isidorischen Fälschungen*, p. 45.

d'ailleurs, par accident au moins autant que par système. L'omission des six premiers chapitres, par exemple, ne peut avoir été ni réfléchie ni volontaire, car le septième, devenu le premier, débute par une allusion au précédent : « Domnus Principius..... successor extitit, largiente divina gratia, domni et *praefixi* Victurii praedictae urbis episcopi..... » Une autre lacune, aux chapitres relatifs aux évêques Domnole et Bertrand, appartient à la catégorie des accidents connus en typographie sous le nom de bourdons : elle a eu pour résultat de faire disparaître la valeur de trente-deux pages de l'édition de Mabillon, et d'amalgamer en une seule pièce une charte du roi Théodebert et la fin du testament de l'évêque Bertrand. On ne saurait dire si, dans ces deux cas, les omissions doivent être imputées au manuscrit copié par Du Chesne ou à Du Chesne lui-même. Peut-être aussi est-ce lui qui aura supprimé en divers chapitres le texte d'un certain nombre de chartes rapportées *in extenso* [1]. Ici l'omission a pu être intentionnelle : on aura voulu alléger le récit historique en le débarrassant d'un excès de pièces justificatives.

Est-ce encore par un accident matériel, est-ce par toute autre circonstance qu'il faut expliquer la principale lacune du manuscrit 224, l'omission des biographies des neuf successeurs d'Aldric? On ne peut le dire. Quant à l'omission du chapitre sur Aldric lui-même, elle est imputable au fait volontaire du copiste, qui a jugé à propos de substituer à ce chapitre une transcription des *Gesta Aldrici* [2], transcription qui, d'ailleurs, ne nous est pas parvenue complète, soit qu'elle n'ait jamais été achevée, soit qu'elle ait été mutilée après coup.

Le manuscrit d'où André Du Chesne a tiré sa copie devait être du xiie siècle, puisqu'il s'arrêtait au milieu de la vie de Gui (1126-1135). Il avait dû être conservé au Mans jusqu'au commencement du xviie siècle, puisque ses possesseurs y avaient ajouté, de siècle en siècle, les noms des évêques qui s'étaient succédé jusqu'alors sur le siège de cette ville; mais il n'y était plus dans la seconde moitié du même siècle, puisque Mabillon, qui dut à l'abbé de Saint-Vincent du Mans la connaissance du manuscrit du xiiie siècle (alors à la cathédrale), n'apprit que par Baluze l'existence du texte que représente la copie de Du Chesne. — Le manuscrit du xiiie siècle, lui aussi, paraît en représenter un du

---

1. Ci-dessus, p. 319, note 4.
2. Ci-dessus, p. 278, note 3, 4, et p. 320.

XIIe. On a vu qu'il offre une lacune, dans la série des biographies épiscopales, entre les évêques Guillaume (1142-1186) et Geoffroi de Loudon (1234-1255). En outre, les *Actus* y sont précédés d'un catalogue des rois de France et d'un catalogue des évêques, écrits l'un et l'autre, pour la plus grande partie, à la même époque que le reste du manuscrit et continué par des additions de diverses mains. Or, la partie de première main s'arrête, dans le catalogue des rois, à l'avènement de Louis VII (1137), et, dans le catalogue des évêques, à la vacance qui suivit l'épiscopat de Gui (1135). — On peut donc se demander si nos deux manuscrits ne seraient pas deux copies d'un même original exécuté ou achevé vers 1137, copies devenues l'une et l'autre incomplètes par suite d'accidents divers; les vies de Hugues, de Guillaume et de Geoffroi de Loudon, dans le manuscrit 224, auraient été ajoutées d'après quelque autre source. Mais ce n'est qu'une hypothèse qu'il est impossible de vérifier.

Quoi qu'il en soit, nos deux manuscrits se complètent mutuellement, et Mabillon a eu raison de suppléer par l'un à la principale lacune de l'autre. Pour avoir l'ensemble de l'ouvrage, il faut le lire tel qu'il l'a imprimé d'après ces deux sources.

J'ai dit que les *Actus pontificum* sont une histoire des évêques du Mans depuis l'origine jusqu'à saint Aldric. Pourtant, on vient de voir que, dans les deux manuscrits comme dans l'édition, cette histoire se poursuit bien après le temps d'Aldric, jusqu'au XIIe et même au XIIIe siècle. C'est que, dans les *Actus* aussi bien que dans les *Gesta Aldrici*, il faut distinguer l'œuvre de l'auteur et celle des continuateurs.

La distinction est facile; on peut dire qu'elle saute aux yeux. Elle a été, dès l'origine, parfaitement indiquée par Mabillon :

Duæ quasi partes, horum sunt Actorum ; prima (sic) à B. Juliano ad Aldricum : altera ab Arnaldo ad Gaufridum de Loduno. Unus idemque prioris partis auctor esse videtur. Idem enim in omnibus genius ac stilus, idemque scopus, nempe in primis, ut abbatia sancti Carileffi aliæque in jus ecclesiæ Cenomannensis asserantur... Posterior pars a variis auctoribus scripta est, pro variis Pontificibus, sub quibus quisque vixit [1].

---

[1] *Vet. Anal.*, in-8°, III, p. 392, 393, imprimées avant que Baluze eût communiqué à Mabillon la copie de Du Chesne (ci-dessus, p. 320, note 1).

Pour affirmer que les vies d'Arnaud (1067-1081), d'Hoël (1085-1097) et d'Hildebert (1097-1125) sont l'œuvre d'un continuateur, nous n'avons pas besoin de raisonner par induction, nous avons le témoignage de ce continuateur lui-même. La première phrase de la vie d'Hildebert, dans Mabillon, est incorrecte et obscure : « Venerabilis quoque Hildeberti non imparis meriti actus describere disposui;... » *quoque* et *non imparis* ne se rapportent à rien. Mais la copie de Du Chesne nous donne le véritable texte :

Expletis prout potui duorum episco[po]rum domni videlicet Arnaldi atque domni Hoelli gestis, venerabilis quoque Hildeberti non imparis meriti actus describere disposui, ne laudabilis ejus memoria inerti silentio tegeretur [1].

Le sentiment qui a poussé le copiste du manuscrit 224 à supprimer le premier membre de phrase est le même qui l'avait déterminé à incorporer dans son recueil les *Gesta Aldrici*. Il a voulu former un corps unique de l'histoire des évêques du Mans et faire disparaître la trace de l'origine multiple des parties qu'il assemblait. — On voit qu'un même écrivain a écrit les biographies d'Arnaud, d'Hoël et d'Hildebert. Il mentionne la mort de ce dernier prélat, mort survenue en 1134, plusieurs années après qu'il avait passé du siège du Mans sur celui de Tours. On peut donc lui attribuer encore avec assez de vraisemblance la vie de Gui (1126-1135), ou tout au moins la partie de cette vie commune aux deux manuscrits.

Sur les vies des neuf évêques compris entre Aldric et Arnaud, — Robert, Lambert, Gontier, Hubert, Mainard, Sigefroi, Avesgaud, Gervais et Vulgrin (857-1064), — Mabillon n'a pas eu à se prononcer : quand il écrivait le passage qui vient d'être cité, il ne connaissait pas encore le manuscrit qui donne seul ces biographies [2]. On doit les attribuer aussi à des continuateurs, car le chapitre qui les précède, celui d'Aldric, mentionne cet évêque comme encore vivant; son auteur était donc contemporain d'Aldric, et ce n'est pas lui qui a pu écrire la vie de ses successeurs :

Aldricus... cui Dominus, oramus, hanc degere vitam secundum suam voluntatem tribuat, et post hanc vitam ei concedat sempiternam, amen [3].

---

1. Ms. Baluze 45, fol. 131 r°.
2. Ci-dessus, p. 320, note 1, et p. 323, note 1.
3. Ms. Baluze 45, fol. 110 r°; *Vet. Anal.*, in-8°, III, p. 276; Simson, p. 48, 50.

De saint Julien à saint Aldric, au contraire, tout est d'une même plume, et Mabillon en a donné la preuve en trois mots : *idem in omnibus genius ac stilus, idemque scopus*. Le style de l'auteur des *Actus pontificum* nous est connu [1] ; il est le même, parfaitement reconnaissable, d'un bout à l'autre de cette partie de l'ouvrage. Son « génie » et son but ne s'y reconnaissent pas moins ; on sait que cet auteur est un imposteur et un faussaire, qui a cherché à augmenter frauduleusement la fortune temporelle de l'évêché. L'imposture inspirée par ce motif se rencontre dès les premiers chapitres, où l'on veut nous faire croire que l'apôtre du Maine et ses premiers disciples, en plein paganisme, auraient fait une distribution exacte de leur diocèse en paroisses et fixé le tarif des cens de cire et d'huile dus par chacune de ces paroisses à la mense épiscopale ; anachronisme qui a choqué depuis longtemps les meilleurs critiques [2]. Le faux commence dès l'épiscopat de saint Innocent (au VIe siècle), sous le nom de qui on donne des chartes qui ne soutiennent pas l'examen ; il se continue jusqu'à celui de Francon Ier (au IXe siècle), qui aurait obtenu de Charlemagne de prétendues concessions, manifestement copiées sur les vraies chartes de Louis le Pieux rapportées par les *Gesta Aldrici*. Tout cela est d'un seul et même écrivain, d'un contemporain d'Aldric [3].

Il faut excepter, dans la première partie de l'ouvrage, un seul fragment ajouté après coup ; c'est un récit de la translation du corps de saint Julien, inséré après le chapitre relatif à la vie de ce saint [4]. Il y est question de faits qui eurent lieu « longtemps après la mort de l'évêque Aldric », *longe autem post mortem Aldrici episcopi*. L'interpolation est sans doute imputable au copiste du manuscrit du XIIIe siècle.

Le point exact où finit l'ouvrage et où commencent les additions peut être déterminé avec précision. Si, au commencement du chapitre sur Aldric, tel que le donnent la copie de Du Chesne et, d'après elle, l'édition de Mabillon, il est question d'Aldric comme d'un homme encore en vie, *hanc degere vitam secundum*

---

1. Ci-dessus, p. 277, note 3.
2. Tillemont, [*Mémoires pour servir à l'histoire ecclésiastique des six premiers siècles*, IV, p. 730, col. 2].
3. Waitz seul, à ma connaissance, a émis une opinion contraire (*Mon. Germ., Script.*, [XV, p. 305, notes 5 et 6]). Ses raisons ont été réfutées d'avance par Mabillon, *Vet. Anal.*, in-8°, III, p. 393.
4. *Vet. Anal.*, in-8°, III, p. 60-62.

suam voluntatem tribuat, à la fin du même chapitre, au contraire, sa mort est relatée :

Dominus igitur Aldricus... cum annos XXIIII Cenomanensem rexisset ecclesiam, in pace defunctus est et in ecclesia sanctorum martyrum Vincentii et Laurentii honorifice sepultus. Post cujus obitum, *etc.* [1].

Le commencement et la fin du chapitre n'appartiennent donc pas au même auteur et à la même rédaction. Entre le paragraphe où l'on voit Aldric vivant et celui où l'on dit qu'il est mort, est insérée la copie d'une pièce fort longue, d'une prétendue bulle accordée par le pape Grégoire IV à l'évêque Aldric, le mardi 8 juillet 833, pour le protéger contre les machinations de ses ennemis. De l'aveu général, cette bulle est fausse [2]. Comme l'auteur des *Actus* est un faussaire, on pourrait être tenté de mettre encore ce faux à sa charge; on pourrait même dire, en faveur de cette conjecture, qu'une pièce destinée à protéger un individu en particulier, n'ayant d'intérêt que du vivant de cet individu, n'a pu être fabriquée et alléguée après lui. Mais ici le titre mis en tête de la fausse bulle pour Aldric avertit expressément qu'on ne la rapporte que pour établir un précédent en faveur des autres évêques :

Epistola Gregorii papae, qualiter si aliquis Aldricum Cenomanicae urbis episcopum accusaverit, causa ejus non ab alio quam Romano pontifice terminetur : *quae etiam in exemplum aliis episcopis prodesse poterit* [3].

Ajoutons que la copie de cette bulle, introduite ici brusquement et hors de propos (sa vraie place, si elle avait dû en avoir une, aurait été dans les *Gesta Aldrici*), n'est rattachée par aucun lien au paragraphe qui la précède, tandis qu'une phrase de transition la lie au paragraphe suivant [4]; qu'elle est pleine de répétitions et toute d'un style diffus, bien éloigné du langage clair et coulant des *Actus* et des fausses pièces fabriquées par leur auteur; enfin, que le paragraphe qui la précède immédiatement se termine par une formule de prière, analogue à celles qui se lisent à la fin des

---

1. Ms. Baluze 45, fol. 113 v°; *Vet. Anal.*, in-8°, III, p. *285; *286.
2. Jaffé, n° 1958; Ewald, n° 2579; Simson, p. 54.
3. Ms. Baluze 45, fol. 110 v°; *Vet. Anal.*, in-8°, III, p. 277.
4. « Dominus igitur Aldricus accepta apostolicae auctoritatis epistola, suae sedi restitutus... defunctus est (*ibid.*, fol. 113 v°, p. *285).

autres chapitres et destinée évidemment à former la péroraison de celui-ci et de l'ouvrage entier ;

Defendat eam (ecclesiam Cenomanicam) Dominus omnipotens ab omnibus aemulis suis una nobiscum, humiliter oramus, et nunc et per cuncta secula seculorum, amen [1].

Donc, les *Actus pontificum* se terminent à ces mots (p. 277 de Mabillon), et tout ce qui suit, à partir de la fausse bulle de Grégoire IV inclusivement, appartient aux additions postérieures. Nous devons faire abstraction de ces additions et considérer uniquement l'ouvrage lui-même, c'est-à-dire les pages 50 à 59 et 63 à 277 (ligne 6) de l'édition in-8° de Mabillon.

A ces pages, il faut ajouter un fragment conservé par le manuscrit des *Gesta Aldrici* et publié comme une partie de ces *Gesta*, mais où il est impossible de méconnaître la main de l'auteur des *Actus pontificum*. C'est, parmi les morceaux transcrits à la suite des *Gesta Aldrici*, celui qui, dans l'édition de MM. Charles et Froger, occupe les pages 130 et suivantes, jusqu'à la ligne 10 de la page 160. Non seulement on y reconnaît le style et la langue de notre auteur, mais celui-ci se désigne suffisamment au début, en répétant textuellement le titre qu'il a donné à son ouvrage, *Actus pontificum Cenomannis in urbe degentium* :

Placuit etiam in hac scedula, que de quibusdam *actibus pontificum Cenomannica in urbe degentium* usque ad Aldricum ejusdem urbis episcopum conscripta esse dinoscitur, inserere relationem sive memoriale qualiter predictus Aldricus... monasterium Anisole... legibus conquisivit...

Ces mots confirment ce qui vient d'être dit du cadre et de l'étendue des *Actus*, dans la pensée de l'auteur : c'est une histoire des évêques du Mans depuis l'origine jusqu'à Aldric, *usque ad Aldricum*. Ce morceau, consacré uniquement au récit de la restitution du monastère de Saint-Calais à l'évêque en 838, était, dans l'intention du même auteur, destiné à être incorporé dans l'ouvrage, *in hac scedula... inserere*, mais cette intention n'a pas été suivie d'effet, puisque aucun des deux manuscrits des *Actus* ne le donne. Concluons-en que c'est une addition, due, il est vrai, à l'auteur lui-même, mais écrite après le reste de l'ouvrage et quand certains exemplaires étaient déjà sortis de ses mains.

---

1. *Ibid.*, fol. 110 v°, p. 277.

Selon l'opinion des auteurs de l'*Histoire littéraire*[1], reprise de nos jours par M. l'abbé Louis Froger[2], les *Actus pontificum* auraient été écrits sous l'épiscopat de Robert, successeur d'Aldric. Cette hypothèse est réfutée d'avance par le passage déjà cité où l'auteur souhaite longue vie à l'évêque Aldric[3]. Un passage non moins formel termine le chapitre additionnel conservé dans le manuscrit des *Gesta Aldrici* ; là aussi il est parlé d'Aldric au présent :

Et sic falsitas subditur veritati atque injuste alienata juste restituuntur, que et *actenus a prefato episcopo* et a sue sedis ecclesie ministris legibus *possidentur* et canonice atque regulariter gubernantur[4].

Les *Actus pontificum* ont donc été écrits avant la mort d'Aldric (857).

Ils ont été écrits après les *Gesta Aldrici*. On a vu qu'ils leur ont emprunté, pour les reproduire en les falsifiant, deux chartes mérovingiennes de l'évêque Domnole, tirées des archives de l'abbaye de Saint-Vincent. On a vu qu'ils leur avaient emprunté leur plan même, le cadre ou le type sur lequel sont rédigées toutes les biographies épiscopales, type que les *Gesta* à leur tour avaient emprunté au *Liber pontificalis* de Rome[5]. On a vu, enfin, que les *Actus* citent en termes exprès les *Gesta*[6]. Les *Gesta* ont été terminés dans le premier semestre de 840 ; avant la mort de Louis le Pieux[7]. L'auteur des *Actus*, au contraire (dans le chapitre supplémentaire conservé par le manuscrit des *Gesta*), fait allusion à la mort de l'empereur Louis[8] ; et, un peu plus loin, il relate des faits qui se sont accomplis, dit-il, le 1er et le 3 août 841[9]. Ce chapitre supplémentaire, tout au moins, est donc postérieur à 841, et l'ensemble de l'ouvrage à 840.

1. [*Histoire littéraire de la France*, V, p. 146.]
2. *Gesta domni Aldrici*, introduction, p. IX et p. XVIII, note 6.
3. Ci-dessus, p. 285.
4. *Gesta*, ch. LIII; Froger, p. 160. — L'argument en sens contraire, que M. Froger veut tirer de l'emploi du mot *preerat*, dans une phrase alléguée par lui (*ad jus Cenomannice matris ecclesie cui prefatus episcopus preerat*), est peu probant en lui-même et surtout ne saurait être mis en balance avec les deux passages formels cités ci-dessus.
5. [Voir ci-dessus, 277-278; voir aussi la communication de M. l'abbé Duchesne, p. 290, n. 1.]
6. Ci-dessus, p. 309-310; p. 278 et note 6.
7. Ci-dessus, p. 285.
8. « *Temporibus Hludowici* piissimi augusti subter inserta causatio vel evindicatio fuit... » *Gesta*, XLVII, p. 130-131. Cf. ci-dessus, p. 286.
9. *Gesta*, LII, p. 159-160.

Avant de chercher à préciser davantage, voyons ce qu'on peut deviner de la personne de l'auteur.

L'auteur des *Actus* écrit autrement que celui des *Gesta Aldrici*; or, l'auteur des *Gesta Aldrici* est Aldric; donc, l'auteur des *Actus* n'est pas Aldric.

L'auteur des *Actus* est un imposteur et un faussaire : les pièces apocryphes qu'il rapporte sont d'un style trop pareil au sien pour avoir pu être fabriquées par d'autres que par lui; on l'a, d'ailleurs, vu à l'œuvre dans la falsification de la première charte de Domnole, dont les *Gesta* lui fournissaient le texte non altéré. L'évêque Aldric, au contraire, était un honnête homme. Il n'a donc ni inspiré ni toléré la rédaction des *Actus*. Cet ouvrage, écrit de son vivant, a dû être écrit à son insu.

L'auteur des *Actus* était un clerc du diocèse du Mans, attaché à l'évêché, car ses intérêts semblent se confondre avec ceux de l'évêque. Tous les faux qu'il allègue ont pour but d'assurer des droits et des biens, non seulement au diocèse, à la cathédrale ou au chapitre, mais, plus particulièrement, à l'évêque lui-même, à ce qu'on a appelé plus tard la mense épiscopale. Il semble qu'il disposait en maître de cette mense, et que, sans être évêque, il avait entre les mains toute l'administration effective de l'évêché.

Comment, du vivant de l'évêque Aldric, son évêché a-t-il pu se trouver administré par un autre? Comment cet administrateur a-t-il pu, à l'insu du titulaire, mettre en œuvre des procédés que celui-ci aurait désavoués? Un détail révélé par les actes du concile de Soissons, en 853, nous l'explique. Aldric n'assistait pas à ce concile; il avait écrit ou fait écrire aux évêques pour excuser son absence, disant qu'il était atteint de paralysie, qu'il ne pouvait se déplacer, et sollicitant des prières, tant pour le reste de ses jours que pour son âme après sa mort. Le concile chargea l'archevêque de Tours, Amauri, de visiter le malade et de pourvoir aux mesures nécessitées par la situation de l'église du Mans :

Praeterea Cenomannicae urbis Aldricus episcopus paralysi dissolutus epistolam direxit, causam suae absentiae insinuans petensque ut maxime sibi adhuc viventi et quandocumque defuncto sacris precibus opitularentur. Quod exuberantes caritate se facturos promiserunt et metropolitano illius Turonicae urbis venerabili episcopo Amalrico, ut ad eamdem urbem accederet, injunxerunt, et quaecumque essent eidem ecclesiae proflua, ut strenue exequeretur unanimiter praeceperunt.[1]

---

1. Bouquet, *Recueil des historiens*, VII, p. 607.

On ne sait depuis quand Aldric était atteint de cette maladie. Il était encore valide en 849, s'il est vrai qu'il faille rapporter au concile tenu à Paris cette année la lettre au prince breton Noménoé, qui porte son nom avec celui de plusieurs autres évêques [1]. Le souci de s'assurer des prières avant et après sa mort, qui paraît dans son message au concile de Soissons, est conforme à ce que nous savons de sa piété timorée [2]. La mission, donnée par le même concile au métropolitain, de pourvoir aux besoins du diocèse, indique que le malade était hors d'état, non seulement de se déplacer, mais aussi de gérer effectivement son évêché. Quelques mesures qu'ait pu prendre l'archevêque, il ne saurait être allé jusqu'à se substituer au titulaire pour tous les détails de l'administration épiscopale. Celle-ci ne pouvait revenir qu'au clergé local; un membre de ce clergé dut prendre le gouvernement de l'église du Mans. C'est ce clerc qui, pour défendre le temporel de l'évêché, notamment pour soutenir la lutte contre l'abbé de Saint-Calais au sujet de la possession de ce monastère, aura fabriqué le tissu de fables et produit la collection de faux qui constitue, pour une très grande partie, les *Actus pontificum*.

Quelques allusions à cette situation se devinent dans les documents écrits à l'occasion de cette lutte. Au concile de Bonneuil en 855 (concile où Aldric ne parut naturellement pas plus qu'à celui de 853), l'abbé de Saint-Calais se plaignit d'être inquiété, non par l'évêque, mais par *certaines personnes* qui mettaient en avant les prétendus droits de l'évêché : « harum praeceptionum irruptiones et violentissimas quorundam instinctu ipsius loci infe[sta]tiones asserentium subdole jure possessionis propriae idem monasterium debere subici urbi Cinomannicae... intimavit. » Le concile, faisant droit à ces plaintes, défendit à l'évêque *et à toute personne étrangère au couvent* de porter atteinte à l'indépendance de la communauté : « ita ut non episcopus, nulla extera persona laicalis seu clericalis ad hoc inquietandum, perturbandum ac sollicitandum aut invadendum vel possidendum monasterium aspiret [3]. » De son côté, le clerc manceau, administrateur de l'évêché et rédacteur des *Actus*, s'est trahi par un mot échappé à sa plume, à la fin du chapitre supplémentaire relatif à Saint-Calais, et conservé dans le manuscrit des *Gesta Aldrici* :

---

1. *Ibid.*, VII, p. 503.
2. [Ci-dessus, p. 292; 294, n. 1.]
3. *Questions mérovingiennes*, IV, p. 86, 87; *Bibliothèque de l'École des chartes*, XLVIII (1887), p. 236, 237; ci-dessus, p. 181.

l'églisedu Mans, prétend-il, a déjà obtenu la restitution du monastère, et, à présent même, l'évêque Aldric *et les ministres de son église* le possèdent et le gouvernent : « que et actenus a prefato episcopo et a sue sedis ecclesie ministris legibus possidentur et canonice atque regulariter gubernantur[1]. »

Il s'est trahi plus directement dans deux autres chapitres, dont l'examen attentif va nous livrer son titre officiel et son nom.

Pour attribuer les Fausses Décrétales du pseudo-Isidore à l'auteur des *Actus pontificum Cenomannensium*, M. B. Simson[2] et M. Paul Fournier[3] ont allégué l'analogie des doctrines soutenues, dans les deux ouvrages, au sujet de l'institution des chorévêques. Les *Actus*, en effet, citent un prétendu concile national de l'empire franc qui se serait tenu dans les premières années du règne de Charlemagne et où auraient été arrêtés des canons relatifs aux chorévêques ; les termes dont ils se servent à cette occasion rappellent de très près ceux d'une fausse bulle de saint Léon le Grand, insérée au recueil du pseudo-Isidore :

Fausse Décrétale du pape saint Léon I[er][4] (Jaffé - Lœwenfeld, n° 551, Hinschius, *Decretales pseudo-Isidorianae*, p. 628) :	*Actus pontif. Cenom.*, ch. XVII (Mabillon, *Analecta*, in-8°, III, p. 241 ; ms. du Mans, n° 224, fol. 74 v° ; ms. Baluze 45, fol. 99) :
Communi sententia statuendum oportuit, scientes quia, sicut chorepiscopo vel presbitero inlicita consecratio est altaris, ita et constitutio. In divinis enim litteris praecipiente Domino solus Moses in tabernaculo Dei erexit altare, solus ipse unxit, qui utique summus sacerdos Dei erat... Ideoque id quod tantum facere principibus sacerdotum jussum est, quorum tipum Moses et Aron tenuerunt, omnino decretum est ut chorepiscopi vel presbiteri qui filiorum	Qua de re invenerunt sapientes et doctores ejusdem Karoli gloriosissimi regis una cum legatis apostolicis et omnes episcopi inter se sanxerunt secundum priorum sanctorum patrum instituta ut nullus chorepiscopus... Quoniam nec in tabernaculo Domini, quod Moyses fecerat, alius altaria non erigebat aut deponebat nisi tantum modo Moyses et Aaron, qui summi pontifices erant, et quorum tipum hodie in sancta ecclesia episcopi gerunt, filiorum

---

1. *Gesta*, LIII, p. 160.
2. *Die Entstehung der pseudo-isidorischen Fälschungen*, p. 8 et suiv.
3. *La Question des Fausses Décrétales* (1887), p. 20.
4. Cf. la fausse décrétale de saint Damase, Hinschius, p. 508-515, et le texte falsifié du concile de Séville, *ibid*., p. 438.

Aaron gestant figuram arripere non praesumant... Nam... quaedam... sibi prohibita noverint, sicut presbiterorum et diaconorum ac virginum consecratio, sicut constitutio altaris ac benedictio vel unctio : siquidem nec erigere eis altaria, et ecclesias vel altaria consecrare, nec per inposiciones manuum fidelibus baptizandis vel conversis ex heresi paracletum spiritum tradere, nec crisma conficere... Haec enim omnia inlicita sunt chorepiscopis... quoniam quanquam consecrationem habeant, pontificatus tamen apicem non habent. Quae omnia solis debere summis pontificibus auctoritate canonum praecipitur...

quoque eorum normam reliqui sacerdotes tenent...

Ut nullus chorepiscopus crisma conficeret, virgines sacraret, spiritum paraclitum traderet neque aecclesias dedicaret vel altaria erigeret seu aut sacraret, etiam oleum ad infirmos ungendos benediceret...

Quae vero omnia summis sacerdotibus et non chorepiscopis debentur, qui licet ordinationem habeant, tamen summi pontificatus apicem non habent...

La parenté des textes est évidente : Weizsäcker, qui l'a signalée [1], a eu raison de dire qu'ici les *Actus* renferment des matériaux empruntés au pseudo-Isidore [2] et que leur auteur a dû avoir les Fausses Décrétales en tout ou en partie sous les yeux [3]. — Ceci n'a rien que de vraisemblable : c'est en 853 que nous voyons constatée pour la première fois l'infirmité d'Aldric, à la faveur de laquelle l'auteur des *Actus* put seulement produire ses impostures ; c'est entre 847 et 852, selon les érudits qui se sont occupés en dernier lieu de la question, que parurent dans le monde les Fausses Décrétales [4]. Mais, si, entre les Fausses Décrétales et les *Actus*, il y a concordance dans les mots, il y a grande divergence dans les idées. L'auteur des Fausses Décrétales, le pseudo-Isidore, est opposé à l'institution des chorévêques : l'auteur des *Actus* en est partisan. Ce qui a pu faire illusion sur ce point, c'est que l'auteur des *Actus* connaît plus ou moins les textes des Fausses Décrétales contre les chorévêques, qu'il ne songe, pas plus que la

---

1. *Der Kampf gegen den Chorepiskopat des fränkischen Reichs* (1859, in-8°), p. 13.
2. « Mit Benedikt'scher oder pseudoisidorischer Waare interpolirt. » *Ibid.*
3. « Der Verfasser der Acta episc. Cenomann. muss den Ps. Is. bereits vor sich gehabt haben... wenigstens die den Gegenstand betreffenden Stücke. » *Ibid.*, p. 16.
4. Fournier (1887), p. 27, 28.

plupart de ses contemporains, à en contester l'authenticité, et que, dès lors, il ne peut faire autrement que de les citer avec respect et de s'y soumettre en apparence. Mais il les tourne par des distinctions subtiles, et, en somme, il cherche à défendre *in extremis* l'institution dont le pseudo-Isidore a poursuivi et obtenu l'abolition radicale.

Une des principales causes qui vicient, selon le pseudo-Isidore, l'institution des chorévêques, c'est qu'ils sont habituellement consacrés par un seul évêque; or, pour donner une consécration valable, selon les canons qu'il allègue, il faut le concours de plusieurs évêques ensemble. Mais il ajoute que, lors même qu'un chorévêque serait consacré par plusieurs évêques, d'autres causes empêcheraient encore de reconnaître son caractère : car, ou le chorévêque est installé dans un bourg ou un village, et alors c'est une infraction aux canons qui ordonnent de n'établir d'évêques que dans les chefs-lieux de cités ; ou il est adjoint au titulaire d'un siège épiscopal, et c'est une violation de la règle qui défend d'instituer deux évêques pour le même diocèse ; ou enfin il est consacré sans assignation de siège, *absolute*, et il ne peut avoir d'autorité nulle part :

Nec ab re dictum perpendo « quamquam manus impositionem episcoporum perceperint » cum « episcoporum » nomen pluralem in se contineat numerum et apud grammaticos pluralis sit genitivus : videtur enim mihi quod tunc non ab uno sed a pluribus ordinabantur, quia nullatenus diceret « episcoporum », si ab uno fieret talium ordinatio, cum « episcoporum » pluraliter dictum sit. Cum autem dixit corepiscopum, profecto villanum voluit intelligi episcopum : et si villanus, quid agit in civitate, cum in una civitate duo omnino esse prohibeantur episcopi? et si in villa et in eo loco ubi antea episcopi non fuerunt, cum et in modica civitate vel in villa aut castello episcopus fieri prohibeatur... ne vilescat auctoritas et nomen episcopi, fuerint constituti, quid, rogo, erunt?... Si per episcoporum manus impositionem perceperunt et ut episcopi sunt consecrati, ubi sunt consecrati? Ad villam quia chore villa est apud Grecos? et qualiter ad villam si nec in castello aut in modica civitate licet fieri?...

Eos omni auctoritate carere non dubitate, scilicet quia tria obstant quibus eorum cassatur actio vel institutio : unum, quod ab uno episcopo ordinari solent, in quo eorum ordinatio a canonibus discordat, qui per manus episcoporum eos institui jubent ; aliud, si a pluribus episcopis sunt ordinati et aut in villa aut castello seu in modica civitate aut omnino non in eo loco prefixi quo juste episcopi fieri debent aut dudum non fuerunt, ubi non vilescat auctoritas et nomen episcopi, aut si in civitate cum altero, cum, ut praedictum est, in una civitate duo non debeant consistere episcopi ; tertium, si absolute fuerint instituti, sicut de quibusdam audivimus, quae omnia episcopali omnino carent auctoritate [1].

De toutes ces objections, l'auteur des *Actus* ne retient que celle qui porte sur le nombre des évêques participant à la consécration. Il admet que, pour consacrer valablement un chorévêque, il faut au moins trois évêques ensemble ; mais, si cette condition est remplie, le chorévêque peut, avec le consentement de l'évêque titulaire, suppléer celui-ci dans toutes les fonctions de son ordre. Ainsi l'a décidé, ajoute-t-il, le concile assemblé sous Charlemagne pour juger la demande de l'évêque Gauziolen, qui, frappé de cécité, voulait être autorisé à s'adjoindre un chorévêque :

Hoc peracto misit iterum predictus Gauziolenus ad domnum Karolum filium predicti Pipini ut preciperet ei chorepiscopum ordinare. Sed illo in tempore jam sapientia ordinante atque instigante domno Karolo pollere ceperat et canonica auctoritas precipiente jamdicto Karolo gloriosissimo Francorum rege enucleatim perscrutari. Qua de re invenerunt sapientes et doctores... et omnes episcopi inter se sanxerunt... ut nullus chorepiscopus crisma conficeret, virgines sacraret, spiritum paraclitum traderet neque aecclesias dedicaret vel altaria erigeret seu aut sacraret, etiam oleum ad infirmos ungendos benediceret, *nisi a tribus esset ordinatus episcopis :* que vero omnia summis sacerdotibus et non chorepiscopis debentur...

Ideoque medicinam invenientes predicti pontifices et eruditi doctores renuntiaverunt domno Karolo... ut chorepiscopus jamdicti Gauzioleni cecati episcopi *a tribus episcopis in idipsum convenientibus ordinaretur* et... haberet... ministerium quoque episcopale, tali benedictione si condignus fuerit adepta devotissime una cum consensu atque permisso Gauzioleno cecati episcopi, propterea quia ipse non poterat facere...

Supradictus enim Gauziolenus... deprecatus est domnum Karolum per suam epistolam et sanctam sinodum ut... Merolus chorepiscopus sacraretur, ut ministerium episcopale facere et exercere canonice atque perficere posset : quod et ita annuente Domino factum est, et predictus sacerdos Merolus memorata conditione *a tribus episcopis est chorepiscopus ordinatus*, a chore id est villare sortiente vocabulo. Qui ergo vivente Gauzioleno et eo jubente, licet simpliciter, sacrum episcopale ministerium exercere mobiliter studuit [2]...

---

[1]. Fausse décrétale de saint Damase, Hinschius, p. 542. Ce latin confus et inintelligible est habituel au pseudo-Isidore. Quelle différence avec le latin de cuisine, si limpide et si simple, de nos *Actus !*

[2]. *Vet. Anal.*, in-8º, III, p. 241, 242.

Loin d'admettre qu'il soit illégal d'instituer un évêque ou un chorévêque *in villa aut in castello seu in modica civitate*, notre auteur assure que Merolus fut institué chorévêque au titre d'une paroisse rurale du diocèse du Mans, *Salicus* [1], et cela encore avec l'assentiment du concile national :

Supradictus enim Gauziolenus... eligensque quendam sacerdotem de monasterio Aurionno Merilonem nomine, et dedit ei Salicam vicum publicum et canonicum sive alia beneficiola, obnixeque deprecatus est domnum Karolum per suam epistolam et sanctam sinodum ut supradicta conditione *ad titulum aecclesiae sancti Petri que est constructa in Salico vico canonico predictus sacerdos Merolus chorepiscopus sacraretur,* ut ministerium episcopale facere et exercere canonice atque perficere posset, quod et ita annuente Domino factum est...

Voilà de quoi écarter définitivement l'hypothèse, — si plausible à d'autres points de vue, — qui attribuait les Fausses Décrétales à l'auteur de nos *Actus*. La vérité est plutôt dans ces mots de Weizsäcker : « Il faut que l'auteur des *Actus* ait écrit à une époque et dans des conditions où il se croyait obligé de *justifier l'Église du Mans d'avoir eu des chorévêques* ; à une époque, par conséquent, où les doctrines du pseudo-Isidore étaient admises. » Et, après avoir montré que l'histoire du prétendu concile de Charlemagne sur les chorévêques ne peut être qu'une fable : « Tout le récit a été fabriqué *pour montrer que le chorépiscopat du Mans était légitime* [2]. » Mais, quel était le chorépiscopat qu'il importait de légitimer ? Celui des chorévêques [3] de Gauziolen au VIIIe siècle ? Qui donc s'en souciait au IXe siècle ? Notre auteur était trop avisé pour perdre son temps et sa prose à des justifications d'un intérêt purement historique. Sa prétendue explication de ce qui se serait passé autrefois n'a pu avoir pour but que de défendre ce qui se passait de son temps. Si l'on a tenu à établir que tel prédécesseur d'Aldric avait

---

1. Probablement Sceaux-sur-Huisne (Sarthe).
2. « Der Verfasser der Acta muss in einer Zeit geschrieben haben und unter Verhältnissen, wo er meinte die Kirche von Le Mans darüber rechtfertigen zu müssen, dass sie... Chorbischöfe... hatte, also in einer Zeit wo die pseudo-isidorischen Grundsätze über dieses Institut schon allgemein oder doch von dem Verfasser selbst anerkannt waren... Die ganze Erzählung soll eben dazu dienen, zu zeigen, dass der Chorepiskopat in Le Mans ein gesetzlicher war... » Weizsäcker, *Der Kampf gegen den Chorepiskopat*, p. 13, 14.
3. [Voir ci-dessous, p. 342-343.]

pu légitimement avoir un chorévêque, c'est sûrement qu'Aldric lui-même en avait un.

Il en a eu un, en effet, nous le savons par plusieurs témoignages. En 836, au rapport des envoyés de l'évêque de Paderborn, qui vinrent recevoir au Mans des reliques de saint Liboire données à leur église par Aldric, celui-ci avait un chorévêque nommé David, qui l'assistait dans les délibérations relatives aux affaires du diocèse [1]. Deux actes de 837, rapportés par les *Gesta Aldrici*, portent la signature de ce chorévêque : « David corepiscopus subscripsi [2]. » On ignorait jusqu'à présent si cette prélature inférieure avait continué d'exister dans le diocèse du Mans au-delà des premières années de l'épiscopat d'Aldric. L'empressement de notre auteur à la défendre contre les attaques du pseudo-Isidore ne permet plus d'en douter. A l'époque où fut arrêté le texte des *Actus*, au lendemain de l'apparition des Fausses Décrétales, Aldric, sûrement, avait encore un chorévêque. On peut ajouter, sans crainte de se tromper, que ce chorévêque avait été consacré par trois évêques et qu'il mettait dans cette circonstance le principal espoir de sa défense [3].

Ce n'est pas seulement sous Gauziolen que les *Actus* placent des chorévêques du Mans. L'évêque Aiglibert, qui vivait dans la seconde moitié du VIIe siècle, aurait eu, s'il fallait les en croire, un chorévêque nommé Pierre. Mais il ne faut sûrement pas les en croire. L'institution orientale des chorévêques resta ignorée en Occident pendant toute la période mérovingienne ; elle ne s'introduisit dans le monde latin que dans la seconde moitié du VIIIe siècle [4]. Si l'auteur des *Actus* veut nous faire croire qu'elle

---

1. « Convocans omnem clerum praesente quoque suo corepiscopo David nomine, tractare cum eis diligenter coepit... » *Monumenta Germaniae, Script.*, IV, p. [152] ; déjà signalé et cité par M. Simson, p. 97.
2. *Gesta*, XXXII, XXXIV, p. 85, 95.
3. « Der Grundsatz des Ps. Damas. ... hat Anlass dazu gegeben, zu behaupten der Chorbischof von Le Mans sei wirklicher Bischof gewesen, sei von drei Bischofen geweiht worden. » Weizsäcker, p. 16.
4. Le nom et l'institution des chorévêques paraissent en Orient au IVe siècle, dans les conciles d'Ancyre, d'Antioche, de Sardique, de Laodicée (Viollet, *Histoire des institutions politiques et administratives de la France*, p. 348, note 4) ; — à Rome, pour la première fois, si je ne me trompe, en 747, dans une lettre du pape Zacharie, qui cite le concile d'Antioche (Jaffé, n° 1750 ; Ewald, n° 2277 ; Jaffé, *Bibliotheca rerum Germanicarum*, IV, p. 21) ; — chez les Saxons, de 753 à 755, uniquement dans les documents relatifs à saint Boniface, qui était en relations plus directes avec Rome qu'avec le clergé franc (Jaffé, *Bibliotheca rerum Germanicarum*, p. 232, 260, 463) ; — chez les Francs, enfin, seulement en 789, dans un texte de capitulaire, qui cite les conciles

a été connue au Mans un siècle plus tôt, c'est donc pour fournir encore au chorévêque du IXe siècle un précédent à invoquer. Sur ce chorévêque qui aurait vécu deux siècles avant lui, l'écrivain est d'ailleurs remarquablement bien informé. Il sait sa patrie et sa condition; c'était, dit-il, un enfant du pays, né dans un village du diocèse du Mans, de parents appartenant à la dépendance, *familia*, de l'église cathédrale. Son humble naissance lui valut le mépris des « nobles de la province, » qui tâchèrent d'en profiter pour dépouiller l'église qu'il gouvernait, mais le secours de Dieu lui permit de repousser leurs attaques :

Petrus Cenomannice partis parrochie temporibus Theodorici regis chorepiscopus et adjutor domni Aigliberti fuit... Prefatus namque Petrus natus ex ipsa parrochia fuit in villa qui dicitur Campaniacus [1] super fluvium Idoneę [2] et in familia matris et civitatis ecclesiae procreatus. Qui licet ignobilis esset genere, nobilis tamen erat moribus. Multas ergo impulsationes habebat a nobilioribus ejusdem provincie hominibus de rebus sibi commissis, propterea quia infirmus [3] (*lisez* intimus) erat genere. Deus autem, qui non elegit gentem sed mentem, in omnibus prestitit ei adjutorium qualiter non multas res perderet [4]...

Ou je me trompe fort, ou voilà un de ces passages dans lesquels

---

d'Antioche et d'Ancyre (Boretius, *Capitularia*, p. 54, c. 9) et qui a été inspiré « e canonum collectione Dionysiana, quam Hadrianus papa anno 774 Karolo Magno transmiserat » (*ibid.*, p. 53). — Les capitulaires de 742 et de 755 (Boretius, p. 25, c. 4; p. 35, c. 13) allégués par M. Viollet (*ibid.*, p. 349, note 1) parlent de *supervenientes ignoti episcopi* ou d'*episcopi vagantes qui parrochias non habent nec sciamus ordinationem eorum qualiter fuit*, que rien n'autorise à identifier avec les chorévêques. Sur de prétendus chorévêchés attribués sans fondement à la Gaule du IVe et du Ve siècle, voir *Annales du Midi*, V (1893), p. 139. Du Cange ne cite d'autre exemple de l'emploi du mot aux temps mérovingiens que ceux que lui ont fournis nos *Actus*. M. Loening (*Das Kirchenrecht im Reiche der Merowinger*) ne fait aucune mention des chorévêques. Il n'y a pas d'article CHOREPISCOPUS ni COREPISCOPUS dans l'*Index rerum* des *Concilia aevi Merovingici*, publiés cette année même (1893) par M. Maassen dans la collection des *Monumenta Germaniae historica* (in-4°). M. l'abbé Duchesne veut bien me dire qu'il tient, comme moi, l'institution pour entièrement inconnue en Gaule pendant toute la période mérovingienne. — En somme, la notion et le mot ont été empruntés à l'Orient par la cour de Rome vers le temps de Zacharie, à la cour de Rome par saint Boniface au milieu du VIIIe siècle, puis par Charlemagne à la fin du même siècle : le mot et la chose n'ont guère existé ensemble qu'à la fin du VIIIe siècle en Allemagne et au IXe en France.

1. Champagné (Sarthe).
2. L'Huisne, affluent de la Sarthe.
3. *Sic* dans les deux manuscrits.
4. *Vet. Anal.*, in-8°, III, p. 193.

un écrivain, sous le nom d'autrui, se peint lui-même. Ce chorévêque qui ne voit dans son ministère que la défense du temporel de son évêché, cet homme d'église qui ne demande à Dieu d'autre secours que le gain de ses procès, c'est notre auteur. Ce portrait, sans valeur pour le règne de Thierry III, est vrai si nous le transportons à sa vraie date, dix ou quinze ans après l'avènement de Charles le Chauve. Je n'affirmerais pas que le chorévêque d'Aldric fût né précisément, comme le prétendu chorévêque d'Aiglibert, à Champagné, sur la rivière d'Huisne; mais, comme lui, sans doute, il était du Maine, comme lui il était fils de parents sujets de la cathédrale, comme lui enfin il se piquait de montrer aux « nobles » de sa « province » que, pour être de basse naissance, il n'en savait pas moins défendre son bien.

Non seulement, pour l'auteur des *Actus*, le chorévêque peut légitimement exercer ses fonctions, à la seule condition qu'il ait été consacré par trois évêques; mais, en outre, il est pour le titulaire un successeur désigné, un coadjuteur : avec l'agrément du pouvoir, il peut lui succéder sans autre consécration. C'est, assure-t-il, ce qui s'était passé pour le chorévêque Mérolus, après la mort de l'évêque Hoding :

> Tunc vero Merolus chorepiscopus exhortante clero vel populo ad palatium properans interrogavit Angilramnum... regis archicapellanum quid facere deberet. Domnus itaque Angilramnus sciscitans de sua ordinatione reperit eum a tribus esse ordinatum episcopis et propterea canonice posse adimplere episcopale ministerium... Rex Francorum nullum inveniebat cui ipsum episcopatum ita desolatum dare aut commendare potuisset : cepit consilium ut predicto Merolo licet chorepiscopo, a tribus tamen episcopis supradicta conditione ordinato, ipsum episcopatum daret, quod et ita consultu fidelium suorum factum est. Inde vero domnus Merolus remeans et ad sepedictam parochiam Cenomannicam perveniens ibi studiosissime et gratanter episcopale peregit multo tempore condigne officium [1]...

Qu'on se représente l'état du diocèse du Mans pendant les dernières années du pontificat d'Aldric, l'évêque titulaire infirme et sentant sa fin prochaine, l'évêché administré par un chorévêque, et l'on se figurera sans peine l'intérêt de ce chorévêque à répandre la croyance à un précédent comme celui-ci. Chorévêque, c'était une situation précaire et hasardée, dans un temps où l'institution

---

1. *Vet. Anal.*, in-8°, III, p. 247, 248.

même était en butte à de si rudes coups. Mais, qu'une personne bien en cour procurât à notre chorévêque un mot de recommandation auprès du roi Charles, et il pouvait, à la mort d'Aldric, à l'exemple de Mérolus, devenir *de plano* le successeur de son diocésain.

Is fecit cui prodest. Les *Actus pontificum* ont été écrits par le chorévêque qui gouvernait l'évêché du Mans, dans les dernières années de l'épiscopat d'Aldric, au nom du titulaire malade et impotent.

Ce chorévêque était encore, à cette date, le même David, que nous avons vu installé en 836 et 837. On verra au paragraphe suivant que certaines chartes fausses, qui sont insérées aux *Actus* et dont la fabrication peut être attribuée à leur auteur, ont commencé à être connues vers 836. Le fabricateur était, au moment où il les produisait, investi d'une certaine autorité dans le diocèse, car il fit croire qu'il les avait trouvées dans les archives de l'évêché ; ces archives lui étaient donc ouvertes. Or, c'est précisément en 836 que nous trouvons la première mention du nom de David avec la qualité de chorévêque. En outre, le catalogue des évêques du Mans, qui figure en tête du manuscrit des *Gesta Aldrici*[1], contient à côté de la liste des évêques celle des chorévêques ; le nom de David y est inscrit le dernier ; il n'a donc pas eu de successeur, et lui seul pouvait être encore en fonctions à l'époque où les Fausses Décrétales parurent et amenèrent à bref délai, en tout pays, l'abolition du chorépiscopat.

Si l'on songe au caractère suspect de ses récits en général, et de ce qu'il dit des chorévêques en particulier, on est en droit de penser qu'en réalité le dernier chorévêque du diocèse du Mans en était probablement aussi le premier. Le chorépiscopat était d'un usage plus ordinaire et mieux admis par l'opinion dans l'est de la monarchie franque, dans l'Allemagne actuelle, que dans notre France [2] ; c'est peut-être parce qu'Aldric était Saxon qu'il eut

---

1. Froger, *Gesta*, p. xxi ; Duchesne, *Anciens Catalogues épiscopaux*, p. 36.
2. Les attaques contre les chorévêques sont venues de France (Weizsäcker, p. 28). L'institution a été défendue par l'Allemand Hraban Maur, abbé de Fulda, puis archevêque de Mayence, qui était habitué à la voir fonctionner normalement autour de lui (*Ibid.*, p. 27). C'est peut-être pour cela que le pseudo-Isidore a tenu à donner à sa compilation des Fausses Décrétales une fausse origine mayençaise : les coups qu'il dirigeait contre les chorévêques auraient plus de portée, s'ils paraissaient venir du pays même où ceux qu'on attaquait cherchaient et trouvaient des défenseurs.

l'idée d'introduire au Mans cette institution de son pays inconnue avant lui.

Quant à l'hypothèse de M. Simson, si on la réduit à attribuer les Fausses Décrétales, non à l'auteur même des *Actus*, mais simplement à l'entourage de l'évêque Aldric, les considérations qui précèdent ne lui ôtent rien de sa vraisemblance, tout au contraire. La haute position que le chorévêque David avait su conquérir dans le diocèse, à la faveur de l'infirmité de son maître, n'avait pu manquer d'éveiller des jalousies dans le clergé manceau. Si c'est un clerc du Mans qui a fait les Fausses Décrétales, le désir d'ébranler la situation d'un rival envié suffit peut-être à expliquer les attaques dirigées contre la dignité dont celui-ci était revêtu.

En fait de sources écrites, l'auteur des *Actus pontificum* n'a guère connu que des pièces d'archives ; il en sera question au paragraphe suivant. Ses lectures historiques se réduisent à peu de chose, aussi bien sur l'histoire générale que sur celle de son diocèse. Il n'a qu'une notion fort confuse de la chronologie des empereurs romains ; il fait vivre saint Julien à la fois sous le pontificat de saint Clément (88-97) et sous les empereurs Dèce [1] (249-251), Nerva (96-98) et Trajan (98-117); ses compagnons Turibe et Pavace, l'un sous Antonin (138-161), l'autre sous Maximin (235-238) et sous Aurélien (270-275); Liboire, successeur immédiat de Pavace, *qui et post ejus obitum electus a populo et sacratus est episcopus*, et évêque pendant [quarante-neuf] ans, « annos undequinquaginta », sous Constantin (306-337) et sous Valentinien (364-375), etc. Il n'a pas connu les ouvrages de Grégoire de Tours, où il aurait trouvé, sur l'histoire des évêques du Mans au VIe siècle, plusieurs faits qui lui ont échappé ; il n'a su ni le miracle attribué à Victurius, pendant un incendie de la ville du Mans [2] ; ni le vrai nom de l'évêque Innocent, qu'il appelle Innocens, au lieu d'Innocentius [3] ; ni la durée de l'épiscopat de saint Domnole, qu'il évalue à quarante-six ans, au lieu de vingt-deux [3] ;

---

1. On serait tenté, à l'exemple du rédacteur du catalogue du XIIe siècle (ci-après, p. 342), de voir là un simple lapsus et de remplacer ce nom par celui de Domitien, si l'on ne se rappelait qu'une tradition assez répandue, qui a son origine première dans un passage de Grégoire de Tours (*Hist. Franc.*, I, 30 ; édit. Arndt et Krusch, p. 47, 48), faisait remonter au temps de Dèce l'origine de plusieurs églises de Gaule.
2. *Gloria confessorum*, 55; Arndt et Krusch, p. 780.
3. *Historia Francorum*, VI, 9 ; Arndt et Krusch, p. 254 ; ci-dessus, p. 307, note 3.

ni le fait que Domnole avait été abbé de Saint-Laurent de Paris [1], fait qui explique le choix de saint Laurent comme second patron du monastère de Saint-Vincent, fondé par cet évêque; ni l'existence de l'évêque Badégisil [2]; ni le titre précis, *archidiaconus*, de la charge remplie dans le clergé de Paris par saint Bertrand, dont les relations avec saint Germain de Paris ne lui sont connues que par le testament du premier, « conversatus, dit-il, cum domno Germano insigni Parisiacae urbis episcopo et ab eo edoctus atque *in quibusdam sacerdotalibus gradibus* est ordinatus et spiritualiter instructus »; ni la date de l'épiscopat du même Bertrand, qu'il fait commencer sous Chilpéric, tandis qu'il ne commença que sous Clotaire II en 586 ou 587 [3]. Il a dû connaître les actes du concile d'Orléans de 511; c'est là qu'il aura pris le nom de l'évêque Principe. Peut-être a-t-il connu aussi le testament de saint Remi; malheureusement, cette pièce, fort intéressante en elle-même, mais fort étrangère à son sujet, ne lui a fourni que l'occasion de commettre une grosse erreur, en confondant Principe, évêque du Mans, avec son homonyme, le frère de saint Remi, évêque de Soissons. Les quelques vies de saints manceaux qui existaient de son temps, ne concernant guère que des personnages de l'ordre monastique, lui ont fourni peu de chose pour l'histoire des évêques [4].

A-t-il eu à sa disposition un ancien catalogue des évêques du Mans? Cela n'est pas probable.

Les anciens catalogues épiscopaux du diocèse du Mans ont été publiés et étudiés, avec ceux des autres diocèses de la province de Tours, par M. l'abbé Duchesne [5]. Le savant académicien a montré que, pour les évêques du Mans, les diverses rédactions connues se ramènent à deux catalogues primitifs, dont l'un nous a été conservé en tête du manuscrit des *Gesta Aldrici* [6], l'autre en tête du plus ancien manuscrit des *Actus*, le nº 224 du Mans [7]. Tous deux, selon lui, sont du IXe siècle et de l'auteur des *Actus pontificum*. Il faut accepter ce jugement pour le premier catalogue, celui du manuscrit des *Gesta Aldrici*. Quoique l'exemplaire

---

1. [Voir, pour les références, la dernière note de la page précédente.]
2. *Ibid.*, VI, 9, p. 255, et VIII, 39, p. 352.
3. *Ibid.*, VIII, 39, p. 352.
4. Comparez *Vet. Anal.*, in-8°, III, p. 150, et *Analecta Bollandiana*, III (1884), p. 159 et suiv., etc.
5. *Les anciens catalogues épiscopaux de la province de Tours* (1890), p. 35-51.
6. Froger, p. XXI; Duchesne, p. 36.
7. *Vet. Anal.*, in-8°, III, p. 46-50; Duchesne, p. 41.

qui nous en est parvenu ait été écrit au xi° siècle et que la série des évêques y ait été continuée jusqu'à cette date [1], la rédaction première remonte sûrement au temps d'Aldric, car son nom y est inscrit en ces termes : « Domnus Aldricus episcopus. Feliciter multa vivat per tempora. » L'autre rédaction, celle du manuscrit 224, est probablement bien moins ancienne. C'est une copie revisée de la liste précédente, qu'on a corrigée en s'appliquant d'abord à la mettre d'accord pour l'ordre des noms avec le récit des *Actus*, ensuite à rectifier certaines erreurs des *Actus* eux-mêmes. L'évêque Badégisil, qui manquait dans le catalogue comme dans les *Actus pontificum*, a été rétabli, avec l'indication de la durée de son pontificat, cinq ans; le nom et le chiffre n'ont pu être pris que dans Grégoire de Tours, que l'auteur des *Actus* n'avait pas connu. La mention de saint Julien a été copiée sur le titre du premier chapitre des *Actus*, mais avec une ingénieuse correction, *Domiciani* pour *Decii*, qui a fait disparaître à la fois un gros anachronisme et une trace caractéristique du mélange des traditions disparates auxquelles avait puisé l'écrivain [2]. Certains évêques ont reçu la qualification de saint, *beatus*, et de ce nombre est Aldric, ce qui n'a pu être fait qu'un certain temps après sa mort. — Sur le catalogue du manuscrit des *Gesta Aldrici*, une seconde liste, placée après le nom d'Aldric, en marge de celle des évêques, donne les noms de cinq chorévêques, dont quatre sont connus par les *Actus*, *Petrus* (chorévêque sous Aiglibert), *Seutfredus*, *Desideratus* et *Bertodus* (tous trois sous Gauziolen) ; le cinquième est le *fac-totum* d'Aldric, l'auteur (selon l'opinion exposée ci-dessus) des *Actus pontificum*, le chorévêque *David*. Ces cinq noms se retrouvent sur le catalogue du manuscrit 224, mais là, au lieu d'en former une liste à part, on a associé chaque nom de chorévêque à un nom d'évêque, et cela d'une façon fantastique, si bien qu'on a vieilli chacun d'eux d'environ deux cents ans. Pierre, le chorévêque réel ou prétendu d'Aiglibert (vii° siècle), a été placé au temps de saint Principe [3]

---

1. [Ci-dessus, p. 275, note 2.]
2. Voir ci-dessus, p. 340, n. 1.
3. Il a été, sans doute par l'effet d'une retouche postérieure, rajouté une seconde fois, à sa vraie place : « Dominus Aiglibertus episcopus... In cujus tempore Petrus fuit corepiscopus. » — Le second catalogue a dû être connu de l'auteur de la vie de saint Principe, publiée par les Bollandistes, où on lit : « Cessavit episcopium post ejus obitum aliquo tempore propter praedictam perturbationem, et ingentem quae grassabatur seditionem. Interea sedit chorepiscopus quidam nomine Petrus. » (*Vita Principii*, c. 5, *Acta Sanctorum septembris*, V, p. 331.)

(v⁰ siècle). Seutfred ou Scienfrid, Désiré et Bertod, chorévêques de Gauziolen, au VIII⁰ siècle, ont été mis sous Innocent, Domnole et Badégisil, au VI⁰ ¹. David, enfin, qui vivait au IX⁰ siècle sous Aldric, a été reculé au VII⁰ siècle au pontificat de Béraire. Il est clair qu'on a copié un catalogue où les noms des chorévêques figuraient en marge et qu'on a mal à propos fait passer cette marge dans le texte. Le catalogue qui présentait cette disposition ne pouvait être guère qu'un autre exemplaire de celui que nous a conservé le manuscrit des *Gesta Aldrici*. Mais, pour que, en le copiant, on ait pu se tromper au point de placer sous Béraire le chorévêque d'Aldric, il fallait que le souvenir de celui-ci fût depuis longtemps déjà effacé. — Enfin, des deux recueils de catalogues épiscopaux formés au moyen âge à Saint-Aubin d'Angers et décrits par M. l'abbé Duchesne, le plus ancien, celui du XI⁰ siècle (Vatican, *Regin.* 465), reproduit la liste du manuscrit des *Gesta Aldrici*, tandis que celle du manuscrit 224 a servi de base seulement au second recueil de Saint-Aubin, formé au XII⁰ siècle (Bibl. nat., latin 4955, et Vatican, *Regin.* 450 et 711), et au catalogue de Robert de Torigni, dressé à la même époque. On se rappelle, d'ailleurs, que le catalogue du manuscrit 224 s'arrête de première main à l'année 1135 ². De tout cela, on peut, je crois, tirer cette conclusion probable que, jusqu'au XI⁰ siècle, il n'existait d'autre catalogue des évêques du Mans que celui dont la transcription figure en tête du manuscrit des *Gesta Aldrici*; au XII⁰ siècle seulement, en même temps qu'on s'occupait de continuer et de transcrire les *Actus pontificum* ³, on

1. Le premier de ces trois chorévêques, vrais ou fabuleux (plus probablement fabuleux), appelé *Seutfredus* dans le premier catalogue, *Seienfridus* dans le second, *Scienfredus* dans l'édition de ce dernier donné par Mabillon, a eu une destinée singulière. Le pseudo-Fauste (Wattenbach, *Deutschlands Geschichtsquellen*, 5⁰ Auflage, 1886, II, p. 471) publié dans les *Acta Sanctorum ordinis S. Benedicti* [tome I, p. 274-298], connaissant mal la chronologie des évêques du Mans, a placé [p. 289], Domnole après Bertrand, qui fut en réalité son second successeur. Mabillon reconnut l'erreur; mais, comme de son temps on croyait à l'authenticité du pseudo-Fauste, il ne trouva d'autre ressource que de supposer une altération dans le texte : il proposa hypothétiquement de substituer au nom de [Bertchramn] celui d'Innocent, et à celui de [Domnole] celui de Scienfred, qui, d'après son catalogue, lui paraissait contemporain d'Innocent. L'auteur de l'*Histoire de l'église du Mans*, Dom Piolin, a pris cette conjecture sans valeur pour un texte authentique; il a non seulement donné place à Scienfred dans sa liste des évêques, mais consacré un chapitre spécial [ou du moins une division de chapitre] au récit de son épiscopat [t. I, p. 239-246].

2. Ci-dessus, p. 322-323; Duchesne, *les Anciens Catalogues*, p. 40.

3. Ci-dessus, p. 322-323.

s'avisa de faire disparaître les fautes qui semblaient déparer ce catalogue, notamment les contradictions qu'il offrait avec le récit des *Actus*, et l'on en établit un texte revu et corrigé ; ce texte, arrêté au XII° siècle, est celui que nous offre le manuscrit n° 224 de la bibliothèque du Mans.

Revenons au catalogue du manuscrit des *Gesta Aldrici*. On vient de voir qu'il a été dressé au temps d'Aldric. On peut ajouter sûrement, avec M. l'abbé Duchesne, que son rédacteur n'est autre que l'auteur des *Actus pontificum*. Le texte qu'il a mis en tête est comme sa signature : « Nomina episcoporum Cenoman; in urbe degentium, » comme en tête des *Actus* : « Incipiunt actus pontificum Cenomannis in urbe degentium, » comme en tête du chapitre supplémentaire des *Actus* conservé dans le manuscrit des *Gesta Aldrici* : « In hac scedula que de quibusdam actibus pontificum Cenomannica in urbe degentium... conscripta esse dinoscitur. » La durée de chaque pontificat est indiquée dans le catalogue comme dans les *Actus*. Les chiffres, à part quelques variantes insignifiantes, sont les mêmes de part et d'autre, et sont de part et d'autre, M. Duchesne en a donné des preuves multiples et convaincantes [1], complètement en désaccord avec la vérité historique. Enfin, si les noms des évêques et l'ordre où ils se suivent ne sont pas toujours les mêmes dans le catalogue et dans les *Actus*, les dissidences portent sur des détails dont l'auteur des *Actus* lui-même ne se montre pas bien certain, et à propos desquels son ouvrage porte la trace de ses hésitations. Par exemple, le septième évêque, successeur de Victurius et prédécesseur d'Innocent, est appelé dans le catalogue Sévérius, dans les *Actus*, où un chapitre entier lui est consacré, Principius ; mais, au chapitre suivant, celui d'Innocent, l'écrivain a laissé échapper ces mots : « Ipse namque post beati viri Severiani antecessoris sui transitum, » reste d'une première rédaction où l'évêque portait à peu près le même nom que dans le catalogue, et que l'écrivain a oublié de faire disparaître quand il s'est décidé à changer le nom de l'évêque en question [2]. De même, le catalogue donne, après l'évêque Aiglibert, un Béraire II, qui n'a pas de biographie dans les *Actus* (et qui par suite ne se retrouve pas dans les listes postérieures, telles que celle du manuscrit 224) ; après Aiglibert, les *Actus* donnent tout de suite Herlemond ;

---

1. *Les Anciens Catalogues épiscopaux*, p. 49.
2. Cette remarque est due à M. l'abbé Duchesne (p. 45).

mais le chapitre consacré à celui-ci commence par ces mots, reste d'un temps où l'historien croyait encore à l'existence du second Béraire : « Domnus Herlemundus Cenomannicae urbis episcopus, natione Francus, nobilibusque ex parentibus natus et successor posterioris domni Berarii... » Le catalogue est donc comme un brouillon ou un canevas des *Actus*, une note où l'auteur a jeté les premiers traits de l'histoire des évêques du Mans, traits qu'il a parfois rectifiés ensuite en rédigeant son ouvrage, mais sans prendre assez de soin de faire disparaître toutes les traces de ses pensées premières [1].

« D'après ce qui vient d'être dit, écrit M. l'abbé Duchesne [2], le catalogue manceau remonte, en dernière analyse, à un auteur ancien, mais fort suspect, celui des Actes des évêques du Mans. Cependant, on n'est pas fondé à croire qu'il ait, en ce qui regarde les noms et la suite des évêques, falsifié la tradition, s'il y en avait une. Il a, sans doute, inventé la plupart des choses qu'il raconte à propos de ces prélats; mais il n'avait aucune raison d'imaginer de toutes pièces une liste épiscopale, si surtout il en existait déjà une... Tout se réduit donc à savoir s'il existait au Mans, avant lui, une liste des évêques. On ne peut le démontrer directement. Cependant, l'analogie offerte par les listes épiscopales de Tours, d'Angers, de Nantes, pour ne rien dire des églises d'autres provinces, permet de croire qu'au Mans aussi on possédait ce minimum d'histoire épiscopale, et qu'ainsi l'auteur de tant de pièces apocryphes n'a pas eu à inventer celle-là. » Je crains que cette conclusion ne soit trop optimiste, et que la chronologie épiscopale de l'auteur des *Actus pontificum*, telle qu'il l'a donnée, soit dans son catalogue, soit dans son grand ouvrage, ne repose beaucoup plus sur l' « invention » que sur la tradition.

Un catalogue traditionnel aurait été un catalogue exact. A Tours, à Angers, à Nantes, pour prendre les trois cités alléguées en exemple par M. l'abbé Duchesne, toutes les vérifications historiques par lesquelles on a pu contrôler les anciens catalogues en ont confirmé la véracité. S'il s'est glissé çà et là quelques erreurs, ce sont des interpolations de noms ajoutés aux listes, mais on ne voit pas que celles-ci, sous leurs formes les plus anciennes, aient jamais omis aucun des noms qu'elles auraient dû contenir, ou brouillé l'ordre de ceux qu'elles donnaient. Dans

---

1. Cf. Duchesne, *ibid.*, p. 45, 2ᵉ alinéa.
2. *Ibid.*, p. 48.

le catalogue du Mans, il manque au moins deux évêques dont l'existence est certaine, Principe, qui a signé les actes du concile d'Orléans en 511, et Badégisil, qui, selon Grégoire de Tours, fut évêque de 581 à 586. Le même catalogue met le nom de Bertrand après ceux d'Hadoind et de Béraire, tandis qu'il résulte de Grégoire de Tours que Bertrand succéda immédiatement à Badégisil en 586, et, de divers actes authentiques, qu'il fut évêque avant Hadoind, à plus forte raison avant Béraire.

Sur ce dernier point, ainsi que sur l'épiscopat de Principe, l'auteur du catalogue et des *Actus* a, dans son second travail, rectifié à propos les erreurs du premier. L'érudit du IXe siècle aurait donc eu raison contre la tradition. Mais un érudit du IXe siècle ne l'aurait pas pris aussi librement avec la tradition, s'il en avait existé une. Les catalogues épiscopaux avaient, dans le haut moyen âge (M. Delisle en a donné la preuve [1]), un emploi liturgique; on récitait à l'office la liste des évêques, afin d'associer nommément chacun d'eux au bénéfice des prières des fidèles et du clergé. Si un catalogue consacré par un pareil emploi avait existé au Mans au IXe siècle, notre auteur se serait-il permis de rejeter son témoignage? S'il avait été de règle, jusqu'à lui, de prier pour un évêque Sévérius, successeur de Victurius et prédécesseur d'Innocent, aurait-il osé biffer ce nom de la liste sainte? Non, sans doute; nous sommes ici en présence d'un auteur qui retouche son œuvre, et qui la retouche librement, parce qu'elle est toute de lui et qu'elle ne repose sur aucune tradition antérieure et consacrée.

Sévérius n'est pas le seul prélat qui n'ait paru sur les listes des évêque du Mans que pour en disparaître presque aussitôt. Dans les martyrologes d'Allemagne, on trouve un certain saint Gundanisolus, dont le nom est associé, sous la date du 24 juillet, à ceux des saints Pavace et Turibe; tous trois sont qualifiés d'évêques du Mans et confesseurs : « Cenomannis depositio sanctorum Pavacii, Turibii et Gundanisoli episcoporum praefatae urbis et confessorum [2]. » Le même nom se rencontre aussi, paraît-il, dans la liturgie de quelques églises françaises, mais non dans celle de la cathédrale du Mans [3]. Dans les deux grandes

---

1. *Histoire littéraire*, XXIX, p. 387.
2. *Acta Sanctorum julii*, V, p. 398, n° 16; *Patrologia latina*, CXXIV, col. 294-295.
3. Piolin, *Histoire de l'église du Mans*, I, p. CXXVII, CXXVIII.

compilations historiques mancelles, *Gesta Aldrici* et *Actus pontificum*, il n'en est fait aucune mention. Comment expliquer la destinée singulière de ce saint évêque du Mans, honoré en Allemagne et ignoré dans sa propre cathédrale? On sait qu'au commencement de son épiscopat Aldric fit don à l'église de Paderborn des reliques d'un de ses prédécesseurs, saint Liboire ; nous avons un récit du voyage des clercs de Paderborn qui vinrent au Mans recevoir le corps saint des mains de l'évêque Aldric et du chorévêque David, et le rapportèrent dans leur pays. Ils disent qu'on les mena dans une église où se trouvaient les corps d'un grand nombre de saints et particulièrement d'évêques du Mans, et qu'on préleva sur cet ensemble, pour les en gratifier, outre le corps de saint Liboire, des reliques de saint Pavace et de saint Gundanisolus :

> Processit ex urbe ad aecclesiam in qua sacratissimum beati Liborii corpus digno cum honore conditum habebatur. Erat autem eadem aecclesia juxta civitatem posita et in honore duodecim apostolorum dedicata, quam primus ejusdem sedis presul nomine Julianus condidisse fertur... Erant autem in eodem loco aliorum quoque membra sanctorum in sarcofagis honeste recondita, maxime episcoporum civitatis illius, ex quibus tunc simul cum beati Liborii corpore datae sunt reliquiae Pavacii videlicet atque Gundanisoli [1]...

Ce sont évidemment ces envoyés de Paderborn qui ont rapporté en Allemagne le culte de saint Gundanisolus, où il s'est répandu en même temps que celui de saint Liboire [2]. En 836, on leur avait dit, au Mans, que c'était un des évêques de cette ville. En 840, quand furent écrits les *Gesta Aldrici* (où sont mentionnés à plusieurs reprises les noms et les reliques des premiers évêques et des principaux saints du diocèse), on ne prononçait déjà plus ce nom au Mans ; on avait cessé de croire à l'évêque Gundanisolus, comme on cessa, sous Aldric aussi, de croire à l'évêque Sévérius ou Sévérianus. L'évêque Principe, découvert après coup, prit la place de Sévérius ; Gundanisolus ne fut pas remplacé.

---

1. *Monumenta Germaniae, Script.*, IV, p. 152. — La fin de la phrase, avec le nom de Gundanisolus, manque dans l'édition du même texte donnée par les Bollandistes (*Acta Sanctorum, julii*, V, p. 418).
2. [Ici l'auteur avait mis en note : *Voyez...*, et, pour lui-même, inscrit en marge : *Livre allᵈ sur Liboire*. Il s'agit peut-être de C. Mertens, *Der heil. Liborius, sein Leben, seine Verehrung, und seine Reliquien, nach gedruckten und ungedruckten Quellen* (Paderborn, 1873, in-8°, VIII-343 p., 4 pl.).]

Tout ceci témoigne de beaucoup de confusion et d'incertitude. Le diocèse où l'on défaisait et refaisait ainsi la nomenclature épiscopale ne possédait sûrement pas une liste traditionnelle. L'église du Mans n'avait pas d'histoire, et elle cherchait à s'en faire une. Ce fut le chorévêque David qui se chargea de ce soin ; il fit d'abord le catalogue, plus tard l'ouvrage suivi. Dans cette entreprise où il n'avait pas de devancier, des hésitations étaient inévitables ; on vient d'en voir les traces. Parmi les personnages que le catalogue et les *Actus* s'accordent à donner pour les plus anciens évêques du Mans, il en est deux seulement pour qui ce dernier ouvrage fournit une durée chronologique précise : la date de la mort, indiquée par le mois, le jour et les consuls de l'année. Ce sont Turibe, le second évêque, successeur immédiat, assurent-ils, de saint Julien, et Victurius, le sixième évêque, prédécesseur de Principe :

Hic (Turibius) sedit in predicta sede annos V, menses VI, diesque XVI, qui ut fertur martyrio vitam finivit ac obiit XVI kl. maias P. C. Viatoris II. V. C. C. [1] et sepultus est a discipulis suis honorifice ultra fluvium Sartę in aecclesia Apostolorum...

Obiit ergo predictus vir beatus Victurius kl. septembris, plenus dierum, Fausto juniore et Longino bis consl. [2]. Meruit autem in pace migrare et ad Xpistum pervenire, et inter catervas sanctorum Dei collocari...

Ces indications doivent être exactes, car les deux formules de dates consulaires sont correctes ; elles répondent, la première à 496 ou 497, la seconde à 490. Notre auteur, que nous avons vu si ignorant en chronologie romaine, était incapable de les inventer ; il faut qu'il les ait copiées sur un monument plus ancien.

---

1. C'est-à-dire *post consulatum Viatoris iterum* (ou *bis*) *viri clarissimi consulis* (497) ; à moins qu'on ne préfère lire (le mot *iterum* étant mal placé, et les deux lettres *ii* pouvant bien être une faute de copie pour *u*) : *post consulatum Viatoris VV. CC.*, ce qui donnerait 496. Les inscriptions offrent d'assez nombreux exemples du redoublement des lettres V. C., même après le nom d'un seul consul.

2. Ce sont les consuls de 490. Comme veut bien me le faire remarquer M. l'abbé Duchesne, cet exemple est le seul où la date se présente sous cette forme : dans les autres textes connus, ou Faustus est nommé seul, ou Longin est nommé le premier et Faustus le second (*Corpus inscr. latin.*, V, nos 5210, 5656, 5731 ; XII, n° 2058). Mais en cela, comme le fait remarquer M. Mommsen, ces textes violent la règle ordinaire : c'est Faustus qui devait être nommé le premier (*Neues Archiv*, XIV, 1889, p. 237). Ce sont donc les autres exemples connus qui constituent des anomalies, et celui-ci est normal.

Mais, si les dates sont exactes, la série chronologique donnée par le catalogue et répétée par les *Actus* ne peut l'être, car l'évêque mort en 496 ou 497 est le second de cette série, et l'évêque mort en 490 en est le sixième : le successeur aurait précédé de quatre rangs son prédécesseur [1] ! La chronologie du catalogue et des *Actus* est donc de fantaisie; par conséquent, elle n'est pas traditionnelle.

Ceci permet en même temps de deviner à quelle source, à défaut d'une ancienne liste d'évêques, a pu puiser l'auteur qui nous occupe. En l'absence d'autre document écrit, les dates de la mort de Victurius et de la mort de Turibe n'ont pu être fournies que par leurs épitaphes.

Le chorévêque David, pour se faire historien, s'était donc fait d'abord épigraphiste. Il avait compulsé les inscriptions anciennes, afin d'y recueillir les éléments de la liste épiscopale qu'il tentait de reconstituer. L'occasion de ces recherches lui avait été offerte assez naturellement; Aldric, dans ses *Gesta*, mentionne des fouilles qu'il avait fait faire pour retrouver les sépultures de ses prédécesseurs et qui amenèrent, en effet, la découverte des corps de plusieurs d'entre eux :

Prescriptus quippe Aldricus jamdictę urbis episcopus venerabilis invenit quędam corpora sanctorum vi que in desertis ęcclesiis valde divinis officiis et luminaribus atque reliquis divinis cultibus negligebantur, que una cum consilio consacerdotum suorum in gremio sue sedis ęcclesię et in confessione senioris ejusdem ęcclesię altaris decenter et rationabiliter collocavit, id est corpus sancti Juliani prefatę urbis episcopi et predicatoris primi, et sancti Turibii predicti episcopi Juliani successoris, sanctique Pavatii jamdictę urbis tercii episcopi et predicatoris obtimi, seu sancti Romani sacerdotes precipui et ut fertur nepotis sancti Juliani et Romanę ecclesię ministri... atque sanctę Tenestinę precipue virginis... sed et sanctę Adę que et Adrehildis alio nomine nominatur..., et partem corporis sancti Liborii supradictę urbis quarti episcopi et confessoris optimi, et maximam partem corporis sancti Haduindi [2].

---

1. Quelques modernes (Coulomb, Cauvin, Piolin) ont imaginé de dédoubler Turibe et d'en faire deux évêques différents : saint Turibe Ier, successeur de Julien, et Turibe II, successeur de Victurius, mort en 497. C'est un expédient commode pour grossir à peu de frais le catalogue des évêques ; mais c'est substituer l'arbitraire à la critique.

2. *Gesta*, XLIV, p. 124. — Saint Liboire et saint Hadoind ne comptent pas dans le nombre de six annoncé au début du paragraphe, parce que leurs corps ne furent pas retrouvés entiers.

Ainsi, les saints qui auraient dû être l'objet de la vénération particulière des Manceaux, les premiers évêques de leur cité, étaient, quand vint Aldric, abandonnés dans des églises « désertes », sans offices, sans culte, sans luminaire. Rien d'étonnant à ce qu'on ne se fût pas non plus mis en peine d'en conserver et d'en tenir à jour le catalogue. Dans ces églises désertes où ils gisaient à l'abandon, leur présence n'était même pas connue, et Aldric eut à les y « découvrir », *invenit*. S'il les découvrit, à quoi donc les reconnut-il? A des épitaphes, sans doute, que l'on dut trouver en même temps que les corps. C'est sur ces épitaphes qu'on lut et qu'on apprit pour la première fois à connaître les noms de Turibe, de Pavace, de Liboire, noms entièrement ignorés jusqu'alors [1]; c'est là aussi, apparemment, qu'on crut un moment déchiffrer ceux de Sévérius, de Gundanisolus, puis de Romain, hypothèses fugitives qu'on abandonna presque aussitôt. Notre auteur, — le chorévêque David, si l'on admet les conclusions développées plus haut, — se chargea de recueillir ces noms et d'en composer un catalogue épiscopal. Il mit en tête saint Julien, dont le nom lui était connu par celui d'un monastère du diocèse, où l'on honorait son tombeau [2]; peut-être la tradition qui désigne ce saint comme le premier évêque et l'évangélisateur du Maine existait-elle déjà et n'eut-il qu'à la suivre. Parmi les autres, Turibe avait une épitaphe qui donnait, non seulement une date consulaire (indication indéchiffrable pour notre auteur, mais d'apparence très vénérable), mais aussi la durée de son épiscopat, cinq ans et une fraction [3]. Cette brève durée était propre à faire naître l'hypothèse d'une vie courte, d'une mort violente, du martyre; il n'en fallait pas davantage pour suggérer l'idée de placer Turibe à l'époque païenne et d'en faire, par suite, le successeur immédiat

---

1. Les anciens martyrologes ne connaissent qu'un seul nom de saint, évêque du Mans : saint Victurius ou Victorius, honoré le 1er septembre (communication verbale de M. l'abbé Duchesne; cf. *Acta Sanctorum martii*, II, p. xxx; *Acta Sanctorum julii*, V, p. 537; Migne, CXXIII, col. 703, etc.). — *Panacius* (sic), évêque du Mans, est mentionné dans la Vie de saint Gervais de Chalon (*Acta sanctorum julii*, II, p. 314); mais la même Vie prétend que, sous son épiscopat, la cathédrale du Mans était déjà dédiée à saint Gervais, détail qui rend tout le récit très suspect. Les *Actus* (ch. VIII) ne font remonter le culte de saint Gervais au Mans qu'à l'épiscopat de saint Victurius.

2. « Et monasteriolum sancti Juliani in quo ipse requiescit in corpore. » Charte de Louis le Pieux, mardi 31 décembre 832; Mühlbacher, n° 883; *Gesta*, XI, p. 36.

3. Les deux catalogues disent 5 ans et 16 jours, les *Actus* 5 ans, 6 mois et 16 jours.

de saint Julien. Ainsi seulement peut s'expliquer la haute antiquité indûment attribuée à ce prélat de la fin du v° siècle [1]. Les autres, Pavace, Liboire, Sévérius, durent être placés, on peut le craindre, un peu au hasard. Le compilateur y joignit Victurius, le seul des évêques de ces premiers temps dont la tradition eût gardé le souvenir [2]; soit d'après quelque autre tradition (dont la trace ne nous serait pas parvenue autrement), soit simplement de son chef et pour grossir sa liste, il le dédoubla en deux personnages, quasi-homonymes, le père et le fils, selon lui, Victurus et Victurius. Il sentait, d'ailleurs, si bien le peu de solidité de son édifice que, lorsqu'il eut besoin d'une place pour y insérer Principe, découvert après coup [3], il ne se fit pas scrupule de supprimer purement et simplement Sévérius, qui occupait jusque-là le rang assigné au nouvel arrivant. Il atteignit tant bien que mal, par ces expédients, l'époque où des noms d'évêques lui étaient fournis par des pièces d'archives, Innocent, Domnole, Bertrand, Hadoind, etc.; il inscrivit ceux-ci d'après le témoignage des chartes, non sans se tromper d'abord quelque peu sur l'ordre de leur succession. La durée des fonctions de chaque évêque lui était inconnue (sauf pour Turibe); comme la liste était trop courte pour remplir le temps écoulé depuis l'époque apostolique, à laquelle il voulait faire remonter la fondation de l'évêché, il attribua à la plupart des prélats un épiscopat aussi long que possible, quarante à cinquante ans chacun.

Si les noms des premiers évêques avaient été conservés par la tradition du diocèse, cette tradition aurait probablement conservé aussi le souvenir du jour de la mort de chacun d'eux; car les premiers évêques, dans la plupart des diocèses, ont été de bonne heure honorés comme des saints, et la mémoire des saints se célèbre le jour anniversaire de leur mort. Or, les martyrologes d'Allemagne mettent la mort de saint Liboire au 23 juillet [4], et sa vie, écrite à Paderborn, assure qu'il mourut ce jour-là [5]; les

---

1. Dans les martyrologes allemands cités ci-dessus (p. 346), le nom de Pavace précède celui de Turibe. Ces martyrologes représentent donc l'état de la tradition à un moment où Turibe n'avait pas encore reçu le rang d'ancienneté qu'il occupe aujourd'hui.
2. Ci-dessus, p. 350, note 1.
3. Sans doute d'après le concile de 511, cité plus haut.
4. Migne, *Patrologia latina*, CXXIV, col. 289-292. [En marge : *Livre all^d sur Liboire*. Voir ci-dessus, p. 347, n. 2.]
5. « Decimo kalendarum augustarum die laetus migravit ad Dominum. » *Acta Sanctorum julii*, V, p. 413, c. 17.

Actus pontificum disent qu'il mourut le 9 juin. Les mêmes martyrologes placent au 24 juillet la commémoration collective des saints Pavace, Turibe et Gundanisolus [1] ; les *Actus*, qui ignorent Gundanisolus, font mourir Pavace le 24 juillet, Turibe le 16 avril. — Voici, à cet égard, ce qu'on peut conjecturer. A côté de la commémoration de saint Liboire le 23 juillet, des saints Pavace et Turibe (et Gundanisolus) le 24, on trouve dans les martyrologes une fête de la translation de saint Julien le 25 juillet [2] ; n'y a-t-il pas entre ces trois fêtes consécutives une relation étroite? Nous apprenons par les *Gesta Aldrici* qu'Aldric avait tiré les corps des premiers évêques, y compris Julien, de plusieurs églises abandonnées, *desertis ecclesiis* [3] ; nous apprenons, par la relation du voyage des clercs de Paderborn au Mans, qu'en 836 tous étaient réunis dans une même église, celle des Douze-Apôtres [4], située sur la rive droite de la Sarthe; Aldric les y avait donc fait transporter. Ces translations, se faisant de plusieurs églises différentes, avaient dû se faire en plusieurs jours; mais rien n'empêche de supposer qu'on avait choisi plusieurs jours consécutifs. On peut supposer que ces jours furent le 23, le 24 et le 25 juillet. Pour Julien, dont la fête principale (27 janvier) était apparemment déjà fixée par le culte qu'on lui rendait dans son ancienne église, l'anniversaire de la translation constitua une fête secondaire; pour les autres, dont on ne savait rien, on dut convenir que le jour de la translation serait celui de la fête principale.

Tel était l'usage que les clercs de Paderborn trouvèrent suivi au moment de leur visite au Mans, en 836 ; mal instruits de ces détails, ils durent naturellement s'imaginer que le 23 et le 24 juillet étaient les vrais jours mortuaires des saints Pavace, Turibe, Gundanisolus et Liboire; ils rapportèrent cette croyance dans leur pays et l'y répandirent. Mais, de son côté, au Mans, notre auteur, occupé de retoucher et d'améliorer son œuvre, dut s'aviser que cette accumulation de dates mortuaires en un même moment de l'année choquait la vraisemblance et qu'il serait bon d'en inventer d'autres. Il laissa Pavace en juillet, mais il mit Liboire en juin et Turibe en avril [5]. — Quoi qu'on pense de cette hypothèse, les

---

1. Ci-dessus, p. 346, note 2.
2. Migne, CXXXIV, col. 295-298.
3. Ci-dessus, p. 349.
4. Ci-dessus, p. 347.
5. Dans cette hypothèse, l'épitaphe authentique de Turibe n'aurait contenu que les mots *P. C. Viatoris II. V. C. C.*, et *XVI kl. maias* serait une addition

doubles dates données pour la mort de saint Liboire et pour la mort de saint Turibe sont une nouvelle preuve de l'incertitude qui régnait au Mans au ix° siècle sur les faits les plus élémentaires de l'histoire du diocèse, incertitude bien difficile à concilier avec l'existence d'une tradition ancienne. Cette tradition n'a jamais existé. Pour les premiers siècles, le catalogue et la chronologie épiscopale qui en est sortie sont sans valeur; l'un et l'autre représentent non une tradition, mais un ensemble de conjectures et d'expédients, imaginés par un érudit du ix° siècle, clerc doué d'une très médiocre érudition, de beaucoup de hardiesse, d'une grande facilité et d'une conscience excessivement large.

Revenons à la question de date.

Pour un ouvrage de longue haleine, comme les *Actus pontificum Cenomannis in urbe degentium*, cette question est multiple; il y a la date de l'achèvement et de la publication de l'ouvrage, celle de la rédaction, celle de la préparation des matériaux.

L'achèvement et la publication ne peuvent avoir eu lieu qu'au temps de la maladie d'Aldric et après l'apparition des Fausses Décrétales. La maladie d'Aldric a commencé après 849 et avant 853; les Fausses Décrétales ont paru, dit-on, entre 847 et 852. L'ouvrage est, d'ailleurs, on l'a vu, tout entier antérieur à la mort d'Aldric, car même le chapitre supplémentaire, composé après coup pour y être ajouté, a été écrit quand Aldric était vivant. La mort d'Aldric est de janvier 857. L'achèvement et la publication des *Actus pontificum* ont donc eu lieu dans les années 850 à 856.

La rédaction a probablement été commencée plus tôt, car un ouvrage aussi considérable aura exigé un travail de plusieurs années. Mais elle n'a pu être commencée qu'après 840, puisque le plan de l'ouvrage est imité de celui des *Gesta Aldrici*. Il serait chimérique de vouloir préciser davantage.

Les chapitres n'ont pas été écrits dans l'ordre où on les lit. Le chapitre viii (celui de saint Innocent), qui donne encore au septième évêque le nom de Sévérianus, est, au moins quant à ce

---

de notre auteur. On pourrait aussi admettre qu'au temps où les clercs de Paderborn vinrent au Mans, le nom de Turibe était seul connu et que la partie de l'épitaphe contenant la date aurait été découverte après leur départ; en ce cas la date *XVI kl. maias* pourrait être authentique.

passage, antérieur au chapitre vii, où ce septième évêque est appelé Principius. Le chapitre d'Herlemond Ier, qui contient, d'accord avec le catalogue primitif, la mention du pseudo-Béraire II, est antérieur aux chapitres précédents, où ce Béraire II ne paraît pas. D'autres indices autorisent à assigner, non seulement au chapitre de saint Principe, mais aussi à ceux des prétendus premiers successeurs immédiats de saint Julien, Turibe, Pavace, Liboire, Victurus, une date postérieure à celle des chapitres suivants.

Il y avait dans un faubourg du Mans, sur la rive droite de la Sarthe, une église connue au temps d'Aldric sous le vocable des Douze-Apôtres. C'est là qu'on montra aux envoyés de l'évêque de Paderborn, en 836, les corps des premiers évêques du Mans, « honorablement disposés dans des sarcophages, » *in sarcofagis honeste recondita* [1]. Selon les chapitres ii, iii et iv des *Actus*, Turibe, Pavace et Liboire auraient été, aussitôt après leur mort, enterrés dans cette église :

Turibius... ut fertur, martyrio vitam finivit... et sepultus est a discipulis suis honorifice ultra fluvium Sartae in ecclesia apostolorum.

Sanctus Pavatius... Sedit autem in praedicta sede annos XLIIII et a discipulis suis honorifice ultra fluvium Sartae sepultus est in ecclesia apostolorum, in qua et sanctus Turibius dudum episcopaliter et decenter humatus requiescit.

Liborius... obiit V idus junii et sepultus est a beato ac sancto Martino Turonensis ecclesiae archiepiscopo et a discipulis suis honorifice ultra fluvium Sartae in ecclesia apostolorum, quam domnus et sanctus Julianus dudum construxerat atque sacraverat, in qua et sanctus Pavatius antecessor ejus et sanctus Turibius antecessor sancti Pavatii corporaliter requiescunt.

De même au chapitre vii, relatif à saint Principe (celui qui a remplacé le Sévérius du catalogue primitif et le Sévérianus de la vie d'Innocent) :

Obiit ergo XVI kl. octobris et sepultus est ab aliis episcopis et a suis discipulis et ceteris consacerdotibus decenter et honorifice... in ecclesia apostolorum ultra fluvium Sartae, juxta sepulcra praedictorum sanctorum pontificum Turibii, Pavatii atque Victuri et Victurii.

---

1. Ci-dessus, p. 347.

Ici Liboire est oublié; par contre, dans le chapitre v (Victurus, père de Victurius), il est seul nommé :

Qui et in pace obiit et in ecclesia apostolorum ultra fluvium Sartae, in qua domnus Liborius requiescit in corpore, honorifice a suis sepultus est.

Au chapitre vi enfin (Victurius, fils de Victurus), le lieu de la sépulture de l'évêque n'est pas indiqué et l'église des Douze-Apôtres n'est pas nommée. Mais, au chapitre du huitième évêque, saint Innocent, apparaît une version toute différente ; Victurus et Victurius auraient été les premiers évêques enterrés à cette église :

Ecclesiam quoque apostolorum ultra fluvium Sartae, in qua praedictus domnus *Victurius et ejus successores* requiescunt, exaltavit et exornavit, seu in ejus orientali parte absidam novam construxit, in qua... sancti Victuri et sancti Victurii ejus filii corpora honorifice collocavit et juxta eorum sepulturam suam praeparavit requietionem... Praedictus vero domnus Innocens in ecclesia apostolorum ultra fluvium Sartae, quam ipse emelioravit et exaltavit atque nobiliter decoravit, juxta corpora sancti Victuri et sancti Victurii, ubi sibi sepulturam olim praeparaverat, honorifice et condigne a suis consacerdotibus et discipulis sepultus est.

Les deux évêques suivants, Domnole et Bertrand, s'étant fait enterrer dans leurs fondations respectives de Saint-Vincent et de la Couture, n'ont pas donné l'occasion de reparler de l'église des Douze-Apôtres. Mais le nom de cette église revient à propos du successeur de Bertrand, Hadoind :

Hic quippe sedit annos in praedicta sede undetriginta, menses XI, dies XXIII, qui et in pace XIII kal. septembr. obiit et in ecclesia apostolorum ultra fluvium Sartae, in qua domnus *Victurius et ceteri nonnulli antecessores sui episcopi requiescunt*, honorifice a sacerdotibus et discipulis suis sepultus est.

Le *ceteri* indique qu'*antecessores* se rapporte, non à Victurius, mais à Hadoind. Si, au moment où il écrivait ces mots, l'auteur avait pensé que saint Turibe, saint Pavace, saint Liboire étaient enterrés dans la même église, il aurait eu autant et plus de raisons de les nommer que Victurius. Par *ceteri nonnulli*, il n'a donc voulu désigner que Victurius et Innocent.

Voilà donc deux versions opposées et contradictoires. Selon la vie d'Innocent et celle d'Hadoind, les seuls évêques enterrés aux Douze-Apôtres avaient été Victurus, Victurius, Innocent et Hadoind. Selon celles de Turibe, de Pavace, de Liboire, de Victurus, de Principe, les trois premiers de ces évêques, ou l'un ou deux d'entre eux, avaient déjà précédemment reçu la sépulture dans la même église. La vérité est du côté de la première version; car les *Gesta Aldrici* témoignent qu'Aldric trouva, « invenit », les corps des premiers évêques du Mans dans plusieurs églises différentes et abandonnées, « in desertis ecclesiis ». S'ils avaient tous été dans la même, pourquoi ce pluriel? L'église où avaient été enterrés Victurius au v° siècle, Innocent au vi°, Bertrand au vii°, n'était pas à l'arrivée d'Aldric une église *deserta;* elle appartenait à un monastère qui portait le nom du premier de ces prélats, Victurius. En 582, l'évêque Domnole l'appelait *sancta limina patroni pecculiaris mei Victori episcopi* [1]; en 616, Bertrand « léguait 20 sous d'or *basilice sancti Victurii peculiaris patroni* [2] »; en 832, l'empereur Louis en confirmait la possession à Aldric, sous le nom de *monasterii sancti Victurii in quo ipse domnus Victurius requiescit in corpore* [3]. C'est évidemment cette église de Saint-Victurius que les vies d'Innocent et d'Hadoind désignent sous le nom (retrouvé ou arbitrairement restitué?) d'église des Douze-Apôtres. Si le culte y avait été négligé, comme le dit Aldric des tombeaux des autres évêques, il aurait compté Victurius au nombre de ces saints qu'il avait trouvés *in desertis ecclesiis* et dont il se vantait d'avoir remis la sépulture en honneur. C'est, au contraire, parce qu'elle n'avait pas cessé d'être honorée par la vénération des fidèles, qu'il la choisit pour y transporter et y déposer les autres corps saints qu'il avait tirés des *desertae ecclesiae* et que les clercs de Paderborn y virent par ses soins *honeste recondita* [4]. La version qui, supprimant cette translation, suppose Turibe, Pavace et Liboire enterrés dès l'origine à l'église des Douze-Apôtres ou de Saint-Victurius, n'est donc qu'une de ces simplifications par lesquelles la plupart des

---

1. *Gesta Aldrici*, VIII, p. 26; ci-après, Appendice ...
2. Ci-après, Appendice. Γ ...
3. Charte de Louis le Pieux, déjà citée; Mühlbacher, n° 883; *Gesta Aldrici*, XI, p. 34.
4. C'est probablement à la suite de cette translation qu'Aldric changea le vocable de Saint-Victurius pour le remplacer par celui des Douze-Apôtres.

traditions s'altèrent avec le temps ; on perd la mémoire des complications sans intérêt ; or, la connaissance des sépultures primitives des évêques n'avait plus d'intérêt, une fois leurs reliques et leur culte transportés dans un autre sanctuaire. Par quelle raison notre auteur, qui devait savoir à quoi s'en tenir, jugea-t-il à propos d'adopter cette simplification mensongère et de l'accréditer par son récit ? Nous l'ignorons ; nous savons seulement que le respect de la vérité n'était pas de nature à l'empêcher de le faire, s'il le jugeait utile. Mais il ne put le faire qu'assez longtemps après les événements, quand les témoins oculaires avaient eu le temps d'oublier ou de disparaître. C'est pourquoi il convient de rapporter la rédaction des chapitres II, III, IV et VII de son ouvrage à la dernière période de son travail, aux dernières années de l'épiscopat d'Aldric. Les chapitres d'Innocent et d'Hadoind, ou du moins les passages de ces chapitres relatifs à l'église des Douze-Apôtres, sont sans doute un peu plus anciens.

Pour étayer les prétentions de l'évêché du Mans sur le monastère d'*Anisola* ou Saint-Calais, les *Actus* rapportent deux légendes. L'une leur est commune avec la vie de saint Calais, dont il a été traité au fascicule IV de ces *Questions* : c'est celle des relations de saint Calais, *Karileffus*, avec l'évêque saint Innocent, légende à l'appui de laquelle le compilateur a forgé de fausses chartes de ces deux saints et du roi Childebert Ier. L'autre est propre à notre auteur : elle place la première fondation d'*Anisola* longtemps avant l'époque de ces prétendues chartes, sous l'épiscopat de Turibe :

Fecit igitur sanctus Turibius quarto ordinationis suae anno inter alia monasteriola et ecclesias... monasteriolum ad animas Deo lucrandas super fluvium Anisola, in loco cujus vocabulum erat Casa Gaiani cujusdam pagani... In quo loco et in honore sancti Petri ecclesiam construxit atque consecravit, ubi et suum sacerdotem nomine Tyrrum cum aliis clericis esse instituit... De qua et ad matrem civitatis ecclesiam... censuit solvere per singulos annos ad lumen praedictae ecclesiae de oleo libras IIII et de cera libras III, etc. [1].

Cette dernière fable est restée inconnue aux rédacteurs de divers textes du IXe siècle, dans lesquels est mentionnée la première légende, tels que la vie de saint Calais, la charte de Louis

---

1. *Vet. Anal.*, in-8°, III, p. 63 ; cf. p. 76, 80, etc.

le Pieux pour Aldric, du samedi 7 septembre 838 [1], les fausses chartes produites par le monastère au procès de 863 et recueillies dans le cartulaire de Saint-Calais. C'est peut-être encore une raison de mettre la vie de Turibe, qui la contient, au nombre des dernières inventions de l'écrivain. Une pareille production, en effet, n'aurait pu être mise sous les yeux d'Aldric : ayant présidé à la découverte et à l'exhumation du corps de Turibe, il savait que l'existence même de ce saint n'avait été révélée que par cette découverte, et il n'aurait pu admettre qu'on prétendît connaître son histoire. C'est seulement lorsque la maladie eut oblitéré ses facultés qu'on put risquer sans crainte cette dernière falsification, qui n'est pas la moins audacieuse [2].

La recherche et la préparation des matériaux ont dû se répartir sur un plus grand nombre d'années encore que la rédaction. Elles ont commencé dès les premiers temps de l'épiscopat d'Aldric. En ce qui concerne les chartes, fausses et vraies, ce point sera développé au paragraphe suivant. Quant à l'exhumation des saints Julien, Turibe, Pavace, Liboire (et Gundanisolus?), point de départ des études épigraphiques qui servirent de base à la première partie du catalogue épiscopal, on peut en déterminer la date avec précision. La translation de ces corps saints, de leurs *desertae ecclesiae* à l'église des Douze-Apôtres, se fit en trois jours consécutifs, les 23, 24 et 25 juillet. Elle était faite avant le 29 avril 836, jour où les clercs de Paderborn virent ces corps *honeste recondita* dans l'église des Douze-Apôtres, et même avant le 21 juin 835, jour où Aldric préleva sur les mêmes corps des fragments qu'il déposa comme reliques dans l'autel de gauche de la partie ouest de la cathédrale [3]. Aldric étant devenu évêque à la fin de 832, on ne pourrait hésiter qu'entre juillet 833 et juillet 834. Mais, dans l'été de 833, à la fin de juin, on voit Aldric auprès de l'empereur Louis en Alsace, au champ du Mensonge [4]; il n'aurait eu que juste le temps de se trouver au Mans pour y présider une cérémonie le 23 juillet. Il est donc plus probable que l'exhumation des corps saints eut lieu les jeudi 23, vendredi 24 et samedi 25 juillet 834. C'est de ce moment qu'on peut

---

1. Mühlbacher, nº 951; *Gesta Aldrici*, XXXIX, p. 112-115.
2. Comparez ci-après [p. 364] la falsification relative à la vie de saint Almir et à la fondation de Greez. [Voir p. 303.]
3. *Gesta Aldrici*, III, p. 16, 17.
4. Ci-dessus, p. 293.

faire dater les premières recherches du chorévêque David sur l'histoire des évêques du Mans.

Pour achever le portrait moral et littéraire de l'auteur des *Actus pontificum*, il reste à faire connaître quelques autres productions de sa plume.

Les Bollandistes ont publié, dans les *Acta sanctorum septembris*, la vie d'un saint manceau nommé Almir. Ce saint aurait vécu au temps de l'évêque Domnole, c'est-à-dire au vi^e siècle ; l'hagiographe lui-même se donne comme écrivant au temps et par l'ordre du même Domnole :

Compulsi a fratribus, imperante etiam pontifice nostro beato Domnolo, scribere vitam sancti Almiri... aggredimur [1].

Cet Almir aurait fondé un monastère, sur un terrain donné par l'évêque, dans un lieu appelé [*Gres*] [2] :

Sanctus itaque Almirus locum, qui hodie Gressus nominatur, oratione invenit, et largitione praedicti episcopi adeptus est. Qui locus a quadam petra, quae ibi inventa est, ad eorum acuenda ferramenta, ita nomen accepit et retinet usque in hodiernum diem... Atque ejus adjutorio monasterium in honore beatae Mariae et sancti Petri fecit... Praedictumque monasteriolum sub dispositione sancti Domnoli episcopi successoris videlicet Innocentis reliquit, de cujus sedis ecclesiae jure erat [3]...

Ce monastère de Saint-Almir de Greez est mentionné à diverses reprises dans les *Gesta Aldrici*. Le testament d'Aldric contient deux dispositions en faveur des moines de Greez :

De reliquo autem vino cuncto et de annonis omnibus diversi generis et leguminibus sive fenis per diversa loca et in omnibus villis nostris nobisque commissis reconditis, volumus atque precipimus suppliciterque flagitamus ut decem partes fiant equa lantia divisas... Quarta largiatur monachis qui sunt in monasterio sancti Karilephi, et in Gres, sive in Savonariis, atque sanctimonialibus monachis que sunt in Intramnis monasterio [4].

1. *Acta Sanctorum septembris*, III, p. 803.
2. Greez (Sarthe).
3. *Ibid.*, p. 805, 806, c. 8.
4. *Gesta Aldrici*, XXXVI, 100. — Au lieu des mots *in Gres sive*, tous les éditeurs ont imprimé *ingressive*, barbarisme vide de sens.

Illi ergo greges jumentorum una cum eorum amissariis et boum utriusque generis seu porcorum et ovium, qui sunt in Gres et in Fraxinido in Belsa et in Senmuro, monachis in Gres Domino in ecclesia sanctę Marię et sancti Almiri militantibus funditus absque ulla tarditate aut minoratione tribuantur [1].

Mais la fondation du monastère était du IXᵉ siècle et non du VIᵉ, car c'était l'œuvre d'Aldric lui-même. Les termes de ses *Gesta* sont là-dessus d'une précision qui ne laisse rien à désirer :

Prefatus ergo Aldricus episcopus in Gressus villa sui episcopii, in condita videlicet Cormense [2], monachos regulariter degentes instituit, ubi et monasteriolum, prout tunc temporis ratio dictavit et ipse melius potuit, ecclesiam et claustrum edificavit et futuris temporibus habitationes monachis regulariter viventibus preparavit. Et hoc constituit ut semper ibi monachi essent et pro domno imperatore et pro eo sive pro universa ecclesia die noctuque orarent... Ipsis enim monachis ex rebus sue sedis ecclesie sibique divinitus commissis ad eorum varias necessitates sufficienter fulciendas atque supplendas dare habundanter, prout tunc temporis exposcebat necessitas, non distulit. Unde et scriptum quoddam sua ceterorumque venerabilium auctoritate episcoporum... roboratum... tradidit, ut ex rebus in eo insertis eorum necessitates supplerent [3]...

Le récit de la vie de saint Almir est donc mensonger. Si l'hagiographe n'avait pas daté son œuvre, on pourrait se borner à lui reprocher d'avoir accueilli une légende. Mais il se donne pour un homme du VIᵉ siècle; c'est donc un autre mot qu'il faut employer : la Vie de saint Almir est un faux.

Le faussaire est facile à identifier. Comme l'auteur des *Actus*, il se montre soucieux d'établir les droits de l'évêché sur le temporel des abbayes : on vient de voir en quels termes il affirme que le monastère de Greez a été fondé sur un terrain épiscopal, et placé, par le fondateur même, sous l'autorité de l'évêque. Comme notre auteur, il écrit un latin facile, coulant, trop rapproché du français :

Avito vero omnes obediebant, quia *haec facere* inter se decreverant [4].

---

1. *Ibid.*, XXXVI, p. 103, 104.
2. Cormes (Sarthe), non loin de Greez.
3. *Gesta Aldrici*, XXVII, p. 70, 71. — Par une méprise analogue, les éditeurs ont imprimé *ingressus* au lieu d'*in Gressus*.
4. *Acta Sanctorum septembris*, III, p. 803.

Comme lui, il appelle l'évêque qui précéda Domnole *Innocens,* au lieu d'*Innocentius.* Comme lui, il use volontiers de *praefixus* au sens de *praefatus* [1] :

Huic autem a praefixo episcopo verbum praedicationis commissum erat [2].

Comme lui, il affirme toujours qu'il pourrait en dire beaucoup plus qu'il n'en dit, qu'il se limite par crainte de la prolixité et pour épargner la peine et l'ennui des lecteurs et des auditeurs; comme lui, il appelle son livre *schedula* :

Multa itaque alia miracula, reliquarumque virtutum signa ingentia per praedictum sanctum virum Dominus operatus est, quae propter prolixitatem operis ac laborem vel fastidium audientium atque legentium in hac schedula inserere distulimus [3].

Enfin, sur les relations de saint Calais avec saint Innocent, sur leurs prétendues conventions réciproques, il fait allusion aux fables des *Actus,* et il renvoie expressément à cet ouvrage, qu'il appelle *Gesta pontificalia Cenomanicae urbis* :

Qualiter autem sanctus Carilephus cum praedicto sancto Innocente episcopo egerit, et quales cohaerentias habuerunt, vel qualia instrumenta chartarum simul fecerunt, in eorum opusculis sive in gestis pontificalibus Cenomanicae urbis hactenus insertum habetur [4].

En voilà assez pour prononcer que la Vie de saint Almir est de l'auteur de nos *Actus.* Si l'on songe que, chorévêque d'Aldric au moins depuis 836, il a dû être témoin oculaire de la fondation de ce même monastère de Greez, qu'il prétend ici faire remonter au vi° siècle, on ne pourra qu'admirer une fois de plus l'audace de ses impostures [5].

On ne saurait hésiter davantage à lui attribuer la Vie de saint Turibe, par un prétendu contemporain nommé *Charus filius Severi;* celle de saint Pavace, par un prétendu diacre *Deodatus,*

---

1. Ci-dessus, p. 305, note 1.
2. *Acta Sanctorum,* ibid., p. 805, c. 10.
3. *Ibid.,* p. 806.
4. *Ibid.,* p. 804, c. 7.
5. Cf. ci-dessus, p. 358, note 2.

qui aurait écrit sur l'ordre de saint Liboire; celle de saint Domnole, par un auteur qui prétend écrire sur l'ordre de l'évêque Hadoind, et dont le récit est d'accord avec celui des *Actus* et en désaccord avec celui de Grégoire de Tours; et peut-être d'autres encore, qui m'auront échappé. Quelques citations empruntées à ces divers morceaux suffiront pour édifier à ce sujet le lecteur :

Vita sancti Thuribii, 13 : Reliqua autem gestorum ejus et consecrationes episcoporum, ecclesiarum, presbyterorum... et ceterorum actuum ejus in gestis Cenomanicae urbis pontificum partim conscripta sunt, nisi ea quae de reliquis virtutibus ejus... in quadam schedula conscripta legimus, quae hic propter prolixitatem et taedium lectoris atque scriptoris non inseruimus. Si quis autem actus ejus et obitum atque sepulturam scire desiderat, legat libellum qui *de actibus pontificum praedicta Cenomanica in urbe Deo degentium conscriptus est*...
Ego Charus filius Severi Dei servus hanc S. Thuribii vitam, sicut vidi et audivi ac veraciter didici, in hac paginula ex parte scribere curavi, sed multa adhuc de eo scribenda remanent 1.

Vita sancti Pavacii, 17 : Ceterae autem virtutes quae meritis hujus sancti multae et innumerabiles claruerunt in alio libello insertae habentur, quae *propter prolixitatem et sarcinam legentium atque audientium* hic non inseruntur, sed cui eas audire delectat, in archivo nostrae matris ecclesiae hactenus reperire valebit. Reliqua autem gestorum ejus... quisquis scire voluerit, legat libellum qui *de actibus pontificum Cenomanica in urbe degentium conscriptus* atque in archivo praedictae matris ecclesiae habetur...

18 : Deodatus Christi levita vitam sancti Pavacii ad laudem et gloriam Dei omnipotentis, jubente domno Liborio patrono meo, magna ex parte descripsi, sed multa *propter prolixitatem* dimisi, quae multi mecum videntes et audientes adhuc qui in corpore manent sapientiores meditari possunt, ut honestius et amplius describantur 2.

Vita sancti Domnoli, 1 : Sanctae et individuae Trinitatis freti auxilio omniumque sanctorum precibus fulti, tum etiam praecedentium patrum incitati studiis, denique reverendissimi praesulis nostri Haduini hortatu confirmati, beatissimi patroni nostri Domnoli Cenomanicae urbis episcopi vitam... scribendam suscipimus... Neque enim id facimus nostra temeritate adducti, sed ut jam ante dictum est, voluntate et mandato venerandi pontificis nostri Haduini, qui nos beatissimi Domnoli episcopi vitam jussit vel rudi exarare stylo 3...

---

1. *Acta Sanctorum aprilis*, II, p. 420.
2. *Acta Sanctorum julii*, II, p. 543.
3. *Acta Sanctorum maii*, III, p. 606.

Il faut remarquer, dans ces diverses falsifications, l'uniformité du procédé : l'auteur prétendu prend toujours soin de se faire connaître, en indiquant soit son nom (avec la qualité de témoin oculaire), soit celui de l'évêque qui lui a ordonné d'écrire (et qui est le contemporain ou le successeur du héros). On se rappelle que, dans le catalogue épiscopal, rédigé par notre auteur, Hadoind est le successeur immédiat de Domnole [1]. La Vie de Domnole, écrite sur l'ordre prétendu d'Hadoind, a dû être composée par lui quand il suivait encore cette opinion. Il a donc travaillé concurremment à la rédaction de ses fausses Vies des saints et à celle des *Actus pontificum*.

Il avait encore écrit ou projeté d'écrire un autre ouvrage, auquel il fait allusion dans plusieurs chapitres des *Actus*. C'était un recueil des miracles (*virtutes, signa*) des saints évêques du Mans :

Praedicti enim sancti Pavatii meritis inibi multae et innumerabiles virtutes claruerunt, tam in vita ejus quam et post ejus obitum, sicut in schedulis, in quibus praefixae urbis aliorum episcoporum virtutes et signa sunt scripta, reperiri potest [2].

Cujus (Principii) obitum multa praecesserunt miracula et subsecuta sunt, quae hic propter prolixitatem et taedium scriptorum et auditorum non sunt inserta. Sed si quis ea plenius inquirere desideraverit, in aliis schedulis, in quibus aliorum pontificum vitae et miracula praedicta in urbe Domino degentium scripta sunt, invenire poterit [3].

Cujus (Innocentis) obitum innumerabilia praecesserunt signa et subsecuta sunt, quae hic propter prolixitatem et fastidium lectoris vel auditoris non inseruimus : sed tamen si quis ea inquirere voluerit, in aliis schedulis, in quibus et aliorum praescriptae Cenomannicae urbis pontificum virtutes insertae sunt, scripta reperire poterit [4].

Cet ouvrage ne paraît pas nous être parvenu, soit qu'on l'ait laissé perdre, soit plutôt qu'il n'ait, en réalité, jamais été écrit.

§ 5. — *Les chartes des « Actus pontificum » relatives aux monastères du diocèse.*

Les chartes (royales, épiscopales, ou autres), dont le texte est

1. [Voir ci-dessus, p. 346.]
2. *Vet. Anal.*, in-8°, III, p. 66.
3. *Ibid.*, p. 73, 74.
4. *Ibid.*, p. 79.

rapporté dans les *Actus pontificum Cenomannis in urbe degentium*, sont au nombre de 49, — 43 mérovingiennes, 6 carolingiennes, — 30 relatives aux monastères du diocèse, 4 aux privilèges de l'évêché, 15 (dont deux testaments d'évêques) à ses domaines, — savoir :

		Chartes mérovingiennes	Chartes carolingiennes	Total
Monastères :	Saint-Calais	12	1	13
	Notre-Dame	7	1	8
	Saint-Longis	3	»	3
	Saint-Vincent	2	»	2
	Saint-Martin	1	»	1
	Saint-Ouen	1	»	1
	Tuffé?	1	»	1
	Chalons	1	»	1
		28	2	30
Privilèges :	Immunité	2	»	2
	Choix des ducs ou comtes	1	»	1
	Monnayage	1	»	1
		4	»	4
Domaines :	Testaments	2	»	2
	Ardin et Gauriac	8	1	9
	Chevrenolle	1	»	1
	Confirmations générales	»	3	3
		11	4	15
	Total	43	6	49

L'examen successif de ces séries va montrer que, dans l'ensemble, les pièces fausses et les pièces authentiques (un certain nombre de celles-ci plus ou moins gravement interpolées) se présentent en nombre à peu près égal ; mais elles sont inégalement réparties. Les chartes relatives aux monastères sont en majorité fausses, les autres en majorité authentiques. Les chiffres suivants peuvent d'ailleurs donner à l'avance une idée résumée des conclusions de l'étude qui va suivre :

	CHARTES ENTIÈREMENT FAUSSES			CHARTES AUTHENTIQUES OU INTERPOLÉES			TOTAL
	mérovingiennes	carolingiennes	Total	mérovingiennes	carolingiennes	Total	
Monastères	17	1	18	11	1	12	30
Privilèges	1	»	1	3	»	3	4
Domaines	»	2	2	11	2	13	15
	18	3	21	25	3	28	49

Il a déjà été question des deux chartes de l'évêque Domnole, en date du 6 mars 572 et du 4 septembre 581, relatives au monastère de Saint-Vincent. On a vu :

1° Qu'elles sont authentiques ;

2° Qu'elles se trouvaient, au temps d'Aldric, dans les archives de l'abbaye de Saint-Vincent, où l'évêque les découvrit quand une concession de Louis le Pieux lui eut donné autorité sur ce monastère ;

3° Que les *Actus pontificum* en ont emprunté le texte aux *Gesta Aldrici* ;

4° Qu'en même temps qu'il copiait ce texte, l'auteur des *Actus* l'a falsifié, en interpolant dans l'une des deux chartes une clause favorable aux prétentions de l'évêché : « et sub jure memoratæ Cenomannensi ecclesiæ juste et legitime esse debere censeo [1]. »

Cette dernière remarque est importante ; elle précise l'objet du travail critique à faire sur les documents conservés dans les *Actus*. Il n'y a pas seulement à distinguer des chartes authentiques et des chartes fausses ; il faudra aussi, dans les chartes authentiques, distinguer les parties originales et les parties interpolées.

Les chartes relatives au monastère d'Anisola ou de Saint-Calais, au nombre de treize (dont douze mérovingiennes et une attribuée à Charlemagne), ont été condamnées en bloc comme fausses par le jugement de la cour du roi Charles le Chauve, rendu à Verberie le vendredi 29 octobre 863 [2]. La condamnation a été confirmée par le jugement unanime des diplomatistes. Mais il ne convient pas d'examiner cette série isolément. Il faut rapprocher les chartes de Saint-Calais de quelques autres, qui offrent avec elles une ressemblance marquée, notamment de celles qui concernent le monastère de femmes de Notre-Dame, « intra fluvium Sartae et murum civitatis, » au Mans (monastère dont il a déjà été question ci-dessus, p. 297), et le monastère d'hommes de Saint-Pierre, plus tard Saint-Longis.

Nous trouvons dans les *Actus*, pour chacune de ces trois maisons religieuses et pour une quatrième moins importante, l'oratoire de Saint-Martin dans la ville du Mans, quatre diplômes royaux du VIe et du VIIe siècle. L'un, celui de Saint-Martin, est

---

1. Ci-dessus, § 3, p. 317.
2. Ci-dessus, § 1, p. 273.

attribué à un Théodebert[1] ; deux autres, concernant Notre-Dame et Saint-Calais, à Childebert I[er 2] ; le quatrième, celui qui concerne Saint-Longis, à Clotaire II[3]. Tous quatre ont pour objet de confirmer les fondations monastiques en question, fondations faites par des particuliers et placées, dit-on, par les fondateurs eux-mêmes sous l'autorité directe des évêques du Mans.

Les éditeurs des diplômes mérovingiens, Bréquigny, Pardessus, K. Pertz, s'accordent à considérer ces quatre chartes comme également apocryphes. Cette opinion est-elle fondée?

Considérées isolément, elles n'offrent, à première vue, aucun motif grave de suspicion. Le style et les formules conviennent à l'époque mérovingienne. Les banalités mises en guise d'exorde (ce que les diplomatistes allemands appellent *arenga*) sont bien dans le goût du temps : « Si petitionibus ancillarum Dei vel sacerdotibus, » ou « servorum Dei vel bonorum hominum, in quod, » ou « quae, nostris auribus fuerint prolata, ad effectum perducimus, hoc nobis ad aeternae salute, » ou « aeterne salutis premium, vel stabilitate regni nostri in Dei nomen pertinere confidimus ». Les donateurs sont qualifiés, selon les cas, d' « inluster vir » ou de « deo devota »; leurs pétitions sont dites adressées « clementiae regni nostri, » et l'on ajoute qu'ils ont supplié la majesté royale, « petierunt celsitudini nostrae, » de confirmer leurs donations par un acte écrit de sa volonté souveraine, « ut hoc per nostram auctoritatem plenius confirmare deberemus ». Le roi confirme aux donataires la possession des biens donnés, avec toutes leurs dépendances, « una cum terris, domibus, aedificiis, mancipiis, vineis, silvis, pratis, pascuis, aquis aquarumve decursibus, farinariis, peculiis... » Pour assurer la validité de la charte, « ut haec preceptio firmior habeatur et in omnibus conservetur, » le roi la signe de son nom, qu'il écrit de sa propre main, « manus nostrae subscriptionibus eam subter decrevimus roborare. » Sa souscription est suivie de celle du référendaire, avec les mots « jussus obtolus, » faute de copiste facile à corriger en « jussus obtolit (obtulit), » puis de la date, exprimée par l'an du règne et le quantième du mois, avec la formule *quod fecit*, « dies octo quod facit mensis junius ». Toutes ces tournures sont familières aux personnes qui ont étudié les diplômes mérovin-

---

1. K. Pertz, p. 122, n° 6 ; Appendice I, n° ....
2. K. Pertz, p. 123, n° 7, et p. 124, n° 8 ; Appendice II, n°s ... et ....
3. K. Pertz, p. 134, n° 17 ; Appendice II, n° ....

giens. Ajoutons qu'un certain nombre, au moins, des fins de phrases sont conformes aux lois métriques de la prose latine des bas siècles [1] : *pertinēre cōnfīdĭmŭs, confirmāssĕ cōgnōscĭtĕ, ratĭonābĭlĭter dēlēgāssent, in Dei nomine cōnfīrmātum, profĭcĭant ădaūgmĕntum* ou *profĭcĭat ĭn-aūgmĕntum, in ŏmnĭbus cōnservētur, decrevĭmus rōbŏrāre*.

Chaque pièce, prise à part, n'offre donc rien de bien choquant. Mais, si on les rapproche, on est étonné de leur parfaite similitude. Ce sont quatre exemplaires d'un même texte : quatre fois on retrouve les mêmes banalités, les mêmes transitions, les mêmes formules et les mêmes clauses, exprimées dans les mêmes termes ; les noms propres seuls et quelques détails du dispositif ont été changés. Ainsi toutes les citations qui précèdent ont pu être empruntées indifféremment aux quatre diplômes, car les expressions et les passages cités se retrouvent dans tous. Le fait serait explicable s'il s'agissait des diverses pièces d'un même dossier, de ces actes successifs par lesquels plusieurs rois, les uns après les autres, accordaient à une même église des confirmations réitérées d'une même concession primitive. Mais nos chartes concernent des monastères différents et se donnent comme rendues à la requête de différents pétitionnaires. D'ailleurs, la similitude du texte, si étroite qu'elle soit, n'est pas la circonstance la plus frappante ; plus étrange encore est la similitude des mentions finales, souscriptions et dates :

Saint-Martin : Theodebertus rex Francorum subs. — Adalgrimus jussus obtolus (sic) scripsit et subscripsit. — Data dies octo quod facit presens mense junii anno VII regni nostri Captiniaco in Xpisti nomine feliciter amen.

Notre-Dame : Childebertus rex Francorum subscripsit. — Adogrimus jussus obtolus (sic [2]) subscripsit. — Datum dies viii quod facit presens mensis junius anno VII regni nostri Opatinaco in Xpisti nomine feliciter amen.

Saint-Calais : Childebertus rex Francorum subscripsit. — Adogrimus obetollus (sic) scripsi et subscripsi. — Datum dies octo quod facit

---

1. Ci-dessus, § 3, p. 313-314.
2. [Le manuscrit de M. Julien Havet porte *obtolus* avec un point sur le premier jambage de l'*u* ; il est difficile de dire s'il a voulu écrire *obtolus*, qui serait conforme à la leçon de la charte de Saint-Martin, ou *obtolius*, qui marquerait un acheminement à la leçon *obetollus* de la charte de Saint-Calais.]

mensis junius anno XV regni nostri Opatinaco in Xpisti nomine feliciter amen.

Saint-Longis : Chlotharius rex Francorum subscripsi. — Xadogrimus jussus optuli et subscripsi. — Datum dies VIII quod fecit mens. jan. anno LIII regni nostri Compendio palatio nostro in Dei nomen feliciter amen.

Ainsi, les quatre pièces sont censées de trois règnes et de quatre années différentes ; non seulement différentes, mais séparées par de longs intervalles, car, des premières années de Childebert Ier (511-558) aux dernières de Clotaire II (584-629), il y a plus d'un siècle ; et, sous ces trois rois et à ces quatre dates, le hasard aurait ramené quatre fois, dans les chartes destinées au même diocèse, trois noms de référendaires presque semblables, *Adalgrimus*, *Adogrimus* et *Xadogrimus*. Le même hasard aurait voulu qu'à des intervalles qui vont jusqu'à un siècle, les chartes royales pour le Mans fussent données quatre fois le même jour du mois, le 8, et, trois fois sur quatre, le même jour du même mois, le 8 juin (la quatrième fois, c'est le 8 janvier, ce qui ne fait qu'une différence d'une lettre, *jan.* au lieu de *jun.*). Enfin, toujours par hasard, dans trois actes donnés le même jour du même mois de trois années différentes, la date de lieu aurait été exprimée trois fois par des corruptions diverses du nom d'une même *villa* royale, *Captunacum* : ici *Captiniaco*, là *Opatinaco*. De pareilles rencontres dépassent la limite des possibilités fortuites. Elles ne peuvent s'expliquer que par l'imitation répétée d'un même type, et cette imitation ne peut être que le fait d'un faussaire. Nos chartes, en dépit de la couleur mérovingienne qu'elles présentent dans le style et dans les formules, ne sont donc pas quatre chartes authentiques : elles sont seulement copiées sur un même modèle authentique. De deux choses l'une : ou ce modèle ne nous a pas été conservé, et nos quatre chartes en sont quatre imitations, c'est-à-dire quatre faux ; ou l'une d'entre elles est le modèle, et par conséquent est authentique, et les trois autres en sont les imitations et par conséquent sont fausses. En d'autres termes, il y en a, ou quatre fausses, ou trois fausses et une authentique. Il n'y a de choix qu'entre ces deux hypothèses.

Il faut choisir la seconde. Il y a une des quatre chartes sur laquelle les trois autres ont été copiées : c'est celle par laquelle le roi Théodebert confirme la donation des biens composant la dotation de l'oratoire de Saint-Martin, au Mans, biens donnés, dit-on, avec l'oratoire lui-même, à la cathédrale du Mans, par ses deux fondateurs, « vir inluster Eoladius presbiter et Baudomalla Deo devota. » Dans les quelques détails où les textes diffèrent, les leçons de la charte de Saint-Martin sont anciennes et primitives, celles des trois autres en sont des corruptions ou des imitations maladroites. Le référendaire de Théodebert, *Adalgrimus*, nom germanique authentique [1], devient sous le pseudo-Childebert *Adogrimus*, sous le pseudo-Clotaire *Xadogrimus*. *Captiniaco*, forme à peine altérée du nom bien connu *Captunaco* [2], devient, dans les prétendues chartes de Childebert, un ridicule et inintelligible *Opatinaco*. Au point de vue du style diplomatique, les variantes suivantes sont toutes à l'avantage de la charte de Théodebert :

Théodebert :	Childebert Ier et Clotaire II :
si petitionibus ancillarum Dei vel sacerdotibus in quod nostris auribus fuerint prolata	si petitionis ancillarum (*ou* servorum) Dei vel bonorum hominum quae nostris auribus fuerant relata *ou* fuerit relatum *ou* fuerunt relate
clementiae regni nostri detulerunt in notitia	clementia regni nostri asserentes nobis per eorum missos intimaverunt *ou* clementiam regni nostri asserens nobis intimavit
locella noncupantes sitas in pago Caenomannico (*suivent les noms*)	locella proprietatis eorum tam in pago Caenomannico quam et in aliis pagis *ou* res atque mancipia… tam in pago Caenomannico quam et in aliis pagis atque terratoriis
confirmare deberemus	confirmare fecissemus

1. Förstemann [*Altdeutsches Namenbuch*, I, p. 147].
2. Dom Germain, dans le *De re diplomatica* de Mabillon, p. 257. Plusieurs des documents cités par ce bénédictin sont faux ou interpolés. Les documents mérovingiens authentiques, datés de *Captunaco, Captannaco, Captunnaco* ou *aptonaco*, sont au nombre de quatre : 1° la présente charte de Théodebert ; 2° charte de Berthéfrid, évêque d'Amiens, pour Corbie, vendredi 6 septembre 664 (Bibl. royale de Berlin, ms. Phillipps 1776, fol. 97 v°) ; 3° jugement de Clovis III, samedi 12 août 694 (K. Pertz, p. 53, n° 59 ; Letronne, n° XXIV) ; 4° charte d'Agérad, évêque de Chartres, lundi 6 mars 696 ou mardi 6 mars 697 (Tardif, p. 30, n° 36 ; Letronne, n° XXXI). On ne sait comment doit être traduit ce nom. Contre les mauvaises identifications proposées jadis, Chatou (Seine-et-Oise) ou Sannois (ibid.), voyez Longnon, *Examen géographique du tome Ier des Diplomata imperii* (1873, extrait de la *Revue critique d'histoire et de littérature*), p. 16.

cujus petitione gratanter animo prestitisse et in omnibus confirmasse cognoscit[e]	quorum petitionibus gratanter adsensum praestavimus et in omnibus confirmavimus
sicut constat... delegassent (*pour* delegasse)	sicut... delegassent (*sans* constat) *ou* sicut... tradidit et delegavit
per hoc preceptum plenius in Dei nomine confirmatum	per hoc preceptum plenius in Dei nomine confirmamus

Dans la charte de l'oratoire de Saint-Martin, il est dit que les fondateurs ont construit cet oratoire sur un terrain qui leur appartenait, « in area ipsorum : » dans les actes relatifs à Notre-Dame, à Saint-Calais, à Saint-Longis, on assure qu'ils ont bâti sur un terrain appartenant à la cathédrale, « in area » ou « in terra sanctae Mariae vel sanctorum martyrum Gervasii et Prothasii matris et Cenomannis civitatis senioris aecclesię ». La première clause pouvait constituer une présomption favorable à l'indépendance de la fondation, peu favorable, par conséquent, à l'autorité de l'évêque : l'auteur des *Actus*, qui travaillait dans l'intérêt de l'évêché, ne l'aurait pas inventée; s'il la donne, c'est qu'il l'a trouvée telle quelle. La seconde au contraire est bien imaginée pour appuyer les prétentions de l'évêché sur les trois monastères. Pour donner à ces prétentions plus de poids encore, on ajoute que les fondations ont été faites avec le consentement de l'évêque et, qui plus est, avec son aide, « una cum consensu Innocenti (ou Haduindi) Cenomannice urbis episcopi... predicto episcopo consentiente seu adjutorium non modicum pręstante ». Dans la charte de Théodebert, les domaines donnés par les fondateurs pour constituer la dotation de l'oratoire sont énumérés nominativement : « locella noncupantes sitas in pago Caenomannico Moliniaco, Villa, Levaste, Popiliaco, Aciaco, Verriciaco, Potius, Cipidus. » C'est la donation de ces biens qui est surtout et principalement confirmée par le roi; l'oratoire lui-même, « vel ipso oratorio, » n'est mentionné qu'accessoirement. La charte de Notre-Dame confirme, elle aussi, non la donation du monastère, mais celle des biens qui en forment la dotation; mais déjà ces biens ne sont plus nommés; les phrases qui les désignent sont vagues, de manière à être plus compréhensives et à pouvoir être interprétées dans le sens le plus avantageux pour l'évêché : « locella proprietatis eorum tam in pago Caenomannico quam et in aliis pagis, » et plus loin « ipsa loca hereditatis eorum ». Dans les titres de Saint-Calais et de Saint-Longis, un pas de plus est franchi; c'est le monastère qui fait l'objet principal de la donation et de la confirmation, et ses biens sont l'accessoire : « jubemus ut sicut jamdictus domnus Carileffus (ou Lonegisilus)... ipsum monasteriolum... una cum terris, domibus, » etc., « ad ipsa casa Dei per sua strumenta tradidit et delegavit... ita et inantea... monasteriolum superius nominatum cum omni integritate ad ipsa predicta casa sanctae Marię et sancti Gervasii et Prothasii martyris... proficiat in augmentum. » C'est l'affirmation précise de la sujétion de l'abbaye à l'évêché, c'est-à-dire du point que notre auteur tenait le plus à établir.

Enfin, les chartes relatives à Notre-Dame, à Saint-Calais, à Saint-Longis, sont attribuées, ai-je dit, à Childebert Ier et à Clotaire II, celle de Saint-Martin à un Théodebert. Or, les deux premiers rois sont très connus dans l'histoire mérovingienne, et leurs noms devaient se présenter d'eux-mêmes à l'esprit d'un faussaire; notre auteur les nomme, dans les titres de deux chapitres des *Actus* [1], comme ayant régné, l'un au temps de l'évêque Innocent, l'autre au temps de l'évêque Haduind. Théodebert, au contraire, que ce soit Théodebert Ier ou Théodebert II, jouit d'une notoriété beaucoup moindre. Aucune charte de l'un ou l'autre ne nous a été conservée. Aucun des deux n'est mentionné, ni dans les titres des chapitres, ni dans le récit des *Actus pontificum* [2]. Or, les faussaires se plaisent ordinairement à accréditer leurs productions en les attribuant à des princes connus; c'est ainsi que nous avons plus de trente chartes fausses sous le nom du seul Dagobert Ier. Il serait tout à fait improbable que l'auteur des *Actus*, fabriquant une pièce apocryphe, eût imaginé de l'attribuer à un Théodebert. S'il a reproduit ce nom, c'est que son modèle le lui donnait.

Conclusion : les trois chartes attribuées à Childebert Ier et à Clotaire II, relatives aux monastères de Notre-Dame, de Saint-Calais et de Saint-Longis, sont fausses; la charte de Théodebert,

---

1. VIII. « Gesta domni Innocentis Cenomannicae urbis episcopi, qui fuit temporibus Anastasii imperatoris et Chlodovei primi Francorum regis christiani et Childeberti filii ejus. » *Vet. Anal.*, in-8°, III, p. 74. — XII. « Gesta domni Hadoindi Cenomannicae urbis episcopi, qui fuit ultimo tempore Clotharii filii Hilperici et tempore Dagoberti... et... Chlodovei... » *Ibid.*, p. 146.

2. Il est question de Théodebert II, dans le testament de saint Bertrand, rapporté à la suite du chapitre de cet évêque, mais non dans ce chapitre même; notre auteur n'a pas relevé et probablement pas compris la mention assez peu claire que le testament fait de ce roi.

pour l'oratoire de Saint-Martin, est seule authentique et a servi de modèle pour fabriquer les trois autres.

Elle n'a pas servi de modèle directement pour toutes les trois ; les faux ont été fabriqués successivement et copiés l'un sur l'autre. La charte de Saint-Martin a été imitée dans celle de Notre-Dame ; celle de Notre-Dame a été imitée dans celle de Saint-Calais ; celle de Saint-Calais a été imitée dans celle de Saint-Longis. Cette filiation résultera suffisamment du relevé de quelques variantes, qui permettent de suivre, d'une pièce à l'autre, l'altération progressive des leçons premières :

Saint-Martin :	*Notre-Dame :*	*Saint-Calais :*	*Saint-Longis :*
in area ipsorum.	in area sanctae Mariae	in terra sanctae Mariae	
oratorio... construxerunt	monasteriolum quoddam... construere coeperunt	monasteriolum quoddam ...construxit vel aedificavit	monasteriolum quoddam ... construxit vel reaedificavit
locellas noncupantes...	locella proprietatis eorum	res atque mancipia quae ad ipsum monasteriolum... traditae sunt	
sitas in pago Caenomannico	tam in pago Caenomannico quam et in aliis pagis	tam in pago Caenomannico quam et in aliis pagis atque terratoriis	
precipientes enim ut		precipientes enim jubemus ut	
sicut constat ... delegassent (pour delegasse)	sicut... delegassent (*sans* constat)	sicut... tradidit et delegavit	sicut... tradidit atque delegavit
ipsa loca (*suivent les noms*)	ipsa loca hereditatis eorum	ipsum monasteriolum quod... aedificavit	
ipsa loca superius nominata cum omni integritate earum		monasteriolum superius nominatum cum omni integritate	
ad ipsa casa sancti Gervasii et Prothasii		ad ipsa casa sanctae Mariae	ad ipsa praedicta casa san-

	sancti Gervasii et Prothasii		ciae Mariae et sancti Gervasii et Prothasii
eam subter decrevimus roborare			subter eum decrevimus roborare et nostro sigillo sigillare
Adalgrimus	Adogrimus		Xadogrimus
dies octo quod facit presens mense junii	dies viii quod facit presens mensis junius	dies octo quod facit mensis junius	dies viii quod fecit mens. jan.
anno vii regni nostri		anno xv regni nostri	anno liii regni nostri
Captiniaco		Opatinaco	Compendio palatino nostro
In Xpisti nomine			in Dei nomen.

La traduction de la date d'une pièce fausse en années de notre ère, en mois et en quantièmes, ne peut avoir ni valeur ni signification précise; ce n'est qu'un expédient commode pour classer les pièces dans un catalogue. A ce point de vue seulement, disons que la date de la fausse charte de Childebert Ier, relative au monastère de Notre-Dame, répond au 8 juin 518 et celle de la fausse charte du même roi, relative à Saint-Calais, au 8 juin 526. Il est bien difficile, même sous le bénéfice de la réserve précédente, d'attribuer une date à la fausse charte de Saint-Longis : elle est dite de la 53e année de Clotaire II, qui n'a régné que quarante-cinq ans et quelques jours! Dans un catalogue chronologique, il faudrait lui donner place au 8 janvier de la dernière année complète de ce roi (la 45e), c'est-à-dire au 8 janvier 629.

Laissons ces enfantillages et revenons à la seule charte authentique de nos quatre, celle de Théodebert pour Saint-Martin du Mans. Elle a jusqu'ici passé pour apocryphe, non sans apparence de raison, car elle offre une grosse difficulté chronologique. Elle porte en tête et à la fin le nom du roi Théodebert, et dans le corps de l'acte est mentionné l'évêque du Mans, Domnole : « ad ecclesiam sancti Gervasii et Prothasii martyris vel domno Domnolo episcopo qui ibidem ad presens custos preesse videtur; »

Or Théodebert Ier a régné de 534 [1] à 548 [2], Théodebert II d'août 589 [3] à 612 [4], et Domnole a été évêque du Mans de 559 à 581 [5]. Aucun moment de son épiscopat n'a donc coïncidé avec aucun moment du règne de l'un ou l'autre Théodebert. Comment expliquer cette anomalie?

On pourrait être tenté de penser à un autre Théodebert, au fils de Chilpéric Ier, qui, en 573, par ordre de son père, occupa et envahit la Touraine, le Poitou et autres territoires de cités « citra Legere sitas », c'est-à-dire sur la rive gauche de la Loire, jusques et y compris le Limousin et le Quercy [6]. Suivant un texte hagiographique, la *Vita Aredii*, les habitants du territoire envahi donnaient à ce prince le titre de roi [7]. Mais cette royauté, d'après ces récits même, ne s'exerça que sur les territoires d'Aquitaine, qui appartenaient à Sigebert, roi d'Austrasie, et que Théodebert avait conquis sur celui-ci. Le Maine appartenait à Chilpéric, et rien n'autorise à supposer qu'il ait cédé son autorité sur cette cité. Les deux chartes de l'évêque Domnole pour Saint-Vincent, l'une de 572 (avant l'expédition de Théodebert), l'autre de 581 (après la même expédition), sont datées l'une comme l'autre du règne de Chilpéric. La sujétion du Maine au même prince est attestée, par Grégoire de Tours, à diverses autres reprises, en 576 et en 578 [8].

Pour trouver le vrai remède, il faut voir s'il n'y a pas dans la pièce d'autres difficultés que celle de la date. Il y en a au moins deux : l'incohérence dans la désignation des objets de la donation confirmée, et l'octroi de la confirmation à la requête des donateurs. Dans la première partie de la charte, la donation comprend une série de villages attribués à l'église du Mans, en même

---

1. Grégoire de Tours, *Hist. Franc.*, III, 23; édit. Arndt et Krusch, p. 131.
2. *Ibid.*, III, 36, p. 138, et IV, 51, p. 187; Marius d'Avenches, dans les *Monumenta Germaniae*, in-4°, *Auct. antiquiss.*, XI, p. 236.
3. Grégoire, IX, 36, p. 391.
4. Chronique dite de Frédégaire, IV, 38; édit. Krusch, p. 139.
5. Ci-dessus, p. 308.
6. Grégoire, IV, 47, p. 183.
7. « Quamquam sciam vos regem metuere Theodobertum : » Ruinart, *Gregorii Turonensis opera*, col. 1299; *Acta sanctorum augusti*, V, p. 189-190; de Foncemagne, dans l'*Histoire de l'Académie des inscriptions*, VII, 278-280; Rome, bibliothèque Vittorio-Emanuele, ms. Farf. 29 (341), fol. 32-52. J'ai connu ce manuscrit par une collation qu'a bien voulu me communiquer M. le Dr Bruno Krusch, qui prépare une édition de cette *Vita*. — Cf. aussi Mabillon, *Acta sanctorum ordinis sancti Benedicti*, I, p. 289, 291.
8. Grégoire, V, 1, 4, 14, 26, p. 192, 195, 201, 221; Longnon, *Géographie de la Gaule au VIe siècle*, p. 295, 296.

emps que l'oratoire même de Saint-Martin, dont ils forment la dotation : « locella noncupantes (tels et tels), cum omnes adjacentias... cum omni re inexquisita vel ipso oratorio; » dans la seconde partie, il n'est question que des villages : « ipsa loca superius nominata cum omni integritate earum... proficiant ad augmentum. » D'autre part, dans toutes les confirmations mérovingiennes qui nous sont parvenues, c'est le donataire, intéressé à la validité du don, qui en sollicite et en obtient la confirmation, et rien n'est plus naturel; ici, contrairement à l'usage et contrairement au sens commun, la confirmation du don est accordée aux supplications des donateurs, Eoladius et Baudomalla. Est-ce croyable?

Ces diverses difficultés résident, non dans l'ensemble de la charte, mais dans un seul passage, qui les renferme à la fois toutes les trois. Je veux parler de ces deux lignes, qui suivent la désignation des villages donnés « cum omnes adjacentias, cum omni re inexquisita, » etc. :

... vel ipso oratorio, ad ecclesiam sancti Gervasii et Prothasii martyris vel domno Domnolo episcopo qui ibidem ad presens custos eeesse videtur...

Qu'on supprime par la pensée ces deux lignes : la difficulté de date disparaît, avec le nom de l'évêque Domnole; l'incohérence dans la désignation des objets donnés disparaît, avec la mention de l'oratoire comme l'un de ces objets; l'anomalie de la confirmation accordée à la requête des donateurs disparaît aussi. En effet, s'il n'est plus question du don de l'oratoire à l'évêché, le donataire des biens dont il s'agit ne peut plus être que cet oratoire lui-même, oratoire dont les requérants sont les fondateurs et par conséquent les administrateurs. Ce n'est plus à titre de donateurs qu'ils ont sollicité cette confirmation, c'est à titre de représentants juridiques de l'établissement religieux qui leur doit son existence. On s'explique mieux alors la nécessité de la confirmation royale : ils ont créé ce qu'on appelle en droit une personne morale, ils veulent maintenant lui attribuer des biens; cela ne peut se faire, dans la plupart des législations, anciennes ou modernes, sans le consentement de l'autorité publique. — Or, cette courte clause, dont l'élimination suffirait à faire disparaître toutes les pierres d'achoppement, est aussi la seule qui intéresse le temporel de l'évêché, la seule, par conséquent, que l'auteur des *Actus* ait eu intérêt à introduire dans la pièce. Tout alors devient clair : nous avons affaire à une interpolation semblable à celle qui se trouve dans la seconde charte de saint Domnole pour l'abbaye de Saint-Vincent. La vraie charte de Théodebert ne contenait que la confirmation, à l'oratoire même de Saint-Martin, de la dotation qui lui avait été constituée par ses fondateurs. Le faussaire des *Actus*, en y ajoutant deux lignes de son cru, en a fait un titre pour l'évêché, titre qui devait rendre celui-ci maître à la fois de l'oratoire et de ses biens.

Pour supprimer l'interpolation et restituer le texte authentique de l'acte, il n'y a que deux raccords à faire. Dans le passage qui vient d'être cité, il faut remplacer « vel ipso oratorio » par « ad ipso oratorio » et supprimer les mots suivants, depuis « ad ecclesiam » jusqu'à « custos preesse videtur ». Plus loin, à la fin de la pièce, où l'on lit à deux lignes de distance deux expressions qui font disparate entre elles, « ipsa casa Dei » et « ipsa casa sancti Gervasii et Prothasii matris ecclesiae [1] », il faut lire, les deux fois « ipsa casa Dei » tout court, c'est-à-dire l'oratoire de Saint-Martin ; les noms des saints Gervais et Protais ont été, ici encore, ajoutés par l'interpolateur.

Théodebert Ier n'a jamais régné sur le Maine [2]. Théodebert II, au contraire, a possédé cette cité : cela résulte, non du témoignage des historiens, mais d'une pièce qui sera examinée dans la suite de ce travail, le testament de l'évêque Bertrand [3]. D'après Grégoire de Tours, il fut proclamé roi, du vivant de son père, Childebert II, en août 589 [4]. La charte datée du 8 juin de sa 7e année serait donc, si les chiffres ont été transcrits exactement (ce qui n'est nullement certain), du vendredi 8 juin 596. C'est, en tout cas, la plus ancienne charte royale connue.

Le même testament de Bertrand, écrit en 616, mentionne un abbé Eoladius, de qui ce prélat (évêque depuis 586 ou 587) avait acheté des vignes, prés et terres situés sur le côté droit de la

---

[1]. Ou plutôt *ad ipsa casa sancti Gervasii et Prothasii martyris*, leçon que donnent les trois chartes fausses de Notre-Dame, de Saint-Calais et de Saint-Longis, et qui par conséquent, devait se trouver dans celle de Saint-Martin, quand, sortant des mains de l'interpolateur, elle a été reprise par lui et lui a servi de modèle pour fabriquer celle de Notre-Dame. La substitution de *matris* à *martyris* et l'addition d'*ecclesiae* (seconde faute qui est la conséquence de la première) sont imputables au copiste du XIIIe siècle (toute cette fin de l'acte manque dans le ms. Baluze, 45).

[2]. Longnon, *Géographie de la Gaule au VIe siècle*, p. 295.

[3]. Ci-après, p. .... [L'examen de ce testament n'a pas été écrit.]

[4]. Grégoire de Tours, IX, 36, p. 391.

route du Mans à Pontlieue : « vineolas, pradela vel terraturium quod in dextera parte de strada est qui vadit ad Ponteleugua, quem de venerabili fratre meo Eoladi abbati comparavi[1]. » C'est évidemment celui à qui est accordée notre charte. Le mot *abbati* prouve que, par le terme d'oratoire, « oratorio in honore sancti Martini, » il faut entendre une sorte de monastère. C'est peut-être du même établissement qu'il s'agit aussi dans un passage où Grégoire de Tours parle d'une basilique de Saint-Martin, consacrée par l'évêque du Mans Badégisil : « Invitatus autem Badegyselus Cenomannorum episcopus quodam loco diocesis suae ad basilicam beati viri et nomine et reliquiis consecrandam[2]. » Il n'y a pas contradiction entre ce « quodam loco diocesis suae » et le « infra murania Cenomannis » de la charte : Grégoire, répétant un récit qu'il devait tenir d'autrui, pouvait n'avoir pas la notion précise du lieu dont il parlait. Badégisil fut évêque du Mans de la fin de 581 à la fin de 586. La fondation de l'oratoire de Saint-Martin serait donc antérieure de plus de dix ans à la confirmation de biens qui lui fut accordée par Théodebert.

Cette fondation, quelle qu'en soit la date précise, fut assez durable. En 616, Bertrand, dans un autre article de son testament, la désigne toujours sous le nom d'oratoire de Saint-Martin, au nombre des églises auxquelles il lègue une somme ou une valeur de 5 sous d'or[3]. Au IXe siècle, au temps d'Aldric, la « cella sancti Martini infra murum civitatis » possédait un certain nombre de domaines ruraux, *villae;* un acte du 31 décembre 832, de l'empereur Louis le Pieux, nomme ces *villae* parmi celles dont les dîmes et nones doivent appartenir à la cathédrale du Mans[4]. Ayant ses biens à elle, la *cella* devait avoir aussi ses archives : c'est là que l'auteur des *Actus* aura vu et copié (pour la dénaturer) la charte du roi Théodebert II.

C'était le seul titre ancien qui subsistât alors dans ces archives, car c'est le seul que le compilateur des *Actus pontificum* en ait tiré. Il n'y a pas trouvé l'acte même de la donation d'Eoladius et

---

1. Ci-après, Appendice I, n° ..., § 32.
2. *De virtutibus S. Martini*, III, 35; édit. Arndt et Krusch, p. 641. — Cf. Longnon, *Géographie de la Gaule au* VIe *siècle*, p. 298.
3. « Ad oratoria domni Martini, domni Victorii vel sancti Petri infra muros dabis in aurum in caballos sol. v. » Appendice I, n° ..., § 107.
4. « Et de omnibus villis que ad cellam sancti Martini infra murum civitatis pertinent. » *Gesta Aldrici*, XI, p. 40 (Mühlbacher, n° 883).

de Baudomalla au monastère fondé par eux, acte qui fait l'objet de la confirmation de Théodebert. Au contraire, pour chacun des trois monastères de Notre-Dame, de Saint-Calais, de Saint-Longis, il donne deux actes privés émanés des fondateurs, actes qui avaient, dit-il, précédé chacune des chartes royales et que celles-ci avaient pour but de confirmer. Ces actes sont trois donations et trois précaires, consenties toutes les six à l'évêque et à l'église du Mans. La donation de Notre-Dame émane de deux époux, *Haregarius* et *Truda*, et de leur fille *Tenestina*, qualifiée *Deo sacrata* [1]; la précaire, postérieure de quelques années, porte le nom de Ténestine seule [2]. Les donations et les précaires de Saint-Calais [3] et de Saint-Longis [4] sont présentées comme l'œuvre des deux saints dont ces monastères ont pris les noms, *Carileffus* et *Lonegisilus*.

Ces quatre derniers actes, mis sous les noms de saint Calais et de saint Longis, sont des faux dont la grossièreté, touchant au ridicule [5], dispense de toute discussion. Il n'en est pas de même des deux titres du monastère de Notre-Dame : la donation d'Harégaire et la précaire de Ténestine. Ici le faux se mêle au vrai d'une façon déconcertante, et on est assez embarrassé, à première vue, pour former un jugement. La seule solution à laquelle on puisse s'arrêter est qu'ici encore nous avons affaire à des documents authentiques, mais viciés par des interpolations considérables.

L'authenticité est attestée par l'emploi de tournures ou de formules qui appartiennent au style des actes mérovingiens et qui ont cessé d'être en usage après la première race. Ainsi l'exorde de la donation d'Harégaire, « Dum fragilitas humani generis pertimescit, » etc., se rencontre plusieurs fois dans les

---

1. Mabillon, *Vet. Anal.*, in-8°, III, p. 88; Pardessus, I, p. 72; Appendice, n° ....

2. *Vet. Anal.*, III, p. 92; Pardessus, I, p. 94: Appendice, n° ....

3. *Vet. Anal.*, III, p. 80, 84; Pardessus, I, p. 96, 98; Appendice, n° ....

4. *Vet. Anal.*, III, p. 151, 155; Pardessus, I, p. 222, 224; Appendice, n°s ....

5. Les deux saints, oubliant complètement la différence qui doit séparer et qui a séparé toujours le genre narratif du genre juridique, racontent en grand détail, dans ces prétendus contrats, l'histoire de leur vie, de leurs pérégrinations, des commencements de leurs fondations religieuses. Ces récits sont naturellement d'une conformité rigoureuse avec les traditions adoptées par l'auteur des *Actus pontificum*. — Entre autres redevances stipulées au profit de l'évêché, Longis promet chaque année *duo modia vini*, Calais *butticulas duas paratas, plenas de optimo vino*, l'un et l'autre *ad opus canonicorum!*

formules [1] et dans les actes [2] ; il présente des fins de membres de phrases conformes aux lois de la prose métrique des bas siècles [3]. Mais, dira-t-on, le faussaire a pu le copier sur une pièce authentique. Sans doute ; mais, s'il avait eu entre les mains une autre pièce mérovingienne, aurait-il résisté à la tentation d'en grossir son recueil ? Je ne le pense pas. Après s'être servi de la charte de Théodebert II en faveur de Saint-Martin pour fabriquer sur ce modèle trois fausses chartes de Childebert Ier et de Clotaire II, il a tenu à utiliser le modèle lui-même et lui a donné place dans son livre, à côté des copies qu'il en avait faites. Il nous aurait conservé de même le modèle de l'exorde de la donation d'Harégaire, s'il en avait eu un. Et, s'il n'en a pas eu, il faut que la pièce soit authentique, car ce n'est pas lui qui aurait su, au IXe siècle, écrire en bonne prose mérovingienne. — Plus loin, « pro remedium animae nostrae et remissionem peccatorum nostrorum, ut eternam in futurum apud Dominum consequi mereamur, » est également conforme à une formule mérovingienne conservée par le recueil de Marculfe [4]. Seulement, au lieu de l'adjectif *aeternam*, qui, isolé, ne signifie rien [5], Marculfe donne le substantif *veniam* : *aeternam* dans notre texte ne peut donc être qu'une faute de copie, faute facilitée par la forme de l'*u*, qui, en cursive mérovingienne, ressemble à un *a* minuscule carolingien. La même formule nous offre le modèle textuel des dix ou douze dernières lignes de notre acte, contenant la clause pénale, depuis « Licet in cessionibus » jusqu'à « cum stipulatione subnixa ». — Les noms des donateurs, *Haregarius*, *Truda*, *Tenestina*, sont rares, mais n'ont rien d'invraisemblable. On ne s'étonne pas de les rencontrer dans un texte authentique, et on s'étonnerait qu'un faussaire les eût inventés. Dira-t-on qu'il les a pris dans la

---

1. *Formulae Arvernenses*, n° 3 ; Marculfe, II, 2 et 4 ; *Formulae Turonenses*, Addit. 1 ; *Formulae Merkelianae*, 1 (E. de Rozière. n°s 64, 175, 345, 195, 194 ; Zeumer, p. 30, 74, 76, 159, 241).
2. Brandi, *Die Reichenauer Urkundenfälschungen* (1890, in-4°), p. 89, 91.
3. « Dum fragilitatis (*lisez* fragilitas) humani generis pertimescit ultimum vitae tempore (*lisez* ultima vitae tempora) subitanea transpositione *ventūra*, oportet ut non inveniat unumquemque *hominem impărātum*, ne sine aliquo boni operis respectum *migrāt de-* [*hōc*]- *sēcŭlo* nisi dum suo jure et potestāte consistit, preparet sibi viam salutis per quam ad eternam valeat beatitūdinem pērvenire. » Pour la correction de *de seculo* en *de hoc seculo*, voyez Brandi, *ibid*.
4. Marculfe, II, 4 (E. de Rozière, n° 345 ; Zeumer, p. 76).
5. Mabillon et les éditeurs qui l'ont suivi donnent *aeternam mercedem*, mais ce dernier mot a été ajouté par conjecture ; il n'est dans aucun des deux manuscrits.

tradition ? Ce n'est pas probable, car rien n'indique l'existence d'une tradition à ce sujet. Les *Gesta Aldrici* prononcent une seule fois le nom de Ténestine et ne font aucune mention de son père et de sa mère [1]; les *Actus pontificum* ne leur consacrent à tous trois que quelques lignes fort sèches, dont toute la substance paraît tirée de la donation même [2]. Le nom de la mère de Ténestine, écrit au commencement de l'acte, au nominatif, *Truda*, devient, à la fin du même acte, au génitif, *Trudane* : « Signum Trudane uxore ipsius. » C'est la déclinaison régulière des noms de cette forme en latin mérovingien : un faussaire carolingien n'aurait pas su décliner ainsi. — Enfin, l'avant-dernier paragraphe de la donation, la clause qui précède immédiatement la clause pénale, est encore la reproduction textuelle d'un passage de Marculfe. Et l'on ne saurait imputer à l'auteur des *Actus* d'être allé chercher ce passage, dans Marculfe ou ailleurs, pour l'insérer ici : car, d'une part, il y a fait quelques fautes de copie, dont l'une, *rem data* pour *remota*, rend toute la phrase inintelligible [3] ; et, d'autre part, cette clause, si l'on en rétablit le vrai texte, a pour but d'interdire toute entreprise de l'évêque sur les biens du monastère, c'est-à-dire de repousser à l'avance les prétentions que notre écrivain s'attache précisément à soutenir. Il est donc clair qu'il n'y a rien compris, et qu'il n'a fait que la copier de son mieux telle qu'il l'a lue ou qu'il a cru la lire dans le document original :

Marculfe : Ea scilicet ratione atque pretexto ut remota pontificum simulque ecclesiasticorum omnium officialium seu publicorum omnium potestate, nullas functiones vel exactionis neque exquesita et lauda convivia, neque gratiosa vel insidiosa munuscola, neque etiam caballorum pastus aut paraverida vel carrarum angaria, aut quodcumque functiones	*Harégaire* : Ea scilicet ratione atque pretexto ut *rem data* pontificis simulque ecclesiasticorum omnium *pontificalium* seu publicorum omnium potestate *privandas* nullas functiones vel exactiones neque exquisita et lauda convivia, neque gratiosa vel insidiosa munuscula, neque etiam caballorum pastus atque paravereda vel angaria aut in quodcum-

---

1. « Sanctę Tenestinę precipue virginis quę et monasteriolum sanctę Marię in rebus senioris ecclesię una cum adjutorio sancti Innocentis prefixę urbis episcopi construxit » (*Gesta Aldrici*, XLIV, p. 124).

2. *Vet. Anal.*, in-8º, III, p. 78. — La Vie de saint Rigomer, publiée par l'abbé Lebeuf, *Dissertations sur l'hist. de Paris*, I, p. 211, est évidemment postérieure aux *Actus* et inspirée de leur récit. Si notre auteur avait pu la connaître, il n'eût pas manqué d'orner son ouvrage des détails merveilleux qu'elle renferme.

3. II, 4 (E. de Rozière, nº 345 ; Zeumer, p. 76).

titulum dici potest de ipsa facultate paenitus non requiratur, sed sub integra emunitate facultaticola ipsa sicut a me hucusque possessa est, in jure oraturio sanctae Mariae et predictorum pauperum debeat Deo protegente et opitulante persistere [4].	que functiones titulum *judiciaria potestate* dici potest de ipsa facultate paenitus non requiratur, sed sub integra emunitate facultaticula sicut a nobis hucusque possessa est, in jure oratorio sanctae Mariae et predictorum sanctorum apostolorum ... debeat Deo protegente et opitulante consistere.

L'interpolation est attestée par la contradiction qui existe entre les diverses parties de la pièce. Au commencement d'une phrase, les auteurs de l'acte font donation de tous leurs biens au monastère qu'ils ont fondé, et, dans la suite de la même phrase, ils instituent héritiers l'évêque et la cathédrale du Mans; ainsi ils donnent leurs biens à l'un et les lèguent à l'autre :

Et omnes res nostras atque mancipia quem ex legitima successione nobis obvenerint totum et ad integrum ad jamdictum monasterium per hoc testamentum conditionis tradidimus atque confirmavimus, et post nostrum discessum jamdicta aecclesia sanctae Mariae et sancti Gervasii et Prothasii Cenomannis civitate constructa vel ejusdem pontificis heredes instituimus et eos appellare volumus.

Ici il ne s'agit que des biens des fondateurs, donnés d'abord au monastère, puis à l'évêché; plus loin, c'est le monastère lui-même qui est donné à la cathédrale :

Ad partibus sanctae Mariae et sanctorum martyrum Gervasii et Prothasii Cenomannis civitate vel ejusdem pontificis ipsum monasteriolum cum omnes res ad se pertinentes... in vestram faciatis revocare potestatem vel dominationem.

Il a été dit que le monastère posséderait ses biens en dehors de tout pouvoir et de toute ingérence de l'évêque et de ses agents, « rem[o]ta pontificis simulque ecclesiasticorum omnium pontificalium [*pour* officialium] seu publicorum omnium potestate », et avant la fin de la même phrase on trouve une incise qui subordonne la propriété du monastère à l'évêché :

1. Marculfe, II, 1 (E. de Rozière, n° 571 ; Zeumer, p. 71). — Remarquer les fins des membres de phrases, toutes correctes au point de vue de la métrique : *omnium potēstāte, laudā convivia, insidiōsā mŭnŭscŏla, carrārum āngārĭa, paenitus nōn rĕquirātur, hŭcŭsque possĕssa est, opitulantē persistĕre.*

sed sub integra emunitate facultaticula sicut a nobis hucusque possessa est, in jure oratorio sanctae Mariae et predictorum sanctorum apostolorum, sub jure et potestate et dominatione sanctae Mariae matris Domini nostri Ihesu Xpisti vel sanctorum martyrum Gervasii et Prothasii et eorum rectoribus atque pontificis, debeat Deo protegente et opitulante consistere.

La contradiction est dans la forme autant que dans le fond. Tantôt la cathédrale et l'évêque sont nommés à la troisième personne :

apud domno ac venerabile sede apostolico Innocenti Cenomannicę ecclesiae presule deprecavimus una cum sancta congregatione in ipsa urbe consistentes ut per beneficium nobis concederet...

tantôt ils sont apostrophés à la seconde personne, comme si l'acte leur était adressé :

et post nostrum Deo jubente de hac luce discessum, sicut superius insertum est, vos aut rectores, presules, successoresque vestros in vestram faciatis revocare potestatem vel dominationem...

Dans un des passages précédemment cités, les deux tournures incompatibles sont réunies en une même phrase :

ad partibus sanctae Mariae et sanctorum martyrum Gervasii et Prothasii Cenomannis civitate vel ejusdem pontificis... quae de rebus vestris per vestrum beneficium a vobis accepimus... in vestram faciatis revocare potestatem...

Bien plus, dans une phrase du milieu de l'acte, les rôles sont intervertis, et c'est l'évêque qui, à son tour, parle à la première personne :

Cujus petitionis libenter animo suscepimus et concessimus eis per nostrum beneficium ipsam aream ad ipsum monasterium faciendum...

Tout cela est incohérent et trahit la main d'un interpolateur maladroit. Cet interpolateur travaillant, nous le savons, dans l'intérêt de l'évêché, on est autorisé à lui attribuer les clauses favorables à l'évêché et à considérer comme des restes de l'acte authentique celles qui consacrent la propriété indépendante du monastère. Il faut mettre aussi sur son compte, tout au moins, les passages où l'évêque est mal à propos nommé soit à la seconde, soit à la troisième personne. Tout cela est à éliminer du texte authentique. Malheureusement le faussaire, pour faire place à ces diverses additions, a dû supprimer quelques-unes des clauses primitives, en sorte qu'après l'élimination des parties apocryphes, il ne reste qu'un acte tronqué et imparfait. Il en reste assez, cependant, pour juger que cet acte était une donation des époux Harégaire et Trude et de leur fille Ténestine, religieuse, en faveur du monastère fondé par eux sous le vocable de Notre-Dame et des saints Pierre et Paul, et que cette donation avait été dressée suivant une formule apparentée à celles que Marculfe a recueillies sous les numéros 1 et 4 de son livre II.

Dans la précaire de Ténestine, la formule du début, rappelant celles d'un grand nombre d'actes analogues du même temps, est sans doute authentique :

Domino [*lisez* Domno] sancto ac venerabile sede apostolico Innocente Cenomannicę aecclesię presule, una cum sancta congregatione ex ipsa urbe consistentes, ego in Dei nomine Tenestina Deo sacrata filia quondam Haregario et Trudane peccatrix [*lisez* precatrix] a vobis accedo. Dum et mea fuit petitio et vestra decrevit voluntas, ut...

L'interpolateur de la charte précédente paraît s'être inspiré de ce début, quand il a écrit :

... quem apud domno ac venerabile sede apostolico Innocenti Cęnomannicę ecclesiae presule deprecavimus, una cum sancta congregatione in ipsa urbe consistentes, ut...

En effet, « domno ac venerabile sede apostolico » était un titre qu'on plaçait volontiers devant le nom d'un évêque, au début d'un acte, dans la formule de suscription destinée à indiquer que l'acte lui était adressé,[1] mais on ne l'employait guère dans le corps d'une phrase, où l'évêque était nommé à la troisième personne. — Une autre phrase paraît avoir passé de la charte de Ténestine à celle d'Harégaire :

| Harégaire : Et censivimus annis singulis ad festivitatem sancti Gervasii et Prothasii, quod est xiii kl. | Ténestine : Et censivimus vobis annis singulis ad festivitatem sancti Gervasii et Prothasii, quod |

[1]. Marculfe, I, 6, 26; II, 5 (E. de Rozière, nos 518, 431, 345; Zeumer, p. 46, 59, 77).

julias, de argento libra I transsolvere faciamus.

est XIII kl. julias, vestitos duos et cappas duas episcopales et de argento libra I transsolvere facias (sic).

Le fond et la forme de cette clause sont mérovingiens. On la trouve ordinairement, à l'époque mérovingienne, dans les actes de précaire [1], adressés, par des particuliers, à des évêques ou à des abbés. Ces actes commencent régulièrement par l'adresse à l'évêque ou à l'abbé en faveur de qui ils sont consentis : « Domno sancto ac venerabili... episcopo » ou « abbati... » Telle est la forme sous laquelle se présente la charte de Ténestine, fille d'Harégaire; telle n'est pas celle de l'acte d'Harégaire lui-même, qui n'est pas une précaire, mais une donation. C'est donc dans la charte de la fille seulement, et non dans celle du père, que cette disposition a pu figurer et qu'on doit la tenir pour authentique. L'interpolateur, voulant modifier la donation d'Harégaire, pour transformer ses dispositions au profit du monastère en dispositions au profit de l'évêque, a emprunté et transporté dans cet acte la clause en ce sens qu'il rencontrait dans l'acte voisin. — Quant à l'objet de cette clause, il n'est pas formulé exactement de même : d'un côté il est question seulement d'une livre d'argent, de l'autre on ajoute à cette somme des redevances en nature, demandées au travail manuel des religieuses de Notre-Dame, deux « vêtements (?) » et deux chapes épiscopales. Ce détail ne semble pas ancien, et il est probable qu'on en trouverait difficilement l'analogue dans les textes de la première race. C'est

---

1. *Form. Turon.*, 7 : « Unde censivi me annis singulis ad festivitatem ipsius sancti partibus vestris reddere argentum tantum » (E. de Rozière, n° 319; Zeumer, p. 139). — *Additamenta e codicibus formularum Turonensium*, 3 : « Unde censisti te a nobis annis singulis ad festivitatem sancti illius in luminaribus ipsius sancti vel pro mercedis tuae augmentum argentum soledos tantos (E. de Rozière, n° 327; Zeumer, p. 160). — *Form. Lindenbrog.*, 3 : « Et pro ipso usu censivi vobis annis singulis denarios seu solidos tantos, ut ipsos ad festivitatem sancti illius, diem illum mensis illius, exsolvere faciam » (E. de Rozière, n° 331; Zeumer, p. 269). — *Addit. collectionis Flaviniacensis*, 3 : « Et censistis me annis singulis pro ipsis rebus festa sancti ill. argento vel quodlibet solvere faciam » (E. de Rozière, n° 341; Zeumer; p. 490). — *Ibid.*, 4 : « Et censivimus te annis singulis pro ipsis rebus festa sancti illi cera aut argentum tantum partibus ipsius monasterii solvere facias » (E. de Rozière, n° 320; Zeumer, p. 491). — Cf. E. de Rozière, n°s 324 et suivants. — Précaire de Wademer et Ercamberte pour Saint-Germain-des-Prés, du jeudi 20 août 683 ou du dimanche 20 août 790, aux Archives nationales, K 4, n° 5 : « Et cinso annis singulis de festivitate in festivitatem sancti Germani quod evenit II kl. junias solidus in argento XXX dare et adimplere studeamus » (Tardif, *Monuments historiques*, p. 19; Letronne, planche XLIV).

donc une addition de l'interpolateur ; comme elle n'a pas passé avec le reste de la clause dans la donation d'Harégaire, il faut qu'elle ait été opérée dans la charte de Ténestine postérieurement aux emprunts faits d'une pièce à l'autre. Ainsi la place authentique de cette clause est dans l'acte de Ténestine, et son texte authentique est dans l'acte d'Harégaire.

S'il est choquant, dans la donation d'Harégaire, de voir au milieu de l'acte le discours du donateur s'interrompre et l'évêque donataire prendre la parole « cujus petitionem libenter animo suscepimus, et concessimus... » pour la rendre ensuite à l'auteur de la charte et reparaître lui-même à la seconde personne « res... quae de rebus vestris per vestrum beneficium a vobis accepimus », que dira-t-on de la précaire de Ténestine, où l'interlocuteur change plusieurs fois de suite, tantôt d'une phrase à l'autre, tantôt dans une même phrase ?

Domino... Innocente Cenomannicę aecclesię presule... *ego in Dei nomine Tenestina Deo sacrata filia* quondam Haregario et Trudane, p[re]catrix *a vobis* accedo... Genitor meus apud *vos et vestram congregationem* deprecatus fuit ut eis per beneficium licentiam *dedissent*... Et pro hac causa *ego jamdictus pontifex*... *tibi* ipsum inceptum monasteriolum una cum ipsas res... tam illas quem nos de rebus sanctae Mariae vel sancti Gervasii et Prothasii in augmentum ad presenti loco construendum per beneficium condonavimus, que et illas quem genitor vel genitrix *mea* per strumenta cartarum ibidem legibus *tradidero atque confirmavero*, tempore vitae *meae* ad usufructuario ordine per *vestrum* beneficium tenere *permittimus, et censivimus vobis* annis singulis... libra I transsolvere *facias*... Et post *tuum* quoque Deo jubente de hac luce discessum absque [u]llius judicis consignatione aut heredum *nostrorum* contradictione... in *vestram* faciatis revocare potestatem. Et ut haec precarię... una que in thesauro sancti Gervasii et Prothasii recondita sit et alia quam *ego Tenestina Deo* sacrata a *vobis* accepero, firmam obtineant vigorem, manus *nostras*... *decrevimus* roborare... *Ego Innocens episcopus* hanc precariam *a me factam* subscripsi.

Il est impossible d'imaginer un mélange plus incohérent de tournures contradictoires. On ne peut l'expliquer que par le travail d'un rédacteur qui, voulant retoucher son œuvre, aura raturé et surchargé sa copie, sans prendre un soin suffisant de mettre partout la première rédaction d'accord avec ses corrections. Mais se livrer à un pareil travail sur un ancien document, qu'on prétend publier à titre de pièce justificative, c'est faire œuvre de faussaire. Toutes les phrases où s'observe ce mélange sont donc des phrases falsifiées. Le début, qui paraît authentique, indique un acte de Ténestine et non un acte de l'évêque : les formes primitives et authentiques sont donc, en général, celles où la sainte fille parle à la première personne ; les endroits du texte où l'évêque prend la parole sont ou interpolés ou altérés. Comme le faussaire voulait établir la sujétion ancienne du monastère à l'évêché, il aura pensé qu'il imprimerait plus fortement cette idée dans l'esprit de ses lecteurs, s'il leur montrait, à côté de la donatrice disposant de son bien, l'évêque parlant en maître et réglant à sa convenance le régime de la nouvelle fondation. Seulement il a travaillé trop vite ; comment s'en étonner, si l'on considère le labeur considérable que représente l'ensemble de son œuvre ?

La donation d'Harégaire paraît, ai-je dit, avoir été consentie en faveur du monastère seul, et il semble que tout ce qui y est stipulé en faveur de l'évêque soit interpolé. Cette solution ne saurait être étendue à l'acte de Ténestine. Ici, la mention de l'évêque se rencontre dès la première ligne, dans l'adresse, qui a une couleur bien mérovingienne. D'ailleurs, si l'on prétendait éliminer toutes les clauses qui tendent à établir, entre la fondatrice de Notre-Dame et l'évêque du Mans, le rapport de précariste à propriétaire, on ne voit pas ce qui resterait. L'acte était donc déjà, sous sa forme originale, une reconnaissance de précaire souscrite par Ténestine en faveur de l'évêque, c'est-à-dire l'aveu d'un rapport de subordination du monastère à l'évêché. Le tort de l'auteur des *Actus* a été de vouloir faire remonter aux parents de Ténestine une situation qu'elle avait établie après eux. C'est pourquoi il a transporté du second acte au premier la clause relative aux cens dus à la cathédrale, et il a introduit dans celui-ci la phrase où l'évêque, parlant à la première personne, énonce les concessions dont les fondateurs lui sont redevables. C'est aussi la seule explication qu'on puisse donner d'une des incohérences grammaticales les plus choquantes de la précaire de Ténestine :

monasteriolum una cum ipsas res ad se pertinentes vel aspicientes... illas quem *genitor vel genitrix mea* per strumenta cartarum ibidem legibus *tradidero atque confirmavero*.

Ces deux derniers verbes au singulier prouvent que les mots *genitor vel genitrix mea* sont étrangers à la phrase. L'interpolateur les a ajoutés, afin de faire remonter au premier jour de la fondation du monastère le contrat de précaire et le rapport de subordination qui en résulte ; mais il a oublié de changer, pour la mettre d'accord avec cette addition, la désinence des deux verbes. — C'est là un exemple, remarquons-le en passant, qui montre une fois de plus avec quelle rigueur un éditeur doit s'interdire de faire aucune correction aux leçons d'un manuscrit, sans en avertir ses lecteurs. Au lieu de « tradidero atque confirmavero, » Mabillon (dont le texte a été nécessairement suivi par les autres éditeurs) a imprimé « tradiderunt atque confirmaverunt. » Nulle correction ne pouvait sembler plus certaine et partant plus inoffensive. En l'opérant, cependant, il a failli priver la critique d'un indice précieux, qui contribue à préciser la vraie portée et la valeur de deux des plus anciennes chartes publiées par lui. Ténestine désigne ainsi le monastère de Notre-Dame :

illud monasteriolum quod aedificare coeperat pater meus et mater mea in honore sanctae Dei genitricis Mariae et sanctorum apostolorum, et imperfectum dimiserunt, quod est situm in terraturio sanctae Mariae vel sanctorum martyrum Gervasii et Prothasii, juxta murum Cenomannis civitate, supra fluvium Sartae.

Le « quod aedificare coeperat, » le « imperfectum dimiserunt » sont des traits qui sentent plus la narration historique que le style notarial ; je ne serais pas disposé à les croire authentiques, non plus que les mots « pater meus et mater mea, » non accompagnés de quelque formule pieuse, *bonae memoriae* ou autre. Au contraire, on reconnaît le style des actes mérovingiens dans les deux incises qui désignent, l'une les patrons du monastère, « in honore sanctae... Mariae et sanctorum apostolorum » (c'est-à-dire saint Pierre et saint Paul), l'autre le droit supérieur de la cathédrale, « in terraturio sanctae Mariae vel sanctorum martyrum Gervasii et Prothasii. » Dans une province voisine, en Anjou, le recueil dit des *Formulae Andecavenses* montre plusieurs exemples de terrains situés « in terraturio sancti illius » et vendus ou cédés par des particuliers à d'autres particuliers [1].

---

1. *Formulae Andecavenses*, 4 : Constat me vindedisse et ita vindedi ad venerabile fratri illa viniola, plus menus jectus tantus, et residit in terraturium sancti illius, in fundo illa villa... ut de ab odiernum die, memoratus emtor, quicquid de ipsa vinia facere volueris, liberam in omnibus habeas potestatem faciendi (E. de Rozière, t. III, p. 331 ; Zeumer, p. 6). — 8 : « Incipit concamius... Hoc dedit illi ad racione illo campo ferente modius tantus, et est super terraturio sancti illius, et subjungat de unus latus campus illius ; similiter in alio loco dedit illi super ipso terraturio ad racione illo campello

Certaines églises avaient donc sur l'ensemble d'un territoire une sorte de droit général de seigneurie, qui n'excluait pas, sur telle ou telle parcelle du même territoire, l'existence du droit de propriété privée : par conséquent, l'hypothèse qu'Harégaire avait pu librement disposer, en faveur de sa fondation, du terrain où il l'avait établi, n'empêcherait pas d'admettre que ce terrain fût situé sur le *territorium* de la cathédrale. Cette dernière circonstance peut d'ailleurs aider à comprendre comment Ténestine aura été amenée à resserrer le lien qui attachait son couvent à la cathédrale et à transformer en tout ou en partie (sans doute en échange de quelque concession d'une utilité plus immédiate) la propriété de celui-ci en tenure précaire. — Les mêmes mots *in terraturium* se retrouvent dans un passage de la donation d'Harégaire, mais ici il semble impossible de leur attacher une signification raisonnable :

... ut aliqua cellula ac monasterium in terraturium sanctae Mariae Dei genitricis et Domini nostri Ihesu Xpisti vel sanctorum apostolorum Petri et Pauli construere ac edificare deberemus...

Peut-être faut-il lire « cellula ac monasterium [vel o]raturium [in honorem] sanctae Mariae... » Il faut aussi supprimer, avant et après *genitricis*, les deux mots *Dei* et *et*, car, si Jésus-Christ avait été l'un des patrons du monastère, il aurait été nommé avant sa mère et non après ; il faut donc lire : sanctae Mariae genitricis Domini nostri Ihesu Xpisti. »

Des emprunts de l'une des deux pièces à l'autre sont aussi à signaler dans les clauses finales et dans les souscriptions. L'annonce des signatures, dans les deux actes, est ainsi conçue :

Harégaire : Et ut haec cessio firmior habeatur et inviolabiliter conservetur, manus nostras subterfirmavimus et aliorum bonorum virorum decrevimus roborari.	*Ténestine* : Et ut haec precarie uno tenore conscripta... firmam obtineant vigorem, manus nostras proprias subterfirmavimus et bonorum virorum decrevimus roborare.

ferente modius tantus, et subjungat de uno latere campus illius ; ut quicquid exinde facere voluerit, absque praejudicium sancti illius cujus terra esse videtur, liberam in omnibus habeas potestatem » (E. de Rozière, n° 308 ; Zeumer, p. 7). — Cf. *ibid.*, n°ˢ 21, 22, 37, 40, 54 ; E. de Rozière, n°ˢ 280, 375, 171, 227, 226 ; Zeumer, p. 11, 16, 17, 23.

« Subterfirmavimus » d'abord et « decrevimus roborari » ensuite, cela fait deux verbes, là où un seul suffirait. En revanche, il manque un substantif auquel puisse se rapporter le génitif « bonorum virorum ». Il est donc probable que *subterfirmavimus* est une faute de copie pour *subscriptionibus* : « manus nostra[e] sub[scriptionib]us et aliorum bonorum virorum decrevimus roborari. » Comme une même faute de copie ne se produit pas, en général, deux fois séparément, il faut en conclure qu'ici le compilateur a transporté d'une pièce à l'autre la clause qu'il avait, une première fois, mal copiée dans l'une ou l'autre : mais il serait bien difficile de dire ici de quel côté est l'original, de quel côté la copie.

Quant aux souscriptions, elles paraissent plus authentiques dans la charte de Ténestine que dans celle d'Harégaire. L'une des premières est celle de l'évêque du Mans :

Ténestine : Ego Innocens episcopus hanc precariam a me factam subs.

Harégaire : Ego Innocens acsi indignus peccator episcopus a me facta subscripsi.

L'évêque du Mans devait signer la précaire, dans laquelle il était l'une des parties contractantes, et pouvait en dire : « hanc precariam a me factam. » Il n'avait pas à signer la donation d'Harégaire au monastère, qui était pour lui, comme on dit en droit, *res inter alios acta*, ni surtout à la donner pour son fait, « a me facta. » L'interpolateur a donc emprunté cette souscription au second acte pour l'incorporer au premier, sans en changer suffisamment la rédaction. — Les autres signataires sont, dans la précaire, des prêtres, des diacres, des abbés, personnes que leur rang appelait naturellement à entourer l'évêque et à confirmer ses actes de leur signature ; dans la donation, des évêques, des comtes, dignitaires élevés, dont l'intervention dans un acte privé est beaucoup moins vraisemblable. En outre, il n'est pas un de ces prétendus évêques dont le nom se retrouve sur les listes épiscopales des diocèses voisins du Mans, mais plusieurs d'entre eux et des prétendus comtes ont des noms semblables à ceux des clercs inférieurs qui ont signé la précaire de Ténestine :

Ténestine : Winitmundus levita subs.
Hildemannus abbas subs.

Harégaire : Winimundus licet indignus episcopus subscripsi.
In nomine Domini Hildeman-

Rotfredus archipresbiter subs.	nus indignus episcopus subscripsi. Frotfridus indignus episcopus subscripsi.
Ostremundus presbiter subs.	Signum Ostremundi comite.
Signum Winetmarco.	Signum Winitmarci comite.
Signum Bernardo vicecomite.	In Xpisti nomine Berhardus indignus episcopus subscripsi.
Signum Ostrevini.	Signum Ostruini.

Il est clair que les noms de la seconde liste ont été copiés sur ceux de la première. Il est inutile de chercher pour cette falsification un motif compliqué. Sur les actes mérovingiens originaux qui nous sont parvenus, les souscriptions sont quelquefois très difficiles à lire ; c'est un travail qui demande beaucoup de soin et de temps, et qui, pour le but poursuivi par l'auteur des *Actus*, était à peu près inutile. Il était plus simple de composer une liste de fantaisie, en empruntant des noms à une autre pièce. Pour allonger cette liste, en outre, on a fait servir certains noms deux fois : après « Winimundus licet indignus episcopus, » on trouve, vingt lignes plus bas, « Ego Winitmundus scripsi et subscripsi », et, après le « Signum Winitmarci comite », un « Signum Winitmari » sans qualification.

La date des deux actes échappe à tout contrôle. Celle de la donation d'Harégaire est : « v non. mai. anno II regnante Childeberto rege »; celle de la précaire de Ténestine : « v kl. mai. anno XIII regnante Childeberto rege. » Il est impossible de dire si ces formules ont été fidèlement copiées ou falsifiées. Si ce n'est pas aussi par l'effet d'une falsification que le nom de l'évêque Innocent figure dans le second acte (dans le premier la falsification ne me paraît pas douteuse), elles ne sauraient être rapportées qu'au règne de Childebert Ier et répondraient, la première au vendredi 3 mai 513, la seconde au samedi 27 avril 524. Ce n'est pas un résultat très vraisemblable, car ce seraient les seules chartes aussi anciennes qui nous fussent parvenues. Mais, sur un terrain aussi incertain, on ne peut rien affirmer : il faut se borner à émettre des conjectures, à faire ressortir des vraisemblances et, en fin de compte, à exprimer des doutes.

Le seul point qui paraît assuré, c'est que les deux plus anciennes chartes du monastère de Notre-Dame contiennent chacune un fond véritable, mêlé avec des additions dues à l'industrie d'un faussaire. En établissant le texte de l'une et de l'autre pour les imprimer dans l'Appendice, j'ai essayé de distinguer, par l'emploi de deux caractères différents, les parties qui m'ont paru authentiques et celles qui m'ont paru fausses. J'ai à peine besoin de dire que je présente le résultat de ce travail comme une hypothèse provisoire et sous toutes réserves.

Les deux chartes, une fois interpolées et arrangées au gré du faussaire, lui ont servi à leur tour de modèle pour la fabrication de quatre pièces entièrement fausses, les deux prétendues donations et les deux prétendues précaires de saint Calais et de saint Longis. L'opinion que je soutiens sur la fausseté de ces pièces ne différant pas de celle de tous les diplomatistes, on me dispensera d'en donner une démonstration aussi facile que superflue. Disons seulement : 1° que l'imitation des chartes de Notre-Dame se trahit par l'emprunt de certaines fautes (comme *rem data* au lieu de *remota*, qui se lit dans la donation de saint Calais et dans celle de saint Longis comme dans celle d'Harégaire), par l'identité de certaines listes de témoins, etc. ; 2° que la précaire de Ténestine, au moment où elle a servi de modèle pour fabriquer celle de saint Calais (d'où dérive à son tour celle de saint Longis), n'avait pas encore subi toutes les altérations signalées ci-dessus : témoin, par exemple, les phrases suivantes, où l'acte attribué à Calais paraît nous avoir conservé, plus fidèlement que l'acte de Ténestine, les leçons primitives de ce dernier :

Ténestine : tempore vitae meae ad usufructuario ordine per vestrum beneficium tenere *permittimus*.	*Calais :* per vestrum beneficium sub usufructuario ordine tempore vite meę... tenere permisistis.
Et *censivimus* vobis annis singulis...	Et censivi annis singulis...
Et si negligens aut tarda de ipso censo *apparueris*, fidem exinde facias et... monasteriolum tempore vitae tuae perdere non *debeas*.	Et si negligens aut tardus de ipso censu apparuero, fidem exinde faciam et... monasteriolum tempore vite meę non perdam.
Et alicubi nec vendere nec donare nec alienare pontificium non *habeas*...	Et alicubi nec vendere nec donare nec alienare pontificium non habeam...
Et post *tuum* quoque Deo jubente de hac luce discessum... in vestram faciatis revocare potestatem...	Et post meum quoque Deo jubente de hac luce discessum... in vestram faciatis revocare potestatem...

La fausse donation de saint Calais est datée « VIII id. janr., anno XIIII regnante Childeberto rege; » sa fausse précaire

« xv kl. febr., anno XIIII regnante Childeberto rege, » dates qui répondraient au 6 et au 18 janvier 525. Les fausses chartes de saint Longis portent des dates non moins absurdes que celle de la fausse charte de Clotaire II qui est censée les confirmer : « viii kl. decembris anno LII regnante Chlothario rege » et « kl. decembris anno LII^mo regnante Chlotario rege; » Clotaire ayant à peine commencé (vers septembre 629) sa 46e année de règne, on ne pourrait leur assigner de place, dans un catalogue chronologique, qu'à la dernière année complète de ce prince, la 45e, c'est-à-dire au 24 novembre et au 1er décembre 628.

Les autres chartes relatives à Saint-Calais sont également fausses. Il y en a dix : quatre précaires, sous les noms des abbés Gall, Sigran, Ibbolen et Sichald ; cinq chartes royales mérovingiennes, et une prétendue charte de Charlemagne. Les premières sont quatre copies de la fausse précaire de saint Calais : on n'a changé, dans chacune, que le nom de l'abbé, celui de l'évêque et la date. — Trois des chartes royales, attribuées respectivement à Chilpéric Ier, à Dagobert Ier et à Dagobert III, ont pour objet de confirmer les fausses précaires de Gall, de Sigran et d'Ibbolen (ce dernier appelé, dans la prétendue confirmation royale, *Gundolenus* au lieu d'*Ibbolenus*). Ce sont des faux exécutés avec peu d'art; on y a laissé passer, par exemple, un trait exclusivement caractéristique des chartes postérieures à l'avènement de la dynastie carolingienne, la notification de la volonté royale à l'universalité des sujets ou à l'universalité des chrétiens :

Chilpericus... Omnibus fidelibus sanctae Dei ecclesiae et nostris presentibus et futuris notum esse volumus...
Dagobertus... Igitur compertum sit omnibus fidelibus nostris presentibus et futuris...
Dagobertus... Igitur omnibus fidelibus sanctę Dei aecclesię et nostris presentibus et futuris notum esse volumus...

Les deux autres chartes royales mérovingiennes portent le nom de Chilpéric, qui est sûrement, d'après les autres indices chronologiques, une faute pour celui de Childéric III. La première est à la fois une confirmation d'immunité accordée à l'évêque, pour son monastère de Saint-Calais, et la confirmation d'une prétendue précaire faite par un abbé *Didonus*; l'autre est la confirmation de la précaire attribuée à l'abbé Sichald. La première offre, du moins dans une bonne moitié de sa teneur, une rédaction d'apparence bien mérovingienne ; on serait tenté de la croire authentique, si l'on ne s'apercevait qu'elle a été copiée à peu près mot pour mot sur une autre pièce, la confirmation de l'immunité du domaine d'Ardin en Poitou, dont il sera parlé ci-après [1]. La seconde est une imitation abrégée de la première. La première est sans date ; la seconde porte la mention de la douzième année du roi, qui ne régna que huit ans. Ces neuf prétendues chartes mérovingiennes ont en commun entre elles et avec la précaire attribuée à saint Calais un trait qui suffirait à en faire sauter aux yeux la fausseté, l'énumération des redevances en nature qui doivent, dit-on, constituer le cens annuel payé par l'abbaye de Saint-Calais à l'évêché du Mans :

Et censivi annis singulis ad matrem civitatis aecclesiam persolvere ejusque pontificibus atque rectoribus, id est ad lumen ecclesię de cera lib. IIII, et ad opus episcopi cambutta I et subtalares II, et ad opus canonicorum inibi Deo degentium butticulas duas paratas plenas de optimo vino et in cęna Domini plenum modium de ovis.

La charte attribuée à Charlemagne est un acte par lequel l'empereur, après enquête, reconnaît et attribue à l'évêque du Mans, Francon, la possession de l'abbaye de Saint-Calais. M. de Sickel, si bon connaisseur en ces matières, y a reconnu un style et des tournures qui ne peuvent appartenir qu'à l'époque de Louis le Pieux [2]. Elle paraît avoir servi de modèle à la charte authentique de Louis, rendue pour le même objet, le 7 septembre 838, à la suite d'une enquête dirigée par l'archevêque Drogon, frère de l'empereur [3]. Elle a donc probablement été fabriquée en vue de cette enquête.

Tout le dossier de Saint-Calais dans les *Actus pontificum* est donc apocryphe, et les diplomatistes modernes, comme les juges de 863, l'ont condamné à bon droit.

Le dossier du monastère des religieuses de Notre-Dame du Mans, « intra murum civitatis et fluvium Sartae, » dans les *Actus,* comprend encore, — avec la fausse charte de Childebert

1. [La partie du mémoire où il devait être question d'Ardin n'a pas été rédigée.]
2. *Acta Karolinorum*, II, p. 399.
3. *Gesta Aldrici*, XXXIX, p. 112 ; Mühlbacher, n° 951.

et les chartes interpolées d'Harégaire et de Ténestine, — cinq pièces : quatre mérovingiennes (trois actes de l'évêque Aiglibert et un attribué au roi Thierry III) et une carolingienne (précaire de l'évêque Mérolus sous Charlemagne).

L'une des chartes de l'évêque Aiglibert [1] n'offre ni motif de suspicion ni difficulté d'aucune sorte. Elle est courte, mais intéressante, car elle appartient à une catégorie d'écrits dont nous n'avons, surtout pour une époque aussi reculée, que bien peu d'exemples : les correspondances échangées entre les chefs de grandes propriétés (tels que les évêques) et les intendants, *agentes*, *missi discurrentes*, chargés de gérer leurs biens. Celle-ci est une lettre de l'évêque aux *agentes* ou *missi* préposés à l'exploitation de dix villages ou grands domaines ruraux de la cathédrale, *villae sanctę aecclesię*, la Quinte, Tresson, Launay, *Delas* (?), Longuève, Loudon, Gennes ou Gesnes (?), Trans, Villaines et Thorigné. Il leur notifie qu'il a concédé au monastère de Notre-Dame les dîmes de tous les produits agricoles de ces domaines et qu'ils aient à livrer régulièrement ces dîmes, à l'avenir, aux *missi* de l'abbesse. La lettre que l'évêque avait signée de sa main est datée du 9 juillet de l'an 2 de Clovis III (mardi 9 juillet 692) [2]. L'abbesse qui gouvernait alors le monastère est appelée Ade, « Deo sacrata Ada abbatissa ».

Une des meilleures raisons pour affirmer que cette pièce est authentique, c'est qu'elle n'établit aucun droit ou prérogative de l'évêché du Mans, en faveur duquel seul ont été fabriqués tous les faux des *Actus*. C'est donc simplement pour orner et amplifier son ouvrage que l'écrivain nous en a conservé la copie.

Les deux autres pièces au nom d'Aiglibert [3] sont moins deux actes distincts que deux expéditions du même acte, sous deux dates et avec des signatures différentes. Ils débutent l'un et l'autre par une adresse à l'abbesse de Notre-Dame, appelée Adrehilde et qualifiée de parente de l'évêque, « dilectissime propinquę nostrę Adrehilde abbatisse ». Le texte, qui se répète textuellement d'une pièce à l'autre, est très verbeux, ce qui est la faute de l'auteur, et aussi très incorrect et difficile à entendre, ce qui est peut-être seulement la faute des copistes. Il y est dit

---

1. Appendice, n° ...
2. Sur l'avènement de Thierry III, voyez Krusch, dans *Neues Archiv*, XVI, p. 579, note.
3. Appendice, nos ...

que l'évêque a institué sa parente, Adrehilde, abbesse du monastère ; qu'il désire lui laisser toute liberté, à elle et aux religieuses qu'elle gouverne, pour se consacrer uniquement à la vie monastique, sous l'autorité de l'évêque du Mans ; que celui-ci aurait le droit, aux termes des constitutions de ses prédécesseurs, de leur imposer des redevances et des cens onéreux, « reddibitiones et censa onerosa », mais qu'il n'en veut rien faire ; qu'il entend au contraire les en dispenser, « ut non... onerosa censa aut aliqua gravia injuncta... requirantur, sed opera vestimentorum atque alia que ad sanctimoniales pertinet faciendum vel vestimenta aecclesiastica sive pontificalia lavanda vel restauranda libenter facere studeant ; » enfin, qu'il leur accorde pour l'avenir le droit d'élire leurs abbesses. Il adjure ses successeurs, les rois et tous les dépositaires de l'autorité, de ne porter aucune atteinte à ces privilèges. Le style diffus dans lequel ces idées sont exposées rappelle assez bien celui des actes analogues du même temps [1]. On remarque même, çà et là, telle formule dont on trouverait l'équivalent exact dans d'autres chartes mérovingiennes [2]. Rien ne s'oppose donc à ce que chacune des deux chartes, prise en elle-même, soit considérée comme authentique.

Le seul motif de suspicion qu'on ait fait valoir, c'est la bizarrerie qui nous a conservé cet acte en deux expéditions pareilles, sauf la date et les souscriptions. L'un des exemplaires, daté du mois de juin, l'an 11 de Thierry III (683), porte, avec la signature d'Aiglibert, celles de trente et un évêques et de quatre autres personnes. L'autre, daté aussi de juin, mais de l'an 6 de Childebert III (700), a été signé seulement par l'évêque Aiglibert et par deux abbés, un prêtre, un archidiacre, un diacre et trois personnes non qualifiées, en tout huit signataires autres que l'évêque. Selon Bréquigny et La Porte du Theil, cette seconde forme de la pièce serait seule authentique, l'autre apocryphe :

Hanc autem discrepantiam inde manasse conjicimus, quòd cùm in aliquo exemplari veteri deficerent subscriptiones et notæ chronicæ, eas suo marte exscriptor supplevit, quod sæpius (?) accidisse norunt, qui vetera evolverunt instrumenta. Prior Charta dicitur emissa

---

1. Pardessus, II, p. 123, 126, 138, 234, etc.
2. Rogamus ergo ac contestamus coram Deo et angelis ejus...; » cf. la charte de Théodétrude, 20 avril 627 (*Questions mérovingiennes*, V, ou *Bibl. de l'école des chartes*, LI, p. 50 ; ci-dessus, p. 234) : « Propterea rogo et contestor coram Deo et angelis ejus... » Sur la clause : « Unde domnorum episcoporum et metropolitanorum... », voir plus loin, p. 396-397.

anno xi Theodorici Regis III (neque enim sub Theodorico IV vixit Aiglibertus); posterior, anno vi Childeberti III. Mabillonius, qui neutram ignoravit, siquidem utramque edidit in actis Cenomanensium Episcoporum, unicam tamen in annalibus (t. I, p. 560), memoravit, priorem scilicet; de posteriori verò siluit, sanè quòd eamdem esse utramque arbitrabatur, mutatis tantùm subscriptionibus et chronicis notis, quas sinceriores in priori judicavit. Nos contrà, quod pace tanti viri dixerimus, priori temerè has fuisse additas conjicimus, et genuinas esse quæ posteriori subjectæ sunt. Quorsùm enim hæc repetita concessio jàm ante annos quindecim concessæ immunitatis? An ut confirmaretur? Sed tunc prioris Chartæ aliqua in posteriori fuisset injecta mentio. Et quam confirmationem Charta posterior, paucis tantùmmodò Abbatum subscriptionibus munita importasset priori privilegio plusquàm triginta Episcoporum subscriptionibus vallato? Quin et tot Episcoporum coacervata nomina interpolationis suspicionem non levem afferunt. Adde hos plerosque Episcopos, fatente Mabillonio, esse ignotos; adde quosdam cognitos quidem, sed tunc temporis non extitisse : sic Berarius ipsius Aigliberti decessor, Vindicianus Cameracensis Episcopus, Adalbertus Suessionensis, Blideramnus Viennensis, Protasius Aquensis, Clemens Bellovacensis, Abbo seu Metensem volueris, seu Virdunensem Episcopum. Denique subscriptio ipsius Aigliberti, qui Chartam condidit, promiscuè intruditur inter testes [1]...

« Pace tanti viri » était de mise, sous la plume de Bréquigny et de La Porte du Theil, attaquant l'opinion d'un savant tel que Mabillon; il n'est sans doute pas besoin de la même précaution oratoire pour combattre la leur. Celle des deux rédactions de notre acte, qui porte la date de l'an 11 de Thierry III et les souscriptions d'un grand nombre d'évêques, offre plusieurs marques d'authenticité.

Le texte de l'acte, pareil dans les deux rédactions, offre seulement une clause en plus dans celle-ci; elle est ajoutée tout à la fin et ainsi conçue :

Unde domnorum episcoporum et metropolitanorum artium sedes tenentium suffragia possimus [*pour* poscimus]; ut adhibeant mercedem et hoc sanctum privilegium cum societate beatitudinis et consentire atque adfirmare una nobiscum non dedignentur.

Cette phrase est toute mérovingienne. Dans un fragment d'acte du 6 mars 696 ou 697, qui est conservé en original aux Archives

---

1. Bréquigny, p. 359, note; Pardessus, II, p. 253, note.

nationales et qui est, comme celui-ci, un privilège accordé par un évêque (celui de Chartres) à un monastère, on lit :

Unde domnis... [m]etropolitanis arcium sedes divinitatis suffragia poscimus, ut adhibenda mercidem hoc sanctum privilegium societate beatitudinis vestre adsentire atque ...re una nobiscum almetas vestra dignetur [1].

La périphrase « metropolitanorum artium sedes tenentium » a dû être imaginée en un temps où le mot *archiepiscopus* n'était pas encore entré dans l'usage courant, c'est-à-dire avant l'époque carolingienne.

En 683, l'évêque du Mans était bien Aiglibert : des actes dont l'authenticité ne fait aucun doute le montrent revêtu de cette dignité en 673 [2], en 675 [3] et en 692 [4]. En 700, au contraire, son épiscopat avait pris fin (probablement par sa mort) : à la date du 3 mars 698 ou 699, on rencontre son successeur Herlemond [5]. Ainsi, des deux rédactions de cette charte, celle que Bréquigny rejette offre seule une date régulière, et celle qu'il accepte une date suspecte.

Enfin, les souscriptions des évêques, loin de condamner la pièce, témoignent en sa faveur. Sur trente et un évêques, nommés sans désignation de siège, on peut en identifier au moins seize, résultat considérable, si l'on songe combien la chronologie épiscopale de la Gaule mérovingienne est imparfaitement connue. *Hilbertus*, qui a signé le premier après l'évêque du Mans, n'est autre que son métropolitain, *Bertus*, qui fut évêque de Tours de 674 à 690 environ [6], et qui, par conséquent, occupait ce siège à la date de notre acte, juin 683. Viennent ensuite *Landebertus* de Lyon (680-690) [7], *Landobertus* de Sens (677-691), *Blidramnus* de Vienne, qui, quoi qu'en dise Bréquigny, pouvait vivre en 683, puisqu'on le trouve mentionné vers 678, et son successeur *Agratus* seulement en 691, enfin un *Gosenus* en qui

---

1. Pardessus, II, p. 235; Tardif, p. 30, n° 36; Letronne, n° XXXI.
2. Ci-après, p. ... [Paragraphe qui n'a pas été rédigé.]
3. Ci-après, p. 401-407.
4. Ci-dessus, p. 394-395.
5. Ci-après, p. 411.
6. Duchesne, *les Anciens Catalogues*, p. 28.
7. Pour cet évêque et les suivants, j'emprunte les noms et les dates, sous toutes réserves, à Gams, *Series episcoporum*.

il est aisé de reconnaître *Agolenus* ou *Agosenus* de Bourges (682-696). Plus loin on trouve *Herlingus*, évêque de Meaux à partir de 680, *Aiglibertus*, sans doute l'évêque d'Angers [1] (et non celui du Mans, nommé une seconde fois, selon la supposition ridicule de Bréquigny); puis des noms légèrement altérés, mais faciles à rétablir, *Aclaldus* pour *Ageradus* ou *Aidradus* de Chartres (682-696), *Rigobertus* pour *Sigobertus* d'Orléans (670-693?); puis *Adalbertus* de Soissons (680-684) [2], *Hermenarius* d'Autun (678-690), *Vindicianus* pour *Vindilianus* [3] de Cambrai (669-693), *Aquilinus* d'Évreux (663-690), *Theodefredus* d'Amiens (dont la mort n'est fixée à 681, chez les auteurs modernes, que par conjecture), *Berulfus* pour *Serulfus* de Laon (dont le successeur *Omotarius* devint évêque vers 688) [4], enfin *Clemens* de Beauvais, que les modernes considèrent comme ayant été évêque de cette ville depuis 666 et au moins jusque « vers » 680. Les évêchés auxquels appartenaient les quinze autres sont sans doute de ceux, — beaucoup plus nombreux que nous le voudrions, — pour lesquels nos listes épiscopales sont incomplètes. Il y a un ou deux de ces prélats dont l'existence, sinon le siège, est connu d'ailleurs : par exemple *Prothasius*, appelé *Protadius* dans un jugement de Childebert III, du 28 février 694 [5], et *Berarius* (confondu à tort par Bréquigny avec l'évêque du Mans du même nom), dont la signature, sous la forme *Beracharius*, figure sur le privilège de l'évêque de Chartres, de 696 ou 697 [6], et est placée, là comme ici, à côté de celle d'Aiglibert d'Angers.

Parmi ceux dont le siège est connu, on remarquera que tous les métropolitains figurent au commencement de la liste, aussitôt après l'évêque Aiglibert, auteur de l'acte. C'est un usage constamment suivi à l'époque mérovingienne [7], et l'observation en est ici d'autant plus remarquable qu'elle est latente, puisque les noms des évêques ne sont pas accompagnés de ceux de leurs diocèses et qu'il faut un travail d'érudition pour les découvrir. Un

---

1. On n'a pas sa date exacte, mais il est le troisième d'une série de neuf évêques qui siégèrent de 627 à 756 (Duchesne, *les Anciens Catalogues*, p. 55).
2. [Entre *Adalbertus* et *Hermenarius* figure *Abbo*. M. Julien Havet, en marge de sa copie du document, avait écrit au crayon *Mettensis*.]
3. [Le texte du document, tel que l'a noté M. Julien Havet, porte effectivement *Vindilianus*. Il a inscrit en marge, au crayon, *Cameracensis*.]
4. [Après *Berulfus* vient, dans le document, *Hadegarius*. En marge, au crayon, avec un signe de doute : ? *Autgarius Noviomensis*.]
5. K. Pertz, p. 58, n° 66.
6. Ci-dessus, p. 397, note 1.
7. Maassen, *Concilia aevi Merovingici*, etc.

faussaire du IX⁰ siècle n'aurait sûrement pas fait ce travail ; ce trait suffit donc à garantir l'authenticité de la liste. Ajoutons qu'il peut servir de point de départ à des conjectures complémentaires ; ainsi *Prothasius* ou *Protadius*, ici comme dans le jugement de Childebert III, est nommé l'un des premiers ; c'était donc un métropolitain, peut-être celui de Bordeaux ?

Parmi les signataires ne figure qu'un évêque de Rouen ; en effet, M. Krusch a montré [1] que la mort de saint Ouen et l'élection de son successeur Ansbert eurent lieu en l'an 11 ou 12 de Thierry III, 683-685 ; il est donc possible qu'à la date du privilège d'Aiglibert, juin 683, le siège de Rouen fût déjà vacant.

Pour que trente et un évêques de toutes les parties de la France aient signé un acte expédié au Mans, il faut qu'ils aient eu une raison de se trouver réunis en cette ville ; cette raison n'a pu être que la tenue d'un concile national. Ce concile du Mans ne nous est connu par aucun autre indice ; mais rien non plus ne nous dissuade d'y croire. Un autre concile, qui a laissé aussi peu de traces, fut tenu à Rouen cinq ans plus tard, en 688 ou 689 [2]. Nous l'ignorerions, sans une mention unique conservée dans un texte hagiographique, la vie de saint Ansbert [3].

La seconde expédition du privilège d'Aiglibert, datée de l'an 6 de Childebert et signée de huit abbés ou autres clercs, ne peut pas plus être suspectée que celle de l'an 11 de Thierry III. Quel intérêt un faussaire aurait-il eu à la fabriquer ? Elle n'en dit pas plus que la première, et elle est ou paraît moins vénérable, soit par l'âge soit par la qualité des signataires. C'est le cas de répéter les paroles de Bréquigny : « et quam confirmationem charta posterior, paucis tantummodo abbatum subscriptionibus munita, importasset priori privilegio plus quam triginta episcoporum subscriptionibus vallato ? » La date seule, qui répondrait, si on la prenait telle quelle, au mois de juin 700, est sans doute altérée. En effet :

1° Il n'y aurait eu, comme le dit fort bien Bréquigny, aucune utilité à faire confirmer par huit abbés et diacres du Mans un décret de plus de trente évêques de France ; mais il pouvait y en avoir beaucoup à faire approuver par trente évêques ce qui avait

---

1. *Monumenta Germaniae*, in-4°; *Scriptores rerum Merovingicarum*, II; *Fredegarii et aliorum cronica*, p. 322, note 2.
2. *Monumenta Germaniae*, ibid.
3. Ni le concile (présumé) du Mans ni celui de Rouen ne sont mentionnés dans le volume de M. Maassen, *Concilia aevi Merovingici*.

été délibéré par huit abbés ou diacres. A *priori*, l'ordre chronologique des deux actes est donc inverse de ce qu'il paraît être ; la prétendue seconde expédition est en réalité la première ;

2° Comme je l'ai fait déjà remarquer, en 700, l'évêque du Mans n'était plus Aiglibert, mais Herlemond ;

3° L'abbesse de Notre-Dame est appelée Adrehilde dans l'acte de 683, *Ada* dans celui de 692, cité un peu plus haut. L'auteur des *Gesta Aldrici*, qui paraît avoir connu ces diverses pièces, soit directement, soit par ouï-dire, suppose que ce sont deux variantes du même nom : « Sanctę Adę quę et Adrehildis alio nomine nominatur [1]. » Mais l'hypothèse est gratuite. Cet auteur se montre d'ailleurs bien mal informé, car il fait vivre sous l'épiscopat de saint Innocent (après 511 et avant 559) cette contemporaine d'Aiglibert (vers 673-692). Pourquoi une même abbesse dans les actes d'un même évêque aurait-elle été appelée tantôt d'un nom et tantôt d'un autre ? Pourquoi aurait-on tantôt mentionné sa parenté avec le prélat et tantôt l'aurait-on passée sous silence ? Or, si Adrehilde et *Ada* ne sont pas la même personne, et si celle-ci avait pris la place de celle-là dès 692, Adrehilde ne saurait être mentionnée dans un acte de l'an 700.

La seule hypothèse qui permette de résoudre ces difficultés, c'est que la date est corrompue par l'effet d'une faute de copie. Cette forme du privilège est celle sous laquelle il a dû être expédié d'abord, à une époque comprise entre le début de l'épiscopat d'Aiglibert (vers 673?) et 683. Plus tard, en juin 683, un concile national ayant été réuni au Mans, Aiglibert en aura profité pour faire ratifier son privilège par tous les évêques du royaume, en soumettant à leur signature un second exemplaire de l'acte expédié antérieurement.

En la forme, les deux expéditions de l'acte sont donc l'une et l'autre authentiques. Il est plus difficile de se prononcer sur le fond, c'est-à-dire sur les dispositions qu'elles renferment et qu'elles donnent toutes deux dans les mêmes termes. Notre auteur nous a habitués à soupçonner facilement des interpolations, et ici les clauses où l'évêque insiste sur la soumission du monastère à la cathédrale peuvent paraître bien accentuées. Il y a donc peut-être des altérations volontaires, mais il est à présumer qu'elles ne portent pas sur l'acte tout entier, et celui-ci, dans l'ensemble, paraît pouvoir être accepté.

---

1. *Gesta Aldrici*, XLIV, p. 124.

La charte de Thierry III, pour le même monastère de Notre-Dame, est encore une de ces pièces qui embarrassent la critique, par le mélange intime du faux et du vrai. Bréquigny et La Porte du Theil, dont le jugement a été suivi par Pardessus, puis par K. Pertz, l'ont déclarée fausse, ainsi qu'une autre du même prince pour Tuffé (voir ci-après, p. 408), par une mauvaise raison. Leur motif pour les condamner, c'est qu'elles sont datées, l'une et l'autre, de l'an 3 du roi (675-676) et qu'elles nomment Aiglibert, lequel, selon le bénédictin manceau dom Jean Bondonnet, ne serait devenu évêque du Mans qu'en 680. Pour se tirer de cette difficulté chronologique, il faudrait, disent-ils, corriger la date et lire *anno XIII* au lieu d'*anno III*; mais ce serait une hypothèse arbitraire; et, comme l'autorité des *Actus pontificum*, seule source par laquelle nous connaissions ces deux actes, est « très légère, » *cum levissima fides deberi videatur Actis episcoporum Cenomanensium*, il est plus simple de les tenir pour faux. Si légère que soit l'autorité des *Actus pontificum*, voilà une argumentation plus légère encore. Elle constitue un véritable cercle vicieux, car elle consiste à opposer l'autorité de Bondonnet à celle des *Actus*; or, Bondonnet, qui écrivait en 1651[1], n'a eu d'autre source d'information que ces mêmes *Actus*, et c'est sur leurs indications que reposent directement ou indirectement ses calculs. Dans les *Actus*, il semble avoir consulté surtout ce qui est proprement l'œuvre de l'auteur, la partie narrative plutôt que les copies de chartes. Or, c'est précisément parmi ces copies de chartes que se trouvent les seuls renseignements utiles de l'ouvrage, tandis que les évaluations chronologiques propres à l'écrivain sont (M. l'abbé Duchesne l'a démontré péremptoirement[2]) dénuées de toute valeur. Le procédé critique de Bréquigny revient donc à contrôler la partie des *Actus* dont l'autorité est douteuse par celle dont l'autorité est sûrement nulle. Ajoutons, pour faire juger d'un mot la valeur des théories chronologiques de Bondonnet, que cet auteur trop justement oublié

---

1. [Ici se trouve, dans le manuscrit de M. Julien Havet, l'appel d'une note qui n'a pas été écrite. Peut-être voulait-il faire remarquer que Bondonnet connaît les *Actus*, — encore inédits en 1651, — par le manuscrit du Mans. Bondonnet (*les Vies des évesques du Mans*, p. 341) cite à l'appui de ses vues chronologiques, en l'arrangeant un peu, l'en-tête du chapitre des *Actus* sur Aiglibert (Mabillon, *Vetera Analecta*, in-8°, III, p. 188).]
2. [L. Duchesne, *les Anciens Catalogues épiscopaux de la province de Tours*, p. 49.]

met en 678 l'avènement de Thierry III, au lieu de 673, et sa mort en 694, au lieu de 690 ou 691. On voit ce qui reste du raisonnement de Bréquigny. Il fallait noter ce point, car ces deux chartes ne sont pas les seules qui aient été condamnées et qui passent encore aujourd'hui pour fausses, sur la foi d'une argumentation aussi futile.

C'est par les caractères internes du texte qu'il faut en faire la critique. Ces caractères sont différents, selon qu'on examine, d'une part, la forme, l'enveloppe extérieure de l'acte (protocole, suscription, exorde, souscriptions, date), de l'autre, le fond même de la pièce, c'est-à-dire le dispositif.

Après la suscription, « Theodericus rex Francorum vir illuster » (où les deux derniers mots doivent être, comme toujours, corrigés en « viris inlustribus »), vient un exorde, *arenga*, qui n'exprime que des idées courantes dans les formulaires mérovingiens, et qui les exprime en un langage assez exactement réglé sur les lois de la prose métrique :

Si peticiońĭbus săcĕrdŏ́tum,   quod et ad eorum opportunitatem pertinet libenter prestāmŭs aūgmēntum,   regi[am] in hoc exercemus consuetudinem et hoc nobis ad laudem vel ad salutem aeternam et stabilitatem regni nostri in Dei nomine pertinēre confĭdĭmus.   Igitur apostolicus vir domnus Aiglibertus Cenomannice urbis episcopus missa peticione clementie regni nostri credidit subgĕrēndum,   ut...

La souscription royale est ainsi conçue : « In Xpisti nomine Theodericus rex feliciter. » Ce dernier mot est une faute de copie pour *subscripsi*, faute facile à faire en transcrivant les originaux mérovingiens, où ce mot, toujours abrégé et embarrassé de parafes, doit être deviné plutôt que lu. Cette correction faite, la forme de la souscription est exactement celle que Thierry III avait adoptée et que nous trouvons au bas de ses actes originaux : « In Xpi nomene Theudericus rex subs. »[1]

La souscription du référendaire n'offre également qu'une faute facile à corriger : « Audofredus jussu subscripsi; » il faut lire : « Audofredus jussus optolit. » L'usage de mettre le mot *jussus* à côté du mot *optolit* dans cette formule n'a pas été suivi d'une manière constante à l'époque mérovingienne ; mais les deux seuls actes de Thierry III qui nous soient parvenus complets, et

---

1. Letronne, nos XVI, XVII, XX, et K. Pertz, p. 48, n° 53.

où se trouve le second de ces mots, nous l'offrent précisément accompagné du premier[1].

Enfin, dans la date, « datum quod fecit mensis mr. V ann. regni nostri III in Conpendii palacio nostro hu nomine feliciter » (mercredi 5 mars 676), *hu nomine* n'est encore qu'une faute de copie pour *in Dei nomine*. Ces diverses fautes sont, il me semble, autant de présomptions d'authenticité. Elles sont l'œuvre d'un scribe qui a l'original même sous les yeux et qui le transcrit de son mieux et sans malice[2]. Un faussaire instruit, comme il faudrait le supposer d'après la correction du reste des formules[3], ne serait pas tombé dans de pareilles erreurs.

On ne saurait juger aussi favorablement du dispositif. Voici une clause qui, telle qu'elle se présente à nous, n'offre guère de sens :

Hoc preceptum fieri jussimus... ut... sanctemonialibus inibi degentibus et pauperibus ac peregrinis stipendiarie disponente atque ordinante prefate urbis episcopo... sub regula existant...

Le mot *stipendiarie* est particulièrement embarrassant. Est-ce un adjectif? est-ce un adverbe? et que veut-il dire? L'excellente édition des formules, publiée par M. Zeumer dans les *Monumenta Germaniae historica*, étant pourvue d'un index complet, il est tout indiqué d'y chercher s'il existe des exemples analogues : on en trouve un seul, et le document qui le donne n'est pas mérovingien. C'est une de ces formules dont le texte, conservé en notes tironiennes dans un manuscrit de Paris, a été révélé par dom Carpentier et revisé, il y a quelques années, par M. W. Schmitz; on les a connues longtemps sous le nom de *Formulae Carpenterianae*, auquel M. Zeumer a substitué celui de *Formulae imperiales*. On sait que ces formules appartiennent toutes au temps de Louis le Pieux et ont été copiées sur des

---

1. Letronne, n°ˢ XVI, XX.
2. Les raisons que j'ai alléguées au paragraphe précédent, pour attribuer au chorévêque David la rédaction des *Actus* et des fausses chartes qu'ils contiennent, n'obligent pas à croire qu'il ait tout écrit et copié de sa main. Des fautes comme celle qui a consisté à mêler, à l'intérieur d'une même phrase, des tournures contradictoires (précaire de Ténestine, ci-dessus, p. 381-383), témoignent plutôt de l'emploi d'un copiste qui aura mal compris les ratures et les surcharges de son modèle.
3. Et comme n'était pas le chorévêque David : car les faux dont il paraît être l'auteur témoignent de sa facilité et de son audace plus que de sa science diplomatique.

actes authentiques de ce prince. Celle-ci [1] est un modèle de charte par laquelle l'empereur confirme une constitution d'un évêque, qui avait concédé à ses chanoines, pour la mense capitulaire, certains domaines de l'évêché, ainsi que les dîmes et nones à percevoir sur d'autres domaines. La plupart des clauses actuellement incorporées à notre charte de Thierry III sont visiblement copiées sur celles de cette charte carolingienne :

Form. imp. 25 : Postulavit etiam nobis ut haec constitutio, quam propter amorem Dei et eleemosynam domni et genitoris nostri ac nostram constituerat, ob firmitatis causam nostra imperiali confirmaretur censura [2].

Cujus petitioni, quia justa et ratione plena est, nobis adsensum praebere et eandem constitutionem nostra auctoritate placuit confirmare.

Idcirco volumus et per hanc nostram auctoritatem praecipimus ut ville et nonae ac decime, sicut ab eodem illo episcopo constitutae sunt, ita deinceps nostris et futuris temporibus eisdem canonicis stipendiarie, disponente atque perordinante episcopo qui praefatae sedis praefuerit, existant...

...Et nullus quibuslibet ex successoribus ejus easdem villas... penitus auferre praesumat, sed

Thierry III : ...Constitutionem, quam propter amorem Dei et elemosinam nostram constituerat... postulavit ut firmitatis causa nostra regali confirmetur censura.

Cujus peticioni nos assensum prebentes et eandem suam constitutionem nostra auctoritate confirmantes.

hoc preceptum fieri jussimus et per hanc auctoritatis nostre inscriptionem percipimus ut, sicut a predicto venerabili et apostolico viro Aigliberto Cenomannice urbis episcopo est constitutum vel sicut in ejus continetur script[o, ita] deinceps nostris et futuris temporibus ... sanctemonialibus inibi degentibus et pauperibus ac peregrinis stipendiarie, disponente atque ordinante prefate urbis episcopo ac decessoribus suis et abbatisse quam ipse sive successores sui in eodem monasterio constituerunt, sub regula existant...

Neque aliquo modo quicquam auferre vel preterire presumat, sed prefati episcopi constitutio-

---

1. Carpentier, n° 7; E. de Rozière, n° 566; *Formulae imperiales*, n° 25; Zeumer, p. 304; Schmitz, *Monumenta tachygraphica*, I, p. 17.
2. Tous les éditeurs ont imprimé *clementia*, mais le manuscrit porte nettement la note tironienne qui signifie *censura*; voyez les planches de M. Schmitz, fol. 75 r°, ligne 17.

sicut in eadem constitutione, sicut ab illo constitutae et a nobis confirmatae sunt, per diuturna tempora inviolabiliter et inconvulse persistere sinat. Si vero alicui successorum ejus animo sederit ut et numerum canonicorum multiplicare et alias res illis superaddere voluerit, in suo jure et potestate, salva discretionis ratione, id faciendi permaneat.	nem sicut ab illo constitutum et a nobis confirmatum est per diuturna tempora, inviolabiliter, in augmentum sancte Dei aecclesie et inconvulse omnes reges et principes vel exactores regni persistere aut permanaere sive perdurare omni tempore permaneat.

Entre ces deux textes, il n'y a pas simplement une parenté plus ou moins éloignée ; il y a imitation, et imitation maladroite, car certaines clauses, qui avaient un sens dans la charte carolingienne, l'ont perdu en passant incomplètement dans la charte mérovingienne. Chez Louis le Pieux, « propter... eleemosynam domni et genitoris nostri et nostram », faisait allusion aux libéralités impériales par lesquelles l'évêque avait été mis à même de se montrer à son tour libéral envers son chapitre ; chez Thierry III, qui ne confirme qu'un privilège général de constitution du monastère et où aucune libéralité royale ni épiscopale n'est relatée, les mots « propter... elemosinam nostram » sont vides de sens. Le mot qui nous embarrassait tout à l'heure, « stipendiarie », est dans la charte de Louis le Pieux un nominatif pluriel (*stipendiari[a]e*) qui s'accorde avec « vill[a]e et nonae ac decim[a]e » ; dans la charte mérovingienne, on l'a laissé subsister par mégarde, tout en supprimant les mots qui le gouvernaient, et il en est résulté une confusion inextricable. Enfin, le ridicule « persistere aut *permanaere* sive perdurare omni tempore *permaneat* », qui termine une des dernières clauses de notre charte, a été sans doute obtenu en amalgamant inintelligemment les fins de deux phrases de la charte carolingienne, « persistere sinat » et « id faciendi permaneat ».

On ignore à quelle église était accordée la charte de Louis le Pieux, dont la copie (moins les noms propres et la date) nous a été conservée par le recueil des *Formulae imperiales*. Ce n'était pas celle du Mans, car au Mans la réforme du chapitre et la création de la mense canoniale furent l'œuvre d'Aldric [1] ; or, Aldric ne devint évêque qu'en 832, et le prélat visé dans la formule

---

1. *Gesta Aldrici*, II, IV, XXXIII ; édition Charles et Froger, p. xi, 11, 17, 86.

était évêque dès le temps de Charlemagne. D'ailleurs nous avons la charte par laquelle Louis le Pieux confirma les dispositions d'Aldric en faveur de ses chanoines, le 18 juin 837, et elle est rédigée selon un formulaire différent [1]. Mais il n'est guère probable que notre faussaire soit allé chercher son modèle en dehors des archives qu'il avait sous les yeux. Il y eut donc probablement une autre charte impériale rédigée à peu près sur le même modèle que celle des *Formulae imperiales* et adressée à l'évêché du Mans. Peut-être était-ce celle qu'Aldric, au rapport de ses *Gesta*, obtint de Louis le Pieux pour confirmer la restauration du monastère même qui nous occupe, celui de Notre-Dame [2]; elle devait contenir aussi la confirmation des concessions de domaines ecclésiastiques faites par Aldric à ce même monastère [3], et, par conséquent, elle pouvait être conçue en termes analogues à ceux de notre formule carolingienne.

Les parties de la charte de Thierry III citées ci-dessus sont donc clairement interpolées. Le reste est-il plus authentique? Je crains que non, et que tout n'ait été emprunté à la charte que je suppose donnée par Louis le Pieux en faveur d'Aldric. On y trouve, en effet, des dispositions réitérées, destinées à assurer la sujétion du monastère à la cathédrale, qui avaient dû être faciles à obtenir au temps d'Aldric et auxquelles le faussaire pouvait trouver utile d'attribuer une origine plus ancienne :

in monasterio... quod ad matrem aecclesię sanctę Marię et sancti Gervasii et Prothasii, cui preesse videtur, jure aecclesiastico pertinet, et per scriptionis firmitatem predecessorum suorum temporibus sub censu firmiter et legaliter delegatum esse cognoscitur...

sub jure et dominatione prefate Cenomannice senionis urbis aecclesię...

... ut neque... auferre aut alienare a jure et dominatione jamdicte matris Cenomannice urbis aecclesie... aut quali[bet] caliditate vel malo injenio machinetur ut a juga prefate aecclesie ex hac nostra benivolentia ipsum monasteriolum auferatur vel alienatur sive aliquo modo subtrahatur, sed in jure et potestate sepedicte matris aecclesie aut pontificum inibi Deo degentium... permaneat...

---

1. *Gesta Aldrici*, XXXIII, p. 86; Mühlbacher, n° 937.
2. « Auctoritate predicti imperatoris Hludovici. » *Gesta Aldrici*, XXVI, p. 69.
3. « Ipsis quoque sanctimonialibus et monachis villas dedit, ut inde eorum, stipenditru [sic] et vestimenta atque cetera suplementa per singulos annos pleniter haberent... » *Ibid.*

« Mater ecclesia, » « pontifices... degentes » sont des tournures particulièrement familières à l'évêque Aldric et aux écrivains de son entourage. Enfin, la clause qui ordonne que les religieuses

sub regula existant ac regulariter vivant et plena eis regula conservetur

rappelle les termes dans lesquels Aldric mentionne son décret épiscopal, confirmé par l'empereur :

Et hoc decrevit atque sanxit pariter cum suo metropolitano et suis conprovincialibus et aliis multis episcopis, auctoritate predicti imperatoris Hludowici, ut futuris temporibus semper monachas regulariter viventes et secundum regulam sancti Benedicti degentes inibi permanerent [1].

Conclusion : la prétendue charte de Thierry III pour Notre-Dame du Mans est un composé factice, obtenu par la combinaison d'un fragment plus ou moins altéré [2] du texte d'une charte perdue et authentique de Louis le Pieux, avec le début, les souscriptions et la date d'une charte perdue et authentique de Thierry III. — De cette dernière charte, ces parties seules nous ont été conservées, et ni le texte ni même l'objet ne nous en sont connus.

La dernière pièce du dossier de Notre-Dame [3] est un contrat de précaire, passé entre l'évêque Merolus et l'abbesse Arvina le jour des calendes de mai, l'an 10 du roi Charlemagne [778, 1ᵉʳ mai]. Il n'y a aucune raison d'en suspecter l'authenticité.

Quatre monastères du Maine font, dans les pièces conservées par les *Actus pontificum*, chacun l'objet d'une seule charte : Saint-Martin et Saint-Ouen au Mans, Tuffé et Châlons. On a vu déjà la charte, authentique (sauf une légère interpolation), de Théodebert II pour l'oratoire de Saint-Martin [4]. Les trois chartes

---

1. *Gesta Aldrici*, ibid.
2. Voici une incise tellement corrompue qu'il faut, semble-t-il, renoncer à y chercher un sens : « aut propter benivolentiam vel leviorationem seu servicii prefratres domini et apostolici viri Aiglibertus episcopus aliqua succedat occasionem... »
3. Ci-après, p. ... [Paragraphe non rédigé.]
4. Ci-dessus, p. 368 et suiv.; appendice, n° ...

qui concernent respectivement Tuffé, Châlons et Saint-Ouen paraissent également authentiques, au moins quant à la majeure partie de leur texte.

Celle de Tuffé est un acte royal, de Thierry III, « datum quod fecit mense decbr. d. VI ann. III regni nostri Compendio » (jeudi 6 décembre 675). Bréquigny et La Porte du Theil l'ont déclaré faux, pour la même mauvaise raison chronologique que la charte de Notre-Dame. Ils n'ont indiqué aucun autre motif de le rejeter.

Le monastère, dans la copie qui nous est parvenue, est appelé *Chusphiaco*, mais, comme cette forme ne répond à aucun nom de lieu connu, il est probable qu'on a eu raison de restituer *T'husphiaco* et de reconnaître dans ce nom celui de Tuffé (Sarthe), appelé « monasterium Tufiaco » dans un acte de Louis le Pieux du 31 décembre 832 [1]. Ce fut plus tard le siège d'un monastère d'hommes, puis d'un prieuré dépendant de l'abbaye de Saint-Vincent du Mans [2]. D'après notre charte, c'était, à l'époque mérovingienne, un monastère de femmes, consacré en l'honneur de Notre-Dame et de plusieurs saints : « in monasterio puellarum, quod in honore sancte Marie vel ceterorum domnorum in loco nuncupante [T]husphiaco constructum. » Il avait pour abbesse une femme de haut rang, *illustris*, Adidola ou Odila ; la mère de l'abbesse, Inga, était religieuse dans la même maison.

Le texte expose que deux grands personnages, « Ulphaldus et Ingobertus obtimates nostri », avaient contraint l'abbesse, sa mère et les autres religieuses à souscrire un acte par lequel elles se mettaient sous les ordres de ces deux hommes et se reconnaissaient obligées de se soumettre à tout ce qu'ils leur commanderaient :

tale testamentum facere coegisset, ut quodcumque predicti viri ad ipsas ancillas Dei facere ordinabant, aliud nullatenus pontificium faciendi haberent, nisi presentaliter in perpetuum ut omni tempore jussionem de qualibet causa facere et adimplere deberent...

C'était un abus d'autorité ; Ulphald et Ingobert n'avaient aucun droit sur Tuffé. Sur la réclamation de l'évêque Aiglibert, qui prétend que le monastère dépend de lui seul, le roi déclare que la charte souscrite en faveur de ces deux *optimates* est nulle

---

1. *Gesta Aldrici*, XI, p. 36 ; Mühlbacher, n° 883.
2. Cauvin, p. 522.

et assure contre leurs prétentions l'indépendance du monastère et le droit de l'évêque.

Il n'y a rien là que de vraisemblable. Les grands personnages de l'empire franc cherchaient volontiers à intervenir dans les affaires des monastères et à les soumettre à leur pouvoir. Nous verrons dans un moment, en étudiant l'acte relatif à Châlons (Mayenne), un duc exiger du fondateur d'un monastère, en échange de ses services administratifs, une promesse de survivance de la charge d'abbesse pour sa fille. Les rois, de leur côté, ne se gênaient pas pour annuler, par acte d'autorité souveraine, les conventions faites entre les particuliers. Un jugement original de Clotaire III conservé aux Archives nationales, et relatif précisément au Maine, nous en offre un exemple [1]. Béraire, évêque du Mans, était en procès avec l'abbé de Saint-Denis pour la propriété de certaines terres ; il les tenait, disait-il, de son père Béroald, qui lui-même les avait reçues en don du propriétaire Ermélénus. Le représentant de Saint-Denis répondit en produisant une *praeceptio* de Clovis II, qui avait annulé d'une façon générale les donations d'Ermélénus envers Béroald et avait rendu au donateur le droit de disposer des biens donnés :

Qui Beracharius... dicebat eo quod ab ipso Ermeleno in geniture suo exinde epistola donationis fuisse conscripta, et ob hoc ipsa heredetas ad eodem pervenissit. Sed in presenti antefati agentis domni Dionense precepcione incliti recordationis domni et genituris nostri Chlodovici quondam regis protullerunt rec[ens]enda, ubi... contenibat ut, ubi et ubi... Ermelenus in Beroaldo heredebusque suis fecerat invinibantur, vacuas et inanis permanirent et nullum sortirentur effectum, sed ubicumque antedictus Ermelenus vel filius suos Goddo eorum facultatem dare aut derelinquere vellibant, liberum ex permisso praedicto princepe habirent arbitrium...

Ce texte permet de compléter par conjecture une phrase de la charte de Tuffé, où se trouve un bourdon évidemment dû à la négligence du copiste. Il faut lire sans doute cette phrase ainsi, ou à peu près :

Ideoque presenti preceptione decernimus, et omnino jubemus, ut si ullo umquam tempore ipsa carta aut alius qualiscunque strumentus de nomine predictorum virorum, contra predictum pontificem vel ejus abbatissa nomine Odilane vel genitrice sua Ingane vel

---

[1]. K. Pertz, p. 33, n° 35 ; Letronne, n° XII.

[ipsam congregationem predicti monasterii proferebantur, vacuas et inanis permanirent et nullum sortirentur effectum, sed predicta abbatissa vel] ipsa congregatio omni tempore absque cujuslibet impedimento vel supradictorum virorum, quietas in ipso monasterio sito in pago Cenomannico [T]husphiaco constructo debeant residere, vel sub sancta regula ibidem conversare, et pro statu aecclesię et salute patrie seu pro stabilitate regni nostri perhenniter ibidem debeant exorare...

L'authenticité de l'ensemble de la pièce est attestée par la régularité presque constante avec laquelle y sont observées les lois de la prose métrique. Mais il y a, là aussi, quelques passages interpolés. Certaines phrases renferment des expressions familières à l'entourage d'Aldric, d'autres peu usitées dans la langue des chartes mérovingiennes : « *prefixe* monache », pour « praedictae monachae [1] »; « quod et a nobis enucleatum est perscrutandum », qu'il faut lire, sans doute, « quod et a nobis *enucleat[i]m* [2] est perscruta[t]um »; « sue *sedis* aecclesię », « *memorata* Cenomannica *mater* aecclesia », « *sepedictum* monasterium », etc. La phrase où se lisent les premières de ces expressions est aussi celle où la sujétion du monastère envers l'évêque est exprimée dans les termes les plus forts : « sub ditione et regimine predicti pontificis », « sub potestate et dominatione antedicti pontificis ». Celle où se lisent les dernières contient un renseignement d'archéologie religieuse sur la cathédrale du Mans, évidemment déplacé dans cet acte destiné à régler la condition juridique d'un couvent du diocèse : « memorata Cenomannica mater aecclesia, que est constructa et dedicata in honore sancte Marie et postea inmajorata in sanctorum martirum Gervasii et Prothasii. » Il faut donc les marquer l'une et l'autre comme apocryphes, et le reste de l'acte comme authentique.

La signature du référendaire est ainsi conçue : « Gundinus jussus obtulit et subscripsit. » Les deux derniers mots sont à supprimer; c'est une lecture arbitraire de la masse de parafes indistincts qui suivait cette signature dans l'original. *Jussus obtulit* est bon. Le référendaire Gundinus n'est pas connu; peut-être est-ce le même que le *Gundoinus dux* mentionné dans un

---

1. Simson, *die Entstehung der pseudo-Isidorischen Fälschungen in Le Mans*, p. 65-67.
2. *Ibid.*, p. 68, 69.

acte de Childéric II, du jeudi 6 septembre 669 [1], ou le *Gunduinus optimas* d'un jugement de Clovis III, du samedi 28 février 694 [2]. L'un des deux *optimates* dont le roi réprime la tentative d'usurpation sur le monastère, Ingobert, est peut-être le même personnage dont la veuve, Angantrude, fille d'Ebrulfe, le 1ᵉʳ novembre 692, reconnut avoir donné le lieu de Noisy-sur-Oise à l'abbaye de Saint-Denis [3].

La pièce relative au monastère de femmes de Châlons (Mayenne) est datée de « Marogilo villa », probablement Mareil-en-Champagne (Sarthe), « in anno XVI regnante domino Childeberto rege nostro, xii kl. novb. » (mardi 24 octobre 710). C'est un acte d'un évêque, qui se désigne en tête par ces mots : « Cum divinitate propicia dono Dei acsi indignus ego Berarius vocor episcopus..., » et qui a signé à la fin : « In Xpisti nomine Berarius episcopus hanc epistolam a me factam subscripsi. » L'auteur des *Actus pontificum* a pensé qu'il s'agissait d'un évêque du Mans : « Exemplar testamenti quod Berarius nobilis Cenomannice urbis episcopus de monasterio Caledon.. fecit.... [4], » et, comme l'évêque de ce nom, connu par d'autres documents, a exercé ses fonctions environ quarante ans plus tôt, sous Clotaire III et Chilpéric II, il en a conclu à l'existence d'un évêque Béraire II, qui figure dans son catalogue épiscopal [5] et dans un passage de son livre [6], mais auquel il a renoncé plus tard [7]. Plusieurs modernes sont tombés dans la même erreur. En réalité, le Béraire auteur de la charte de Châlons ne peut pas avoir été évêque du Mans, par la raison qu'à la date de cette charte l'évêque du Mans s'appelait Herlemond. Non seulement Herlemond est mentionné dans diverses chartes authentiques de 698 ou 699 [8], de 743 [9] et de 721 [10], mais, dans celle-ci même, il figure en qualité d'évêque du Mans : « dum cognitum est quod domnus Herlemundus abbatias

---

1. K., Pertz, p. 28, n° 20.
2. *Ibid.*, p. 58, n° 66.
3. *Ibid.*, p. 57, n° 64.
4. *Vetera Analecta*, in-8°, III, p. 213.
5. *Gesta Aldrici*, édit. Charles et Froger, p. xxi; Duchesne, *les Anciens Catalogues épiscopaux*, p. 36.
6. *Vetera Analecta*, in-8°, III, p. 241.
7. Ci-dessus, p. 344-345.
8. [Voir ci-dessus, p. 271, la liste des textes préparés par M. Julien Havet, 4° et 5°.]
9. [Même liste, p. 272, 6 et 7. En outre, la charte relative à Saint-Ouen, ci-dessous, p. 413-414.]
10. [Liste susdite, 8°.]

vel beneficialia aecclesiastica superius nominate (Jublains, Saint-Victur au Mans, etc.)... nobis concessit, » — « Illa beneficia superius nominata quae pro beneficio domno Herlemundo vel aecclesie sue... tenemus, » — « et convenit nobis ut post nostrum discessum domnus Herlemundus aut alius pontifex Cenomannice... » D'ailleurs, l'auteur de la charte parle des abbayes et autres biens qu'il tient en bénéfice de l'église du Mans : « abbatias vel beneficia que de ratione sancti Gervasii in beneficio habeamus. » Il est clair que celui qui s'exprime ainsi n'est pas lui-même le chef de cette église. Il faut donc chercher ailleurs le siège épiscopal de notre Béraire.

Serait-ce un chorévêque manceau? J'ai dit plus haut [1] les raisons pour lesquelles je ne crois pas qu'il ait existé un seul chorévêque sous les Mérovingiens. D'ailleurs ici Béraire se dit évêque, « vocor episcopus », et non chorévêque. C'était donc plus probablement le titulaire de quelque diocèse voisin. Reste à savoir quel était ce diocèse et pourquoi, au lieu d'y résider, il était venu chercher, à ce qu'il semble, un asile dans le Maine.

J'ai déjà eu l'occasion de signaler deux actes un peu antérieurs à celui-ci, l'un de 683, l'autre de 696 ou 697, où, dans une série de souscriptions épiscopales, le nom d'un évêque *Berarius* ou *Beracharius* figure à côté de celui de l'évêque d'Angers, Aiglibert [2]. Cette circonstance donne lieu de présumer que son diocèse était voisin de celui d'Angers; ses possessions dans le Maine font présumer qu'il était également voisin de celui du Mans. Or, deux territoires diocésains seuls étaient à la fois contigus au Maine et à l'Anjou, celui de Tours, au sud-est, et celui de Rennes, au nord-ouest. Mais la série des évêques de Tours est parfaitement connue, et aucun *Berarius* ou *Beracharius* n'y figure. A Rennes, au contraire, non seulement la série épiscopale offre ici une lacune [3], mais le peu que nous savons de l'histoire de ce siège permet d'expliquer comment son titulaire put se trouver obligé de vivre ailleurs. Un texte hagiographique nous apprend que le pouvoir épiscopal fut usurpé dans les cités de Rennes et de Nantes à la fois par un comte nommé Agathéus [4]. L'époque de cette usurpation est approximativement fixée par les anciens

---

1. Ci-dessus, p. 336.
2. Ci-dessus, p. 398.
3. Duchesne, *Les Anciens Catalogues*, p. 85, 86.
4. *Vita S. Hermelandi* [cap. IV, § 27 (*Acta sanctorum martii*, III, p. 582 B).]

catalogues des évêques de Nantes, où le nom de Salapius, évêque en 650, est suivi de deux mentions ainsi conçues :

> Agatheus vocatus sed non episcopus.
> Amito vocatus sed non episcopus [1].

Si, comme le suppose avec vraisemblance, M. l'abbé Duchesne [2], le second usurpateur, Amito, se maintint dans la même situation qu'Agathéus, c'est-à-dire s'il exerça, lui aussi, son pouvoir sur les deux sièges, la durée de la double usurpation put s'étendre sur toute la fin du VIIe siècle et le commencement du VIIIe ; le premier évêque légitime de Nantes mentionné après Amito est Déormar, qui siégeait en 757. En 683, en 696, en 710, la cité de Rennes était donc sans évêque légitime ; mais était-ce parce qu'aucun évêque légitime n'avait été consacré, ou parce que l'évêque légitime était chassé de son siège et empêché d'exercer ses fonctions ? C'est ce que les auteurs ne disent pas, et la seconde hypothèse est aussi vraisemblable que la première [3]. On est donc en droit de faire cette hypothèse et de la compléter par une autre, en supposant que cet évêque dépossédé s'appelait *Beracharius*, que c'est lui qui a signé les actes épiscopaux de 683 et de 696, et de qui émane notre charte de 710 relative au monastère de Châlons. Ce monastère qu'il avait fondé, et celui de Jublains, dont l'évêque du Mans lui avait concédé la jouissance, sont situés dans la partie du Maine la plus voisine du diocèse de Rennes. Les bénéfices dont il jouissait au Maine lui auraient été accordés par la charité de l'évêque du Mans pour le dédommager dans une faible mesure de son diocèse perdu. Quant aux termes assez insolites de sa suscription « cum... dono Dei acsi indignus ego Berarius *vocor* episcopus, » ils feraient allusion à la situation particulière du prélat dépossédé, évêque de droit et non de fait.

Deux ans plus tard, vers 712 (?), un acte de l'évêque Herlemond [4], pourvoyant à la dotation de l'oratoire de Saint-Ouen au Mans, lui attribue un domaine possédé jusque-là par Béraire :

---

1. Duchesne, *les Anciens Catalogues*, p. 66.
2. *Ibid.*, p. 73.
3. On peut citer à l'appui de l'une et de l'autre des faits analogues dans le diocèse du Mans : à la fin du VIe siècle, l'évêque Bertrand fut chassé de son siège par l'usurpateur Berthégisil ; au VIIIe siècle, entre l'épiscopat de Herlemond et celui de Gauziolen, se place l'usurpation de Charivius (voir ci-après). [La discussion de ce fait n'a pas été rédigée.]
4. Ci-après, p. 414, et appendice.

« vico aliquo qui vocatur Artinis... in pago Cenomannico, quem Bertocarius sacerdos usque nunc tempore per nostrum beneficium tenuit. » Faut-il en conclure que le bénéfice était devenu vacant depuis peu par la mort du possesseur, et que par conséquent la mort de Béraire, évêque de Rennes (?), doive être fixée approximativement à l'an 712?

Quoi qu'il en soit, l'acte du 21 octobre 710 a pour but de régler le gouvernement du monastère de femmes de Châlons, au pays de Jublains, que Béraire avait fondé et doté. Il commence par confirmer la donation qu'il a faite de ses biens personnels à ce monastère, mais il prend soin d'en excepter [1] les domaines de l'église du Mans, qui lui ont été concédés à titre de bénéfice temporaire et dont il donne une énumération plus ou moins complète. Puis il déclare qu'en raison des services qui lui ont été rendus par un duc nommé Crodégaire, « dum cognitum est quod vir illuster Grodegario (plus loin : Crodegarius) dux de inferendis vel undicunque juvamen nobis prestare non cessat, vel adjutorium tam nobis quam ipsi case facit et in antea facere disponit », il lui a promis de donner à sa fille Chrodéilde la succession de l'abbesse actuelle, Cagliberte. Enfin, quand Cagliberte, Chrodéilde et Béraire lui-même seront morts, il veut que le monastère revienne sous la domination de l'évêque du Mans, qui le gouvernera comme tous les monastères de son diocèse. Cet arrangement constitue entre Béraire, Chrodégaire et Herlemond un contrat synallagmatique, dressé en trois expéditions semblables pour les trois parties, et que celles-ci s'engagent réciproquement à observer. — Voilà un ensemble de dispositions assez rares et assez compliquées, qu'un faussaire n'aurait ni su inventer ni eu intérêt à inventer. Je ne crois pas qu'on doive songer à émettre le moindre soupçon sur l'authenticité de la pièce. Ce n'est ni le moins curieux ni le moins instructif des textes dont nous devons la conservation à l'auteur des *Actus pontificum*.

La charte relative à Saint-Ouen du Mans est celle que je viens de citer comme fournissant peut-être la date approximative de la mort de Béraire. C'est un acte par lequel l'évêque Herlemond concède divers domaines de la cathédrale à un oratoire fondé par lui en l'honneur de saint Ouen, évêque de Rouen et confesseur (mort

---

1. C'est ainsi qu'à la différence de la plupart des modernes, je crois devoir comprendre les clauses du début de l'acte; là où le texte porte *prope, propter* (« prope illas abbatias », « propter ista loca »), je pense qu'il faut entendre *praeter*.

vers 683[1]), et construit à la porte de la ville du Mans, près du mur d'enceinte, « oratorium in honore sancti Audoeni episcopi et confessoris prope de muro Cenomannis civitate ». Il offre tous les caractères de l'authenticité : entièrement libellé (sauf une seule incise à suspecter d'interpolation[2]) en faveur de l'oratoire, il n'assure aucun droit ni privilège à l'église du Mans, et l'auteur des *Actus* n'aurait pas eu d'intérêt à le fabriquer. Il ne l'a sans doute copié que pour en orner son recueil. On y remarque un terme particulier à l'époque mérovingienne, *evis* (pour *aevis*) *temporibus*, que le copiste postérieur, ainsi qu'il arrive presque toujours, a mal compris et transformé en *ejus*[3] : « ut haec voluntas et facta nostra ab ipsis inviolabiliter e[vi]s temporibus conservetur. » Les deux seuls passages qui puissent faire difficulté sont le début (suscription) et la date finale, ainsi conçus :

Dagobertus rex Francorum vir illuster. Pipinus major domus. In Dei nomine Herlemundus acsi peccator episcopus dominum ut precor et supplico gratiam vestram. Dum ego oratorium, *etc.*
Data die jovis kl. januarias anno II regni nostri Lupila in Dei nomen.

C'est l'évêque seul qui parle d'un bout à l'autre de la pièce. Il n'y est question de Pépin qu'à la troisième personne (« annuente domino et seniore nostro Pipino majore domus », « preeces quam pro me quam principe nostro Pipino »), de Dagobert en aucune façon. Les mots « Dagobertus », etc., « Pipinus », etc., paraissent donc avoir été ajoutés à tort, peut-être d'après quelque annotation mise en haut de l'acte par un archiviste qui aura voulu noter les princes sous le gouvernement desquels il avait été rendu[4] : il faut les supprimer. Quant à la date, avec les mots « anno II regni nostri », de deux choses l'une : ou elle est mutilée,

---

1. Ci-dessus, p. 399.
2. « Nisi partibus predicti oratorii sancti Audoeni ejusque mona[colis] seu rectoribus ibidem consistentibus, *sub jure ac potestate sanctorum martirum Gervasii et Prothasii*, diu[tu]rno tempore valeat perdurare. »
3. *Questions mérovingiennes*, VI (*Bibl. de l'École des chartes*, LI, 1890) appendice I, n° 1, note e (ci-dessus, p. 265), et n° 2, note j (ci-dessus, p. 267).
4. Les mots « supplico gratiam vestram », qui semblent s'adresser à un personnage puissant, pourraient suggérer l'idée de conserver une partie de ces mots en les mettant au datif au lieu du nominatif : « Viro illustri Pipino majori domus. » Mais, outre que cette correction serait tout arbitraire, la formule serait bien sèche; on attendrait plutôt quelque chose comme : « Domno et seniori meo viro illustri, » etc. D'ailleurs, « in Dei nomine » serait bien mal placé entre « Pipino majore domus » et « Herlemundus acsi peccator episcopus ».

et il faut restituer « anno II regni [domni] nostri [N. regis] », ou elle a été empruntée à quelque acte royal et transportée mal à propos à la fin de celui-ci. Dans un cas comme dans l'autre, elle n'offre aucune certitude, le nom même du roi dont il s'agit n'étant pas attesté. S'il était vrai que ce fût Dagobert III, la seconde année du règne répondrait à 712-713. « Die jovis » ne peut être qu'une faute de copie, car les actes mérovingiens ne sont jamais datés par les jours de la semaine ; le mot *jovis* cache donc un nombre mal lu se rapportant à « kl. januarias », et l'acte est de la seconde moitié de décembre (712?). Le nom de lieu *Lupila* avait été lu par Mabillon *Jupila*, et l'on avait pu croire qu'il s'agissait du palais de [Jupilles, au pays de Liège], résidence de Pépin [1]; cette conjecture n'a plus de raison d'être [2].

§ 6. — *Les chartes des « Actus pontificum » relatives aux privilèges et aux domaines de l'évêché.*

[*Le manuscrit de M. Julien Havet s'arrête à ce titre.*]

---

1. Bréquigny, édit. Pardessus, II, p. 292, note.
2. C'est ce qu'a déjà reconnu Cauvin, qui, ayant restitué la vraie leçon *Lupila*, s'est sagement abstenu de proposer aucune traduction de ce nom (p. 382).

APPENDICE

[Les documents copiés par M. Julien Havet et destinés à figurer dans l'Appendice (ci-dessus, p. 275) n'étaient pas matériellement préparés pour l'impression. Ils ne portaient pas de numéros d'ordre : ceux d'entre eux qui forment le présent appendice sont ceux dont il avait fait la critique dans la partie rédigée de son travail, et ils sont rangés ici dans l'ordre où il en a parlé. Les variantes des diverses sources avaient été indiquées par lui au moyen d'une disposition interlinéaire; elles sont réduites ici à la forme d'un apparat critique, avec renvois par des lettrines; le choix à faire entre elles est rarement indiqué dans les copies de l'auteur, et il a fallu interpréter son silence, au risque de ne pas rencontrer toujours son opinion. — Les portions de texte que l'auteur considérait comme apocryphes ou suspectes sont en *italique* : voir p. 390-391.]

[I.]

[CHARTE DE L'ÉVÊQUE DOMNOLE.]

572 mart. 6 domin.

[Voir ci-dessus, p. 307 et suiv. (spécialement pour le texte de l'acte, p. 316) et p. 365.]

Gesta Aldrici, p. 22. [(*A*.)]
Cod. 224, fol. 32 *in Actis Domnoli (orthographica non cura)* (*C*.)
Ibid., fol. 89 *in Actis Aldrici* (*B*).
[Sur le texte du cartulaire de St-Vincent, voir ci-dessus, p. 310.]

Domino venerabili ecclesie Cenomannice clero Domnolus episcopus. Congruum nobis fuit ut votum desiderabile in caritatis vestre noticiam

poneremus, quia si consensus vester desiderium cordis nostri decreta *a*
adnecterit *b*, credimus nullius ullo umquam tempore contrarietate a
nobis pariter firmata posse convelli. Cum pro salutem *c* populi vel
custodiam *d* civitatis reliquias d[omn]i *e* ac venerabilis sancti Vincentii
martiris intercedente presumptione ausi fuerimus deferre cum Dei
adjutorio, [ut] *f* vestro eidem loco *g* dignitatis ereximus in culmine, ita
petimus ut nostro *h* pariter ditetur et munere, et si sensus *i* vester in
nos *j* contulerit claritatem, hanc paginolam donationes *k* vestro quesumus ut firmetur robore *k'*. Dono *l* ergo in *m* ipsius domni Vincentii
honorem *n* donatumque esse volumus villa *o* cognominante *p* Tricione ¹*q*, quem *r* Abundantius *s* quondam visus est tenuisse, per loca
designata, de confluentes ³*t* usque Brivas ²*u* defluit in [Vi]dua ⁴*v* usque *w*
termino *x* Proliacense ⁵*y*, subjungente ad se adjacentia Saturniacinse ⁶*z*,
inde per via *a* Saturniacinse *b* pervenit ad Wacta *c* usque Campo *d*
Daulfo *e*, deinde ad *f* broialo Censurio usque ad domum Mere, inde
ad *g* campum *h* Locogiacinse *i* pervenit ad ipso *j* Tricione *k*; cum id
quicquid Mallaricus diaconus noster tempore vite sue usu fructuario
possidere videtur, cum agris, pratis, pascuis, silvis, aquis aquarumve decursibus, cum mancipiis his nominibus, Leudomado *l* cum
uxore *m* nomine Leudomalla et infantulum *n*, Litomeri, Leudulfo *o*,
item Leudulfo *p*, Chariobaudi *q*, Vinollede *r* et Mogiane, gregi equino *s*
quem Allomeris intra termino *t* ipso *u* commanens custodire videtur;

a. decreta *A* et decreta *B* et decreta nostra *C.* — *b.* adnecterit *AB* adnectere
se voluerit *C.* — *c.* salute *C.* — *d.* custodia *C.* — *e.* domini *AB* domni *C.* —
f. vel *ABC.* — *g.* eisdem locum *C.* — *h.* vestro *C.* — *i.* consensus *C.* —
j. in nos *AB* nobis *C.* — *k.* donationis *C* donaciones *corrigé en* -nis *B.* — *k'.*
sur cette fin de phrase, voir ci-dessus, p. 316, n. 1. — *l.* Damus *C.* — *m.* in
om. *C.* — *n.* honorem *AB* ecclesie *C.* — *o.* villam *BC.* — *p.* cognominatam
C. — *q.* Tricionem *B* Tritionem *C.* — *r.* quam *C.* — *s.* abundancius *B* habundantius *C.* — *t.* de confluentes *AB* sicut Tritio *C.* — *u.* bruias *B.* — *v.* Indua
A induam *B* uiduam *C.* — *w.* usquo *AB* : et usque *C.* — *x.* termino *AB*
terminum *B corr.*, *C.* — *y.* Proliacensem *B corr.*, *C.* — *z.* Saturniacense *C.*
ab. viam Saturniacensem *C.* — *c.* uuacta *B* uuaota *C.* — *de.* campum daulfum *C.* — *f.* a *C.* — *g.* a *C.* — *hi.* campo locogiacensi *C* campum logiacense *B.*
— *jk.* ipsum Tritionem *C.* — *l.* leudomadum *C.* — *m.* uxore *AB* uxore sua *C,*
n. infantulam Litomeri (*sans ponct. intermédiaire*) *C.* — *o.* leudulfum *C.* —
p. leudulfum *C.* — *q.* chariobaudum *C.* — *r.* uinofrede *C.* — *s.* gregi equino
AB Damus etiam gregem aequinum *C.* — *tu.* terminos ipsos *C.*

1. Tresson (Sarthe), sur l'Étangsort, affluent de la Veuve.
2. Brives (Sarthe, commune de Courdemanche et de Saint-Pierre-du-Lorouër), au confluent de l'Étangsort et de la Veuve.
3. L'Étangsort, cours d'eau qui passe à Tresson et se jette dans la Veuve à Brives.
4. La Veuve, affluent du Loir.
5. Pruillé-l'Éguillé (Sarthe, au nord-ouest de Brives).
6. Lieu inconnu, ainsi que les suivants.

idemque *v* et villa *w* Fraxeneto *x*, quem bonę memorię *y* Aper presbiter tenuit, cum broialos Marcelliacensis *z*, cum vineis, silvis, pratis, pascuis, aquis aquarumque *a* decursibus, cum accolas *b* X commanentes *c* in rem *d* ecclesię *e*, Quicumque *f* oportuni ad domum ipsam *f* fuerint, quos per adsignatione *g* Leudorico *h* defensorem *i* ecclesię *j* perceperit *k* possidendos *l*, cum mancipiis his nominibus, Launoveto *m*, Foedulo *n* cum uxore Taligia, Sesulfo *o*, Castino *p* cum uxore Leudomalla et filio, Leudoghisilo cum filia Childegunde *q*, Pupa cum filios *r*, Ppopulonio *s* cum porcus *t*, Leudomado *u*, Mundofęda *v* et Leudomanda *w*, cum *x* libertos omnes predicti *y* presbiteri; pari modo et locello *z* Ad Bucus, quem de Eutelio *a* presbitero accepimus, cum mancipia *b* qui ibidem excolere videntur; pratum intra vivario *c* supra ripa *d* Sartę secum *e*, quem Abundantius *f* vel auctores *g* ecclesię visi sunt tenuisse, Chyldigisilo *h* puero *i* cum armentum *j* peccorum *k* quem ipse custodire videtur, et campo *l* adjacentem ad memorato *m* prato *n* quem nostro opere fecimus, Sescimundo *o* cum uxore sua Wiliare *p*. Hęc omnia *q* quod *r* per hanc paginam donationes *s*, quem *t* Aunulfo diacono prof. *u* unanimiter rogavimus conscribenda *v*, constat *w* delegasse *x*, nuncupata basilica habeat, teneat, possideat *y*; quicumque loci ipsius dignitatem [1] perceperit, jure hereditario perpetualiter sibimet vindicet possidendum. Si *z* ullo umquam tempore aut pontifex civitatum *a* aut quilibet *b* persona a nobis donata vel tradita de dominationem *c*

---

v. itemque *C.* — *w.* villam *C.* — *x.* fraxnetum *C.* — *y.* memorię om. *B.* — *z.* marcelliacenses *C.* — *a.* aquarumue *C.* — *b.* accolis *C.* — *c.* commanentes *AB* in ea commanentes *C.* — *d.* in rem *AB* Haec omnia damus in rebus *C.* — *e.* ecclesię *A* aecclesię *B* ecclesię et usu eorum *C.* — *e'* le *q corr.* en Q dans l'autographe de l'auteur. — *f.* ipsam *AB* ipsam seruiendum *C*; voir ci-dessus, p. 309, n. 3. — *g.* adsignacione *B* adsignationem *C.* — *h.* leuderici *C.* — *i.* defensoris *C.* — *j.* aecclesię *B* uestrę ecclesię *C.* — *kl.* perceperit possidendos *AB* possidendos *AB* precipimus *C.* — *m.* launoveco *B* launouethum *C.* — *n.* foedulum *C.* — *o.* sesulfum *C.* — *p.* cartinum *C.* — *q.* childegunda *C.* — *r.* filiis *C.* — *s.* populonio *B* pupilonio *C.* — *t.* porcus *AB* porcis quos custodit *C*; voir ci-dessus, p. 309, n. 3. — *u.* leudomadum *C.* — *v.* mundo feda *B* mundofoedam *C.* — *w.* leudomandam *C.* — *x.* com *C.* — *y.* jamdicti *C.* — *z.* locellum *C.* — *a.* eutherio *C.* — *b.* mancipiis *C.* — *c.* uiuarium *C.* — *d.* ripam *C.* — *e.* situm *C.* — *f.* habundantius *C.* — *g.* actores *C.* — *h.* childigisilo *B* childigisilum *C.* — *i.* puerulum *C.* — *j.* armento *C.* — *k.* pecorum *C.* — *l.* campum *C.* — *mn.* memoratum pratum *C.* — *o.* sescimundum *C.* — *p.* uiullare *B.* — *qr.* omnia quod *AB* coma *C* (a tildę) — *s.* donaciones *B* donationis *C.* — *t.* quam *C.* — *u.* prof. *A* prof *B* (pro abrégé, f tildée om. *C*; voir ci-dessus, p. 309, n. 4. — *v.* conscribendam *C.* — *wx.* constat delegasse *AB* (voir ci-dessus, p. 316, n. 2) volumus ut *C.* — *y.* possideat *AB* possideat et *C.* — *z.* Si *AB* Si vero *C.* — *a.* ciuitatis *C.* — *b.* quelibet *C.* — *c.* dominatione *C.*

---

1. [L'original devait porter *dignitate*; voir ci-dessus, p. 316, n. 3.]

basilice.^d ipsius ^e abstrahere voluerit ¹, induat ^f maledictionem pro benedictione et Domini nostri Ihesu Xpisti vel omnium sanctorum martirum incurrat offensa ^g, et voluntas nostra perpetim auxiliante Domino capiat firmitatem, A[qu]iliani ^h legis ⁱ indeta ^j mentione ^k.

Actum Cenomannis in^l civitate anno XI regnante^m domni nostri Chilperici regis pridie nonas marcias ².

A ³	B	C	
			†ⁿDomnolus peccator subscripsit.
			Germanus peccator rogante clero Cenomannis subscripsi.
			Dinamius peccator consensi ^o et subscripsi.
			Drauscio ^p presbiter subscripsi.
			Injuriosus pece ^q subscripsi.
			Meterius presbiter consensum ^r nostrum subscripsi.
[7]	7	15	Populonius presbiter consensi et subscripsi.
[8]	8	16	Alloveus presbiter consensum ^s nostrum subscripsi.
[9]	9	17	Setrius peccator^t consensi et subscripsi.
[10]	10	18	Leudoneus ^u presbiter subscripsi ^v.
[11]	11	19	Dauvaredus ^w presbiter consensum ^x nostrum subscripsi.
[12]	12	om.	Frigimodus ^y presbiter.
[13]	13	om.	Ursicinus ^z diaconus consensum nostrum subscripsi.
[14]	14	7	Ceusus ^a diaconus consensum ^b nostrum subscripsi.
[15]	om.	8	Romolus diaconus consensi et subscripsi.
[16]	om.	9	Daddus ^c diaconus consensu ^d nostrum subscripsi.
[17]	15	10	Noxus ^e diaconus subscripsi.
[18]	16	11	Sennovechus diaconus consensi et subscripsi.
[om.]	[om.]	12	Teodulfus peccator consensi et subscripsi.
[om.]	[om.]	13	Affar presbiter consensi et subscripsi.
[om.]	[om.]	14	Dorus presbiter consensum nostrum subscripsi.

d e. basilice ipsius *AC* ipsius basilice *B.* — *f.* inducat *C.* — *g.* offensa *A* offensam *C om. B.* — *h.* ausuiliani *A* ausiulani *B om. C.* — *ijk.* legis indetam' tion' *B om. C.* voir ci-dessus, p. 309, n. 4. — *l.* in *om. C.* — *m.* regni *C.* — *n.* † *om. C.* — *o.* concessi *B.* — *p.* drautio *C.* — *q.* pece' *A* pecem *B.* peccator *C.* — *r.* concensum *B.* — *s.* consensum *C.* — *t.* peco' *B.* — *u.* leunoneus *B* leudoueus *C.* — *v.* subscripsi om. *C.* — *w.* dauuaredus *B.* dauradus *C.* — *x.* consensum *C.* — *y.* frigimodis *B.* — *z.* ursicius *B.* — *a.* caenus *C.* — *b.* consensum *B.* — *c.* datdus *C.* — *d.* consensum *C.* — *e.* nox' *B* nox *C.*

1. [Sur le metre de cette fin d'incise, voir ci-dessus, p. 316, n. 4.]
2. [Sur la place de la date, voir ci-dessus, p. 311.]
3. [Sur l'ordre des souscriptions, voir ci-dessus, p. 309-310.]

[II.]

[CHARTE DE L'ÉVÊQUE DOMNOLE.]

581 sept. 4 fer. V.

[Voir ci-dessus, p. 307 et suiv. (spécialement, pour le texte de l'acte, p. 316-317) et p. 365.]

[Mêmes sources que pour la charte précédente, ci-dessus, p. 417. A : *Gesta Aldrici*, p. 26. B : cod. 224, fol. 89 v°. C : cod. 224, fol. 32.]

Anno [1] XX regni domini *a* nostri Chilperici *b* gloriosissimi *c* regis, prid. *d* non. *e* septbr. *f*, ego Domnolus in Xpisti nomine episcopus cum evocassem domno *g* et fratri *h* meo *i* Audoveo *j* episcopo *k* Andecavę *l* civitatis visitare sanctis *m* liminibus *n* patroni *o* pecculiaris mei Victori *p* episcopi, immo et sollempnitatem ipsius celebrassem *q*, cum consensu omnium fratrum meorum presbiterorum, quia ante tempus testamentum meum condidi et in ipsum voluntatem meam adhuc non complevi, quod in eum *r* conscriptum videtur *s*, volo *t* in omnibus conservetur, et hęc paginola plenam capiat *u* opto robore *v*. Dono *w* basilicę sanctorum Vincentii et Laurentii, quem meo opere construxi, et edific[io] *w* pro salvationem *x* civitatis et populi conlocavi *y*, coloneca *z* cognominante *a* Canonno *² b*, cum agris, pratis *c*, pascuis, silvis *d*, aquis aquarumve decursibus, et mancipiola *e* duo *f*, Waldardo *g* cum uxore sua, vel infantibus eorum, qui ibidem nunc commanere videntur. Ab *h* hodierno *i* die predictus *j* abba *k* antedicti loci ad stipendia fratrum nuncupante *l* basilicę

a. domni *C.* — *b.* Hilperici *C.* — *c.* gloriosi *C.* — *def.* pridie nonas septembris *B*; sur le membre de phrase Anno... septembr. dans les *Actus*, voir ci-dessus, p. 311, n. 2. — *g.* domnum *C.* — *hijk.* fratrem meum Audoueum episcopum *C.* — *l.* andegaue *BC.* — *mn.* sancta limina *C.* — *o.* patronis *C.* — *p.* Victoris *C.* — *q.* celebrare *C*; sur celebrassem (*et non* celebravissem), voir ci-dessus, p. 316, n. 5. — *r.* eo *C.* — *s.* videtur : videtur bonum *C*; voir ci-dessus, p. 309, n. 3. — *t.* volo : volo ut *C.* — *u.* accipiat *C.* — *v.* roborem *C*; sur cette fin de phrase, voir ci-dessus, p. 316, n. 1 et n. 6. — *w.* Dono : Dono igitur *C. w'.* edificavi *ABC.* — *x.* salutione *C.* — *y.* conlocavi : pater *C.* — *z.* colonitam *C.* — *ab.* cognominatam pontificini canon *C.* — *cd.* pratis pascuis silvis : silvis pratis pascuis *C.* — *ef.* mancipiola duo : mancipiis *C.* — *g.* uuadardum *C.* — *h.* Ab : ut ab *C.* — *i.* hodierna *C.* — *j.* predictus om. *C.* — *k.* abbas *C.* — *l.* nuncupate *C.*

1. [Sur la place de la date *Anno... ego Domnolus...*, voir ci-dessus, p. 311-312.]
2. Coulongé (Sarthe), sur le ruisseau de Chenon (Cauvin, p. 103).

faciat revocare *m*, et *n* tamen *o* ut post meum *p*, quando Deus jusserit, obitum, qui presens fuerit *q* ordinatus de *r* loco prefato commemorationem meam annis singulis adimplere procuret. Ideo tibi, Niviarde diacone ac defensor *s* nostre ecclesie, indico atque jubeo ut *t* hoc tua traditione, sicuti *u* nunc ab ecclesia possidetur, cum omni soliditate vel adjacentia sua Leusone abbate *v* facias consignari. Hoc vero inserendum rogavi, ut qui voluntati mee obvius esse voluerit maledictionem illam incurrat quam propheta in psalmo CVIIII *w* decantavit *x*, et presens pagina maneat inconvulsa, quam pro rei firmita[te] *y* manu propria subscripsi et domnis et fratribus meis m[u]n[i]endam *z* rogavi.

† Domnolus peccator subscripsi.

Audoveus peccator rogante domno Domnolo episcopo subscripsi.
Theodulfus *a* peccator subscripsi.
Aunulfus *b* presbiter subscripsi.
Leudoricus presbiter scripsi *c* et subscripsi *d*.

[III.]

THEODEBERTI PRO S. MARTINO.

Genuinum. Interpolatum.

[Vendredi 8 juin 596 [1]?]

[Voir ci-dessus, p. 365 et suiv., p. 373 et suiv.]
Cod. Cenom. 224, fol. 33 v°.

Theodebertus rex Francorum viris inlust[ribus] [2].
Si petitionibus ancillarum Dei vel sacerdotibus, in quod nostris auribus fuerint prolata ad affectum perducimus, hoc nobis ad

---

mno. reuocare, et tamen : *remplacé dans C par et sub jure memoratę cenomannensi ecclesiae juste et legitime esse debere censeo* (voir ci-dessus, p. 310), et peto; *sur la fin de phrase* faciat revocare *voir ci-dessus*, p. 317, n. 1. — *pq.* meum... fuerit; *remplacé dans C par* obitum meum qui abbas fuerit. — *r.* de : in *C*. — *s.* defensore *C*. — *t.* ut om. *C*. — *u.* sicut *C*. — *v.* abbati *C*. — *wx.* CVIIII decantavit : *remplacé dans C par* CVIII iude cantavit fiant dies ejus pauci et episcopatum ejus accipiat alius (*voir ci-dessus*, p. 309, n. 3, et p. 317, n. 2). — *y* firmita *AB* firmitate *C*. — *z.* minuendam *AB* muniendam *C*. — *a.* Theodulfus *C*. — *b.* annulfus *C*. — *cd.* scripsit et subscripsit *B*.

---

1. [Sur la date, voir ci-dessus, p. 376.]
2. [Le texte porte *vir inluster*; voir ci-dessous, p. 438, n. 5.]

aeternae salute vel stabilitate regni nostri in Dei nomen pertinere confidimus. Igitur vir inluster Eoladius[1] presbiter et Baudomalla Deo devota directi petitione [cl]ementiae[2] regni nostri detulerunt in notitia eo quod ante hos dies in area ipsorum infra murania Cenomannis oratorio in honore sancti Martini construxerunt, et locella noncupantes sitas in pago Caenomannico, Moliniaco, Villa, Levaste, Popiliaco, Aciaco, Verriciaco, Potius, Cipidus[3], cum omnes adjacentias earum vel appendiciis, cum omni re inexquisita *vel ipso oratorio ad ecclesiam sancti Gervasii et Prothasii martyris vel domno Domnolo episcopo qui ibidem ad presens custos preesse videtur*[4] ipsas res per eorum strumenta delegaverunt. Ideo petierunt celsitudinis nostrae ut per hoc per nostram auctoritatem plenius confirmare deberemus cujus petitione gratanter animo prestitisse et in omnibus confirmasse cognoscit[e][5], precipientes enim ut sicut constat jamdictus Eoladius et Baudomalla ipsa loca Moliniaco, Villa, Levaste, Popiliaco, Aciaco, Vericiaco, Potius, Cipido[6], una cum terris, domibus, aedificiis, mancipiis, vineis, silvis, pratis, pascuis, aquis aquarumve decursibus, farinariis, peculiis, praesidiis, mobilibus et immobilibus vel reliquis quibuscumque beneficiis ad ipsa casa Dei per eorum instrumentum juste et rationabiliter delegass[e][7], et hoc ad presens ibidem recto ordine videtur esse possessum vel dominatum, ita et inantea inspecta ipsa epistola donationis per hoc preceptum plenius in Dei nomine confirmatum, ipsa loca superius nominata cum omni integritate earum ad ipsa casa *sancti Gervasii et Prothasii* má[r]t[i]ris[8] *ecclesiae*[9] nostris et futuris temporibus jure firmissimum proficiant ad augmentum. Et ut haec praeceptio firmior habeatur et in omnibus conservetur, manus nostrae subscriptionibus eam subter decrevimus roborare.

Theodebertus rex Francorum subs.

Adalgrimus jussus obtol[it][10]

---

1. [Sur Eoladius, voir ci-dessus, p. 376.]
2. [En note : dementiæ *C*.]
3. [Dans le ms. de M. Julien Havet, les noms latins sont accompagnés de quelques identifications, peut-être provisoires, écrites au crayon. *Moliniaco* : Morigné ? *Levaste* ; Livet (M^{ne}). *Popiliaco* : Poillé ? ou Saint-G..... (illisible ; peut-être l'auteur a-t-il voulu écrire *Saint-Gemmes* (Saint ou Sainte-Gemmes-le-Robert, Mayenne). *Aciaco* : Assé-le-Bérenger. *Cipidus* : Spay.]
4. [Sur le passage en italiques, voir ci-dessus, p. 375.]
5. [Le texte porte *cognoscitur*.]
6. [Identifications au crayon, comme ci-dessus : Morigné, Livet, Poillé, Assé le-B^{er}, Spay.]
7. [Correction pour *delegassent*, voir ci-dessus, p. 370 et 372.]
8. [Correction indiquée dans l'interligne pour *matris*.]
9. [Sur les mots en italiques, voir ci-dessus, p. 376.]
10. [Correction pour *obtolus*, voir ci-dessus, p. 366.]

Data dies octo quod facit presens mense junii anno VII regni nostri Captiniaco.[1] in Xpisti nomine feliciter amen.

[IV ET V.]

[DONATION D'HAREGAIRE ET PRÉCAIRE DE TENESTINE.]

[Vendredi 3 mai 513 et samedi 27 avril 524.[2]?]

[Voir ci-dessus, p. 378 et suiv.]

[IV.]

Dum fragilita[s][3] humani generis pertimescit ultim[a] vitae tempor[a][4] subitanea transpositione ventura, oportet ut non inveniat unumquemque hominem imparatum, ne sine aliquo boni operis respectum migrat de [hoc] seculo[5], nisi, dum suo jure et potestate consistit, preparet sibi viam salutis per quam ad eternam valeat beatitudinem pervenire. Ideoque ego in Dei nomine Haregarius et conjux mea Truda et filia nostra Tenestina Deo sacrata unanimiter consentientes pertractavimus de Dei misericordia pro remedium animae nostrae et remissionem peccatorum nostrorum, ut [veniam][6] in futurum apud Dominum consequi mereamur, ut aliqua cellula ac monasterium [vel o]raturium [in honorem][7] sanctae Mariae[8] genitricis[9] Domini nostri Ihesu Xpisti vel sanctorum apostolorum Petri et Pauli construere ac edificare deberemus, quod ita et fecimus[10]: *quem apud domno ac venerabile sede apostolico Innocenti Cenomannice ecclesiae presule deprecavimus, una cum sancta congregatione in ipsa urbe consistentes, ut per beneficium nobis concederet de rebus sanctae Mariae vel sanctorum martyrum Gervasii et Prothasii, per licentiam jamdicti pontificis construere debeamus*, et [11] omnes res nostras atque mancipia quem ex legitima successione nobis obvenerint, totum et ad integrum ad jamdictum

---

1. Sur ce nom de lieu, voir ci-dessus, p. 369.]
2. [Sur ces dates, voir ci-dessus, p. 390.]
3. [Corr. pour *fragilitatis* : ci-dessus, p. 379, n. 3.]
4. [Corr. pour *ultimum vitae tempore* : ci-dessus, ibid.]
5. [Le texte porte *de seculo* : ci-dessus, ibid.]
6. [Le texte porte *eternam*. Voir ci-dessus, p. 379.]
7. [Sur cette correction pour *in terraturium*, voir ci-dessus, p. 388.]
8 et 9. [Après *Mariae*, le texte porte *Dei*, et après *genitricis*, *et*, voir ci-dessus, p. 388.]
10. [Au-dessous des italiques qui suivent: « emprunté de la précaire Pard., I, 94. » Sur ce qui suit, voir ci-dessus, p. 382 et 383.]
11. [Sur le morceau suivant, voir ci-dessus, p. 381.]

monasterium per hoc testamentum conditionis tradidimus atque confirmavimus; et post nostrum discessum jamdicta aecclesia sanctae Mariae et sancti Gervasii et Prothasii Cenomannis civitate constructa vel ejusdem pontificis heredes instituimus et eos appellare volumus. Cujus [1] petitionis libenter animo suscepimus et concessimus eis per nostrum beneficium ipsam aream ad ipsum monasterium faciendum et de rebus sanctae Mariae et sancti Gervasii et Prothasii villas duas in augmentum ad ipsum monasterium construendum, ut melius valeant hanc cellulam construere ac aedificare. Et dedimus inter nos fidejussores Berhardum episcopum et Landoenum abbatem et Gundoinum comitem per libras quingentas de auro pensante, et si aliquis de nos de hac convenientia se mutaverit vel retraxerit, pari suo solvere faciat. Ea scilicet conditione ut cum omni re emeliorata vel supraposita ad [2] partibus sanctae Mariae et sanctorum martyrum Gervasii et Prothasii Cenomannis civitate vel ejusdem pontificis ipsum monasterium cum omnes res ad se pertinentes vel aspicientes, tam illas quas nos ad ipsum sanctum locum tradidimus atque confirmavimus quam et illas quae de rebus vestris per vestrum beneficium a vobis accepimus, absque [3] ullius judicis consignatione aut heredum nostrorum contradictione cum omni integritate in vestram faciatis revocare potestatem vel dominationem. Et [4] censivimus annis singulis ad festivitatem sancti Gervasii et Prothasii, quod est XIII kl. julias, de argento libra I transsolvere faciamus, et [5] post nostrum Deo jubente de hac luce discessum, sicut superius insertum est, vos aut rectores, presules, successoresque vestros in vestram faciatis revocare potestatem vel dominationem; ea [6] scilicet ratione atque pretexto ut rem[o]ta [7] pontificis simulque ecclesiasticorum omnium *pontificalium* seu publicorum omnium potestate, *privandas* nullas functiones vel exactiones neque exquisita et lauda convivia, neque gratiosa vel insidiosa munuscula, neque etiam caballorum pastus atque parvereda vel angaria, aut in quodcumque functiones titulum *judiciaria potestate* dici potest de ipsa facultate paenitus non requiratur, sed [8] sub integra emunitate facultaticula sicut a nobis hucusque possessa est, in jure oratorio sanctae Mariae et predictorum sanctorum apostolorum sub jure et potestate et dominatione sanctae Mariae matris Domini nostri Ihesu Xpisti vel sanctorum martyrum Gervasii et Prothasii et eorum rectoribus atque pontificis debeat Deo protegente et opitulante consistere.

Licet in cessionibus adnecti non sit necesse, sed nobis pro omni firmitate placuit inserendum. Si quis vero, quod futurum esse non

---

1. [Sur ce passage, voir ci-dessus, p. 382.]
2. [Sur le morceau suivant, voir ci-dessus, p. 381-382.]
3. [En marge de cette phrase : « Zeumer 138. »]
4. [Sur ce qui suit, voir ci-dessus, p. 383.]
5. [Sur ce qui suit, voir ci-dessus, p. 382.]
6. [Sur le passage suivant, voir ci-dessus, p. 380-381.]
7. [Correction pour *rem data*. Voir ci-dessus, p. 380.]
8. [Sur le passage suivant, voir ci-dessus, p. 382.]

credimus, nos ipsi, quod absit, aut aliquis de heredibus vel proheredibus nostris seu qualibet persona calliditate commotus aut cupiditate proventus, ullo umquam tempore co[ntra] pré[s]èn[te]m¹ epistolam cessionis nostrae, quam propter nomen Domini et veneratione ipsius sancti loci spontanea voluntate fieri decrevimus, venire aut aliquid agere voluerit aut tergiversator extiterit, anathema sit, et tam qui fecerit quam qui faciendo consenserit anathema sit et cum suprascriptos sanctos ante tribunal Xpisti deducat rationes, insuper inferat juxta poenas seculi cum cogente fisco partibus ipsius ecclesiae vel eorum rectoribus auri libras quingentas, argentum pondera mille transsolvere faciat, et quod repetit nullatenus valeat vindicare, sed presens cessio atque voluntas nostra omni tempore inviolata permaneat cum stipulatione subnixa. Et ² ut haec cessio firmior habeatur et inviolabiliter conservetur, manus nostra[e] sub[scriptionib]us³ et aliorum bonorum virorum decrevimus roborari.

Actum Cenomannis civitate publica. Data V non. mai. anno II regnante Childeberto rege⁴.

Signum Haregarii.
Signum Trudane uxore ipsius.
Signum Tenestina filia ejus Deo sacrata, unanimiter consentientes, qui hanc cessionem vel donationem a nobis facta fieri vel roborari decrevimus.

Ego ⁵ Innocens acsi indignus peccator episcopus a me facta subscripsi.
In Xpisti nomine Landolenus indignus episcopus subscripsi.
Ego Magnolenus acsi peccator episcopus subscripsi.
Winimundus licet indignus episcopus subscripsi.
Odolmarus quamvis indignus episcopus subscripsi.
Abbo misericordia Xpristi episcopus subscripsi.
In nomine Domini Hildemannus indignus episcopus subscripsi.
Frotfridus indignus episcopus subscripsi.
Signum Gundolini comite.
Signum Ostremundi comite.
Signum Winitmarci comite.
Signum Gunduini comite.
In Xpisti nomine Berhardus indignus episcopus subscripsi.
Ego Landolenus abbas subscripsi.
Signum Adalwini vicecomite.
Signum Ostruini.
Signum Hilderici.
Signum Richardi.

1. [Comprehensam C.]
2. [Sur ce passage, voir ci-dessus, p. 388-389.]
3. [*Nostras subterfirmavimus, C*; voir ci-dessus, p. 389.]
4. [Sur cette date, voir ci-dessus, p. 390.]
5. [Sur cette souscription et les suivantes, voir ci-dessus, p. 389-390.]

Signum Emmoni.
Herihardus subscripsi.
Signum Inghilgarii.
Signum Winitmari.
Ego Winitmundus scripsi et subscripsi [1].

[v.]

[Domno] [2] sancto ac venerabile sede apostolico Innocente Cenomannicę aecclesię presule, una cum sancta congregatione ex ipsa urbe consistentes, ego [3] in Dei nomine Tenestina Deo sacrata filia quondam Haregario et Trudanę, p[re]catrix [4] a vobis accedo. Dum et mea fuit petitio et vestra decrevit voluntas, ut illud monasteriolum quod [5] *aedificare coeperat pater meus et mater mea,* in honore sanctae Dei genitricis Mariae et sanctorum apostolorum, et *imperfectum dimiserunt, quod est situm in terratorio sanctae Mariae vel sanctorum martyrum Gervasii et Prothasii, juxta murum Cenomannis civitate, supra fluvium Sartae, quem genitor meus apud vos et vestram congregationem deprecatus fuit ut eis per beneficium licentiam dedissent in ipsam aream monasterium facere,* et jamdictus genitor meus *ipsam de rebus suis propriis hereditariis incipit construere vel aedificare, vel* quantum de suis propriis rebus habuit totum ad jamdictum monasteriolum per strumenta cartarum legibus confirmavit atque delegavit, *sub jure et potestate ac dominatione sanctae Mariae vel sanctorum martyrum Gervasii et Prothasii, vel ejusdem presules ut quod pontificis instituit atque heredes appellavit. Et pro hac causa ego jamdictus pontifex una cum sancta congregatione ibidem consistentes,* per hanc precariam *tibi* ipsum *inceptum* monasteriolum una cum ipsas res ad se pertinentes vel aspicientes, tam illas quem nos de rebus sanctae Mariae vel sancti Gervasii et Prothasii in augmentum ad presenti loco construendum per beneficium *condonavimus,* que et illas quem *genitor vel genitrix mea* per strumenta cartarum ibidem legibus tradidero atque confirmavero [6], tempore vitae meae ad usufructuario ordine per vestrum beneficium tenere permittimus. Et [7] censivimus vobis annis singulis ad festivitatem sancti Gervasii et Prothasii, quod est xiii kl. julias, *vestitos duos et cappas duas episcopales et* de argento

---

1. [Le mot *subscripsi* est figuré par la dernière note tironienne dont le fac-similé est ci-dessus, p. 423.]
2. [Domino, C. Sur les premières lignes, voir ci-dessus, p. 383.]
3. [Sur *ego, vos*, etc., dans ce morceau, voir ci-dessus, p. 385.]
4. [Corr. pour *peccatrix* : voir ci-dessus, p. 383.]
5. [Sur ce passage, voir ci-dessus, p. 387.]
6. [Sur ce passage, et sur *tradidero atque confirmavero*, voir ci-dessus, p. 386-387.]
7. [Sur ce qui suit, voir ci-dessus, p. 383-384.]

libra ı transsolvere *facias*, et si negligens aut tarda de ipso censo apparueris, fidem exinde facias et ipsum *incoeptum* monasteriolum tempore vitae *tuae* perdere non debeas. Et alicubi nec vendere nec donare nec alienare pontificium non habeas, nisi sub jure et potestate ac dominatione sanctae Mariae vel sanctorum martyrum Gervasii et Prothasii permaneant. Et post *tuum* quoque Deo jubente de hac luce discessum,

absque [u]llius [1] judicis consignatione aut heredum nostrorum contradictione, jamdictum *incoeptum* monasteriolum cum omni integritate vel res ad se pertinentes vel aspicientes in vestram faciatis revocare potestatem vel dominationem. Et [2] ut haec precarie uno tenore conscripta, una que in thesauro sancti Gervasii et Prothasii recondita sit et alia quam ego Tenestina Deo sacrata a vobis accepero, firmam obtineant vigorem, manus nostra[e] sub[scriptionib]us [3] et bonorum virorum decrevimus roborare.

Actum Cenomannis civitate publica. *Data* v kl. mai[.] anno XIII regnante Childeberto rege [4].

Ego [5] Innocens episcopus hanc precariam a me factam subs.
Hildemannus abbas subs.
Rotfredus archipresbiter subs.
Elenus indignus presbiter subs.
Bodolenus presbiter subs.
Haregaudus diaconus subs.
Bernaricus diac. subs.
Odilo presbiter subs.
Atto diaconus subs.
Godiscalcus abbas subs.
Winitmundus levita subs.
Ostremundus presbiter subs.
Eurenus subdiaconus subs.
Winegaudus diaconus subs.
Berto presbiter subs.
Signum Haregaudo advocato.
Signum Bernardo vicecomite.
Signum Winetmarco.
Signum Ermuino.
Signum Jonam.
Signum Turpingo.
Signum Ostrevini.
Signum Hagenoni.

---

1. [Corr. pour *illius*.]
2. [Sur ce qui suit, voir ci-dessus, p. 388-389.]
3. [Corr. pour *nostras proprias subter firmavimus*; voir ci-dessus, p. 389.]
4. [Sur cette date, voir ci-dessus, p. 390.]
5. [Sur cette souscription et les suivantes, voir ci-dessus, p. 389-390.]

Signum Gauzivinus.
Serulus presbiter subs.
Signum Inghilmarus.
Godalmandus levita subs.
Ego Ledevaldus notarius hanc precariam precipiente Innocenti episcopo scripsi et subscripsi [1].

[VI.]

AIGLIBERTI PRO S. MARIA DE DECIMIS.

Genuinum.

692, *julii* 9 *feria III.*

[Voir ci-dessus, p. 394.]
Cod. Cenom. 224, fol. 63 r°.

In Dei nomine Aiglibertus episcopus in Xpisto sanctę aecclesię filiis hominibus agentibus vel missis discurrentibus de villis sanctę aecclesię de Media Quinta, Trition, Alnetum, Detas, Longa Aqua, Lucduno, Guneda, medietate de Tredente et Vithlena et Tauriniaco [2]. Cognoscatis quod nos concessimus monasterio sanctę Marię, ubi Deo sacrata Ada abbatissa preesse videtur, omnes decimas de suprascriptis villulis, tam de annonis cum agrario, vinum, fenum, omnium peculium seu furmatico vel undeque decimas redebetur totum et ad integrum ad ipso monasterio censimus, et jubemus ut absque ulla dilatione ad missos ipsius dare faciatis, et ut diximus ipsam decimam omni tempore ipsi monasterio habeat concessum, et ut certius credatis manu nostra subter firmavimus. Datum dies novem quod fecit mensis [3] jul. in ann. II regni domni nostri Chlodovei regis.

In Xpisti nomine Aiglibertus acsi peccator episcopus subscripsi.

1. [Dans un cartouche : *nol. tir.*]
2. [Identifications ci-dessus, p. 394.]
3. [Dans l'interligne : *ms*.]

[VII-VIII[1].]

AIGLIBERTI PRO S. MARIA.

[Voir ci-dessus, p. 394 et suiv.]

[VII.]
700, *junio* [? Voir ci-dessus, p. 399-400.].
Cod. Cenom. 224, fol. 61.

In nomine domini nostri Ihesu Xpisti, dilectissime propinquę nostrę Adrehildę abbatissę, Aiglibertus Cenomannicę urbis acsi indignus episcopus.

Qui pro timore atque divino amore seu et reverentia sanctę Dei genitricis Marie, una cum clericis fratribus et consacerdotibus ac sororibus et sanctimonialibus nostris consensum prebentibus, convenit nobis ut in basilica sanctę Dei genitricis Marię, ubi predictam propinquam nostram Adrehildam abbatissam nostra benivolentia et largitione divina et virginali sive abbatissali benedictione constituimus, et cum consensu ut diximus aecclesię nostrę consacerdotum canonicorum sanctę Dei genitricis Marie, et sanctorum martirum Gervasii et Prothasii, ad quorum aecclesiam ipsa cella sanctę Marię quę est constructa intra fluvium Sarte et mu-

[VIII.]
683 *junio*.
Cod. Cenom. 224, fol. 63 v°.

[I]n nomine domini nostri Ihesu Xpisti, dilectissime propinquę nostrę Adrehildę abbatissę, Aiglibertus Cenomannicę urbis acsi indignus episcopus.

Qui pro timore atque divino amore seu reverentia sanctę Dei genitricis Marie, una cum ceteris fratribus et consacerdotibus ac sororibus atque sanctimonialibus nostris consensum prebentibus, convenit nobis in basilica sanctę Dei genitricis Marię, ubi predictam propinquam nostram Adrehildam abbatissam nostra benivolentia et largitione atque divina et virginali sive abbatissali benedictione cum constituimus cum consensu ut diximus aecclesię nostrę consacerdotum canonicorum sanctę Dei genitricis Marie atque sanctorum martirum Gervasii et Prothasii, ad quorum aecclesia ipsa cella sanctę Marię quę est constructa intra fluvium Sarte et murum civitatis

---

1. [Dans le manuscrit de M. Julien Havet, les deux textes ci-dessous présentent des traits et crochets au crayon encadrant certains passages ; il n'a pas été possible de tenir compte de ces signes, qui n'étaient peut-être que des points de repère pour lui-même.]

rum civitatis reddi debeant instituta servare, ut dum illius sancte Dei genitricis Marie sit voluntas, si humiles ac devote ibi consistant sanctemoniales sub regula degentes que et suam prius dirigant conscientiam et loci illius delectabilem faciant habitationem, in quo et nostra merces communis adcrescat, et laus Domini devote percurret. Concedimus ergo hoc in presenti inscriptione ad sanctimoniales spiritales ad peregrinas seu peregrinorum ac pauperorum usum, qui propter Deum sua dereliquerunt loca vel substantiam, ut in predicto monasterio sancte Dei genitricis Marie, quod ad amorem aecclesię Cenomannice urbis cui preesse ac prodesse debeo juste et legaliter pertinet, et sub dominatione pontificum ac ministrorum suorum, reddibitiones et censa onerosa ex ipso monasterio ad predictam matrem aecclesiam persolvuntur, sicut ab institutoribus[2] et ditatoribus ac fundatoribus ipsius monasterii et a predecessoribus pontificibus hujus urbis dudum constitutum est, actenus persolvuntur, leviora et faciliora esse volumus, in qua etiam cella pdicta[3] consanguineam nostram Adrehildem venerabilem abbatissam constituimus cum consensu sacerdotum nostrorum ut et ibi in Xpisti nomine predicta abbatissa consanguinea nostra atque cetere sanctemoniales tam infra urbem quam et secus juxta ecclesiam predictam sancte Dei genitricis

reddit debeant instituta servare[1], et confidimus ut dum illius sancte Dei genitricis Marie sit voluntas, si humiles ac devote ibi consistant sanctemoniales sub regula degentes que et suam prius dirigant conscientiam et loci illius delectabilem faciant habitationem, in quo et nostra merces communis adcrescat, et laus Domini devote percurrat. Concedimus ergo hoc in presenti inscriptione ad sanctimoniales spiritales vel peregrinas seu peregrinorum ac pauperum usum, qui propter Deum dereliquerunt sua loca vel substantiam, ut in predicto monasterio sancte Dei genitricis Marię, quod ad matrem aecclesiam Cenomannice urbis cui preesse ac prodesse debeo juste et legaliter pertinet et sub dominatione pontificum ac ministrorum suorum, reddibitiones et censa onerosa ex ipso monasterio ad predictam matrem aecclesiam persolvuntur, sicut ab institutoribus[2] et dictatoribus ac fundatoribus ipsius monasterii et a predecessoribus nostris pontificibus hujus urbis dudum constitutum est actenus persolvuntur, leviora et faciliora esse volumus, in qua etiam cellam predictam consanguineam nostram Adrehildem venerabilem abbatissam preesse constituimus cum consensu sacerdotum nostrorum ut et ibi in Xpisti nomine predicta abbatissa consanguinea nostra atque cetere sanctemoniales tam infra urbem quam et secus juxta aecclesiam

---

1. [*instituta seruare* *debeant*, avec signes d'interversion.]
2. *Sic* [dans l'un et l'autre document.]
3. *Sic.*

Marie secundum regulam et nunc quando idem vivere debeant, et quandocumque eis abbatissa predicta sive alia defuncta fuerit cum consensu et institutione jamdicte urbis episcopi eligant aliam quam utiliorem ex semet ipsis ad suas animandas conservandas et regendas a Deo opitulante salvandas invenerint. Et ita nunc tam eam quam et alias que preesse vise fuerint seu ipse sanctimoniales ibi sub regula degentes commonemus ut, sicut reliqua monasteria regula que sub ordine regule rectius degunt, similiter et predictum cenobium sanctimonialium sub potestate et regimine prefate urbis episcopi r[e]g[a]nt[1], et regulam in eo Omnipotens conservet, et nos taliter vos vel vestros quicumque illius aecclesie sint exauctores omnino commonemus ut non a vobis onerosa aut aliqua gravia injuncta a prefixo locello requirantur, sed opera vestimentorum atque que ad sanctimoniales pertinet faciendum vel vestimenta aecclesiastica aut pontificalia lavanda vel restauranda debent facere studeant, ut regula sanctimonialium propter censa vel exacta gravia pontificum vel ministrorum suorum inibi non negligetur, sed ut a nobis constitutum est, ita omni tempore conservetur. Et posteros nostros qui in ordine pontificum in hac sede futuri sunt humiliter postulamus ut quod a nobis statutum est ab illis non violetur, et sicut institutiones eorum conservatas esse vo-

predicte sancte Dei genitricis Marie secundum regulam et nunc et quandoquidem vivere debeant, et quandocumque eis abbatissa predicta sive alia defuncta fuerit cum consensu et institutione jamdicte urbis episcopi eligant alteram qualem utiliorem ex semet ipsis ad suas animas conservandas et regendas ac Deo opitulante salvandas invenerint. Et ita nunc tam eam quam et alias que preesse inse fuerint seu ipsas sanctemoniales inibi sub regula degentes commonemus ut, sicut reliqua monasteria que sub ordine regule rectius degunt, similiter et predictum cenobium sanctimonialium sub potestate et regimine prefate urbis episcopi[r]ega[n]t[1] et regula in eo omni tempore conservetur, et nos taliter vos vel vestros quicumque ipsius aecclesie sint exactoris omnino commonemus et non a vobis onerosa censa aut aliqua gravia injuncta a prefixo locello requirantur, sed opera vestimentorum atque alia que ad sanctimoniales pertinet faciendum vel vestimenta aecclesiastica sive pontificalia lavanda vel restauranda libenter facere studeant, ut regula sanctimonialium propter censa vel exacta gravia pontificum vel ministrorum suorum inibi non neglegantur, sed ut a nobis constitutum est, ita omni tempore conservetur. Et posteros nostros qui in ordine pontificum in hac sede futuri sunt humiliter postulamus ut quod a nobis statutum

---

1. [Correction dans l'interligne, applicable aux deux textes, qui dans le manuscrit de M. Julien Havet sont disposés parallèlement, pour *degunt* (acte VII) et *degat* (acte VIII).]

luerint, ita et nostra conservent, ut liceat ibidem constitutis sanctimonialibus sub sancto ordine et sub regula conversare et pro nobis vel omni populo Domini misericordiam exorare. Et ut hic scriptus ad invicem privilegii futuris temporibus habeatur, Monemus ut sanctum ordinem custodiant et omni tempore sancte et regulariter in Dei nomine inibi resideant et assidue lectionibus vel sanctis meditationibus et orationibus vacent. Rogamus [1] ergo ac contestamus coram Deo et angelis ejus omnes reges, principes, potestates, dominationes, consules, proceres sive comites atque cunctos potentes et nobiles seu procuratores ut hoc privilegium a nobis consensum per eorum ac consacerdotum nostrorum factum non frangant neque corrumpant aut quomodo violent seu deluterent aut in aliquo modo corrumpant, sed ut sanctemoniales in predicto loco seu cenobio in amore Domini nostri Ihesu Xpisti et sancte Dei genitricis Marie quiete et regulariter absque ulla vexatione aut marritione securiter sancte vivere permittant.

Actum Cenomannis civitate in mense junio ann. VI regni domni nostri Hildeberti gloriosissimi regis.

In Xpisti nomine Aiglibertus acsi peccator episcopus subscripsi.
Thalusius abbas subscripsi.
Sarromalus subscripsi.

est ab illis non volvetur, et sicut institutiones eorum conservatas esse voluerint, ita et nostras conservent, ut liceat ibidem constitutis sanctimonialibus sub sancto ordine et sub regula conversare et pro nobis vel omni populo Domini misericordiam exorare. Et ut hic scriptus ad vicem privilegii futuris temporibus habeatur, monemus ut sanctum ordinem custodiant et omni tempore sancte et regulariter in Dei nomine inibi resideant et assidue lectionibus vel sanctis meditationibus et orationibus vacent. Rogamus [1] ergo ac contestamus coram Deo et angelis ejus omnes reges, principes, potestates, dominationes, consules, proceres sive comites atque cunctos potentes et nobiles seu procuratores ut hoc privilegium a nobis per consensum episcoporum ac consacerdotum nostrorum factum non frangant neque corrumpent aut quomodo violent seu deluderent aut in aliquo modo corrumpant, sed ut sanctemoniales in predicto loco seu cenobio in amore Domini nostri Ihesu Xpisti et sancte Dei genitricis Marie quiete ac regulariter absque ulla vexatione aut marritione secure et sancte vivere permittant.

---

1. [Sur cette formule, voir ci-dessus, p. 395, n. 2.]

Ursus nomine non opere presbiter subscripsi.

In Xpisti nomine Bertoaldus abbas subscripsi.

In Xpisti nomine Lundulfus archidiaconus subscripsi.

Demicione diaconus subscripsi.

Maurentinus jubente domino meo subscripsi.

Ego Bertigeselus peccator jubente domino meo scripsi et subscripsi.

Unde [1] domnorum episcoporum et metropolitanorum artium sedes tenentium suffragia possimus [2] ut adhibeant mercedem et hoc sanctum privilegium cum societate beatitudinis et consentire atque adfirmare una nobiscum non dedignentur.

Iterum vos domnos pontifices humiliter deprecor ut hoc privilegium a me factum vestris manibus roborare et subscribere caritatis causa atque benivolentia dignemini. In Xpisti nomine Aiglibertus acsi peccator episcopus hoc privilegium devotissime a me factum libenter subscripsi.

Hilbertus [3] etsi peccator episcopus hoc privilegium subscripsi.

Landebertus gratia Dei episcopus hoc privilegium subscripsi.

In Xpisti nomine Landobertus acsi peccator episcopus hoc privilegium subscripsi.

In Xpisti nomine Blidramnus acsi peccator episcopus hoc privilegium subscripsi.

Gosenus peccator episcopus hoc privilegium subscripsi.

In Dei nomine Prothasius acsi

---

1. [Sur cette clause, voir ci-dessus, p. 396.]
2. [Sic pour *poscimus*; ci-dessus, p. 396.]
3. [Sur cette souscription et les suivantes, voir ci-dessus, p. 397-398.]

peccator episcopus hoc privilegium subscripsi.

In Xpisti nomine Datbertus acsi peccator episcopus hoc privilegium subscripsi.

Opidus acsi peccator episcopus hoc privilegium subscripsi.

In Xpisti nomine Herlingus acsi peccator episcopus hoc privilegium subscripsi.

In Xpisti nomine Berarius acsi peccator episcopus subscripsi.

In Xpisti nomine Aiglibertus acsi peccator episcopus hoc privilegio subscripsi.

In Xpisti nomine Aclaldus acsi peccator episcopus subscripsi.

Rigobertus peccator episcopus hoc privilegium subscripsi.

In Xpisti nomine Adalbertus peccator episcopus hoc privilegium subscripsi.

Abbo misericordia Dei episcopus subscripsi.

In Xpisti nomine Hermenarius peccator episcopus subscripsi.

In Xpisti nomine Vindilianus acsi peccator episcopus hoc privilegium subscripsi.

In Xpisti nomine Burgoardus acsi peccator episcopus hoc privilegium subscripsi.

In Xpisti nomine Aquilinus acsi peccator episcopus hoc privilegium subscripsi.

Theodefredus acsi peccator episcopus hoc privilegium subscripsi.

In Xpisti nomine Frambertus episcopus hoc privilegium subscripsi.

Ondingus episcopus subscripsi.

Berulfus episcopus hoc privilegium subscripsi.

Hadegarius acsi peccator episcopus hoc privilegium subscripsi.

Theodegarius acsi peccator episcopus hoc privilegium subscripsi.

In Xpisti nomine Autsmus [1] acsi peccator episcopus subscripsi.

In Xpisti nomine Erleharius acsi peccator episcopus subscripsi.

In Dei nomine Havingis acsi peccator episcopus hoc privilegium subscripsi.

In Xpisti nomine Clemens episcopus hoc privilegium subscripsi.

In Xpisti nomine Raganteus acsi peccator episcopus hoc privilegium subscripsi.

Hodoaldus peccator episcopus hoc privilegium subscripsi.

In Dei nomine Winichariis abbas subscripsi.

In Dei nomine Hadoindus archidiaconus subscripsi.

In Dei nomine Sado Xpisti humilis subscripsi.

Actum Cenomannis civitate in mense junio anno XI regnante domno Theodorico gloriosissimo rege.

Ego Bodolenus emmanuensis subscripsi.

[IX].

THEODERICI PRO AIGLIBERTO DE S. MARIA.

[Mercredi 5 mars 676.]

[Voir ci-dessus, p. 401 et suiv.]
Cod. Cenom. 224, fol. 63 v°.

Theodericus rex Francorum vir[is] i[n]lust[ribus] [2].
Si [3] peticionibus sacerdotum, quod et ad eorum oportunitatem

---

1. [Dans l'interligne : *ou Autsinus*. En marge : *autsm*⁹.]
2. [Corr. pour *vir illuster* : ci-dessus, p. 402.]
3. [Sur cet exorde, voir ci-dessus, p. 402.]

pertinet, libenter prestamus augmentum, regi[am][1] in hoc exercemus consuetudinem et hoc nobis ad laudem vel ad salutem aeternam et stabilitatem regni nostri in Dei nomine pertinere confidimus. Igitur apostolicus vir domnus Aiglibertus Cenomannice urbis episcopus missa peticione clementie regni nostri credidit subgerendum, ut[2] *constitutionem quam propter amorem Dei et elemosinam nostram constituerat per consensum conprovincialium episcoporum sive consacerdotum ac canonicorum, suorum in*[3] *monasterio sancte Dei genitricis Marie quod est constructum intra fluvium Sarte et murum civitatis, tam extra murum quam et infra ipsius civitatis munitionem, quod ad matrem aecclesię sancte Marię et sancti Gervasii et Prothasii, cui preesse videtur, jure aecclesiastico pertinet, et per scriptionis firmitatem predecessorum suorum temporibus sub censu firmiter et legaliter delegatum esse cognoscitur,* postulavit ut firmitatis causa nostra regali confirmetur censura. Cujus peticioni nos assensum prebentes et eandem suam constitutionem nostra auctoritate confirmantes hoc preceptum fieri jussimus, et per hanc auctoritatis nostre inscriptionem percipimus ut, sicut a predicto venerabili et apostolico viro Aigliberto Cenomannice urbis episcopo est constitutum vel sicut in ejus continetur script[o, ita][4] *deinceps nostris et futuris temporibus sub*[5] *jure et dominatione prefate Cenomannice senioris urbis aecclesię sanctemonialibus inibi degentibus et pauperibus ac peregrinis stipendiarie*[6], *disponente atque ordinante prefate urbis episcopo ac decessoribus suis et abbatisse quam ipse sive successores sui in eodem monasterio constituerunt, sub*[7] *regula existant ac regulariter vivant et plena eis regula conservetur.* Et res ad predictum monasterium pertinentes monemus ut[8] *neque nos neque successores nostri aut qualibet expetentibus vel exactoribus prefati regni auferre aut alienare a jure et dominatione jamdicte matris Cenomannice urbis aecclesię aut propter benivolentiam vel leviorationem seu servicii prefratres domini et*[9] *apostolici viri Aiglibertus episcopus aliqua succedat occasionem, aut quali[bet]*[9] *caliditate vel malo injenio machinetur, ut a juga prefate aecclesie ex hac nostra benivolentia ipsum monasteriolum auferatur vel alienatur sive aliquo modo subtrahatur, sed in jure et potestate sepedicte matris aecclesię aut pontificum inibi Deo degentium presentibus atque futuris permaneat temporibus neque aliquo modo quicquam auferre vel preterire presumat;* sed prefati episcopi constitutionem sicut ab illo constitutum et a nobis confirmatum est per diuturna

---

1. [L'autographe de M. Julien Havet donne *regiest*, avec s formée par retouche, barré et suivi d'un *regiest* très lisible. Pour la correction, voir ci-dessus, p. 402.]
2. [Sur tout le morceau en italique, voir ci-dessus, p. 404-405.]
3. [Sur ce qui suit, voir ci-dessus, p. 406.]
4. [Correction pour *scriptatam*. Voir ci-dessus, p. 404.]
5. [Sur *sub jure... aecclesię*, voir ci-dessus, p. 406.]
6. [Sur *stipendiarie*, voir ci-dessus, p. 403-405.]
7. [Sur *sub regula... conservetur*, voir ci-dessus, p. 407.]
8. [Sur ce qui suit, voir ci-dessus, p. 406.]
9. [Correction pour *qualiter*. Voir ci-dessus, p. 406.]

tempora inviolabiliter in augmentum sancte Dei aecclesie et inconvulse omnes reges et principes vel exactores regni persistere aut permanaere sive perdurare omni tempore permaneat [1]. Et ut hęc preceptio firmior habeatur vel per diuturna tempora a nobis vel a successoribus nostris in melius conservetur, nostris subscriptionibus decrevimus roborare.

In Xpisti nomine Theodericus rex [subs.] [2]

Audofredus jussu[s optolit] [3].

Datum quod fecit mensis mr. v ann. regni nostri III in Conpendii palacio nostro [in Dei] [4] nomine feliciter.

[X.]

THEODORICI PRO AIGLIBERTO DE THUSPHIACO.

(*Genuinum v. K. Pertz*).

[Jeudi 6 déc. 675.]

[Voir ci-dessus, p. 408 et suiv.]
Cod. Cenom. 224, fol. 62.

Theodericus rex Francorum vir[is] i[n]lust[ribus] [5].

In hoc semper regalis celsitudo debet prospicere ut quodcumque contra Dei decretum vel instituta patrum fuit actum, debeat esse restauratum. Ideoque ad aures clementię nostrę fuit patefactum eo quod Ulphaldus et Ingobertus [6] obtimates nostri illustri Deo sacrata Adidola abbatissa seu et genitrice sua Ingane, quę in monasterio puellarum, quod in honore sanctę Marie vel ceterorum domnorum in loco nuncupante [T]husphiaco [7] constructum, una cum turba plurima monacharum sub sancta regula conversare videntur, vel ipsa congregatione, tale [8] testamentum facere coegisset, ut quodcumque predicti viri ad ipsas ancillas Dei facere ordinabant, aliud nullatenus pontificium faciendi haberent, nisi presentaliter in perpetuum ut omni tempore jussionem de qualibet causa facere et adimplere deberent. Et contra vero asserebat vir apostolicus Aiglibertus

---

1. [Sur cette fin de phrase, voir ci-dessus, p. 405.]
2. [Corr. pour *feliciter* : ci-dessus, p. 402.]
3. [Corr. pour *jussu subscripsi* : ci-dessus, p. 402-403.]
4. [Corr. pour *hu* : ci-dessus, p. 403.]
5. [Corr. pour *vir illuster*. Ci-dessus, p. 402.]
6. [Sur Ingobert, voir ci-dessus, p. 411.]
7. chusphiaco*C*. [Voir ci-dessus, p. 408.]
8. [Sur ce qui suit, voir ci-dessus, p. 408-409.]

Cenomannice urbis episcopus quod predictum monasterium suę *sedis* [1] aecclesię esse deberet, et Loppa Deo sacrata relicta videlicet Egigni illud ibidem legibus tradidisset, ostendensque nobis strumenta cartarum, quę predicta Loppa de jamdicto monasterio Cenomannice matris aecclesię perpetualiter tenendum et aecclesiastice dominandum ac possidendum f[ec]erit [2], quę et ante nos rel[e]cta [3] et ad probata a memorato Achilberto *et a suis ministris* sunt legibus evindicata, etiam hoc ab eo *et a suis ministris* [4] legibus adprobatum, in conspectu nostro et procerum ac fidelium nostrorum, quod jamdictum monasterium in jus et potestatem suę *sedis* [5] aecclesię presentibus et futuris temporibus juste ac legibus debeat permanere. Quam ob causam peciit clementiam nostram memoratus pontifex ut quod tam manifestis indiciis declaratur, nostra assensione immo actoritate rōboretur [6], cujus peticionibus pro amore Dei et ejusdem sancti loci aurem accommodamus, et hanc preceptionem eis suisque per tempora successoribus, jamdicte sanctę congregationis fieri ac dari jussimus, ut firmius futuris temporibus omni scilicet remota questione tam predictorum virorum quam et cujuslibet persone *memorata Cenomannica mater aecclesia* [7], *quę est constructa et dedicata in honore sancte Marie et postea inmajorata in sanctorum martirum Gervasii et Prothasii* [8], *ejusque pontifices atque rectores, sepedictum* [9] *monasterium cum omnibus ad se pertinentibus vel aspitientibus tenere et aecclesiastice valeat per tempora possidendo* gubernare. Sed dum nos una cum consensu pontificum vel optimatum nostrorum, quod hęc causa vel ipsa carta contra Dei decretum vel instituta patrum aut normam regule ferat actum, *dum sub ditione et regimine predicti pontificis* [10], *cui jamdictum monasterium ut prescriptum est et suę sedis* [11] *aecclesię, legibus pertinet, quod et a nobis enucleat[i]m* [12] *est perscruta[t]um* [13], *et prefixe monache* [14] *quiete in ipso monasterio vel predicta congregatione sub potestate et dominatione antedicti pontificis* [15] *degere debeant*, ideoque presenti preceptione decernimus, et omnino jubemus, ut si ullo umquam tempore ipsa carta aut alius qualiscunque

---

1. [Expression suspecte ; ci-dessus, p. 410.]
2. [Correction indiquée dans l'interligne pour *fuerit*.]
3. [Correction indiquée dans l'interligne pour *relicta*.]
4. [En marge : « et suis ministris » interpolationem olet.]
5. [Ci-dessus, n. 1.]
6. [Sur cette faute de prosodie, voir ci-dessus, p. 316, n. 1.]
7. [Expression suspecte : ci-dessus, p. 410.]
8. [Suspect pour le fond : ci-dessus, p. 410.]
9. [Expression suspecte : ci-dessus, p. 410.]
10. [Suspect pour le fond : ci-dessus, p. 410.]
11. [Ci-dessus, n. 1.]
12. [Correction indiquée dans l'interligne pour *enucleatum*. Ci-dessus, p. 410.]
13. [Corr. pour *perscrutandum*. Ci-dessus, p. 410.]
14. [Expression suspecte : ci-dessus, p. 410.]
15. [Suspect pour le fond : ci-dessus, p. 410.]

strumentus, de nomine predictorum virorum, contra predictum pontificem vel ejus abbatissa nomine Odilane vel genitrice sua Ingane vel [ipsam congregationem predicti monasterii proferebantur, vacuas et inanis permanirent et nullum sortirentur effectum, sed predicta abbatissa vel[1]] ipsa congregatio omni tempore absque cujuslibet impedimento vel supradictorum virorum, quietas in ipso monasterio sito in pago Cenomannico [T]husphiaco[2] constructo debeant residere vel sub sancta regula ibidem conversare, et pro statu aecclesię et salute patrie seu pro stabilitate regni nostri perhenniter ibidem debeant exorare. Et ut hęc auctoritas firmior habeatur, et in omnibus et ab omnibus conservetur, manus nostre subscriptionibus subter eam decrevimus roborare.

In Xpisti nomine Theodericus rex subscripsi.

Gundinus jussus obtulit[3].

Datum quod fecit mense decbr. d. vi. ann. III regni nostri Compendio in palacio nostro in Dei nomine feliciter amen.

[XI.]

BERARII PRO HERLEMUNDO DE CALADUNNO[4].

Genuinum.

710 octobr. 21 fer. III.

[Voir ci-dessus, p. 411 et suiv.]
Cod. Cenom. 224, fol. 66 r°.

In nomine Patris et Filii et Spiritus sancti.

Cum divinitate propicia dono Dei acsi indignus ego Berarius[5] vocor

---

1. [Bourdon du copiste. Sur la partie du texte rétablie entre crochets, voir ci-dessus, p. 409-410.]
2. [Corr. pour *Chusphiaco* : p. 408.]
3. [*C* donne en plus *et subscripsit* : ci-dessus, p. 440.]
4. [Autre titre rédigé par M. Julien Havet, mais, à ce qu'il semble, antérieurement : *Berarii [episcopi Redonensis] pro Chrodegario et Herlemundo episcopo de Caladunno*. — La copie de cette pièce est précédée des extraits suivants : « 224, fol. 66 r° : Exemplar testamenti quod Berarius nobilis Cenomannice urbis episcopus de monasteriolo Caledon sancte Cenomannice matris aecclesię suo in tempore fecit, quod ideo in his gestis pontificalibus inserere placuit... » « 224, fol. 65 v°, col. 2, dernières lignes : Amen. In fine itaque hujus parve ejus commemorationis id est Herlemundi predicti episcopi in comparatione magnorum quę egit. (Aucun signe matériel de lacune.) »]
5. [Sur *Berarius*, probablement évêque de Rennes, voir ci-dessus, p. 411-414.]

episcopus, deliberavi ut quicquid michi[1] Deus tam de propria parentum substantia quam et nostra utiliter conquirere vel attrahere usque nunc potuimus, aut in antea auxiliante Deo attrahere potuerimus, unde testamentum [ad][2] Caladunno[3] monasterio, quod nostro opere aedificavimus, de omnibus rebus nostris, quod est in pago Cenomannico constructum in condita Diablentica in honore sancte Marie et sancti Petri constructum, ubi Cagliberta abbatissa preesse videtur, prope[4] illas abbatias vel beneficia que de ratione sancti Gervasii in beneficio habeamus[5], hoc sunt Busogilo monasterio cum appendiciis suis, Prisco Siccino monasterio, Diablentis[6] illo monasterio sancti Martini, et cella sancti Victuri[7] que est infra murum Cenomannis civitate constructa,

hec loca superius nominata cum omnibus adjacentiis vel appendiciis earum et alia loca que pro beneficio aecclesie tenemus, Bisigario, Patriniaco et Munto, sicut diximus, propter ista loca que ad Caladunno non firmavimus, nos quoque omnibus rebus nostris hoc plena et integra voluntate ad monasterium prefatum ad Caladunno ejusque congregationi in Dei nomine consistenti firmavi et firmatum in perpetuum esse volo, undecumque nostrum testamentum loquitur vel nostra videtur esse possessio, ad prefatum monasterium ad Caladunno volo esse firmatum atque concessum. Ea ratione dum cognitum est quod vir illuster Grodegario[8] dux de inferendis vel undicunque juvamen nobis prestare[9] non cessat, vel adjutorium tam nobis quam ipsi case facit et in antea facere disponit, convenit nobis ut filia sua Godilde[10] in ipso monasterio superius nominato pro hujus merito post discessum ipsius Caglibertene instituere vel confirmare deberemus abbatissam, quod et ita fecimus, ut tempore vite sue, quamdiu ei Deus spacium dederit, secundum Deum et sanctam regulam tempore vite sue in ipso monasterio abbatissa esse debeat et sub regimine ipsius domni Berarii quamdiu advivit et neque nos neque successores nostri nec ullus quislibet quamdiu ipsa advivit de ipsa abbatia vel de ipso monasterio hec dismanandum nec distrahandum[11] ad hoc faciendum non

---

1. [Dans le manuscrit de M. Julien Havet, les lettres *ich* de *michi* sont soulignées ; il a marqué ainsi les lettres restituées par lui dans la solution d'une abréviation.]
2. [Correction indiquée dans l'interligne pour *et*.]
3. [Sur Châlons, voir ci-dessus, p. 414.]
4. [Dans l'interligne : « intell. *praeter*. » Ci-dessus, p. 414, n. 1.]
5. [Sur cette phrase, voir ci-dessus, p. 412.]
6. [Jublains : ci-dessus, p. 412, 413.]
7. [Saint-Victur au Mans : ci-dessus, p. 412.]
8. [Sur *Grodegario* ou *Crodegarius*, voir ci-dessus, p. 414.]
9. [La leçon du manuscrit est indiquée dans l'interligne : *pr'are*; *est* est souligné dans la copie de M. Havet ; voyez ci-dessus n. 1.]
10. [Chrodëilde, fille de Crodégaire : ci-dessus, p. 414.]
11. [*Sic* dans l'autographe de l'auteur ; cf. p. 442, l. 14-15.]

habeat pontificium. Et convenit nobis ut post nostrum discessum domnus Herlemundus [1] aut alius pontifex Cenomannice ad ipsum monasterium in manu regendum vel gubernandum aut abbatissam post discessum memorate Chrodeilde intromittendo, ut in finem super eorum ordo custodiatur et perhenniter conservetur. Quia dum cognitum est quod domnus Herlemundus abbatias vel beneficialia aecclesiastica superius nominate, etiam ad diem presentem nobis Canariago ad usum beneficiorum dedit [vel] [2] tanta beneficia nobis concessit, pro hujus merito convenit nobis sicut superius nominatas [3] diximus ut ipsum monasterium Caladunno post nostrum discessum ipse pontifex aut successores sui ad regendum vel gubernandum, sicut et alia monasteria que dum in sua parrochia habent privilegia, ita et in ipso habeat pontificium, ut dum advivimus ipsa beneficia abbati[asque] [4] de ipsum monasterium [5] in altero manus non habeamus pontificium nec distrahandum nec commendandum, nisi sicut diximus semper sub regimen sancti Gervasii ejusque pontificis post nostrum discessum esse debeat, ut illa beneficia superius nominata quae pro beneficio domno Herlemundo vel aecclesie sue vel aliorum tenemus, post nostrum discessum cum omni re immeliorata absque ullius segregatione ipse pontifex aut successores sui a partibus aecclesie sancti Gervasii in eorum faciant revocare dominationem vel potestatem. Et convenit nobis ut nullus ex nobis de hac convenientia quod superius comprehensum nullus contra pares pro qualibet ingeniositate articulum emutare non possit; qui hoc fecerit aut contra parem suum calumpniator adsisterit, quantum et alia tantum quantum res ipsas eo tempore immelioratas vadere videntur, tam Crodegarius quam et domnus Herlemundus vel domnus Berarius, qui contra hoc emutare voluerit, teneatur obnoxius, et quod repetit nichil vindicet; sed present[er t]res [6] epistolas uno tenore conscriptas, una quam domnus Heslemundus in archa aecclesie sue pro se retineat, et alia quam domnus Berarius in monasterio suo habeat, et tercia quam vir illuster Crodegarius ad opus filie sue Crodehilde habere debeat, quam vero manus eorum inter se has epistolas tam ipsi vel concivibus suis visi fuimus confirmasse.

Actum Marogilo villa [7] in anno XVI regnante domino Childeberto rege nostro, xii kl. novb.

In Xpisti nomine Berarius episcopus hanc epistolam a me factam subscripsi.

1. [*Herlemundus*, évêque du Mans : ci-dessus, p. 411-412 et 413.]
2. [Correction indiquée dans l'interligne pour *deditum*.]
3. [Au-dessous de *nominatas*, des parenthèses destinées à enfermer une annotation qui n'a pas été écrite.]
4. [Correction indiquée dans l'interligne pour *abbatissa*.]
5. [*Ipsum monasterium*. Sous chacun de ces deux mots : « corrigé en *o*. »]
6. [Correction indiquée dans l'interligne pour *presentares*.]
7. [Mareil-en-Champagne (Sarthe)? Ci-dessus, p. 411.]

[XII.]

HERLEMUNDI PRO S. AUDOENO.

Genuinum.

? 713 *jan.* 1 (?)

[Voir ci-dessus, p. 414 et suiv.]
Cod. Cenom. 224, fol. 67 v° : « Sequitur exemplar testamenti ejusdem domni Herlemundi quod fecit sinadochio sancti Audoeni juxta urbem quod a novo fundavit et ex quibus rebus illud dotavit, et qualiter monachos ibibi instituit, sicut in eo habetur insertum, quod supradicto pretextu et hic inserere libuit :

¹ In Dei nomine Herlemundus ² acsi peccator episcopus dominum ut precor et supplico gratiam vestram ³. Dum ego oratorium in honore sancti Audoeni ⁴ episcopi et confessoris prope de muro Cenomannis civitate construximus, et ibidem Seufredum presbiterum instituimus esse rectorem, et monacolos ⁵ sub sancto ordine consistentes constituimus, et pauperes vel hospites et peregrinos omni tempore pro mercede nostra communi supervenientes suscipere eis juxta possibilitatem ipsius loci precepimus, sed dum ante dies aliquid de rebus nostris quas nobis Deus dedit, etiam et de rebus aecclesie sancti Gervasii ad ipsum oratorium concessimus et adfirmavimus, et ad presens oportebat ut ipsi monacoli, vel pauperes ibidem conversantes, substantiam minime habebant unde expleto alimenta vel vestimenta habere deberent : ideo nos pro Dei instuitu pertractantes, una cum consensu confratrum vel concivium nostrorum seu et fidelium laicorum, convenit nobis ut vico ⁶ aliquo qui vocatur Artinis super alveum Liddo constructum et villa nuncupante Proliaco seu et Pensire in pago Cenomannico, quem Bertocarius sacerdos ⁷ usque nunc tempore per nostrum

---

1. [Avant *in Dei nomine*, le manuscrit porte : *Dagobertus rex Francorum vir illuster. Pipinus major domus*. Sur les raisons qu'on a de les supprimer et sur la façon dont ils ont pu s'introduire dans le texte, voir ci-dessus, p. 415.]
2. [Sur Herlemond, évêque du Mans, voir ci-dessus, p. 411-412, 413.]
3. [Sur ces mots, voir ci-dessus, p. 415, n. 4.]
4. [Saint-Ouen du Mans : ci-dessus, p. 414.]
5. *monacl'os* codex. [L'*o* intercalé entre *c* et *l* est souligné dans l'autographe.]
6. [Sur ce qui suit, voir ci-dessus, p. 413-414.]
7. [Dans l'autographe, *a, er, o*, lettres restituées, sont soulignées.]

beneficium tenuit, cum omni integritate ad ipsum vicum pertinentem vel aspicientem, hoc est tam terris, mansis, casis, aedificiis, accolabus, mancipiis, lidis, ministeriales, vineis, silvis, pratis et pascuis, aquis aquarumve discursibus, mobilibus et immobilibus, peccuniis, peculiis utriusque sexus, quadrupedum presidium vel omni suppellectili quod ars humana dicit aut nominare potest, omnia inexquisita a die presenti ad sacrum predictum oratorium seu ad luminaria ipsius loci jamdicti vel ministris a nobis constitutis atque monacolis ibidem sub sancta regula consistentibus plena gratia concedere deberemus; quod annuente domino et seniore nostro Pipino majore domus fecisse non dubium est. Ita ut dum et nos perpensamus quod in supra memorato vico Artinis nec monachi nec pauperes seu hospites ad consolationem preparandum non habebant, ita et admodum sicut jam supradictum est ipsum vicum Artinis cum omni integritate vel loca ibidem aspiciente vel pertinente ad ipsum oratorium sancti Audoeni vel ipsis fratribus consolandis, seu lumen ipsorum sanctorum procurandis volumus esse concessum atque indultum, ut rectores seu congregacio ipsius monasterii vel pauperum pro nobis pio [1] Domino oblaciones et hostias ac precces quam pro me quam principe nostro Pipino seu et pro stabilitate regum et prolis eorum fungant oraculis, ut diximus, tempore vite nostre seuque successorum nostrorum prefatus vicus Artinus ad supra scriptum oratorium sancti Audoeni ad luminaria vel stipendia ipsorum monachorum vel pauperum absque ullius obstaculis perannis [2] temporibus proficiat in augmentum, ut ab hodierna die res superius nominate nullo alio loco impendant servitium, nisi partibus predicti oratorii sancti Audoeni ejusque mona[colis] [3] seu rectoribus ibidem consistentibus, *sub jure ac potestate sanctorum martirum Gervasii et Prothasii* [4], diu[tu]rno [5] tempore valeant perdurare. Nos vero humiliter deprecantes, successoribus vel patribus nostris qui post nos venturi erunt flebili voce et cum jurejurando dicimus et per Trinitatem inseparabilem conjurare presumimus,

ut haec voluntas et facta nostra ab ipsis inviolabiliter e[vi]s [6] temporibus conservetur, et semper consolationem vel juvamen pro [eo]rum [7] mercede ad ipsum sanctum locum propter Deum et reverentiam ipsius sancti sanctorum monacholis vel pauperibus pretendere debeant, et de suprascripto vico jamdicto oratori [8] ejusque ministris expoliare non debeant. Illud nobis placuit inserere quod futurum esse non arbitror,

1. *Sic.*
2. Corr. en *per annos.*
3. [Correction indiquée dans l'interligne pour *monasterii*.]
4. [Sur cette incise suspecte, voir ci-dessus, p. 415.]
5. [Correction indiquée dans l'interligne pour *diurno*.]
6. [Correction indiquée dans l'interligne pour *ejus*. Ci-dessus, p. 415.]
7. [Correction indiquée dans l'interligne pour *procerum*.]
8. Corr. en *-rio.*

si que ulla de parte aecclesię nostre sancti Gervasii et Prothasii Cenomannice vel quelibet persona qui contra hanc concessionem venire, impulsare aut irrumpere temptaverit et sese non corrigerit, primitus iram Dei incurrat et a liminibus omnium aecclesiarum sanctarum efficiatur extraneus, et hęc voluntas in perpetuum valeat permanere illesa. Quam vero concessionem ut firmiorem obtineat vigorem, manu propria subter firmavimus et fratrum nostrorum roborare rogavimus.

Iu Xpisti nomine Herlemundus acsi peccator episcopus hanc concessionem a me factam subscripsi.

Tharmerus archidiaconus subscripsi.
Landrobertus subscripsi.
Signum Ursino.
Warnobertus subscripsi.
Dido subscripsi.
Leodio subscripsi.
Carothgisus subscripsi.
In Dei nomen Chaldricus abbas [1] subscripsi.
Signum Baldefredi.
Teodobaldus subscripsi.
Bertholacus presbiter subscripsi.
In Dei nomen Giso subscripsi.
Landiens scripsi et subscripsi.

Data [2] die jovis [3] kl. januarias anno II regni nostri Lupila [4] in Dei nomen.

1. [Les deux dernières lettres restituées par l'auteur sont soulignées dans son autographe.]
2. [Sur la date, voir ci-dessus, p. 415-416.]
3. [*Die jovis* est suspect : ci-dessus, p. 416.]
4. [Sur *Lupila*, voir ci-dessus, p. 416.]

ADDITIONS ET CORRECTIONS

Page 15, ligne 18. Addition marginale au crayon : « D'ailleurs, selon l'hypothèse très séduisante de M. d'Arb. de Jub., le blanc qui se remarque après *v. inl.* était destiné à écrire les noms des destinataires : mais on a omis de le remplir. »

Page 16, ligne 6. Addition marginale au crayon : « Plus j'y pense, plus je me convaincs que ceci est la vérité, et le vrai nœud de la question. »

Page 17, texte, ligne 2 du bas. Addition marginale au crayon : « et comme le développe excellemment M. F. de C. »

Page 242, note 1. Une fiche retrouvée parmi les papiers de l'auteur porte ceci : « Thierry IV. Avènement. A mon raisonnement Q. mérov. V, p. 58, il faut substituer : 1° et 2° (comme dans la Q. m.); 3° d'après Pardessus, II, p. 355, le 13 mai 728 fut dans la 8ᵉ année de Th., donc le 13 mai 721 dans la 1ʳᵉ. Donc : avènement 21 mars — 13 mai 721. »

Page 276, ligne 10. M. l'abbé Duchesne déclare n'avoir pas émis l'opinion qui lui est attribuée.

Page 317, ligne 2 : colonica. Lire : coloneca.

TABLE ALPHABÉTIQUE

Abbo, évêque, p. 398.
Aciaco (Assé-le-Bérenger), p. 423.
Aclaldus (Ageradus ou Aidradus), évêque, p. 398.
Actus pontificum Cenomanensium, p. 109, 272, 273, 318; les chartes des Actus pontificum, p. 363.
Ada, abbesse de N.-D. du Mans, p. 394, 400.
Adalbertus, évêque, p. 398.
Adalgrimus, référendaire, p. 368.
Adalgyse, abbé de Saint-Calais, p. 174.
Adogrimus : voir Adalgrimus.
Adrehilde, abbesse de N.-D. du Mans, p. 394, 400.
Aegyna (Aegynarus), duc, p. 240.
Agathéus, comte et évêque usurpateur, p. 412.
Ageradus, évêque, p. 398.
Agolenus, Agosenus, évêque, p. 397-398.
Agratus, évêque de Vienne, p. 397.
Aidradus, évêque, p. 398.
Aiglibert, évêque du Mans, p. 336; chartes de cet évêque, p. 271, 394, 429, 430, 436, 438.
Aiglibert, évêque d'Angers, p. 398.
Aigulfus, abbé de Saint-Denis, p. 264.
Alaric II, roi des Visigoths, p. 26.
Albigny (Rhône), p. 57.
Alboin, abbé de Saint-Calais, p. 176.

Aldramnus, p. 272.
Aldric, évêque du Mans, p. 110, 275.
Almir (Vie de saint), p. 359.
alter ab undecimo, p. 145.
Amboise (Indre-et-Loire), p. 53, 57.
amen inconnu à la diplomatique mérovingienne, p. 123.
Amito, évêque usurpateur, p. 412.
Anastase II (st), pape, p. 20, 56, 69.
Anisola, Aninsula : voir Saint-Calais.
Anisola (l'Anille, affluent de la Braye), p. 157.
années du règne (compte des), p. 92.
Aquilinus, évêque, p. 398.
Aquitaine (l'), p. 205.
Arbigny (Albigny), p. 57.
archiepiscopus, p. 397.
Ardunum, p. 271, 272.
Arles (église d'), p. 56.
Assé-le-Bérenger, p. 423.
Aubedo, fils de Berthaire, p. 240.
Audégisèle, p. 231.
Augustin (manuscrit de saint), écrit à Luxeuil, p. 91.
Austrasie (l'), p. 205.
Aviénus, consul en 501, p. 71.
Avit (saint), évêque de Vienne, p. 54, 70.
Avit (Vie de saint), de Micy, p. 108.

Bacio superiore (Bézu-la-Forêt, Eure), p. 269.

Bacio supteriore (Bézu-le-Long, ou Bézu-Saint-Éloy, Eure), p. 269.
Badégisil, évêque du Mans, p. 377.
Baliavenses (Baillou, Loir-et-Cher), p. 158.
Baltrude (Vaulbautru ou Vilbautru, Sarthe), p. 157.
basilica, p. 199.
Bas-Rossay (le), Sarthe, p. 157.
Batiffol (M. l'abbé Pierre), p. 83.
Baudomerus (*Audomarus*), évêque, p. 239.
Beauvaisis (le), p. 234.
Beracharius (*Berarius*), évêque, p. 271, 272, 398, 412, 440.
Berarius, évêque, p. 398, 411, 412.
Berfay (Sarthe), p. 158.
Berny (Aisne), p. 207.
Berofacium (Berfay, Sarthe), p. 158.
Berthenay (Indre-et-Loire), p. 25, 32.
Bertiniaco (Berthenay), p. 32.
Bertrand (saint), évêque du Mans, p. 27, 32, 272, 376.
Bertus, évêque de Tours, p. 397.
Berulfus (*Serulfus*), évêque, p. 398.
Bézu : voir *Bacio*.
Blidramnus, évêque, p. 397.
Bondonnet (dom Jean), p. 401.
Boniface, arien, p. 51.
Bonneuil (Seine ou Seine-et-Oise), p. 150, 179 ; concile de Bonneuil, p. 111, 149, 179.
Bresslau (M.), p. 13 et suiv.
Bria (La Braye, affluent du Loir), p. 156.
Brivas (Brives, Sarthe), p. 418.
Brodulfe, p. 234.
Buxsito, nom de lieu, p. 269.

Caladunnum : voir Châlons (Mayenne).
Calais (*Vie* de saint), p. 107 ; prétendue donation de Childebert à saint Calais, p. 120, 156.
Camliacense (Chambly, Oise), p. 234.

Campaniacus (Champagné, Sarthe), p. 337.
Canasverolas, p. 272.
Canonno (Coulongé, Sarthe), p. 421.
Captunaco, nom de lieu, p. 369.
Carilefus : voir Calais (saint).
Carloman (diplômes de), roi des Francs, p. 8, 128.
carmina Cenomanensia, p. 284.
Casa Gaiani, nom de lieu, p. 108, 123.
Catulla, dame romaine, p. 214.
Catulliacensis vicus, p. 192, 210.
Châlons (*Caladunnum*, Mayenne); diplôme de ce monastère, p. 407, 411, 440.
Chambly (Oise), p. 234.
Champagne (Sarthe), p. 357.
Charivius, p. 272.
Charlemagne, p. 10, 142, 145, 147, 168 ; diplômes de Charlemagne, p. 8, 143-148, 169-173.
Charles, fils aîné de Charlemagne, p. 143, 147, 171.
Charles le Chauve, p. 111, 183, 185, 187, 293 ; compte des années de son règne, p. 149 ; diplômes de Charles le Chauve, p. 149, 177, 178.
Charles Martel (acte de), p. 252.
Chaubedo (Aubedo), fils de Berthaire, p. 240.
Childebert Iᵉʳ, p. 96, 307 ; diplômes de ce roi, p. 11, 120, 125, 156, 159, 369.
Childebert II, p. 11, 17, 96, 106.
Childebert III (diplômes de) : 1° p. 120, 132, 141, 163 ; 2° p. 127 ; 3° p. 271.
Childéric II, p. 95, 98, 271.
Childéric III (diplômes de), p. 127, 272.
Childulfovilla : voir *Dulduifovilla*.
Chilpéric Iᵉʳ, p. 137, 208 ; diplômes de ce prince, p. 120, 125, 160.

Chilpéric II, p. 253; diplômes de ce roi, p. 10, 15, 127, 272.
Chlodoveus: voir Clovis III.
chorévêques (institution des), p. 331, 336.
Chrodéilde, fille du duc Crodégaire, p. 414, 441.
Chusphiaco: voir *Thusphiaco*.
Cipidus (Spay, Sarthe), p. 423.
civitas, p. 25, 36.
Clemens, évêque, p. 398.
clerus, p. 257.
Clichy-la-Garenne, p. 204-205, 236, 266.
Clippiaco, p. 92, 204.
Clotaire Ier, p. 307.
Clotaire II, p. 92, 93, 138, 198, 262, 392; diplômes de ce roi, p. 137, 226, 229, 258, 260, 369.
Clotaire III, p. 93, 101, 139; diplômes de ce roi, p. 139, 227, 248, 256, 409.
Clovis Ier, p. 1, 5, 20, 37, 52.
Clovis II (diplômes de), p. 6, 7, 139, 206, 236, 315; monogramme de ce roi, p. 135.
Clovis III (diplômes de), p. 120, 132, 162, 249, 269; l'orthographe *Chlodoveus*, p. 251.
Coldriciolus (Coudrecieux, Sarthe), p. 157.
colloque de Lyon, en 499, p. 20, 46.
Colomban (saint), p. 98.
Comitatus, p. 271.
concedere, p. 122.
confarréation, p. 43.
Corbie (abbaye de), p. 248.
Cormense (Cormes, Sarthe), p. 360.
Coudrecieux (Sarthe), p. 157.
Couptrain (Mayenne), p. 170.
Crodegarius, duc, p. 414, 441.
Curte Bosane (sans doute Courbesin, Mayenne), p. 170.
Curtleutachario (Vauleger ou Vauliger, Sarthe?), p. 157.

Dagobert, indûment nommé en tête d'un acte, p. 415, 443.
Dagobert Ier, p. 139, 193, 198, 256, 266; diplômes de ce roi, p. 6, 139, 255, 257, 264, 266; charte fausse, p. 226; les *Gesta Dagoberti regis*, p. 193, 195, 223.
Dagobert III (diplômes de), p. 120, 132, 141, 165, 272.
Daobercht, fils de Baddon, p. 226.
dare, p. 122.
date (place de la) dans les actes, p. 311-312; date du jour de la semaine, p. 416.
datum, p. 122, 253.
Daumer, abbé de Saint-Calais, p. 120, 159.
David, chorévêque du Mans, p. 336, 339, 403.
Décrétales (les Fausses), p. 331.
defensio, p. 126.
Denis (saint), p. 218; reliques de saint Denis, p. 191; fête de l'Invention de saint Denis, p. 204.
diplôme mérovingien (forme du), p. 4, 41.
Domnole (saint), évêque du Mans, p. 307, 374; chartes de lui, p. 317, 355, 417, 421; Vie de saint Domnole, p. 362.
donation d'Étrépagny, p. 247.
douaniers de Marseille, p. 10, 15.
Doudeauville (Eure), p. 269.
Douze-Apôtres (église des), au Mans, p. 356.
Drogon, évêque de Metz, p. 289.
Du Fossé (Pierre-Thomas, sieur), p. 34.
Duldulfovilla (Doudeauville, Eure), p. 270.

Ebretamno (Couptrain, Mayenne?), p. 170.
Ebroïn, abbé de Saint-Calais, p. 148, 173.

Éleuthère (saint), p. 221.
Eone (saint), évêque d'Arles, p. 55.
Erchinoald, maire du palais, p. 240.
Étienne, évêque de Lyon, p. 54, 55.
Étrépagny (Eure), p. 226, 228, 229, 247, 255, 256, 258, 264.
Eudes, évêque de Beauvais, p. 111, 113.
Euphrone (saint), évêque d'Autun, p. 22, 64.
Euspice (saint), p. 20, 37.
évêques du Mans (les actes des), p. 271.
evis (aevis), p. 415.

Fausses Décrétales (les), p. 331.
feliciter, p. 250.
Fons Varatum (ruisseau de Roudersas, Creuse), p. 232.
formulae Carpenterianae ou *imperiales*, p. 403.
Fortunat (*Passio* attribuée à tort à), p. 223.
Francon Ier, évêque du Mans, p. 111.
Francon II, évêque du Mans, p. 292.
Francorum rex pour *rex Francorum*, p. 42, 43.
Frodoin, abbé de Saint-Lomer, p. 188.

Gall, abbé de Saint-Calais, p. 120, 160.
Gauziolen, évêque du Mans, p. 272, 334.
Gaviriaco, p. 271.
Gélase Ier (lettre du pape), p. 20, 65.
Genealogia Karolorum, p. 89.
Geneviève (*Vie* de sainte), p. 209.
Gesta Aldrici, p. 109, 273, 275; les chartes des *Gesta Aldrici*, p. 295.
Gesta Dagoberti, p. 193, 195, 223.
Gesta pontificum ou *episcoporum Cenomanensium* : voyez *Actus*.

glebaticus, p. 31.
Godégisèle, frère de Gondebaud, p. 52.
Gondebaud, roi des Burgundes, p. 20, 46, 52.
Gondulfe, évêque de Metz, p. 289.
Gontran (diplôme du roi), p. 137.
Gosenus: voir *Agolenus*.
Gratus (*Grator*), évêque de Chalon-sur-Saône, p. 239.
Gres (Greez, Sarthe), p. 359.
Grodegarius, duc, p. 414, 441.
Gundanisolus (saint), évêque du Mans, p. 346.
Gundinus (*Gundoinus? Gunduinus ?*), référendaire, p. 410.

Hadoind, évêque du Mans, p. 272, 355.
Harégaire (donation d'), p. 378, 424.
Herlemond, évêque du Mans, p. 271, 272, 411, 440, 443.
Herlingus, évêque, p. 398.
Hermenarius, évêque, p. 398.
Herstal (Belgique, province de Liège), p. 166.
Hilaire (saint), pape, p. 20, 62.
Hilbertus (*Bertus*), évêque, p. 397.
Hildegarde, femme de Charlemagne, p. 145.
Hilduin, abbé de Saint-Denis, p. 212, 221.
hu nomine, faute de copiste, p. 403.
Huisne (l'), affluent de la Sarthe, p. 337.
Hunaldus, p. 271.

Ibbolen, abbé de Saint-Calais, p. 162, 163, 165.
Idonea (l'Huisne, affluent de la Sarthe), p. 337.
Ingobert, p. 411, 438.
Ingold (le R. P.), p. 89.
inluster vir, vir inluster, p. 1, 6,

13, 15, 16, 121, 251, 259; *illustri* par *ll*, p. 251.
Isidore (pseudo-), auteur des Fausses Décrétales, p. 331.
istaduoibius, faute de copiste, 261.
Istirpiniacum : voir Etrépagny.
Iticina en Parisis (Ursines, près Vélizy), p. 257.

Jarjavaly (Creuse), p. 231.
Jean, marchand, en 626, p. 229.
jour de la semaine, dans la date des actes, p. 416.
judex, « comte », p. 124.
Julien (saint), évêque du Mans, p. 350.
Jupila : voir *Lupila*.
jussus optolit, p. 402.
Juste (saint), p. 51, 54.
Justinien (innovations juridiques de), p. 28, 30.

Labrocinse (Lavardin, Loir-et-Cher?), p. 167.
La Chapelaude (Allier), p. 231.
Landebertus et *Landobertus*, évêques, p. 397.
Laudomerus (*Audomarus*) : voir Omer (saint).
Laurent (saint), p. 309.
Lavardin (Loir-et-Cher), p. 167.
Lefebvre (manuscrit de Nicolas), p. 116.
Léon IX (*Vie* du pape), p. 74.
Léonce (lettre de saint), évêque d'Arles, p. 20, 61.
Lescito (le moulin de Lisay, Sarthe?), p. 157.
Levaste (Livet, Mayenne), p. 423.
Liber diurnus, p. 287.
Liber pontificalis, p. 277, 290.
Liboire (saint), évêque du Mans, p. 282, 347.
Limousin (le), p. 231, 234.
Lisay (Sarthe) : voir *Lescito*.

Livet (Mayenne) : voir *Levaste*.
locus, « tombeau », p. 210.
Louis le Pieux, p. 282, 292, 295; diplômes de cet empereur, p. 148, 174, 176, 276, 295, 403.
Loup (lettre de saint), évêque de Troyes, p. 20, 63.
Lupila, nom de lieu, p. 416, 445.
Luxeuil (date d'un manuscrit de), p. 91.
Luynes (Indre-et-Loire), p. 32.
Lyon (colloque de), en 499, p. 20, 46-61.

Maddoallum, *Madualis*, domaine royal, p. 108, 123.
magnitudo, p. 122.
Maillé (Luynes, Indre-et-Loire), p. 32.
Maine (possession du) par Chilpéric I, p. 131, n. 1; par Thierry II, p. 138; par Théodebert II, p. 376.
maires du palais, p. 9, 10.
Malcha : voir *Nialcha*.
Malleium, nom de lieu, p. 32.
Malmédy (monastère de), p. 249.
Mamacas (Montmacq, Oise), p. 136.
Mans (les actes des évêques du), p. 271.
mansus, p. 31.
manus lu *maxima*, p. 248.
Marogilo (Mareil-en-Champagne, Sarthe), p. 411, 442.
Maroialenses (Marolles, Sarthe), p. 158.
mars, dans les dates de chartes, p. 272.
Maurin, p. 231.
Maximin (saint Mesmin), p. 20.
Mazure (ruisseau de la), Creuse, p. 232.
Mesmin ou Maximin (saint), p. 20, 37; *Vies* de saint Mesmin, p. 39, 45.
métrique (prose), p. 312.

Micy (Saint-Mesmin, Loiret), p. 20, 37.
missi royaux, p. 126.
molendinum, p. 31.
Moliniaco (Morigné?), p. 423.
Mons Martyrum, p. 212.
Mons Mercurii, p. 212.
Montmacq (Oise), p. 136, 165.
Montmartre, p. 212.
mundeburdis, p. 126.

Namuco, Namucho (Namur, Belgique), p. 249, 251.
Nectaire, abbé de Saint-Calais, p. 129, 142, 168.
Nialcha (Neaufles-Saint-Martin, Eure), p. 270.
Nicolas Ier, pape, p. 111, 113, 116, 118.
Notre-Dame (monastère de), au Mans, p. 406; diplômes relatifs à ce monastère, p. 365, 372, 407, 436.

Odile (Vie de sainte), p. 72, 89.
Omer (saint), évêque de Thérouanne, p. 239.
Omotarius, évêque de Laon, p. 398.
Opatinaco : voir Captunaco.
oratorium, monastère, p. 377.
Orbana, nom de lieu, p. 33.
Orbigny (Indre-et-Loire), p. 33.
ordinations (époques canoniques des), p. 287.

papa, p. 65.
Passio sanctorum martyrum Dionisii, Rustici et Eleutherii, p. 223.
Patriago (Peyrat-le-Château, Haute-Vienne), p. 234.
patricius Romanorum, p. 10.
Paul Diacre, p. 145.
pauperes, p. 257.
Pavace (saint), évêque du Mans, p. 282; Vie de saint Pavace, p. 361, 362.

Pépin, nommé indûment en tête d'un acte, p. 415, 443 ; Pépin le Bref, p. 8, 10, 16, 17; diplômes de Pépin le Bref, p. 119, 127, 141, 166, 168, 269.
Perpétue (saint), évêque de Tours, p. 19, 20, 21 ; son testament, p. 21 ; son épitaphe, p. 35.
Peyrat-le-Château : voir Patriago.
Pierre, prétendu chorévêque, 336.
Pirenne (M.), p. 13-16.
Pistor le Bègue, p. 78.
Pitres (concile de), Eure, p. 112, 150, 183, 184.
placita, p. 16.
Pompéius, consul d'Orient en 501, p. 71.
Popiliaco (Poillé), p. 423.
Preslaium, nom de lieu, p. 25, 33.
Preuilly (Indre-et-Loire), p. 25, 32.
Proillium, nom de lieu, p. 32.
Proliacense (Pruillé-l'Éguillé, Sarthe), p. 418.
prose métrique, p. 312.
Protadius, Prothasius, évêque, p. 398.

Raalensis (Rahay, Sarthe), p. 158.
Rabigaud, abbé de Saint-Calais, p. 171.
Radobert, maire du palais, p. 240.
Rainaud, abbé de Saint-Calais, p. 112, 119, 177, 178, 185.
Rambasciaco, nom de lieu, p. 33, 57.
regina maxima, faute de lecture, p. 248, 256.
Remi (saint), évêque de Reims, p. 27, 32, 35.
rex Francorum (et non Francorum rex), p. 42, 43.
Ricoaldus : voir Sicoaldus.
Rigobertus (Sigobertus), évêque, p. 398.

TABLE ALPHABÉTIQUE.

Robert, évêque du Mans, p. 152, 184, 302.
Rocciacus (Le Bas-Rossay, Sarthe), p. 156.
Romiliacus, nom de lieu, p. 205.
Rotaricias (Roudersas ou Roudaressas, Creuse), p. 232.
Rovaria (Royère, Creuse), p. 232.
Rustique (saint), évêque de Lyon, p. 20, 55, 65 ; saint Rustique, compagnon de saint Denis, p. 221.

Saint-Calais (monastère de), p. 105, 299 ; *Anisola*, p. 105, 272, 299, 357 ; chartes de Saint-Calais, p. 103, 366, 372 ; cartulaires de Saint-Calais, p. 114.
Saint-Denis (l'abbaye de), p. 191-246, 255, 264, 266 ; Saint-Denis de l'Étrée, p. 207, 215.
Saint-Germain-des-Prés (église), à Paris, p. 308.
Saint-Gervais, plus tard Saint-Julien, cathédrale du Mans, p. 170.
Saint-Longis (diplôme du monastère de), au diocèse du Mans, p. 366, 372.
Saint-Martin (diplôme du monastère de), au diocèse du Mans, p. 365, 372 ; oratoire de Saint-Martin, au Mans, p. 377.
Saint-Mesmin (Loiret), p. 20.
Saint-Ouen (diplôme du monastère de), au Mans, p. 407, 414, 443.
Saint-Pavace (Saint-Sauveur), près le Mans, p. 282.
Saint-Vincent du Mans (abbaye de), p. 308.
Salicus (Sceaux-sur-Huisne, Sarthe ?), p. 335.
salutation (formule de), p. 66.
Saponaria (*villa*), Savonnières (Indre-et-Loire), p. 25, 32.

Sarbiniacus, nom de lieu, p. 57.
Sauriciaco (Sorcy, Aisne), p. 258.
Sauriciago, *Sauriciagore* (voir *Stirpiniaco*), p. 258.
Savigny, près de l'Arbresle, p. 57.
Savonnières : voir *Saponaria*.
sceau (annonce du), p. 133.
Sceaux-sur-Huisne (Sarthe), p. 335.
Scienfrid : voir Seutfred.
Semur (Sarthe), p. 157.
Serulfus, évêque, p. 398.
Seutfred (ou Scienfrid), chorévêque du Mans, p. 343.
Severius, prétendu évêque du Mans, p. 344.
Sicoaldus (*Ricoaldus*), évêque de Langres, p. 240.
Sidoine Apollinaire (saint), p. 20, 36, 63.
Sigebaud, abbé de Saint-Calais, p. 119, 141, 166.
Sigebert, roi d'Austrasie, p. 208.
sigillum, p. 304.
signaculis, p. 134, 249.
signatures de Childebert III et de Dagobert III, p. 135.
signum, p. 134.
Sigobertus, évêque d'Orléans, p. 398.
Siliacinse (Sillé-le-Guillaume, Sarthe), p. 170.
Sinemurenses (Semur, Sarthe), p. 157.
Siviard, abbé de Saint-Calais, p. 161 ; *Vie* de saint Siviard, p. 106.
six (signe pour représenter le nombre), p. 254.
Sorcy (Aisne), p. 258.
souscriptions des diplômes, p. 122, 133, 261.
Stavelot (monastère de), p. 249.
Sterpiniaco : voir Étrépagny.
subscripsi, p. 134, 402.
subscriptionibus, p. 134.
subterfirmavimus, faute de copiste pour *subscriptionibus*, p. 389.

Symmaque (lettre de saint), pape, p. 20, 56, 70.
Symmaque (la prose métrique de), p. 312.

telonearii, à Marseille, p. 10, 15.
Ténestine (charte de), p. 378, 424.
testaments (forme des) à l'époque franque, p. 26-31, 311.
Théodebert Ier, p. 374.
Théodebert II, p. 374; charte de Théodebert (II?), p. 368, 422.
Theodefredus, évêque, p. 398.
Théodila ou Théodétrude, p. 202, 231, 234, 235.
Théonas (lettre de), évêque d'Alexandrie, à Lucien, p. 83.
Thierry II, p. 106, 138.
Thierry III, p. 95, 98, 139; diplômes de ce roi, p. 120, 125, 139, 140, 161, 249, 401, 407, 436, 438.
Thierry IV, p. 106, 218, 242, 446; diplômes de ce roi, p. 127, 242, 272.
Thomas (Pierre), sieur du Fossé, p. 34.
Thusphiaco, Tuffé (Sarthe), p. 407, 408, 438.
tonlieu (exemptions de), p. 140.
Tours, p. 26.
transmissibilis, p. 31.
Tricione (Tresson, Sarthe), p. 418.
Tripet, copiste du xive siècle, p. 242.
Tuffé : voir Thusphiaco.
Turibe (saint), évêque du Mans, p. 348; *Vie* de saint Turibe, p. 361, 362.
tutoiement, p. 63, 69.

Ursines (*Iticina*), près Vélizy, p. 257, 261, 266, 267.

V. inl. (la formule), p. 1-18.
Valenciennes (Nord), p. 242, 246.
Vallariense (Vallière, Creuse), p. 232.
Vaulbautru (Sarthe), p. 157.
Vauleger ou Vauliger (Sarthe), p. 157.
Varacione (ruisseau de Roudersas, Creuse), p. 232.
Verberie (Oise), p. 168; jugement de Charles le Chauve, à Verberie, p. 111, 153, 187.
Verdun assiégé par Clovis, p. 39, 40.
Veterina (La Vedrenne ou Verdinas, Creuse), p. 232.
Victorius, Victurius (saint), évêque du Mans, p. 348, 350.
[Vi]*dua* (la Veuve, affluent du Loir), p. 418.
Vienne (église de), p. 56.
Vignier (Jérôme), p. 19, 83, 89.
Vilbautru (Sarthe), p. 157.
Vincent (reliques de saint), p. 308.
Vindilianus (*Vindicianus*), évêque, p. 398.
vir inluster : voir *inluster vir*.

Waitz (M. G.), p. 89.
Waldebert, abbé de Luxeuil, p. 99.
Wandalmar, duc, p. 240.
Wattenbach (M. W.), p. 89.

Xadogrimus : voir *Adalgrimus*.

TABLE DES MATIÈRES

	Pages.
QUESTIONS MÉROVINGIENNES, I. La formule *N. rex Francorum v. inl*..	1
SUPPLÉMENT AU N° I. *Vir inluster* ou *viris inlustribus*...............	13
QUESTIONS MÉROVINGIENNES, II. Les découvertes de Jérôme Vignier..	19
APPENDICES AU N° II. A propos des découvertes de Jérôme Vignier..	83
QUESTIONS MÉROVINGIENNES, III. La date d'un manuscrit de Luxeuil...	91
APPENDICE AU N° III. L'avènement de Clotaire III.................	101
QUESTIONS MÉROVINGIENNES, IV. Les chartes de Saint-Calais...	103
Cartulaire de Saint-Calais, envoyé au pape Nicolas Ier en 863.....	154
QUESTIONS MÉROVINGIENNES, V. Les origines de Saint-Denis...	191
La date de l'épiscopat de saint Denis.............................	218
Saint Rustique et saint Éleuthère.................................	221
La *Passio sanctorum martyrum Dionisii, Rustici et Eleutherii*...	223
Pièces justificatives..	226
QUESTIONS MÉROVINGIENNES, VI. La donation d'Étrépagny (1er octobre 629.)..	247
QUESTIONS MÉROVINGIENNES, VII. Les actes des évêques du Mans..	271
§ 1. Introduction...	272
§ 2. Les *Gesta Aldrici*..	275
§ 3. Les chartes des *Gesta Aldrici*...........................	295
§ 4. Les *Actus pontificum*....................................	318
§ 5. Les chartes des *Actus pontificum* relatives au monastère du diocèse..	363

§ 6. Les chartes des *Actus pontificum* relatives aux privilèges et
aux domaines de l'évêché... 416
Appendice. Documents copiés par M. Julien Havet.............. 417

Additions et corrections... 446
Table alphabétique.. 447
Table des matières.. 455

Jacob (Alfred). Notes sur les manuscrits grecs palimpsestes de la Bibliothèque nationale.

Jullian (Camille). Question de géographie historique : la cité des Boïens et le pays de Buch.

Krusch (Bruno). La falsification des vies de saints Burgondes.

Labande (L.-H.). Un légiste du xive siècle : Jean Allarmet, cardinal de Brogny.

Ledos (E.-G.). L'imposition d'Auvergne en janvier 1357.

Lot (Ferdinand). La date de naissance du roi Robert II et le siège de Melun.

Merlet (René). Origine de Robert le Fort.

Molinier (A.). Un diplôme interpolé de Charles le Chauve.

Molinier (Émile). A propos d'un ivoire byzantin inédit du Musée du Louvre (planche).

Monod (G.). Hilduin et les *Annales Einhardi*.

Morel-Fatio (A.). Maître Fernand de Cordoue et les humanistes italiens du xve siècle.

Muehlbacher (E.). Un diplôme faux de Saint-Martin de Tours.

Muntz (E.). La bibliothèque du Vatican pendant la Révolution française.

Nerlinger (Charles). Deux pamphlets contre Pierre de Hagenbach.

Nolhac (P. de). Vers inédits de Pétrarque.

Omont (H.). Épitaphes métriques en l'honneur de différents personnages du xie siècle, composées par Foulcoie de Beauvais, archidiacre de Meaux.

Paoli (C.). Un diplôme de Charles VIII en faveur de la seigneurie de Florence (planche).

Paris (Gaston). La légende de Pépin le Bref.

Petit-Dutaillis (Ch.). Une femme de guerre au xiiie siècle, Nicole de la Haie, gardienne du château de Lincoln.

Picot (Émile). Aveu en vers rendu par Regnault de Pacy à Pierre d'Orgemont (1415).

Pirenne (H.). La chancellerie et les notaires des comtes de Flandre avant le xiiie siècle.

Prou (Maurice). Les diplômes de Philippe Ier pour l'abbaye de Saint-Benoît-sur-Loire.

Raynaud (G.). Une édition de Froissart projetée par Christophe Plantin (1563-1565).

Robert (Ulysse). Note sur l'origine de l'e cédillé dans les manuscrits.

Schmitz (Wilhelm). *Tironianum* (planche).

Schwab (Moïse). Transcription de mots européens en lettres hébraïques au moyen âge.

Sickel (Th. von). Nouveaux éclaircissements sur la première édition du *Diurnus*.

Tardif (Joseph). Un abrégé juridique des *Etymologies* d'Isidore de Séville.

Thomas (A.). Sur un passage de la *Vita sancti Eptadii*.

Trudon des Ormes (A.). Note sur un fragment de la règle latine du Temple.

Valois (N.). La situation de l'Église au mois d'octobre 1378.

Wattenbach (W.). Sur les poésies attribuées à Philippe de Harvengt, abbé de Bonne-Espérance.

ERNEST LEROUX, ÉDITEUR, 28, RUE BONAPARTE, 28.

MÉLANGES JULIEN HAVET

RECUEIL DE TRAVAUX D'ÉRUDITION
DÉDIÉS A LA MÉMOIRE DE JULIEN HAVET
(1853-1893)

Un beau volume in-8, de 800 pages, avec 10 planches hors texte, 25 fr.

TABLE ALPHABÉTIQUE DES AUTEURS

AUVRAY (Lucien). Notices sur quelques cartulaires et obituaires français conservés à la bibliothèque du Vatican.

BATIFFOL (P.). Note sur un bréviaire Cassinésien du XIe siècle (planche).

BÉMONT (Ch.). La date de la composition du *Modus tenendi parliamentum in Anglia*.

BERGER (Ph.). *Poseidôn Narnakios* (planche).

BERGER (Samuel). De quelques anciens textes latins des Actes des apôtres.

CHATELAIN (E.). Notes tironiennes d'un manuscrit de Genève (planche).

CIPOLLA (C.). La tachygraphie ligurienne au XIe siècle (figure).

COUDERC (C.). Essai de classement des manuscrits des *Annales* de Flodoard.

COURAYE DU PARC (Joseph). Recherches sur la chanson de *Jehan de Lanson*.

DELABORDE (H.-François). Un arrière petit-fils de Saint-Louis, Alfonse d'Espagne.

DELAVILLE LE ROULX (J.). Fondation du grand prieuré de France de l'ordre de l'Hôpital.

DELISLE (L.). Un nouveau manuscrit des livres des Miracles de Grégoire de Tours (planche).

DERENBOURG (Hartwig). Femmes musulmanes et chrétiennes de Syrie au XIIe siècle, épisodes tirés de l'autobiographie d'Ousâma.

DUCHESNE (Abbé L.). La passion de Saint Denis.

DURRIEU (P.). L'origine du manuscrit célèbre, dit le *Psautier d'Utrecht* (planche et fig.).

FOURNIER (Paul). Le *Liber Tarraconensis*, étude sur une collection canonique du XIe siècle.

FUNCK-BRENTANO (Frantz). Le traité de Marquette (septembre 1304).

GIRY (A.). La donation de Rueil à l'abbaye de Saint-Denis ; examen critique de trois diplômes de Charles-le-Chauve.

GRANDMAISON (L. DE). Les Bulles d'or de Saint-Martin de Tours (fig.).

HAURÉAU (B.). Prévostin, chancelier de Paris (1206-1209).

HUET (Gédéon). La première édition de la *Consolation* de Boèce en néerlandais.

INGOLD (P. A.). Les droits et privilèges d'un prieur clunisien en Alsace en 1448.

www.ingramcontent.com/pod-product-compliance
Lightning Source LLC
Chambersburg PA
CBHW072104220426
43664CB00013B/1996